만남의 철학

만남의 철학

김상봉과 고명섭의 철학 대담

김상봉 · 고명섭 지음

도서출판 길

김상봉 전남대 철학과 교수

부산에서 태어나 독일 마인츠 대학에서 철학과 고전문헌학 그리고 신학을 공부하고 이마누엘 칸트의 『최후 유작』(Opus postumum)에 대한 연구로 철학박사 학위를 받았다. 귀국하여 그리스도신학대 종교철학과 교수를 지냈으나 해직되었다. 그 후 민예총 문예아카데미 교장으로 일하다가 지금은 전남대 철학과 교수로 있다. 시민단체 '학벌없는사회'를 만든 산파였으며 이사장을 지냈다. 또한 '민주화를위한교수협의회' 공동의장과 '5·18기념재단' 이사를 지냈다. 저서로 『자기의식과 존재사유: 칸트철학과 근대적 주체성의 존재론』(한길사. 1998), 『호모 에티쿠스: 윤리적 인간의 탄생』(한길사. 1999), 『나르시스의 꿈: 서양정신의 극복을 위한 연습』(한길사. 2002), 『그리스 비극에 대한 편지: 김상봉 철학이야기』(한길사. 2003), 『학벌사회: 사회적 주체성에 대한 철학적 탐구』(한길사. 2004), 『도덕교육의 파시즘: 노예도덕을 넘어서』(도서출판 길. 2005), 『서로주체성의 이념: 철학의 혁신을 위한 서론』(도서출판 길. 2007), 『만남: 서경식 김상봉 대담』(공저. 돌베개. 2007), 『5·18 그리고 역사: 그들의 나라에서 우리 모두의 나라로』(공저. 도서출판 길. 2008), 『다음 국가를 말하다: 공화국을 위한 열세 가지 질문』(공저. 웅진지식하우스. 2011), 『기업은 누구의 것인가: 철학, 자본주의를 뒤집다』(꾸리에. 2012), 『철학의 헌정: 5·18을 생각함』(도서출판 길. 2015), 『만남의 철학: 김상봉과 고명섭의 철학 대담』(공저. 도서출판 길. 2015), 『네가 나라다: 세월호 세대를 위한 정치철학』(도서출판 길. 2017) 등이 있다.

고명섭 『한겨레』 논설위원

『한겨레』 책지성팀장, 문화부장, 오피니언부장을 지냈으며, 현재 논설위원으로 있다. 인간의 정신과 사상을 들여다보는 데 관심이 있다. 저서로 『지식의 발견: 한국 지식인들의 문제적 담론 읽기』(그린비. 2005), 『담론의 발견: 상상력과 마주보는 150편의 책읽기』(한길사. 2006), 『광기와 천재: 루소에서 히틀러까지 문제적 열정의 내면풍경』(인물과사상사. 2007), 『즐거운 지식: 책의 바다를 항해하는 187편의 지식 오디세이』(사계절. 2011), 『니체 극장: 영원회귀와 권력의지의 드라마』(김영사. 2012), 『만남의 철학: 김상봉과 고명섭의 철학 대담』(공저. 도서출판 길. 2015), 『미궁: 테세우스와 미노타우로스』(사계절. 2015), 『이회창 평전: 고난의 길, 신념의 길』(한겨레출판. 2016)이 있으며, 역서로는 『세계를 매혹시킨 반항아 말론 브랜도』(공역. 푸른숲. 2003)가 있다. 아울러 시집으로 『황혼녘 햇살에 빛나는 구렁이알을 삼키다』(자음과모음. 2000), 『숲의 상형문자』(도서출판 b. 2017)를 펴내기도 했다.

만남의 철학

김상봉과 고명섭의 철학 대담

2015년 7월 25일 제1판 제1쇄 펴냄

2018년 4월 10일 제1판 제2쇄 찍음
2018년 4월 29일 제1판 제2쇄 펴냄

지은이 | 김상봉 · 고명섭
펴낸이 | 박우정

기획 | 이승우
편집 | 이현숙
전산 | 한향림

펴낸곳 | 도서출판 길
주소 | 06032 서울 강남구 도산대로 25길 16 우리빌딩 201호
전화 | 02)595-3153 팩스 | 02)595-3165
등록 | 1997년 6월 17일 제113호

© 김상봉 · 고명섭, 2015. Printed in Seoul, Korea

ISBN 978-89-6445-117-5 03100

존경하는 홍세화 선생님께

각자의 자리에서 빚진 후배들이 드립니다.

회상과 감사

이 책은 고명섭 선생과 내가 2013년 7월부터 같은 해 10월까지 제주와 서울 그리고 광주를 오가며 세 차례에 걸쳐 40여 시간 동안 나눈 대화를 다듬은 것이다. 고명섭은 『니체극장』, 『광기와 천재』의 저자이면서 동시에 『황혼녘 햇살에 빛나는 구렁이 알을 삼키다』라는 시집을 낸 시인이기도 하다. 이처럼 철학책도 쓰고 시도 쓰지만, 동시에 그는 기자이다. 그러니까 그는 책의 세계에만 파묻혀 사는 독서인이 아니라 데카르트의 말처럼 "세상이라는 거대한 책"의 행간을 걷는 사람이기도 하다.

처음 내가 대담 형태로 책을 내고 싶다는 뜻을 입 밖에 낸 것은 실제로 대담이 시작되기보다 오래전 일이었다. 그때는 누구와 어떤 주제로 대담을 할지 정해놓은 것도 아니었고, 그저 막연하게 젊은이들과 정치적 주제를 가지고 대화하는 형식으로 책을 내었으면 하는 것이 내 생각이었다. 아직 세상을 향해 하고 싶은 말이 많았을 때였던 것이다.

그런데 2012년 늦여름 연구년을 얻어 제주에 칩거할 무렵 나는 거리의 철학자에서 골방의 철학자가 되기로 마음먹고 있었다. 그런 결심을 한 데는 여러 가지 이유와 배경이 있었지만 가장 중요한 까닭을 들자면 더 늦기 전에 학자로서 해야 할 일을 해야겠다는 생각 때문이었다. 그러면서 나는 젊은이들과 세상일에 대해 대담을 하고 싶다던 생각도 깨끗이 버렸다.

　하지만 때로는 뱉은 말이 느리게 돌고 돌아 나를 찾아오는 경우도 있다. 마치 우주선을 타고 시간 여행을 하듯이, 내게는 흘러간 과거의 일이 되어버린 대담 이야기가 출판사에서는 현재진행형으로 지속하면서 미래시제로 바뀌어 내게 돌아왔던 것이다. 하지만 출판사에서 아무리 적극적으로 권했다 해도 대화의 상대가 고명섭이 아니었다면 마음을 바꾸지는 않았을 것이다. 마음이 약해진 건, 순전히 그가 대화의 상대였기 때문이었다. 자주 만나지는 못했지만 나는 그를 나의 지음(知音)이라고 생각하고 있었던 것이다. 그렇게 해서 2013년 8월 말 그와 나는 처음으로 대담을 하겠다고 마주 앉았다. 하지만 나는 여전히 대담을 할 준비가 충분히 된 상태는 아니었고, 두 사람 사이에 미리 조율된 것도 전혀 없었다. 준비된 것은 출판사에서 들고 온 녹음기 하나가 전부였다. 돌이켜 보면 그건 아무래도 무모한 시작이었다.

　그럼에도 불구하고 그 대담이 진전될 수 있었던 것은 오로지 고명섭의 인간적 성실함과 철저한 준비 덕분이었다. 대담을 시작할 때 이미 그는 나의 책과 글을 정리하여 이 책보다 훨씬 두꺼운 자료를 만들어 왔다. 내가 아무런 준비도 없이 대담에 임했음에도 불구하고 그것이 계속될 수 있었던 것은 오직 그 덕분이었다. 같은 이유로, 대담의 순서 역시 그가 설정한 구도에 따라 결정되었다. 그렇게 나는 그의 손에 이끌려 나의 과거로 시간 여행을 떠났던 것이다.

　하지만 두 사람이 같은 배를 타고 과거로 떠났으나, 우리 각자에게서 시간은 같은 속도로 흐르지 않았다. 철저하고 성실하게 준비하고 항해에 임한 고명섭의 밀집된 시간에 비하면, 아무 준비 없이 배에 오른 나의 시간은 너무도 성기고 느리게 흘렀던 것이다. 그의 긴장된 질문에 비하면 내 대답은 너무 느슨했다. 나는 대개 내가 책에서 한 이야기를 반복하거나 굳이 해도 그만 하지 않아도 그만인 배경 설명이나 부연 설명을 하는 것으로 질문에 대답하는 경우가 많았던 것이다. 대개 말은 글보다 현란할 수는 있지만 밀도는 떨어지게 마련이다. 하지만 이미 책에서 다 말했던 이야기를 반복하거나 책의 내용을 설명하기 위해 대담을 하는 것이라면 그런 대담이 무슨 가치가 있겠는가? 대담의 과정에서 내가 했던 대답들은 모두가 그런 것은 아니었다 하더라도 대개는 그런 정도의 수준이었다. 그랬으니, 대담이 다 끝나고 어렵게 녹취록을 풀었을 때, 그 내용이 적이 실망스러웠던 것은 당연한 일이었다.

그 거친 원고를 붙잡고 다듬은 이가 고명섭이었다. 그는 대담의 상대자였으니 그가 그런 일을 떠맡아야 할 까닭도 없었고 또 그렇게 하게 해서도 안 되는 일이었으나, 그때까지는 출판사도 나도 다른 방법을 제시하지 못했다. 정직하게 말하자면, 그것은 내가 책임져야 할 일을 대화의 상대에게 전가한 것이나 다름없었다. 하지만 그는 아무 싫은 내색 없이 몇 달을 고생해서 원고를 다듬었다. 그는 우리가 나눈 말들을 명석하게 다듬었을 뿐만 아니라 필요한 경우 내 책을 일일이 찾아 각주를 달았다. 그 모든 일은 한 사람이 자기가 호의를 품은 타인에 대해 보여줄 수 있는 성실함의 극한이었다고 나는 생각한다.

그렇게 고생해서 다듬은 원고를 돌려받았을 때, 나는 누구에게도 미룰 수 없고 스스로 마무리 지어야 할 일 앞에 피할 수 없이 마주 서게 되었다. 고명섭이 최선을 다해 다듬은 원고지만, 수준 미달이었던 나의 말이 다듬는다고 달라질 수는 없었다. 그 원고가 무언가 책으로 낼 만한 가치가 있으려면 잡담 같은 이야기들은 덜어내야 했고, 하지는 않았지만 꼭 필요한 말들이 들어가야만 했다. 하지만 두 사람이 같이 대화를 나눈 뒤에 내가 임의로 내용을 고친다면 그것은 상대에 대한 예의도 아닐뿐더러, 그 일을 언제 다 해낼 수 있을지 엄두가 나지 않았다. 그렇게 이러지도 저러지도 못하고 엉거주춤하는 사이, 시간이 지나 다시 여름이 오고 있었다.

그러던 어느 날이었다. 나는 연구년에서 돌아와 한 학기를 마친 뒤 내가 지도하는 대학원생들과 수업 외에 키케로의 『투스쿨룸 대화』

(*Disputationes Tusculanae*)를 읽고 있었다. 학생들을 가르치기 위해 혼자 책을 읽고 있던 어느 날, 나는 문득 지금 내가 읽고 있는 키케로의 이 책도 대화 형식으로 쓰인 책이라는 사실을 새삼스레 깨달았다. 그리고 내가 고명섭과 나누었던 말들을 키케로의 대화 내용과 비교해보았다. 어느 것이 더 낫고 못하고를 떠나 아무런 고통도 없이 쓰인 키케로의 대화에 비하면 그와 내가 나눈 대담은 우리가 온몸으로 살아낸 시대의 고통이 배어 있는 말들이었다. 그 피 묻은 말들을 그냥 버릴 수는 없었다.

그렇게 해서 마음을 가다듬고 내 말을 다듬기 시작한 것이 지난해 초여름이었다. 우선 쓸데없는 말을 다 버렸다. 다른 무엇보다 나 자신에 대한 개인적 회고는 특히 첫 부분에서 철학적 내용과 직접 관계가 있는 것을 제외하고는 모두 지웠다. 그리고 오직 사태 자체에 대한 말만 남겼다. 그렇게 뼈대만 남긴 뒤에 거기에 다시 살을 붙여나갔다. 그러나 방학 내내 그 일에 집중했음에도 불구하고 나는 간신히 대담의 제1부만을 완성했을 뿐이었다. 학기가 시작된 뒤엔 자투리 시간을 내어 글을 다듬는 것으로 만족할 수밖에 없었으나, 그렇다고 해서 시간을 정해놓고 적당히 끝내자니 이번엔 내가 하고 싶은 말이 너무 많았다.

글을 다듬는 일은 더도 덜도 아니고 고명섭이 한 해 전에 물었던 질문에 늦었지만 성실하게 대답하는 일이었다. 돌이켜 보면 그의 질문의 성실함에 비해 처음에 내가 했던 대답은 진부한 것이었으나, 다른 한편에서 생각하면 그의 질문들은 그 자리에서 즉흥적으로 대답하기엔 너무 무거운 것이기도 했다. 그러니까 나는 그 물음에 제대로 대답하기 위해 1년이라는 시간을 기다려야 했던 것이다. 주체에서 만남으로 그리고 공동체로 확장되어나간 1년 전의 대담을 나는 마치 새 글을 쓰는 마음으로 하나하나 되밟아가면서 복원하고 다듬고 때로는 재구성했다. 그것이 꼬박 1년이 걸렸다. 그 과정에서 새로운 내용이 많이 추가되었는데, 나는 큰 뭉치가 완성되면 고명섭에게 보내 마치 학생이 선생님께 숙제 검사를 받듯이 의향을 물었다. 만약 그가 나의 가필에 대해 항의했더라면

10

나는 아마도 이 책을 이렇게 완성할 수 없었을 것이다. 하지만 그는 여느 대담이라면 명백한 반칙이었을 나의 이런 사후 가필을 너그러이 용납하고 격려해주었다. 나는 오직 그의 격려에 힘을 얻어 기어이 이 책을 완성할 수 있었다. 그러니까 그는 처음에 보잘것없었던 나의 말을 온전히 자라도록 보살피고 기다려준 유모이자 교사였던 것이다.

이렇게 해서 완성된 책인지라 독자들에게 미리 일러두어야 할 것이 하나 있다. 나는 이 책을 마무리 짓는 과정에서 고명섭이 서론을 쓴 2015년 3월 이후에도 계속 내용을 수정하고 보완했다. 그런 까닭에 큰 틀에서 보자면 이 책은 고명섭과 김상봉의 대화이고 그 기본 얼개를 구성한 것은 고명섭이지만, 세세한 부분에서는 많은 부분이 대화가 아니라 나의 독백이다. 그럼에도 불구하고 이 책이 세상에 나올 수 있었던 것은 오직 고명섭이 그것을 허락했기 때문이다. 그 관대함에 대해 어떻게 감사의 뜻을 표시해야 할지 아직 나는 합당한 언어를 찾지 못했다.

나는 지금까지 많은 글과 책을 써왔고 비교적 많은 사람들이 나의 책과 글에 대해 공감이든 비판이든 적극적으로 관심을 가져주었다. 그 점에서 나는 행복한 사람이다. 하지만 나의 학문적 작업을 전체로서 인정하고 이해한 사람은 고명섭 말고는 아무도 없었다. 그것은 사람에 대한 판단이나 평가가 대개 사사로운 연고관계에 따라 좌우되는 이 나라에서 예외적인 일이다. 우리의 대화가 나의 부족함으로 말미암아 결실 없이 끝날 수도 있었을 때, 그는 대담을 마무리하는 과정이 새로운 정신적 도약의 계기가 될 수 있도록 나를 격려해주었고, 믿고 기다려주었으며, 한 사람의 자립적인 정신으로서 자기 명예에 손상을 입을 수도 있는 위험을 무릅쓰고 자신의 이름을 기꺼이 내어주었다. 나는 플라톤이 자기를 감추고 스승인 소크라테스의 이름으로 자기 생각을 표현한 것에 늘 깊은 감동을 받아왔지만, 이 책을 마무리 하는 지금 내게 자신의 이름을 대가 없이 빌려준 고명섭 선생의 마음에 더 깊은 감동과 감사를 느낀다. 만약 이 책을 통해 내가 예전보다 조금이라도 더 성숙할 수 있었다면, 그것은 오로지 그와의 만남 덕분이다. 그 비길 데 없는 우정에 머리 숙여 감사하며, 이제 이 많은 생각의 씨앗들을 흐르는 물 위에 뿌린다.

오래 갇혀 있던 생각들이여.
흘러가라!
새로운 땅을 찾아서.

2015년 7월
김상봉

홀로주체의 섬에서 서로주체의 숲으로: 김상봉 철학의 여정

1

김상봉 철학의 출발점은 섬이다. "외따로 떨어진 섬처럼 우리는 얼마나 홀로 있는가."[1] 학창시절 어느 대학신문에서 읽었다는 그 구절을 우리의 철학자는 긴 세월이 지나도록 잊지 못한다. 섬은 '고립된 나'를 가리키는 은유가 되어 그의 의식 안에 오래 머물렀다. 그 긴 머무름 끝에 김상봉은 철학을 이렇게 정의하기에 이르렀다. "철학은 …… '나'라는 섬에 기초를 두고 '우리'를 향해 다리를 놓아가는 정신의 노동"이다.[2] 우리는 각자 고립된 섬에 머물러 있다. 그 섬에 머물러 우리는 홀로 왕처럼 그 작은 세계의 주인으로 살 수도 있다. 그러나 다시 생각해보자. 단 한 사람만으로 세계를 이룰 수 있는가. 고립되어 홀로 사는 삶을 삶이라 할 수 있는가. 홀로 떨어진 섬을 하나의 세계라 부를 수 있을지 모르지만 그 세계는 아무것도 기르지 못하는 황량한 세계다. 완전한 고립 속에 홀로 사는 삶은 아무런 온기도 박동도 없는 죽은 삶이다. 주는 것도 없고 받는 것도 없으므로 변화도 없고 자람도 없고, 기쁨도 없고 아

---

1 김상봉, 『자기의식과 존재사유』, 한길사, 1998, 7쪽.
2 같은 책, 14쪽.

품조차도 없는 삶이다. 그런 삶을 계속 살 수는 없다. 그러므로 삶을 삶답게 살려면 우리는 각자 머물던 섬에서 나와야 한다. 이 섬을 벗어나 저곳으로 건너갈 다리를 놓아야 한다. 다리를 건너서 서로 만나야 한다. 김상봉은 철학이 바로 그런 다리 놓기의 노동이라고, 개념과 사유로 다리를 놓는 정신의 노동이라고 말한다.

그 정신의 노동이 이루어낸 김상봉 철학의 사유 세계를 집약해서 보여주는 책이 『자기의식과 존재사유』(1998), 『나르시스의 꿈』(2002), 그리고 『서로주체성의 이념』(2007)이다. 10여 권에 이르는 저작 가운데 이 세 권의 철학서야말로 김상봉 철학의 정수를 담고 있다. 앞으로도 계속 그의 철학적 사유가 책의 형태로 응결돼 나오겠지만, 일단 이 세 권을 가리켜 김상봉 철학 3부작 또는 서로주체성의 철학 3부작이라고 불러도 좋을 것이다. 이 세 권의 책 속에서 홀로주체성의 섬을 버리고 나와 서로주체성의 숲에 도달하는 사유의 과정이 고원을 가로지르는 철길처럼 장대한 개념의 연쇄로 펼쳐진다. 그 과정을 나무에 비유하자면, 『자기의식과 존재사유』의 뿌리에서 시작해 『나르시스의 꿈』의 밑동을 거쳐 『서로주체성의 이념』이라는 크고 튼튼한 몸통으로 이어진다. 그 몸통에서 다른 철학적 저작들이 넓게 가지를 펼친다. 그러므로 김상봉 철학을 알려면 뿌리에서부터 시작해야 한다. 『자기의식과 존재사유』는 김상봉 철학의 기원이자 바탕이고 사유의 황금을 간직한 비밀의 세계다. 그리고 이 거대한 뿌리에 근거를 두고서 『나르시스의 꿈』과 『서로주체성의 이념』이 삼나무처럼 높고 푸르게 솟아오른다.

2

"형이상학적 존재사유가 무엇을 찾아 얼마나 먼 곳을 헤매고 다니든지 간에, 모든 형이상학적 존재사유를 숙명처럼 지배하는 최초의 물음은 언제나 이것이다. 왜 아무것도 없지 않고 무엇인가 있는가?"[3] 고대 그리스 철학자 파르메니데스가 물었다는 이 물음은 가장 근원적인 철학적 물음이다. 그러니까 철학의 시원에 놓여 있는 물음이 바로 '왜 아무것도 없지 않고 무엇인가 있는가'라는, 이 세계의 존재 자체에 관한 물음이다. 마치 개체 발생이 계통 발생을 반복하듯이 우리의 철학자도 이 근본 물음을 자신의 원초적 체험 가운데서 공유하고 있다. 김상봉은 이 물음이 불러일으키는 정신의 동요를 "숨 막히는 전율"[4]이라고 묘사한다. 아무것도 없지 않고 무언가가 있다는 것, 꽃과 나무와 하늘과 땅이 있다는 것, 이 광활한 세계가, 무한한 우주가 있다는 것은 너무도 당연한 것이어서 우리의 의식에 통상은 걸리지 않는다. 우리는 공기를 의식하지 않고 숨을 쉬듯이 이 세계 안에서 이 세계와 함께 살아간다. 그것은 대양 속에 사는 물고기가 대양을 가득 채운 물을 조금도 의식하지 못하는 것과 다르지 않다. 그러다가 어느 순간이 온다. 아무것도 없지 않고 무언가가 있다는 것이 경이로운 신비로 닥치는 낯선 순간이 온다. 아무것도 없었을 수도 있는데 왜 무언가가 있는가. 왜 이 세계가 있는가. 그런 깨달음은 대개, 아무것도 존재하지 않는 '없음' 그 자체에 불현듯 눈을 뜰 때 일어난다. 나도 없고 너도 없고 이 세계도 없고 이 세계를 만든 절대자도 없고 이 세계를 만든 절대자에 대한 생각조차 없는 완전한 무(無), 그 무에 대한 생각이 우리 정신을 휘어잡는다. 도대체 아무것도 없다는 것은 무엇을 뜻하는가. "그리하여 마치 살아 있는 사람이 갑자기 진공 속에 내던져진 것처럼, 사유는 절대적인 없음을 생생하게 붙잡으려 애쓰면 애쓸수록 숨을 쉴 수 없는 절대적 진공 속으로 더 깊이 빨려들어가게 된다. 그때 우리가 체험하는 정신의 가위눌림, 그것을 어떻게 이러저러한 말로 표현할 수 있겠는가?"[5] 진공 속에서 숨이 막힐

---

3 같은 책, 9~10쪽.
4 같은 책, 10쪽.
5 같은 곳.

때 공기의 존재를, 공기의 소중함을 새삼스럽게 느끼듯, 없음으로 인한 가위눌림 속에서 있음의 경이로움이 생생하게 드러난다. "한낮에 무수히 많은 있는 것들 사이에서 그렇게 자명하고 당연한 듯이 잊혔던 있음이 도리어 아무것도 없는 어둠 속에서 형언할 수 없는 놀라움과 숨 막히는 신비로 우리에게 다가오는 것이다."[6]

이 있음에 대한 근원적인 사유의 문제, 곧 형이상학적 존재사유의 문제를 고대 그리스부터 근대 독일의 관념론 철학까지 일이관지하여 통째로 살피는 책이 『자기의식과 존재사유』다. 이 책에서 김상봉은 특히 칸트 철학의 존재론을 심도 있게 규명해 새로이 재구성한다. 근대 독일 관념론 철학의 정점인 이마누엘 칸트는 형이상학적 존재사유의 물음의 방향을 바깥쪽에서 안쪽으로 역전시킨 사람이다. 고대인들은 바깥을 향해 '왜 아무것도 없지 않고 무언가가 있는가' 하고 물었다. 반대로 칸트는 시선을 안으로 돌려 나를 반성함으로써 존재의 진리를 찾으려고 했다. 존재의 진리를 내 안에서, 나의 의식 안에서 발견하는 것이다. 그런 역전이 어떻게 가능한가. "모든 있음이 결국 '나에게 주어져 있음'"[7]이기 때문이다. 바꿔 말하면 모든 존재는 나의 의식에 주어지는 방식으로만 나에게 나타나기 때문이다. 모든 존재하는 것이 내 의식 밖에 그 자체로 있다는 것은 자명한 일이지만 동시에 나에게는 무의미한 일이다. 존재하는 것들이 내 의식에 들어와 나에게 주어짐으로써 비로소 나는 그 존재를 의식하게 된다. 다시 말해 존재하는 것들이 바로 그렇게 나의 의식에 들어와 펼쳐지는 그 순간에 그것들은 나에게 의식되는 방식으로 존재하게 되며 나의 존재가 된다. 그러므로 '나의 의식에 주어져 있음'이 모든 존재하는 것의 존재 방식이다. 나의 의식이 곧 존재의 지평인 것이다. 존재는 의식 바깥의 사태가 아니라 의식 내부의 문제이다.

---

6 같은 책, 9쪽.
7 같은 책, 13쪽.

이것이 바로 칸트 존재론의 혁명적인 새로움이다.[8] 그렇다면 여기서 말하는 존재란 무엇인가? 이 존재에 대한 설명을 김상봉의 목소리로 직접 들어보자.

나는 지금 하나의 존재자를 보고 있다. 그것은 한 자루의 연필이다. 나는 그것을 보며 '연필이 있다'고 말한다. 그러나 이 연필은 엄밀히 말하자면 연필이라는 개념에 의해 규정되고 있기는 하지만, 내가 연필이라는 개념을 통해 이해하는 객관적 의미 그 자체……의 직접적 현존은 아니다. 이것은 내 앞의 연필을 규정하는 다른 모든 의미들에 대해서도 똑같이 할 수 있는 말이다. 그 연필은 이것으로 혹은 저것으로 규정되기는 하겠지만, 그것은 어떤 경우에도 자신을 규정하는 의미 그 자체의 현존은 아니다. 예를 들어 '이 연필은 크다'고 말할 때, 연필은 크기의 개념에 의해 규정되기는 하겠지만, 그것이 결코 크기 자체일 수는 없는 것이다. 이것은, 다른 말로 하자면, 이 연필의 존재를 이루는 어떠한 실재적인 규정들도 그 자체로서는 감성적 현존을 통해 주어지지 않는다는 것을 뜻한다.

이런 사정은 낱낱의 사물의 있음에 있어서도 마찬가지이다. 있음이란 분명히 하나의 객관적인 사태이다. 여기에 연필이 한 자루 '있다'는 것과 '있지 않다'는 것은 어떤 경우에도 관념적이거나 논리적인 구별로 해소되지 않는 실재적인 구분에 속한다. 더 정확히 말하자면 '있음'이야말로 모든 객관성과 모든 실재성의 척도인 것이다. 그러나 눈에 보이는 모든 것의 실재성으로서의 있음 그 자신은 어떤 경우에도 눈에 보이는 감성적 표상으로서 주어지지 않는다. …… 즉 이 연필은 전체로서도 있고 낱낱의 부분으로서도 있으며 크기로서도 있고 색깔로서도 있으며 그것의 형태로서도 있다. 이 연필의 모든 곳에 모든 양태로 있음이 깃들어 있는 것이다. 그러나 이처럼 이 연필의 모든 것에 있음이 깃들어 있기는 하지만, 이 연필의 있음 그 자체는 이 연

---

8 같은 책, 125쪽.

필 속의 어떠한 감성적 표상으로도 자신을 드러내지 않는다. 그리하여 감성적인 방식으로 존재하는 모든 존재자들에 깃들어 있으면서도 자신은 어떤 경우에도 감성적 방식으로 지각되지 않은 채 숨어 있는 것, 그것이 바로 있음인 것이다.[9]

사물의 존재는 눈에 보이는 것이 아니다. 그것은 생각의 눈을 통해서만 응시될 수 있는 사태이다.[10] "존재는 눈에 보이는 감성적 사태가 아니다. 눈에 보이는 물리적 사물의 경우에 있어서조차도, 사물의 존재 그 자체는 눈에 보이는 것이 아니라 오직 정신을 통해 포착될 수 있을 뿐이다."[11] 존재가 생각의 눈을 통해서만 포착될 수 있다면, 존재는 이제 생각의 문제, 다시 말해 나의 정신, 나의 의식의 문제가 된다. 칸트는 바로 여기서 새로운 존재론의 창시자가 되었다. 칸트가 창시한 존재론을 김상봉은 '나의 존재론'이라고 부른다. 왜 '나의 존재론'인가. 존재가 나의 생각 또는 나의 의식 안에서 펼쳐지기 때문이다. 생각이 존재의 터전인 것이다. "생각은 존재의 진리이다. 그러나 생각은 오직 나의 마음속에서만 실현된다. …… 만약 생각이 존재의 진리이고, 또한 그것의 주인이 바로 나라면, 존재의 진리, 존재의 지평은 궁극적으로는 나일 수밖에 없는 것이다."[12] 이렇게 하여 칸트 철학에서 나는 '존재의 주인'이 된다. "만약 내가 생각의 주인이라면, 바로 그 이유 때문에 나는 존재의 주인일 수밖에 없다. 왜냐하면 어차피 존재는 생각 속에서만 발현되는 것이기 때문이다. 그리하여 내가 생각의 주인이라면, 나는 또한 존재의 주인일 수밖에 없는 것이다."[13] 이제까지 철학사에서 칸트는 보통 인식론

9 같은 책, 111~12쪽.
10 같은 책, 112쪽.
11 같은 책, 273쪽.
12 같은 책, 125쪽.
13 같은 곳.

의 코페르니쿠스적 전환을 이루어낸 철학자로 소개되어왔다. 우리 밖의 세계에 객관적으로 존재하는 사물을 사물 그 자체로 인식하는 것이 아니라, 우리의 인식주관이 사물 자체의 감각자료를 받아들여 현실적인 사물로 구성해낸다는 것, 우리가 보는 것은 사물 자체의 있는 그대로 객관적인 모습이 아니라 우리의 주관 안에서 구성된 모습이라는 것, 이것이 우리가 알고 있는 칸트의 인식론이며, 그동안 칸트는 바로 이렇게 새로운 인식론을 철학에 들여온 인식론의 혁명가로 이해되어왔다. 그러나 김상봉의 설명을 따르면, 칸트야말로 인식론에 앞서 존재론의 일대 전환을 이루어낸 존재론 혁명가라고 할 수 있다. "『순수이성비판』은 대상의 존재가 궁극적으로는 나의 자기의식의 지평 속에서 정립된다는 통찰을 향해 나아가는 철학적 사유의 여행과도 같다. 선험철학은 이 통찰을 통해 낡은 존재론을 혁신하고 존재사유에 있어서 새로운 지평의 문을 열었던 것이다. …… 존재는 단적으로 나의 마음의 일이다. 그리하여 칸트의 선험철학과 더불어 존재에 대한 물음은 이제 나에 대한 물음이 되었다. …… 그리하여 문제는 결국 나이다. 이 점에서 나는 더 이상 하나의 사물, 하나의 존재자에 그치는 것이 아니다. 그것은 동시에 모든 존재자의 존재인 것이다."[14] 그런데 지금까지 칸트 연구는 이 본질적 통찰을 도외시한 채 이것보다 훨씬 더 사소하고 주변적인 것에 매달려왔다고 김상봉은 말한다. "사람들은 칸트의 '나'를 기껏해야 인식론적 중심으로 이해할 뿐, 나를 존재의 근원적 진리로 고양시킬 수 있을 만큼 칸트적 원리에 투철하지는 못했다."[15] 존재의 진리를 나의 의식 안에서 추구하는 칸트의 그 존재론을 계속 도외시하는 한 우리는 결코 칸트 철학의 핵심으로 진입할 수 없다. 칸트를 인식론의 혁명가이기 전에 존재론의 혁명가로 보는 것이 칸트 철학 이해의 관건이다. 나는 한갓 인식

---

14 같은 책, 125~26쪽.
15 같은 책, 128쪽.

의 중심인 것이 아니라 존재의 터전, 존재의 중심이다. 칸트는 이 존재론 혁명을 통해 '생각하는 나'를 존재의 진리의 담지자로 들어올렸다. "이것은 전에 없던 인간의 새로운 자기이해를 대변한다. 인간은 세계의 시민일 뿐만 아니라 세계의 입법자, 즉 세계의 주인이요 주권자인 것이다."[16] 칸트의 존재론 혁명을 통해 나의 자기의식이 바로 존재의 터전이라는 사실이 밝혀짐으로써 나는 바깥 세계의 존재를 근원적으로 정초하는 자가 되었고, 그 결과로 세계의 주인이자 주권자가 되었다. 나의 자기의식이 외부 세계에 있는 모든 사물의 존재지평이므로, 내가 나의 자기의식의 주인인 한, 나는 세계의 존재의 주인인 것이다.

그런데 여기서 우리는 또 다른 문제에 맞닥뜨린다. 그 문제란 바로 다음과 같다. 존재의 진리이자 존재의 주인인 '나'가 그 자체로 나 자신에게 타자라는 사실, 그것이 문제인 것이다. 나는 나에게 타자이다. 어째서 나는 나에게 타자인가. 나는 내가 나를 나로서 의식하는 한에서만 나이기 때문이다. 내가 나를 나로 의식하는 그 의식을 잃어버리자마자 나는 나이기를 그친다. 나를 나라고 말할 그 '나'가 사라져버리는 것이다. 의식이 죽어버린 식물인간은 그냥 살아 있는 사물일 뿐이다. 나는 나를 의식하는 한에서만 나인 것이다. 그런데 나를 나로서 의식한다는 것은 내가 나를 거리를 두고 바라본다는 것을 뜻한다. 이렇게 거리를 두고 지켜볼 때 그 대상인 '나'가 나에게 타자로 드러난다. "요컨대 나는 나 자신에 대하여 타자이다. 내가 자신에 대해 타자라는 것, 그리고 이처럼 내가 내가 아닐 때만 내가 동시에 나일 수 있다는 것, 이것이 나의 자기부정성이다. 나는 나 자신의 부정을 통해서만 내가 되는 것이다."[17] 이렇게 나를 나이게끔 하는 나의 타자성은 나의 객체성이기도 하다고 김상봉은 말한다. 나의 객체성이란 내가 3인칭의 '그것'이 된다는 것과

16 같은 책, 160쪽.
17 같은 책, 330쪽.

같다. "내가 나 자신에게 타자가 된다는 것은 1인칭인 내가 동시에 3인칭인 '그것'이 됨을 뜻한다."[18] 이것이 칸트의 철학이 보여주는 '나'의 모습이다. 즉 나의 자기의식 속에서 1인칭의 내가 의식의 대상인 3인칭의 나, 즉 그것이 되고 마는 것이다. 나는 또 하나의 진정한 나로서 나와 마주 서는 것이 아니라 3인칭의 타자적 대상으로 내 맞은편에 서는 것이다. "자기의식 속에서 나는 나 자신을 의식한다. 그런데 여기서 의식함이란 아무런 관심도 포함하지 않는 단순한 알아차림이다. 그리하여 여기서 의식되는 나는 단순하고 투명한 알아차림의 대상일 뿐이다. 다시 말해 나는 나에게 오직 인식론적 의미의 대상으로서만 정립되는 것이다."[19] 칸트 철학 안에서 나의 또 다른 나는 대상이고 객체이며 일종의 사물이다. 그렇기 때문에 나는 살아 있는 인격체로서 나를 만날 수 없는 것이다. 바로 여기가 칸트 철학의 무덤이다.[20] "칸트 철학이 말하는 주체는 얼마나 고독한가? 칸트의 세계에 존재하는 것은 나와 세계와 하느님, 오직 이 세 가지밖에 없다. 주체인 내가 이 세계에서 마주하는 것은 나의 생각에 의해 규정되는 비인격적인 타자일 뿐, 나는 친구 삼을 수 있고 말 건넬 수 있는 너를 발견할 수는 없다."[21]

물론 현실에는 나 아닌 다른 사람들이 존재한다. 그리고 칸트도 나와 너 사이의 인륜적 관계에 대하여 말한다. 그러나 문제는 칸트의 선험론-철학(Transzendental-Philosophie), 곧 '나의 존재론'이 너의 존재를 자기의식의 본질적 진리로 세우지 못한다는 데 있다. "그리하여 윤리학과 법철학에서 칸트가 아무리 설득력 있게 타인에 대한 의무를 말한다 하더라도, 그것은 엄밀한 의미에서 선험철학적으로 정당화될 수 없다. 왜냐하면 너에 대한 관심이나 배려는 순수한 자기의식의 본질과는 아무

---

18 같은 책, 335쪽.
19 같은 책, 334쪽.
20 같은 책, 338쪽.
21 같은 곳.

런 상관도 없는 것이기 때문이다."[22] 이것은 칸트의 철학 체계 안에서 인간의 인간적 관계, 곧 인륜적 세계가 존재론적 기반을 얻지 못한다는 것을 뜻한다. 세계 안에 네가 있다는 것은 칸트 철학 안에서는 그저 우연에 지나지 않는다. 문제는 여기서 그치지 않는다. 나 밖에 인격체로서 너의 존재가 있다는 것은 칸트 존재론의 입장에서 보면 불합리하기까지 하다. 나와 마주 보며 말 건네오는 인격적 주체인 너는 나에게 주어진 이 세계 속에 있으면서도 나에 의해 구성되지 않는 대상이기 때문이다. 활동과 생각의 주체인 너는 내 밖에서 독립적으로 존재한다. 칸트의 존재론에서 이 '너'는 나의 의식에 흡수되거나 소화될 수 없는 불합리한 이물질이다.[23]

그러나 칸트적 의미의 '나의 존재론'이 봉착하는 더욱 근본적인 문제는 비단 너의 존재뿐 아니라 바로 나 자신의 존재가 동요에 처할 수밖에 없다는 데 있다. 칸트의 '나의 존재론'은 엄마나 아빠 같은 인격적 대상과 아무런 관계를 맺지 않고 젖병만 물고서도 나를 자기의식의 주체로 일으켜 세울 수 있다고 주장하는 것과 다를 바 없기 때문이다. "칸트에 따르면 내가 나를 의식하기 위해 요구되는 것은 오직 3인칭의 '그것'에 대한 의식뿐이다. 그런데 이것이 사실이라면 우리는 나와 비인격적인 대상과의 관계만을 통해서 자기의식의 현실적 발생을 설명할 수 있어야만 할 것이다. 다시 말해 인간은 동료 인간인 너 없이도 오직 물리적 사물과의 인식론적 관계만을 통하여 온전한 의미의 인간이 될 수 있어야만 할 것이다."[24] 그러나 이것이 현실적으로 가능한가. 인간이 인간적 관계를 생략한 채 사물적 대상과의 관계를 통해서만 인간으로 자라날 수 있다는 말인가? "만약 갓 태어난 어린아이가 인간 세계로부터 버

---

22 같은 곳.
23 같은 책, 339쪽.
24 같은 곳.

려져 우연히 죽지 않고 살아남아 자연 속에서 홀로 장성했다고 가정할 때나, 아니면 그가 인간이 아니라 늑대나 호랑이의 무리 가운데서 자랐을 경우에도, 그가 범주적 사유와 자기의식의 능력을 갖춘 온전한 의미의 인간이 되리라고 기대할 수 있겠는가? 그것은 불가능하다."[25] 왜 불가능한가. 인간은 오직 교육을 통해서만 인간이 될 수 있기 때문이다. "사람들 사이에서 양육되고 교육받지 못할 때, 인간은 설령 죽지 않고 살아남는다 하더라도 온전한 의미의 인간으로 성장할 수 없다. 그리하여 인간은 한편에서는 자연의 산물이지만 다른 한편에서는 인간 공동체의 산물이기도 하다. 이런 의미에서 인간은 유적(類的) 존재이다. 인간은 오직 인격적 공동체 속에서만 인간이 되고 낱낱의 내가 된다. 따라서 어떤 사람도 모나드처럼 자기에게 주어진 대상 세계에만 관계하면서 고립된 개별자로 존재할 수는 없다."[26] 칸트가 생각하듯이 오직 3인칭의 대상인 그것들만 나에게 마주 서 있을 경우에는 나는 자기의식을 지닌 인격적 주체로 성장할 수 없는 것이다. 따라서 나와 네가 모여 이루는 인격적 공동체 없이 오직 나와 그것들의 관계만을 통해 나와 세계의 존재를 해명하려 하는 칸트의 '나의 존재론'은 궁극적으로는 나의 존재를 해명하지 못하고 만다. 여기서 칸트의 '나의 존재론'은 벽에 부딪혀 파산한다.

그렇다면 어디에 잘못이 있었는가. 너의 존재를 '나의 존재론'에서 배제했다는 것이 문제의 시작이다. 너와 관계하는, 수많은 '너'와 함께하는 인륜적 세계 안에서만 나는 나로서 설 수 있다. 그 인륜적 세계는 세계의 존재를 정립하는 나의 자기의식의 지평에서 근거를 얻지 않으면 안 된다. 나의 자기의식의 지평에서 인륜적 세계의 근거를 구한다는 것은 무엇을 뜻하는가? "그것은 자기의식 속에서 '너'를 필연적으로 근거

25 같은 책, 340쪽.
26 같은 곳.

짓는 것, 그리고 더 나아가 나와 너의 상호 제약을 자기의식의 본질적 진리로 정초하는 것을 말한다. 자연적 세계는 '그것들'의 세계이다. 그러나 인륜적 세계는 인격적인 주체들의 세계, 나와 너의 세계이다. 우리 시대 철학의 과제는 한갓 인식의 수동적인 대상이 아니라 대등한 대화의 상대자인 너의 존재를 형이상학적 존재론의 지평에서 해명하고 근거 짓는 것이다."[27]

칸트는 순수한 자기의식에서 의식되는 대상을 모조리 사물로, 3인칭의 '그것'으로, 비인격적 대상으로 이해했다. 애초에 여기에 잘못이 있었던 것이다. 나는 자기의식 속의 타자인 나를 단순한 객관적 사물이 아니라 말 건넬 수 있고 말 걸어올 수 있는 또 다른 나로 인식했어야 한다. "순수한 자기의식 속에서 내가 의식하는 것이 무엇인가? 나의 자기의식이란 내가 나를 타자가 아닌 나로서 의식한다는 것을 뜻한다. 그것은 어떤 경우에도 사물적 대상으로 고착될 수 없는 순수한 1인칭인 생각의 주체의 자기의식이다. …… 그리하여 나의 자기의식 속에서 의식되고 있는 것은 타자가 아닌 바로 나 자신, 순수한 1인칭인 생각의 주체 그리고 살아 활동하는 인격적 주체이다."[28] 내가 나 자신에게 의식되고 대상화된다고 해서 결코 내가 3인칭의 사물이 되어버리는 것은 아니라는 말이다. "내가 나 자신에게 대상화된다는 것은 내가 나에게 자기 거리 속에서 마주 서는 것을 뜻한다. …… 그것은 나와 거리 속에서 구별되는 '나'이다. 그것은 한갓 객체로서 고정된 객체가 아니라 마주 선 주체이며, 죽어 있는 사물이 아니라 마주 선 생명이다. 그리고 그것은 나에게 마주 서 있는 인격인 것이다."[29] 그렇게 마주 선 나를 부르는 이름이 '너'이다. "타자성 속에서 나에게 마주 선 또 다른 '나', 그것의 이름은 오직 '너'이다. 내가 나에게 타자가 되고 대상이 될 때, 나는 '그것'이 되

---

27 같은 책, 345쪽.
28 같은 책, 354쪽.

는 것이 아니라 '너'가 된다. 그리하여 순수한 자기의식으로 발생하는 '나'는 이제 내가 나 자신에게 '너'인 존재이다. '나=나'라는 자기동일성은 언제나 '나=너'라는 인격적 동일성으로 발생하는 것이다."[30] 그리고 나는 '나' 속의 '너'를 통해서만 내가 되는 것이다. "나와 너가 거리 속에서 하나를 이룰 때 그것이 바로 참된 의미에서 나의 존재인 것이다. 이것은 무엇을 뜻하는가? 나와 너의 하나됨이 바로 나라는 것은, 순수한 자기의식으로 발생하는 '내'가 모나드처럼 고립된 '홀로주체'로서 존재하는 것이 아니라 오직 '우리'로서만 발생한다는 것을 뜻하는 것이기도 하다."[31] 내가 너와 만나 하나를 이룬 것이 나이다. 그러니까 나는 언제나 너와 함께하는 우리인 것이다. '나의 존재론'은 그러므로 그 실상을 보면 '나'의 존재론이 아니라 '우리'의 존재론이다. 여기가 김상봉 철학이 칸트의 한계를 뛰어넘어 결정적으로 도약하는 지점이다. 이로써 김상봉 철학은 칸트의 존재론을 가장 깊숙한 곳에까지 들어가 재구성하는 과업을 완수한 데서 더 나아가 칸트의 홀로주체적 존재론의 불합리함을 입증하고 '나의 존재론'을 논파한 자리에 우리의 존재론을 내놓는다. 칸트 존재론의 홀로주체성은 실은 플라톤 이래 서양 존재론, 서양 철학의 본질이다. 김상봉 철학이 펼쳐 보여주는 우리의 존재론은 독일 관념론에서 그 정점에 이른 서양 철학의 홀로주체적 본질을 격파하고 새로운 차원의 주체성을 우리에게 제시한다. '나'와 '너'가 만나 '우리'를 이룸으로써만 발생하는 그 새로운 주체성을 김상봉은 '서로주체성'이라고 이름 짓는다.

이처럼 나와 너가 하나의 주체성 속에서 매개되고 통일되어 자기반성 속

---

29 같은 책, 355쪽.
30 같은 곳.
31 같은 책, 361쪽.

에 있을 때, 그런 주체성의 이름이 곧 '우리'이다. 그리고 생각하는 나의 자기의식의 참된 본질은 내가 곧 우리로서 발생한다는 데 놓여 있다. ······ 이러한 '너'를 나는 나의 자기의식 속에서, 즉 내 안에서 만난다. 그러나 여기서 내가 고정되어 있고 '너'가 고정되어 있는 것은 결코 아니다. 나는 너이며 네가 곧 나이다. 그리하여 나의 자기의식은 언제나 나와 너의 서로주체성으로서 발생한다. 그런 까닭에 나의 자기의식은 언제나 우리의 의식으로서만 발생하는 것이다.[32]

생각하는 나의 순수한 자기의식이란 이와 같은 나와 너의 영원한 순환이다. 이 순환 속에서 나는 너가 되고 너는 다시 내가 된다. 그리고 나와 너는 서로를 향해 그리고 서로를 위해 자기를 부정하고 버림으로써 자기 자신에게로 복귀하고 자기 자신을 보존한다. ······ 그들은 더 이상 홀로주체가 아니라 서로주체성으로서 발생한다. 간단히 말하자면 생각하는 '나'는 '우리'로서만 발생하는 것이다.[33]

이렇게 나는 애초부터 고립된 홀로주체로서는 정립될 수도 없고 존재할 수도 없다. 홀로주체란 나의 자기의식이 본래 서로주체적 의식임을 망각한 오만한 주체의 자기의식 또는 자기기만일 뿐이다. 나는 언제나 너와 더불어 우리라는 서로주체성으로만 존재한다. 그런데 여기서 주목할 것이 이 서로주체성의 존재론이 그 안에 인류성을 품고 있다는 사실이다. 그러니까 칸트처럼 인류성을 존재론의 바깥에서 찾는 것이 아니라, 인류성이 '우리의 존재론'을 구성하는 본질적 요소로 참여하는 것이다. "나의 자기의식은 오직 서로주체성 속에서 인격적 자기관계로서만 발생한다. 그런 한에서 인류성은 이제 존재 일반의 진리를 품고 있

---

32 같은 책, 362쪽.
33 같은 책, 369쪽.

는 근원적 지평으로 등장하는 것이다. 그리고 이러한 깨달음을 통해 우리는 칸트적 의미의 나의 존재론을 극복하고 완성할 수 있는 새로운 존재사유의 길에 들어서게 된다."[34] 이렇게 김상봉은 『자기의식과 존재사유』에서 칸트에게서 완성된 서양 철학의 '나의 존재론'을 '우리의 존재론'으로 극복한다. 이것은 존재론의 혁명이며, 주체성 이해의 새로운 질적 도약이다. 그래서 이 책의 마지막에서 그는 자신 있게 선언한다. "'우리'의 존재론이 말하는 자기의식은 더 이상 칸트의 선험철학이 그려 보인 자기의식은 아니다. '우리'의 서로주체성의 의식 속에서 '나'의 홀로 자기의식은 극복되고 지양되었기 때문이다. 그리하여 '우리'의 존재론은 '나'의 존재론의 지양이며 완성인 것이다."[35] 이로써 김상봉 철학은 서로주체성이라는 사유를 처음으로 명확하게 드러내 보였다. 이후의 작업에서 김상봉은 그 서로주체성의 사유를 더욱 확장하고 심화해 가는데, 그 모습을 『나르시스의 꿈』과 『서로주체성의 이념』에서 만날 수 있다.

3

『나르시스의 꿈』에서 김상봉이 규명하는 것은 칸트의 '나의 존재론'에서 드러나는 서양 정신의 홀로주체성이다. 이 책은 호메로스 이래 서양 정신의 역사를 홀로주체적 정신이 꾼 꿈, 곧 '나르시스의 꿈'이라고 부른다. "우리는 서양 정신의 역사 전체를 가리켜 나르시스의 꿈이라 부르려 한다."[36] 나르시스는 빼어난 아름다움으로 수많은 사람들의 사랑을 받았으나 자기의 아름다움에 도취하여 다른 사람은 아무도 사랑

---

34 같은 책, 371쪽.
35 같은 책, 373쪽.
36 김상봉, 『나르시스의 꿈』, 한길사, 2002, 11쪽.

하지 못하고 기이하게도 자기 자신에 대한 사랑에 빠져 비극적 최후를 맞아야 했던 그리스 신화 속의 미소년이다. "그 나르시스를 서양 정신의 운명에 대한 은유로 이해하는 것, 서양 정신사를 자기도취에 빠진 영혼의 꿈과 동경, 자기 자신에 대한 이룰 수 없는 사랑에 사로잡힌 영혼의 좌절과 절망의 기록으로 서술하는 것, 요컨대 서양 정신의 역사를 나르시시즘의 전개 과정으로 파악하는 것"이 이 책의 관심사다.[37] 김상봉은 서양 정신의 역사를 나르시스의 꿈이라고 부르는 이유를 이렇게 설명한다. "그것은 서양 철학이 한 번도 자기 밖으로 걸어 나와 타자적 정신 속에서 자기를 상실한 적이 없……기 때문이다. 나르시스는 타자적 주체를 알지 못하는 정신이다. 그는 언제나 홀로주체로서 존재한다. 그의 세계에서는 자기만이 주체이며 다른 모든 것은 그의 객체이다."[38] 그래서 칸트의 선험철학에서도 목격할 수 있듯, 서양 정신의 세계 속에서 모든 타자는 사물화되어 인식 대상으로 정립되기는 하지만 결코 인격적 만남의 대상으로서 그 정신과 마주 서지는 못한다. 어떤 타자도 서양 정신 그 자체를 능동적으로 규정하는 또 다른 현실적 주체로 등장하지 않는다. "서양 정신은 그렇게 한 번도 타자적 주체에 의해 수동적으로 규정되어본 적이 없는 정신, 한 번도 타자적 정신에 매혹되어 자기의 주체성을 그 앞에서 포기하거나 양도한 적이 없었던 정신이다. 서양 철학은 그런 홀로주체적 정신의 능동적 세계규정의 기록인 것이다."[39] 김상봉 철학의 이런 서양 정신 인식은 헤겔이 자신의 역사철학에서 서양의 역사를 자유 실현을 향한 운동의 역사였다고 규정한 것을 비틀어버리는 새로운 관점의 역사철학이라고 할 수 있다.

김상봉은 서양 정신의 나르시스적 아름다움을 보여주는 대표적인 사

---

37 같은 곳.
38 같은 책, 21쪽.
39 같은 곳.

례로 헤겔이 그토록 찬양한 그 자유의 이념을 꼽는다. 고대 그리스에서 출현한 자유의 이념은 그리스가 망한 뒤에도 살아남아 로마 제국과 기독교를 거쳐 면면히 이어졌고, 근대에 들어와서는 모든 사유하는 주체, 모든 인간의 본질로 이해되기에 이르렀다. 그리고 프랑스 혁명을 통해 보편적인 시민적 자유로 확립되었다. "그러니까 헤겔이 서양 역사를 가리켜 자유의 실현을 향한 운동이라 말했던 것은 조금도 이상한 일이 아니었던 것이다."[40] 그래서 오늘날 서양 철학자들이 아무리 혹독하게 자기 자신을 비판하더라도 자유의 이념을 정면으로 비판하는 것은 상상할 수 없는 일이다. "자유를 비판하는 것만은 '성령을 모욕하는 것'으로서 절대로 용서받을 수 없는 죄악이다."[41] 자유의 이념은 서양 정신의 본질적 진리이며, 서양 정신의 시원인 동시에 그것의 궁극적인 지향점인 것이다.[42] 그런데 이 자유의 이념이 바로 서양 정신의 나르시시즘적 홀로주체성을 단적으로 보여준다. 왜 그런가? 자유의 본질이 본디 그렇게 홀로주체적이기 때문이다. 자유란 자기가 자기 자신의 주인이 된다는 것을 뜻한다. 자기가 자기의 주인이 된다는 것은 무엇을 뜻하는가? "그것을 가장 보편적으로 규정하기 위해 존재론적 지평에서 말하자면, 자유란 '자기로부터 있음'이며 '자기를 위하여 있음'이다. 자기로부터 있다는 것은 자기가 자기를 스스로 규정한다는 것을 의미한다. 부정적으로 표현하자면 자유란 타자에 의해 수동적으로 규정받지 않는 상태를 의미한다. 이런 의미에서 자유란 순수한 능동성에 존립한다. …… 그는 오직 자기로부터 자기를 위해 있는바, 이를 통해 그는 온전한 의미에서 자기의 주인이 될 수도 있는 것이다."[43] 이렇게 서양 정신이 가르치는 자유란 오직 '자기로부터 자기를 위하여 있음'이다. 그런 한에서 서

40 같은 책, 26쪽.
41 같은 곳.
42 같은 책, 27쪽.
43 같은 곳.

양적 자유는 타자를 인정하지 않는다. "서양적 자유의 이념은 주체의 타자를 필요로 할 뿐, 타자적 주체를 인정하려 하지는 않는다."[44] 바로 이 점을 독일 관념론 철학의 대표자 가운데 한 사람인 셸링은 이렇게 말했다. "부정적으로 말하자면, 자유란 전적인 독립성, 아니 더 나아가 모든 아닌-나와의 전적인 양립 불가능성이라 규정할 수 있다."[45] 오늘날 서양 철학에서 말하는 '주체의 죽음'이란 자기 아닌 모든 타자가 죽은 사물로서 도구화되는 곳에서 홀로주체로 남겨진 그 '자유'의 정신의 운명이라고 김상봉은 말한다. "사람은 오직 사람 사이에서 사람이 된다. 주체는 홀로주체가 아니라 서로주체로서만 주체로서 존재할 수 있는 것이다."[46] 서로주체로 존재하려면 인간은 만나야 한다. "인간은 만남 속에서 서로주체로서 존재하게 된다. 내가 너와 만나 우리가 될 때, 나는 고립된 홀로주체성에서 벗어나 서로주체성의 영역에 들어서게 되는 것이다."[47] 그러나 서양적 자유와 주체성의 이념은 나와 너의 만남을 원리상 배제한다. "그것은 모든 타자를 인식의 타자로서 사물적 '그것'으로 만들어버린다. 그리하여 나와 너 사이의 인격적 만남은 사라지고 오직 남아 있는 것은 주체에 의해 수동적으로 규정되는 객체뿐이다."[48] 바로 이렇게 수동적 객체만 남겨놓은 홀로주체는 주체로서 자립할 수도 없고 꽃필 수도 없다. 그렇기 때문에 그런 홀로주체성 안에서는 주체의 죽음만이 남는 것이다. 그리하여 "아무도 만날 수 없는 정신은 불행하다. …… 서양 정신은 자기의 풍요와 아름다움 때문에 불행에 빠진 정신, 자기의 부유함으로 인해 도리어 가난해진 정신이다."[49] 우리는 서양

----

44 같은 책, 30쪽.
45 같은 곳.
46 같은 곳.
47 같은 곳.
48 같은 곳.
49 같은 책, 32쪽.

의 홀로주체적 자유와 다른 자유, 너와 만나 너와 함께 자유로워지는 서로주체적 자유를 찾아야 한다.

　김상봉은 이 책에서 칸트 윤리학을 분석해 서양 정신의 홀로주체성이 어떻게 관철되고 있는지 입증하기도 한다. 칸트 윤리학에는 도덕적 주체들 사이의 상호관계, 다시 말해 나와 너의 만남을 설명하거나 규정하는 어떤 이론도 없다는 것이 김상봉의 지적이다. 칸트의 윤리학이 완강한 홀로주체의 윤리임을 보여주는 단적인 사례가 '동정심' 부정이다. 칸트 이전 계몽주의 시대 영국 도덕철학자들은 동정심을 도덕감의 본질이라고 보았다. 그러나 칸트는 동정심을 도덕적 의지의 규정 근거로 삼는 것을 철저히 거부하였다. 그 까닭은 동정심이 '수동적 정념'이라는 데 있었다. 칸트에게 도덕이란 인간 의지의 자유의 표현이자 실현이다. "그런데 자유는 원인의 절대적 자발성에 다름 아니다. 따라서 동정심이 아무리 도덕감과 친근하고 유사한 것처럼 보일지라도 그것이 수동적 정념에 지나지 않는 한, 도덕과는 본질적으로 아무런 상관도 없는 심리 현상에 지나지 않는다는 것이 칸트의 입장이었다."[50] 이것이 바로 칸트가 도덕성의 본질을 해명할 때 주체와 주체 사이, 즉 나와 너 사이의 역동적인 상호관계에 대해 아무런 관심도 없었음을 보여주는 구체적 실례라고 김상봉은 말한다. 칸트는 도덕이 한 인간에 대한 따뜻한 관심에서 비롯되는 것도 아니고 인간과 인간의 주체적이고 역동적인 만남의 지평에서 발생하는 것도 아니라고 보았다. 그렇다면 어디에서 도덕이 비롯된다는 말인가? 칸트는 '보편적 법칙에 대한 존경심'이라고 답했다. 보편적 법칙에 대한 존경심이 도덕적 의지의 동기가 되어야 한다는 것이다. "여기서 주체는 타자적 주체와 관계 맺는 대신에 추상적 도덕법칙과 관계할 뿐이다."[51] 칸트가 말하는 도덕법칙이란 타율적 강

50　같은 책, 291쪽.
51　같은 책, 292쪽.

제의 원칙들을 배제한다. "한마디로 말해 주체의 의지 밖에, 주체의 의지에 앞서서 존재하는 객관적 도덕법칙의 체계를 칸트의 윤리학은 전혀 인정하지 않는다. 우리의 의지를 규정하는 행위의 원칙들은 때마다 모두 주관적인 준칙들일 뿐이다. …… 준칙은 도덕적 주체 자신의 자유로운 결단에 의해 정립된다는 점에서 주관적인 행위의 원리이다."[52] 이 준칙이 보편적 정당성을 얻을 때 바로 객관적 법칙이 된다. 그리하여 칸트가 말하는 법칙이란 타율적으로 외부에서 주어진 법칙이 아니라 주체 자신이 스스로 정립한 법칙이다. 그리고 법칙에 대한 존경심에 따라 의욕하고 행동한다는 것은 주체가 보편적 도덕법칙을 자기 자신 속에서 스스로 세운 뒤에 자기가 정립한 그 법칙에 스스로 복종한다는 것을 뜻한다. 이것이 바로 칸트 윤리학에서 말하는 도덕적 자율성이다.[53] 여기서 알 수 있듯이 도덕적 주체는 어떠한 경우에도 타율적으로 외부의 영향을 받지 않고 자기 스스로 법칙을 세워 스스로 그 법칙을 관철한다. 칸트의 윤리적 주체는 서양 정신의 모델과도 같은 자율적인 도덕적 주체다. 그 주체가 이렇게 자기관계 안에 머무는 홀로주체로서 나타나는 것이다. "도덕은 주체가 자기 밖으로 나가지 않고 고립된 홀로주체로 존재하면서도 보편적인 의욕의 주체, 즉 보편적인 당위 법칙의 주인이 될 수 있는 능력에 존립하는 것이다."[54] 이렇게 근대적 주체성의 본질적 진리인 자유는 이론적 차원에서나 실천적 차원에서나 타자적 주체가 없는 홀로주체성 속에서 실현된다고 김상봉은 말한다. 그리하여 "근대 철학이 서양 철학 일반의 본질론인 한에서 이 같은 타자 없는 홀로주체성은 서양 정신 일반의 근원적 운명이기도 하다."[55]

홀로주체성이야말로 서양 근대 철학의 본질이며 더 확장하면 서양

<hr>

52 같은 책, 293쪽.
53 같은 곳.
54 같은 책, 294쪽.
55 같은 책, 296쪽.

정신 전체의 본질이기도 한 것이다. 너를 알지 못하고 너를 만나지 못하는 서양 정신의 그런 자기관계와 자기함몰을 김상봉은 '병든 나르시시즘'이라고 부른다. "너를 사랑할 줄도 모르며 너로 인해 나를 상실할 줄 모르는 서양적 자기의식은 병든 나르시시즘에 지나지 않는다."[56] 그 병든 나르시시즘은 불임의 정신이다. 지혜의 여신인 아테네가 처녀 신으로서 품위와 단정함을 지키기는 하지만 아무것도 잉태하지 못하고 아무것도 출산하지 못하는 것과 다를 바 없다. "서양 문화는 아무리 우아해 보인다 하더라도 타자를 이용하고 소비할 뿐, 참된 의미에서 타자를 잉태하고 생산하지 못하는 불임의 문화에 지나지 않는 것이다."[57]

서양 정신은 타자성을 인정하지 않는 그 홀로주체성 때문에 불임의 정신으로 떨어졌다. 그렇다면 우리의 정신은 어떤가. 김상봉은 일제 강점기 때 쓰인 함석헌과 한용운의 글과 시를 빌려 우리 정신이 비참한 자기상실에 빠져들었음을 통렬하게 인정한다. 그 자기상실은 서양적 정신에 대한 매혹과 투항으로 나타났다. 자기를 잃어버린 정신이 우리의 정신이다. 그러나 이 잃어버림, 이 상실에서 우리의 철학자는 반전의 계기를 찾는다. 우리는 서양 정신이라는 타자 속으로 우리를 잃어버리고 그 정신을 통째로 받아들임으로써 한없이 비참해지고 혼란 속에 빠졌지만, 그런 상태가 우리에게 준 것이 있으니 그것이 바로 정신의 임신이라고 김상봉은 말한다. 서양은 불임의 상태이지만 우리는 상실과 혼란 중에 새로운 것을 탄생시킬 수 있는 '정신의 임신' 상태에 이르렀다. "우리는 지금 임신 중이다. 임신은 오직 너를 통해서만 이루어진다. …… 너를 나 속에 품은 정신의 동요는 임신한 정신의 입덧이다. 그러나 그것이 우리를 아무리 어지럽게 만든다 하더라도 그것은 새로운 생명, 새로운 역사의 탄생을 예고하는 가슴의 울렁거림인 것이다."[58] 이 임신

---

56 같은 책, 379쪽.
57 같은 곳.

한 정신이 우리의 철학을 탄생시킬 것이다. 『나르시스의 꿈』의 부제는 '서양 정신의 극복을 위한 연습'인데, 이 연습은 우리 철학을 정립하려는 노력이기도 하다. 그 노력이 구체적인 형태로 나타난 것이 바로 『서로주체성의 이념』이다.

4

『서로주체성의 이념』 '머리말'에서 김상봉은 전작 『나르시스의 꿈』에 대해 "부제가 암시하듯이 아직 완성되지 않은 암중모색의 기록이었던" 책이라고 자평한다. 그러면서 『서로주체성의 이념』에 대해 "오랜 실험과 성찰 속에서 우리가 다듬어온 새로운 주체성의 이념을 체계적으로 서술하기 위한 첫 시도"라고 선언한다. 『나르시스의 꿈』의 연습을 거쳐 새로운 주체성의 이념을 이제 제대로 펼쳐 보이기 시작했다는 이야기다. 그래서 『서로주체성의 이념』의 부제는 '철학의 혁신을 위한 서론'이다. 『나르시스의 꿈』의 부제보다 훨씬 더 당당한 자신감이 배어 있다. 『자기의식과 존재사유』에서 시작된 철학 혁신의 꿈이 여기서 제대로 꽃피기 시작하는 것이다. 『서로주체성의 이념』은 두 부분으로 이루어져 있다. "한편에서는 홀로주체성과 서로주체성의 차이를 분명히 드러내기 위해 먼저 서양 정신의 나르시시즘과 홀로주체성을 그 본질과 역사 그리고 현실태에 이르기까지 상세하게 설명하고, 다른 한편 서로주체성이 뿌리박고 있는 역사적 배경과 그것이 지향하는 본질적 이념을 체계적으로 서술한다."[59]

여기서 김상봉은 서로주체성의 이념을 한마디로 줄여 '새로운 자유의 이념'이라고 부른다. 『나르시스의 꿈』에서 보았던 대로 서양 정신의

58 같은 곳.
59 김상봉, 『서로주체성의 이념』, 도서출판 길, 2007, 22쪽.

본질적 진리인 자유의 이념은 홀로주체성의 이념에 머물렀다. 나 밖의 너를 받아들여 만나지 못하는 자기고립의 자유였다. 『서로주체성의 이념』이 펼쳐 보이는 새로운 자유의 이념은 홀로주체가 아닌 서로주체가 빚어내는 자유의 이념이다. 그 이념은 이 땅에서 우리 역사를 통해 형성되어온 이념이기도 하다. "서양적 자유의 역사에서 자유의 이념은 처음부터 주어져 있었다. 그 본질적 이념에 관해서 보자면, 그리스인들의 땅에 기적처럼 자유의 이념이 뿌리를 내린 뒤에 서양 정신은 고귀한 그리스인들이 정립했던 자유의 이념을 넘어간 적이 없다. 그러나 우리에게는 그런 모범이 없었으니, 우리의 자유는 지속적인 압제와 그에 저항하여 반복된 항쟁의 창끝에서 벼려진 이념이다."[60] 그런 점에서 『서로주체성의 이념』은 "동학농민항쟁에서 광주항쟁을 거쳐 1987년 6월항쟁에 이르기까지 이 땅의 모든 자유를 향한 항쟁에 대한 철학적 헌사이다."[61] "어떤 항쟁도 단순한 저항으로 끝나지는 않는다. 모든 항쟁은 형성의 씨앗을 자기 속에 지니고 있으며, 항쟁의 과정은 그 자체로서 형성의 과정이기도 하다. 항쟁은 홀로 할 수 있는 것이 아니라 같이 하는 것이며, 또한 단순히 저항하는 것이 아니라 같이 고통받으면서 같이 싸우는 과정이니, 그야말로 더불어 서로주체성을 형성하는 과정인 것이다."[62] 이 구절이 암시하는 대로 주체성도 자유도 모두 역사적 현실에 뿌리박고 거기서 자양분을 얻어 자라나는 것이다. 따라서 이념은 역사적이고 지역적이다. 그렇기 때문에 서양에서 말하는 자유와 주체성을 무작정 보편성 그 자체로 받아들일 수는 없는 일이라고 김상봉은 말한다. "우리는 서양적 자유와 주체성의 이념이 더 이상 우리가 그대로 따를 수 있는 길이 아니라고 생각한다."[63] 왜냐하면 주체성은 역사적이기

---

60 같은 곳.
61 같은 책, 23쪽.
62 같은 곳.
63 같은 책, 30쪽.

때문이다. 다시 말해 역사적 경험에 제약되는 것이 주체성이다. "주체는 본질적으로 자기의식, 곧 의식의 자기반성에 존립한다. 반성 속에서 의식은 자기 자신에게 되돌아간다. 되돌아간다는 것은 기억함이다. …… 기억이 나 혼자만의 기억이 아니라 우리의 기억일 때 그것을 가리켜 역사라 한다. 그리하여 주체는 언제나 역사에 매개되어 있다."[64] 마찬가지로 "자기의식은 역사의식이기도 하다".[65] 우리는 자기의식이 고립된 개체의 자기발생 속에서 형성되는 것이라고 생각할 때만 그것을 역사와 무관한 것으로 상정할 수 있다. 그러나 자기의식은 너와 나의 만남 속에서 형성되는 '우리의 의식'이기 때문에 역사의식을 바탕에 깔고 있을 수밖에 없다. 그러므로 자기의식은 역사의식이며, 주체성은 역사성인 것이다. 이렇게 주체성이 역사 속에서 발생하는 한에서 역사가 달라지면 주체성의 성격과 내용도 달라지지 않을 수 없다. "다른 역사는 다른 주체를 낳는다. 그런즉 서양 철학이 형상화해 보였던 주체성의 이념은 다른 주체성을 모두 감쌀 수 있는 보편적 주체성이 아니다."[66] 그런데 서양 철학은 아직도 자신의 지역성을 명확히 자각하지 못하고 있다고 김상봉은 지적한다. 헤겔이『법철학』에서 이야기했던 대로 서양의 철학은 철학이 시대의 아들이라는 것을 인식하기는 했다. 그러나 "자기들의 철학이 어쩔 수 없이 자기들의 역사와 언어에 의해 제약된 철학이라는 것을 깨닫는 데까지 이르지는 못하였다."[67] 서양 철학이 자기비판이나 자기성찰을 하지 않는 것은 아니다. 그러나 자기 안에서 이루어지는 자기성찰은 발본적인 데까지 나아가기 어렵다고 김상봉은 진단한다. "오늘날 서양 철학자들 역시 서양적 보편성의 문제를 모르지 않으며, 그 문제를 해결하는 일에 결코 태만하지 않다. 그러나 과연 자기의 정신적 전

---

64 같은 곳.
65 같은 곳.
66 같은 곳.
67 같은 책, 37쪽.

통 가운데서 자기의 한계를 어디까지 인식할 수 있겠는가?"[68] 결국 서양 정신의 한계를 제대로 보려면 서양 정신 바깥에서 보는 수밖에 없다. 그 일을 하는 것이 바로 우리의 철학인 셈이다.

그렇다면 서로주체성의 이념이란 단적으로 무엇을 말하는 것인가? 김상봉은 그 물음의 답을 '만남'에서 찾는다. 서로주체성의 이념을 세우는 과정은 '참된 만남'이 무엇인지 묻고 답을 얻는 과정이기도 하다. 이것은 이전의 서양 철학이 전혀 생각하지 않았던 새로운 과제다. "일반적으로 말해 서양 철학은 만남을 사유하는 데 익숙하지 않은 철학이다. 그 철학은 대상의 인식과 경험에 대해서는 모르는 것이 없지만 인격적 타자와의 만남에 대해서는 할 말이 없는 철학이다. 이것은 다른 무엇보다 일반적인 서양의 철학 사전에서 '만남'이라는 항목 자체를 찾을 수 없다는 데서 가장 쉽게 증명된다."[69] 서양에서 만남에 가장 가까이 다가간 철학자로 김상봉은 헤겔을 꼽는다. "헤겔은 『정신현상학』의 「자기의식」 장에서 어떻게 나의 자기의식이 타인과의 관계 속에서만 생성되는가를 누구보다도 탁월하게 서술한다. 그에 따르면 나는 곧 우리이고 우리가 곧 나이니, 이 통일성이야말로 정신의 본질에 속하는 것이다. …… 헤겔은 나와 다른 자기의식이 완전한 자유와 자립성을 가지고 대립하면서도 통일이 형성되어 있는 까닭에 우리가 곧 나이고 내가 곧 우리라고 주장한다."[70] 김상봉은 헤겔이 이렇게 말할 때 적어도 그 순간 그는 그 이후의 어떤 철학자보다 주체성의 본질인 만남에 가까이 다가가 사유하고 있었다고 인정한다. 그러나 헤겔은 철학을 만남이라는 바탕 위에서 근본적으로 혁신하지 못했다. 만남을 철저히 사유하여 그의 철학 전체에서 일관되게 관철되는 유도동기로 만들지 못했다. 그리

---

68 같은 책, 39쪽.
69 같은 책, 167쪽.
70 같은 책, 170쪽.

하여 "그는 내가 우리고 우리가 나라고 말할 때, 만남의 의미에 대해 누구보다 깊은 통찰의 가능성을 보여주었으나, 그의 철학을 전체로 볼 때 그런 통찰은 한때의 암시로 끝났을 뿐 그의 인식론은 물론 존재론과 윤리학 어디서도 우리는 만남의 개념이 철저히 관철되는 것은 고사하고 흔적조차 찾을 수 없다."[71] 우리의 과제는 헤겔이 멈춘 바로 그 지점에서 생각을 시작하는 것이다. 다시 말해 만남을 가장 근원적인 차원에서 해명하는 것이 우리에게 주어진 과제라고 김상봉은 말한다. "우리의 과제는 자아를 참된 의미의 주체로 만들어주는 활동의 본질을 만남으로 파악하고 그 만남의 의미를 선험론적(transzendental)으로 해명하는 일이다. …… 여기서 **만남의 의미를 선험론적으로 사유한다는 것**은 만남이라는 사태를 단순히 사회적 문맥에서 경험론적으로 고찰하는 것이 아니라, 자아의 주체성과 세계의 존재의 근원적 지평으로서 사유하는 것을 뜻한다."[72] "선험론적 철학은 나의 존재든 세계의 존재든 그 어떤 존재도 그 자체로서 객관적으로 있다는 믿음을 거부한다. 모든 존재는 주체의 활동을 통해 개방된다는 것이야말로 선험론적 철학의 근본 통찰이다."[73] 김상봉이 만남을 주체성과 세계 존재의 근원적 지평으로 이해하기 위해 끌어들인 선험론적 철학이란, 앞에서 살펴본 대로, 칸트가 기초를 놓은 그 철학을 말한다. "문제는 모든 있는 것들이 있게 되는 그 지평이 어떤 활동이냐 하는 것이다. 칸트의 선험론적 철학과 그 이후의 의식철학은 그것을 한마디로 말해 '나'의 생각의 활동 속에서 찾았다."[74] 그러나 나의 생각이 펼쳐지는 내 안의 자기의식은 실상은 나만으로 이루어진 자기의식이 아니라, 나와 네가 만나 이루는 우리의 자기의식이다. 만남이 형성하는 이 우리의 자기의식이 존재의 근거, 존재의 지평인

---

71 같은 책, 171쪽.
72 같은 책, 168쪽. 강조는 원문.
73 같은 곳.
74 같은 곳.

것이다. 앞에서 『자기의식과 존재사유』의 핵심을 음미할 때 살펴본 대로 바로 여기가 김상봉이 칸트를 부정하고 칸트의 한계를 뚫고 도약하는 지점이다. "우리는 오직 나와 너의 만남 속에서 나도 세계도 존재하게 된다는 것을 말하려 한다. 이처럼 만남을 주체인 나와 세계의 존재근거로 사유할 때, 비로소 우리는 만남을 선험론적으로 사유하게 되는 것이다."[75] 이렇게 만남을 존재의 근거로서 사유할 때, 우리는 만남을 모든 것에 앞서가는 '처음'으로서 사유하는 것이다. "만남은 존재의 아르케(arche) 곧 존재의 시원이요 원리(principium)이다."[76] 하지만 만남을 시원으로서 사유하는 것만으로는 만남의 철학에 아직 이르지 못한다. 오직 철학의 전 체계를 만남의 이념 위에 구축할 수 있을 때 비로소 우리는 온전한 의미에서 만남의 철학을 수립할 수 있다고 김상봉은 말한다. "우리는 가장 먼저 의식 자체의 발생과 자기의식의 생성 그리고 동시에 주체성의 정립이 본질적으로 나와 너의 만남에 존립한다는 것을 밝히고, 이로부터 세계와 존재의 의미를 만남의 지평으로부터 해명해야 한다. 다시 말해 우리의 과제는 만남이 좁게는 나의 자기의식과 주체성의 가능성을 위한 근거임을 밝히는 것이요, 넓게는 그것이 우리의 경험과 생각 일반의 제일 근거라는 것을 밝히는 것이며, 이를 통해 존재 일반이 만남의 지평 속에서 드러나는 것을 밝히는 일이다."[77] 그리고 그 위에서 만남으로부터 새로운 윤리적 · 정치적 삶의 원리를 이끌어내고, 역사의 의미를 만남에서 해명하며, 더 나아가 예술의 진리까지도 만남에 있음을 밝혀야 한다. "이처럼 의식과 존재에서 역사와 예술까지, 무엇을 사유하든 만남의 지평 속에서 사유하는 것이야말로 타자와의 만남 없는 홀로주체성의 철학에 반대해 우리가 이제부터 추구하려는 만남의 철학

---

75 같은 책, 168~69쪽.
76 같은 책, 169쪽.
77 같은 곳.

의 이념이다. 나의 존재 그 자체가 그 시원은 물론이고 그 궁극적 완성에서도 바로 만남에 터하고 있다는 것을 밝히는 것이야말로 우리의 과제인 것이다. 요컨대 **철학의 체계 자체를 철두철미하게 만남의 이념 위에 세우는 것이 우리의 과제이다.**"[78] 그 과제를 완수하는 것이 '철학의 혁신' 작업의 본령이라고 할 수 있을 것이다.

이 책은 서로주체성의 이념의 밑그림을 우리 역사와 관련지어 다양한 방식으로 보여준다. 특히 일제 강점기 지식인들의 시와 글에서 서로주체성 이념의 정신적 바탕을 찾는다. "서로주체성이란 만해〔한용운〕와 다석〔유영모〕과 함석헌 그리고 소월과 윤동주가 예비한, 자기상실 속에서의 자기실현이라는 이념을 철저히 개념적인 사유의 차원에서 구체화하기 〔위한〕 새로운 주체성의 이념이다."[79] 김상봉은 여기서 서로주체성의 이념을 보여주는 가장 우리다운 사례로서 '모심과 섬김'을 이야기한다. 모심과 섬김은 '나'라는 주체밖에 모르는 서양의 홀로주체와 달리 너를 주체로서 받아들이는 나의 자세이다. "너를 주체로서 받아들인다는 것은 만해가 「복종」이라는 시에서 표현하려 했듯이 내가 낮은 자리에서 너를 모시고 섬긴다는 것을 의미한다. 오직 그렇게 나와 네가 서로를 마음으로 섬기는 한에서만 참된 서로주체성은 생성되는 것이다."[80] 그런데 여기서 문제는 나와 네가 서로를 모시고 섬기면서도 서로가 주체성을 잃지 않아야 하며 노예적 예속에 떨어지지 않아야 한다는 것이다. 이렇게 '나를 낮춤으로써 주체로 일어서기'의 그 이중성에 어려움이 있다고 김상봉은 말한다. 그렇다면 하나의 주체 또는 정신이 다른 정신을 모시고 섬기되 그 때문에 노예 상태에 빠지지 않고 오히려 더욱 자유롭게 되는 것이 가능한 경우가 어떻게 있을 수 있겠는가? 이 물음

---

78 같은 책, 170쪽. 강조는 원문.
79 같은 책, 233쪽.
80 같은 책, 295쪽.

에 대한 대답이 될 수 있는 단적인 사례로 우리의 철학자는 배움을 제시한다. "한국의 지성사는 이 물음에 대해 이렇게 대답한다. 즉, 하나의 정신이 다른 정신에게 배울 때, 배우는 정신은 겸손하게 자기를 낮추고 남을 모시는 것이지만 그 배움으로 인해 노예가 되지 않으며 도리어 자유롭게 된다."[81] 모든 참된 배움은 배우는 자를 자유롭게 한다. "그런데 누구도 겸손하게 자기를 낮추지 않고 타인을 모시려 하지 않으면서 그에게 배울 수는 없다. 배우려는 자는 언제나 자기를 비우고 그 자리에 타인을 받아들여 마음으로 모시지 않으면 안 된다. 그러나 배우는 자는 가장 치열하게 생각하는 자요, 배움을 통해 생각을 넓혀가는 자이니, 생각 속에서 그는 자유로우며 배움이 넓어지는 만큼 그의 자유도 확장되는 것이다. 하지만 그런 가운데서도 배우는 자는 자기를 가르치는 자를 모시는 것이다."[82] 이런 배움의 겸손함에 비하면 사랑이나 인정이나 책임이나 환대 같은, 타자를 대하는 서양 철학의 개념들은 아직도 홀로주체성을 벗어나지 못한 말들이다. "배움은 가장 탁월한 의미의 비움이요 모심이다. 그리고 참된 모심은 또한 배움이다. 아무도 자기를 비우지 않고 남에게 배울 수 없으며, 남에게 아무것도 배우지 않으면서 자기를 비우고 남을 모신다는 것도 빈말이다. 타인에게 자기를 낮추고 배우지 않고 다만 타인을 사랑하고 책임지겠다는 것은 타인을 지배하겠다는 말과 같다. …… 마찬가지로 환대나 책임은 강자의 자리에서 타자를 맞이하고 받아들이는 것이지만 **모심**은 타인을 낮은 자리에서 받드는 것이다. …… 나와 네가 그렇게 서로를 비우는 법을 배울 때 나와 너 사이의 참된 만남이 가능할 것이다."[83]

그런데 서로주체성이란 나와 네가 서로 같은 주체가 되는 것만큼 또

---

81 같은 책, 296쪽.
82 같은 곳.
83 같은 책, 297쪽. 강조는 원문.

한 서로 같은 객체가 된다는 것을 가리킨다. 너는 나의 객체이고 나는 너의 객체이다. 그것은 나와 네가 서로 같이 능동적으로 된다는 것을 뜻하는 것만큼이나 서로 수동적으로 된다는 것을 뜻한다. 그렇다면 언제 나는 너와 함께 수동적으로 되는가? 김상봉은 서로 수동적으로 되는 상태를 "나와 네가 같이 고통받을 때"라고 답한다. "왜냐하면 수난과 고통이야말로 수동성의 정점이기 때문이다."[84] 그런데 수동성이 수동성으로 끝날 때는 결코 능동성이 되지 못한다. 그렇다면 언제 내가 너와 함께 겪는 수동적 고통이 동시에 능동적이고 주체적인 것이 되는가? "그것은 나와 네가 서로의 고통에 응답하고 그에 참여할 때이다."[85] 내가 타인의 고통에 응답할 때, 나는 그 타인의 고통 속으로 나를 던져 넣는다. 그때 나는 그 타인과 함께 고통받는다. 그런 한에서 나는 그 타인과 나란히 수동적인 상태에 놓이게 된다. "그러나 그것은 타인의 고통에 대한 능동적 응답에서 비롯된 수동성인 까닭에, 나는 그 수동성 속에서 도리어 가장 치열하게 능동적이고 주체적일 수 있다. 내가 너의 고통에 응답하듯, 네가 나의 고통에 응답할 때, 우리는 그 속에서 같이 수동적이며 같이 능동적인 것이다."[86] 그렇게 고통에 대한 응답을 통해 능동적으로 되는 경우로 김상봉은 광주항쟁을 든다. 광주항쟁은 "타인의 고통에 목숨을 걸고 응답하려는 용기"에서 촉발되고 그 용기로 지탱된 항쟁이었다. "광주항쟁의 경우에서 보듯, 서로주체성이란 나와 너의 획일적 동일성을 통해 이루어지는 것이 아니다. 도리어 중요한 것은 차이와 다양성의 보존이다. 그 차이와 다양성이 타자의 고통에 대한 감수성을 통해 매개될 때 비로소 우리는 나와 너의 차이에도 불구하고 우리 모두가 하나로 결속한 서로주체성의 현실태를 형성할 수 있다."[87] 그리하여 절대적

---

84 같은 곳.
85 같은 곳.
86 같은 책, 298쪽.
87 같은 책, 299쪽.

서로주체성의 현실태란 모든 사람이 "자기의 모든 것을 걸고 모든 타자의 고통에 응답함으로써 생성되는 공동체"를 뜻한다. 이 공동체는 "영원히 도달할 수 없는 이념이다".[88] 그러나 그 불가능한 꿈을 마음에 품을 때 비로소 우리는 필연성의 노예였던 자기를 일으켜 자유로운 주체로서 살아가는 삶의 길에 들어서게 된다. 이것이 우리의 철학자가 이 책에서 펼쳐 보이는 신념이다.

5

철학이란 무엇인가? 철학의 역할과 임무는 무엇인가? 김상봉은 기회 있을 때마다 이 물음들을 묻고 거기에 답한다. 가장 추상적으로 말하자면 철학이란 "철학적 사유 자신의 자기반성"이다.[89] 칸트 철학을 이야기하던 중에 한 이 말은 김상봉 철학에 대한 자기정의라고도 할 수 있다. 서양 철학의 사유를 총체적으로 반성함으로써 새로운 존재론, 새로운 주체성의 이념을 제시하는 것이 김상봉 철학이기 때문이다. 동시에 김상봉은 철학이란 '자기인식이요 개념으로 그린 자화상'이라고 정의하기도 한다.[90] '철학=자기인식=자화상'이라는 정의를 이야기하는 이유는 어디에 있는가? 우리가 그런 철학을 하지 못했다는 것을 알게 하려는 데 있다. "우리는 너무 오랫동안 다른 사람의 자화상을 우리의 초상화로 알고 살아왔다."[91] 그런 사실이 우리의 철학자에게는 뼈저린 아픔으로 다가온다. 우리에게 우리 고유의 철학이 없었다는 사실처럼 부끄럽고도 치욕스러운 일은 없다. 말년의 하이데거는 어느 인터뷰에서 새로운 철학적 사유는 유럽 전통에서만 가능하다고 했는데, "하이데거

---

88 같은 책, 300쪽.
89 김상봉, 『자기의식과 존재사유』, 24쪽.
90 김상봉, 『나르시스의 꿈』, 17쪽.
91 같은 곳.

가 알고 한 말이든, 모르고 한 말이든 우리에게 철학이 없었다는 사실 자체만은 부정될 수 없다. 하지만 우리가 아직껏 우리의 철학을 가져보지 못했다 해서, 앞으로도 우리에게 철학은 불가능한 꿈으로만 남아 있어야 하겠는가? 그리하여 우리는 여전히 남의 철학을 흉내 내는 비굴한 모방자로밖에 남을 수 없는 것인가? 아니라면, 어디에 우리의 희망이 있는가? 우리는 무엇으로부터 철학적 사유를 시작할 수 있겠는가?"[92] 이렇게 물으면서 우리 역사를 돌아볼 때 눈에 들어온 사람이 함석헌이다. 김상봉은 함석헌 때문에 우리 20세기에 철학이 아예 없었다고 말할 수 없게 되었다고 해도 지나친 말이 아니라고 말한다. "남들이 그(함석헌)를 무어라 부르든, 그는 철학자였다. 왜냐하면 그는 우리의 오랜 자기망각을 박차고 일어나 처음으로 나의 존재의 의미를 그리고 우리 역사의 뜻을 물었던 사람이기 때문이다. 그의 『뜻으로 본 한국역사』는 우리말로 씌어진 최초의 철학책이다. 박제가 된 철학이 아니라 살아 있는 철학, 남의 철학의 흉내가 아니라 스스로 철학함의 출발이라는 점에서 한국 철학의 역사는 함석헌과 더불어 시작된다."[93]

함석헌을 최초의 우리말 철학자라고 이야기하는 데서도 엿보이듯이 김상봉의 철학에 대한 사랑은 악착같다고 해야 할 정도로 집요하다. 우리의 철학자는 왜 그토록 끈질기게 철학을 찾는 것일까? 다른 것이 아니고 철학이야말로 자유의 학문이며 자유인의 학문이기 때문이다. 다른 걸 다 갖추고도 철학이 없다면 진정한 자유인이라고 할 수 없기 때문이다. "철학만이 존재 전체를 생각하는 학문이다. 그리고 오직 철학만이 있음이 주어져 있는 사실의 총체가 아니라 철학적 사유 속에서 형성될 수 있고 또 형성되어야 하는 가능성의 지평이기도 하다는 것을 처음부터 명확하게 통찰하고 있는 학문이다. 그런 의미에서 철학은 자유

---

92 같은 책, 345쪽.
93 같은 책, 349쪽.

로운 학문이요 자유인의 학문이니, 우리 자신이 형성한 세계관, 우리 자신의 역사적 삶에서 길어낸 철학만이 우리를 참으로 자유롭게 할 수 있는 것이다."[94] 자유인은 주체이기도 하다. 주체는 세계의 입법자이고 세계의 주인이며 세계관의 창조자다. 그 세계관을 형성하는 사유의 활동이 철학이다. 그러므로 참으로 주체가 되려는 사람은 누구나 자기의 철학을 세우지 않으면 안 된다. "칸트가 말했듯이 세계는 경험적으로 주어진 사물적 대상이 아니라 생각의 활동을 통해서 정립되는 이념이다. 철학은 비어 있는 총체성의 이념인 세계를 구체적 규정 속에서 형성하는 정신의 노동이다. 주체는 그런 철학을 통해 비로소 자기의 세계를 가지게 되는데, 그 세계가 자기의 세계인 한에서 주체는 그 세계의 주인이다. 그런즉 자기를 주체로서 세우려는 자는 개인이든 민족이든 먼저 자기의 철학을 세우지 않으면 안 되는 것이다."[95] 그러나 안타깝게도 한국인은 한 번도 온전한 의미에서 자기의 철학을 가져보지 못했다고 우리의 철학자는 탄식한다. "이 나라의 지배계급은 자기의 세계를 스스로 기투하고 지탱하는 노동을 떠맡기보다는 남이 만들어놓은 세계에 붙어사는 것을 더 좋아했다."[96] 이 땅에 그동안 있었던 철학, 20세기의 철학은 무엇이었던가? 김상봉은 그 철학이 민중의 고통을 등진 죽은 철학이었다고 단언한다. "이 땅의 대다수 직업 철학자들은 씨올들과 같이 고통받고, 같이 저항하며, 같이 형성하려 하지 않았으니 어떤 현실에 발을 딛고 무엇으로부터 주체적인 세계상을 형성해낼 수 있었겠는가? 민중의 고통과 꿈을 등진 철학은 역사를 등진 철학이요, 역사를 등진 철학은 뿌리내릴 토양이 없는 철학이니, 지금껏 이 나라의 강단 철학이란 대개 남의 땅에서 꺾어 와 제 방의 꽃병에 꽂아놓은 꽃처럼 죽은 철학이었던

94 김상봉, 『서로주체성의 이념』, 17쪽.
95 같은 책, 181쪽.
96 같은 책, 182쪽.

것이다."⁹⁷ 그렇게 주체성 없는 철학을 되풀이하는 것은 자기 집에 사는 것이 아니라 남에 집에 세 들어 사는 것과 같다. 정신의 셋집살이처럼 추레한 것이 없다. 이 땅에 철학이 있고 철학자들이 있는 것은 사실이다. 하지만 이 강단 철학자들은 셋집살이로 할 일 다 했다고 생각하는 사람들이다. "한국의 철학자들은 남이 지어놓은 집에 방 한 칸을 얻어 그 방을 제 식으로 꾸밀 수 있으면 그것으로 만족한다. 자기의 땅에 자기의 집을 짓지 않는 것이 그들의 미덕이다."⁹⁸ 이런 미덕은 세상의 주인 되기를 포기한 사람들의 미덕이다. 그러므로 그런 미덕이야말로 악덕이며 정신적 노예 상태의 표지이다. "우주는 말 그대로 집이다. 오직 그 집을 스스로 지을 때 우리는 세상의 주인이 될 수 있다. 그러나 한국인은 세상이라는 집을 스스로 짓겠다는 뜻을 세워본 적이 없었다."⁹⁹ 그러니 이제라도 자기 철학을 세워야 한다고 김상봉은 말한다.

자기 철학이 없다는 것은 단적으로 말해 세계를 보는 자기 자신의 눈, 곧 자기만의 세계관이 없다는 것과 같다. 바깥에서 들어온 이런저런 세계관들이 파편처럼 우리의 정신을 휘젓고 있을 뿐이지, 세계를 일관성 있게 설명해주는 우리 자신의 주체적 세계관이 없는 것이다. "개항 이후 서양의 온갖 철학과 세계관이 밀려들어온 뒤에 한국 땅에는 너무도 많은 세계관들이 중첩되어 있는 까닭에 단절 없는 잘 구성된 하나의 세계관의 지평이 없는 것이다. 그 결과 한국인들에게는 잘 구성된 연속적인 자기 또한 없다. 한국인에겐 자기가 그 자체로서 타자성의 총체이다."¹⁰⁰ 자기가 없고 자기다움이 없고 자기의 세계가 없는 이 상태를 김상봉은 젊은 날 헤겔과 셸링의 절친한 동무였던 독일 시인 횔덜린의 절규를 빌려 탄식하기도 한다. "나에겐 '이것이 바로 나 자신의 것이다'라

97 같은 책, 19~20쪽.
98 같은 책, 182쪽.
99 같은 곳.
100 같은 책, 188쪽.

고 말할 수 있는 것이 아무것도 없다."[101] 횔덜린의 절규는 식민지 시대 우리 시인들의 절규이기도 했지만, 지금도 이 땅에서 메아리치고 있는 절규이기도 하다. 그리고 그 절규는 아마도 젊은 시절 우리의 철학자 자신이 했던 절규이기도 했을 것이다. 그리하여 김상봉 철학의 분투와 더불어 우리 자신의 철학이라고 자각한 철학이 체계와 대오를 갖추어 본격적으로 행진하기 시작했다고 해도 좋을 것이다.

6

김상봉 철학은 내려감의 철학이다. 철학은 기꺼이 아래로, 바닥으로 내려간다. "오랫동안 철학은 빛에 가까이 가기 위한 영혼의 동경이었다. 그것은 사람들이 빛 가운데 진리가 있다고 믿었던 시절의 이야기였다."[102] 그러나 김상봉은 진리가 도리어 어둠 속에, 슬픔과 절망 속에 있다고 말한다. "그리하여 진리에 다가가기 위해 이제 우리는 가장 깊은 슬픔과 절망의 어둠 속으로 내려가지 않으면 안 된다."[103] 그렇게 어둠 속으로 내려가 만나는 슬픔을 해석하는 것이 철학의 임무이다. 그래서 김상봉 철학은 다른 말로 하면 '슬픔의 해석학'이라고도 할 수 있다. "과연 어떤 의미에서 신의 일은 가난한 영혼 속에서 실현되고, 어찌하여 신의 뜻은 가장 깊은 절망과 슬픔 속에 깃들이는가? 이 물음에 대답하는 것, 슬픔 속에서 존재의 궁극적 진리를 듣는 것, 그것을 가리켜 우리는 슬픔의 해석학이라고 부른다."[104] 슬픔이야말로 철학의 어머니라고 우리의 철학자는 단언한다.[105] "언제 사람은 철학적이 되는가? 그것

---

101   같은 책, 204쪽.
102   김상봉, 『나르시스의 꿈』, 35쪽.
103   같은 곳.
104   같은 곳.
105   같은 책, 302쪽.

은 그가 슬픔 속에 있을 때이다. 슬픔은 처음에는 언제나 아픔으로 발생한다. …… 아픔이 '남에 대한 격분'이 아니라 '스스로의 슬픔'으로 반성될 때, 철학적 사유는 시작된다."[106] 슬픔만이 철학을, 다시 말해 세계와 자기에 대한 근원적인 반성을 촉발한다고 우리의 철학자는 확신한다. 기쁨이나 즐거움에서는 철학적 반성이 생기지 않는다. 거기서는 존재의 확장과 앙양은 있을지언정 타자를 받아들일 자기반성의 여지는 생겨나지 않는다고 우리의 철학자는 말한다. 슬픔이야말로 철학의 자리인 것이다. 그런 점에서 김상봉 철학을 슬픔의 철학이라고 부르는 것도 이상하지 않을 것이다.

그런가 하면 김상봉 철학에서 빼놓을 수 없는 것이 5·18이다. 슬픔의 철학은 우리 역사를 관통하여 5·18의 철학으로 응결된다. 마치 프랑스 혁명이라는 자유의 대격변이 없었다면 독일 관념론의 우뚝 선 두 거봉 칸트와 헤겔이 나올 수 없었듯이, 그래서 칸트와 헤겔을 프랑스 혁명의 철학자라고 부를 수 있듯이, 20세기 식민-분단-독재의 우리 현대사가 없었다면 김상봉 철학은 성립하기 어려웠을 것이다. 특히 젊은 날을 강타한 광주항쟁이라는 사건이 없었다면 김상봉 철학은 다른 모습으로, 다른 색조로 나아갔을 것이다. 김상봉 철학의 서로주체성 이념은 5·18이라는 우리 현대사의 대사건을 통과하며 구체성과 현실감을 얻었다고 해도 지나친 말이 아니다. 5·18은 김상봉 철학의 조명 아래서 서로주체성의 이념의 해석을 거쳐 프랑스 혁명이나 파리코뮌과는 전혀 다른 새로운 역사적 의미를 획득했으며, 서로주체성의 이념은 5·18의 그 집합적 함성과 피의 헌신을 통해 회색의 관념이 아니라 심장의 박동 소리가 들리는 생생한 현실로 살아났다.

요컨대 김상봉 철학이 하려는 일은 정신의 집을 짓는 일이다. "우리는 아직 한 번도 제대로 된 정신의 집을 가져본 적이 없는 사람들이

---

106 같은 책, 301쪽.

다."[107] 한때는 여기에 빌붙어 살다가 어느 날 짐 싸들고 저기로 옮기는, 너무도 오랜 세월 반복해온 정신의 셋방살이를 끝내야 한다. 제 집 없이 여기저기서 셋방살이하느라 서로 만나지 못하고 궁벽하게 웅크린, 그런 옹졸한 정신의 삶을 거두어들여야 한다. 우리의 역사적 체험, 우리의 삶에 터를 잡은 참된 우리의 철학을 세워야 한다. 우리의 역사와 경험을 토대로 삼아 우리의 언어로 우리 정신이 거주할 커다란 집을 짓는 것, 그것이 우리의 철학자가 하려는 일이다. 그 집에서 우리는 남과 북, 동과 서를 하나로 불러 모을 수 있을 것이다.

7

김상봉 철학을 읽는 일은 한마디로 말해 철학적으로 사유하는 법을 배우는 일이다. 철학적으로 사유하는 일은 비유하자면 건물을 세우는 일이다. 개념을 쌓고 논리로 기둥을 세워 튼튼한 건축물을 지어 올리는 과정을 뒤따라가며 되풀이해보는 일은 놀라운 체험이다. 그 사유의 작업을 거쳐 아무것도 없는 빈 바탕에서 철학적 체계의 건축물이 천천히 솟아오른다. 김상봉의 철학 작업을 뒤따라 다시 해보는 과정은 다음과 같은 진리를 깨닫는 과정이기도 하다. '우리가 세계를 파악하고 이해하는 한에서만 세계는 내 것이 된다. 그렇게 내 사유의 힘으로 파악되고 이해된 세계만이 나의 세계다. 그 세계의 크기가 내 정신의 크기다.' 그렇게 깨달은 진리가 가슴속 깊숙이 들어와 혈관의 피를 타고 머리끝부터 발끝까지 온몸 구석구석으로 퍼지는 것을 경험했음을 고백한다.

김상봉 철학을 읽는 일은 또한 명증성의 체험이기도 하다. 김상봉 철학에서는 단 하나의 개념도 허투루 쓰이지 않는다. 논리는 억지를 부리

107　김상봉, 『서로주체성의 이념』, 306쪽.

지 않고, 사유는 난데없는 비약을 허락하지 않는다. 차분하고 집요하고 철저하게 필요한 과정을 하나하나 밟아 앞으로 나아간다. 그 과정을 지배하는 원칙이 명증성이다. 김상봉은 서양 철학이 보편적 설득력을 얻은 이유를 바로 그 명증성에서 찾는다. 심오하거나 거룩해서가 아니라 명증적이었기 때문에 보편적으로 설득할 수 있었다는 것이다. "아름다움의 힘은 심오함이 아니라 외면하고 거부할 수 없는 눈부신 명증성에 있다. 그처럼 이념화된 명증성 또는 …… 명증적 이념이야말로 플라톤이 그리고 데카르트가 모두 추구했던 서양 철학의 한결같은 이상이었다."[108] 김상봉 철학의 첫 번째 특징이야말로 바로 이 거부할 수 없는 명증성이다. 치밀한 논리와 단단한 개념을 엮어 명징한 사유의 체계를 쌓아 올리는 것이다.

신기한 것은 김상봉 철학에서 이 명증성의 사유가 비의적인 느낌과 함께한다는 사실이다. 명증성의 철학을 뒤따라가는 긴 호흡의 사유 과정이 어둠 속에 숨은 세계를 발견해가는 정신의 모험과 그대로 겹친다는 것은 흥미로운 역설이다. 김상봉 철학을 읽는 독자로서 우리는 세계의 비밀을 향해 한발 한발 접근한다는 느낌에 휘감기는 경우를 번번이 겪는다. 그것은 다른 말로 하자면 미궁의 체험이다. 논리의 실을 움켜쥐고 끝이 없을 듯 이어지는 라비린토스의 어두운 길을 따라 들어가 마침내 미노타우로스의 거대한, 빛나는 눈과 맞부딪히는 일은 황홀한 경이의 체험이다. 슬픔의 바닥 저 깊은 곳에 어떻게 그토록 환하게 빛나는 빛이 있는가? 분명히 절망과 고통의 밑바닥을 향해 내려가는데 거기서 눈부신 빛을 만나는 것이다. 김상봉 철학은 마치 진리를 깨친 직후 대양을 다 마셔버린 듯 의기양양해지는 그 전율스러운 감동을 가장 깊은 곳에 숨겨두고 있다.

그런 체험은 다른 말로 하면 숭고의 체험이기도 하다. 김상봉 철학은

---

108 김상봉, 『나르시스의 꿈』, 364쪽.

명증성을 첫째 과제로 삼아 추구하지만, 그렇다고 해서 그 철학을 달콤한 주스를 마시듯 쉽게 들이켤 수 있는 것은 아니다. 명증한 개념과 논리는 정신을 바짝 차리고 따라가지 않으면 순식간에 아득해진다. 짙은 안개가 우리 앞을 가로막는다. 그 안개를 뚫고 나가면 이번엔 거대한 사유의 벽이 가로막는다. 바로 그때 그 벽 앞에서 우리가 느끼는 것, 그리고 그 벽을 끝내 타고 넘었을 때 우리가 느끼는 것이 숭고이다. 김상봉은 칸트의 숭고 개념을 설명하면서 이렇게 말한다. "본질적으로 숭고함에 동반되는 쾌감은 직접적인 것이 아니라 간접적이다. 평범한 척도를 뛰어넘는 압도적인 크기 앞에서 우리가 먼저 느끼는 것은 조화로운 쾌감이라기보다는 숨 막힐 듯한 위압감이나 전율스러운 두려움 같은 것이다. 이런 감정은 그 자체로는 생명의 약동이 아니라 위축의 느낌이다. …… 그러나 숭고의 체험에서 우리가 느끼는 쾌감은 이런 불쾌감을 전제하며, 또한 그것의 크기에 비례한다. 그리하여 우리가 대상의 압도적 크기 앞에서 느끼는 불쾌감이 크면 클수록, 우리는 그만큼 더 큰 쾌감을 얻게 되는 것이다."[109] 칸트의 숭고 개념에 대한 이 설명이 바로 김상봉 철학의 높고 큰 사유 앞에 선 정신이 느끼는 아찔함을 그대로 표현해준다. 그 숭고의 관점에서 보면 김상봉의 철학과 함석헌의 사상은 닮은 데가 있다. 그러나 김상봉 철학에서 받는 숭고의 느낌과 함석헌 사상이 주는 숭고의 느낌은 그 결이 사뭇 다르다. 함석헌의 글이 주는 숭고는 「숭고에 대하여」를 쓴 고대 그리스의 수사학자 롱기누스가 말한 숭고에 가깝다. "위대한 글은 듣는 이를 설득으로 이끄는 것이 아니라 무아지경으로 이끈다. 일반적으로 경탄할 만한 것은 정신을 뒤흔드는 힘을 통해 언제나 설득하는 말이나 듣기 좋은 말을 능가한다. 설득하는 말의 효과는 대부분 듣는 우리들에게 달려 있는 반면, 위대한 글은 우리가 저항할

---

109 같은 책, 101쪽.

수 없는 힘과 능력을 가지고 모든 듣는 이를 압도하는 것이다."[110] 『뜻으로 본 한국역사』를 비롯한 함석헌의 글은 대인의 호연지기가 넘치는 글이고, 선지자의 드높은 정신이 깃든 글이며, 역사의 시작과 끝을 한눈에 내려다보는 사상가의 장대한 시야가 담긴 글이다. 함석헌의 문체는 마치 하늘의 소리, 시공간의 교향악을 옮겨놓은 듯하다. 우주와 통하는 자의 문체로 쓰인 글, 그것이 함석헌의 글이다. 그런 글에 맞닥뜨릴 때 우리는 롱기누스의 숭고를 느낀다. 설득당하기보다는 압도당하는 것이다. 김상봉의 글에서 느낄 수 있는 숭고는 높은 산을 오르는 동안 겪는 육체적 고통 끝에 펼쳐지는 고원의 해방감 같은 것이다.

김상봉 철학을 읽는 일은 배움의 체험이고 자유의 체험이다. 김상봉 철학을 읽어가면서 우리는 배우고 배운 만큼 자유로워진다. 그것은 서로주체성의 이념을 깨닫고 실천하는 과정이기도 하다. 그 과정에서 우리 정신을 혼란에 빠뜨리는 어지러운 사유의 가시덤불이 뚫리고, 마침내 명료성의 빛으로 가득 찬 숲에 이른다. 그 숲은 생명의 숲이고 맑은 공기의 숲이고 새소리가 들리는 숲이다. 우리 영혼은 그 안에서 지극한 기쁨을 맛볼 수 있다. 슬픔과 고통과 어둠을 지칠 줄 모르고 이야기하는 철학이 살림의 철학으로 나타나 우리 영혼을 환하게 밝히는 것이다.

8

2013년 여름부터 가을까지 몇 차례 이어진 김상봉 교수와의 만남과 대화는 이중으로 진행되었다. 먼저 서로주체성 철학 3부작을 필두로 하여 김상봉 교수의 저작과 논문 전체를 읽는 문자와의 만남이 있었다. 『호모 에티쿠스: 윤리적 인간의 탄생』(1999), 『그리스 비극에 대한 편지』(2003), 『학벌사회: 사회적 주체성에 대한 철학적 탐구』(2004), 『도

---

110 같은 책, 74쪽.

덕교육의 파시즘: 노예도덕을 넘어서』(2005), 『다음 국가를 말한다』(공저, 2011), 『기업은 누구의 것인가』(2012), 그리고 논문과 에세이를 읽어나가는 중에 김상봉 교수와 직접 만났다. 우리의 철학자와 대면하기 전 나는 마음속으로 소크라테스를 괴롭히는 트라시마코스를 모델로 삼았다. 플라톤의 『국가』 제1권에서 소크라테스와 치열하게 논전을 펼치는 그 젊은 소피스트를 생각해보라. 소크라테스의 주장을 정면으로 공격하고 거기에 딴죽을 걸고 생각의 의표를 찌르는 소피스트적 논적을 머릿속에 상정했던 것이다. 그런 대결을 할 수만 있다면 그 과정에서 김상봉 철학의 봉우리와 계곡이 제대로 드러나리라고 생각했다. 그러나 실전에서 내가 보인 모습은 트라시마코스라기보다는 글라우콘에 가까웠다. 플라톤의 그 책에서 트라시마코스가 물러난 뒤 글라우콘은 소크라테스의 이야기를 경청하고 흥이 나면 추임새를 넣고 주제의 논점을 분명히 하는 데 도움을 주는 보조자에 머무른다. 트라시마코스가 되려면 막대한 지적 훈련과 준비가 필요하지만 그 소피스트 노릇을 하기에는 나의 철학적 교양이 턱없이 부족했음을 고백하지 않을 수 없다. 철학의 언어와 역사를 조망하지 못하고 그 안에서 헤매다가 자주 생각의 돌부리에 차이고 개념의 수렁에 빠졌음을 고백한다.

생각의 돌부리, 개념의 수렁만 나를 괴롭힌 것은 아니었다. 길지 않은 기간에 많은 것을 해치우는 강행군도 수월한 일이 아니었다. 제주도의 첫 번째 만남은 한여름의 후텁지근한 김상봉 교수의 집필용 방에서 이루어졌다. 첫 대화의 긴장감과 더위와 주제의 무게가 나를 괴롭혔다. 서울의 도서출판 길 사무실에서 이루어진 두 번째 만남, 전남대 철학과의 김상봉 교수 연구실의 세 번째 만남도 제주도 때만큼 힘들지는 않았지만 그 강도는 역시 만만치 않은 것이었다. 김상봉 교수의 한없이 너그러운 배려와 이해가 없었다면 그 만남의 소출이 이 정도까지 되기는 어려웠을 것이다.

특히 이 만남과 대화의 내용 중 상당 부분이 지금까지 나온 김상봉 교수의 저작 어디에서도 볼 수 없는 새로운 이야기들임을 강조하고 싶다. 그 새로운 이야기들은 현장의 대화에서 흘러나와 김상봉 교수의 추후 가필과 보충을 거쳐 더 명료해지고 날카로워졌다. 제1부에서 르네상스 시대 '개인의 발견'에서부터 데카르트의 보편적 자아를 거쳐 칸트의 시민적 주체에 이르는 주체의 변화와 발전을 설명하는 부분(본문 104~09쪽)이 대표적인 경우다. 이 세 가지 주체는 어떻게 다른가. 르네상스가 발견한 개인은 니콜로 마키아벨리의 '군주'나 발다사레 카스틸리오네의 '궁정인' 같은 개별적 개인이지 보편적 주체가 아니다. 반면에 데카르트가 발견한 '나'는 어떤 특수한 개별자에 한정되지 않는 보편적인 '나'이다. 다시 말해 모든 개인에게 공통된 보편성을 지닌 순수 자아이다. 그것이 르네상스 시대의 '개인의 발견'과 데카르트의 '나의 발견'이 지닌 결정적 차이다. 이렇게 발견된 데카르트의 보편적 주체는 칸트로 이어지는데, 그 과정은 데카르트의 '코기토', 곧 생각하고 인식하는 주체가 시민적 주체가 되는 과정이다. 칸트의 주체는 도덕적 책임을 자각하고 받드는 시민으로서의 주체이다.

또 서양 음악의 홀로주체성을 설명하는 대목(본문 162~70쪽)은 어디서도 들어보기 어려운 음악철학적 통찰로 빛난다. 음악은 서양 정신 자체의 본질이다. 왜 그런가? 음악이야말로 순수한 정신의 자기반성의 예술이기 때문이다. 서양 근대 음악은 베토벤의 후기 현악 4중주곡이든 바흐의 「무반주 첼로 조곡」이든 모두 음의 자기관계, 자기반성이다. 음이 음 밖에 있는 것들을 반영하지 않고 음 안에 머물러 자기유희를 반복한다. 서양의 근대 음악은 독일 관념론에서 정점에 이른 서양의 근대 철학과 유사하다. 서양 근대 철학은 한마디로 말하면 자기동일성의 전개다. 요한 고틀리프 피히테가 보여주었듯이 '나=나'라는 자기동일성이 분화되고 전개되면 그것이 삼라만상의 진리가 되고 철학의 내용이 된다. 서양 음악도 마찬가지다. 옥타브가 그 자기관계와 자기반복을 보여준다. 기타 줄로 예를 들자면 100센티미터 기타 줄이 '낮은 도' 소리를 낸다면 그 절반인 50센티미터의 줄은 진동수가 두 배가 돼 '높은 도' 소리를 낸다. 도가 다시 도가 되는 것이다. 음의 자기분화이다. 옥타브는 음이 처음으로 '나=나'라는 자기관계 속에 들어간 것이라고 말할 수 있다. 낮은 도에게 높은 도는 또 다른 자기인 것이다. 음악이란 그런 자기동일성의 전개이다. 이 순수한 자기반성에서 시작해 자기 속에 모든 세계를 담으려는 것이 서양 근대 음악의 기획이다. 바흐의 「무반주 첼로 조곡」이 리하르트 바그너의 악극 「니벨룽의 반지」로 나아가는 것이다. 이것은 데카르트의 순수한 자아가 헤겔의 절대정신으로 나아가는 과정과 같다. 이게 바로 서양 철학과 서양 음악이 동일한 서양 정신의 산물임을, 아니 서양 정신이 바로 음악 정신에서 탄생했음을 보여준다. 서양 음악과 서양 철학은 모두 홀로주체적인 자기동일성의 세계 안에 갇혀 있는 것이다.

앎의 희열은 제2부에서도 계속된다. '그리스 정신이 기독교를 입양했다'는 명제의 의미를 밝힌 부분(본문 233~35쪽)은 오랜 지적 갈증을 풀어준 가뭄의 단비 같은 설명이다. 흔히들 기독교와 그리스 정신은 별개의 것이라고 생각하지만, 그 둘은 내적으로 하나이다. 그리스 문명이 기독교 문명으로 이행한 것은 서양 정신이 타자 속에서 자기를 상실한 것이 아니고 본래 그리스 정신 속에 있었던 이상이 기독교라는 자식을 거쳐 완성된 것으로 보아야 한다. 확실히 해둘 것은 기독교와 유대교의 본질적 차이이다. 기독교의 모태가 된 유대교는 서양 사람들에게 낯선 종교다. 그리스 정신이 받아들인 것은 유대교가 아니라 기독교다. 유대인들의 신과 인간 사이에는 넘을 수 없는 단절이 있지만, 그리스인들의 경우엔 신과 인간 사이에 근본적 단절이 없다. 신과 인간은 본질적으로 동일하다. 완전성 속에 이상화된 인간이 바로 그리스인들의 신이었다. 그런데 그리스인들이 표상했던 신들은 결코 절대자가 아니었다. 제우스조차 여러 신 가운데 하나였다. 그리스 종교는 그리스인들의 욕구, 곧 자기를 신과 같이 절대화하고 싶다는 욕구를 충족시켜주지 못했다. 기독교가 나타나 바로 그 문제를 해결해주었다. 기독교는 단순히 신을 믿는 것이 아니라 인간 예수를 신으로 숭배하는 종교이다. 예수는 유일한 신의 유일한 아들이다. 예수 안에서 인간이 신이 되었다. 이것이 진정으로 기독교적인 것이고 동시에 그것이야말로 그리스 정신의 표현이다. 기독교는 유대교에 뿌리를 두고 있지만 헬레니즘 세계, 곧 세계화한 그리스 정신 속에서 자란 정신이다. 신약 성경이 그리스어로 쓰인 것은 우연이 아니라 역사적 필연이다. 기독교 교리 자체가 그리스적 정신 속에서 확립됐다는 사실도 기억해야 한다. 기독교 교리는 수백 년에 걸쳐 삼위일체론이 확립됨으로써 완성됐다. 삼위일체론의 핵심은 예수를 신으로 인정하는 것이다. 예수가 그저 선택받은 인간에서 신의 아들로, 더 나아가 신 자신과 동일한 존재로 상승하는 그 과정이 바로 그리스적 정신과 하나가 되는 과정이었다. 기독교는 의심할 수 없는 그리스 정신의 적자이다.

이 대화에서 김상봉 교수는 여러 편의 시를 가져와 20세기 우리 정신의 실상을 설명하는데, 그중 일제 강점기에 쓴 미당 서정주의 「자화상」에 대한 해석(본문 351~55쪽)은 그 자체로 하나의 성취라고 할 만한 치밀함과 설득력을 보여준다. 미당이 태어난 고부군은 바로 1894년 동학농민전쟁의 발상지다. 「자화상」의 화자, 곧 미당은 자기가 종의 자식으로 태어났다고 고백한다. 동학군이 봉기했을 때, '숱 많은 머리털과 커다란 눈'을 지닌 화자의 외할아버지도 함께했음을 이 시는 알려준다. 봉기가 실패하자 외할아버지는 관군과 일본군을 피해 남녘으로 내려가 섬으로 숨어들었다. 그런 사실이 "갑오년이라든가 바다에 나가서는 돌아오지 않는다 하는 외할아버지"라는 구절로 암시된다. 시의 화자는 동학군의 손자이다. 하지만 식민지로 전락한 땅에서 그것도 종으로 태어난 사내, 부끄러움 말고 아무것도 걸친 것이 없는 죄인이나 천치 같은 자가 시대를 위해 뭘 할 수 있겠는가. 사내가 할 수 있는 결단은 어떤 일이 있어도 뉘우치지 않겠다는 것뿐이다. 그러나 뉘우침이라는 이 도덕감정은 오직 자유로운 인간에게만 허락된 정념이다. 노예에겐 도덕이 가능하지 않다. 타자의 강제 아래 있는 의지는 아무것도 스스로 선택할 수 없으므로 책임의 주체도 될 수 없는 것이다. "나는 아무것도 뉘우치지 않을란다"라는 화자의 단호한 결단은 결국 현실에서는 일본 제국주의자들의 비위를 맞추는 것으로 끝날 수밖에 없다. 김상봉 교수는 「자화상」에 나타난 화자의 그런 비굴과 비참이 한국인의 내적 정서와 얼마나 깊이 결부돼 있는지를 보여줌으로써 역설적으로 이 시의 역사적 의미를 드러낸다.

그런가 하면 지그문트 프로이트의 정신분석학이 자기의식의 탄생 과정을 설명하지 못함을 보여주는 대목(본문 388~91쪽)은 다른 프로이트 연구자들에게서 들어볼 수 없는 예리한 분석이다. 어린아이가 태어나 처음 몇 년 동안은 자기를 반성적으로 의식하는 '나'가 존재하지 않는다. 그러다가 때가 되면 비로소 자기를 '나'라고 의식하게 된다. 프로이트는 어린아이의 이 자기의식이 어떻게 형성되는지 설명해보려고 분투했지만 결코 그 구체적인 메커니즘을 찾아내지 못했다. 그 이유는 타자와의 인격적 만남을 생략한 채로 자기의식의 형성을 설명하려 했다는 데 있다. 나 밖에 있는 인격적 타자, 곧 엄마라든가 아빠라든가 하는 '너'를 상정하지 않는 한 나의 자기의식의 발생을 설명할 수 없다. 타인의 부름에 응답함으로써 나는 나로서 자기의식을 갖추게 되는 것이다. 엄마가 아이의 이름을 불러줄 때 아이가 그 부름이 자기를 부르는 것임을 깨닫는 순간이 자아가 출현하는 순간이다. 수소와 산소의 결합으로 물이 생겨나듯이 나의 자기의식도 나와 너의 만남 속에서만 가능하다. 김상봉 교수는 프로이트의 실패를 통해 자기의식의 서로주체적 형성을 역설적으로 선명하게 보여준다.

이 밖에도 이 대화록의 여러 곳에서 지적 긴장과 흥분이 팽팽한 새로운 논의를 만날 수 있다. 내가 어설프게 제기한 '존재'(Sein)의 번역 문제, 그리고 서양 언어의 '재귀 용법' 문제를 받아들여 김상봉 교수는 그 자체로 흥미진진한 담론으로 끌어올렸다. 그런 통찰들이 생산되고 발휘되는 현장에 입회해 적지 않은 시간 동안 무릎을 맞대고 호흡을 맞추었다는 것만으로도 이 만남은 내게 말할 수 없이 큰 공부이고 소득이다.

이 세 번의 밀도 높은 만남을 기획하고 매번 자리를 만든 이는 도서출판 길의 이승우 기획실장이었다. 이승우 실장의 땀과 뜻은 이 대담의 처음과 끝을 관통한다. 이승우 실장이 제안하고 적극적으로 설득하지 않았다면 이 만남은 내 쪽에서는 엄두도 내지 못했을 것이다. 소중한 배움의 기회를 준 이승우 실장께 감사드린다. 이 만남의 결과물인 녹음 파일을 글로 풀어낸 천정은 편집자의 고생에 대한 감사도 빼놓을 수 없다. 또 전남대 철학과 박사과정 이무영 선생은 김상봉 교수의 제자로서 녹음 파일의 많은 부분을 풀어내고 그 녹취록을 꼼꼼하게 정리하는 일을 해주었다. 편집자 이현숙 선생은 어지러운 문장들을 정갈하게 바로잡고 원고의 빈틈을 일일이 찾아내 빈틈없이 메워주었다. 이현숙 선생의 노고에 감사한다.

그리고 큰 가르침을 가까이서 베풀어준 김상봉 교수에게 마음을 담아 깊이 감사드린다. 그를 처음 만난 것이 1999년, 『호모 에티쿠스: 윤리적 인간의 탄생』 출간 직후였으니, 그 첫 만남 이후 이 대담이 이루어지기까지 15년 넘게 알고 지낸 셈이다. 그사이 그의 저서가 나올 때마다 대체로 빠짐없이 읽었고 몇몇 책은 꼼꼼히 독파하여 글로 정리를 한 터여서 김상봉 철학을 웬만큼은 이해한다고 생각했다. 그러나 이 길고 고된 대화가 없었다면, 솔직히 고백하건대 나는 김상봉 철학의 현관 앞에 머무른 채로 지금도 그 현관을 본관이라고 착각하고 있었을 것이다. 그 만남과 공부 덕에 현관을 지나 본관을 엿볼 수 있었고, 표면을 넘어 심층을 헤아려보기 시작했다고 말할 수 있다. 이 직접 대면과 문답의 경험이 없었다면, 김상봉 철학의 그 깊이를 들여다봄으로써 아찔한 희열을 느낄 기회를 아주 잃어버리고도 그것이 얼마나 큰 손실인지 깨닫지도 못했을 것이다. 김상봉 교수에게서 얻은 이 배움에 보답하는 길은 무엇일까? 김상봉 철학을 끝까지 파고들어가 핵심을 모두 해득하여 육화할 때까지 정신의 노동을 멈추지 않는 것이 그 배움에 답하는 길일 것이다. 그러므로 김상봉 교수의 표어를 나의 다짐으로 되새긴다. "오직 근면이 우리를 구원할 것이다."[111]

2015년 3월
고명섭

---

111   김상봉, 『서로주체성의 이념』, 24쪽.

제1부

주체—철학의 첫걸음

❝ 하루는 옆방에 살던 여고생인 소냐라는 친구가 내 방에 왔어요. 이말 저말 하다가 문득 논문 주제가 뭔지 물어요. "칸트 철학에서 자기의식이 내 논문 주제"라고 했더니 이 친구 하는 말이 "나는 칸트가 자기의식에 대해서 뭐라고 말을 했는지 모르지만, 내게 제일 중요한 자기의식은 내가 언젠가 아이를 낳을 수 있다는 거"라고 하더라고요. 그 한마디가 저에겐 지진과도 같았어요.

한번 생각해보세요. 저도 그 당시 데카르트, 칸트부터 독일 관념론을 거쳐서 후설까지 적어도 자기의식에 대해서는 나름대로 기본적인 텍스트들은 다 봤단 말입니다. 그리고 자기의식에 대해서 서양의 철학자들이 무슨 말을 했는지 알고 있는데 그들 가운데 누구도 "나는 임신한다. 그러므로 나는 존재한다"(또는 나는 나다)고 말한 사람은 없어요. 그러니까 이 아가씨가 전통적인 철학의 관점에서는 도저히 해명할 수 없는 명제를 제출한 셈인 거예요. 이게 도대체 뭘까? 한편에서는 이렇게 생각할 수 있지요. '사람이 출산을 하든 하지 않든, 임신을 할 수 있든 할 수 없든, 그건 경험적인 사태지. 하지만 철학이 경험의 학문은 아니니까 임신 같은 건 잊어버려도 돼.' 이건 상투적인 철학자의 언어지요. 철학도의 언어. 하지만 다른 한쪽에선 물음이 계속되지요. 과연 그럴까? '나는 임신한다. 그러므로 나는 존재한다'고 하는 얘기는, 임신을 통해 내가 나를 나로서 의식하는 주체가 된다는 말이잖아요. 그런데 임신이라는 건 자기 속에 타자를 품는 것 아닙니까? 자기 속에 자기가 아닌 실제적인 타자를 품는 것이지요. 그러니까 '나는 임신한다. 그러므로 나는 존재한다'고 하는 자기의식의 명제는 내가 내 속의 타자인 태아를 통해 내가 된다는 것이니까, 간단히 말하면 내가 너를 통해서만 내가 된다는 말이잖아요. 철학사적으로 보면 "나는 생각한다. 그러므로 나는 존재한다"고 말할 때는 기본적으로 '나는 나다'라는 자기동일성의 명제와 같이 가요. 그런데 임신의 자기의식은 '나는 나다'가 아니라 나는 너를 통해서 내가 된다는 말이거든요. 이걸 어떻게 데카르트나 칸트를 통해 또는 헤겔이나 후설을 통해 해명할 수 있겠어요? 칸트는 임신은 고사하고 아예 자식이 없었는데. 어떤 당혹감 속에서 그런 복잡한 생각들이 한순간에 머릿속에서 불꽃처럼 작열하는데, 안타깝게도 내가 그때 그 생각들이 감당이 안된단 말이지요. 하지만 바로 그렇기 때문에 내가 언젠가는 이 문제로 다시 돌아와야 될 거다, 그리고 내가 막연하게 생각했던 남성의 철학으로부터 여성의 철학으로의 이행이 바로 여기에 걸려 있을 거라는 생각만 그때는 했지요. 그때는 아직 논문도 제대로 못 쓰고 있었을 때니까 다른 생각을 할 겨를이 없었죠. 하지만 내가 끝내 이 문제를 잊어버릴 수는 없으리란 것을 그때도 이미 예감하고 있었어요. 또 실제로도 그랬고요. **99**

본문 94~95쪽 중에서

고명섭   선생님의 철학을 이야기하자면, 선생님의 사유가 자라나온 뿌리랄까 바탕을 이해하는 것이 필요한데, 그러자면 선생님이 자라온 집안 분위기를 알 필요도 있겠습니다. 선생님의 아버님은 목회자셨지 않습니까? 아버님의 영향이라고 할까, 목사 집안의 아들로서 받은 지적·문화적·정서적인 영향이 있었을 것 같습니다.

김상봉   예, 있습니다. 부모와 자식이 같은 면도 있고 다른 면도 있을 텐데, 저의 경우 한편에서 부모님을 통해 기독교와 만났다면, 다른 한편에서는 제 아버지가 6·25세대인 데 비해 저는 5·18세대라는 것이 차이라고 하겠습니다.

고명섭   그 차이가 심각한 양상으로 나타나기도 했나요?

김상봉   예. 아버지가 경북 김천 분이었는데, 피난을 못 가고 인민군에게 잡혔습니다. 두 번씩이나 의용군 나가라는 걸 거절했다가 그때마다 총살당할 뻔한 위기에서 구사일생으로 살아났다고 합니다. 한 번은 미군의 폭격으로 살고 다음엔 총살을 집행하는 동네 선배의 호의로 살았답니다. 아무튼 그 이후 제 아버지에겐 기독교 신앙과 반공이 같은 말이 된 거지요.

고명섭   아버님은 32년생, 33년생이세요?

김상봉   1932년생입니다. 18살 때 6·25를 겪은 거지요. 어릴 적엔 몰랐는데, 그분에겐 6·25의 체험이 세계관의 기초가 되었다는 걸 나중에야 알게 되었습니다. 저의 경우에는 박정희의 유신독재 때 한창 예민한 사춘기와 대학 시절을 보냈는데, 부모님과 같이 살았더라면 많이 부딪쳤을 거예요. 그런데 다행히 그때 아버지는 미국에 유학을 가셨던 터라 충돌을 피할 수 있었지요.

고명섭   유학을 가셨나요?

김상봉   아버지가 마흔 즈음에 미국으로 가셨습니다. 지금도 크게 다르지 않지만 그 시절 미국에 간다는 것은 많은 한국인에게 최고의 꿈 같은 것이 아니었나 싶습니다.

고명섭   그것도 말하자면 한국의 보수 우익의 한 전형이었을까요?

김상봉   예. 그러니까 좋은 세상에 태어났다면 모범적인 보수주의자, 우리가 늘 한국에 그런 사람이 없어서 아쉬워한다고 하는 그런 분이었지요.

고명섭   보수의 표준으로 삼을 만한 사람이 없잖아요.

김상봉   예. 돌아오시고 난 뒤에도 "나는 중학생 용돈으로 한 달을 산다" 뭐 그런 게 자랑이었으니까. 청빈하고 절제하는 삶의 모범을 보여주셨지요. 정치적으로는 늘 아버지와 대립했지만, 존경하지 않을 수 없었지요. 그러니까 저는 아버지와의 관계를 통해 적대적 입장에 서 있는 사람들을 존중하는 법을 배웠어요.

고명섭   선생님 어린 시절에는 아버님이 계속 목회 활동을 하셨겠네요?

김상봉   그렇지요. 그 시절을 생각하면 지금 한국의 개신교가 얼마나 타락했는지 실감이 되지요. 목사가 교회를 아들한테 물려준다, 이런 건 그 당시에는 상상조차 못 했습니다.

고명섭   기독교가 선생님께 남긴 것은 무엇인가요?

김상봉   눈에 보이지 않는 가치와 절대적인 것에 대한 열정, 아마도 그런 걸 어린 나이에 저도 모르게 내면화하게 된 거겠지요. 제가 더는 기독교를 믿지 않지만 여전히 절대자에 대한, 또는 신에 대한 물음은 기독교가 남긴 평생의 화두지요.

고명섭　대학을 철학과로 가겠다고 생각한 것도 그 때문인가요?

김상봉　원래는 정치하는 게 꿈이었습니다.

고명섭　정치로서 세상을 바꾸겠다는 구체적인 생각이 있었던 건가요?

김상봉　예. 바꾸고 싶은 게 많았지요. 게다가 당시가 박정희 유신 때였으니 더 그랬지요.

고명섭　그러면 유신독재를 몸으로 겪으신 거예요, 아니면 『사상계』라든가 책을 통해서?

김상봉　아닙니다. 저는 별로 현학적인 사람이 아니었어요. 고등학교 때까지 학창 시절에는 특별히 독서를 통해 지적인 자극을 받은 건 없습니다.

고명섭　그러면 정치를 해보겠다는 생각을 하신 건⋯⋯?

김상봉　특별히 인문학적인 교양이 없었어도 세상이 잘못됐다는 것을 느끼고 분노할 수는 있으니까요.

고명섭　그런데 선생님 집안에 보통 부모님이 아주 보수적이고 또 학교에서 자극이 특별히 없을 때는 그런 세상에 대한 분노를 느끼기가 쉽지 않을 텐데요.

김상봉　그 이유가 있습니다.

고명섭　정치적인 문제에 대해서 반항심 갖기가 쉽지 않은데⋯⋯.

김상봉　예, 이유가 두 가지인데 내적인 이유와 외적인 이유가 있습니다. 내적인 이유는 기독교의 영향입니다. 기독교에서 제가 배운 건 하나밖에 없어요. 사랑. 그런데 사랑의 반대가 뭡니까? 폭력이잖아요. 그런데 독재라고 하는 건 사회적으로 확립된 폭력의 시스템이잖아요.

고명섭　예, 폭력의 시스템이지요.

김상봉　그걸 알게 된 거예요.

고명섭 유신 체제가 특히 폭력의 체제였지요.

김상봉 예. 그걸 알게 된 거예요. 어디서나 너 말 조심해야 된다, 누구는 끌려가서 죽었다더라, 아니면 반신불수가 되었다더라, 뭐 이런 식이었지요. 이성과 양심이 예민하게 눈을 뜨던 시절에 그런 터무니없는 폭력과 공포가 저를 굴종과 저항 사이에서 질문하지 않을 수 없게 각성시킨 거지요. 많은 사람들이 기독교를 통해 순종에 길들여지는데, 제가 배운 건 자유의 정신입니다. "그리스도께서 우리를 자유롭게 하려고 자유를 주셨으니 그러므로 굳건하게 서서 다시는 종의 멍에를 메지 말라"(「갈라디아서」, 5장 1절). 지금도 좋아하는 성경 구절입니다.

고명섭 유신이 선포된 게 중3 때였나요?

김상봉 예. 그 무렵 정치에 뜻을 두게 된 개인적 계기도 하나 있었습니다만…….

고명섭 유신 말고 다른 일이라는 뜻인가요?

김상봉 예. 실은 중학교 2학년 때 학생회장 선거에 나갔습니다. 담임 선생님이 권해서 출마했는데, 지금도 왜 저더러 그런 권유를 하셨는지 전혀 짐작이 되질 않습니다. 엉겁결에 출마해서 내건 구호가 우열반 폐지였어요. 제가 부산에서 중학교 추첨 1회인데, 많은 학교가 학교 내에서 우열반을 나누어 운영했거든요. 그걸 비판했던 거죠. 아무튼 그 바람에 몰표를 받아 당선이 되었는데, 이듬해 우열반 나누기가 없어졌습니다.

고명섭 어쨌든 그때 처음 역사에 획을…….

김상봉 하하하, 제 인생 첫 번째 교육운동입니다.

고명섭 첫 번째 교육운동으로 역사에 기여를 하신 게 중3 때네요.

김상봉 그러고 나서 제 꿈이 정치가였어요.

고명섭 예.

김상봉 일종의 자기 발견이었습니다. 내게 이런 재능이 있구나…….
그러고 나서부터 꿈이 명확해졌고 어린 시절부터 마음에 들끓던 울분과 아우성이 딱 정리가 되어버린 거예요.

고명섭 아, 그 얘기를 안 해주셨는데 왜 그 담임 선생님이 학생회장 출마하라는 얘기를 했을까요?

김상봉 저도 모릅니다. 그러니까 그게 제가 만났던 선생님들이 여러 분이 계신데 잊을 수 없는 첫 번째 분입니다. 저를 그러니까…….

고명섭 발견하신…….

김상봉 저를 처음 발견하신 분이니까요. 저는 그분이 국어 선생님이 었다는 것하고 한글학회 회원이어서 그 부분에서는 나름대로 자부심이 있는 분이었다는 것, 그 정도만 기억해요. 개인적으로 특별히 친밀한 관계를 맺은 적이 없었던 까닭에 기억나는 일도 없지요. 그런데 느닷없이 저를 부르시더니 "너 나가라"고 했단 말이에요. 그런데 어린 나이라 그걸 못 여쭤봤어요. "선생님께서 뭘 보시고 제게 출마하라 그러셨습니까?" 감히 여쭤보지 못했습니다.

고명섭 그래서 결국 정치학을 하시려고 했는데 철학으로…….

김상봉 우선 아버지가 신학을 권한 게 모든 걸 다 흔들어놨어요.

고명섭 혹시 중간에서 타협하신 게 아닌가요? 정치학과 신학 중간에서 말이죠.

김상봉 그럴 수도 있지요. 아무튼 고등학교 3학년 때 아버지가 신학을 권하는 편지를 보내오신 적이 있었습니다. 목사 집안에만 있는 미신 같은 것이 있는데, 첫아들은 목사 만들어야 한다는 거지요. 그래서 저의 가장 오랜 꿈도 목사였거든요. 오랫동안 잊고 있었던 길이었는데, 이 상하게 간단히 거절하지 못하겠더라고요. 생각하면 정치학과 신학, 아니 혁명과 종교가 제겐 그때부터 너무 가까운 이웃이었던 모양입니다. 어쨌거나 신학교 가기 위해서라면 굳이 입시 공부에 목매달 필요도 없 겠다 싶어, 가뜩이나 별로 공부 같은 건 잘 못했던 저는 고등학교 3학년 여름 방학 때, 책가방은 학교에 두고 나와 친구들과 가까운 해수욕장에서 보트 타는 재미로 시간 가는 줄 모르고 놀았습니다. 그때는 지금처럼 학생들을 강제로 학교에 붙잡아두는 정도는 아니었으니까.

고명섭 그런데 왜 신학이 아니라 철학을 택했습니까?

김상봉 원서를 쓸 때가 되자, 문득 역시 신학은 안 되겠다는 생각이 들었어요. 그 시절이야 제가 신학도 모르고 철학이 무엇인지도 모를 때니까 이유란 것도 다 막연한 거지만, 제가 목사가 될 물건은 아니라는 생각은 분명히 들더라고요. 성직자는 온유해야지 과격해서는 안 되잖아요. 하지만 제가 너무 과격한 물건이라는 생각은 그때도 어렴풋이 했던 것 같아요. 그래도 신학을 생각한 뒤부터는 정치를 하더라도 뭔가 근본이 되는 학문을 먼저 해야 한다는 생각은 하고 있었는데, 그게 신학이 아니라면 철학밖에 없다 생각을 한 거지요.

물음의 시작

고명섭 선생님 책을 읽으면서 저는 선생님이 아버님께 음양으로 영향을 받았고, 그것이 바탕에 축적됐기 때문에 그런 성취에 이르지 않았을까 생각을 했지요. 그런데 대학에서든 독일에서든 신학 공부를 일종의 부전공처럼 하신 건가요?

김상봉 예, 그렇습니다.

고명섭 신학에 대한 아쉬움이나 그리움 같은 게 있었기 때문인가요?

김상봉 학문으로서의 신학에 대한 아쉬움은 아닙니다. 하지만 제가 어렸을 적부터 지금까지 가지고 있는 철학적 물음이 있는데, 생각하면 그게 또한 신학적인 물음이기도 합니다. 아리스토텔레스가 형이상학이 동시에 신학이라고 말한 것은 제 경우에는 틀린 말이 아니었지요. 첫째가 '왜 아무것도 없지 않고 뭔가 있는가?'

고명섭 파르메니데스의 질문요? 『자기의식과 존재사유』에서 맨 처음 이야기하신…….[1]

---

[1] "한낮에 무수히 많은 있는 것들 사이에서 그렇게 자명하고 당연한 듯이 잊혀졌던

김상봉 예. 물론 그렇게 명제로 표현한 건 라이프니츠다, 뭐 이런 건 대학에 들어와서 배운 거지만, 그렇게 명제화하지 않아도 사실은 다 똑같은 거예요. 이게 전부 어디에서 왔을까? 왜 없지 않고 생겼을까? 그걸 묻기 시작한 게 제 기억에서 가장 오래된 철학적 물음이에요. 언제부터인지 알 수도 없을 정도로 어렸을 적부터 꼭 그 물음이 잠들기 전에 옵니다. 캄캄한 밤, 그 어둠 속에서 창조 이전의 어둠 앞에 마주 설 때가 있었어요. 어린 나이에 존재의 근원을 찾아 시간을 되돌려 우주 내의 사물들을 하나씩 지워나가보는 거예요.

고명섭 예.

김상봉 지우고, 지우고, 지우고, 그렇게 무언가 근원을 표상해보기 위해, 존재의 이전을 표상해보기 위해서 안간힘을 쓸 때 마지막 순간에 늘 가위눌립니다. 숨이 막히고 발버둥을 치면서 잠들어요.

고명섭 그러니까 선생님, 칸트의 '이성의 한계'를 어린 나이에 밤에 잠 못 자면서 느끼신 거네요.

김상봉 그때는 이성의 한계라고 생각도 못 하고 그냥 미칠 것 같은 거예요.

고명섭 그런데 혹시 선생님이 기독교적인 문화 속에서 자랐기 때문

있음이 도리어 아무것도 없는 어둠 속에서 형언할 수 없는 놀라움과 숨 막히는 신비로 우리에게 다가오는 것이다. 생각하면 어둠 속에서처럼 정말로 세상에 아무것도 없었을 수도 있다. …… 마음도 생각도 없었을 수 있다. …… 어둠 속에 아무것도 없듯이, 나도 세상도, 전지전능한 하느님조차도, 아무것도 없는 절대적 없음의 어둠이었을 수도 있는 것이다. 그런데 무엇인가가 있지 않은가. 나도 있고 세상도 있고 보이는 것과 보이지 않는 것, 현실적인 것이나 관념적인 것 모두 없지 않고 있다. 그러나 어떻게 이런 일이 일어나게 되었는가? 왜 절대적인 허무 속에 아무것도 없지 않고 무엇인가 있는가? 형이상학적 존재사유가 무엇을 찾아 얼마나 먼 곳을 헤매고 다니든지 간에, 모든 형이상학적 존재사유를 숙명처럼 지배하는 최초의 물음은 언제나 이것이다. 왜 아무것도 없지 않고 무엇인가 있는가?" 김상봉, 『자기의식과 존재사유』, 한길사, 1998, 9~10쪽.

에 그런 질문이 가능하지 않았을까요?

김상봉 아마 그럴지도 모르지요. 왜냐하면 창조론이라고 하는 게 원래 없었던 것이 생겼다고 얘기를 하니까, '그러면 하나님 당신은 어디에서 왔는데?' 이렇게 묻게 되잖아요. 너무나 논리적으로 당연한 수순 아닙니까? '당신이 우리를 다 만들었다? 좋아요. 그렇다고 합시다. 그러면 하나님 당신은 어디에서 왔나요, 우리를 만든 당신은?' 왜 절대적 허무가 아니고 신이냐고요. 거기에 이르면 미칠 것만 같은 거지요. 그것이 저한테는 가장 근원적인, 철학적인 체험이고 물음이었습니다.

고명섭 그렇다면 두 번째는 무엇입니까?

김상봉 두 번째 물음이 저를 엄습한 것은 제가 대학에 입학하기 직전이었습니다. 저는 별로 현학적이지 못했고 신앙도 단순한 수준이었어요. 그냥 사랑, 소박하고 선량한 사랑의 종교로서 기독교에 대한 믿음, 그거였지요. 그런데 대학에 들어갈 무렵, 어떻게 해서 그 물음이 왔는지 또 모르겠는데 '왜 전지전능하고 선한 신이 만든 세상에 이렇게 불행과 고통과 악이 만연하는가?'라는 물음에 처음으로 맞닥뜨렸어요. 신의 정의로움에 대한 질문, 철학에서 이른바 변신론(辯神論, theodicy)이라 부르는 물음이 제게 찾아왔던 거지요. 그런데 그 질문은 잠들기 전에 오는 게 아니고요. 이거야말로 깨어서, 대낮에 저를 완전히 광기로 몰아넣은 물음이었습니다.

고명섭 순수한 이성의 광기?

김상봉 이성의 광기였죠.

고명섭 이성의 불꽃이 피어오르는 광기지요.

김상봉 예. 인간의 고통에 대해 예민했던 만큼, 저는 그런 고통에 대한 신의 무관심을 이해할 수도, 용서할 수도 없었어요. 신을 용서할 수 없다는 말이 신성 모독이지만, 유신 말기 온 세상에 널린 인간의 고통 앞에서 그 고통을 방관하는 신을 용서할 수 없을 만큼 제겐 그 시대가 아팠어요. 순진무구한 신앙에 처음으로 불신의 그림자가 드리워지고,

저는 폭풍우 치는 밤에 쥐약 먹은 강아지처럼 발버둥 쳤는데, 그 광기가 꼬박 한 학기 동안 이어졌으니 저의 대학 생활은 처음부터 그렇게 헝클어져버렸지요. 강의는 뒷전이고 닥치는 대로 신학 책을 찾아 읽기 시작하면서 단정한 학교 생활은 물 건너가버린 거지요.

고명섭 1학년 때인가요?

김상봉 예. 1학년 1학기 때. 지금 생각하면, 그렇게 세상에 편재한 고통과의 만남이 저의 철학 공부의 첫 출발이었어요. 아무튼 그것이 어떻거나 그때부터 제 대학 생활은 건강한 리듬을 잃어버렸지요. 꼬박 한 학기를 광기에 사로잡혀 지내다가 어느 여름날 마지막으로 감리교신학대학의 윤성범 교수님을 찾아갔어요.

고명섭 윤성범……?

김상봉 윤성범 교수는 칸트의 『순수이성비판』을 번역한 신학자예요. 지금 생각하면 호랑이 담배 피우던 시절이지만 그 무렵만 해도 감리교신학대학은 지금과는 달리 학문적 권위가 있었던 학교였고, 기독교장로회의 한국신학대학과 쌍벽을 이루던 신학교였어요. 윤성범 교수는 스위스 바젤에서 카를 야스퍼스하고 카를 바르트가 가르치고 있을 때 그 두 분한테 배운 훌륭한 학자였죠. 『순수이성비판』을 번역할 만큼 철학에도 조예가 깊은 분이었는데, 특히 기독교 신학의 토착화를 위해 많이 애쓰신 분이에요. 제 은사이신 박동환 선생님의 책머리에도 철학이 못 하는 서양 학문의 토착화를 도리어 가장 도그마틱한 학문을 하는 신학자들이 하고 있는 걸 보고 놀랐다는 말이 나오는데, 특히 윤성범 교수는 유교와 기독교 사이에 다리를 놓기 위해서 많이 연구하고 책 쓰고 하셨던 분이에요. 아무튼 그 무렵 그분 책을 봤거든요. 찾아갔지요.

아무 사전 양해도 없이 무턱대고 연구실을 찾아가 미칠 듯한 마음의 번뇌를 토해냈을 때, 그분이 할아버지 같은 인자한 얼굴로 그러시더라고요. 종교적 믿음이라는 것이 의심이 없는 상태는 아니라고. 모든 위대한 신앙인들은 언제나 깊이 믿었던 만큼 또한 깊이 의심했던 사람들이라고. 어린 저는 그런 말을 목사이자 신학자인 분에게서 들으리라고는 상상도 하지 못했어요. 무언가 자기 나름의 확신이나 신념을 말할 줄 알았지요. 제가 그렇게 순진하던 때가 있었네요. 그런데 믿음이란 의심과 분리될 수 없다는 말을 들었을 때 내게 너무도 친숙하던 하나의 세계가 무너지는 것을 느꼈어요. 아마 처음 물음이 찾아왔을 때 그런 말을 들었으면 전혀 이해를 하지 못했을 거예요. 믿음과 의심이 같은 거라니, 논리적 모순이잖아요. 저 혼자 묻고 찾고 하는 과정을 다 거치고 지칠 대로 지쳐서 찾아갔을 때, 저는 그분의 말을 머리가 아니라 가슴으로, 아니 온몸으로 이해할 수 있었던 거지요. 하지만 하나의 깨달음처럼 그 말이 가슴에 꽂혔을 때, 얼마나 아프고 얼마나 슬픈지, 그때 저는 철학적으로 인간의 한계라고 하는 걸 절실하게 자각한 것 같아요. 이성의 한계 말입니다. 그때 이후로 저는 적어도 형이상학이나 세계관의 문제에 관해서라면, 그게 기독교든 아니면 마르크스주의든, 객관적 진리 같은 건 믿지 않게 됐어요.

인사를 드리고 밖으로 나오니 해는 서산을 넘어 밤도 아니고 낮도 아닌 황혼인데, 건물 앞 넓은 뜰에는 아름드리나무들이 '칼레의 시민들'처럼 고개를 드리우고 있더라고요. 그 나무 그늘 사이로 터질 것 같은 눈물을 삼키며 걸어 내려오면서, 그런 생각을 했던 것 같아요. 인간에게 허락된 것은 인식이 아니고 다만 사랑이구나…….

고명섭 그게 최초의 깨달음이라고 할까, 어떤 진리를 보았다고 할까. 그러니까 대학교 1학년 한 학기를 그렇게 미친 듯이 광기 속에서 보내고 완전히 지쳐 쓰러질 무렵에 그 선생님을 만나서 이야기를 듣고 한마디로 말하자면 뭔가 둑이 터진 거잖아요.

김상봉 저한테는 그 깨달음이 해탈이 아니고요. 말하자면 해탈할 수 없다는 것에 대한 해탈이에요. 그러니까 그 이후에 어떤 의미에서는 그 이전으로 다시는 돌아갈 수 없는 사람이 됐지요.

고명섭 예. 이를테면 '객관적 진리라는 것은 존재하지 않는다, 절대 진리라는 것은 없다'는 것, 그래서 선생님이 예를 들면 칸트를 공부하시면서 주관적 진리…….

김상봉 예. 아마 그래서 칸트로 더 자연스럽게 갈 수가 있었던 것 같아요. 그러면서 제가 근대인이 된 거지요.

고명섭 선생님 말씀 듣다 보니까 마치 생물학에서 말하는 대로 개체 발생이 계통 발생을 반복하는 것처럼 선생님 어렸을 적에 최초에 철학적 질문이라고 할 수 있는 파르메니데스의 물음에서부터 시작해가지고 그다음에 그런 기독교 신학적인 질문을 치열하게 하면서 그다음에는 결국…….

김상봉 그 뒤로 제가 칸트로 간 거예요. 그러니까 그게 칸트로 갈 수밖에 없는 거지요. 물론 칸트 책을 열어보고 읽기 시작한 건 그 전이었는데 사실은 그 신학 책 읽느라고 처음에 칸트를 열고 난 다음에 밀쳐놓았지요. 그다음부터 칸트에 몰입하기 시작했어요. 그러니까 객관적이고 절대적인 인식 또는 진리, 이건 우리한테 허락되어 있는 게 아니구나 하고 어떤 유한성, 한계 속에서 칸트 철학에 대한 관심이 본격적으로…….

고명섭 칸트를 찾으셨는데 그러면 그게 2학년 때인가요?

김상봉 아니 1학년 2학기요.

고명섭 그러니까 그런 것들이 보통 학생들이 철학과에 들어갔을 때의 경로는 아니잖아요. 자각적으로 하신 건데…….

김상봉 예. 외부 세계하고는 상관없는 제 내면의 역사를 말씀드리는 거지요. 그 무렵 제가 교우 관계가 그다지 없었어요. 혼자 미쳐 돌아다녔잖아요.

고명섭 학과 교수들의 영향도 전혀 없었던 건가요?

김상봉 그때까지는 없었어요. 그래서 제가 망가지기 시작한 거예요. 그때부터 정상적인 사회적 삶이 망가졌어요. 그러면서 가뜩이나 머리 나쁜 인간이 성적도 엉망이 되고 그러면서 낙제, 휴학……. 그렇게 해서 학교를 6년 다녔잖아요.

고명섭 낙제도 하시고 휴학도 하시고…….

김상봉 예.

고명섭 선생님 그 부분만큼은 저하고 비슷하셨네요.

김상봉 반갑습니다.

고명섭 제가 진짜 구원받는 기분입니다.

김상봉 자랑할 얘기는 아니지만 제가 평점이 'D'입니다. 한번은 그
것 때문에 교수 채용에서 떨어진 적도 있어요. 한창 교수 채용할 때 학
점 보는 게 유행이던 시절이 있었어요.

고명섭 학점이 너무 낮아서…….

김상봉 학과에서 1순위로 추천받아서 올라갔는데 대학 본부에서
'이건 안 된다'고.

고명섭 학부에서 이렇게 공부를 못했는데 어떻게 학생을 가르치느냐?

김상봉 예, 그 얘기예요.

마르크스와의 만남

고명섭 그 시절에 마르크스에 대한 공부는 안 하셨나요?

김상봉 대학 초년생 시절을 엉뚱한 물음으로 어지럽게 보낸 뒤에 남
들보다 조금 늦게 이른바 운동권에 입문을 했지요. 같이 '학습'이란 걸
하기 시작했는데 이영협 교수의 『일반경제사 요론』이란 책이 첫 번째
교과서였던 걸로 기억해요. 마르크스주의에 입각한 경제사 책이었지요.
그 당시는 1974년에 민청학련 사건으로 대학 내의 운동권이 거의 붕괴
된 뒤에 다시 재건하는 과정이었는데, 철학과에선 딱히 같이 공부할 동
료가 없었고 사회학과 친구들과 인연이 닿아 서너 명이 같이 공부를 시
작했습니다. 자생적인 지하 서클 같은 거였는데 연세대에서 지도해줄
선배를 못 찾았기 때문인지 서울대 경제학과 선배가 신촌까지 와서 가

르쳐주었어요. 생각해보니 선생님 선배가 되는 분이군요. 아무튼 그만큼 사람이 드물었던 거겠죠? 도수 높은 뿔테 안경에 정말 사람 좋게 생긴 충청도 청년이었는데, 저는 조직에 관해서는 그때나 지금이나 무심한 편이라 그분이 우리와 어떤 관계에 있는지는 전혀 몰랐고 그냥 그 공부를 통해 처음으로 마르크시즘의 기본 얼개를 주입받은 거지요.

그 후엔 그렇게 집단적으로 학습하듯이 마르크스를 배운 건 아니었어요. 학창 시절, 철학 이외에 가장 가까이한 학문이 사회학이었는데 마르크스에 대해서는 사회학을 통해 꾸준히 공부를 했었지요. 지금은 어떤지 모르겠지만, 그 시절엔 마르크스와 베버 그리고 뒤르켐을 이론 사회학의 고전적 기초라고 여기고 있었던 터라 사회학을 공부하려면 이 세 사람에 대한 기본적 소양을 갖추어야 한다고 생각했어요. 그래서 이것저것 꾸준히 읽었지요. 하지만 당시만 하더라도 번역된 책들이 없으니 마르크스의 『경제학·철학 수고』나 루카치의 『역사와 계급의식』 정도를 영어로 조금 읽는 정도였고, 나머지는 주로 2차 저작이었던 걸로 기억해요. 그 가운데 레몽 아롱의 『사회 사상의 흐름』(Main Currents in Sociological Thought)이나 로버트 터커의 『칼 마르크스의 철학과 신화』 같은 책을 특히 재미있게 읽었습니다. 그 당시는 이런 책들이 번역이 되지 않아 영어로 읽었는데 나중에 번역된 책을 보니 그때의 감동이 되살아나지는 않더라고요.

고명섭   예. 뭐든 첫사랑이지요! 그러면 마르크스에 대해서는 어떻게 생각하셨나요? 인간에게 허락된 것이 인식이 아니라 사랑의 실천이라 생각하셨다면 마르크스한테 매혹될 만도 했을 텐데요.

김상봉   그것을 다 말하려면 참 긴 이야기지만, 제가 그때나 지금이나 마르크스에게 한 발을 걸치고 있으면서도 마음으로 공감할 수 없는 가장 큰 이유는 마르크스주의의 그 과도한 확신 때문입니다. 모든 것을 다 알고 있다는 듯한 확신이야말로 제가 마르크스주의를 불신하는 첫째 이유예요. 그 확신에 관해서 보자면, 마르크스주의자들은 기독교인들과 조금도 다르지 않은데, 저는 그런 확신이야말로 우매함의 증거라고 생각하는 사람이니까 근본에서 이질감을 느낄 수밖에 없지요. 내용면에서 보자면 마르크스의 유물론 역시 제가 받아들일 수 없는 세계관이었어요. 기독교를 믿든 믿지 않든지 간에 저는 유물론자였던 적은 없었으니까요. 함석헌 식으로 말하자면 존재는 한갓 물건이 아니라 뜻이라는 거지요. 그리고 더 중요하게는, 저는 이 세계가 그 자체로서 완전하고 완결된 절대적 존재가 아니며, 도리어 존재 그 자체가 유한성의 한계에 갇혀 있다고 생각하는 편이니까.

고명섭 칸트와 비슷한 생각을 하신 거군요.

김상봉 그렇지요. 칸트를 읽어서 그런 생각이 더 굳어졌다고도 말할 수 있겠지만, 이미 그 전에 대학 첫 학기의 체험은 '유한성'이란 세 글자를 저의 정신에 지울 수 없이 각인했다고 해야겠지요. 이 점에 관해서는 마르크스뿐만 아니라 다른 어떤 철학이라도 마찬가지인데, 저는 유한성을 극복하고 어떤 식으로든 절대자를 파악할 수 있다거나 존재의 궁극적 진리를 인식할 수 있다고 주장하는 철학자들을 신용하지 않아요. 그런데 그와 별개로 제가 학창 시절에 마르크스주의에 대해 아무리 해도 동의할 수 없었던 또 하나의 이유가 있는데, 그게 마르크스의 진리관이었어요.

고명섭 구체적으로 말씀하신다면…….

김상봉 이건 칸트와도 관계된 문제인데, 칸트 학도였던 저의 눈에는 마르크스의 진리관은 너무도 당파적이었거든요. 보편적인 진리의 기준 같은 것을 물으면 그런 건 없다거나, 그런 것을 찾는 것은 정신이 아직 오성의 단계에 머물러 있기 때문이라는 식으로 비판하는 것까지는 이해한다 치더라도, 그럼 더 높은 단계에서 진리가 뭐냐고 물으면 답이 없어요. 그때부터는 역사나 프롤레타리아 계급의식이나 변증법 같은 것들이 등장하는데, 이것이 모두 이렇게 말하면 이것이고 저렇게 말하면 저것인 형이상학적 개념인 탓에, 마지막에는 결국 마르크스나 레닌의 말이 진리이고, 당의 결정이 진리이고, 그 당을 지배하는 권력자의 뜻이 진리가 되어버려요.

그렇다고 하더라도 마르크스에게서 세상을 구원할 수 있는 명확한 대안을 발견했더라면 또 모르겠는데, 아무리 묻고 읽어도 마르크스가 자본주의를 어떻게 극복할 수 있다고 말했는지 그 대안을 못 찾겠더라고요. 마르크스는 그냥 분석하고 비판했을 뿐이에요. 따지고 보면 아무 도움 되는 말도 못 해주면서 그렇게 기세등등하게 세상 모든 철학과 종교를 싸잡아서 거짓으로 매도하는 마르크스주의의 허세를 저는 이해할 수도 없었고 받아들일 수도 없었어요.

고명섭 마르크스의 한계에 관해서라면 저도 선생님과 비슷한 생각을 합니다. 그렇다면 칸트에게 길이 있다고 하는 느낌을 언제 받으셨다고 할 수 있나요?

김상봉 글쎄 제가 '칸트에게 길이 있다'고 생각한 건지 그랬더라도 어떤 의미에서 그랬는지는 말하기 어려워요. 일단 칸트는 사회과학자가 아니라 철학자로서 공부하기 시작했던 거니까요. 학부 시절에는 칸트를 이해하는 것조차 버거웠으니 거기서 길을 찾았다고 말하는 건 무리예요. 그보다는 기본적인 생각의 태도가 더 중요하지 않았나 싶은데, 다른 어떤 것보다 칸트가 유한성의 철학자라는 것이 저에게 공명을 불러일으켰다고 할 수 있겠죠. 그리고 어떤 경우에도 술 취하지 않은 사유의 엄밀함과 철저함 그리고 공정함 같은 것을 칸트에게서 배웠다고 할 수 있겠죠. 이런 것들은 칸트를 비판하고 칸트에게서 벗어났다고 말할 수 있는 지금도 칸트에게 감사하는 가르침이에요.

정치를 버리고 철학을

고명섭 마르크스에 대한 실망 때문에 정치의 꿈을 버리신 건가요? 운동권 생활은 접으신 건가요?

김상봉　마르크스에 대한 불신과는 무관하게 저는 학창 시절 내내 이른바 학생운동에 참여했지요. 내가 마르크스 때문에 운동을 시작한 건 아니잖아요? 그 당시엔 학생운동은 서클을 중심으로 이루어졌는데, 처음엔 기독 학생운동 서클에 참여했다가 나중엔 거기서 나와 당시로서는 가장 급진적이라고 말할 수 있는 새로운 서클에 들어갔어요. 평화문제연구반이라는 그럴듯한 이름의 서클이었는데 실은 한국반공연맹 산하의 대학생 조직이었어요. 이름만 있을 뿐 딱히 활동은 없었던 모양인데, 지금은 국회의원이 된 윤후덕을 중심으로 친구들이 들어가서 가장 과격한 이념 서클로 성격을 바꾸어버린 거예요. 생각하면 우스운 일이죠. 반공연맹이라는 극우 단체에서 자금을 받아 활동하는 운동권 서클이라니. 다른 한편으로 학교 밖에서는 꾸준히 야학 활동을 했어요. 『세 학교의 이야기』는 그 시절의 기록이지요. 돌아가신 성내운 선생이 장애인 학교에 대해, 지금 한국출판마케팅연구소 소장인 한기호 선생이 안면도의 농촌 야학에 대해 그리고 제가 을지로 5가에 있었던 여성 노동자들을 위한 야학에 대해 쓴 글을 묶은 건데, 그 책은 오랫동안 야학에 대한 거의 유일한 실증적 기록물이었을 거예요.

고명섭　그 책이 1983년에 나왔으니 대학원생 시절에 쓰신 것 아닙니까? 대학원에 가신 건…….

김상봉　누군가는 공부를 해야 한다고 생각했어요. 세상을 바꾸려면 세상이 어떻게 잘못되었는지 정확하게 진단하고 세상을 어떻게 바꾸어야 할지 대안을 제시할 수 있어야 한다고 생각했죠. 그런데 그걸 보여주는 사람이 없더라고요. 독재를 타도해야 하는 것도 맞고, 자본주의를 극복해야 하는 것도 맞고 또 통일을 해야 하는 것도 당연한데, 구체적인 길과 새로운 세계의 지도를 보여주는 사람은 없는 거예요. 사실 대답은 고사하고 그걸 묻는 사람조차 드물었어요. 할 수 없이 목마른 제가 우물을 파야겠다고 생각했죠. 그래서 친구들이 현장으로 갈 때, 저는 공부의 길로 들어서게 되었어요.

고명섭   그래서 독일로 가셨나요?

김상봉   처음엔 유학 갈 생각이 없었어요. 철학을 다른 나라 가서 한다는 건 야만이라고 생각했으니까.

고명섭   그건 그 당시로서는 특이한 발상 아닙니까?

김상봉   빨랐지요. 지금도 사실 흔치 않지요. '너 자신을 알라'는 게 철학이잖아요. 철학은 자기 인식인데, 왜 남의 나라 가서 자기 인식을 하나? 남의 동네를 가서…… 그렇게 생각을 했죠. 그래도 이미 그 시절에 외국 나가서 박사학위 받는 풍토를 비판하신 분도 있었어요.

고명섭   그래요?

김상봉   김용옥 선생님의 큰형이신 김용준 선생님이 이미 그 시절에 신문 칼럼에 쓰신 적이 있을 거예요. 어디였는지는 찾아봐야겠지만……. 아무튼 저 역시 남의 나라에 가서 철학을 한다는 건 어불성설이라 생각했죠. 철학은 자기 인식이니까!

고명섭   그것이야말로 어떻게 보면 선생님의 가장 독특한 발상이고 선생님의 철학에서 남들과 차이가 나는 아주 근본적인 지점이라고 할까, 그런 건데 그 발상을 했다는 것 자체가 저는 참…….

김상봉   저는 사람들이 그렇게 생각하지 않는 것이 도리어 이상했어요. 철학은 현실의 자기반성이고 말의 자기반성인데, 다른 현실 속에서 다른 언어로 철학을 배운다는 것이 이해가 되지 않았죠.

고명섭   그래도 칸트를 연구하려면 유학을 가야 하는 것 아닌가요?

김상봉   칸트 연구가 철학은 아니잖아요? 칸트는 철학을 위한 사다리일 뿐이죠. 게다가 같은 칸트라도 나라에 따라 해석하는 방식이 다르거든요. 우리도 우리 식으로 칸트를 해석해야죠.

고명섭   그런데 어쩌다 유학을 가게 되었나요?

김상봉   생각하면 우연한 계기에 떠밀려서 갔어요. 박사과정 시험에 떨어졌거든요.

고명섭   별일이 다 있군요. 농담인 줄 알았는데 선생님이 정말로 공부를 못하기는 못하는 학생이었나 보네요.

김상봉 저뿐 아니고 그 무렵 철학과에서 이상하게 여러 해 동안 박사과정에 신입생을 받지 않았어요. 그런 분위기를 보아서는 다음번에 시험을 본다 해서 합격할 보장도 없고, 좀 난감하게 되었는데, 그즈음 아버지가 미국에서 돌아와 저를 독일로 떠민 거죠. 시험에도 떨어졌으니 한국에서 버틸 명분도 없고 그렇게 해서 다소 우발적으로 독일로 가게 되었어요. 돌이켜 보면 인생사가 참 우연한 거지요.

고전어와의 만남

고명섭 선생님 책 날개를 보면 독일에서 철학뿐 아니라 고전문헌학을 공부하신 걸로 되어 있는데, 유학하기 전까지는 희랍어, 라틴어를…….

김상봉 거의 안 했죠. 무슨 생각에서였는지 유학 가기 전에 강남 터미널 맞은편에서 성서 희랍어를 배운 적이 있어요. 한 학기 정도 다녔는데, 그나마 안 배운 것보다는 나았죠. 라틴어는 배울 생각조차 해보지 않았어요.

고명섭 그렇다면 독일에 가서 희랍어, 라틴어를 배우고 고전문헌학을 공부하신 건데 그것은 어떤 자극을 받았기 때문에……?

김상봉 그것도 처음에는 우연입니다. 처음에 간 곳이 괴팅겐이었어요. 그 무렵 괴팅겐 대학에서는 갑자기 유학생들에게도 엄격하게 고전어 능력을 요구하고 있었던지라 철학이나 독문학 같은 인문학을 공부하는 학생들은 라틴어 때문에 골머리를 앓고 있더라고요. 저는 그런 건 생각도 못 하고 유학을 갔던 터라 처음에는 정말로 당황했죠. 게다가 독일 대학에서 요구하는 고전어 능력이라는 것이 그냥 설렁설렁 해서 도달할 수 있는 게 아니거든요. 지금도 키케로를 읽으라면 쉽지 않은데, 라틴어 자격시험(Grosses Latinum)의 지문이 키케로예요. 사실 처음엔 하늘이 노래지는 기분이었어요.

고명섭　정말로 난감했겠네요.

김상봉　처음부터 유학을 오고 싶어서 온 게 아니었기 때문에 빨리 공부를 끝내고 돌아가야겠다는 생각밖에 없었는데, 그런 장애물이 등장하니까 당황스럽기 이를 데 없더라고요. 유학이고 박사학위고 다 집어치우고 한두 해 말이나 배우다가 돌아가야겠다고 생각하기도 했어요.

고명섭　그런데 어쩌다 마음이 바뀐 겁니까?

김상봉　첫 학기에 어학 코스를 마치고 다음 학기에 정식으로 등록을 하고 라틴어와 희랍어를 듣기 시작했는데, 비록 억지로 시작한 것이긴 하지만, 서양 철학을 제대로 공부하려면 고전어 지식이 필수적이라는 걸 깨닫는 데는 그리 오랜 시간이 걸리지 않았어요. 공부를 하면서 보니 서양의 거의 모든 철학 개념이 원래 라틴어와 희랍어 낱말인 거예요. 한문을 모르면서 한국학을 하겠다는 것이 어불성설이듯이 희랍어와 라틴어를 모르고 서양 철학을 한다는 것도 마찬가지라는 걸 알게 되었지요. 저는 어학에는 그다지 소질이 없는 사람이지만, 그걸 깨닫고 난 다음엔 피할 수가 없었어요. 그래서 아예 고전문헌학을 부전공으로 공부하기로 결심했죠. 그 후 한꺼번에 두 가지 고전어를 배우느라 고생이 많았어요.

고명섭　그런데도 포기하지 않은 건…….

김상봉　매혹되었기 때문이겠지요. 한창 고전문헌학과에서 부전공 과정을 이수하고 있을 때는 칸트가 낯설어질 만큼 플라톤이 좋았어요. 호메로스부터 플라톤까지 고대 그리스의 문헌들을 원문으로 읽으면서 비로소 저는 그리스 정신이 어떤 의미에서 서양 정신의 뿌리인지, 그리고 고전 고대와 근대가 어떻게 다른지를 저 스스로 판단할 수 있게 되었지요. 칸트만 읽다가 왔더라면 서양 정신을 전체로서 비판할 수 있는 자신감이나 안목을 가질 수는 없었을 거예요. 플라톤을 희랍어로 읽고 난 뒤에야 비로소 칸트가 플라톤과 어디까지 같고 어디서부터 다른지를 알겠더라고요. 플라톤을 온전히 읽지 못했더라면 칸트가 누군지도 몰랐을 거예요.

고명섭 호메로스도 그렇게 읽으신 건가요?

김상봉 예, 그렇게 우연히 고전문헌학을 공부하지 않았더라면 지금
도 저는 호메로스가 누군지 얼마나 위대한 정신인지 짐작도 못 했겠지
요. 전혀 예상치 못한 방식으로 시작된 고전문헌학 공부를 통해 서양 정
신의 뿌리까지 거슬러 올라갔던 거예요.

고명섭 호메로스와 플라톤이 어떻던가요? 무엇이 그리 매혹적이었
습니까?

김상봉 순진무구하고 자연스러운 아름다움이지요. 기독교적인 원
죄 같은 것은 알지 못하는 어린아이의 세계지요. 그에 비하면 칸트는
얼마나 까칠한 애인인지.

칸트의 『최후 유작』

고명섭 그래도 결국은 칸트로 학위를 하신 거지요?

김상봉 예. 한동안 힘들었습니다. 학기 중엔 워낙 집중적으로 고전문
헌학에 몰입하다 보니, 어느 땐가부터 내가 왜 칸트를 연구해야 하는지
가 모호해지더라고요. 그래 가지고서야 논문을 쓸 수가 없죠. 게다가 지
도교수와 합의한 논문 주제가 칸트의 『최후 유작』(*Opus postumum*)이라고
흔히 알려진 유고(遺稿)에 대한 연구였는데, 이것이 완성된 책이 아니고
유고로 남아 있는 것인 데다가, 그 내용도 칸트의 비판철학과는 많이 다
르고 난삽해서 해독하는 것이 쉽지 않았지요. 그래서 한동안 지지부진
한 상태였어요.

고명섭 그렇게 칸트를 공부하면서 결국 끝까지 갔는데 칸트에게서
한계를 보신 것 아니에요? 그게 독일에서 공부를 하면서……

김상봉 칸트의 한계를 명확하게 인식한 건 아마 유학에서 돌아온 뒤
겠지요. 홀로주체성과 서로주체성을 구별하면서 비로소 칸트의 한계를

명확하게 말할 수 있었으니까요. 하지만 그 싹을 보자면 논문 쓰는 과정에서 칸트의 내적 모순이나 한계를 생각하기 시작했다고 할 수 있겠지요. 특히 『최후 유작』에서 칸트가 자신의 모순과 한계와 씨름했으니까, 더욱 그렇지요.

고명섭　칸트가 그 책을 쓴 게 언제쯤이었나요? 75세쯤이면 1799년? 1798년?

김상봉　일기 쓰듯이 날짜를 쓴 것이 아니라서 정확하지는 않지만 그 무렵이지요.

고명섭　마지막 책을 내고 난 뒤네요.

김상봉　예. 일반적으로 칸트 철학을 전비판기와 비판기로 구별하는데, 『최후 유작』에서는 칸트가 비판철학의 내적 모순을 극복하려고 했어요. 그런 점에서 새로운 사유의 지평으로 나아갔다고 할 수 있지요. 처음엔 알려지지도 않았고 또 칸트 자신이 완성하지도 못했기 때문에 철학사적으로 영향을 끼치지는 못했지만, 칸트의 자기비판이라는 점에서 대단히 중요한 의미가 있습니다.

고명섭　그 노년의 칸트에게 무엇이 가장 근본적인 문제였습니까?

김상봉　원래는 칸트가 새로운 책을 쓰려 했어요. 그 책 제목이 이거예요. "자연과학의 형이상학적 원리에서 물리학으로의 이행"(Übergang von den metaphysischen Anfangsgründen der Naturwissenschaft zur Physik). 『자연과학의 형이상학적 원리』는 칸트가 출판했던 책이지요. 거기서 칸트가 물리학의 근본 법칙들을 철학적으로 근거 짓는 일종의 사변적 물리학을 전개했는데, 선험철학을 완성하기 위해서는 거기서 한 걸음 더 나아가 물리학 그 자체로 건너가야 한다고 생각한 거예요. 자연과학의 형이상학적 원리는 여전히 선험적 원리니까, 경험적 물리 세계와 간격이 있다고 본 거지요. 그래서 선험적 원리와 경험적 세계 사이에 다리를 놓아야 된다는 거예요. 사실 칸트 철학에서는 그게 처음부터 심각한 아포리아 아닙니까? 그런데 이 작업을 해나가면서 칸트가 자신의 철학 체계 자체를 근본에서 다시 생각하게 돼요.

예를 들면 이런 거예요. 칸트가 『순수이성비판』에서 공간이나 시간을 감성의 형식이라 하지요. 밖에 있는 게 아니다, 이거였잖아요. 그런데 이를테면 저기 태양이 있고 여기에 내 눈이 있어요. 그러면 태양은 원래는 공간 속에 있지 않고 나도 원래 공간 속에 있지 않은데, 공간이 감성의 형식이어서 저기 태양을 공간 중에 있다고 우리가 지각을 하고 거기에서 빛이 우리한테 온다는 말이지요. 그러면 이 사이에 펼쳐진 공간이 감성의 형식이라면, 그 자체로서는 없는 거나 마찬가지 아닙니까? 또는 태양과 지구가 공간 중에서 관계를 맺고 있다 하더라도 공간 그 자체는 우리 마음속에만 있고 실제로는 없는 것과 마찬가지라는 말이잖아요. 그렇다면 없는 것, 다시 말해 무(無)를 통해 내가 태양을 지각하고, 태양과 지구가 관계한다는 말인데, 그게 어떻게 가능한 일인가요?

칸트가 이걸 『최후 유작』에 와서 처음으로 물어요. 그러면서 직관 형식으로서 우리 머릿속에 있는 공간은 한갓 관념적 공간일 뿐—이걸 칸트는 생각할 수 있는 공간(spatium cogitabile)이라고 부르는데—, 현실적으로 주어질 수 있는 물리적 공간—이것을 칸트는 주어질 수 있는 공간(spatium dabile)이라 부릅니다—일 수 없다는 걸 깨달아요. 그리고 그 관념적 순수 공간으로부터 물리적 공간을 연역해내지 못한다면 공간이 직관 형식이라는 말도 불가능한 말이라는 것을 깨닫는 거지요. 더 정확하게 말하자면, 물리적 공간을 진공이라 하면 그 또한 무와 같은 것이므로 칸트는 에테르(Äther) 같은 것을 물리적 공간의 토대로 상정하는데, 어떻게 관념적 순수 공간에서 물리적 공간의 토대가 되는 에테르를 연역할 수 있겠어요? 비판철학의 관점에서는 불가능한 일이거든요. 형식은 형식일 뿐 결코 어떤 질료적 사물을 산출할 수 없기 때문이지요. 바로 이 지점에서 늙은 칸트가 자기의 비판철학을 근본에서 다시 생각하게 돼요. 그런데 그 무렵엔 이미 피히테나 셸링이 등장해 칸트 철학을 자기 나름대로 극복하기 위해 진력하고 있었잖아요. 그래서 칸트의 자기비판이 초기 독일 관념론 철학자들과 어떤 관계에 있는지가 흥미로운 연구거리지요. 그리고 저 역시 『최후 유작』에 대해 논문을 쓰면서, '칸트의 한계를 극복한다는 게 무엇을 의미하는가'를 묻지 않을 수 없었지요.

제 논문의 제목은 "『최후 유작』에서 물자체(Ding an sich)의 개념"이었는데, 칸트가 거기서 사물 자체와 선험론적 순수 자아를 같은 것으로 봐요. 하지만 이건 비판철학의 관점에서는 불가능한 일이잖아요. 그래서 그것을 어떻게 이해하고 설명해야 하느냐가 논문의 주제였지요. 그 당시 나와 있었던 몇 안 되는 연구서들의 경우에는 칸트의 그런 전환을 독일 관념론자들의 영향이라거나 어떻든 비슷한 길을 걸은 것이라는 식으로 설명했어요. 자아를 절대화해서 사물 자체까지 자아 속에 포괄했다는 식으로 해석한 거지요. 저는 그런 해석에 반대해서 "오히려 칸트는 피히테나 셸링의 길이 아니라 차라리 라이프니츠적인 방향으로 나아갔다. 오히려 젊었을 적의 칸트로 돌아갔다. 그래서 유한성의 원리를 넘어가지 않고, 다시 말해 자아를 절대화하지 않고 질료와 형식의 통일을 추구했다"는 식으로 해석했죠. 하지만 그렇다고 해서 칸트가 자기 철학의 모든 내적 곤경을 성공적으로 해결했다고 생각할 수는 없어요. 그러니까 결국 칸트가 남긴 문제를 해결하는 것은 후세 사람들의 과제가 된 거죠.

고명섭 그런데 선생님이 이후에 쓴 저작들을 보면, 뒤의 피히테나 셸링을 통해서 칸트가 재해석된다고 할까요? 칸트의 한계가 피히테나 셸링을 통해서 드러나는 것이고…….

김상봉 예, 그건 역사적인 사실이니까.

고명섭 그리고 칸트를 극복하려고 분투했던 사람들이 피히테나 셸링이고, 또 어쨌거나 철학적으로 극복한 사람은 헤겔이다, 이렇게 설명을 하시는데, 대개 우리가 독일 관념론을 이야기하다 보면, 먼저 칸트를 거론하고 그다음에 피히테와 셸링이라는 중간 다리 대충 뛰어넘고 그다음에 헤겔로 가서, 칸트와 헤겔이 어떤 면에서 굉장히 대립하는 걸로 이해하고 끝내버리잖아요. 그런데 선생님이 피히테와 셸링을 주목함으로써[2] 칸트가 어떻게 내적인 논리 전개를 거쳐서 헤겔에 이르는지를 설명하신단 말이에요. 그래서 피히테와 셸링이 칸트의 한계를 다시 보게 해주는 그런 역할을 했구나 하고 느꼈어요.

김상봉 맞습니다. 그거지요. 칸트 이후의 모든 철학은 칸트의 내적 모순을 극복하기 위한 자기 나름의 노력이지요. 그런데 그 점에 관해서는 저도 마찬가지예요. 칸트가 단순히 독일이라는 국가의 철학자가 아니라 근대성의 본질을 가장 깊이 꿰뚫어 보고 그것을 어떤 극한까지 밀

---

2 "그런데 존재를 나 속에서 이해하려는 선험철학의 근본 통찰이 칸트 연구의 역사 속에서 거의 아무런 주목도 받지 못했던 데에는 그럴 만한 까닭이 있었다. 정확히 말하자면 칸트 철학의 참된 새로움이 어디에 놓여 있는지를 그의 모든 독자들이 이해하지 못한 것은 아니었다. 철학사는 중요한 칸트 이해자 두 사람의 이름을 우리에게 전해주고 있는데, 바로 피히테와 셸링이다. 이들은 형이상학에서 칸트를 통해 변화된 것이 무엇인지를 가장 정확하게 이해했던 사람들이었다. 칸트 이전까지 철학은 존재를 객관적 원리 속에서 이해하였다. 고대적 존재론에서는 생각조차도 객관적 현실성이었던 것이다. 그러나 칸트와 더불어 모든 객관적인 현실성은 생각하는 나 속에서 정립되었다. 내가 바로 존재의 진리가 된 것이다. 피히테와 셸링은 비판철학이 보여주는 수많은 내적인 모순과 서술에서의 혼란에도 불구하고, 그것이 존재의 진리를 3인칭의 영역에서가 아니라 1인칭의 나에서 찾은 것이야말로 칸트 철학의 일관된 생명임을 꿰뚫어 보고 있었다. 그리고 그들은 선험철학의 이 통찰을 체계적으로 완성시키는 것을 자신들의 과제로 삼았다. 그러나 불행하게도 그들은 너무 멀리 나가버렸다. 즉 그들은 나를 존재의 진리로 이해하되, 존재의 절대적 진리, 절대적 지평으로 이끌어 올린 것이다. 피히테가 나를 신적인 절대자로 만들어버렸다는 것을 칸트가 풍문으로 들었을 때, 그는 피히테의 입장에 대해 즉각 공개적인 반대 의견을 표시하였다. …… 그의 주된 관심은 나를 절대화시키는 것이 아니라 도리어 존재를 유한성 속에서 보려는 것이었기 때문이다. …… 피히테와 셸링은 비록 칸트를 넘어 칸트가 원하지 않았던 결론을 이끌어내기는 하였으나, 그들은 칸트 철학의 본래적 정신에 가장 가까이 다가갔던 사람들이었다.…… 이후 칸트주의의 역사는 이 두 철학자를 거의 일면적으로 적대시하였던바, 그 결과는 그들이 올바르게 파악했던 칸트주의의 본질을 칸트주의자들 자신이 적대시하는 현실로 나타났던 것이다." 김상봉, 앞의 책, 127~28쪽.

어붙인 철학자라면, 결국 근대를 극복한다는 것은 칸트를 극복한다는 것을 말하고 게다가 그것이 또 서양적 근대인 한에서 서양 문명의 극복을 위해 대결하지 않을 수 없는 대상이었던 거지요. 그런 의미에서 저로서는 피히테나 셸링 그리고 헤겔 같은 독일 관념론 철학자들과는 또 다른 관점에서 칸트를 비판하고 극복하려 했던 것이고요. 저는 독일인도 유럽인도 아니고 한국 사람이니까.

나는 임신한다, 그러므로 나는 존재한다

고명섭 예. 어쨌거나 선생님이 논리적 설명을 통해서 피히테와 셸링의 가치를 주목해줌으로써 칸트에서 헤겔로 어떻게 넘어가는가 하는 게 저한테도 이해가 됐고요. 그 문제를 더 이야기하기 전에, 선생님이 홀로주체성이나 서로주체성이라는 사유를 하게 만든 계기로 언뜻 어느 소녀 이야기를 하셨는데……[3]

김상봉 예, 소냐라고, 이름만 기억이 나고 성이 무엇이었는지는 기억이 안 나요. 그냥 옆방에 살면서 심각한 이야기는 거의 한 적이 없는데…….

고명섭 같이 공부하는 학도였나요?

김상봉 아니 고등학생입니다. 여고생이에요.

고명섭 그래요?

김상봉 독일은 이미 고등학교 때부터 집에서 나오는 것 같더라고요. 큰 저택의 다락방에 살 때 옆방에 살던 친구예요. 아르바이트하면서 용돈도 벌고 학교를 다니는 학생이었지요. 지붕 밑에 방이 한 6개 있었는

---

3 "책의 내용에 관해서 보자면, 이 책의 씨앗이 된 생각은 오래전 독일에서 만난 아가씨 소냐(Sonja)와 이선미 선생님께 빚고 있다." 김상봉, 『서로주체성의 이념』, 도서출판 길, 2007, 6쪽.

데, 하루는 그 친구가 내 방에 왔어요.

이말 저말 하다가 문득 논문 주제가 뭔지 물어요. "칸트 철학에서 자기의식이 내 논문 주제"라고 했더니 이 친구 하는 말이 "나는 칸트가 자기의식에 대해서 뭐라고 말을 했는지 모르지만, 내게 제일 중요한 자기의식은 내가 언젠가 아이를 낳을 수 있다는 거"라고 하더라고요. 그 한마디가 저에겐 지진과도 같았어요.

한번 생각해보세요. 저도 그 당시 데카르트, 칸트부터 독일 관념론을 거쳐서 후설까지 적어도 자기의식에 대해서는 나름대로 기본적인 텍스트들은 다 봤단 말입니다. 그리고 자기의식에 대해서 서양의 철학자들이 무슨 말을 했는지 알고 있는데 그들 가운데 누구도 "나는 임신한다. 그러므로 나는 존재한다"(또는 나는 나다)고 말한 사람은 없어요. 그러니까 이 아가씨가 전통적인 철학의 관점에서는 도저히 해명할 수 없는 명제를 제출한 셈인 거예요. 이게 도대체 뭘까? 한편에서는 이렇게 생각할 수 있지요. '사람이 출산을 하든 하지 않든, 임신을 할 수 있든 할 수 없든, 그건 경험적인 사태지. 하지만 철학이 경험의 학문은 아니니까 임신 같은 건 잊어버려도 돼.' 이건 상투적인 철학자의 언어지요. 철학도의 언어. 하지만 다른 한쪽에선 물음이 계속되지요. 과연 그럴까? '나는 임신한다. 그러므로 나는 존재한다'고 하는 얘기는, 임신을 통해 내가 나를 나로서 의식하는 주체가 된다는 말이잖아요. 그런데 임신이라는 건 자기 속에 타자를 품는 것 아닙니까? 자기 속에 자기가 아닌 실제적인 타자를 품는 것이지요. 그러니까 '나는 임신한다. 그러므로 나는 존재한다'고 하는 자기의식의 명제는 내가 내 속의 타자인 태아를 통해 내가 된다는 것이니까, 간단히 말하면 내가 너를 통해서만 내가 된다는 말이잖아요. 철학사적으로 보면 "나는 생각한다. 그러므로 나는 존재한다"고 말할 때는 기본적으로 '나는 나다'라는 자기동일성의 명제와 같이 가요. 그런데 임신의 자기의식은 '나는 나다'가 아니라 나는 너를 통해서 내가 된다는 말이거든요. 이걸 어떻게 데카르트나 칸트를 통해 또는 헤겔이나 후설을 통해 해명할 수 있겠어요? 칸트는 임신은 고사하고 아예 자식이 없었는데. 어떤 당혹감 속에서 그런 복잡한 생각들이 한순간에 머릿속에서 불꽃처럼 작열하는데, 안타깝게도 내가 그때 그 생각들이 감당이 안된단 말이지요. 하지만 바로 그렇기 때문에 내가 언젠가는 이 문제로 다시 돌아와야 될 거다, 그리고 내가 막연하게 생각했던 남성의 철학으로부터 여성의 철학으로의 이행이 바로 여기에 걸려 있을 거라는 생각만 그때는 했지요. 그때는 아직 논문도 제대로 못 쓰고 있었을 때니까 다른 생각을 할 겨를이 없었죠. 하지만 내가 끝내 이 문제를 잊어버릴 수는 없으리란 것을 그때도 이미 예감하고 있었어요. 또 실제로도 그랬고요.

고명섭 그것이 서로주체성이라는 이념으로 그렇게 연결되리라는 예감은 혹시 하셨나요?

김상봉 전혀 못 했지요. 그때는 그냥 마음에 간직한 거예요. '그러니까 이건 잊어버리지 말아야 될 거고, 내가 못 잊을 거다', 이렇게요.

고명섭 그것이 철학적으로 대단히 중요한 지점을 건드린다는 느낌을 받으셨다는 건가요?

김상봉 예, 그걸 느꼈지요. 그러지 않아도 저는 철학이 남성의 전유물로서 남성적 자기의식의 표현이었다는 문제의식은 가지고 있었거든요. 내가 남성의 철학으로부터 여성의 철학으로 넘어가는 다리이고 싶다는 생각은 하고 있었어요. 그런데 한 번도 그렇게 명확한 방식으로 여성적 자기의식이 저에게 명제로서 주어진 적은 없었어요. 그래서 늘 막연한 상태였죠.

고명섭 만약에 데카르트가 여자였다면 그 소냐라는 소녀처럼 "나는 임신한다. 그러므로 나는 존재한다"라고, 자기 존재의 회의할 수 없는 근거로서 임신, 혹은 출산에 대해서……

김상봉 말할 수도 있었겠지요.

고명섭 이야기할 수 있었겠지요.

김상봉　그렇지요, 그 얘기입니다.

고명섭　그러면 근대 철학의 향배가 완전히 달라졌을 수도 있겠지요.

김상봉　그렇지요.

고명섭　솔직히 말해서 '생각한다'보다는 '출산한다'가 더 부정할 수 없는…….

김상봉　현실성이지요.

고명섭　예. 현실성이라고 할까…….

김상봉　직접성.

고명섭　직접성이 있는 게 아닐까요?

김상봉　그렇지요. 맞아요. 그런데 아무도 그걸 얘기를 안 했단 말이지요.

고명섭　내가 출산을 할 수 있으면 뭐하려고 내가 생각한다는 그 명제를 제시합니까? 나는 출산해서 아이를 낳아서 기르고 있는데…….

김상봉　하하하, 그러니까 생각은 임신할 수 없는 사람들이나 하는 거군요.

자기의식과 존재사유

고명섭　이제 본론으로 들어갔으면 하는데요, 순서에 따라『자기의식과 존재사유』에서 이야기를 시작해보죠. 이 책을 읽고 제가 받은 느낌은 이겁니다. 칸트 속으로 가장 깊숙이 들어가서 칸트를 뚫고 바깥으로 나가버렸다는 것, 그것이 저한테는 가장 큰 놀라움이었고요. 칸트가 이 땅에 들어온 이후에 아마도 칸트에 관해 가장 깊이 들어간 책이자 칸트를 뚫고 나간 첫 저작이 아닌가, 그런 생각이 들었습니다. 그 작업이 밑돌이 됐다고 할까요? 그걸 바탕으로 해서『나르시스의 꿈』, 그리고『서로주체성의 이념』까지 10년 동안의 저술 작업을 통해서 서로주체성의 개념이 결실을 맺은 거지요. 그 3권의 책을 가리켜 서로주체성 3부작이라고 한다면, 그 서로주체성 3부작이 탄생했다는 것 자체가 이 땅의 철학적 주체성의 한 증거라고 봅니다. 그런 생각을 전제하고서 방금 언급한 책 속으로 한번 들어가 보고 싶습니다.

김상봉 그런 평가는 처음 듣는데요. 과분한 칭찬입니다. 사실은 그 모든 책들이 저한테는 준비이고 연습이고 서론에 지나지 않는 과정이었지요. 그러나 만약에 제가 만해와 함석헌을 지나서 지금 예감하고 있는 것을 나중에 그야말로 저의 언어로 말할 수 있는 경지에까지 이르게 된다고 하면 그때는 뭔가 얘기할 수 있겠지요. 아직은 보잘것없는 것들이에요.

고명섭 예, 알겠습니다. 그런데 생각이란 게 선생님, 계속 진화하기도 하고 변모하기도 하잖아요. 어떤 의미에서는 정체성은 정체성대로 유지하지만 또 끊임없이 그 안에서 나아가고 바뀌고……. 그래서 이 저작들이 쓰인 지도 짧게는 6년에서 길게는 15년이 되었으니 그 사이에 선생님의 생각에 변화도 있을 수 있고, 진화도 있을 수 있고요. 이런 것들도 같이 한번 짚어보면서 이 책들의 논점들을 이야기해봤으면 좋겠습니다. 특히 제가 의문이 드는 것, 나는 생각이 좀 다른데 하는 것을 이야기해보면 좋겠습니다.

김상봉 그러면 어디서부터 얘기를 시작하면 좋을까요?

고명섭 앞부분에 이미 선생님이 한 번 설명하셨는데 존재와 무, 있음과 없음의 대립이 빚어내는 긴장, 그 전율이 철학의 시작이다. 그렇게 『자기의식과 존재사유』에서 쓰셨는데 저는 그 문장을 읽을 때…….

김상봉 실존철학?

고명섭 예. 실존철학 같은 느낌이 들었어요. 제가 1980년대에 대학을 다닌 사람이다 보니까, 그 시절에 어디 관여한 적도 없고 무슨 생각을 깊이 한 적도 없지만, 어쨌거나 그 시대의 공기를 마셨고 분위기를 탄 건 사실입니다. 그런데 그 시대에 실존철학을 이야기하는 것은 상당히 의식에 문제가 있는 인간이라는 혐의를 받는 분위기였습니다. 가령

사르트르나 카뮈의 문제의식이나 나는 도대체 왜 살고 있는가, 나는 뭐냐 이런 질문을 던지는 것 자체가 힘을 빼는 짓이고 김새는 발상이라는 것이지요. 그래서 그런 생각이나 질문은 문제 있는 것이고, 지탄받고 교정받아야 할 사고방식이라는 암묵적인 동의 같은 게 있었어요. 그때 그런 사고방식의 어떤 흔적들이 제 안에 남아 있어서 그런지 철학이라는 것이 정말 이런 질문에서 시작해도 되는가, 이것이 흔히 말하는 20세기 실존철학 아닌가, 이런 생각이 든 거지요.

김상봉 사실 한국 사회에서 실존철학이라고 하는 것은 그 정체가 다소 모호했지요. 언젠가 김영삼 전 대통령도 학창 시절에 무슨 철학을 공부했냐고 기자가 물었을 때 실존철학을 좀 봤다고 하던데, 실존철학자라고 분류되기도 하는 하이데거는 자기는 그런 거 모른다는 식으로 말했지요. 그러면 실존철학이 뭐냐고 묻는다면, 적어도 한국 사회에서는 뭔가 프티부르주아적인 개인주의와 뗄 수 없이 연결되어 있고, 바로 그런 까닭에 선생님 말씀처럼 이른바 운동권에서는 비난의 대상이 되기도 한 것이 아닌가 싶습니다.

그런데 제가 『자기의식과 존재사유』의 머리말에서 "나 속에서 존재의 의미를 묻는 것"을 과제로 제시했을 때, 엄밀하게 말하자면 이것은 실존철학의 과제라기보다는 칸트적 문제설정이었지요. 하지만 앞서 말한 통속적인 이해에 따라서 실존철학도 뭔가 개인주의적이랄까 주관주의적 세계관이라고 생각한다면, 나 속에서 존재의 의미를 묻는다는 것이 그렇게 비칠 수도 있겠죠. 그와는 별개로 더러는 왜 아무것도 없지 않고 무엇인가 있느냐는 물음에서 하이데거의 흔적을 찾는 독자들도 있더라고요.

제 편에서 보자면 그 책은 문헌학적으로 볼 때 칸트를 철저히 형이상학자로서 해명하기 위해 쓴 책이에요. 형이상학이란 존재 그 자체를 탐구하는 학문이잖아요. 하지만 칸트가 어떤 의미에서 존재 그 자체를 사유한 형이상학자라고 할 수 있는지를 제대로 설명한 사람은, 감히 말씀드린다면, 아직 없었어요. 칸트는 그저 주체의 철학자이고 의식의 철학자 또는 인식론자로 이해되었을 뿐이죠. 형이상학에 관해서 보자면 형이상학의 파괴자라고 불렸으니까요.

사실 칸트 이전의 형이상학과 칸트 이후의 형이상학은 단절이라고 말해도 좋을 정도로 다르지요. 그 단절을 불러온 사람이 다름 아닌 칸트 자신이고요. 하지만 그런 단절에도 불구하고 뭔가 연속성 속에서 형이상학적 존재사유를 파악해야 하는 것이 아닌가? 그렇다면 플라톤과 칸트의 형이상학은 어디까지 연속적이고 어디서부터 갈라지는가? 그 물음에 대해 저 자신의 언어와 관점에서 대답을 하려고 한 시도가 『자기의식과 존재사유』입니다.

그리고 그 물음에 대한 대답을 한마디로 정리하자면, 존재가 정신적이라는 것, 곧 존재의 정신성이 플라톤과 칸트가 공유하는 존재사유의 지평이지만, 그것이 플라톤의 경우에는 파르메니데스가 정식화했듯이 생각과 존재의 일치로 나타난다면, 칸트의 경우에는 주체와 존재, 나와 존재의 일치로 나타나는 거지요. 이런 의미에서 존재의 의미를 찾아가는 플라톤적인 길이 '생각의 존재론'이라면 칸트의 길은 '나의 존재론'이라는 것이 그 책의 가장 기본적인 구도였습니다. 대개 학자들은 '나'와 '생각'을 구별하지 않고 정신이나 의식의 지평으로 보아왔는데, 저는 그 책에서 '나'와 '생각'을 정신의 주관적 계기와 객관적 계기로서 구별해야 한다고 했던 거지요.

고명섭 그런데 그렇게 질문을 드렸던 것은 제가 이 글을 첫 번째 읽을 때는 왜 이 질문을 하는지가 저 스스로 뚜렷하게 느껴지지 않았던 것 같고…….

김상봉 맞습니다.

고명섭 두 번째 읽으면서는 조금 더 분명하게 느낌이 왔는데요, 다만 저 개인적으로는 존재와 무, '왜 아무것도 없지 않고 무엇인가가 있는가'라는 파르메니데스의 질문이 제 실존의 질문이 된 적은 없었습니다. 저는 그 질문을 철학책을 읽으면서 그야말로 하나의 철학적 명제로서만 건조하게 익혔을 뿐이었고, 그 말조차도 너무나 단순하기 때문에 무슨 뜻인지 이해하기가 어려운, 너무나 단순해서 이해할 수 없는 그런 명제였습니다. 그런데 살면서 그 문제에 대해 나름대로 반추하고 반추하다 보니까 그 문제처럼 엄청난 문제가 없고 압도적인 문제가 없다는 것…….

김상봉 그렇지요.

고명섭 철학이 경이에서, 놀라움에서 시작했다고, 그리스 철학이 그렇게 시작했다고 하는데 그것이 이걸 두고 하는 말인가 하고 말이지요. 뒤늦게 생각을 하다 보니, 정말 '왜 아무것도 없지 않고 무엇인가 있는가, 이 세계가 있는가'라는 이 문제가 저한테는 압도적으로 큰, 놀라운 문제로 다가오면서 이 문제를 해명하지 않으면 안 되겠구나 하고 느낀 것이죠. 제가 그런 문제를 해명할 도구나 개념은 없으면서도 그런 욕구를 막 일으키는 명제여서 선생님한테 여쭤본 겁니다.

김상봉 그 말씀이 나왔으니까 제가 이어서 몇 말씀 보태자면, 그 책의 핵심적인 주제 가운데 하나가 존재의 부정성입니다. 있음이 언제나 없음과 함께 있다는 것, 다시 말해 있음이 자기의 부정, 자기의 반대를 통해서만 있음일 수 있다는 것이 그 책의 핵심 주제 가운데 하나예요. 그런 문맥에서 머리말에서 없음에 대해 말했던 거지요. 선생님 말씀처럼 느닷없는 문제설정이라고 느낄 수도 있는 것은 제가 이런 식으로 친절하게 설명하지는 않았기 때문일 거예요. 물론 그 이전에 더 근원을 거슬러 올라가면, 제가 앞서 설명드렸던 대로 왜 아무것도 없지 않고 무엇인가 있는가 하는 물음은, 저에게는 가장 오래된 철학적 물음이었고, 형이상학적 존재사유의 시원에 놓여 있는 물음이기도 하니까 그 물음을 회피하면서 형이상학을 말할 수는 없지요. 그러나 그 책에서 그 물음에 대해 정면으로 대답한 것은 아니에요. 다만 제가 말하고 싶었던 것은 없음이란 있음과 떼려야 뗄 수 없이 결합되어 있다, 즉 공속한다는 것이고, 그것은 있음이 유한한 '나'의 자기의식을 통해서만 일어나기 때문이라는 거였지요. 그 점에서 저는 그 책에서 저의 가장 오랜 물음에 대해 최종적 대답은 아니지만 대답을 위한 첫걸음을 내디딘 것입니다.

　　고명섭　그런데 저는, 오늘날 이 질문, 이 파르메니데스의 질문에 가장 직접적으로 답하고 있는 학문은 철학이 아니라 물리학 아닐까, 그런 생각도 합니다만…….

　　김상봉　그 물음은 사실 대답 불가능한 물음이지요. 그 물음에 대해 대답하는 게 철학이 아니라 물리학이 아니냐고 하는 그 질문, 많은 사람들이 그렇게 생각하지요. 하지만 물리학이라고 하는 건 있는 것에서 있는 것으로 건너가는 관계거든요.

　　고명섭　있음에서 있음으로…….

　　김상봉　예. 말 그대로 '피지컬' 아닙니까? 피지컬한 것의 지평에서 얘기하는 것은 어떤 경우에도 메타피지컬한(형이상학적인) 지평으로 넘어가지 못하는 거지요. 그러니까 그 피지컬한 것을 전체로서 묶어서 물을 때는 물리학의 범위를 넘어서버리는 거고, 그때부터는 어떤 학문이든 철학과 접하게 되는 거지요. 그러니까 이미 아리스토텔레스나 플라톤부터 자연학과 형이상학의 경계가 그것 아닙니까? 여기에서도 똑같지요.

　　고명섭　참 희한한 것이 제가 배운 철학사 지식으로는 피지컬, 메타피지컬은 아리스토텔레스의 책을 편집하는 과정의 선후 문제여서 먼저 피지컬을 편집하고 그다음에 메타피지컬(피지컬 다음, 피지컬 너머)을 편집했다 그렇게…….

　　김상봉　예. 그 말은 그 말대로 맞는 말이지만…….

　　고명섭　그래서 제가 고민하는 것은 이겁니다. 이 형이상학적 사고가 뭐랄까, 적시성과 현실성이 유지되려면 물리학의 최신 경향과 고민이 같이 가줘야만 이 형이상학의 존재물음이 좀 더 생생한 문제로 오지 않을까 그런 생각이…….

김상봉 예, 그럴 수 있어야 하겠지요. 바로 그런 의미에서 저 역시 있음과 없음의 문제를 단지 형이상학적인 차원에서만 성찰하는 것은 충분하지 않고 물리적인, 아니 전통적인 언어로 말하자면 자연철학적인 지평에서 탐구해야 한다는 생각을 하고 있습니다. 앞서도 칸트의 『최후유작』과 관련해서 말씀드린 것처럼 공간이나 시간의 문제라거나 물질의 본질이라거나, 이런 문제들은 형이상학적 탐구의 과제인 동시에 자연철학 또는 물리학의 대상이기도 하지요. 왜 아무것도 없지 않고 무엇인가 있는가 하는 문제도 그냥 동일한 물음 속에서 맴을 도는 것보다 존재와 무 사이에 걸쳐 있는 다양한 대상들에 대한 탐구와 함께 다루어져야 한다고 생각해요. 요즘 저는 그런 문제와 관련해, 존재와 무 사이에서 또는 형이상학과 물리학의 접점에서 가장 먼저 생각해야 할 것 가운데 하나가 빛이 아닌가 하는 생각을 하고 있습니다.

고명섭 그동안은 책에서 계속 말씀하시길, 빛이 아니라 어둠에 잠겨야 된다고 하셨는데……[4]

김상봉 예, 그런데 여기 제주에 와서 제가 빛에 대해서 어떤 충격에 가까운, 아, 이래서 사람들이 지금까지 '빛, 빛' 해왔구나 하는 걸 그냥 몸으로, 지각의 차원에서 느꼈어요. 우리가 무언가를 바라볼 때 이 빛

---

4 "한낮에 무수히 많은 있는 것들 사이에서 그렇게 자명하고 당연한 듯이 잊혀졌던 있음이 도리어 아무것도 없는 어둠 속에서 형언할 수 없는 놀라움과 숨 막히는 신비로 우리에게 다가오는 것이다." 김상봉, 『자기의식과 존재사유』, 9쪽.
　"존재의 진리를 나 속에서 묻는 것은 절대적 없음 앞에서 우리가 체험하는 정신의 동요와 전율 속에 고통스럽게 머무르려는 결단에서 시작된다. 절대적 존재, 순수한 존재의 빛을 향해 상승하려는 욕구가 아니라 없음과 소멸 그리고 결핍의 어둠 속으로 내려가 거기 머물러 어둠의 소리에 사유를 내맡기고 어둠과 하나되려는 용기 속에서 참된 존재사유는 시작되는 것이다. …… 그러나 보라. 아무것도 없는 어둠 속에서는 모든 것이 하나이다. 없음의 어둠 속에서 우리는 모두 하나가 된다. …… 그리고 참된 존재사유는 모든 나를 없음의 어둠 속으로 불러 모음으로써 하나의 우리로 만드는 근원적 실천인 것이다." 같은 책, 16쪽.

때문에 그걸 볼 수 있는 거잖아요.

고명섭 그렇지요.

김상봉 하지만 우리는 빛 가운데서 어떤 사물을 볼 때, 사물에 주목할 뿐 빛 그 자체를 보지는 않습니다. 아니 빛은 보이지 않는 거지요.

고명섭 예, 그렇지요.

김상봉 그러니까 우리는 보이지 않는 빛 때문에 사물을 보는 거지요.

고명섭 예, 보이지 않는 빛 때문에 사물을 보지요.

김상봉 예. 그런데 제주에 와서 어느 순간 다른 곳에서는 빛이 자기를 감추고 다만 사물을 드러내는데 여기서는 하늘과 땅, 자연, 그러니까 제주의 사물들을 통해서 빛이 자기 자신을 열어 보이는구나, 하는 생각을 하게 되었어요. 다른 곳에서는 빛이 사물을 드러나게 하는 매개였다면 여기 제주에서는 사물들이 빛이 드러나는 장소인 거예요. 그리고 이것이 정신의 경우에도 적용될 수 있겠구나 하는 생각도 했지요. 예전 사람들이 예수나 부처를 보고 느꼈던 것이 그런 것이 아니었을까, 그런 성인들의 정신 속에서 신적인 정신이 자기를 드러낸다고 느꼈던 것이 아니었을까, 하는 생각까지 들더군요.

고명섭 그러면 그 어떤 존재론적인 사고나 인식론적인…….

김상봉 전회가 있었습니다. 물론 이건 아직 맹아적인 단계에 지나지 않습니다. 그러나 분명히 말씀드릴 수 있는 건, 제가 여기 제주에 와서야 비로소 왜 플라톤이 존재의 진리를 태양 빛에 비유했는지 공감할 수 있게 되었다는 거예요.

개인과 주체 그리고 시민

고명섭 그 비밀은 뒤에 다시 따로 얘기하기로 하고요. 원론적인 부분으로 돌아가서 선생님이 하신 데카르트 이야기를 제가 어설프게 정리하면 '생각의 존재론에서 나의 존재론으로 전환을 일으킨 사람이 데카르트다. 데카르트의 나의 존재론이 또다시 독일 관념론에서 생각의 존재론으로 뒤집히는데 그때 나의 존재론을 정초한 데카르트가 말한 그 나는 뭐냐? 철학을 공부한 사람이건, 잘 모르는 사람이건 그때 나는 뭐냐? 개인으로서 나냐, 아니면 어떤 보편적인 자아냐?' 이렇게 묻는데, 선생님이 이 책에서는 비교적 명확하게 그게 개체적인 나이지만 사실은 보편적인 나다, 이렇게 말씀하셨거든요. 그 문제를 한 번 더…….

김상봉 그 문제에 대해 한없이 길게 얘기하지 않기 위해 한 가지를 강조하고 싶어요. 많은 사람들이 근대적 주체성에 대해 말할 때 들어보면 개체와 주체를 구별하지 않아요. 다시 말해 인간이나 개인 그리고 주체 이런 개념들이 구별 없이 뒤섞여 있는 경우가 많아요. 그것이 근대적 주체 개념을 이해하는 데 대단히 큰 걸림돌이기도 하고요.

물론 개인의 발견이 근대의 출발이긴 하지요. 하지만 그것은 데카르트나 칸트의 근대가 아니라 르네상스 시대의 특징이에요. 여기서 개인이란 고명섭이나 김상봉이라는 이름을 가진 구체적 인간을 말하는 거지요. 르네상스 시대의 유럽인들은 바로 그런 개별자로서의 자기를 발견하고 거기 몰입하고 그런 자아를 극대화하려 했다고 말할 수 있어요. 그런 자아의 이념이 투영된 것이 예를 들면 마키아벨리의 '군주'나 카스틸리오네의 '궁정인'이지요. 여기서 중요한 건, 군주든 궁정인이든, 르네상스 시대의 개인은 다른 개인과 개성적으로 구별되는 개별자라는 거예요. 그리고 르네상스 시대 개인의 자기의식은 '나는 나다'라는 명제라기보다는 '나는 김상봉이다', '나는 고명섭이다'라는 명제로 표현될 수 있는 자기의식이에요. 그들은 남들과 구별되는 자기의 개성적 탁월함 속에서 자기를 긍정하려 했던 거지요.

하지만 이처럼 개별자의 개성적 차이가 자기의식의 내용인 한에서, 르네상스 시대의 인간, 다시 말해 개인은 그가 아무리 탁월한 개인이라 할지라도 결코 자기 자신 속에서 보편성을 담보할 수 없어요. 왜냐하면 보편자란 전체의 표현이자 실현인데, 개인이 아무리 탁월하다 하더라도 그 탁월함이 다른 개인과의 차이를 의미한다면, 모두의 표현이자 실현이 될 수는 없기 때문이지요.

하지만 데카르트가 발견한 '나'라고 하는 것은 그런 종류의 개인, 또는 개별자로서의 자기가 아니에요. 도리어 데카르트의 '나'는 개인으로부터 모든 개별성을 제거했을 때 남는 나머지라고 말해도 좋겠어요. 개별성을 제거했으니까 모두에게 공통된 보편성을 지니는 이른바 순수 자아인 거지요. 그리고 데카르트의 '나'는 다른 사람들과 구별되는 자기가 아니고, 모든 대상 세계와 구별되는 주체예요. 그런 의미에서 데카르트의 자아는 철저히 비개성적이고 익명적인 자아라고 할 수도 있지요. 그런데 오늘날 학자들은 근대적 주체를 비판하면서 이런 차이를 섬세하게 고려하지 않고 싸잡아서 마치 근대적 자아가 자의식이 과잉된 개인인 것처럼 몰아붙이는데, 무지의 소산일 뿐이에요. 실제로 데카르트란 사람의 성격만 보아도 알 수 있는데, 르네상스 시대의 천재들이 좀 거칠게 말해 잘난 척하는 사람들이었고 남들과의 관계에서도 어린애 같은 경쟁심에 사로잡혀 있었던 경우가 비일비재했던 반면에, 데카르트는 개인으로서 자기 자신의 명성에 대해서는 불가사의할 정도로 무관심했어요. 어느 정도였냐면, 메르센과 편지를 주고받으면서 새로운 이론이나 착상을 전하는 경우가 종종 있었는데, 르네상스 시대의 천재들은 그런 경우에 별것 아닌 것에도 자신의 저작권을 주장했는데, 데카르트는 그 생각의 창시자가 자기라는 것을 밝히지만 않는다면 자기가 한 모든 말을 공표해도 상관없다고 했어요.

고명섭 재미있는 얘기군요. 같은 근대라도 르네상스 시대와 데카르트의 근대가 다르다는 말인데, 그럼 칸트도 데카르트와 같다고 할 수 있나요?

김상봉 조금 도식적이지만 이렇게 정리하면 어떨까 싶습니다. 르네상스 시대의 인간이 개인이었다면, 데카르트의 시대의 자아는 주체라고 말할 수 있어요. 특히 인식하는 주체지요. 이 주체로서의 인간은 칸트에게도 그대로 이어진다고 말할 수 있겠지요. 하지만 칸트의 경우엔 생각하는 주체, 인식의 주체가 시민적 주체로 나아갔다고 말할 수 있어요. 칸트는 독일의 정치적 후진성에도 불구하고 자기 시대 계몽주의의 시대정신을 누구보다도 심오하게 형상화한 철학자였잖아요.

고명섭 개인이 주체가 되고 시민이 되었군요. 차이는 뭡니까?

김상봉 윤리적 책임입니다. 르네상스적 개인은 자기의 개성적 탁월함을 추구하면서 자기를 남과 구별하지요. 데카르트적 자아는 개성적인 개별성을 극복하고 보편적 자아로 나아갑니다. 그런데 칸트적 시민은 보편적 주체성 속에서도 자기 자신의 도덕적 책임을 자각하는 존재입니다. 그리하여 단순히 인식하는 주체성 속에서는 두드러지게 나타나지 않는 개별성이 다시 복원됩니다. 그러나 그 개별성은 자기를 남과 구별하는 자의식이 아니라 결코 남에게 전가할 수 없는 도덕적 책임의 주체로서 자기의식인 거지요.

고명섭 그런 설명은 『자기의식과 존재사유』에서는 보지 못했던 것 같습니다만…….

김상봉 맞습니다. 그 책에서 이런 얘기는 하지 않았지요. 거기서는 플라톤과 칸트의 차이나 칸트와 헤겔 사이의 대립을 해명하는 것이 주된 관심사였으니까요. 피히테부터 셸링 그리고 헤겔에 이르기까지 독일 관념론자들은 칸트적 자아를 절대화해서 결과적으로 '나'가 신이 되어버렸습니다. 독일 관념론의 여러 가지 성과에도 불구하고 그런 식의 자아의 절대화는 근대적 주체성의 개념이 지닌 모든 긍정적인 요소들을 해체하는 데 크게 기여했지요. 사실 근대적 주체성을 비판하는 사람들이 표적으로 삼는 억압적 주체의 이미지는 데카르트나 칸트의 주체라기보다는 그 이전의 르네상스적 개인이나 이후의 절대화된 주체라고 할 수 있어요. 저는 근대적 주체성을 비판하더라도, 비판하고 극복해야 할 것과 남겨야 할 것을 제대로 구별하기 위해 그런저런 얘기를 했던 거지요. 억압의 주체와 저항의 주체를, 주체라는 이름에 집착하여 구별 없이 같다고 매도하기 시작하면 어떻게 억압에서 벗어날 수 있겠어요?

물론 억압의 주체와 저항의 주체, 개별적 주체와 보편적 주체는 언제나 같은 주체의 두 계기여서 서로 길항할 수밖에 없어요. 그런 점에서 칸트와 헤겔을 마냥 양자택일의 관계로 보아서도 안 되겠지요. 실제로도 저항의 주체가 언제라도 억압의 주체로 돌변하는 것은 우리가 조금만 세심하게 주위를 돌아보면, 아니 자기 자신을 돌이켜 보면 알 수 있는 일이니까요.

그런데 이 모순은 이론적으로 보자면 개별적 주체와 보편적 주체성이 공속할 수밖에 없는 데서 비롯되는 일이에요. 데카르트는 나 자신으로부터 모든 개별적 고유성을 제거하고 남은 순수한 생각의 주체성만을 자아의 본체라고 보았고, 칸트는 거기서 한 걸음 더 나아가 그 순수 자아의 지형도를 그리기 시작했지요. 시간과 공간 범주와 원칙들 그리고 여러 이념들 말이에요. 그런데 이처럼 개별성에서 벗어난 순수한 자아는 그 자체로서 보편적 주체성이 실현되는 장소가 되는데, 이 보편적 주체성은 좋게 말하자면 노자가 말한 "성인은 제 마음이 없으니, 백성의 마음으로 제 마음을 삼는다"(聖人無常心 以百姓心爲心)는 경지가 되겠지만, 나쁘게 말하자면 제 욕심을 모두의 이익이라고 참칭하는 결과를 낳을 수도 있겠지요.

물론 그렇다고 해서 근대적 주체를 두고 개별적 욕망 운운하는 건 좀 과도한 비유나 수사겠지만, 어떤 경우든 데카르트나 칸트가 그려 보이는 순수하고 보편적인 자아의 모습이 모두에게 이의 없이 받아들여질 수 있는 주체의 보편적 자화상일 수는 없다는 것이 『자기의식과 존재사유』의 결론이지요.

고명섭　칸트의 주체를 홀로주체라고 비판하고 그걸 넘어서는 서로 주체성을 말씀하신 거였지요. 그런데 그 서로주체성은 어떻게 해서 생성된 개념이었나요? 책을 쓰실 때 처음부터 염두에 두고 있었나요?

김상봉 당연히, 그건 아니었습니다. 그 책의 제1장을 보면 서로주체
성이란 표현이 나옵니다만, 그건 책을 출판할 때 바꾸어 넣은 표현입니
다. 그 글을 처음 썼을 때는 '간(間)주관성'(Intersubjektivität)이라고 후설
적인 용어를 썼더랬지요. 여러 글을 모아 책을 만들 때 서로주체성이라
고 바꾸어 넣었어요. 나중엔 보다 명확한 구별을 위해 서양 언어로 쓸
때는 allelosubjectivitas라고 표기했어요. allelo-는 그리스어로 '서로'를
뜻하는 이른바 상호대명사에서 빌려 왔지요. 아무튼 서로주체성이라는
개념 자체는 그 책의 마지막 장을 쓸 때 저에게 명확해진 거예요. 그러
니까 그 책을 쓰는 과정 전체가 서로주체성의 개념을 향해 나아가는 과
정이었다고 할 수 있는데, 처음에는 그것을 막연하게 예감하기는 했지
만 명확하게 개념화하지는 못했었지요.

그런데 그 책에서 서로주체성을 향해 나아가는 길에서 제가 길잡이
로 삼았던 주제가 주체의 자기부정성이었어요. 제가 유학을 떠난 해가
1986년 봄이었고 돌아온 것이 1992년 여름이었는데, 돌아와 보니 그
짧은 기간 사이에 한국의 지성계가 상전벽해가 되었다고 할 정도로 분
위기가 바뀌어 있더군요. 가기 전에는 한창 마르크스주의가 본격적으로
소개되고 있었는데, 돌아와 보니 어느새 이른바 포스트모더니즘이 유행
하더라고요. 그런데 탈근대 사조와 함께 가장 많이 논의된 주제가 타자
성이잖아요. 좀 단순하게 도식화하자면 타자를 통해 주체를 해체하려는
기획이 거대한 흐름이 되어 있더라고요.

그런 유행 앞에서 제가 느꼈던 감정을 간단히 표현하자면, '우리가
언제 주체로 산 적이 있기에 주체를 해체하자는 건가' 하는 거였어요.
주체성의 과잉으로 말미암아 생겨난 여러 가지 문제 상황 앞에서 서양
사람들이 주체를 해체하자고 말하는 것은 이해할 수 있는 일이지요. 그
런데 생전 주체로 살아본 적이 없는 사람들이 주체를 해체하자니 이게
무슨 희극인가 싶은 거예요. 이건 지금도 마찬가지이지만, 우리에게 필
요한 것은 도리어 주체가 되는 거잖아요. 타자성의 문제도 주체성과 함

게 이야기를 해야지, 주체는 내버리고 타자성에만 몰입하는 것도 우스운 일이잖아요? 그래서 저로서는 처음엔 주체성 속에서 타자성을 정립하려고 했어요. 그런 의미에서 주체가 자기 자신에게 타자라는 것은 『자기의식과 존재사유』의 전편에 깔려 있는 생각이었지요.

고명섭   하지만 처음엔 그 타자성이 주체 내의 타자성이었을 뿐 아직 주체 외부의 타자성과 만나지 못하고 있었던 것이 아닙니까?

김상봉   맞습니다. 그런 의미에서 그건 홀로주체의 자기부정성일 뿐, 아직 서로주체성의 단계까지 나아간 것은 아니었어요.

고명섭   그러니까 서로주체성의 개념은 그 책을 쓰시는 과정에서 얻어낸 개념이었네요.

김상봉   예, 그것이 그 책의 가장 큰 수확이었어요. 처음에는 주체성의 비판자들로부터 칸트를 옹호하려는 의도로 칸트의 주체성 개념에 내재한 타자성을 저 나름대로는 철저하게 분석하고 해명하려 했던 건데, 마지막에 가서는 처음의 의도와는 달리 칸트의 한계와 만나고 그 한계를 넘어간 셈이 되었지요.

고명섭   철저히 이해하고 끝까지 옹호하려는 시도가 도리어 한계를 인식하는 결과를 가져왔다는 것이 대단히 흥미롭습니다.

표현과 실현의 일치인 진리

김상봉   저로서는 서로주체성이라는 개념을 얻어낸 것이 저 자신의 철학적 독립 선언과도 같은 일이었는데, 그런 정신적 자립이 한편에서는 정신적으로 자립해야겠다는 적극적 의지에서 비롯되는 면도 있겠지만, 다른 한편에서는 정반대로 한 철학자의 정신을 이해하려는 겸손과 성실의 결실이라는 생각도 들어요. 그렇게 생각하면 철학의 일이 원래 그런 것이 아닌가 싶기도 해요. 누구도 자기 혼자 자기를 정립할 수는 없고, 늘 남을 통해 자기를 자기로서 정립하는 것이겠지요.

고명섭 철학적 주체성 자체가 서로주체적이라는 뜻도 되겠군요.

김상봉 예. 철학도 만남의 열매라고 해야겠지요. 그 만남이 진지하고 성실한 만큼 철학도 그에 상응한 깊이를 가지겠지요. 그건 그렇고, 『자기의식과 존재사유』에 대한 이야기를 매듭짓기 전에 꼭 덧붙이고 넘어가고 싶은 것이 있어요.

고명섭 뭡니까?

김상봉 진리의 개념에 대해.

고명섭 진리의 개념…….

김상봉 예. 『자기의식과 존재사유』에서 제가 서로주체성의 개념을 확립함으로써 주체의 개념을 새롭게 정립했다는 건 선생님도 잘 아시는 일이지만, 그 책에서 제가 진리의 개념을 새롭게 정립하려 했다는 것을 알아차린 독자는 별로 없는 것 같아서요.

고명섭 예.

김상봉 제가 처음부터 같이 생각한 개념이 크게 서너 가지 있습니다. 존재(와 무), 진리(와 비진리), 나(와 너) 그리고 슬픔입니다. 앞의 셋은 서양의 철학자들이 오래전부터 탐구했던 고전적 개념들인데, 저는 이것들에 더하여 슬픔이 모든 철학적 사유가 시작되는 지평이라고 생각해왔습니다. 하지만 『자기의식과 존재사유』에서는 아직 슬픔에 대해서는 거의 아무것도 말할 수 없었어요. 그것을 본격적으로 생각하고 표현하기 시작한 것은 『나르시스의 꿈』 이후의 일이지요. 물론 이 두 책은 시간적으로 겹치는 부분도 많습니다만, 『자기의식과 존재사유』에서는 나와 존재 그리고 진리의 문제를 집중해서 성찰했습니다. 그것을 한마디로 표현하자면 '존재의 진리가 나 속에서 일어난다'고 말할 수 있겠지요. 『자기의식과 존재사유』가 저 명제에 대한 성찰이라면, 그것은 존재와 나의 의미뿐 아니라 진리의 의미를 성찰하는 일이기도 했으리라는 것은 당연한 일이지요.

고명섭 그러고 보니 그 책의 제1장 제목이 "생각의 진리와 존재의 진리"였습니다. 그렇다면…….

　김상봉　예, 그 글을 처음 썼을 때, 제목은 "형이상학과 진리"였어요. 그러니까 경험적 사실에 대한 인식이 아니라 형이상학적 사유의 진리가 과연 무엇이며 어떻게 정당화되느냐 하는 물음이 그 글의 시작이었습니다. 하지만 그것이 전부는 아니었지요. 그 물음은 궁극적으로는 진리 그 자체의 의미에 대한 물음을 묻기 위한 첫걸음이었으니까요.

　고명섭　그렇다면 진리의 일치설이나 정합설 같은 건가요?

　김상봉　예. 그런 이론들이 모두 진리 그 자체의 의미를 규정하기 위한 시도였다고 할 수 있겠지요. 우리는 일상적으로 어떤 것을 가리켜 참이라거나 거짓이라고 말하지만, 어떤 것을 가리켜 참이라고 판단하는 기준이 무엇이냐고 묻는다면 이건 대답하기 쉬운 문제는 아니에요. 더 나아가 사실에 대한 인식의 진리와 논리적 사유의 타당성이 어떤 관계에 있는지, 또는 그런 이론적 진리 외에 실천적인 삶의 영역에서도 진리라는 것이 가능한지, 그렇다면 인식의 진리와 도덕의 진리는 같은 의미의 진리인지 아닌지, 이런 것들이 다 문제가 될 수 있겠지요. '나' 속에서 존재의 진리를 생각한다는 것은 존재와 무의 의미처럼 진리와 비진리의 의미를 '나' 속에서 묻는 것이 아니겠어요?

　고명섭　그렇다면 『자기의식과 존재사유』에서 새로운 주체의 개념을 얻어낸 것처럼 진리에 대해서도 새로운 개념을 얻어내신 건가요?

　김상봉　데카르트가 『방법서설』에서 처음으로 '나'의 존재를 의심할 수 없이 확실한 진리로서 움켜쥔 뒤에 그로부터 이끌어낸 진리의 일반적 기준이 명석판명한 직관이었다면, 제가 '나'로부터 이끌어낸 진리의 근원적 이념은 '표현과 실현의 일치'였어요.

　고명섭　그렇잖아도 '표현과 실현의 일치'라는 말을 의미심장하게 느꼈습니다. 몇 번을 머릿속에서 되새김질해보았지만 확연하게 이해되지 않아서 오랫동안 골똘히 생각했는데, 이제 선생님한테 제대로 설명을 들을 수 있겠네요.

김상봉 예. 우리가 진리를 무엇이라 이해하든, 진리가 일치라는 것은 아마 부인하지 못하겠지요. 그런데 일치라는 것은 거리를 이미 전제하고 있는 것이니까, 도대체 무엇이 거리이고 또 무엇이 일치인지가 진리의 관건이 되지 않겠어요? 스콜라 철학자들이 표준적으로 규정한 것에 따라 진리를 '사물과 지성의 일치'라고 이해한다면, 사물과 지성이야 당연히 서로 다른 존재자들이니까 거리 속에 있을 것이고, 지성의 관념이나 인식이 사물과 합치한다면 둘 사이엔 일치가 일어나겠지요. 전통적으로는 이것이 진리의 표준적 이념이었습니다. 그런데 이런 식으로 진리를 이해할 때, 진리는 언제나 파생적일 수밖에 없어요.

고명섭 사물과 관념이 아무리 일치하더라도 그 둘이 같은 것이 될 수는 없기 때문인가요?

김상봉 예, 바로 그 때문입니다. 참된 일치는 자기일치밖에 없어요. 그런데 자기일치라는 말을 하려면 먼저 자기거리를 말하지 않으면 안 되잖아요? 하지만 자기가 자기와 거리와 분리 속에 있다는 것이 어떤 뜻인지 말하는 것이 쉬운 일이 아니지요. 게다가 자기가 자기와 거리 속에 있으면서 동시에 일치한다는 것은 또 어떻게 이해할 수 있는지 그것도 어려운 일이고요. 이런 식의 자기거리와 자기일치는 사물적 존재자들 속에서는 결코 본원적으로 일어나지 않아요. 오직 생각하는 나의 자기의식 속에서만 자기거리와 자기일치가 본원적으로 일어나는 거지요. 내가 '나는 나다'라고 확인할 때, 그런 자기의식 속에서 거리와 일치가 동일한 사건으로 일어나지요. 자기거리가 또한 자기일치이고, 자기로부터의 이탈이 자기복귀이기도 하거든요. 그것을 가리켜 표현과 실현의 일치라고 했던 거예요. 나는 그냥 주어져 있는 사물로서 존재하는 것이 아니고 언제나 자기를 표현하는 행위 속에서만 나로서 존재할 수 있지요. 그런 한에서 표현하는 활동 자체가 나의 존재의 실현인 거예요. 하지만 자기를 표현한다는 것은 자기를 외화하고 펼쳐나간다는 의미에서 자기를 넘어가는 것이기도 해요.

고명섭 그러니까 내가 나를 의식할 때, 내가 나를 의식한다는 것은 나를 표현하는 것인데, 그 의식 활동 자체가 나를 정립하는 것이니까, 표현이 곧 실현이라는 뜻이겠군요.

김상봉 맞아요.

고명섭 하지만 그것은 아직 홀로주체성의 단계에 머물러 있는 것이 아닌가요?

김상봉 그것도 맞습니다. 내가 나를 의식할 때, 그 자기의식은 모든 대상의식에 앞서서 진리가 일어나는 행위이고 사건이라 할 수 있겠지만, 그때 자기의식이 한갓 자기관계에 지나지 않는다면 표현과 실현의 일치로서 진리는 아직 온전한 의미에서 인격적 진리라고 말할 수는 없겠지요. 그런 점에서 『자기의식과 존재사유』의 첫 장에서 말했던 표현과 실현의 일치로서 진리의 개념은 그 자체로서는 사소한 것처럼 보이기도 합니다.

고명섭 그렇다면 표현과 실현의 일치라는 진리의 개념이 지닌 의의가 무엇입니까?

김상봉 그것은 진리를 나와 그것의 일치도 아니고 그것과 그것의 일치도 아니라 나와 나 자신의 일치로 정립했다는 것이겠지요. 그런데 나의 자기일치 또는 자기관계가 근원에서 보자면 나와 너의 만남이라는 것이 서로주체성의 이념이고, 그 서로주체성의 이념이『자기의식과 존재사유』의 마지막 결실이었다면, 그 책의 첫 장에서 제시했던 진리의 이념도 서로주체성의 이념에 따라 바뀔 수밖에 없지 않겠어요? 간단히 말해 나 속에서 표현과 실현이 일치하는 것이 진리의 표준이라는 것이 그 책의 첫머리에 있는 말이라면, 이제 진리는 나와 너의 만남 속에서 열린다는 것이야말로 명시적으로 표현되지는 않았지만『자기의식과 존재사유』의 결실이었다고 말씀드릴 수 있겠습니다.

고명섭 그러고 보니 선생님이 그 무렵에 쓰신「자기의식의 길」[5]의 결론이 '발견의 진리와 만남의 진리'였던 것이 생각납니다.

김상봉 예. 진리관이 중요한 까닭은 이런 겁니다. 우리가 진리를 발견으로 이해할 때, 삼라만상은 발견해야 할 대상, 규정해야 할 대상 그리고 제작해야 할 대상입니다. 한마디로 말해 사물적 대상이지요. 그러나 진리 그 자체가 만남 속에서만 일어나는 사건이라면, 우리가 마주한 대상은 이제 모두 만남의 대상이 되고 종국에는 세계 그 자체가 인격적 만남의 총체성이 되는 것이지요. 저는 이처럼 세계를 인격적 만남의 지평으로 대하는 한에서만 오늘날 우리가 직면한 시대적 비극을 넘어설 수 있다고 봅니다. 진리관이 중요한 것도 그 때문이지요.

『나르시스의 꿈』과 탈식민주의의 문제

고명섭 이틀째입니다. 선생님, 어제 하던 논의에 이어서 『나르시스의 꿈』에서부터 이야기를 다시 풀어보는 게 좋겠습니다. 선생님과 만나기에 앞서 이 텍스트를 다시 꼼꼼하게 처음부터 읽었는데, 좋은 책은 두 번째 읽을 때 더 많은 것을 준다는 걸 확인했고, 저한테 큰 공부였습니다. 논문 하나하나가 무척 재미있었고요.

이 책에서 아주 과감한 주장이라고 할까, 그걸 처음으로 문제제기 형식으로 제시하는 게 '나르시스의 꿈'인데, 서양 정신이 한 번도 자기 밖으로 걸어 나와서 타자적 세계 속에서 자기를 상실한 적이 없다는 문제제기를 하면서 그것을 가리켜 홀로주체라고 이야기하지요. 그러면 홀로주체적 자기동일성의 추구가 과연 서양 문명만의, 서양 정신만의 모습이겠는가? 어떻게 보면 모든 문명의 특징이 아니겠는가? 중국 문명도 그 나름의 홀로주체적 자기동일성을 추구할 수밖에 없고, 인도 문명도 마찬가지가 아닐까? 예를 들면 그리스·로마 문명에서 바깥 세계를 바르바로이, 야만인이라고 하고 또 중국 문명이 바깥 세계를 오랑캐라고

---

5 김상봉, 「자기의식의 길― 발견의 길과 만남의 길」, 『연세철학』, 제9호, 1999.

부른 걸 보면 홀로주체적 자기동일성을 추구하는 것이 문명 자체의 본질적 특성이라고 할 수 있지 않은가 생각이 듭니다.

김상봉　저도 동의해요. 저 역시 서양 정신만이 홀로주체성과 나르시시즘에 빠져 있다는 말을 하고 싶었던 것은 아니에요. 누구에게나 어떤 문명에나 그런 특성은 다 있을 거예요. 이를테면 중국인의 중화사상 같은 것도 서양과 크게 다를 것 없는 홀로주체성과 나르시시즘의 표현이라 할 수 있겠지요. 마찬가지로 한국 사회에 관해서도 다른 무엇보다 학벌의식이라는 것이 전형적인 홀로주체성과 나르시시즘의 한 가지 현상을 보여준다고 말할 수도 있고요. 그런 점에서 보자면, 홀로주체성과 나르시시즘이 서양 정신에서만 나타나는 자기인식이라고 말할 수는 없습니다. 어떤 의미에서는 홀로주체성과 나르시시즘이란 정도의 차이는 있지만 모든 문화권에서 공통적으로 나타나는 자기중심주의를 제가 서양 정신을 모델로 해서 개념화한 것이라고 말할 수도 있겠습니다.

고명섭　그렇다고 한다면 군이 서양 정신을 그렇게 개념화하는 것은 잘못된 것이 아닌가요?

김상봉　예, 그럴지도 모르지요. 그럼에도 불구하고 제가 그런 개념으로 서양 정신을 규정하려 한 것은 나르시시즘과 홀로주체성이 서양 정신에서 가장 전형적으로 그리고 탁월하게 실현되어 있기 때문이에요. 그에 비하면 다른 문명권에서는 그것이 서양에서처럼 순수하고 탁월한 형태로 실현되지 못했어요. 그런 까닭에 만약 우리가 오늘날 비단 서양 문명뿐 아니라 한국 사회 아니 인류 전체를 위해 홀로주체성과 나르시시즘을 비판하고 극복하기 원한다면 먼저 그것이 가장 탁월한 방식으로 실현되어 있는 서양 정신의 나르시시즘과 홀로주체성을 엄밀하게 탐구할 필요가 있다는 것이 제 생각이에요.

고명섭　하지만 『나르시스의 꿈』에서 선생님은 홀로주체성과 나르시시즘이 서양 정신의 고유한 성격이라고 비판하신 것 아니었나요? 만약 나르시시즘이 보편적 현상이라면 단지 서양 정신 속에서 탁월하게 실현되어 있다는 이유 때문에 서양 정신사를 나르시스의 꿈으로 읽는 것은 과도한 일이 아닌가요?

김상봉 옳습니다. 그런 점에서 서양 정신의 나르시시즘이 가지고 있는 특수성을 보편적 에고이즘과 구별할 필요가 있지요.

고명섭 차이가 무엇인가요?

김상봉 에고이즘은 모든 인간의 자연적 본능이에요. 굳이 추상적으로 말하자면 그것은 매개 없는 자기동일성의 보존에 대한 욕구지요. 하지만 나르시시즘은 반드시 타자와의 관계에서 일어나는 자기인식이에요. 그것은 오비디우스의 표현에 따르자면 수페르비아(superbia), 곧 긍지 또는 교만이라고 표현할 수 있는 것으로서, 단순한 자기애가 아니라 타자를 부정함으로써 자기를 긍정하는 정념이지요. 물론 이것 역시 모든 사람에게 보편적이라면 보편적인 정념이라고 말할 수도 있어요. 어떻든 우리가 사회적 존재인 한에서 사람들은 남을 능가하고 싶어 하고 또 남에게 인정받고 싶어 하니까요. 그러나 서양 문명 외에는 다른 문명과의 관계에서 열등감이 없는 문명이 없어요. 서구를 제외한 타자적 세계가 모두 서양 문명에 의해 정치적으로 침탈당했거나 아니면 정신적으로 지배당하고 있기 때문이에요. 하지만 서양 문명은 그런 식으로 타자적 정신에 의해 자기를 상실한 적이 없어요. 이런 점에서 서양 정신에서만 주체의 나르시시즘이 순수하고 탁월한 형태로 나타났다고 말씀드리는 거예요.

고명섭 여기서 탁월하다는 말이 무슨 뜻인지 설명이 필요할 것 같습니다. 나르시시즘은 비판되고 극복되어야 할 병리적 현상이라는 점에서 그렇습니다.

김상봉 예, 맞아요. 하지만 서양 정신의 나르시시즘이 일면적으로 비판받아야 할 사태였다면 저는 그것을 그렇게 진지하게 해부하지는 않았을 거예요. 오직 그것이 서양 정신의 탁월함의 이면이기 때문에 비판할 가치가 있고 필요가 있다고 생각했던 거지요.

고명섭 예.

김상봉 책에 쓴 얘기를 반복하지 않기 위해 이 문맥에서 에움길을 좀 돌았으면 합니다. 『나르시스의 꿈』과 관련해서 제가 꼭 언급하고 싶은 것이 이른바 탈식민주의 담론이에요.

고명섭 예.

김상봉 제 문제의식을 먼저 말씀드린다면, 서양 철학을 타자적 관점에서 자리매김한 적이 있었는가? 이게 어려운 일인데, 밖으로 나온다고 하는 게 쉽지가 않잖아요. 지금 우리 시대에 서양의 외부가 있는가? 서양의 외부라고 하는 게 가능한가? 일단 물리적인 의미에서 서양 문명의 외부는 없어요.

고명섭 예, 없습니다.

김상봉 남극점, 북극점까지 서양 문명에 의해서, 말하자면 서양적인 GPS에 의해서 완전히 구획되어 있지요. 그러니까 제가 『나르시스의 꿈』을 쓰고 그 뒤로 지금까지도 품고 있는 암시적인 또는 명시적인 문제의식 중에 하나가 서양을 객관적으로 바라본다는 것, 이게 그렇게 간단하지 않다는 겁니다.

고명섭 그래서 미리 중간에 제가 끼어들자면, 서양을 그렇게 타자적으로 바라보려는 시도 자체가 아예 없는 것은 아니라고 생각합니다.

김상봉 저도 동의합니다.

고명섭 예를 들면 동양학이라든가, 동양 철학을 하시는 분들 중에서 서양을 타자적으로 바라보고 동양과의 대립 속에서 바라보는 분들이 많은데, 문제는 그 동서의 대립 지점이라든가 서양을 타자로서 이해하는 방식이 제가 볼 때는 평면적이고 좀 소박하다고 할까요. 그래서 사실상 이해가 안 된 상태에서 서양을 그냥 남으로 돌리려는……

김상봉 옳은 말씀입니다.

고명섭 그래서 서양으로부터 배우는 것은 없이 배척하려는, 그냥 제스처만 남는 그런 것이어서, 그런 의미에서는 서양을 올바르게 제대로 타자화했다고 할 수가 없지요.

김상봉 없지요. 그러니까 자기가 가지고 있는 어떤 관념을 투사한 거라고 볼 수 있지요.

고명섭 예.

김상봉 우리 동아시아에서 아주 흔한 담론들의 흐름이 있어왔으니까 그건 이제 접고, 그것이 가지고 있는 한계, 특히 일본이나 중국 쪽에서 근대 초기에 나왔던 여러 가지 이야기들, 물론 저도 문외한이기는 하지만 기본적으로 그런 이야기들이 지닌 한계는 지금 지적하신 대로 저도 공감해요. 그런데 탈식민주의 담론이라는 게 프란츠 파농 이후 에드워드 사이드, 그리고 스피박까지……

고명섭 가야트리 스피박이오?

김상봉 예. 스피박뿐 아니라 누구든 비슷하지요. 제가 굳이 그럴 필요는 없다 생각해서 [글을 쓸 때] 그 사람들을 인용하지는 않았지만, 탈식민주의 담론에 대한 저 나름의 판단, 또는 더 정확하게 말하자면 이견이 『나르시스의 꿈』에 깔려 있다고 해야겠지요. 그런데 그 사람들의 글을 보면 대개의 경우 서양적 관점에서 서양 문명을 비판합니다. 말하는 사람은 비서구인이지만 비판하는 것과 비판받는 것이 결국 따지고 보면 다 서양적인 사유 체계 속에서 일어나는 것이지요.

우선, 비판되는 대상은 서양의 도덕적인 어떤 결함이고, 비판하는 사람들의 입각점 역시 서양적인 휴머니즘이에요. 계몽주의 이래로 사실 서양 문명만큼 개방적이고 평등한 문명이 어디 있습니까? 다른 어느 나라 사람들이 따라갈 수 있겠습니까? 그러니까 그 계몽주의적인 휴머니즘에 입각해서 결국은 그 관점을 가지고서 다시 서양을 비판하고, 그리고 마지막에는 다시 서양에서 인정받고 소비되고……

고명섭 그러니까 사이드라든가 스피박조차 그렇다는 거지요?

김상봉 그렇지요. 물론 저는 기본적으로 사이드에 대해서는 다른 의미에서 존경심을 잃지 않고 있습니다.

고명섭 그러실 거라고 저도 생각합니다.

김상봉 하지만 제가 사이드에 대해 갖는 존경심과 그의 오리엔탈리즘론은 별개의 문제입니다. 그는 『오리엔탈리즘』에서 온갖 자료들을 섭렵해서 서구인들이 어떤 식으로 비서구인들을 모욕해왔는지를 반박할 수 없이 실증해 보였지만, 한 가지 물음은 묻지 않았어요.

고명섭 그게 뭔가요?

김상봉 근거! 오리엔탈리즘의 근거를 묻지는 않았지요. 세상만사에 다 나름의 근거가 있게 마련이거든요. 서구인들의 오리엔탈리즘이란 제 식으로 표현하자면 그들의 나르시시즘이에요. 서구는 우월하고 비서구는 열등하다는 거잖아요?

고명섭 예, 그렇습니다.

김상봉 그런데 그런 오리엔탈리즘이 생겨난 이유가 있을 거 아녜요? 그 이유가 정당하든 아니든 말입니다. 먼저 그 이유를 정확하게 인식하고 분석한 뒤에 그것이 부당하다면 비판해야 하는 거잖아요. 만약 서구인들이 비서구인들을 멸시하는 오리엔탈리즘 또는 나르시시즘이 나름대로 정당한 근거가 있는 거라면, 우리가 아무리 그들의 오리엔탈리즘을 비판하더라도 근절되겠냐고요. 단지 내가 비서구인이기 때문에 서구인들이 나를 멸시하는 것이 까닭이 무엇이든 무조건 싫고 받아들일 수 없다는 식이라면, 그것이 어떻게 이성적인 사람의 태도라 하겠어요? 게다가 서구인들의 오리엔탈리즘을 비판하는 근거도 결국 따지고 보면 서구적 계몽주의와 이상주의에 입각해서 비판하는 것이라면, 이런 식의 서양 문명 비판은 서양 정신의 나르시시즘을 강화하는 데 도움을 줄 뿐, 서양 정신을 참된 의미의 비판적 자기성찰로 이끌 수는 없지 않겠어요? 사이드의 『오리엔탈리즘』을 읽고 서구의 지식인들이 겉으로는 아무리 미안한 표정을 짓는다 하더라도, 그런 비판 자체가 서양 정신에 토대를 두고 있는 것이라면 결코 마음으로 설득되지는 않겠지요. 저는 실제로 이런 사정이 오리엔탈리즘이 일종의 유행으로 끝나버린 가장 큰 이유라고 생각해요. 하지만 저는 서양 정신을 비판하더라도 그런 방식으로 비판하고 싶지 않았고 이건 앞으로도 마찬가지일 거예요.『호모 에티쿠스』에서 지나가는 것처럼 했던 말이지만, '비판의 깊이는 이해의 깊이'인 거거든요. 그래서 저는『나르시스의 꿈』에서 비판과 이해 그 두 가지의 균형을 보여주고 싶었어요.

　좀 구체적으로 말해보자면, 세계사적인 관점에서 보자면, 제가 오리엔탈리스트라고 비난받을지 모르지만, 저는 서양이 세계를 지배한 것이 단지 대포의 힘만이라고 생각하지는 않아요. 다시 말해 폭력이 전부는 아니라는 거예요. 서양 문명이 지닌 어떤 보편적 탁월함이 있기 때문에 서양이 지금까지 근대에 들어와서 급속하게 전 지구적인 헤게모니를 쥘 수가 있었다는 거지요. 그걸 자꾸만 제국주의로 돌리면 안 된다는 것, 이게 첫째예요. 이 점에 관해 우리는 그 탁월함의 정체가 무엇인지 명확하게 묻고 인식할 필요가 있어요. 이것이 모든 비판의 전제가 되어야 합니다. 둘째는 그런 탁월함에도 불구하고 '왜 이런가' 하는 것, 왜 서양 문명이 세계와 인류의 미래를 암담하게 만드는 병리적 원인을 제공하느냐 하는 것을 물어야겠지요. 여기서 첫째 물음과 둘째 물음은 뗄 수 없이 공속한다는 것을 보여준 것이『나르시스의 꿈』의 새로움이라고 감히 저는 생각하고 있어요. 다시 말해 서양 문명의 가장 눈부신 빛이 곧 그것의 가장 깊은 어둠이기도 하다는 거지요. 그런 의미에서『나르시스의 꿈』이 가지고 있는 문제의식이나 논의 방식은 기존의 탈식민주의 담론과 달라요. 서양의 탁월함을 주목하지 않으면서 그건 뒤로 싹 빼놓고, 실은 서양의 탁월함이라고 하는 건 아까 말씀드렸던 계몽주의적인 이상주의인데, 이건 자기 것으로 전유하는 것이 탈식민주의 담론이에요. 계몽주의적 이상주의는 서양 문명이 가르쳐준 건데, 서양에서 배운 이상주의적 도덕을 자기 것으로 전유한 뒤에 그 기준으로 서양의 치부를 공격하는 거지요. 이건 공정한 담론이라 말하기 어렵습니다. 쉽게 얘기해서 인도에 무슨 대단한 여성주의가 있어요?

고명섭 예, 없지요.

김상봉 그런데 마치 나쁜 건 모두 서양에서 왔고, 나는 인도인이기 때문에 서양을 비판할 자격이 있다는 식……. 제가 지나치게 단순하게 매도하는 것일 수도 있겠지만, 하여튼 그런 식으로 비판하는 건 비서구인들이 서구인들의 관대함에 의지하는 거예요. 마치 한국과 일본 사이의 관계에서 한국의 지식인들이 일본의 진보적 지식인들과 만나서 얘기를 할 때 일본의 진보적 지식인들이 일단은 접어주고 들어갈 수밖에 없는 상황이 있잖아요. 하지만 제가 보기엔 그런 방식으로 서양을 비판하는 건 공정하지도 않고 생명력도 가질 수 없다는 거예요.

그래서 탁월함을 탁월함대로 인정해주되 그 탁월함의 이면을……, 마치 플라톤의 『파르메니데스』 편을 보면 소크라테스가 '크다, 작다' 할 때 '나는 너에 비해서는 크지만 다른 너에 비해서는 작다' 이런 것 말고 큰 것 그 자체가 동시에 작다는 걸 누가 증명해준다면 자기는 정말로 놀랄 거라고 하듯이, 서양의 탁월함이 그 자체로서 비극의 씨앗이라고 말할 수 있어야 된다. 그게 공정한 거다. 그게 진정한 의미에서 서양을 외부적 관점에서 공정하게 평가하고 비판해주는 거라는 게 제가 『나르시스의 꿈』에서 얘기하려고 했던 거예요. 내가 한국인이니까 내가 옳고, 한국인의 역사, 뭐 이런 건 다 아름답고 훌륭한데, 서양은 전부 틀렸고 하는 식의 유치한 이분법이 아니라는 말입니다.

그런데 많은 사람들이 '김상봉이 이 책에서 서양을 나르시시즘으로 홀로주체성으로 비판했다고 하더라' 하면, 그것만 가지고서 이분법적으로, 당파적으로 나누어서 '우리는 그렇지 않은데 서양은 그 모양이라는 식으로 얘기를 했는가 보다' 오해를 하는 거지요. 논쟁을 하다 보면 또는 이야기를 하다 보면 십중팔구는 그런 전제 위에서 얘기를 하는구나 하고 느낄 때가 많았어요.

그런데 저의 일차적인 관심이 그것이 아니라는 것, 그러니까 탁월함 그 자체 속에 근원적인 내적 모순이 있었다는 걸 보여주려고 했다는 것

제1부 주체—철학의 첫걸음 121

이 첫째이고, 그 점에서 서양을 그렇게 비판하는 것도 그만한 가치가 있기 때문에 비판을 하는 것이다…….

고명섭 가치가 없으면 비판하지 않지요.

김상봉 비판하지 않지요. 심하게 말하면 어떤 의미에서 한국이 서양보다 더 홀로주체적이에요. 그리고 또 경우에 따라서는 중국이, 일본이, 인도가 더 홀로주체적인 면이 있지요. 당연히 더 홀로주체적인 면이 있습니다. 그리고 그 부분에서 선생님 지적이 전적으로 옳아요. 저는 전혀 이의가 없습니다. 문제는 뭔고 하니, 그러면 당신이 '서양이 전형적으로 홀로주체적이다, 나르시스적이다'라고 말하는 이유가 뭐냐? 왜 서양이 하나의 전범으로서 홀로주체성의 문명이라고 하느냐? 그 까닭이 뭐냐? 하고 묻는다면, 대답은 두 가지지요. 쉬운 얘기부터 시작을 하면, 첫째로 얘기할 수 있는 게 중국이든 일본이든 결국은 타자에게 침탈당했다는 말입니다.

고명섭 침탈당했지요.

김상봉 정신적으로 침탈당했거든요. 근대화의 과정이 그런 것 아닙니까. 물론 저는 끝내 중국은 자기의 패러다임, 원래의 흐름으로 갈 거라고 생각해요. 그리고 서양이 자기들을 이렇게 침범해왔던 것은 중국의 수천 년 장구한 역사 속에서 하나의 에피소드가 되고 말 거라고 생각하지요. 하지만 그럼에도 불구하고 결코 서양 사람들은 경험해보지 못한 방식으로 자기를 내려놓을 수밖에 없었던 역사가 100년 이상 있었잖아요.

고명섭 있었지요.

김상봉 그런 의미에서 일본도 마찬가지이고 지금도 일본 사람들은 콤플렉스에서 못 벗어나고 있으니까요.

고명섭 예, 벗어나지 못하고 있지요. 서양보다 더 서양적인…….

김상봉 때로는 딱하다 싶을 정도로.

고명섭 연미복이 서양에선 다 사라졌는데 일본은 총리가 야스쿠

신사를 참배할 때 연미복을 입고 참배하지요.

김상봉 그러게요.

고명섭 영국 신사도 이미 버린 연미복이 일본에선 여전히 등장하고…….

김상봉 인도도 마찬가지지요. 자기동일성에 대한 집착, 그게 말하자면 불교에서 그렇게 벗어나라고 말하는 아집 아닙니까? 그리고 그건 보편적이라는 뜻이거든요. 그 아집에서 벗어나야 된다는 건 결국은 그게 극복해야 할 보편적인 굴레로서, 과제로서 우리 안에 주어져 있다는 거지요. 저는 개인에게서나 집단적인 문명에서나 그건 공통적이라고 생각하는데, 문제는 서양 문명을 제외하고는 어떤 문명도 그 아집에서 벗어나지 않을 수 없게 폭력적으로 침탈당하지 않은 경우가 없다는 겁니다.

그러니까 서양 문명은 전체로서 자기의 아집을 포기할 필요가 없었다는 게 첫째입니다. 그래서 적어도 지금까지는 그대로 왔다는 거지요. 물론 저는 이것도 '아프리오리'하다고 생각하지는 않아요. 서양은 그러니까 영원히 어쩔 수 없다고 생각하지 않고, 앞으로 몇 세기에 걸쳐서 서서히 바뀔 것이고, 사실은 이미 시작되었다고 봅니다. 특히 동아시아 때문에 그렇게 될 거라고 생각합니다. 서양 사람들이 과거 일본의 부상에 대해서는 일종의 예외이고 우연이라고 생각할 수 있었을지 모르지만 중국에 대해서는 그렇게 치부할 수 없을 거예요. 중국의 부상은 엄연히 그 이면에 역사와 문화 그리고 철학을 전제하고 있으니까요.

고명섭 예, 그렇지요.

김상봉 저는 그래서 마치 오늘날 우리나라 철학과에서 으레 동양 철학과 서양 철학을 같이 가르치듯이 서양의 경우에도 한 세기, 두 세기가 지나가면서 결국은 그 중국 철학을 어쩔 수 없이 알아야 되겠구나 하고 받아들이게 될 거라고 보는 것이지요. 지금 우리가 한국에서 하고 있는 이런 이야기들, 동아시아 쪽에서 나오는 여러 가지 텍스트들이 서양에서도 읽히고 교육될 날이 올 거라고 생각해요. 하지만 지금까지는 그쪽 사람들이 자기를 포기할 만한 이유가 없었던 거지요. 그게 첫째입니다.

둘째 문제는 문명의 이상과 이념에 관한 건데요. 그게 『나르시스의 꿈』에서 얘기했던 대로 자유의 이념은 거기밖에 없었다는 말입니다.[6] 그러니까 자기동일성의 이상이라고 하는 것도 여러 가지로 나타나는 데 아집도 여러 가지로 나타난다는 말이지요. 아집에도 수준이 있다는 거죠.

고명섭 그렇지요. 아집에도 수준이 있습니다.

김상봉 아집의 수준을 얘기할 때 그 아집, 자기동일성에 대한 집착이 보여줄 수 있는 가장 눈부신 광채가 그리스라는 거예요. 그러니까 그걸 함부로 무시하지 말라는 거고, 그걸 제가 보여주기 위해서 쓴 책이

---

6 "서양 정신으로 하여금 끝없는 자기도취에 빠질 수밖에 없도록 한 아름다움이란 과연 무엇이었던가? 그것은 자유의 이념이었다. …… 놀랍게도 어떤 사람 앞에서도 고개를 숙이지 않으려 했던 민족이 있었으니 그들이 바로 그리스인들이었다. …… 그리스인들이 처음으로 명확한 형태로 정립한 자유로운 삶의 방식은 비록 처음에는 아주 작은 불씨에 지나지 않았으나, 그 불씨는 역사의 우여곡절 가운데서도 끝내 꺼지지 않고 살아남아 오늘날 모든 인류의 공유자산이 되었다. …… 우리는 이미 호메로스의 서사시에서부터 자유의 이념이 그리스 정신 속에 즉자적으로 뿌리내려 있는 것을 확인할 수 있거니와, 그 이념은 기원전 5세기 그리스 고전기에 이르면 대자적인 형태로 또렷이 반성되어 그리스인들의 자기인식의 핵심을 이루게 된다. …… 물론 그리스의 정치적 명운은 그리 길지 않았다. 처음에는 알렉산드로스 대왕의 마케도니아가, 나중에는 로마가 그리스의 지배자가 되었다. 그러나 그리스는 사라졌어도 그리스적 정신은 사라지지 않고 남았다. 그와 함께 자유의 이념도, 자유로운 인간의 우월감도 사라지지 않고 남았다. …… 자유는 기독교를 통해 단순한 정치적 자결(自決)의 원리에서 모든 인간에게 고유한 의지와 양심의 자유로 이해되기 시작했다. 이를 통해 자유는 내면화되는 동시에 보편화되었다. …… 이런 과정을 통해 자유는 근대에 이르러 사유하는 모든 주체, 간단히 말해 모든 사람의 고유한 본질이 되었다. 그리고 이렇게 형이상학적으로 심화되고 보편화된 자유의 이념은 다시 정치적 삶의 이념을 변화시켜 프랑스 혁명을 비롯한 시민혁명을 가능하게 했으며 20세기에 들어서는 모든 공산주의 운동의 뿌리가 되었다. 그러니까 헤겔이 서양 역사를 가리켜 자유의 실현을 향한 운동이라 말했던 것은 조금도 이상한 일이 아니었던 것이다. …… 자유의 이념은 서양 정신의 본질적 진리다. 그것은 서양 정신의 시원인 동시에 그것의 궁극적 지향점이다." 김상봉, 『나르시스의 꿈』, 한길사, 2002, 24~27쪽.

『그리스 비극에 대한 편지』였지요.

고명섭 그렇지요.

김상봉 『자기의식과 존재사유』에서 칸트의 극한까지 가듯이 『그리스 비극에 대한 편지』도 저 나름대로는 꿰뚫고 나오고 싶어서 한번 들어가 본 것인데, 그러니까 그 아집에도 수준이 있고, 가장 고상한 아집의 경지가 자유의 이념, 자유의 이상이라고 하는 거지요.

그게 어떤 의미인가 하니 첫째로 타자에 의해 침탈당해본 적이 없기 때문에 철이 없다, 아직도 아집에서 못 벗어났다고 하는 의미의, 약간 부정적인 의미에서 서양이 아집의 전형을 보여준다면, 자유의 이념이라고 하는 건 긍정적인 의미에서, 그러니까 자기에 대한 아집이 아니라 자기에 대한 긍지에서 누구도 그 경지에 도달한 정신은 없다고 하는 것이에요. 그런 의미에서 볼 때 그건 단순히 매도하고 부정하기 위한 비판이 아니라 우리가 그걸 껴안고 지향하고 극복해야 될 하나의 과제로서 홀로주체성과 나르시시즘과 자유, 이런 것들을 얘기해야 된다는 뜻이었지요. 그 양면이 같이 있다고 할 수 있습니다. 선생님이 말씀하신 대로 당연히 우리 모두가 어릴 적에는 다 아집에서 벗어날 수 없는 인간이고, 거기에도 수준이 있고, 결국은 감각의 아집이라고 하는 건 자기 입밖에 모르는 것 아니겠습니까?

고명섭 그렇지요.

김상봉 그런데 서양이 보여주는 자기에 대한 집착 또는 아집은 좋은 의미에서 말할 때 자기에 대한 긍지로 승화된 자유의 이념이고, 또 인식에서의 자기중심성으로서, 삶의 다양한 측면에서, 자기를 긍정하는 정신이 보여줄 수 있는 하나의 극한을 오직 서양 문명이 보여준 겁니다.

서양적 자유의 이념에 대하여

고명섭 선생님이 말씀하시는 서양 문명의 가장 고귀한 특성이라고 할 수 있는 자유, 이 문제는 워낙 중요한 문제니까 한번 좀 자세히 검토해보면 좋겠습니다. 이 자유의 이념이 서양 문명, 그리스 문명의 독특한, 탁월한 성취이고 거기에 하나를 더한다면 민주주의야말로 그리스 문명이 낳은 것인데, 민주주의와 자유의 관계에 대해서 한번 생각을 해볼 필요가 있을 것 같습니다. 저도 여러 문명권을 머릿속에서 한번 뒤져 봤는데, 민주의 싹이야 있었겠지만 아무리 따져봐도 민주의 이념이 꽃 핀 문명은 그리스 문명밖에 없지 않나 그런 생각이 듭니다. 그러니까 가령 민본의 이념은 있지요. 중국에도 왕도 정치가 있고 민본의 정치…….

김상봉 고상하지요.

고명섭 민본의 정치가 있는데 그것은 민을 대상으로 삼아서 애민하는 거지요. 민을 사랑한다, 민을 뿌리로 삼는다는 정도잖아요. 왕이 아닌 민이 주인으로서 자기를 다스린다는 자기통치라는 개념으로서의 민주는 서양에서도 오직 그리스에서 나온 것이 아닌가. 그런 점에서 저는 그 문명의 탁월성을 이 대목에서 한 번 더 짚어볼 필요가 있다고 생각합니다.

김상봉 가끔 사람들이 그리스의 민주주의가 별것 아니었다고 폄하하기도 합니다. 노예제에 기초했다거나 여성은 배제된 민주주의였다는 비판은 우리가 인정해야 할 역사적 한계라고 보아야겠지요. 하지만 그런 역사적 한계는 그리스에만 해당되는 특수한 한계라기보다는 인류가 어쩌면 아직도 다 벗어나지 못한 보편적 한계이므로 그걸 가지고서 그리스 민주주의를 백안시할 수는 없어요. 도리어 오늘날까지 우리가 개인의 자유와 정치에서의 민주주의와 이상적 국가를 얘기할 때 으뜸가는 척도로 삼을 수 있는 곳은 고대의 그리스밖에 없어요. 특히 자유와 민주주의 그리고 국가 이 세 가지 개념은 서로 뗄 수 없이 공속하는데, 그 공속성을 가장 잘 보여주는 것도 고대 그리스밖에 없을 거예요.

그런데 개인의 자유와 민주주의 그리고 국가 이 세 가지, 사회적 삶의 기둥이 되는 개념들을 온전히 이해하기 위해서는 이 세 개념이 대립하고 있는 개념, 다시 말해 이 세 개념의 매트릭스에서 빠져 있는 것이 무엇인지를 정확하게 인식해야 합니다.

고명섭　그게 뭔가요?

김상봉　가족이지요. 개인의 자유, 민주주의 그리고 국가라고 하는 것이 온전히 정립되기 위해서는 가족 공동체가 극복되어야 해요. 인간의 사회적 삶에서 가족적 요소가 극복되지 못한다면, 개인의 자유도 정치적 민주주의도 온전한 국가도 모두 불가능합니다. 함석헌이 자주 말했듯이 국가는 가족이 지양될 때 비로소 출현할 수 있는 공동체거든요. 개인이 가족의 품을 떠나 평등한 의사결정의 주체로서 더불어 형성하는 공동체가 국가라는 거지요. 한국이 아직 한 번도 온전한 국가를 가져보지 못한 것은 우리가 아직도 가족 공동체를 극복하지 못했기 때문이에요. 2천 년 전의 성씨가 아직도 이어지는 이 나라에서는 모든 사회적 관계가 가족 관계에 가까워지지요. 다시 말해 서로 평등해야 할 사회적 관계가 부모 자식, 언니 동생의 관계처럼 불평등한 관계가 되어버리는 거예요. 이런 곳에서 민주주의도 국가도 참 이루기 어려운 과제입니다.

고명섭　예, 그렇습니다. 이 나라에 살면서 하루하루 절감하는 문제이지요.

김상봉　고대 그리스 사회가 개인의 자유와 정치적 민주주의 그리고 국가에 대해 놀랄 만큼 이상적인 척도를 보여줄 수 있었던 것은 무엇보다 그 사회가 너무도 비가부장적인 사회였기 때문이에요. 제가 아는 한 소크라테스 시대의 아테네처럼 비가부장적인 사회는 없었어요. 개인이 발견되기 위해서는 가부장적인 걸 깨고 나와야 되거든요. 그러기 전에는 그게 가족 공동체성에서 못 벗어나는 겁니다.

플라톤의 대화편 중에 『에우튀프론』이 있는데요. "경건함에 대하여"가 부제입니다. 아주 짧은 대화편인데, 그게 어떻게 시작되느냐면, 소크라테스가 길을 가다가 에우튀프론이라는 청년을 만나요. "어디 가는가"하고 물었더니 "법정에 갑니다." "자네가 무슨 법정에 갈 일이 있나? 누구를 고소하러, 무슨 소송인가?" 그랬더니 "살인자를 고발한다"는 거예요. "살인자를 고발하러? 살인자가 누구인데?" "내 아버지입니다." 아버지를 살인자로 고발하러 간다는 거예요.

"아들이 친아버지를 살인자로 고발한다고 하는 게 어떻게 가능한 일인가? 무슨 일인가?" 하고 소크라테스가 물으니까 에우튀프론이 대답하기를, 집에서 일하는 품팔이 일꾼이 노예와 다투다가 그를 죽였는데 아버지가 살인을 한 사람을 일단 묶어 도랑에 처박아놓은 뒤 살인자라고 죽든 살든 신경도 쓰지 않고, 이 사건을 어떻게 처리하면 좋을까 신탁을 물어보러 사람을 보냈는데 그 사이에 이번엔 그 살인자가 죽어버린 거예요. 그런데 에우튀프론은 아버지가 그렇게 묶어놓고 신경 쓰지 않아서 죽은 것이기 때문에 이건 아버지의 과실이라고 해요. 그리고 누구든지 잘못을 하면 벌을 받아야 되고, 또 누군가의 잘못을 아는 사람은 그걸 고발하는 것이 신들 앞에 경건한 일이라고 생각한다는 거예요. 그러면서 법정에 친아버지를 고발하러 간다는 것 아닙니까.

그래서 얘기가 시작이 돼요. '도대체 경건하다는 게 뭐냐?' 소크라테스가 물었지요. 그러자 에우튀프론은 '신에게 사랑받는 거지요.' '하지만 이 신은 이 사람을 저 신은 저 사람을 좋아한다면, 어떤 신에게 어떤 일로 사랑을 받는 게 경건한 걸까?' 뭐 이런 식으로 대화가 이어지지 않겠어요. '제우스가 사랑하는 건 헤라가 싫어할 수도 있고 헤라가 좋아하는 건 아프로디테가 싫어할 수도 있고……, 도대체 어떤 신한테 자네가 사랑을 받으면 경건한 일이라는 건가? 누구한테 잘 보이면?' 그러면서 소크라테스는 에우튀프론의 과격한 정의감을 순화하려 하지요. 다른 사람도 아니고 소크라테스가 놀랄 만큼 그 당시 아테네 젊은이들은 지유분방했던 거예요. 그런 망아지 같은 젊은이를 순치하려고 소크라테스는 계속 말꼬리를 잡지만 에우튀프론은 조금도 지지 않고 계속 말을 받아요. 그래서 소크라테스도 결국엔 그 젊은이를 설득하지 못하지요. 에우튀프론은 '아저씨는 열심히 얘기하시고요. 나는 지금 갈 길 바빠서요. 빨리 가야 되겠습니다' 하고 가버려요. 사람들이 이걸 가지고 어떻게 해석을 하든지 간에, 저는 그 대화편을 처음 보았을 때 정말 충격이었어요. 도대체 아버지가 고의로 한 것도 아니고 충분히 이해할 수 있는 전후 사정도 있는데, 어떻게 자식이 아버지를 법정에 과실 치사로 고발하겠다고 할 수가 있을까. 플라톤의 초기 대화편은 아테네의 일상생활에 대한 정말로 섬세한 서술이에요. 요즘 식으로 표현하자면 일종의 미시사라고 할까. 그런데 당시 아테네가 얼마나 비가부장적인 사회였으면 플라톤이 에우튀프론 같은 젊은이를 등장시킬 수 있었겠냐고요. 이건 지금의 기준으로도 거의 불가능한 설정이 아니겠어요?

고명섭 선생님한테 질문 하나 드려도 되겠습니까?

김상봉 물론이지요.

고명섭 그리스에서의 자유라는 것은 비개인적인 공동체적 자유, 그러니까 폴리스적 차원에서의 자유, 그런 의미가 강했고, 오히려 중세를 거치면서 근대에 들어와서 개인이 발견되고 그 개인주의와 함께 근대적인 형태의 자유주의가 형성되고, 그 근대적인 형태의 자유주의가 발전하면서 민주주의의 핵심적인 내용으로 포섭이 되고 그 결과가 20세기에 펼쳐진 자유민주주의 혹은 민주주의다, 보통 이렇게들 이야기하거든요. 그러면서 그때의 개인주의와 개인주의에 입각한 자유주의가 발생한 곳을 영국 사회로 보기도 하는데…….

김상봉 그거야 중세를 암흑시대라고 부르는 것과 별반 다르지 않은 근대주의자들의 편견이지요. 국가가 신격화되고 개인이 그 국가에 노예적으로 예속되는 것이야말로 사실은 근대국가의 특징이 아닌가요? 그리고 그런 극단적 국가주의의 단계를 넘어 이제는 국민국가가 세계시민 공동체에 의해 지양되기 시작한 시대가 된 것이기도 하겠지요. 하지만 국가의 이념이 처음 출현하던 초창기에는 개인이 국가에 대해 그렇게 노예적으로 예속되지 않았어요. 이를 위해 다시 구체적인 사례를 들자면, 펠로폰네소스 전쟁 시기에 아테네 시민이었던 알키비아데스를 생각해보세요. 플라톤이 『향연』(Symposion)에서 소크라테스를 흠모하는 미소년으로 그렸던 그 알키비아데스 말이에요. 펠로폰네소스 전쟁 당시 알키비아데스는 그 유명한 시칠리아 원정을 추진했던 장군이었어요. 그런데 원정군의 함대가 출발하자마자 알키비아데스는 정적들에게 모함을 당해 아테네로 소환돼요. 만약 아테네의 법정에 서게 되면 소크라테스처럼 사형을 당할지 투키디데스처럼 추방되었을지, 어떤 운명에 처할지 아무도 알 수 없는 일이었지요. 그러자 알키비아데스는 조국을 버리고 적국 스파르타로 망명을 해버려요. 육상국가인 스파르타는 해군이 취약했는데, 알키비아데스의 망명으로 말미암아 그 약점을 보완할 수 있었지요. 아테네의 입장에서는 정말로 땅을 칠 노릇이었겠지만, 따지고 보면 자기들이 선출한 장군을 자기들이 버린 것이나 마찬가지이니 누굴 원망하겠어요? 알키비아데스는 스파르타에서 열렬한 환영을 받았는데, 특히 스파르타 여자들에게는 이 교양이 넘치는 아테네 꽃미남의 인기가 하늘을 찌를 듯했던 모양이에요. 급기야 스파르타의 왕비가 알키비아데스와 사랑에 빠져 그의 아들을 낳기까지 했으니, 그 인기가 어느 정도였는지 더 말할 필요도 없겠지요? 알키비아데스는 그 후 스파르타의 해군 제독으로서 혁혁한 공을 세웁니다만, 자유분방한 아테네에서 나고 자란 그에게 스파르타는 너무도 답답하고 심심했던 모양이에요. 그는 해전이 벌어졌을 때 다시 아테네 편으로 망명을 해버리지요. 그러자 이번에는 아테네 시민들이 알키비아데스를 열렬히 환영해요. 우리 같았으면 조국의 반역자요, 아테네에 심각한 타격을 가한 범죄자로 당장 사형에 처할 수도 있었을 텐데, 아테네 시민들은 과거에 알키비아데스에게 잘못한 일을 도리어 사과하면서 몰수했던 재산도 다 돌려주었다고 하지요. 그래도 개중에는 알키비아데스가 스파르타 왕비와 사랑에 빠져 아들까지 낳은 것을 무절제한 행동이라고 비난한 사람도 있었던 모양인데, 알키비아데스가 그랬다는군요. 자기는 무절제한 사람이어서가 아니라, 스파르타 왕을 아테네 핏줄로 만들려고 아들을 낳았다고……. 이거야 뭐 사내들 술자리 농담 같은 얘기지만, 우리의 주제로 돌아가서 결론적으로 정리하자면, 알키비아데스의 경우가 보여주듯이 그리스인들에게 국가는 개인이 거기에 무조건적으로 구속되어야 하는 그런 공동체가 아니었어요. 도리어 개인이 국가를 선택할 수 있다는 것이야말로 그리스인들의 국가관이었다고 말할 수 있지요.

크리톤이 탈옥하라 권할 때 소크라테스가 뭐라 대답했는지 보세요. 자기가 아테네에 나이 칠십이 되도록 살았다는 것은 아테네의 법률에 동의한 건데, 이제 와서 자기가 동의한 법률에 따라 진행된 재판의 결과가 자기 마음에 들지 않는다 해서 국가의 합법적 결정에 따르지 않는 것은 자유인이 아니라 노예들이나 하는 짓이라 하잖아요? 사람들은 이걸 두고 소크라테스가 악법도 법이라 했다는 식으로 말하기도 하지만, 소크라테스가 말하려 했던 것은 법에 대한 미개한 우상 숭배가 아니에요. 핵심은 그가 아테네의 법률에 동의했다는 거지요. 무슨 말이냐면 당시 아테네에서는 남자가 성인이 되어 만약 아테네의 법률과 국가 체제에 동의하지 않는다면 언제라도 재산을 다 가지고 자기가 가고 싶은 곳으로 떠날 수 있는 권리가 있었어요. 그렇게 떠날 수 있는 권리를 주었음에도 불구하고 그가 떠나지 않고 아테네에 남았다면, 이것은 그가 아테네의 법률에 자발적으로 동의한 것으로 간주되었던 거지요. 그리고 법률에 동의한다는 것은 자기 자신이 법률을 입법한 것과 같은 의미와 효력을 가지는 겁니다.

생각하면, 아무리 급진적인 사회계약론자라고 하더라도 새롭게 국가의 구성원이 될 사람들과 현재의 구성원들 모두가 현존하는 국가 체제에 대하여 계약을 갱신하는 것은 불가능한 일이라는 것을 인정하지 않겠어요? 하지만 그렇다고 해서 법률이니까 무조건 지키라고 한다면 그건 남이 만든 법률에 타율적으로 복종하는 것이므로 자유인의 전제조건인 자기입법과 자율성에 위배되잖아요. 이런 어려움을 아테네인들은 국가를 떠날 수 있는 권리를 통해 해소하려 했던 거지요. 싫으면 언제라도 떠날 수 있는 권리를 줌으로써 국가 체제와 법률의 정당성을 확보하려 했던 거예요. 떠나지 않는 사람은 동의한 사람인데, 내가 도둑질하지 말라는 법률에 동의했다면, 그 법은 내가 만든 법이나 마찬가지이고 나의 주관적 의지가 객관적으로 실현된 것과 마찬가지 아니겠어요? 그런 것처럼 내가 아테네의 법률에 동의했다면 그것은 내가 아테네의 법률을 입법한 것과 같은 효력을 가지는 것이고, 나는 결과적으로 내가 제정한 법을 스스로 지키는 것이 되는 셈이지요. 소크라테스는 자기를 사형에 처한 재판이 그렇게 자기 자신이 동의한 아테네의 국가 체제와 법률에 따라 합법적으로 진행되었기 때문에 비록 그 결과가 자기에게 불리하게 나왔음에도 불구하고 기꺼이 따랐던 거예요.

제가 이런 얘기를 길게 늘어놓은 까닭은 그리스 땅에서 국가가 처음 생겨날 때, 그들에게는 국가와 개인의 관계에 대해 지금 우리로선 상상할 수도 없을 정도로 근본적이고 진지한 문제의식이 살아 있었다는 것을 보여드리기 위해서예요. 그에 비하면 오늘날 우리의 국가적 삶이란 것은 겉으로는 대단히 계몽되어 있는 것처럼 보이지만 실제로는 아무 생각 없이 따라가는 관성적 삶에 지나지 않아요.

고명섭 선생님, 정말 흥미진진한 이야기입니다. 그런데 여전히 의문이 남습니다. 아테네는 그렇다 하더라도 로마는 전혀 다른 종류의 국가가 아니었습니까? 가부장적이고 국가주의적인 면이 대단히 강했던 것으로 아는데, 아테네의 특수한 경우를 가지고 고대 사회 개인의 자유를 너무 이상화하는 것이 아닌가 하는 의문이 들 수도 있겠는데요.

김상봉 충분히 나올 수 있는 반문입니다. 말씀이 나왔으니 조금 설명을 드릴게요. 그리스와 로마는 자유로운 개인과 국가의 이념 속에 놓여 있는 모순을 두 가지 다른 방식으로 해소한 전형적 사례라고 말할 수 있어요. 그런데 여기서 문제의 출발은 국가가 아니라 개인의 자유예요. 국가의 건설이란 어디까지나 개인의 자유의 이념으로부터 파생되는 이차적인 과제거든요. 그런데 자유의 이념은 인간의 유한성으로 말미암아 자기모순에 빠질 수밖에 없어요.

고명섭 그게 무슨 뜻인가요?

김상봉 자유는 개인의 제한받지 않는 자기결정과 자기형성의 권리와 능력에 존립하지요. 사람들의 소박한 언어로 말하자면 '나 내 맘대로 하고 싶어. 이게 자유야' 그렇게 표현할 수 있겠지요. 그런데 개인은 어디까지나 전체로서의 세계 속에서만 존재할 수 있는 까닭에 그 전체 속에서 자기를 자유롭게 형성하기 위해서는 반드시 자기를 둘러싸고 있는 세계를 스스로 형성하지 않으면 안 돼요. 쉽게 말해 자기의 주인이 되려는 자는 반드시 세계의 주인이 되어야 하는 거예요. 하지만 누구도 세계의 주인이 될 만큼 강한 사람은 없어요. 아니, 세계가 아니라 자기가 살고 있는 사회를 혼자 지배할 수 있을 만큼 강한 사람도 없는 거지요.

고명섭 그렇지요.

김상봉 그래서 자유로운 자기형성은 반드시 다른 사람들과 더불어서 수행되는 집단적 자기형성으로 전환될 수밖에 없는데, 그 집단적 자기형성이 바로 국가 건설이에요. 아리스토텔레스가 『정치학』에서 말했듯이 개인이 시민으로서 국가 권력에 참여할 때, 비로소 그의 자유가 적극적으로 실현되는 거예요. 결국 개인의 자유는 언제나 국가를 통해서만 발생하고 실현될 수밖에 없는데, 문제는 그 두 가지가 떼려야 뗄 수 없게 결합되어 있으면서 끊임없이 서로 길항한다는 거예요. 개인의 자유는 국가를 통해서만 보호받고 또 실현될 수 있지만 국가의 권력이 강해지면 강해질수록 개인이 거기에서 점점 소외되지요. 그 둘 사이에 균형을 잡는 것이 정치학의 영원한 화두입니다.

그런데 거기에서 그리스와 로마가 이 둘 사이에서 고전적으로 대립되는 패러다임을 보여주는 거예요. 국가에 대한 두 개의 이념이지요. 그리스는 개인적 자유를 척도로 삼아 국가를 거기에 맞추려 해요. 그에 반해 로마는 국가 그 자체를 하나의 자립적인 유기체로서 완성하려 했지요. 국가가 없으면 개인의 자유도 없으니까요. 그렇다고 해서 국가가 절대화되면 개인의 자유는 내적으로 억압되지요. 그리스에서는 개인의 자유가 먼저였기 때문에 국가를 형성하더라도 개인의 자유가 침해되거나 억압받지 않는 범위까지만 확장하는 거예요. 그래서 도시국가지요. 아테네가 있고, 또 다른 도시국가가 있고……. 어떤 경우에는 높은 산에 올라가면 빤히 보이는 옆인데도 그리스인들은 이웃 나라를 정복하여 더 큰 통일국가를 형성하려고 하지 않았어요. 필요할 때는 델로스 동맹이나 펠로폰네소스 동맹처럼 국가들 사이에 동맹을 맺지요. 그런데 로마는 그게 아니에요. 자유를 확보하기 위해서 개인의 절대성이 아니라 국가 권력의 절대성에 의지하고, 그래서 세계 제국까지 가는 거예요.

그것에 따라 나라를 다스리는 방식도 달라집니다. 그리스인들은 직접 참여해서 나랏일을 결정하려 했어요. 그 결과로 그리스에서는 토론의 참여민주주의가 발전했지요. 하지만 나라가 일정한 한계 이상으로 확장되면 직접 얼굴을 맞대고 토론을 해서 나랏일을 결정하는 것은 물리적으로 불가능해지겠지요. 그래서 로마는 어떻게 했습니까? 세계 제국으로 확장된 국가 내에서 어떻게 개인의 권리를 지키겠습니까? 개인의 주권, 개인의 절대성을 어떻게 지키겠냐고요. 법입니다. 오직 법을 통해서 개인의 권리를 지킬 수밖에 없어요. 그래서 로마에서는 일찍부터 정교하게 법체계가 형성되었는데, 아마도 로마법이야말로 그들이 후세에 남긴 가장 위대한 유산이라 할 수 있을 거예요.

고명섭 그렇다면 근대 사회가 개인의 자유에 대해 별로 기여한 것이 없다는 겁니까?

김상봉 물론 아니죠. 근대는 근대대로 기여한 것이 있습니다. 하지만 그걸 정확하게 잘 말해야지요. 여기서 그걸 길게 말씀드릴 수는 없으니 간단히 정리하자면, 고대 사회에서 자유의 이념은 그 자체로서는 사회적 신분 개념이었습니다. 그것은 근본에서 보자면 얻을 수도 있고 잃을 수도 있는 우연적 권리였지요. 자유인의 자식으로 태어나면 자유인이고 노예의 자식으로 태어나면 자유 없는 노예였던 거지요. 노예가 해방되면 얻을 수 있는 권리이고 자유인이라도 적에게 포로로 잡히면 정지되는 권리 또는 자격이 자유권이었어요. 오늘날로 말하자면 시민권과 비슷한 것이라 할 수 있을까요?

그런데 중세는 그런 법적 권리라 할 수 있는 자유의 개념을 보편화하는 동시에 내면화했습니다. 이제 자유는 신의 심판 앞에 선 인간의 의지의 자유로 이해되지요. 의지와 양심의 자유니까 자유가 내면화된 거고, 단지 자유인뿐 아니라 모든 인간이 의지와 양심의 자유를 천부적으로 부여받는 것이니 보편화된 거지요. 그리고 여기서 인간이 자기에게 주어진 자유를 온전히 실현하는 길은 국가를 형성하는 것이 아니라 예배와 기도를 통해 신의 의지에 자기의 의지를 일치시키는 것이에요.

그런데 근대에 이르면, 한편에서는 중세를 거치면서 보편화된 자유가 내면성의 좁은 골방을 박차고 나와 다시 정치적 광장에서 실현되는 단계에 진입하게 돼요. 그 결과 개인의 내면적인 의지와 양심의 자유가 정치적 국가 형성과 결합하게 되는 거지요. 그리고 그 둘을 매개하는 것은 이제 종교적 믿음이 아니고 윤리와 도덕이에요. 윤리학에서 법철학까지 칸트의 실천철학은 자유의 이념을 통해 개인의 도덕과 국가적 삶을 통일하려 했던 근대 정신의 정수를 보여주지요.

고명섭 그런데 선생님의 주장은 바로 그 자유의 이념이 서양 정신의 정수지만 동시에 치명적인 독이기도 하다는 것 아닙니까?

김상봉 그렇습니다. 그리고 이것은 단지 서양만의 문제가 아니라 세계가 전반적으로 서구화된 오늘날 전 인류의 문제가 되었다는 것이 저의 주장이고요. 그러니까 저는 에드워드 사이드처럼 서양 사람들이 비서구 사회에 대해 갖는 편견을 비판하는 것이 아니라, 그런 편견을 가질 수밖에 없게 만드는 서양 문명의 객관적 탁월함이라고 할 수 있는 자유의 개념 그 자체에 내재하는 모순을 드러내려 한 것이지요. 서양적 자유의 개념은 비단 서양 사람들뿐 아니라 모든 인류에게 복음과도 같은 거예요. 어느 누가 자유보다 노예 상태가 더 좋다고 말할 수 있겠어요? 그러니까 자유의 개념은 서양 문명이 인류에게 선사한 비길 데 없는 선물이지요. 그런데 그 선물은 독이 든 사과와 같아요. 너무 맛있고 영양도 많은 과일이지만, 그냥 먹으면 우리 모두를 파멸로 몰고 갈 수밖에 없는 거지요. 바로 그런 까닭에 위험한 것이에요. 그러니까 저는 서양 정신을 분리해놓고 비판하기 위해서 자유의 이념을 비판하는 것이 아니라, 이 이념이 이미 모든 인류의 최고 가치가 되었기 때문에 비판하는 거예요. 다만 그 이념이 서구 사회에서 태동한 것이므로 서양 정신을 비판하는 거지요.

고명섭 자유의 이념에 놓인 치명적인 해독이 무엇인지 간단히 말씀해주실 수 있나요?

김상봉 자유의 이념은 근본에서 보자면 남의 자유를 인정할 수 없기 때문입니다. 이것이 가장 본질적인 문제예요. 자유인이 노예를 멸시하는 것이 서구적 나르시시즘이라면, 자기의 자유를 지키기 위해 남의 자유를 부정할 수밖에 없는 상황을 가리키는 개념이 홀로주체성이라고 할 수 있겠지요.

고명섭 자유인이 노예를 멸시하고 자기에 대해 긍지를 느끼는 것이 나르시시즘이란 말이지요. 그렇다면 자기의 자유가 남의 자유와 양립할 수 없다는 것은 무슨 뜻인지 설명이 필요하겠습니다.

김상봉 앞서 말씀드린 대로 자유란 방해받지 않는 자기형성의 능력과 권리인데, 이 자기형성이란 동시에 세계형성이거든요. 그런데 나의 세계형성과 너의 세계형성이 충돌하게 되면 나의 자유가 너의 자유에 의해 제한받지 않을 수 없잖아요?

고명섭 그렇지요.

김상봉 그러니까 온전한 자유를 추구하는 자는 필경 자유의 독점을 추구하게 되지 않겠어요? 부정적으로 말하자면 타인의 자유를 부정하거나 제한하게 되는 거지요. 주체성의 개념을 통해 말하자면 내가 자유로운 자기형성과 세계형성의 주체가 되기 위해서 다른 사람은 모두 나의 세계형성의 객체가 되어주어야만 하는 거예요. 이를 통해 나만 홀로 주체가 될 때, 자유도 온전히 실현되는 거지요. 바로 여기서 단재 신채호 선생이 말한 아(我)와 비아(非我)의 투쟁으로서의 역사가 일어나는 거지요. 내가 살기 위해 반드시 남을 죽여야 하는 역사 말이에요. 단재는 이것이 불가피한 일이라는 것을 전제했지만 저는 그렇게 생각하지 않아요. 아와 비아의 모순적 대립은 서구적 자유의 개념이 보편화됨으로써 생기는 것이므로 서구적 자유와 다른 자유 또는 다른 주체성을 찾으려는 거지요. 그게 서로주체성의 이념이고요.

홀로주체성과 서로주체성 사이에서

고명섭 이 지점에서 선생님 사유의 본론이라 할 서로주체성으로 더들어가 보는 게 좋겠습니다. 서로주체성 문제와 관련해 제 생각을 간단히 정리해 온 게 있는데, 한번 읽어보겠습니다. "서로주체성이 우리 존재의 미래적 형식이자 우리 의식의 존재 방식이라는 것은 인정한다. 하지만 서양 문명만이 홀로주체성이라는 데는 동의하기 어렵다. 모든 문명은 어떤 면에서는 홀로주체적이며, 또 모든 문명이 다소간 서로주체적이다. 우리 의식의 구성 방식이 서양 철학의 자기규정과는 달리 본래 서로주체적이라면, 우리 삶도 본질적으로 서로주체적일 것이다. 삶이 그러하기 때문에 의식이 그렇게 형성되는 것이다. 이것은 동양이든 서양이든 같다. 마찬가지로 우리 존재 방식에 홀로주체적인 면도 있을 것이다. 그렇다면 우리 의식형성도 홀로주체적인 면이 있을 것이다. 타자 배제적 자기 관계가 있지 않고는 자기동일성이 성립하기 어렵고, 타자 포용적 우리 관계가 없으면 자기동일성의 확장과 개방이 어렵다. 다만 홀로주체성이 두드러진 사태가 있을 수 있고 서로주체가 두드러진 사태가 있을 수 있다. 홀로주체보다 서로주체가 필요하다는 것에 공감하고 서로주체의 문화로 나아갈 필요가 있다는 데는 동의한다. 또 여기서 한 가지 더 이야기해볼 필요가 있는 게, 홀로주체냐 서로주체냐의 분할선이 아니라 주체의 자기동일성과 균열이라는 분할선이다. 자기동일성을 이루지 못하거나 겨우 이루면서 존재하는 균열된 주체가 우리의 본모습에 더 가깝지 않은가. 그 균열을 극복하기 위한 노력으로 홀로주체적 태도 또는 서로주체적 태도를 보이는 것은 아닐까. 이를테면 헤겔의 자기의식은 그 균열을 언뜻 포착한 것이 아닐까. 서둘러 변증법적 극복이라는 방식으로 봉합해버리지만……. 균열된 주체와 서로주체는 어떤 관계일까.”

뒷부분을 다시 한 번 말씀드리면, 홀로주체냐 서로주체냐의 분할선이 아니라 주체의 자기동일성과 균열이라는 분할선, 여기에 더 주목해야 되지 않을까 이런 생각인데요. 그래서 자기동일성을 이루지 못하거나 겨우 이루면서 존재하는 균열된 주체가 우리의 본모습에 더 가깝지 않을까. 그런 균열을 극복하기 위한 노력으로 홀로주체적 태도를 보이기도 하고 또는 서로주체적 태도를 지향하기도 하는 것은 아닐까. 가령 헤겔이 자기의식이라는 것으로써 주체의 균열을 포착해서 보여준 것은 아닐까. 다만 헤겔은 서둘러서 변증법적 극복이라는 방식으로 그 균열을 봉합해버렸다고 볼 수 있는데 그래서 오히려 홀로주체냐, 서로주체냐 이 갈음보다는 주체의 내적 균열과 서로주체가 도대체 어떤 관계냐는 질문이 더 좋은 것이 아닐까요?

김상봉 그게 바로 서양적 의미에서 주체의 자기부정성이잖아요? 그리고 어떤 의미에서는 제가 서로주체성이라고 하는 개념, 서로주체성과 홀로주체성의 대립을 생각하기 전에 칸트에 기대어 가졌던 생각이 그런 생각이었습니다. 주체에 관해 처음에 제가 생각했던 게 지금 선생님이 말씀하신 것과 사실은 비슷한 점이 많았지요. 그러니까 사람들이 우리의 어떤 고유한 자기분열상에 대해서 고민할 때, 또 국문학이나 한국학을 하는 사람들이 서양적 주체의 자기부정성으로 설명되지 않는 한국인 고유의 자기분열상을 고민할 때, 제가 “그게 뭐 특별한 거냐? 사회에서 보면 다 똑같다. 어차피 주체라고 하는 건 그런 내적 분열 속에 있고, 그것 자체가 보편적인 그 주체의 본모습이다" 그렇게 이야기를 했지요.

그리고 "그걸 어떤 방식으로 극복할 것이냐, 그게 우리의 과제다" 그런 식으로 얘기를 하지 않았겠습니까? 그런데 어떻게 해서 '그게 아니구나. 우리에게 고유한 문제가 있구나' 하는 생각을 하게 되었는지는 어제 말씀드린 거니까 반복할 필요가 없겠지요. 제가 보태고 싶은 얘기는 뭔고 하니, 처음에 제가 서양이 이러이러하고 저러저러한 의미에서 가장 전형적인 홀로주체성의 문화 또는 전범을 보여준다고 했는데, 그러면 한국인의 경우에 한편으로는 똑같이 보편적인 의미의 아집과 홀로주체성을 보여줌에도 불구하고 어떤 의미에서 한국인이 그 대척점에 있는 자아로서 자기를 인식할 수 있는가? 그 근거는 또 어디에 있는가? 하는 것입니다. 세상에 많은 문명권이 있지만 수천 년 전부터 나름의 질서 잡힌 국가를 형성하고 살아온 민족들 가운데서 한국인들만큼 아무것도 없는 민족, 그러니까 함석헌 식으로 말하면 정신적인 무산자가 없지요.

고명섭 정신적인 무산자…….

김상봉 예전에 멕시코에 가서 인도 출신의 프란체스코 수도회 신부를 만난 적이 있습니다. 그런데 이 사람은 엄연히 기독교인, 가톨릭인데 인도인으로서의 자부심은 힌두교예요. 3천 년을 이어온 자기들 고유의 그 철학과 종교가 자기의 자부심이더라고요. 그럼 아랍인들한테는 그런 자부심이 왜 없겠습니까? 그네들은 언어가 하나더라고요. 그러니까 동쪽 바그다드부터 서쪽 모로코까지 전부 아랍어를 쓰지요. 두 대륙에 걸쳐서 말이죠. 단지 언어만 같은 것이 아니라 자기들의 종교와 철학이 있잖아요. 그리고 그게 또 그들의 자부심의 원천이고요. 비록 지금은 미국에 눌려 꼼짝 못한다 하더라도 수천 년을 이어온 독자적 문명이라는 그 자부심이 있는데, 정말로 우리처럼 철저하게 그런 자부심이 없는 사람들은 없을 거예요.

그 까닭이 뭐겠어요? 한 번도 세계를 스스로 형성하려고 허리를 곧
추세워본 적이 없으니까 그런 거지요. 철학이 뭐예요? 세계관이잖아요.
세계관이 뭐예요? 세계의 설계도잖아요. 자기의 세계를 소유한 사람,
자기의 세계를 스스로 형성할 수 있는 사람들에게만 세계관이 필요한
거라고요. 하지만 우리가 언제 그런 호연지기를 가져본 적이 있나요?
맞아요! 인간이 유한한 이상 언제나 자기분열 속에 있지요. 하지만 서
구인들의 자기분열이 뭐예요? 니체가 그랬잖아요. 개별자가 전체의 주
인이 되기 위해 발돋움하면서 세계 전체를 자기 속에 품을 때, 그는 그
전체의 모순을 자기 속에 품게 되고 그 모순 때문에 파열하고 파멸하게
된다고. 하지만 우리가 언제 전체의 주인이 되기 위해 전체를 자기 속
에 품으려고 해본 적이 있었나요? 물론 그럼에도 불구하고 우리에게도
내적 자기분열이 있어요. 분단처럼 비극적인 자기분열이 어디 있겠어
요? 하지만 그 분열이 왜 생겼나요? 우리가 세계의 주인이 되어 세계를
자기 속에 품으려 하다 보니 세계의 모순이 내적 분단으로 나타난 거예
요? 아니잖아요. 그러니까 우리에겐 결과적으로 내적 자기분열이 있지
만 그것의 원인은 자기 자신에 의해 자기 자신과 분열되는 그런 홀로주
체적 자기부정성 때문이 아니라 단지 타자의 침탈에 의해서 단절을 겪
는 거잖아요. 그 명백한 현실을 어떻게 외면할 수 있어요?

그리스 비극에서 보여주는 대립과 타자성은 내적 분열이에요. 제가
조금 전에 얘기한 것을 한번 회상해보세요. 자유의 이념이 있을 때 이것
이 어떻게 모순적 분열로 나아가는가? 자유라는 것이 자기가 자기의 주
인이 되는 것인데, 이때 자기가 자기의 주인이 되기 위해서는 모든 타자
와의 관계에서 자기의 절대성이 확보되어야 하지만, 그렇게 자기의 절
대성, 자기의 절대적인 권력을 확보하는 방편이라는 것이 국가밖에 없
기 때문에, 다시 말해 집단적인 자기주장, 자기확립밖에 없기 때문에,
거기에서 시민적 주체와 국가의 주권이라고 하는 것이 언제나 같이 가

지요. 근대에 들어와서도 데카르트(개인의 주체성)와 장 보댕(국가의 주권)은 거의 동시대에 앞서거니 뒤서거니 하면서 나오지 않습니까. 그렇게 동일한 이념 속에서 그것이 실현되고 관철되면서 필연적으로 변증법적인 분열을 겪는단 말이에요. 그러니까 태초에 그리스인들이 그렇게 개인의 양도할 수 없는 가치를 확립했다면, 역사적으로 볼 때 로마는 정반대로 국가의 절대성, 주권의 절대성을 다시 하나의 전범으로서 보여준 거지요. 그러면서 기독교에 오면, 다시 그렇게 정치적이고 사회적이고 외적인 자유는 겉으로 드러난 현상이고, 그것의 근저에는 의지의 자유, 정신의 자유, 양심의 자유라는 것이 있다고 해서 자유가 내면화되고……, 이런 식으로 하나의 전개를 이루잖아요.

고명섭 그렇지요.

김상봉 그렇게 내면의 자유가 되면서 그 자유가 보편화되어버리지 않습니까? 계급, 이런 것 없이 모든 사람이 보편적으로, 근원적으로 신 앞에서 자유롭다. 그렇게 자유가 보편화되지만 보편화되는 만큼 다시 추상화되어버리는 겁니다. 그런데 근대에 와서 그렇게 보편화된 자유가 추상성 속에 머물지 않고 구체성 속에서 다시 정치화되어야 한다고 하는 요구가 나오는 것 아니겠어요? 그게 계몽주의고. 그러면 이런 과정을 제가 지금 시간적으로 늘어놓았기 때문에 그렇지, 이 자유의 개념이라는 걸 동시적으로 모아놓고 보면 다 대립한단 말입니다.

대립하는 그 계기들이 시간적으로 펼쳐짐으로써 풍요롭게 발전을 이루고 다양성으로 나아가는 거잖아요. 그런데 서양의 경우에 그런 과정을 하나로 모았을 때, 그래서 헤겔 식으로 말해 진리는 전체에 있다고 할 수 있을 테니까, 그러면 그 전체를 하나로 일이관지(一以貫之)하는 것이 무엇이냐 하고 물으면 무슨 불변의 실체가 있지는 않거든요. 이런 사정은 주체의 개념에 대해서도 마찬가지여서, 자아라고 하는 것도 잡으려고 하면 아무것도 남지 않고 흩어져버리는 거지요. 또 그때그때마다 어떤 현상으로서 또는 분열된 파노라마로 나타날 뿐이라고 한다면 '맞습니다, 당연한 얘기입니다'라고 제 편에서도 말할 수 있지요.

그런데 이건 서양의 경우가 그렇다는 말이고, 우리의 입장에서는 그게 아니라는 거예요. 우리의 역사를 보면 함석헌이 "너는 남편이 다섯인 사마리아 여인이랑 똑같다"고 하잖아요. 그런데 '서양은 뭐냐'고 물으면 부인이 다섯인 남자와 같아요. 차이가 뭐냐면 주권의 차이예요. 여기서 비유의 전제가 가부장적인 사회라고 할 때, 남편이 다섯이라고 한다면 주인이 다섯이라는 얘기 아닙니까, 그런데 부인이 다섯이라고 하면 하인이 다섯이라고 하는 거예요. 그 차이예요. 하나와 여럿의 관계에서 서양적 주체든 한국적 주체든 모두가 자아는 여럿이라고 하는 분열상 속에 있다는 점에서는 같아요. 그러나 서양의 분열이 오늘은 이 여자 방에 갈까, 저 여자 방에 갈까, 마치 왕이 후궁들을 거느리면서 고민하는 것이라면 우리의 경우는 이쪽에서는 이 남자가 내 손을 끌어당기고, 저쪽에서는 저 남자가 내 손을 끌어당기면서 서로 자기가 나의 주인이라고 하는 분열상이라는 거지요.

그러니까 그런 의미에서 이렇게 똑같은 분열, 자기분열에 대해서 이야기를 한다고 할 때도 주체로서 분열을 경험하고 체험하는 것하고, 자기의 주인이 되지 못한 상태에서 객체로서 자기 자신으로부터 소외되어서 객체로서 그 분열을 경험하는 것은 달라요. 그걸 섞을 수 없다는 이야기입니다. 우리가 일반적으로는 그것이 비슷하지 않겠냐고 말할 수 있는데 언제나 극과 극에서 볼 때 그 차이가 두드러지게 드러나는 것 아닙니까? 서양이 모든 국가의 관계에서 최고의 주체성을 보여준다고 한다면 우리는 가장 처절한 자기상실을 보여주는 하나의 전범이라는 거지요.

그래서 이 둘 사이를 펼쳐놓고 보면 하나의 인간이 일방적으로 주체로서 사는 홀로주체의 모습, 즉 다른 모든 것을 타자화하고 도구화하는 자립적 주체의 모습과 언제나 자기를 타자에게 내맡기고 상실당하고 하면서 자아를 한 번도 확립해보지 못한, 주체로서 자기를 세워보지 못한 인간의 모습 또는 정신의 모습이 반대편에 있는 거지요. 그래서 양쪽 다 자아란 비어 있는 중심으로서 실체로 붙잡을 수 없는 것이지만, 그래서 어차피 주체는 실체가 아니지만, 비어 있는 허공에 지나지 않지만, 그럼에도 불구하고 그 비어 있음의 의미가 같지 않다는 것…….

고명섭 그런데 선생님, 거기에 덧붙여서 제 생각을 겸해서 질문을 좀 더 드려본다면, 우리가 우리 자신을 균열된 주체, 혹은 분열된 주체라고 느낄 때, 그래서 '나는 주체인데 내 자아가 분열되어 있어' 하는 일반적인 의미라기보다는 선생님이 말씀하시는 의미에서의 자기상실, '내가 나를 잃어버렸다'는 의식, 다시 말해 나는 이렇게 있는데 나는 나를 잃어버렸다. 그래서 내가 사실은 나로 있으면서도 나는 주인이 아니게 되어버렸다는 상황에 대한 절박한 자각 속에서 '내 존재가 분열되어 있구나' 하고 느끼는 그런 의미에서 주체의 균열, 이 사태야말로 절박한 사태가 아닌가 하는 겁니다.

다시 말해 주체의 균열이 아까 선생님이 말씀하신 헤겔 식의 부인이 다섯이라는 의미에서 분열이 아니라, '나는 정체성이 여럿이에요'라는 의미에서 주체의 분열이 아니라, 다시 설명하자면, 나는 이렇게 있지만 정말 내면적으로 내가 주인이라고 할 만한 그 나를 찾을 수가 없을 때, 내 존재가 정말 분열되어 있구나 하고 느낄 때의 그 분열된 주체…….

김상봉 그게 더 처절하지 않으냐는 거지요?

고명섭 예.

김상봉 지금까지 그 얘기잖아요. 그게 훨씬 더 처절하지요. 그런데 제가 오히려 묻고 싶었던 건 그런 상황이 제가 말하는 빼앗긴 자아의 자기상실과 크게 다르냐는 것입니다. 제가 얘기하려고 했던 것도 그런 것 아니었나요. 그러니까 서양 사람들의 자기분열과 우리의 자기분열이 어떻게 다르냐고 할 때, 물론 지금 타자에 의한 자기상실이라고 하는 게 제가 말하고 싶었던 것이기는 하지만, 지금 선생님이 말씀하신 것에 대해서도 제 입장에서는 글쎄요, '한 번도 자기를 주체로서 세우지 못했다', 지금 선생님 포인트가 거기 있는 거라고 할 수 있습니까?

고명섭 예, 그렇지요.

김상봉 내가 있기는 있는데 한 번도 주체로서 세워보지 못했다고 하는 그것 말입니다. 그런데 있다고 하는 건 어떻게든 규정되어 있다는 얘기거든요. 내가 한 번도 자기를 주체로서 세워보지 못했는데 내가 여기에 있기는 있다고 할 때, 주체로서 세워보지 못했다고 하는 건 결국은 객체에게 끌려왔다는 얘기예요. 내가 여기에 있기는 있는데, 막상 주장하려고 하면 나는 한 번도 '이게 바로 나야'라고, 자신 있게 나를 규정하고 관철해본 적이 없단 말입니다. 언제나 그때그때마다 그냥 내가 선택한 거라고 하지만 실제로는 내가 선택한 것이 아니라 떠밀려서 그냥 왔을 뿐이라는 것, 한국의 지식인들뿐 아니라 한국인들의 정신적인 상황이 그런 것 아니겠어요.

그것이 우리의 불행이고, 쉽게 말해서 에고(Ego)가 없는 거지요. 그러니까 좀 거칠게 말하면 자아도 영혼도 없는 거거든요. 여기에서 '이거다' 하면 우르르 그쪽으로 몰려가고, '저거다' 하면 저쪽으로 우르르 몰려가고⋯⋯. 그게 집단으로서나 개인으로서나 우리가 에고가 없다고 늘 탄식하는 것 아닙니까.

고명섭 그렇지요. 저는 그런 것을 분열된 주체라고 보는데 혹시 그것이 우리의 상황을 넘어서 인간의 보편적 존재 상황 아니냐는 생각을 한다는 것이지요.

김상봉 그렇게 볼 수 있는 지점도 있겠지요. 그런데 그건 마치 헤겔이 셸링을 비판하면서 "까만 밤에는 모든 소가 까맣다"고 말한 상황과 비슷해요. 하지만 낮에 보면 다 다르지 않겠어요? 같은 것을 어떤 의미에서 같은지 말해야 될 층위가 있고, 다른 것을 서로 나누어서 말해야 될 층위도 있겠지요. 둘째로는 "그렇게 다 마찬가지 아니냐"고 할 때 우리가 척도를 상실하게 되는 겁니다. 무엇이 이상적인 주체의 상태이고, 무엇이 전락한 상태인가에 대한 척도를 상실하게 돼요. 그러니까 수평적 의미에서도 동일성뿐 아니라 차이를 드러낼 필요가 있고 수직적 측면에서도 그런 거지요.

고명섭 그러면 선생님, 조금 더 바꿔서요. 더 노골적으로, 구체적으로, 가령 라캉이 말하는 빗금 친 주체, 균열된 주체라고 하는 것, 라캉이라면 틀림없이 그것을 인간의 본모습이라고 이야기했을 법한데…….

김상봉 저는 그게 아니라는 거지요. 그러니까 그런 것이 지금까지 서양 사람들이 자기네들 방식으로 모든 주체와 존재의 진리를 말해온 거잖아요? 진리 같은 건 없다는 것까지 포함해서……. 자기들이 척도 아닙니까. 그리고 분열과 대립, 내적 분열과 내적 대립 또는 모순, 그렇게 서양에서 가장 전형적인 방식으로 그 사람들이 자화상을 그려 보이는 거고요. 하지만 저는 프로이트든 라캉이든 서양 사람들의 정신분석학이 그대로 한국인의 정신분석학일 수 있다고는 생각하지 않아요.

예전 문예아카데미 시절에 『프로이트와의 대화』의 저자인 이창재 선생에게 이런 질문을 한 적이 있었습니다. "서양 사람들이 얘기한 어떤 콤플렉스 또는 질환이라고 하든, 하여튼 정신분석학적인 근본상황, 인간의 근본상황에서 우리하고 좀 안 어울린다고 말할 수 있는 것은 없느냐"고요. 그랬더니 "왜 없어, 있지" 그러더라고요. 그래서 그게 뭐냐고 물었더니 서양의 정신분석이 우리한테 그대로 적용되기 어려운 걸림돌이 되는 게 한국인의 효도랍니다. 다시 말해 부모 자식 관계라는 거예요.

프로이트의 정신분석학은 효도 같은 건 모르는 사람들 얘기라는 거지요. 나는 그 전에는 몰랐는데, 우리는 정신분석학이라 하면 제일 먼저 프로이트의 이름을 떠올리지만 한국에서 유행하는 정신분석학은 프로이트가 아니라 실은 융의 정신분석학이래요. 왜냐하면 한국인들은 개인으로 자립하지 못하고 늘 집단적으로 사는 사람들이거든요. 그래서 무의식도 집단적이라는 거예요. 다시 말해 효도가 너무 당연하고 자명하게 내면화되어 있는 사회에서는 프로이트의 이론이 쉽게 적용되지 않는다는 거지요. 서양 사람들에게 효도라고 할 수 있는 게 있어요? 없죠! 그네들은 기본적으로 독립된 개인을 전제하고 시작하는 사회잖아요? 거기에서 나올 수 있는, 오직 그 문화에서 나올 수 있는 자가 프로이트라는 거예요. 그러니까 프로이트든 라캉이든, 콤플렉스라고 하든 정신질환이라고 하든 그 질환도 등급이 있는 거예요.

고명섭 그 말씀 들으니까 생각나는 게 있는데요. 예전에 영화를 아주 좋아해서 열심히 봤는데 그때 공부 차원에서 찾아본 영화감독 중에 에릭 로메르라는 프랑스 감독이 있어요. 우리나라의 홍상수 감독이 많이 배웠다는 사람인데, '시네마 베리테'라고 할까? 극사실적으로 영화를 찍는 감독이고 구체적인 시나리오 없이 대강의 얼개만 가지고 영화를 만든다는 사람인데 그 사람이 만든 영화 중에서 「녹색 광선」이라는 영화가 있습니다. 그 영화를 제가 1990년대 초중반에 보았는데요, 주인공이 도시에서 직장 생활을 하는 젊은 여성이에요. 그런데 이 여성이 그리 매력적인 여성이 못 되어서 이성 파트너가 없는 거예요. 여름 휴가가 시작되고 휴가로 한 달이 주어졌는데 남자가 없으니까 심심하기 이를 데 없어서 여기 조금, 저기 조금, 친구 집에 조금, 그러다가 결국 어떤 남자를 만나게 되어 그 사람과 같이 황혼에 해 떨어지는 걸 보는데 거기에서 녹색 광선이 쫙 나오는 걸 보고서 서로 아주 기뻐하는 장면으로 끝나는 영화입니다. 이 별 볼 일 없는 젊은 도시 직장 여성이 바로 자기 친구들하고 만나서 하는 이야기 중에 정신분석 이야기가 나오는 거예요. 제 기억으로는 그 영화가 1986년 작이었는데, 그 장면을 보면서 '야, 프랑스에서는 저렇게 평범한 소시민, 젊은 여성들끼리 모여 앉은 자리에서 정신분석을 가지고서 대화를 하는구나. 그런데 우리나라는 저런 상황까지 전혀 안 갔는데 저런 날이 오긴 올까' 이런 식으로 생각을 했던 건데요.

김상봉 그래요. 질병에도 수준이 있지요. 말하자면 자기분열과 자기로부터의 소외에도 수준이 있고 그래서 서양에서 그걸 얘기할 때는 자기들 사정에 맞추어서 그렇게 하는 것이고, 우리는 나이 들어도 엄마 젖을 못 뗀 사람들이니까 거기까지 못 가는 거지요. 결혼을 하고 자기 가정을 꾸린 뒤에도 부모의 뜻에 휘둘리는 사람들이 넘쳐나는 사회가 한국이잖아요. 말이 좋아 효도지, 실은 미성숙이지요.

그래서 주체의 분열상에 어떤 보편적인 것이 있지 않으냐고 할 때 저도 하나의 이념으로서 그런 것이 지향될 수 있다는 건 인정해요. 저 역시 새로운 보편적 주체성의 이념을 고민하는 거니까요. 하지만 그게 무엇이든 중요한 건 각자가 자기 언어로 자기의 자화상을 그려야지 남이 '옜다, 이게 너의 초상화다' 하고 주는 걸 정말로 자기의 얼굴인 것처럼 받아들이면 안 된다는 거예요. 삶의 역사와 조건이 다른 사람들에게는 전혀 다른 종류의 고뇌, 정신의 곤경이라고 하는 것이 있거든요. 제가 말하려고 했던 것은 서양 사람들의 고뇌가 자유인의 곤경에서 비롯된다면 한국인의 곤경이란 노예의 곤경이라는 거예요. 하지만 어떻게 자유인이 하는 고민하고 노예의 고민이 같을 수가 있겠어요. 그러니까 똑같이 자아라고 하는 것이 우리 각자에게 과제라고 하더라도 자유인과 노예가 겪는 그 과제의 어려움이 같을 수 없다고 말하려 했던 거지요.

그런데 지금까지의 철학에서는 계속 자유인의 입장에서 자아에 대해 얘기해왔던 거예요. 그러니까 동서양을 막론하고 문제가 뭐냐면, 철학이라고 하는 것이 전부 다 있는 자들의 것이어서 한 번도 가지지 않은 자의 눈으로, 빼앗긴 자의 눈으로 세상을 본 적이 없기 때문에, 뭐라고할까, 가진 자의 부정태의 극한으로서 가지지 못한 자가 언제나 저편에 상정되었을 뿐 이쪽의 고유성이라고 하는 것은 한 번도 고려된 적이 없다는 거지요.

가지지 못한 자, 노예가 처한 곤경의 고유성, 그리고 빛 속에 있는 어둠을 사유하지 못했던 것과 같은 의미에서 어둠 속에 있는 빛을 생각할수도 없었지요. 그러니까 후자를 같이 얘기할 때 비로소 양쪽의 어떤 균형이 이루어질 수 있다는 게 제가 하고 싶은 얘기였어요. 자아의 문제라고 하는 것이 다양한 속성을 가지고 있고 그게 라캉이든 프로이트든 융이든 누구든지 간에 그런 여러 가지 자아의 생성과 분열과 곤경에 대해서 이야기를 할 수가 있겠는데, 저는 그것을 다 통틀어서 타자, 그러니까 2인칭으로서의 너라고 하는 것을 굳이 고려할 필요가 없었던, 그런 의미의 수동성을 고려할 필요가 없는 자유인들의 관점에서 그것을 이상화된 척도로 삼아서 자아를 설명한 것이고요. 그런 의미에서 저는 무의식에 대한 담론에서 말하는 자아의 분열에 대해서도 서양 사람들이 말하는 것과 조금 다른 의미의 분석·해명이 필요하다고 봅니다. 저도 넓은 의미의 정신분석 이론이 현대의 주체 이론이라고 생각하니까요.

숭고와 해탈

고명섭 알겠습니다. 일단 그 정도 하시고, 이야기를 확 틀어 다른 주제로 가보겠습니다. 『나르시스의 꿈』에서 흥미로웠던 것이 롱기누스의 숭고, 칸트의 숭고 개념인데 여기에서 제가 선생님하고 같이 이야기해보고 싶은 것이 이겁니다. 한번 읽어보겠습니다. 선생님이 『나르시스의 꿈』 137쪽에 쓰신 건데 칸트가 말하는 숭고에 대해서 설명하시는 부분입니다.

절망과 고통의 심연으로 낮아짐 없이 그냥 그대로 상승하기를 원하는 것은 따라서 한갓 정신의 허영을 증명할 뿐이다. 칸트는 그와 같은 허영을 '열광'이라고 불렀다. 그것은 감성적 현존의 유한성에 대한 철저한 절망 없이 무한성 그리고 존재의 무제약적 완전성과 직접 합일하려는 성급함을 말한다. 열광에 사로잡힌 정신은 감성의 모든 한계를 찢어버리고 존재의 무한한 완전성을 직접 보려고 시도한다. 이것은 그들이 모든 종류의 '매개'를 곧 '합일'과 동일시하기 때문이다. 그러나 이것은 모든 절대적 관념론 그리고 모든 초월적 형이상학이 빠져 있는 미신이다. …… 숭고의 체험을 통해 드러나는 것

은 오직 감성적 자연이 이념에 도달하는 것은 불가능하다는 것뿐이다.[7]

제가 이 문장을 읽고 제 나름대로 생각난 바가 있어 간단히 메모를 했는데, 이런 겁니다. 칸트가 말하는 이 열광이 선불교에서 깨달음의 순간, 수미산이 콩알만 해지고, 대양이 도랑물보다 작아지는 그런 체험과 같은 것인가? 그렇다면 선불교에서 깨달음의 체험은 칸트가 보기에는

---

7 인용한 부분을 자세히 옮기면 다음과 같다. "그러므로 절망이 없는 곳에 숭고는 없다. …… 인간이 자신의 감성적 현존에 대해 좌절하고 절망한다는 사태 자체가 사실은 인간정신의 숭고함의 표현이다. 바로 여기에 칸트에 의해 정립된 숭고의 비극성이 놓여 있다. 그에게 숭고란 호메로스의 시구에서 바다의 신 포세이돈이 바다 위로 나는 듯이 말을 모는 광경에서 보듯 장려한 위풍당당함이 아니다. 도리어 그것은 이제 정신의 고통(Leiden)이다. 그리하여 정신의 숭고함, 즉 그것의 '높이'는 정신의 고통과 절망의 깊이 이외에 아무것도 아닌 것이다. …… 절망과 고통의 심연으로 낮아짐 없이 그냥 그대로 상승하기를 원하는 것은 따라서 한갓 정신의 허영을 증명할 뿐이다. 칸트는 그와 같은 허영을 '열광'(Schwärmerei)이라고 불렀다. 그것은 감성적 현존의 유한성에 대한 철저한 절망 없이 무한성 그리고 존재의 무제약적 완전성과 직접 합일하려는 성급함을 말한다. 열광에 사로잡힌 정신은 감성의 모든 한계를 찢어버리고 존재의 무한한 완전성을 직접 보려고 시도한다. 이것은 그들이 모든 종류의 '매개'(Vermittlung)를 곧 '합일'(Vereinigung)과 동일시하기 때문이다. 그러나 이것은 모든 절대적 관념론 그리고 모든 초월적 형이상학이 빠져 있는 미신이다. …… 숭고의 체험을 통해 드러나는 것은 오직 감성적 자연이 이념에 도달하는 것은 불가능하다는 것뿐이다. 그러나 자연 속에서의 이념의 현시 불가능성을 드러내 보이는 것이야말로 실은 모든 이념과 절대자의 가능한 유일의 현시 방식인 것이다. 그리하여 자연적 존재자인 인간의 무능력과 우리를 둘러싸고 있는 감성적 자연의 본질적 무한성은 이성적 존재자인 인간의 비할 나위 없는 숭고함을 위해 폐지될 수 없는, 필요불가결한 전제조건이다. 오직 감성적 존재자로서의 인간의 유한성에 대한 절망 속에서만 무한성의 빛은 인간의 정신 속에 깃들이는 것이다. 그러나 바로 이런 까닭에 숭고의 체험을 통해 유한과 무한은 인간의 정신 속에서 떼려야 뗄 수 없이 매개되고 결합되기는 하나, 결코 양자가 합일하고 화해하는 것은 아니다. 그리고 바로 이와 같은 유한과 무한의 인간정신 속에서의 합일 없는 매개(Vermittlung ohne Vereinigung)야말로 칸트의 숭고론이 드러내는 인간 실존의 본질적 비극성인 것이다." 김상봉, 앞의 책, 136~38쪽.

가짜 체험이고, 허영의 결과인가? 제가 왜 이 메모를 했냐면요, 이게 적합한 사례가 되는지 모르겠지만, 우리나라에서 상당히 유명한 원로 스님이 계세요. 조계종의 종정을 지내신 분인데 그분이 쓴 자서전을 읽다 보니까 자기 깨달음의 순간에 대해서 이야기를 하고 있어요. 이분이 한번 참선을 시작했다 하면 몇 날 며칠 일어날 줄 모른다 해서 절구통이라는 별명을 얻었대요. 그런데 그분이 아무리 참선을 해도 도를 닦아도 깨달음이 오지 않다가 결국 어느 날 정신의 막힌 곳이 터졌는데 그 터지는 순간 자기 자신의 희열과 그때의 느낌을 이렇게 설명합니다. 자기가 수미산 꼭대기에 앉아 있더라, 수미산이 자기 엉덩이 속에 콩알처럼 들어가는 것과 같았고, 대양에 발을 들이밀었는데 그게 도랑물처럼 그렇게 발밑을 적셨다. 책을 다 읽고 나서 정말로 이분의 이 깨달음이 진정한 의미에서의 깨달음인가, 이게 어느 한순간에 오는 깨달음과 유사한 형태의 광기는 아닐까? 그런 생각이 들더란 말이지요.

김상봉 오래 수행하신 분들의 경지를 저 같은 속인이 판단할 수는 없겠지요. 하지만 저는 그런 종류의 해탈에 대한 욕망은 없습니다. 수미산이 밑에 있고, 대양이 도랑물이다. 말하자면 그건 내가 엄청나게 커졌다는 얘기잖아요. 하지만 저는 수미산이나 태평양보다 무한히 커졌으면 좋겠다고 욕망해본 적이 없으므로, 그것이 주는 희열도 모르지요. 그러니까 내가 수미산보다 커진다면 '왜 아무것도 없지 않고 무엇인가 있는가'를 알게 되는 걸까? 그리고 예를 들어서 태평양보다 훨씬 더 깊어진다면 왜 전지전능하고 선한 신이 만든 세상에, 물론 기독교적인 은유이지만, 악이 또는 슬픔이 이렇게 창궐하는지 내가 깨달을 수 있는 걸까?

좀 더 정직하게 말하자면, 만약 그 스님이 말한 것이 정말로 그렇게 커지고 싶은 욕망의 충족이었다면, 저는 그런 종류의 깨달음은 어떤 정신의 허영에 불과하다고 생각해요. '내가 그만큼 크더라', 정말로 그게 전부라고 한다면 말이에요. 사람이 커지기를 원하는 건 작아서 문제가 있기 때문이잖아요. 한계가 있기 때문 아닙니까? 그래서 내가 그렇게

150

커졌더라, 그때 내가 희열을 느꼈다. 좋다 이겁니다. 그런데 그렇게 커지지 않으면 안 될 일이라도 있었답니까? 세상이 얼마나 즐겁고 재미있는 일이 많은데! 타인의 고통이 아니라고 한다면, 나만의 문제라고 한다면 세상은 정말 즐겁지 않습니까?

어떤 의미에서는 '삶이 고해다, 번뇌다' 하는 것 자체도 너무 상투적으로 말하는 경향이 있어요. 세상에 즐거운 일이 얼마나 많은데! 똑같은 의미에서 저는 반대로 들뢰즈나 스피노자의 기쁨의 철학에 대해서도 그 사람들이 기쁨을 설교하는 것 자체가 작위적이라고 생각해요. 설교할 게 따로 있지.

고명섭 저도 동의합니다. 직감으로요.

김상봉 예. 저는 안 슬퍼요. 그러니까 기쁘게 살자는 따위의 말은 아예 할 필요도 없는 거예요. 아니 당신들 뭐 그리 할 일 없어서 기쁨을 나한테 강요하느냐, 당신들이나 기쁘게 살아. 나는 지금 아주 기뻐. 이 얘기예요. 진심으로. 그런데 제가 고통을 느끼는 건 저 자신 때문은 아니에요. 오직 다른 사람의 고통, 세상의 고통이 나를 사로잡을 때, 비로소 그게 심각한 문제가 되는 거지요. 우리가 개인으로서도 당연히 고통스러운 일에 직면할 수 있지만, 단지 그것을 참고 이기기 위해서 내가 철학하는 것은 아니잖아요. 철학은 언제나 보편적 존재에 관계하는 학문이니까요. 그러면 내가 수미산보다 더 커지면 존재의 보편적 고통이나 슬픔과 무슨 상관이 있는데요. 저는 그걸 이해를 못 하겠어요.

그다음으로, 인간의 위대함이라고 하는 걸 외적인 크기든 내적인 크기든, 하여튼 포지티브한 질량과 힘에서 찾는 것 있잖아요. 그건 기본적으로 파시즘적 감수성이에요. 가장 전형적으로 건축에서 나타나는데, 파시즘적인 건축이라고 하는 게 어떠한 그늘도 없이 어떠한 깊이도 없이 그저 위로만 솟아오르려고 하는, 크기만으로 사람의 입을 떡 벌어지게 하려고 하는 것이지요. 그게 소련의 경우든, 히틀러의 경우든, 아니면 김일성이나 박정희의 경우든 어디든지 간에 이 고통에 대한 감수성

없이 모든 고통을 초월할 수 있는 그런 크기, 또는 그 힘에 대한 열망이야말로 파시즘적인 거예요.

원래 큰 것을 숭배하는 것이 숭고 미학인데, 제가 『그리스 비극에 대한 편지』나 『나르시스의 꿈』에서 숭고에 대해 언제나 말했던 것처럼 참된 숭고, 그러니까 참된 크기 또는 위대함이란 고통의 크기와 깊이를 통해서만 드러납니다. 고통은 쏙 빼놓고 그냥 커지겠다는 욕망은 숭고와 아무 상관도 없는 허영이지요. 그런 의미에서 저는 인간 세상이 고해인데 그것을 아예 제거할 수 있다고, 그러니까 마치 전염병을 박멸하듯이 그걸 박멸할 수 있다고 생각하는 그 욕망을 언제나 수상쩍은 의심의 눈초리로 보는 거예요. 어떻게 하면 고통과 잘 만나느냐, 슬픔과 어떻게 잘 만나느냐에 지혜가 있는 거지 내가 어느 한순간 딱 깨달았는데 내가 그걸 뛰어넘어 있더라 하는 말들에 대해서는 저는 그런 몇 가지 이유에서 '열심히 하십시오. 제가 뭐라고 말씀드리기는 어렵겠네요' 생각합니다.

고명섭 아까 제가 좀 건너뛰었는데, 선생님이 말씀하시는 슬픔의 해석학이 스피노자나 들뢰즈가 말하는 기쁨의 철학과 대립되는 것이 아니냐 하는 질문을 하고 싶었고요. 그러니까 선불교 얘기가 잠깐 그렇게 나왔는데 선불교에서도 그런 식의 긴장이 있는 것 같습니다. 선불교라는 게 대승불교의 중국식 불교인데, 선불교를 보면 확실히 출가한 승려들의 단독자적인 수련을 통한 해탈이 일차 목표인 것 같아요.

김상봉 그렇지요.

고명섭 그렇게 해서 해탈이든 열반이든 깨달음에 이르렀을 때의 공통된 반응 양태를 보면 대개 오도송을 하면서 환희에 젖는다, 이렇게 나타나는데요. 동시에 대승불교라는 것은 말하자면 대자대비이고, 대중의 구제이고, 이 고해 속에서 고통받는 중생에 대한 한없는 연민과 슬픔이다, 이게 대승불교의 생각이잖아요. 그래서 이 두 가지 큰 흐름이 서로 내적인 긴장 관계에 있는 것이 아닌가 하는 생각이 듭니다.

김상봉   저도 동의해요. 계속 말씀하십시오.

고명섭   기쁨의 철학을 이야기하는 사람들도 그 기쁨 자체에 젖어서 희희낙락, 나 몰라라 하는 사람도 있겠지만 우리가 우선 기뻐야, 내면적인 충족이 있어야만 도움이라든가 또 연대라든가…….

김상봉   저도 그 점에 대해서는 딱히 이의가 없어요. 다만 세상을 고해라 말하면서 슬픔을 강요하는 것도, 기쁨이 중요하다면서 기쁨을 설교하는 것도 그다지 온당한 일로 보이지는 않습니다. 모름지기 기뻐할 일에 기뻐하고 슬퍼할 일에 슬퍼해야지 기쁨의 철학이 따로 있고 슬픔의 철학이 따로 있는 것은 아니라 생각합니다. 하지만 여기서 이 이야기를 길게 할 자리는 아닌 것 같아요. 스피노자나 들뢰즈가 말하는 이른바 기쁨의 철학에 대해서는 나중에 다시 이야기하는 게 어떨까 싶습니다만…….

호메로스, 서양 정신의 시원

고명섭   예, 그러면 다른 이야기로 넘어가서, 선생님이 『나르시스의 꿈』에서 서양 정신의 시작을 호메로스로 보자고 하시면서 이런 이야기를 합니다. 한번 읽어보겠습니다. "시문학은 본질적으로 인간의 자기반성의 산물이다. 자기 자신에게 도취한 정신, 그것이 바로 시적 정신이다. 그런 의미에서 시문학은 인간의 나르시시즘의 표현이다"(182쪽). "서사시에서 세계해석과 존재이해의 근원적 지평은 삶과 정신의 자기반성이며 그것의 근원적 정조는 나르시시즘인 것이다"(185쪽). 이렇게 말씀하시는데, 저는 그 점에 대해서 이렇게 생각을 합니다. 시문학은 인간의 원초적인 언어적 표현 장르 아닐까. 인간은 산문이 아니라 시에서부터 시작하는 것이고, 민족 혹은 영웅의 위대함에 대한 찬양이 그 내용인 것이 아닐까. 그리고 서사시는 그리스뿐 아니라 수메르인의 길가메시 서사시, 고대 인도의 『마하바라타』 등 다른 곳에서도 보편적으로 발견되는 것이 아닐까. 오히려 호메로스 서사시에서 나르시시즘을 찾으려면 그 시적 형식이 아니라 내용에서 찾을 수 있는 것 아닐까. 아킬레우스라는 영웅의 분노와 정복 이야기, 오디세우스라는 영웅의 모험과 귀환의 이야기……. 그리고 시적 정신이라는 것은 음악 정신인데, 선생님은 『그리스 비극에 대한 편지』에서는 음악 정신으로부터 비극이 탄생했다는 니체의 주장을 부정하고 비극의 본령이 연극, 곧 격렬한 대립적 대화에 있다고 이야기하셨어요. 그리고 여기서 첨언하자면, 그리스 비극의 격렬한 대립적 대화야말로 나-너의 만남의 형식, 서로주체성의 형식이 아닐까. 오이디푸스의 몰락, 안티고네의 죽음이야말로 자기상실의 수난이 아닐까, 이런 생각을 해보았습니다.

또 그리스 철학과 호메로스 서사시의 관계에 대해서 선생님이 『나르시스의 꿈』에서 쓰신 글을 인용하면 "그리스 철학이 동일성의 원리에 집착하는 것은 철학 그 자체의 본성에서 비롯된 것이라기보다는 그것이 호메로스의 시적 정신에서 태동했기 때문이다. 다시 말해 그리스 철학이 시문학적 나르시시즘으로부터 탄생한 까닭에 그것은 동일성의 원리를 자신의 운명으로 가지게 되었던 것이다"(192쪽). 이렇게 쓰셨는데, 서사시에서 나르시시즘이 탄생했고, 동일성의 원리가 태어났다는 그 부분을 아무리 되짚어 봐도 실감이 안 오는 겁니다.

김상봉 이건 상당히 날카로운 지적이라고 생각해요. 다른 한편에서 오해의 소지가 충분히 있겠다고 동의하고요. 그래서 이 부분에 대해서는 분명히 이야기를 할 필요가 있다는 생각을 하는데요.

우선 자기동일성에 대한 집착이 서양 철학의 근저에 시문학이 놓여 있었기 때문이라는 것에 대해 몇 가지 설명을 보태자면, 예술이란 게 기본적으로 어떤 예술이든지 정신의 자기반성, 자기표현이잖아요? 게다가 시는 더욱 그렇지요. 비교를 해보자면, 과학은 대상을 인식하는 활동인 한에서 원칙적으로 사물적 대상에 관계하잖아요. '그것'이 과학의 대상이지요. 도덕은 인간관계를 규율하는 것으로서 나와 '너'의 관계에 주목하고요. 하지만 예술은 오로지 삶의 자기반성이지요. 예술적 정신은 그 자체로서 자기반성적이고 자기관계적인 정신이라 할 수 있겠지요. 추상적으로 표현하자면 시문학적 정신은 본질적으로 자기동일적 정신인 거죠. 그런데 서양 철학의 뿌리는 그리스이고, 그리스 정신은 호메로스에서 시작하거든요. 호메로스는 그리스적 정신이 처음으로 분할되지 않은 전체로서 자기를 정립한 모습을 보여줍니다. 그러니까 호메로스는 그 자체로서는 시인인데, 그의 시는 당시의 그리스인들에게는 신들과 인간 세상의 모든 근원적 진리와 가치를 총괄해서 제시한 텍스트였어요. 그런데 이것은 시가 종교적 진리나 철학적 진리를 표현하기 위한 형식이나 도구였다는 의미가 아니고, 시문학이 그 자체로서 세계관과 종교가 되었다는 거예요. 그리스인들에겐 철학과 종교가 심미적이었던 거지요. 이런 의미에서 그리스에서는 시인이 자기 자신의 예술 속에서 철학과 종교를 정초했고, 삶의 심미적 자기반성 속에서 진·선·미를 모두 통합해버린 거예요. 하지만 제가 아는 한, 세상의 어떤 문명권에서도 그리스만큼 다른 모든 정신 활동에 시문학이 앞선 경우가 없어요. 지금까지도 남아서 우리한테 감동을 주고 보편적으로 읽히고 유통되는, 그렇게 완결된 시문학이 정신 문명을 총체적으로 선도한 곳이 없다는 거지요. 예를 들어서 유대인들의 경우에는 종교가 제일 먼저잖아요. 그건 동시에 윤리가 제일 먼저였단 말이거든요.

고명섭 그렇지요.

김상봉 그리고 인도인들의 경우에는 철학이 제일 먼저란 말입니다. 그리고 중국도 사실은 계몽된 도덕이 제일 먼저지요. 오직 시가 독보적으로 문명을 견인했다고 말할 수 있는 곳은 그리스밖에 없어요. 우선은 이것이 비상하다는 겁니다. 서양 문명의 고유성을 해명하려 한다면 우리가 한 번은 물어야 할 것이 이거죠. 서양 정신이 호메로스의 시문학에서 시작되었다는 것이 어떤 차이를 낳았는가 하는 것 말이에요. 『나르시스의 꿈』에서 제가 한 일은 고작해야 그것에 대한 관심을 환기한 것

정도지요. 아직 물어야 할 것이 많아요.

하지만 그것의 의미가 무엇이든지 간에 이 점은 분명해요. 호메로스의 서사시가 모든 정신 활동의 기초가 되었다는 건 아름다움이 문화의 척도가 되었다는 말과 같아요. 다른 어떤 것도 아니고 아름다움이 삶의 척도가 되었다는 겁니다.[8] 그것이 낳은 여러 가지 결과를 다 말할 수는 없겠지만, 철학의 관점에서는 진리의 이념부터가 심미적 감수성에 의해 규정되었다고 말할 수 있을 거예요.

고명섭 그것이 자기동일성 원리의 뿌리가 되었다는 말인가요?

김상봉 물론 그것이 전부는 아닙니다. 그리고 자기동일성의 원리가 반드시 서양 정신에만 해당된다고 말할 수 있는 것도 아니고요. 하지만 그리스 정신이 호메로스에게서 시작되었다는 것이 그리스 정신을 가리켜 가장 전형적인 의미에서 자기동일성의 원리에 기초한 정신이라고 말할 수 있는 근거가 되는 것은 사실이겠지요.

고명섭 그 까닭이 뭡니까?

---

8 이에 대해 『그리스 비극에 대한 편지』는 이렇게 설명한다. "호메로스의 서사시는 그리스 정신이 아름다움과 동침하여 얻은 첫 번째 열매로서 그 이후 그리스 정신이 이룩한 모든 정신적 성취의 씨앗이 되었던 것입니다. 생각하면 땅 위의 어느 곳에서도 그리스처럼 시가 문자의 역사를 선도한 경우는 없었습니다. 그리고 다른 어디에서도 예술이 그리스에서처럼 종교나 철학에 예속되지 않고 그 독자성을 유지할 수 있었던 곳도 없습니다. …… 간단히 말해 그리스 정신에게 아름다움이란 존재의 진리 그 자체였습니다. 그들에겐 오직 아름다운 것만이 참된 것이었습니다. 예술은 그렇게 존재의 본질적 진리인 아름다움이 자기를 객관적으로 드러낸 것에 다름 아닙니다. 그런 한에서 호메로스의 서사시는 종교와 철학 그리고 역사와 도덕 모두가 그 속에서 꽃을 피웠던 그리스적 삶의 총체성의 지평이었던 것입니다. …… 돌이켜 보면 삶의 완전성, 아니 더 나아가 존재의 완전성이 오로지 아름다움 속에 있다는 생각은 호메로스에 의해 정초된 그리스적 자유의 바탕이었습니다. 모든 것은 아름다울 때 참된 완전성에 도달한다는 것, 그러므로 모든 것은 자기를 완전히 실현하기 위해서는 아름답게 되지 않으면 안 된다는 것, 그것의 아름다움 속에 그것의 진리가 있다는 것, 이것이 호메로스의 가르침이었습니다." 김상봉, 『그리스 비극에 대한 편지』, 한길사, 2003, 181~83쪽.

김상봉 현대 예술의 관점에서 보자면 낡은 얘기처럼 들릴 수도 있지만, 예술은 본질적으로 형식에서는 자기반성, 곧 자기관계이고, 내용에서는 자기도취와 자기긍정이에요. 한마디로 말해 공감이 예술의 본질이거든요. 때때로 예술이 사람의 비위를 상하게 할 수도 있지만, 그런 경우조차 공감이 없으면 예술로서 성립될 수가 없잖아요. 생각하면 그런 이치를 이론적으로 확립한 것이 칸트 미학이라고 말할 수 있겠지요. 그 점에서는 헤겔도 마찬가지고요.

그런데 그런 의미에서 자기동일성이 심미적 진리의 본질이라고 한다면, 그때 자기가 뭐겠어요? 그건 인간 자신이지요. 예술은 인간적 삶의 자기반성이고, 그 자기반성의 진리는 인간적 삶의 자기동일성이라는 거예요. 물론 여기서 더 중요한 건, 인간적 삶이 미리 정해진 틀이 있는 게 아니라는 거예요. 그래서 인간적 삶의 자기동일성도 미리 정해진 내용이 있을 수 없어요. 시는 말 그대로 포이에시스잖아요? 시적 진리는 본질에서 보자면 단순한 발견이 아니라 만듦의 진리지요.

하지만 예를 들어 중국 철학에서 우리가 진리의 개념이 뭐냐고 묻는다면, 그리스인들과 같은 그런 의미의 포이에시스라고 말할 수는 없을 거예요. 존재의 진리가 태극이라 한다면, 그것이 어떤 의미에서 포이에시스라고 말할 수 있겠어요?

고명섭 그렇다면 그리스인들이 생각한 진리의 기준은 뭡니까?

김상봉 단적으로 말하자면, 주관적인 그럴듯함이에요.

고명섭 문학에서 말하는 개연성?

김상봉 그렇지요. 그 얘기입니다. 그게 거슬러 올라가면 아리스토텔레스 얘기잖아요. 문학적 개연성이란 좀 더 이해하기 쉽게 말하자면 그럼직함, 그럴듯함이지요. 저는 그것이 궁극적으로는 서양 과학의 진리관의 근저에 놓여 있다 생각해요. 우리가 어떨 때 그럴듯하다고 합니까? 야, 나라도 그랬겠다, 이거거든요. 이게 따라체험의 가능성이에요. 공감의 가능성, 따라체험의 가능성 그리고 반복의 가능성입니다. 그런데 우리가 '해탈'은 공감 못 하잖아요. 따라체험이 안되고. 단절이고 비약이잖아요. 시문학의 스토리는 나라도 그랬겠다는 공감과 따라체험의 가능성이 없으면 성립될 수 없어요. 어디서나 사물에 대한 인식은 있었고 인식의 척도로서 진리의 이념도 있었겠지만, 서양의 경우 과학적 진리의 으뜸가는 기준은 따라체험의 가능성이에요. 마치 프로 기사들이 바둑을 복기하듯이, 뉴턴은 신이 태양계를 어떤 원리에 따라 창조했는지를 이성이 따라체험할 수 있는 방식으로 복기해준 거잖아요. 과학조차 그런 방식으로 진리를 추구했던 까닭이 서양에서는 모든 것이 시에서 나왔기 때문이라는 거예요.

고명섭 또 옆으로 나가는 것 같지만 요즘 첨단 물리학에서 우주를 상상할 때 거의 그렇게들 고백하잖아요. 어느 경지에 가면 이것이 물리학인지 문학인지 이야기인지를 알 수가 없다. 다만 '그럴 것 같다, 그렇게 상상해보자' 이렇게까지 가버린단 말이에요.

김상봉 맞습니다. 제가 꼭 하고 싶은 얘기도 바로 그 얘기입니다. 어떻든 지금 우리가 흔하게 가지고 있는 진리관은 실증적인 진리잖아요. 하지만 실증적인 진리는 결코 근원적인 진리가 아니에요. 실존적인 진리들, 문학적인 이야기의 그럴듯함이 서구적 진리관의 근저에 놓여 있다는 얘기를 저는 예전부터 해온 거지요. 그리고 그런 의미에서 시문학의 위상이 '하나인 전부'였던 곳이 그리스뿐이다…….

고명섭 그것은 해명해야 할 사태다, 이거지요.

김상봉 그렇지요.

고명섭 그리스적 정신 속에서 해명해야 될 문제군요.

그리스 종교의 고유성

김상봉 예. 그런데 그게 다가 아니에요. 생각하면 신기한 게 한두 가지가 아니죠. 그리스인들이 그렇게 아름다움에 열광한 것을 오늘 여기사는 우리가 이해하기는 참 어려운 일이에요. 바로 그래서 우리는 그리스의 종교를 참 이해하기 어렵지요.

그 시대 그리스인들이 그렇게 난봉꾼인 제우스를 최고의 신으로 숭배했다는 걸 오늘날 우리가 어떻게 이해할 수 있겠어요? 그런데 그 시대에 그렇게 난장판인 신들을 그리스인들은 정말로 진지하게 숭배했거든요. 그렇다면 그리스인들이 신들의 표상 가운데서 그렇게 진지하게 열광하고 숭배했던 게 뭐냐고 물으면 뭐라고 대답할 수 있겠어요? 저는 그게 아름다움이라는 거예요. 신들이 그렇게 막 바람피우고, 질투하고, 서로 싸우고, 야단법석을 떠는데 어떻게 이런 신을 신이라고 당신들은 믿느냐고 물으면 그 사람들은 뭐라고 대답을 했겠느냐? 우스갯소리로 말하면 '야, 재미있잖아. 아름답지 않냐?' 이거거든요. 그 순진무구한 모든 이야기가 주관적으로는 재미있고, 객관적으로는 아름답다는 것이거든요. 좀 상투적이지만 비교를 위해 단순화해보자면, 불교가 깨달음을 말한다면 기독교는 사랑을 말하고, 불교는 진리를, 기독교는 선을 최고의 신적인 가치로 추구한다고 할 수 있겠지요. 그런데 그리스인들에게 최고의 신적인 가치는 아름다움이었던 거예요. 하지만 곰곰 생각하면 그리스인들의 신앙이 아무리 낯설게 보여도 오늘날 한국인의 신앙 행태처럼 이상한 건 아니죠. 그리스인들이 아름다움을 신적인 가치로 숭배했다면, 우리 시대의 한국인에게 최고의 종교적 가치는 과연 뭘까요. 대다수 한국인들이 숭배하는 최고의 종교적 가치는 진리도 선도 아름다움도 아니고 그저 돈이고 권력 아니겠어요?

고명섭 힘이 우리의 종교지요.

김상봉 힘이에요. 권력입니다. 그리고 삼박자 축복이고 힘과 복이거든요. 절대적 권력과 재산을 숭배하다니, 얼마나 비천한 종교예요? 차라리 바람피우고 질투하던 그리스 신들이 오히려 고상하지 않으냐고 말할 수 있지요. 거긴 아름다움의 이상이 살아 있으니까.

여하간 우리의 주제로 다시 돌아가자면 그리스 문명이 시문학에서 출발했다는 건 문화적인 이상이 아름다움이라는 얘기예요. 그래서 그것과 자유가 떼려야 뗄 수 없이 결합되어 있는 게, 아름다움이야말로 자유의 최고의 표현이고 실현이거든요. 다른 어떤 것을 위한 도구도 되지 않는, 그 자체로서 자기를 위해서 있는, 자기목적적인 사태, 그것이 아름다움이라는 거지요. 쓸모없다는 의미에서도 그렇고 동시에 도구적이지 않다는 의미에서도 그렇고…….

고명섭 최종적으로 그 아름다움을 자기 안에서 발견하는 거라고 할 수 있습니까?

김상봉 예, 물론이지요. 아니 더 나아가 아름다움 자체가 자기완결적인 거라고요. 왜 하필 아름다움이냐? 왜 이 사람들이 추구했던 이념이 하필 아름다움이었겠느냐? 그것이 자유의 최고의 현실태, 객관적인 현실태이기 때문이지요. 나르시스의 긍지가 아름다움에 대한 자각에서 비롯되었다면, 왜 하필 아름다움이냐? 내가 잘났다고 하는 게 나 돈 많다는 것도 아니고……, 그렇지 않아요? 내가 재벌이라는 것도 아니고 대통령이라는 것도 아니고, 내가 예쁘다는 것 아닙니까? 아름답다. 이건 굉장히 특이한 거예요. 진짜로…….

고명섭 예.

김상봉 우리가 그걸 여러 가지 좋은 것들 중에 하나로 생각하고 '그거나 저거나 다 좋은 거지' 하는 식으로 치열하게 질문하지 않으니까 그런 거지, 아니 어떻게 일관되게 아름다움이 최고 가치가 되느냔 말이에요. 이를테면 트로이 전쟁이 왜 생깁니까? 미인을 돌려달라는 것 아니에요? 그리스에서 가장 아름다운 여인을 유괴해 갔다고. 생각하면 미친 사람들 아니에요? 석유 때문에 전쟁을 한 게 아니고 여자 때문에 전쟁을 했다? 이게 사실은 말이 안 되는 얘기거든요.

고명섭 그렇지요. 성립할 수가 없는…….

김상봉 이게 얼마나 놀라운 얘기예요. 그러니까 아름다움에 모든 걸 다 걸었다는 말이에요. 그런데 아름다움이, 자기의 아름다움이 긍지의 뿌리다. 아름다움만이 자기목적적이라고 『나르시스의 꿈』에서도 말했던 거지요. 칸트의 관점에서 보자면 자유라는 것도 여러 가지 의미에서 얘기할 수 있는데, 『순수이성비판』에서 말하는 인식론적인 자유, 다시 말해 주체가 대상을 규정함으로써 대상의 주인이 된다, 즉 진리의 주체가 된다, 진리의 근거가 된다고 하는 그런 의미의 자유도 있고, 또 도덕적으로 감성의 굴레를 초월할 수 있는, 부정할 수 있는 그런 자유도 있지만, 그런데 마지막에 사실은 아름다움이 또한 자유의 표현과 실현 아닙니까? 칸트의 미학에서 보자면 말이지요.

그러니까 어떤 관심에도 속박되지 않는 무관심성이라고 하는 것이 결국은 자유인데 세 가지 자유 중에서 진정한 의미에서 자기완결적인 것은 아름다움이란 말입니다. 그런 의미에서 그리스 문명이 시문학에서 시작되었다고 하는 건 아름다움의 이념이 기초에 놓여 있는 겁니다. 사실은 철저히 미학주의지요. 서양 문명의 본질은 한쪽은 자유, 한쪽은 아름다움, 두 가지가 언제나 같이 두 개의 바퀴, 또는 동전의 앞뒷면으로 쓰인다는 것. 가장 이상적인 존재의 완전성에서 자유가 주관적인 측면이라면, 아름다움은 객관적, 외적인 현상이라고 말할 수 있다는 거지요.

그리스인들의 표현으로 말하자면, 그게 칼로카가티아(Kalokagathia)의 이상, 그러니까 안으로는 좋고(agathos), 밖으로는 아름답다(kalos)는 건데, 여기서 좋은 건 자유이고 그 자유가 밖으로 나타날 때 아름답다고 할 수 있는 거지요. 그리고 저는 이것이 서양 문명의 본질이라는 거고요.

이제 이 문맥에서 선생님이 질문을 해주신 음악 정신에 대해서 얘기를 해야 할 것 같은데, 이건 사실 정말 대답하기 어려운 얘기입니다. 니체가 쓴 『음악 정신으로부터 비극의 탄생』에 대해 사람들이 여러 말을 하지만 사실 이해하기 어려운 책이에요. 내용이 어려워서가 아니라 니체 자신이 무슨 말을 하려는 것인지 분명치 않은 것이 너무 많거든요. 선생님도 니체에 대해 책을 쓰셨으니 이 책을 보셨을 텐데 니체가 말했던 음악 정신에 대해서 어떻게 이해하셨습니까?

서양 정신과 음악의 문제

고명섭　제가 책에서 논평할 적에, 저는 그 『음악 정신으로부터 비극의 탄생』 부분을 그다지 주목하지 않았고, 단지 니체의 초기작으로서 니체의 이력에 말하자면 출발점이기 때문에 그 지점에서 니체가 무슨 생각을 했는가를 이해하는 정도에서 넘어가려고 했어요. 니체가 주장하는 것은 이거지요. "음악 정신으로부터 비극이 탄생했는데, 나중에 에우리피데스의 산문 정신이 음악 정신을 죽여버렸다. 에우리피데스는 사실은 소크라테스가 가면 쓴 자다. 그러니까 소크라테스가 음악 정신을 죽여버린 것이다." 그렇게 이야기한 뒤에 니체가 이렇게 말해요. "그런데 그 비극이 역사를 뛰어넘어서 지금 오늘날 바그너의 음악으로, 악극으로 부활하고 있다." 그게 니체의 주장입니다. 선생님의 『그리스 비극에 대한 편지』를 읽었기 때문이기도 하고, 또 이것이 발생사적으로 정말 맞느냐, 틀리느냐를 제가 규명할 수 없는 문제이기도 하고 해서, 그 문제는 제쳐두고 제가 주목했던 것은 이겁니다. 에우리피데스가 비극을, 비극의 음악 정신을 죽여버렸다고 하는데 니체는 왜 그런 주장을 하는가를 생각해보면 그것은 당대에 독일 혹은 유럽 사회에 대한 니체 식 비판 아니겠는가? 그러니까 소크라테스적인 합리주의라든가 지성주의, 이 지성주의가 정신세계를 지배하면서 음악 정신을 폄하하고 압살한다. 다시 말하면 바그너의 음악을 우습게 안다. 당대 독일 문화와 바그너 음악을 설명하기 위해 그리스 비극 이야기를 끌어들인 것은 아닐까, 저는 그 정도로 이해를 했습니다.

김상봉　저는 그것 자체에 대해서는 딱히 아니라고 말씀드릴 게 없습니다. 제가 여기에서 이 문제에 대해서 좀 얘기를 하고 넘어갔으면 하는 것이 뭐냐면, 니체가 음악 정신으로부터 비극의 탄생이라고 하는 건, 제 식으로 가져와서 얘기를 하면 음악 정신으로부터 그리스 정신이 태동했다고 말할 수 있는가 또는 음악 정신으로부터 서양 정신이 태동했다고 말할 수 있는가, 있다면 어떤 의미에서 그러한가 하는 문제입니다.

니체는 그걸 좁혀가지고 그냥 디오니소스적인 도취의 예술이었던 비극을 지금 선생님이 말씀하신 대로 도취가 탈색되어버린 소크라테스적인 합리주의로 가져가는 사람이 에우리피데스이고, 비극의 종말을 가져왔다는 식으로 말하는데, 기본적으로 저는 그리스 비극에 대해 그런 식의 니체적인 해석에 동의하지 않아요. 제가 여기에서 니체가 뭘 잘못 봤는지를 길게 말하는 건 부질없고, 지금 우리 주제하고 무관하기 때문에 그런 걸 가지고 얘기를 하고 싶은 생각은 없고요. 그의 주장이 옳으냐 그르냐와 상관없이 '음악 정신으로부터 비극의 탄생'이라고 하는 니체의 말 자체가, 그가 의도하지 않게 대단히 심각한 화두를 던진 거라고 말하고 싶어요.

무슨 말이냐면 서양 정신 자체의 본질이 음악이라고 말할 수 있는가, 있다면 어떤 의미에서 그러한가 하는 물음을 던질 수 있다는 거지요. 여기서 좀 돌아갈 필요가 있는데, 아까 제가 서양 정신이 시문학에서 시작되었다고 얘기했잖아요. 제가 『나르시스의 꿈』의 「독일 관념론과 나르시시즘의 변모」라는 글에서 독일 관념론을 가리켜 서양 철학의 본질론이라고[9] 말하면서 시작했는데, 그 말의 의미는, 고대 철학하고 독일 관념론 또는 근대 철학이 표면적으로는 서로 대립되는 철학의 패러다임

---

9 "독일 관념론은 …… 서양 철학의 본질론이다. 왜냐하면 독일 관념론을 통해 비로소 서양 철학은 자기 자신에게로 복귀하기 때문이다. 칸트에 의해 철학적 고찰의 대상이 바깥 세계에서 철학하는 이성 자신으로 바뀐 이래, 그 이후 피히테와 셸링을 거쳐 헤겔에 이르기까지 독일 관념론은 자기에게로 복귀한 서양 정신의 자기반성이었다. …… 정신은 그가 경험하는 대상 속에서 이제 자기 자신을 회상하고 상기한다. 이것을 칸트는 '선험론적 연역'의 저 유명한 명제 속에서 명료하게 정식화하였다. ''내가 생각한다'는 것은 나의 모든 표상에 동반될 수 있어야만 한다' …… 이처럼 자기 자신에 대한 회상과 반성 속에서 존재의 진리를 찾아가는 정신의 운동, 그것이 바로 독일 관념론이다." 김상봉, 『나르시스의 꿈』, 227~28쪽.

이라 할 수 있지만, 근본에서 보자면 고대 철학이 하나의 사유 현상이라면 그 현상의 근저에 놓여 있는 본질적 근거를 전개한 것이 독일 관념론이란 말입니다. 그러니까 고대 철학이 일차적으로 주어져 있는 사태, 존재라고 한다면 그것의 내적인 본질을 스스로 자각하고 나서 반성적으로 사유를 전개한 게 근대 철학, 그중에서도 독일 관념론이라는 말이지요.

고대 철학이 실체의 철학, 진짜로 있는 존재에 대한 철학이라고 한다면, 그러면서 실체의 철학이란 존재의 진리에 대한 물음, 실체가 뭐냐는 물음이었다고 한다면, 근대 철학 또는 독일 관념론은 '아, 그거 내가 대답해줄게. 존재의 진리는 주체야. 실체의 진리는 주체라고!' 이렇게 말하는 거고, 그런 의미에서 본질론이라는 거예요. 그런데 다시 우리의 주제로 돌아와서, 저는 음악 정신이 서양 정신의 본질 중에 본질이라고, 그러니까 어떤 의미에서 모든 서양 예술의 본질이라고 조심스럽게 생각해왔는데요. 그런데 그리스 정신이 시에서 시작했다고 했지만, 시문학은 아무 데나 다 있는 것이고 그 자체로서는 음악이 아닌데, 아무리 거기에 운율이 있고, 그걸 통해서 박자가 있고 그래서 그걸 맞추어서 부르는 거라고, 일종의 노래라고 하더라도 그걸 가지고서 시를 어떤 의미에서 음악으로 환원할 수가 있는가? 불가능한 것이 아닌가? 하고 물을 수 있는 거잖아요.

이런 물음에 대답하기 위해 일단 먼저 말할 수 있는 게, 우리가 오늘날 음악을 얘기할 때, 다른 모든 예술 형식은 비슷하게 다른 곳에도 다 있지만 음악만은 서양과 비교할 수가 없다고 말할 수 있지 않겠습니까? 폴리포니부터 시작해서 온갖 종류의 대위법과 화성학과 그 모든 발전 과정을 이렇게 놓고 보면 그게 클래식이든, 일반 통속 음악이든 간에 서양의 음악과 다른 모든 곳의 음악 사이에서 우리가 보는 격차만큼 극단적인 격차는 없지요. 다른 문명권들에도 음악이 있지만, 서양 음악 앞에 서면 사실 비교한다는 것 자체가 좀 민망할 정도가 아니겠어요? 그렇다면 이 서양 음악의 정체가 도대체 뭐냐, 어디에서 나온 거냐? 서양 정신의 뿌리로부터 태동한 거냐? 이렇게 물어야 되는데 제 대답은 음악이야말로 순수한 정신의 자기반성의 예술이라는 거지요.

고명섭　이런 얘기는 여기서 처음 하시는 겁니까?

김상봉　강의를 할 때는 전부터 자주 하던 얘기인데, 확실하게 글로 쓴 적은 아마 없는 것 같아요. 아직 저도 묻는 중이라서. 실은 피아노를 배우면서부터 계속 나 자신에게 질문을 하고 있지요. 아무튼 시문학이라고 하는 게 자기 자신한테 도취한 정신이다. 그리고 내용으로 봐서도 시문학이라고 하는 것이 그리스에서만큼 독보적인 적이 없었다. 그게 아름다움이고, 아름다움이 자기목적적인 거…… 그런 건 다 얘기를 했지요. 그 내용으로 들어가 호메로스의 서사시 자체를 본다고 할 때도 가장 순수한 인간중심주의의 표현이란 말입니다.

통틀어서 그리스 신화, 그리고 호메로스의 시문학에서 신들과 인간과 세계의 상호관계를 보자면, 자연과 초자연, 인간과 신, 그런 모든 관계에서 궁극적 지평이 결국 인간의 삶이란 말입니다. 인간적 삶의 지평에서 모든 것이 다, 신과 자연을 포함해서 온 세계가 나의 주관성 속에서 다 해소되어버리는 거지요. 그런 의미에서 그리스의 시문학 또는 근원으로 거슬러 올라가서 호메로스라고 하는 것이 자기에게 도취한 정신, 자기에게 몰입한 정신이다. 한마디로 말하면 자기관계 속에 있는 정신이란 말입니다. 자기반성의 정신, 자기를 반성하는 정신…….

고명섭　그때 자기반성이라는 것은 자기관계이고, 자기관계의 내용은 자기도취이고…….

김상봉　그렇지요.

고명섭　선생님 말씀을 곰곰 생각해보니 음악이라는 것이 자기관계이고 자기도취라는 게 느껴져옵니다.

김상봉　예. 음악이라는 게 아예 형식 자체에서부터 밖으로 나가는 예술이 아니잖아요. 다른 모든 예술은 바깥 세계를 반영해요. 정신에게 타자인 대상을 반영하는 거지요. 그런데 음악은 어떤 타자도 반영하지 않아요. 음악적 정신은 자기 속에 유폐된 정신이에요. 그래서 나르시시즘의 최고의 표현이라는 거지요.

고명섭 그러나 선생님, 성급하게 떠오르는 대로 여쭤보겠습니다. 음악이라는 것이, 그런 식의 이미지만 있어서 그런지는 모르지만, 발생의 시점에서 봤을 때 여럿이 같이 어울려서 북 치고 장구 치고 춤추고…….

김상봉 물론입니다. 바로 그겁니다. 그게 그렇게 여러 군데서 시작되는 거지만 그건 음악의 현상적 측면에 지나지 않아요. 아직 본질이 나타난 것은 아니지요. 그런데 서양의 근대 음악이 그것을 정화해서 순수한 자기반성의 형식으로 끌고 간 거란 말입니다. 다시 말해 서양의 근대 음악에서 음악 예술의 본질이 나타난 거지요. 마치 독일 관념론에서 서양 철학의 본질이 나타난 것처럼 말예요.

고명섭 예, 그렇습니다.

김상봉 그러니까 예를 들어 베토벤의 후기 현악 4중주들이나, 바흐의 「무반주 첼로 조곡」, 이런 것들을 생각해보자고요. 모두 음의 자기반성이잖아요. 밖으로 나가지 않습니다. 음이 무엇인가를 반영하려고 하지 않아요. 모든 것에서 분리되어서, 그냥 음의 자기관계의 전개인 거지요. 근대 철학 역시 비슷해요. 따지고 보면 자기동일성의 전개가 근대 철학의 내용이에요. 철학자들이 이걸 다양한 방식으로 변주한 거지요. 데카르트가 자아의 자기동일성의 변주라면 스피노자는 신의 자기동일성의 변주이고 라이프니츠는 아예 논리적 자기동일성 자체가 구체적 진리로 변주되는 거지요. 나중에 피히테가 『전체 지식론의 기초』에서 보여주었듯이 '나=나'라는 자기동일성이 분화되고 전개되면 그것이 삼라만상의 진리가 되고 철학의 내용이 되는 거예요.

음악이라고 다르겠어요? 데카르트가 스물두 살에 처음 쓴 책이 『음악 개론』이었던 것은 거의 알려져 있지 않죠. 사실 출판된 것도 아니었으니까. 그런데 그 책에서 데카르트가 하는 말에 따르면, 옥타브 속에 모든 화음이 다 들어 있다는 거예요. 옥타브가 뭐냐면 2:1의 관계예요. 예를 들어 100센티미터 기타줄이 낮은 도 소리를 낸다면 50센티미터 줄은 높은 도 소리를 낸다는 거지요. 데카르트에 따르면 유니슨은 아직 화음이라 할 수는 없어요. 모두 같은 소리를 내는 것은 아직 자기분화하기 이전의 음이어서 마치 창조 이전의 신적 정신처럼 또는 자기를 반성적으로 의식하기 전의 정신처럼 잠든 정신에 지나지 않겠죠. 데카르트의 관점에서 더 엄밀하게 말하자면 '도·레·미·파·솔·라·시·도'가 먼저 있는 것이 아니고 화음이 있어야 음계도 정립되는 것이니까, 만약 화음 이전의 유니슨만 있다면 음계도 없고 음악도 없다고 말할 수 있어요. 그런데 옥타브가 뭐겠어요? 산술적으로는 2:1의 관계라고 말했지만, 철학적으로 보자면 그건 음의 최초의 자기관계라 할 수 있지요. 다시 말해 그건 자기분화이고 자기의 타자화예요. 음악을 자아와 비교하자면, 유니슨 속에는 타자성이 없으므로 그것은 단순한 정립으로서 무반성적인 '나'라고 말할 수 있다면, 옥타브는 음이 처음으로 '나=나'의 자기관계 속에 들어간 거라고 말할 수 있지요. 그러니까 낮은 도에게 높은 도는 또 다른 자기인 거예요. 분화되지 않은 하나의 '나'가 '나=나'로 나아간다면 하나의 내가 둘이 된 것이니, 1:2라고 표현해도 무방하겠지요. 철학에서 이런 식의 숫자 놀음은 필경 비유적인 이야기에서 그쳐야 할 것이지만, 아무튼 데카르트는 옥타브를 형성하는 원리가 동시에 다른 모든 화음의 형성 원리이기도 하다고 했어요. 다시 말해 1:2의 관계를 통해 5도와 3도, 4도와 6도 화음 등을 모두 근거 지을 수 있다고 한 거지요. 그러니까 옥타브는 다른 모든 화음을 자기 속에 다 가지고 있는 전체인 거예요. 그런데 옥타브는 최초의 자기관계, 곧 자기동일성인 동시에 자기거리로서 자기복제잖아요. 그러니까 음악이란 본질적으로 보자면 음의 자기동일성의 전개라는 거지요. 음악이라고 하는 것이 선생님이 말씀하신 대로 현상에서 보자면 타자와의 만남과 소통의 중요한 매개인데, 그것의 본질을 끝까지 추궁해서 순수한 자기반성의 예술 형식으로 정화한 게 근대 서양 음악이라는 것이 제가 하고 싶은 얘기예요. 그러면서 그냥 자기 속에 유폐되고 고립되겠다는 것이 아니고 도리어 자기 속에 모든 세계를 담으려는 것이 근대 음악의 기획이라고 생각해요. 그건 마치 데카르트의 순수한 코기토가 헤겔의 절대정신으로 나아가는 과정과 같지요. 저는 바흐의 「무반주 첼로 조곡」에서 바그너의 「니벨룽의 반지」로 나아가는 과정이 근대 철학의 역사에 상응하는 거라고 봐요.

고명섭 바흐에서 바그너로……

김상봉 예. 거기에 세계가 다 들어오는 거지요. 그러니까 바그너에 이르면 음악은 더는 어떤 특정한 예술이 아니지 않습니까? 그렇지요?

고명섭 예.

김상봉 그 경지에 이르면 음악이 세계가 되는 거예요. 하지만 바그너의 음악이 아무리 광대무변한 세계의 표현이라 할지라도 그 근저에 놓여 있는 원리는 음의 자기관계지요. 그 자기관계의 원리가 자기동일성이라면 음악은 다른 어떤 예술보다 홀로주체성의 미적 표현이라 할 수 있으리란 게 제 생각이에요.

그런데 여기에서 일종의 변증법적인 전환이 한 번 더 있는데, 무엇인가 하니, 서양 음악이 우리를 감동시키잖아요. 누구에게나 다 감동을 주지 않습니까?

고명섭 그렇지요.

김상봉 그 까닭이 뭐겠습니까? 예를 들어 바흐의 「무반주 첼로 조곡」, 하나의 악기로 오르락내리락하는 음의 파노라마, 음의 자기관계, 그래서 홀로주체성의 극단이요 극한인데, 어떻게 우리에게 감동을 주는 거냐? 이렇게 묻는다면, 저는 서양 음악이 집요하게 홀로주체성을 추구한 결과 홀로주체성의 진리가 서로주체성이라는 것이 드러난 결과라고 대답할 수 있지 않을까 생각해요. 인간이 순수한 자기 자신을 찾아 내면으로 돌아갈 때 만나게 되는 것은 고립된 자아가 아니라 자기 속에서 자기를 이루고 있는 타인과 세계라는 거지요. 저는 이것이 서양 음악이 주는 감동의 요체가 아닐까 생각합니다.

이런 의미에서 저는 서양 정신을 음악을 통해 재구성하자면 그것이 다음과 같은 과정으로 전개된 것이 아닌가 생각해요. 첫 번째 단계가 호메로스의 시문학, 곧 자기관계 속에서의 자기도취로서 호메로스의 서사시 또는 시문학인데, 그것이 근대 음악에 와서 순수한 자기관계의 예술인 음악 예술 속에서 본질적 단계로 진입하지요. 음악은 형식 그 자체에서부터 순수한 자기관계의 예술이니까, 호메로스의 시문학이 현상이라면 근대 음악은 본질이라 할 수 있겠지요. 호메로스의 서사시에는 온갖 종류의 전쟁 얘기, 신과 인간과 자연과 온갖 것들이 다 같이 있지 않습니까? 그냥 표면적으로 보면 다 있어요. 그런데 본질에서 보면 그건 자기관계란 말입니다.

고명섭 예, 그렇습니다.

김상봉 그 본질을 대자적으로 뽑아내어 전개한 게 근대 음악인데, 그러면서 근대 음악은 자기 자신을 집요하게 절대화해나간단 말이에요. 라틴어로 '절대적'(ab-solutus)이라는 말의 원래 뜻이 풀려나 있다는 것인데, 음악도 세계에서 풀려나 자기 자신에게 몰입할 때 절대 음악이 되는 거지요. 그런데 음악이 그렇게 자기동일성 속에 침잠해 순수한 자아의 세계로 돌아갔을 때, 음악이 드러낸 것은 도리어 순수한 자기동일적 자아의 타자성이고 세계성이에요. 아마도 그것이 우리가 서양의 근대 음악에서 느끼는 감동의 실체가 아닐까 하는 생각이에요.

그러니까 다시 홀로주체성의 본질은 서로주체성이기 때문에 서양 음악이 그 형식에서는 홀로주체성을 아무리 집요하게 추구하고 몰입한다고 하더라도, 그것의 진리는, 주체의 진리는 서로주체성에 있기 때문에 서로주체성이 그 속에서 나타나지 않을 수 없다는 것입니다. 이런 생각들을 두서없이 이어가면서 저는 서양 정신이 본질적으로 음악 정신에서 태동한 것이고, 그런 까닭에 그 형식 역시 홀로주체성의 자기전개라고 한다면, 홀로주체성의 형식을 넘어선 음악은 불가능한가, 가능하다면 어떻게 가능할까 자문하기도 합니다만, 이 물음에 대한 대답은 제 능력을 넘어서는 일이겠지요.

고명섭 이 자리가 음악학을 이야기할 수 있는 자리는 아니겠지만 그런 말씀을 쭉 듣다 보니까 제 안에서 떠오르는 생각이 있는데, 조금 말씀을 해본다면요. 우선 서양 음악에서 놀라운 것은 제가 생각하기에 다성 음악이 보여준 성취예요. 예를 들면 베를린 필 오케스트라가 연주해내는 베토벤 교향곡 5번 또는 3번, 이 음들의 완벽한 조화, 이게 어떻게 가능한가 하는 놀라움, 경이로움이고요. 바흐의 음악은 천상의 음악이 있다면 이것이 아닐까 싶을 정도로 선생님이 말씀하신 자기관계 속에서의 완결성, 더하거나 뺄 것이 없는, 도대체 어떻게 해서 이렇게까지 순수한 완성품이 있을까 싶을 정도이고요. 거기에 어떤 인간적 드라마가 들어가서 이 삶을 포괄해낸 것이 베토벤이고, 그것이 총체적 장르로서 나타난 것이 바그너라고 느껴져요.

그래서 제가 느끼기에 서양 음악은 바흐에서 이미 정점에 이르렀고, 베토벤에서 내용이 완성됐고, 바그너에 이르러서 전체가 다 전개돼서 끝나버렸고, 그 뒤에 브루크너, 말러, 또 프로코피예프 등의 음악도 말하자면 뒤따라 나온 후렴구들이 아닐까 생각합니다. 소련의 쇼스타코비치 음악도 제가 볼 때는 되돌이표가 아닌가, 예를 들면 존 케이지의 현대 음악은 더 갈 곳이 없어서 그냥 발악하는 것이 아닌가. 저는 서양 음악에 대해서 제 나름대로 그렇게 이해하고 있습니다.

김상봉 아직 저는 그 부분에 대해서 묻는 중이에요. 선생님이 지금 말씀하신 것에 대해서 충분히 공감을 하는데 예를 들어 미술의 경우 기법이 문제라면 그건 미켈란젤로에게서 끝났다고 해야겠지요. 예를 들어서 우리가 중세 때 보는 만화 같은 그림에 비해서 미켈란젤로는 엄청난 발전을 이루었다고 할 수 있지만 미켈란젤로 이후에 뭘 보고 발전이라는 말을 안 한단 말입니다. 그런 의미에서 끝났다는 거지요.

사실은 서양 음악도 바그너까지 갈 것 없어요. 심하게 말하면 지금 미켈란젤로에 관해서 말한 것처럼 얘기하자면 사실은 바흐에서 끝난 거거든요. 바흐가 다 만들어놓은, 그러니까 바흐가 완벽하게 다 모아놓은 블록을 베토벤이나 모차르트가 가지고서 이렇게도 쌓아보고, 저렇게도 쌓아보고 그런 거라고도 말할 수 있지요. 그런 의미에서 미술도 끝났기는 마찬가지라고, 완성됐다고 말할 수도 있는데 저는 미술에 대해서 얘기할 때 아직 우리한테는 끝난 게 아니라고 생각을 하는데요. 음악에 대해 우리가 얘기하는 문제는 워낙 어려운 것이기 때문에, 제가 조금 에둘러 가보려고 합니다만.

고명섭 예.

김상봉 저는 아직 우리가 한국인의 자화상을 그려준 화가를 갖지 못했다는 생각을 해요. 그러니까 우리도 누군가가 한국인을 가지고서 모나리자 같은 얼굴을 그려줘야 된다, 다비드상 같은 조각을 해줘야 된다는 갈증이 있지요.

고명섭 예, 그렇습니다.

김상봉 나도 그런 얼굴을 닮고 싶다고 생각할 수 있는 그런 얼굴 말이에요. 그렇지요?

고명섭 사실 솔직히 이중섭이나 박수근으로 우리가 내적 충족감을 느끼느냐 하면 그러지 않지요.

김상봉 전혀 아니지요. 다소 극단적인 말이지만, 저는 그래서 인물화 아닌 것은 그림으로 안 쳐요. 나머지는 아무래도 상관없는 거죠.

고명섭 선생님, 저도 그 점에 적극적으로 동의합니다.

김상봉 나머지는 그냥 취미로 하는 거지. 모든 예술은 자기반성이라니까요. 그러니까 인물화, 풍경화조차도 자기가 거기에 투영되어 있으니까 감흥이 있는 거지.

고명섭 저는 몇 년 전에 서울 예술의전당에서 19세기 러시아 회화전을 했을 때 가서 보고 깜짝 놀랐습니다. 정말 좋았어요. 그 인물들이 얼마나 살아 있는지. 이게 바로 러시아 정신이다, 그러니까 러시아는 함부로 할 수가 없는 거다…….

김상봉 그걸 보면 아는 거지요.

고명섭 예. 거기에서 느꼈습니다.

김상봉 우리는 지금 그림을 그려주는 사람이 없잖아요.

고명섭 없지요.

김상봉 바로 그래서 제가 헤겔처럼 예술의 종말을 말하는 자들에게 '아니, 우리는 안 끝났어, 당신들은 끝났을지 모르지만 우리는 안 끝났어'라고 하는 게 미술에서 제가 가지고 있는 생각이거든요. 이 문제와 관련해 구체적 사례를 하나 든다면, 한국의 화가들 가운데 제가 대단히 좋아하는 분이 있어요. 강화도의 박진화 화백인데 그분 그림을 봤을 때 잘 모르겠지만 '이건 뭔가 새로운 거다' 그렇게 생각을 했어요. 서양화가인데 '이건 새롭다'고 말할 수 있었던 게 뭐고 하니 서양의 미술은 공간적입니다. 기하학적이고. 그래서 서양 사람들의 그림은 기하학적인 도형, 곧 플라톤적인 이데아로 다가온단 말이에요. 그런데 이분의 그림을 보면 소리가 들려요. 그림이 저에게는 형상이 아니라 파동으로 오는 거예요. 더러는 함성으로, 더러는 신음으로. 그림을 보면서 진동, 파동이라고 느낀 게 그분 그림이 처음이었어요.

그분 그림은 윤곽선이 별로 뚜렷하지 않습니다. 구상, 비구상, 이런 구별도 할 수가 없고, 하여튼 윤곽선이 뚜렷하지 않은데 그 모든 것이 어떤 효과를 내는가 하니 파동이에요. 내가 그림을 보는 게 아니라 듣는구나 싶은. 그러니까 서양 철학자들은 종종 보이지 않는 걸 보이게 드러내 보이는 것, 그것이 회화의 본령이라고 흔히들 얘기하지 않습니까? 사물의 은폐된 진실, 진리를 드러내 보여준다는 거지요. 하지만 그림을 통해서 우리로 하여금 세계의 소리를 듣게 한다. 장자가 있으면 천뢰, 지뢰, 인뢰라고 말했을 거예요. 인뢰, 지뢰, 천뢰라는 말처럼 그림이 존재의 소리에 귀 기울이게 만들어주는 거라고 하는 체험은 그분의 그림이 처음이었어요. 그리고 그런 의미에서 이건 양식에서 하나의 새로운 경지를 열어 보인 거라는 생각을 하거든요.

음악 얘기로 돌아와서, 음악이 선생님이 말씀하신 대로 폴리포니 또는 화성학이나 대위법이나 그런 모든 것이 사실은 바흐에서 끝났다, 완성되었다고 이야기할 수 있지요. 그러면 우리가 서양의 외부에 있는 사람으로서 서양 철학은 플라톤에서 끝난 거예요. 다 플라톤의 각주입니다. 굳이 덧붙인다고 하더라도 칸트까지, 두 개의 큰 패러다임이 있었는데 그 이후 그 사이에서 왔다 갔다 하는 거지요. 예를 들어서 하이데거가 "철학이라고 하는 것은 오로지 그리스적 유럽에서만 가능하다"고 했지만, 과연 서양 철학의 외부가 없는가 물으면서, '아니 외부가 있을 수 있지'라고 답하려 해온 게 말하자면 저의 지난 사유의 여정이었다면, 그처럼 음악의 경우에도 뭔가 전혀 예상할 수 없는 서양 음악의 외부가 있을 수 있느냐는 건, 저한테는 아직은 과제예요.

고명섭 제가 아까 음악의 완성을 말씀드렸던 것은 서양 음악에 국한해서 그렇다는 뜻이었고요. 사실 제가 대학 때 클래식 음악을 좋아했는데 신문사에 들어와 음악 담당 기자를 하게 됐어요. 2년 정도 음악 기사를 썼는데 그때 제가 의도적으로 5 대 5로 서양 음악과 국악을 들었어요. 사실 저는 국악에 대한 편견도 있었고, 정서적으로 밀착이 안됐습니다. '급이 떨어진다' 이런 생각을 했던 거지요. 어렸을 적에 설날 천하장사 대회 텔레비전으로 중계할 때 나오는 경기 민요, 이게 대표적인 우리 음악인 거예요. 그런데 음악 담당 기자로서 나한테 익숙한 클래식만 듣고 있어서는 안 된다, 국악도 들어야 되겠다고 의도적으로 들었는데, 결국 그 2년 동안 음악 기자를 하고서 제가 얻은 유일한 성과는 서양 음악에 대한 이해의 심화가 아니라 우리 음악에 대한 귀가 트였다는 것이었어요. 저한테는 큰 소득이었고, 말하자면 소리 세계의 확장이었습니다. 그러니까 저한테 없었던 세계가 열린 거지요. 서양 음악의 패러다임으로는 국악은 패러다임이라고도 할 수 없는, 어떻게 보면 음악 이전의 음악이지만 이 음악 자체의 고유한 내적 세계가 있다. 그래서 그 세계에 젖어버리면 못 나온다. 이건 때려죽인다고 해도 나올 수가 없는 끔찍한 중독성이 있는 세계이다. 그 중독이 뭔지를 내가 알았다. 그래서 얼마나 다행이냐. 내가 만약에 음악 담당 기자를 안 했더라면 이게 왜 사람을 중독시키는지 몰랐을 텐데 결국 그걸 알았으니 천만다행이다. 그런 생각을 했어요.

그러면 그걸 말로 설명할 수 있느냐? 설명하기 어렵습니다. 설명 안 됩니다. 그런데 우선 가장 쉬웠던 것이 꽹과리, 징, 장구, 북 네 가지 타악기로 하는 사물놀이였고요, 그다음에 '3도 설장고 가락'을 장구 12대가 연주를 하는데 미치는 줄 알았어요. 제가 태어나서 처음 들어보는 음악이었어요. 아니 어떻게 장구 소리가 이렇게 사람을 미치게 하는가? 장구 12대가 그 가락을 치는데 그야말로 진양조에서 시작해서 휘모리로 끝나는 그 가락이 그렇게 사람을 미치게 하더라고요. 그러고 나서 그 음악들이 점점 들리기 시작하니까 정악도 들리고, 판소리는 당연히 들리게 되고, 나중에는 서도 소리까지 다 듣는데, 제가 가장 하찮게 여겼던 그 경기 소리, 설날 천하장사 대회 때마다 나와서 제창하는 그 경기 소리조차도 그렇게 좋게 들리고, 그 맛이 느껴져오더란 말이에요. 뭐 이걸 내가 설명할 길은 없지만 최소한 내가 이 음악에 도취했고, 내가 조선 놈인데 조선 음악의 맛을 느꼈기 때문에 어디 가서도 나는 조선 음악의 맛은 안다고 이야기할 수 있게 됐다. 참 다행이다. 그렇게 생각을 하고서 음악 기자 생활을 마쳤습니다.

김상봉 그러시군요. 저도 사실은 똑같지는 않지만 비슷한 경험이 있어요. 우리 음악에서 얘기를 하자면 저는 제일 먼저 들고 싶은 것이, 물론 선생님처럼 집중적으로 오래 하지는 않았습니다만, 송광사 저녁 예불입니다. 그걸 처음 들었을 때, 전혀 다른 세계이면서 동시에 그 깊이에서 떨어지지 않는 나름의 어떤 세계가 거기 있다는 것을 느꼈어요. 일종의 충격이었지요. 처음에는 우연히 그냥 시디로 들었다가 나중에 송광사, 화엄사, 그런 데를 찾아다니며 듣기도 했었는데요. 그 세계가 당신한테 뭐였냐 묻는다면, 아직 말로 표현할 수 없지만, 저는 저녁 예불, 새벽 예불의 소리가 지금까지 들었던 모든 음악 가운데서 가장 깊은 허무 때문에 숭고하게 느껴졌던 것 같아요. 신을 지워버린 정신만이 느낄 수 있는 허무 말입니다. 그런 건 서양 음악에 없지요. 이런 종류의 어떤 비어 있음이라고 하는 건 로마나 빈에선 못 듣고, 송광사나 화엄사에 가야 들을 수 있는 거지요.

고명섭 저는 언젠가 독경 소리를 듣다가, 그게 아주 좋은 남성의 목소리잖아요, 이게 그레고리안 성가까지 연결되는구나, 폴리포니 전, 그러니까 그 모노포니, 그 소리가 이 독경 소리에까지 연결이 되는구나, 그런 느낌을 받은 적이 있습니다. 그리고 제 나름의 문제의식이라고 할까, 고민 중에 하나는 그런 것들이 어떤 내적인 연결이 있는 것이 아닐까 하는 건데요. 매우 막연해서 뭐라고 구체적으로 얘기하기는 어렵지만요.

김상봉 공감합니다. 아무튼 저는 제가 들었던 그 예불, 저녁 예불이나 새벽 예불에서의 어떤 허무를 서양적으로 번역할 수는 없을 것 같아요. 제가 그레고리안 성가에서 느끼지 못했던 어떤 다른 종류의 감동을 송광사 저녁 예불에서 느꼈다면, 그 음악에는 신이 없기 때문일까요? 아무리 부처를 찬미한다고 할지라도 그것이 기독교에서 신을 찬미하는 것과 같을 수는 없을 테니까요. 자기를 끊임없이 신적인 단계로까지 이렇게 고양하고 합일시키는 예술로서 서양 음악은 그것대로 감동을 주지만, 송광사 저녁 예불이 주는 감동을 또 다른 음악 형식이나 음악적 언어로 전개할 수는 없는가 하는 물음이 생기더라고요.

아무튼 우리가 서양 철학을 버리지 않으면서도 서양 사람들이 생각하지 않았던 새로운 보편의 지평을 열기 위해서 지금 분투하는 거라고 한다면, 지금 선생님이 말씀하신 대로 음악의 경우에도 좀 더 확장된 음악 언어를 어떻게 만들어낼 수 있는가, 이게 가능한가에 대해서는 계속 묻고 싶어요.

법의 홀로주체성

고명섭 예, 알겠습니다. 이야기를 바꾸어서 홀로주체성 문제로 들어가보고 싶습니다. 개별 홀로주체성이 어떻게 보존될 수 있었느냐, 법이라는 것이 있었기 때문에, 법과 관계했기 때문에 홀로주체성이 가능했다. 그렇게 얘기를 하셨는데[10] 제가 이걸 읽으면서 상당히 좋은 설명이기는 한데, 무례하다고 생각하지 마시고, 홀로주체성의 난관을 돌파하자는 논리적 트릭 아닐까, 법률적 힘은 주체의 자유를 제약하는 타자적 힘이 아닐까, 그런 생각을 했고요. 이런 홀로주체성이 그리스적 주체성일 뿐 아니라 인도·게르만어권 전체의 현상이라고 볼 수 있지 않을까? 그래서 예를 들면 인도·게르만어권의 동쪽 끝에서 발생한 불교에서 자아와 자아의 부정으로서 무아라는 개념은 홀로주체성을 전제하는 것 같다. 이런 생각도 해봤습니다.

또 홀로주체성의 공존으로서 공동체 또는 국가야말로 서로주체성의

---

10 "이처럼 그리스인들이 자유로운 한에서 자기를 규정하는 어떠한 타자적 주체도 인정하지 않고, 그런 한에서 홀로주체성을 보존하고 있기는 하지만, 그럼에도 불구하고 그들이 전체로서 무질서와 방종에 빠지는 것은 아니다. 왜냐하면 그들은 다른 사람을 왕으로 섬기지 않는 대신에 법이라는 왕에게 복종하고 있기 때문이다. 법은 공동체 전체에 대한 관심에 입각하여 모든 개별적 주체의 자의를 규제한다. …… 그리스는 인격적 주체로서의 왕이 지배하는 사회가 아니라 법이 지배하는 사회이다. 시민은 왕이 아니라 법률의 지배 아래 있는 한에서, 타율적 강요에 의해 수동성 속에 떨어지지 않는다. 요컨대 그리스의 시민은 어떠한 타자적 주체에게도 예속되지 않는다. 그런 한에서 주체는 사회 속에서 존재하면서도 홀로주체성을 유지한다. 이런 경우 같은 국가에 속하는 시민들은 서로가 직접 서로의 자발성과 자유로운 의지를 제한하거나 침해하지 않으므로, 서로에 대해 무관심한 타자성 속에 있다. …… 개별적 주체들의 의지를 제약하는 것은 오로지 법률밖에 없다. 이런 법률에 의한 개별적 의지의 제한을 도외시한다면, 그리스의 폴리스 내에서 시민적 주체는 결코 타자적 주체에 의해 제약당하지 않는다. 이런 의미에서 그는 타자적 주체와 더불어 살면서도 홀로주체성 속에 있는 것이다." 김상봉, 앞의 책, 281~82쪽.

비근한 모습이라고 할 수 있지 않을까? 상대를 먹어치우지 않으면서 공존하는 모습은 아름답지 않은가? 그래서 그리스 비극의 주인공들처럼 팽팽한 자기주장 속에서 공존한다면 더욱더 아름다운 모습일 것이다. 혹은 법치 안의, 공동체 속의 홀로주체를 어떤 면에서는 따로주체라고 부를 수도 있지 않을까? 그러니까 독자성을 확보하면서 공존하지만 따로인 주체, 우리는 때때로 따로주체로 살아야 하는 것 아닐까. 홀로주체가 타자를 장악해서 복속시키는 주체이고 저만 주체인 그런 주체라면, 그래서 거부해야 한다면, 따로주체로서 자기 세계 안에 침잠하고 내면을 관조하고 반성하고 자기를 다스리고 자기를 양육하는 따로주체로서의 삶도 필요한 것 아닐까? 더군다나 나와 너의 서로주체가 나를 너에게 양도하고 상실하는 과정을 거치는 것이라면 그때 상실당하는 나는 주체성을 일시적으로 잃는 것이고 나를 양도받는 너는 최소한 일시적으로 홀로주체로서 나를 지배하고 복속시키는 것이다. 서로주체가 성립하려면 주체성의 상실과 홀로주체성의 과정을 겪지 않을 수가 없다. 그렇기 때문에 홀로주체는 서로주체를 목표로 한다면 부정적인 것이 아니다. 주체성의 상실이 서로주체의 필수적 전제에서 마냥 부정적인 것이 아니듯이. 이런 식의 생각들이 떠오릅니다.

김상봉 두 가지로 나눠서 말씀을 드릴게요. 법이라고 하는 것이 서양에만 있느냐? 우리도 법이 있지. 일단 이 첫 번째 말씀하신 것에 대해서 말하자면 법의 개념 자체가 달라요. 가장 단순하게 얘기하면 서양의 법은 민법입니다.

고명섭 서양의 법은 민법이다?

김상봉 예. 서양이 법치국가라고 할 때 민법이에요. 권리의 균형을 추구하는 게 법입니다. 동양의 법은 형법이에요. 동양에서 법가 또는 동양에서 덕치가 아니라 법치, 이런 이야기를 하는데, 법치라고 하는 게 뭡니까? 그것은 형법으로 다스리는, 형벌로 다스린다는 거거든요.

고명섭 형으로 다스리는 거지요. 우리나라에서 너무 많이 오해되잖아요.

김상봉 바로 그겁니다.

고명섭 법치가요. 검찰권······.

김상봉 바로 그 얘기예요. 그래서 그것이 좀 강조되어야 합니다. 그러니까 한국에서 법이란 거대 주체 국가의 권력 행사를 의미하지만 서양에서 법이란 개인의 자유 실현이거든요.

고명섭 예. 그래서 법이 곧 권리이기도 하지요.

김상봉 '유스'(ius)라고 하는 것 자체가 세 가지 의미인데 그게 제일 처음에는 권리 아닙니까? 권리, 그다음에 정의, 그다음에 법이거든요. 그러니까 구체적으로 실정법으로 나타날 때 그게 비로소 법인 거지요. 어떤 권리의 상호적 인정의 체계가 법이고 첫째는 권리입니다. 네 권리만 있느냐? 내 권리도 있다. 서로 인정해주자. 그 상호 권리 인정의 체계가 법이고, 마지막으로 상호 권리 인정의 체계인 법을 지키는 것이 정의로운 일이다. 그거란 말이에요. 그래서 권리, 법, 정의, 이 세 가지가 한 낱말 유스 속에 같이 있는 거지요. 영어 저스티스(justice)의 어원이지요.

그런 의미에서 서양에서 말하는 법치의 개념을 동양, 우리의 전통에 그냥 바로 투사하면 이해가 안된다는 것입니다. 그다음에, 그거 좋다, 인정한다, 그러나 그렇다고 하더라도 그렇게 법을 통해서 어울려서 사는 것 자체가 오히려 서로주체성의 현실태일 수 있지 않으냐 하고 물으셨는데 그 부분에 대해서 대답을 한다면 이렇습니다. 첫째가 적극적인 만남, 즉 서로주체성이라고 하는 건 참된 만남의 현실태란 말이에요. 그런데 너와 나의 권리의 균형만으로 참된 만남이 실현되지는 않아요. 법에 의한 권리의 균형 그리고 상호 존중, 이런 것이 왜 나쁘냐, 그게 서로주체성의 현실태 아니냐고 할 수 있겠지만, 제 입장에서 얘기하고 싶은 건 그 균형 속에 빠진 게 있다는 거예요. 균형에서 생각되지 않고 있는 것이 첫째로 수동성의 교감입니다.

고명섭 당함의 교감이 결여되어 있다?

김상봉 예. 그것의 교환이에요. 어떤 의미에서 심파테이아(sympatheia), 공감이라는 것 자체가 파토스(pathos)의 공유 아닙니까?

고명섭 예.

김상봉 그런데 그것을 서양 사람들이 몰랐던 것도 아니고 결과적으로 지금 와서 보면 그 사람들이야말로 심파테이아가 뭔지 알고, 그걸 시민 사회 속에서 실현한 사람들이라고 말할 수 있어요. 그거 다 동의합니다. 그런데 문제는 무엇인고 하니, 그럼에도 불구하고 그것은 역사 속에서 그렇게 형성되고 누적되어온 거지만 법의 정신에 관해서 얘기할 때는 그게 양립이 안 된다는 거예요. 법은 그러니까 수동성의 교환의 네트워크가 아니라는 거지요. 우리가 법만 가지고 얘기하자면 그건 철저히 권리의 균형입니다.

고명섭 균형. 저스티스라는 개념 속에, 유스의 개념 속에도 그런 의미에서의 균형 개념이 들어 있는 거지요?

김상봉 그렇지요. 그래서 수동성의 교환이 법의 정신 속에 들어 있는 것이 아니기 때문에 법의 정신이 지배적인 것이 될수록 사실은 그 점에서 우리는 외적으로는 균형 상태에 이르지만 내적으로는 고립되는 거지요. 우리의 참된 만남은 결국은 고통의 공유, 고통의 교환, 그리고 서로에게 자기를 수동적으로 내놓는 용기, 그것이 아니고서는 안 된다는 것. 굳이 법의 문제만이 아니라 우리는 상처받는 것에 대한 두려움이 너무 많습니다. 게다가 한국 사회가 너무 폭력적인 사회다 보니까, 서양처럼 법을 통해서 균형 잡힌 사회라고 할 경우에는 그게 없을 텐데, 우리의 경우에는 상처받지 않겠다고 하는 욕망이 오히려 더 커요.

저는 그것이 우리로 하여금 진정한 만남으로 이르는 데 굉장히 큰 장애가 된다고 생각하고요. 어떤 외부적인 타자성에 의해서도 침범당하고 싶지 않다고 하는 극단적인 사례로, 김용철 변호사의 책에 보면 이건희가 외국 여행을 갈 때 자기가 묵을 숙소에 미리 사람들이 가서 자기 집의 방과 똑같이 꾸며야 된다지 않습니까? 그리고 전에 프랑스 어느 스키장에 갔을 때는 누구도 자기 옆에 얼씬거리지 못하게 스키장 전체를 전세 냈다고 하잖아요. 그러니까 그런 걸로 나타나는 거지요. 상처받고 싶지 않다, 침범당하고 싶지 않다고 하는 것이.

하지만 우리의 삶은 결국 타인에 의해서 상처받을 수 있는 가능성, 침범당할 수 있는 가능성을 우리 각자가 열어놓지 않으면, 그걸 긍정하지 않으면 타인과의 만남은 가능하지 않습니다. 그리고 침범당한다 또는 상처받는다는 것을 받아들일 뿐 아니라 마지막에 가서는 더 적극적으로 타인의 수동성, 타인의 고통에 응답해야 되는 거지요. 그걸 통하지 않고서, 그러니까 수동성 또는 고통의 교감을 통하지 않고서 참된 만남은 거짓말이라고 하는 것이 첫째고요. 둘째는 법이 근원적으로 전제하는 것이 동일성입니다. 너와 나의 동일성.

고명섭 예. 동일성.

김상봉 그게 안되면요.

고명섭 보편적인 법 실행……

김상봉 그게 안되니까.

고명섭 실행이 안되지요.

김상봉 예. 그러니까 그게 안되기 때문에, 법적 주체들의 동일성을 전제하고 시작을 하는 거예요.

고명섭 그렇지요.

김상봉 좋은 의미에서는 불평등을 제거한다는 의미예요. '너도 동등한 법적 주체야. 너도 동등한 권리의 주체니까 네 권리를 주장하면 돼.' 다 이렇게 되는 거지요. 그런데 법의 문제가 무엇이냐면, 근원적으로 핸디캡이 있는 사람들이 있거든요.

고명섭 그렇지요.

김상봉 현실적으로 동등할 수 없는 사람들이 있습니다.

고명섭 있지요.

김상봉 그런데 그런 현실적으로 동등할 수 없는 사람을 동등한 지평 속에 집어넣으려고 하면 결과적으로 그 핸디캡을 가진 사람들이 불이익을 당하게 돼요.

고명섭 그 사람에게는 법이 폭력이 되는 거지요.

김상봉 그 얘기입니다. 그래서 법이 좋은 의미에서 평등의 기제라는 것을 인정하고 그런 의미에서 그걸 일면적으로 매도해서는 안 되겠지만 법이 절대화될 경우에 결국은 우리를 질식시키는 폭력이 될 수밖에 없다는 것이 제가 두 번째로 말하고 싶은 법치의 불충분성의 근거예요.

고명섭 예, 알겠습니다.

김상봉 저로서는 그러니까 법치하지 말자는 얘기가 아니지요. 서양 철학 비판이 서양 철학 전부 다 버리자는 얘기가 아닌 것처럼, 서양에서 보여준 법이 어디까지 탁월한가, 얼마나 일관되고 철저한가, 거기에 대해서 충분히 공감한다는 것을 전제하고서, 그러나 어떻게 우리가 그걸 넘어가야 될 것인가를 이야기할 때가 됐다는 거지요.

철학의 지역성과 보편성

고명섭 예, 다른 문제로 넘어가보겠습니다. 영국 경험론자들은 공감, 심퍼시 이것이야말로 윤리적인 공통성의 근거다, 이렇게 주장했는데 칸트가 그것을 일거에 쳐버리잖아요.[11]

---

11 "칸트가 동정심을 도덕의 규정근거로 결코 인정하려 들지 않았던 것도 이와 무관하지 않다. 많은 경우 우리는 분명히 타인에게 느끼는 동정심을 통해 도덕적 행위로 인도된다. 그런 한에서 동정심과 연민은 도덕적 의지의 주요한 규정근거인 것처럼 생각된다. 그리고 실제로 칸트 이전 계몽주의 시대 영국의 윤리학자들은 동정심을 도덕감의 본질이라고 보았었다. 그러나 칸트는 동정심을 도덕적 의지의 규정근거로 삼는 것을 철저히 거부하는데, 그 까닭은 다른 무엇보다 그것이 수동적 정념이기 때문이다. 도덕은 인간 의지의 자유의 표현이자 실현이다. 그런데 자유는 원인의 절대적 자발성에 다름 아니다. 따라서 동정심이 아무리 도덕감과 친근하고 유사한 것처럼 보인다 하더라도 그것이 수동적 정념에 지나지 않는

이것은 칸트가 도덕성의 본질을 해명할 때 주체와 주체들 사이의 역동적인 상호관계에 대해서는 아무런 관심도 가지고 있지 않았음을 보여주는 구체적인 실례이다. 그러나 만약 도덕이 칸트가 생각하듯이 인간과 인간의 주체적이고 역동적인 만남의 지평에서 발생하는 것이 아니라면, 도대체 이런 경우에 도덕은 어떻게 가능한가?[12]

선생님이 이렇게 수사 의문문으로 글을 쓰셨는데 거기에 대해서 저는 이런 생각을 했습니다. 영국 경험론자들이 도덕 주체들 간의 상호관계를 인정하고 있었다는 것을 뜻하는 게 아닐까? 이런 점에서 선생님의 홀로주체성 논의가 칸트에서 헤겔까지 독일 관념론을 특권화하고 있는 건 아닐까? 그러니까 독일 관념론을 보편적 담론으로 넣고, 영국 경험론은 철학사적 에피소드 정도로 폄하하거나 치워버리는 것이 아닌가? 그런데 제가 보기에는 오히려 독일 관념론에서 이야기하는 윤리학보다 차라리 영국 경험론에서의 좀 소박한 심퍼시가 서로주체성이라는 관점에서 보면 더 의미가 있지 않나…….

김상봉 맞습니다. 바로 앞에서 제가 얘기한 수동성에 대한 참여의 관점에서 본다고 하면 영국 경험론 쪽에서 말한 동정심, 심퍼시라고 하는 것이 도덕감의 본질에 더 가깝지 않으냐고 말할 수 있지요. 그러나 역시 수동성만으로는 가능하지 않고, 사실은 수동성과 능동성이 같이 있어야 하는 것이 서로주체성이라는 말입니다. 그러지 않으면 주체성이 온전한 의미에서 발생할 수 없으니까. 심퍼시라는 것은 남의 고통에 수동적으로 같이 끌려 들어가는 것이니까 그게 출발일 수는 있어도 결코 온전한 의미에서 도덕의 완성이라고 말할 수는 없다는 거지요. 그런 의

한, 도덕과는 본질적으로 아무런 상관도 없는 심리현상에 지나지 않는다는 것이 칸트의 입장이었다." 김상봉, 앞의 책, 291쪽.

12 김상봉, 앞의 책, 291쪽.

미에서 수동성인 동시에 능동성일 수 있는 지점이 있어야 된다, 그렇게 매개될 수 있는 지점, 수동성과 능동성이 만나는 지점이 있어야 된다는 거고 그게 제가 나중에 얘기한 응답의 윤리학이에요.

고명섭 그러니까 칸트의 윤리학에서는 능동성은 있는데 수동성은 결여되어 있고,[13] 영국 경험론에서는 수동성은 있는데 능동적 주체가 결여되어 있다. 그리고 양자를 다 지향하는 뭔가가 있어야 되는데 그게 응답의 미학이다. 그렇게 이해하면 된다는 것이지요. 그럼 『서로주체성의 이념』으로 들어가서 제게 고민스러운 것들을 좀 이야기해보겠습니다. 먼저, 선생님은 서양 철학이 서양 철학의 지역성을 명확히 자각하지 못했다고 보시는데요.[14] 서양 철학을 보편성의 지위에서 지역성의 자리로 돌려놓음으로써 우리의 공간을 여는 작업이 서로주체성 철학의 작업이 아닌가? 서로주체성 철학은 지역철학인가, 보편철학인가? 그런 의문이 떠올랐습니다.

김상봉 그러니까 이것은 모든 철학이 똑같은데요. 다 지역적이고 보

---

13 "만약 나 밖에 있는 인격적 존재가 온전한 의미의 타자적 주체로서 나에게 능동적으로 작용하여 나의 실천적 주체성, 즉 나의 도덕적 자유를 제한한다면, 그때는 주체의 도덕적 능력의 본질적 토대 그 자체가 붕괴될 위험에 처하게 될 것이다. 따라서 참된 의미에서 도덕이 가능하기 위해서는 도덕적 주체가 절대적인 홀로주체성 속에 있지 않으면 안 된다. 어떠한 타자적 주체와의 교섭도 갖지 않는 고립된 홀로주체의 윤리학, 그것이 칸트의 윤리학인 것이다. …… 그리하여 칸트 윤리학은 도덕적 주체들 사이의 상호관계를 설명하거나 규정하는 어떠한 이론도 가지고 있지 않다. 이것은 다른 무엇보다 칸트의 『실천이성비판』에 감성론이 없다는 사실에서 확인된다." 김상봉, 앞의 책, 290쪽.
14 "서양적 주체성의 이념 속에 놓여 있는 보편성의 이상 그 자체가 타자성을 허락하지 못하기 때문이다. 아니 보다 정확하게 말하자면, 서양 철학은 아직도 서양 철학의 지역성을 명확히 자각하지 못한 철학이다. 그 철학은 철학이 시대의 아들이라는 것을 인식하기는 했으나 자기들의 철학이 어쩔 수 없이 자기들의 역사와 언어에 의해 제약된 철학이라는 것을 깨닫는 데까지 이르지는 못하였다." 김상봉, 『서로주체성의 이념』, 37쪽.

편적이에요. 문학에서 가장 민족적인 것이 가장 세계적인 것이라는 얘기는 상투어이지 않습니까? 그런데 철학도 똑같아요.

고명섭 예.

김상봉 영미의 논리실증주의자들도 요즘에야 많이 진화해서 접점이 생겼다고 하지만, 아니 그렇다고 해서 옛날로 돌아가서 영국과 오스트리아의 논리실증주의자들인 에이어(A. Ayer)나 카르나프(R. Carnap) 같은 사람이 하이데거를 철학자로 칩니까? 안 치지! 거꾸로도 마찬가지거든요. 그러니까 저는 철학이 보편학이라는 것에 처음부터 동의하지 않아요. 그런 적이 언제 있었나? 그런 적 없거든요. 그러니까 철학은 개별자가, 개별적 정신이 보편자를 지향하는 거지. 우리가 필로소피아를 설명하면서 "철학은 소피아가 아니에요. 필로소피아입니다. 그러니까 소피아는 신만 가지고 있는 거고 철학은 그 소피아에 대한 사랑이고 지향이에요"라고 설명하잖아요. 그런데 그 소피아를 보편으로 바꿔놔도 돼요. "철학은 보편학이 아니에요. 다만 보편에 대한 사랑이에요"라고 말할 수 있는 거지요. 그러니까 우리 각자가 서 있는 자리는 다 특수한 거예요.

고명섭 선생님, 그러면 철학은 보편학이 아니지만 예를 들면 물리학은 보편학입니까?

김상봉 물리학이 보편학이냐?

고명섭 수학은 보편학입니까?

김상봉 수학은 보편학이냐고 물을 때 그것 역시 역사적으로나 아니면 지역적으로나 다른 방식으로 말할 수 있잖아요. 그 부분에서 보편성이 뭐냐고 물을 때 보편학이냐 아니냐를 말하기 위해서 보편성에 대해서 잠깐 생각을 해봅시다. 수학, 물리학 말씀하셨으니까, 맞아요. 뭔 말인고 하니 수학과 물리학이 보편학이냐, 보편성이냐? 어떤 의미에서는 보편적이지요. 1 더하기 1은 2라고 하는 건 모두가 다 동의하니까. 그렇지요? 그리고 물리학이라면 증명을 죽죽 해주면 사람들이 다 "아, 그렇군요. 동의합니다" 또는 "동의하지 않습니다"라고 말할 것 아닙니까?

고명섭 예.

김상봉 자, 그래서 우리가 앞으로 5년 뒤일지, 4년 뒤일지 선거에서 또 사람들이 야단법석을 하고 갈라지고 찢어지고 하는 와중에 어떤 사람은 동쪽에서 화개장터에 가고, 어떤 사람은 서쪽에서 화개장터에 가서 둘이서 만났어요. 당신은 어디에서 왔어요? 광주에서 왔습니다. 당신은 어디에서 왔습니까? 대구에서 왔습니다. 서로 외면하고 돌아서려는데, 잠깐만 기다려보세요, 1 더하기 1이 뭡니까? 한쪽이 물었어요. 다른 쪽 대답이 둘! 그랬더니 다른 쪽에서 온 사람이 어, 당신도 1 더하기 1이 2예요? 이런 놀라운 일치가 있나? 그러니까 우리는 이렇게 놀라운 일치 속에 있고, 이렇게 놀라운 하나 속에 있네! 하고 말하는 사람이 있겠습니까? 없을 것 아니에요.

고명섭 그렇지요.

김상봉 그건 죽은 보편성입니다. 그러니까 보편성이라고 하는 것을 이야기할 때 그 척도를 수학 또는 논리학에 두고, 그걸 어떤 원형적인 보편성이라고 두고 난 다음에, 다른 것들은 그것으로부터 점점 더 멀어지는 거라고 부지불식간에 사람들이 그렇게 얘기를 합니다. 특히 이게 언제 제일 잘 나타나는가 하니 예술의 보편성을 얘기할 때, 예술은 사람에 따라서 너무나 다르다, 취향이 다르기 때문에 그건 보편성일 수 없다고 한단 말이에요.

그런데 늘 그런 식의 보편성 개념에 사로잡혀 있는 한 우리는 보편이 뭔지 몰라요. 참된 보편은 하나됨에 존립하는 건데 우리가 1 더하기 1은 2라고 하는 것에 아무리 하나 된다고 하더라도 사실은 여전히 적대적인 분열 속에 놓여 있을 수 있는 것 아닙니까? 그런데 사람들이 왜 노래방을 가느냐고요. 토론만 하고 집에 가면 되지, 왜 기어이 노래방을 가서 같이 노래를 불러야 된다고 하느냐 할 때 그걸 통해서만 하나 될 수 있다고 느끼기 때문이지요.

그러니까 1 더하기 1은 2다. 너도 1 더하기 1은 2고, 나도 1 더하기 1은 2잖아. 그러면 우리 됐지. 우리는 얼마나 놀라운 이성적인 합일 속에 있는가 하고 생각하는 사람 없잖아요. 그런 보편성은 아무 소용이 없는 죽은 보편성이거든요. 아무리 나도 너도 1 더하기 1은 2라고 해봤자, 그건 그냥 이성의 일일 뿐, 내가 이렇게 꼬집는데 나는 굉장히 아픈데 이게 너에겐 전혀 전달이 안된단 말입니다. 그러니까 보편성의 의미는 만남에 있고, 하나에 있는데, 하나 되는 것에 있는데 그 하나 된다고 하는 것의 층위가 다르다는 겁니다. 아까 우리가 시작한 데가 어디였습니까? 철학의 보편성이었잖아요. 그런데 지금 제가 말씀드린 게 수학과 과학이 추구하는 보편성이 있는 것만큼 예술이 추구하는 보편성이 있다는 거거든요.

이런 의미에서 각 민족이 진정한 의미에서 보편에 도달할 수 있기 위해서는 민족 시인을 가져야 된다고 말하는 거예요. 그런 시인이 그 민족을 머리가 아니라 가슴으로 하나 만들어주는 거란 말이지요. 그러니까 언제 어디에서 들어도 우리가 같이 공감하는 마음의 보편성이 우리 삶에서 요구된다는 거예요. 선생님께서 아까 "철학이 그런 거라고 한다면 수학이나 물리학은 보편적입니까"라고 물었을 때 제가 마지막으로 대답을 할 수 있는 것은 여기에서 말하는 보편성이 뭐냐를 우리가 먼저 물어야 된다는 것, 그리고 철학이 말하는 보편성이 뭐냐 하는 것을 이제 비로소 우리가 물어야 된다는 거지요. 아까 이런 모든 미세한 얘기 없이, "따지고 보면 모든 철학이 지역적인 겁니다. 하지만 우리는 보편을 추구합니다" 하고 제가 말을 하고 나왔는데, 이제 이 얘기를 다 돌고 돌아와서 철학이 추구하는 보편이 무엇인지 다시 얘기를 해보면 그게 총체성 속에서의 만남이에요.

그러니까 한쪽에 논리적이고 사실적인 인식의 보편성 또는 이성적인 보편성이 있고, 거기에서 또 다른 한쪽으로, 그것과 전혀 무관한 것처럼 보이는 미적인 보편성, 공감 또는 마음의 하나됨, 이걸로 건너갔는데 이것만 얘기하겠습니까? 도덕적인 가치에서의 어떤 합일, 공감도 있을 수 있을 것 아닙니까? 그래서 그 모든 것이 총체적으로 조화롭게 우리 모두를 만나게 해줄 수 있는 보편적 세계관을 지향하는 게 철학이라고요. 그러니까 논리와 인식에서 시작해서 윤리와 가치, 그리고 예술과 아름다움, 마지막으로 더 나아가서 종교와 형이상학의 초월적이고 초자연적인 진리에 이르기까지 우리 삶의 모든 계기, 모든 영역에서 그것들이 어느 하나도 단절과 분열 속에 떨어지지 않고, 나 혼자 속에서든 아니면 세계 인류 전체와의 관계에서든 각자가 개별자이고 단독자인데도 불구하고 우리 모두를 조화로운 만남의 자리로 이끌어줄 수 있는 그런 지평의 개방, 이게 철학이 추구하는 진정한 보편성이라는 얘기예요.

자기상실의 여러 양상에 대하여

고명섭 선생님, 기독교와 자기상실 문제로 들어가보겠습니다. 선생님은 기독교 신에 대한 헌신과 열광은 진정한 의미의 자기상실이 아니라고 이야기하시는데요.[15] 그러나 기독교 신에 헌신하고 열광했던 중세인들이 자기에 대한 열광임을 자각하고 있지 않았다면 그것은 어쨌거나 내면적으로 심리적으로 현실적으로 자기상실 아니었을까요? 또 "자기 자신은 신을 사랑한다고 생각했으나 사실은 절대적 권력 주체로서의 자기를 욕망했다는 것, 이것이 중세 서양 정신의 나르시시즘의 진상

---

15 "이런 사정을 생각하면, 서양 정신이 신과 맺은 관계야말로 타자적 주체 앞에서의 진정한 자기상실의 모범인 것처럼 보이기도 한다. …… 그것은 타자 속에서의 참된 자기상실은 아니었다. …… 인격적 신에 대해 열광하는 까닭은 신이 본질적으로 나와 같은 인격적 존재이므로 내가 신과 같아질 수 있기 때문이다. 신과 같아짐이야말로 신에 대한 기독교적 열광의 지향점인 것이다. …… 기독교적 열광은 이처럼 내가 신을 통해 절대적 권력의 주체가 된다는 데 대한 열광이다. 결과적으로 신에 대한 열광은 자기에 대한 열광이다." 김상봉, 앞의 책, 105~06쪽.

이었던 것이다."[16] 이렇게 말씀하시는데, 이런 식이라면 모든 자기상실은 결국 최종적으로는 이상화된 자기, 혹은 자기의 이상적인 모습을 욕망하는 것이므로 자기상실이 아니게 되는 것은 아닐까요? 우리가 일제 식민지가 되고 서양 정신에 매혹돼 서양을 맹목적으로 추종한 것도 겉으로는 자기상실이지만, 내면적으로는 서양 정신 안에서 자기의 이상적인 모습을 발견했기 때문이고 그래서 결국엔 자기상실이 아니게 되는 것은 아니겠는가 말이죠.

김상봉 우리가 서양 정신 속에서 이상화된 자기를 발견했다는 것에 대해서는 동의할 수 있어요. 그걸 저는 매혹이라고 표현했고요. 그런데 여기서 문제는 우리가 이질적인 인격적 타자 속에서 이상화된 자기를 발견했다는 것이고, 그런 한에서 그것은 반드시 자기분열을 동반하게 되지요. 이질적인 타자니까요. 게다가 서양이란 게 얼굴이 하나가 아니잖아요. 기독교도 서양이고 과학도 서양이고, 공산주의도 서양이고 자본주의도 서양이잖아요. 그런데 우리는 그런 대립된 서양적 세계관들을 다시 절대화해버리지요. 그러고는 우리끼리 서로 사생결단하듯이 싸워요. 이중 삼중의 자기상실과 자기분열이지요. 하지만 신은 그런 종류의 타자가 아니에요. 그건 자기를 극대화하고 절대화한 표상이지 남을 절대화한 것이 아니거든요. 중세 유럽인들뿐 아니라 고대 그리스·로마인들이나 인도 사람들 그리고 아랍인들 모두 마찬가지예요. 그런 의미에서 중세 유럽인들이 신에게 몰입한 건 이상화된 자기에 대한 몰입이지 결코 타자 속에서의 자기상실이라 말할 수 없어요. 차라리 우리에게 그런 신이 있었다면 우리가 이 모양이었겠어요? 그래서 함석헌이 늘 탄식했잖아요. 고유의 종교, 고유의 철학이 없는 나라라고. 그건 자기를 확장해 무한에 이르기까지 나아가려는 정신에게만 가능한 일이에요. 하지만 우리가 언제 무한을 향해 고개를 쳐들어보았다고……. 만날 중국만

---

16 김상봉, 앞의 책, 107쪽.

바라보고 살다가 일본이 오니 일본이 전부였고 지금은 다시 미국 속에서 자기를 망각한 민족이잖아요.

하지만 우리가 지금 문제 삼는 타자 속에서의 자기상실은 좋게 말하면 타자에 대한 매혹이지만 나쁘게 말하자면 내가 타자에게 노예화되는 거란 말입니다. 신은 우리를 노예로 만들지 않아요. 그러니까 내가 신과 하나가 될수록, 그리고 더 가까워질수록, 말하자면 내가 신이 되는 거잖아요. 내가 신이 되는건 절대적 자기실현이고 자기 권력의지의 극대화이지, 우리가 일종의 비극이라고 얘기하고 있는 자기상실과 같을 수는 없다는 거지요.

고명섭 그러나 제가 여기에서 꼬투리 잡기 식으로 다시 한 번 질문을 드리지요. 좋습니다, 그러면 신은 자기실현의 한 계기니까, 이상화된 자기라고 볼 수 있으니까 그렇다고 치더라도, 자연은 어떻습니까? 자연재해, 지진, 해일, 베수비오스 화산의 폭발······.

김상봉 그게 뭐고 하니 주체의 한계입니다. 그러니까 에고와 슈퍼에고와 이드 사이에서 자연은 이드인 거예요. 선생님, 자연은 한계입니다. 내 힘의 한계예요. 신과 자연이 모두 자아에겐 한계 개념이지만, 신이 내 힘의 포지티브한 한계라면 자연은 네거티브한 한계예요.

고명섭 그렇지만 당하는 입장에서, 이걸 선생님은 당함이 아니라고 하실지도 모르겠지만, 내가 화산에 당하거나 내 가족이 해일에 죽거나 지진이 일어나서 죽어버리거나 하는 재앙을 당하는 것, 페스트 같은 전염병에 휩쓸려서 죽음을 당하는 것이나, 내 자식이 혹은 내가 끌려가서 노예가 되어서 거기에서 참혹하게 살다가 죽거나······.

김상봉 잠깐 우리 자연에 대해서만 얘기합시다. 끌려가는 거는 아니에요. 일단 죽음이나 자연에 대해서, 그 어떤 한계와 극한에 대해서 얘기한다면 그게 바로 숭고예요. 선생님, 그게 바로 서양적 숭고입니다. 그래서 서양적 자아에게서 적극적인 의미의 자기실현, 이것이 신에 의해서 표상된다고 한다면, 죽음 앞에 마주 선 자기, 그게 숭고예요. 죽음은 자아의 존재를 한정하는 자연적 한계예요. 죽음 앞에, 그러니까 자연의 모든 한계, 자연재해, 이런 모든 것이 나를 죽음이나 고통으로 침탈하지 않는다고 한다면 우리가 그것에 대해 말할 필요도 없겠지요. 다시 말해 타자적인 거라고 말할 필요도 없지 않겠어요? 만약 죽음을 내가 마음대로 주무를 수 있다면 말예요. 그렇게 내가 마음대로 능동적이고 적극적으로 주무를 수 없기 때문에 타자적인 자연이라고 한다면, 그때 그런 타자성 앞에서 서양 사람들이 추구한 길이 숭고의 길이에요. 내 몸은 비록 자연의 일부로서 그 자연의 무한한 위력에 의해서 가루가 되어버린다고 하더라도, 내 정신을 네가 어떻게 할 수는 없다고 하는 것, 그게 주체의 숭고라고요. 그러니까 적극적인 의미에서 자기실현이 종교라고 한다면 소극적인 의미에서, 부정적인 의미에서 자기실현이 예술인 거예요. 그게 숭고의 예술입니다.

고명섭 선생님, 그 얘기를 조금 더 연장해서…….

김상봉 여기에서 두 경우 모두, 다시 말해 신 앞에서든 자연 앞에서든 서양 사람들은 비굴해질 필요가 없습니다. 긍지를 잃지 않아요. 지금 이게 문제라는 겁니다. 제가 한국의 정신적 상황을 타자 속에서 정신의 자기상실이라고 규정할 때, 결정적인 포인트라고 할 만한 게 뭐냐면, 부끄러움이에요. 우리는 타자 속에서 자기를 상실했기 때문에 늘 부끄러워요. 하지만 숭고한 정신이 부끄럽습니까? 아니잖아요.

고명섭 부끄럽지 않지요.

김상봉 그다음에 신에게까지 드높여진 정신은 더더욱 아니지 않습니까? 그런 의미에서 자기상실이 없다…….

고명섭 그렇습니까?

김상봉 인간이 불가항력적인 자연의 위력에 의해서, 또는 운명에 의해서 비극적인 파멸로 떨어진다고 해보자고요.

고명섭 그렇다고 해도 수치나 부끄러움을 느낄 필요는 없겠지요.

김상봉 오히려 불가항력적인 자연의 힘이나 운명에 맞서다가 인간이 파멸한다면, 그 저항 때문에 도리어 인간의 정신은 무한히 고양되고 상승하겠지요. 정신의 숭고, 정신의 긍지라고 하는 건 그게 오이디푸스든 다른 누구든, 그런 저항을 통해 일어나는 거란 말입니다. 비록 나의 육체가 파멸한다 하더라도 나의 정신은 자유롭다는 거잖아요. 그게 주체의 긍지란 말입니다. 그러니까 서구적 주체의 경우 자연의 무한한 힘에 의해 아무리 자기가 파멸에 빠진다 하더라도 결코 자기 자신의 긍지를 잃지는 않아요. 그게 파스칼의 생각하는 갈대지요. 나를 죽이기 위해전 우주가 무장할 필요는 없다고, 물 한 방울이면 충분하다고, 내가 그렇게 나약한 존재라고 하잖아요. 하지만 우주는 아무것도 모른다잖아요. 갈대처럼 나약한 나는 내가 얼마나 약한지를 자각하는 생각하는 존재인데! 이처럼 서양 정신은 자기보다 무한히 크고 강한 자연을 도리어 자기의 숭고의 배경으로 삼을 만큼 긍지 높은 정신이란 말이에요. 그런데 우리의 경우 타자에 의해서 자기를 상실한다는 것은 자기의 긍지를 상실한다는 걸 의미해요. 그러니까 우리가 일본에 의해서 자기를 상실했다, 그다음에 미국이나 서양에 의해서 자기를 상실했다고 하는 건 그 앞에서 우리가 열등감에 빠지는 거란 말입니다. 만해 식으로 말해 스스로에 대한 슬픔, 윤동주 식으로 말해 부끄러움, 요컨대 자기를 긍정할 수 없는 상태에 빠지는 겁니다.

고명섭 나쓰메 소세키가 영국에 유학 가서 일본의 부인에게 써 보낸 편지에서, "앞에 키 작은 어떤 원숭이 같은 놈이 걸어오고 있어서 누군가 하고 봤더니 거울이었고 자기였다. 나 같은 원숭이가 없다"고 그렇게 이야기하면서 한없이 부끄러움을 느낀 그것……

김상봉 비슷한 얘기입니다.

고명섭 윤치호가 영어로 일기를 쓰면서 느꼈던 그것……

김상봉 바로 그거예요. 그런데 한국인들은 자기가 원숭이인지를 몰라요. 일차적인 자기상실이 모든 서구적인 정신세계에 의해서 자기를 상실하고 그 앞에 서면 주눅 들고 한없이 작아지고 부끄러워하는 것이라면, 이차적인 자기상실은 그런 상황 자체를 직시하려고 하지 않는다는 것입니다. 예를 들어 한국인들이 정치에 대해서 얘기를 한다고 해보자고요. 끊임없이 서양의 정치 이론을 가지고 얘기하잖아요. 하지만 우리가 언제 서양과 같은 의미의 국가를 가져본 적이 있습니까? 서양의 정치 이론, 국가 이론은 한편에서는 주권 개념의 구체적 전개이고 다른 한편에서는 시민의 자유 이념의 구체적 전개라고 할 수 있지요. 그런데 우리가 언제 밖으로 주권국가였던 적이 있고 안으로 공화국이었던 적이 있어요? 이른바 을사조약이 외교권과 군사권을 일본에 넘긴 것이고 이것이 실질적으로 식민 통치의 출발이었다고 하는데, 지금 한국의 전시작전통제권이 미국에 있는데 이것을 찾아올 생각도 하지 않잖아요. 주권국가의 자격 자체가 없는 거죠. 처음부터 주권이란 걸 가져본 적이 없는 나라를 두고 서양의 정치 이론을 가지고 국가가 이래야 된다, 저래야 된다고 말을 하는 게 얼마나 우스꽝스러운 얘기냐고요. 만해는 『님의 침묵』을 끝내면서 "나의 시를 독자의 자손에게까지 읽히고 싶은 마음은 없습니다"라고 말했는데, 그의 시는 지금도 현실성을 갖지요. 여전히 우리가 식민지니까. 그렇지 않습니까? 식민지보다 더한 식민지이지요. 분단이 되었으니까.

그런데 문제는 우리가 지금 식민지 상태에 있다는 걸 사람들이 모른단 말입니다. 분단이 곧 식민지 상태로부터 연유했다는 것, 그래서 그것의 연장이라는 것을 인정하려고 하지 않고 마치 지금 우리가 독립된 주권국가이고 아무 문제 없는 나라에서 살고 있고, 분단이란 게 그저 저 위에 다른 나라가 하나 더 있는 거라는…… 이런 허위의식이 우리의 자기인식을 불가능하게 만들고 바로 그것 때문에 우리 사회에 대한 공정한 인식과 새로운 전망, 그러니까 우리가 온전하게 국가를 제대로 세우기 위해서는 어떻게 해야 되는가 하는 전망과 설계를 불가능하게 만들어요.

게다가 한국 사회가 예전에 비해 국제화되면서 정말로 터무니없이 한국인들이 세계시민인 것처럼 생각해요. 미국의 시민이나 한국의 시민이나 다를 게 뭐 있냐, 유럽 저네들이 잘나 봤자 우리하고 다를 게 뭐 있어? 일본과 한국이 그게 그거지, 또는 한국이나 중국이나 그게 그거지 이런 식으로 생각을 하지 않습니까? 이게 정말 심각한 문제예요. 중국은 새로운 제국으로 발돋움하고 있고 일본 역시 패전의 역사를 청산하고 다시 외부로 노골적인 야심을 드러내고 있는데, 식민지도 모자라 분단된 나라에 사는 사람들이 제 처지가 얼마나 비참한지 알지 못하고 알려고도 하지 않으니, 이번에는 또 누구에게 어떻게 먹힐지 생각하면 절망적인 상황이지요. 또 한 세기 전처럼 누구는 일본 편 누구는 중국 편 누구는 미국 편 또 누구는 러시아 편, 이렇게 갈라져 싸울 건가요? 세상에 이런 나라가 어디 있어요? 게으른 자들이 나라가 작고 약해서 그렇다고 변명하지만, 일본은 뭐 그리 대단히 큰 나라라서 매번 그렇게 고개를 쳐든대요? 남북한 합치면 어디 내놓아도 작다 소리 들을 일은 없는 나라인데, 스스로 작아지지 않았더라면 왜 이 모양 이 꼴이 되었겠냐고요.

그런 의미에서 저로서는 주체성의 상실 또는 타자 속에서의 자기상실이라고 하는 저의 판단이 옳든 그르든, 우리 사회의 화두로 제기돼, 정말 그런가? 진짜 우리가 자기상실 상태에 있는 것인가? 하는 식으로 제대로 비판이라도 받았으면 좋겠다는 생각을 합니다만 지금으로서는 이루어지기 어려운 소망처럼 보여요. 한번은 어느 정치학 교수와 얘기를 하는데 그분이 그러시더라고요. 자기는 많은 진보적 지식인들이 한국을 비관적으로 진단하는 것에 전혀 동의하지 않는대요. 왜냐하면 한국이야말로 제2차 세계대전 이후 폐허에서 발전한 가장 성공적인 사례라는 겁니다. 현대 사회에서 한국의 민주화와 산업화는 가장 성공적인 사례래요. 그 말을 듣는데 이게 문제구나 싶었어요. 가장 성공적인 사례라고 할 때 거기에서 완벽하게 무시되고 있는 것이 우리의 식민지적 현실이라는 말이지요. 한 이삼십 년 뒤에 우리의 자식 손자들이 이 땅에서 아무리 열심히 살아도 벌어먹기 힘들어 중국과 베트남을 거지처럼 떠돌 때가 되면 그런 망상에서 깨어날까요. 제가 말하고 싶은 건 단순히 한국이 문제라는 것이 아니라 왜 문제인가 하는 거예요. 그 점에 대해서는 진보도 보수도 진정한 자각이 없어요.

고명섭 다시 말하면 우리의 주체성 없음이…….

김상봉 그렇지요.

고명섭 주체가 없는데 거기에서 외관상 옷이 좀 좋아지고, 머리 모양이 좀 좋아지면 그것이 성공이냐?

김상봉 그 얘기예요. 그 얘기입니다.

고명섭 주체도 이루지 못했는데, 자기 발로 서지도 못했는데…….

김상봉 많은 사람들이 지금 한국을 두고 한편에서는 미국이 후원해서 발전시킨 성공 사례라고 말하면서 다른 한편에서는 그게 또 거슬러 올라가면 일본이 지배한 덕이라고 합니다. 자유와 주체성이라고 하는 것에 대한 감수성 자체가 없으니까 식민지 근대화론 같은 것이 횡행하게 되는 거지요. 우리는 스스로는 아무것도 할 수 없는 백성이라는 말이 잖아요.

고명섭 박정희를 긍정하려다 보니까 논리적으로 필연적으로 식민지 근대화론을 주장하지 않으면 안 되겠다는 거지요.

김상봉 하지만 저는 여기서 식민지 근대화론자들을 반박하기 위해 핏대를 올리고 싶은 생각은 없어요. 생각하면 한국의 우익이 한국은 경제든 국방이든 스스로 자립할 수 없다고 처음부터 당연한 것처럼 전제하는 것과 이 나라의 좌익이 모든 철학과 이론을 스스로 정립할 수 없다고 생각하는 것은 방향만 다를 뿐이지, 동일한 자기상실이고 자기망각인 거잖아요. 처음부터 철학이 있는 나라였더라면 어떻게 식민지 근대화론이란 말을 지식인들이 입에 올릴 수 있었겠어요. 산업이나 기술의 측면에서 보자면 일본이 할 수 있는 일은 한국도 할 수 있는 거고 한국이 할 수 있는 일은 중국도 하고 베트남도 하는 거지 그게 뭐 대단한 일이라고. 얼이 빠진 민족이 남의 도움으로 어쩌다 아무리 벼락부자가 된다 한들 그게 얼마나 갈 수 있겠어요? 하지만 얼이 빠진 민족이 된 게 어디 우익만의 잘못이겠어요? 우익이 권력에서 사대주의자들이라면 좌익은 철학과 이론에서 사대주의자들이라는 것만 다를 뿐 정신의 자립을 이루지 못한 건 마찬가지거든요.

보는 것과 듣는 것

고명섭 예, 선생님. 이야기의 실마리를 또 바꿔보겠습니다. 제가 가지고 있는 여러 가지 질문거리들, 생각들이 있는데 오늘 다 못 한 것은 다음에 만나서 더 하면 되고요. 다만 홀로주체성이 드러나는 양상이라고 할까 혹은 서양 정신의 근본적인 태도로서의 '봄'에 대해 이야기해보고 싶습니다.[17]

봄이라는 것이 과연 그렇게 주체가 타자를 장악하고 복속하는 것인가, 시각이라는 것이 본래 그런 것인가? 선생님도 책에서 인용하셨지만

---

17 "서양 철학에서 주체와 타자 일반의 관계가 어김없이 사물적 관계로 전락할 수밖에 없었던 까닭이 무엇인가? 그것은 서양 정신에서는 이미 그리스 시대에서부터 주체가 타자를 의식하고 경험하는 것이 너무도 완강하게 봄의 표상에 의해 지배되고 있기 때문이다. …… 본다는 것은 서양적 인식의 이념을 지배하는 근본 지각이다. …… 그런데 봄에는 몇 가지 중요한 특징이 있다. 첫째로 봄의 활동에서는 그 활동의 주체와 객체가 명확히 분리된다. 보는 자는 보는 활동의 주체이며, 보이는 자는 그 활동의 객체이다. 각각의 봄의 활동에서 이것이 뒤바뀔 수는 없다. …… 그런데 봄의 지각에서는 주체와 객체가 이렇게 엄격하게 분리될 뿐만 아니라 비대칭적으로 분리된다. 다시 말해 보는 주체와 보이는 객체는 단순히 평등하게 서로 다른 것이 아니라 그 존재의 차원 자체가 불평등하고 비대칭적이며 더 나아가 단절적으로 다르다. …… 이처럼 봄의 주체와 객체가 전혀 다른 존재의 차원에 있기 때문에 그 둘은 봄을 통해서는 결코 인격적으로 만날 수가 없다. …… 이런 사정은 내가 다른 사람을 보는 것이 아니라 나 자신을 본다 할 때에도 마찬가지이다. 사람이 아무리 아침저녁으로 열심히 거울을 본다 하더라도 자기 자신에 대한 내면적 성찰에 이르게 되는 것은 아니다." 김상봉, 앞의 책, 254~58쪽.

영문학자 임철규 선생이 『눈의 역사 눈의 미학』(한길사, 2004)에서도 매우 상세하게 이야기를 하셨지요. 정말로 본다는 것이 그렇게 타자화하는 것인가? 본다는 것은 주체와 타자가 구분되는 것이고 주체가 타자를 보는 것이고 주체가 타자를 장악하는 것인가? 극단적으로 이야기해서 제국주의의 문제는 눈의 문제다, 이렇게 이야기할 수 있는 것인가? 첫째 물음은 이거예요. 과연 그렇게 타자화하는, 그러니까 내가 주체이고 대상을 타자로 만드는 그런 눈, 그런 봄만 있는가? 오히려 이 타자에 의해서 내가 볼 수밖에 없는 상황도 있지 않은가? 그러니까 나는 보고 싶지 않은데 내 눈이 저절로 돌아가는 그런 상황들. 예를 들면 너무나 아름다운 사람이 지나가는 거예요. 자기 아름다움을 뽐내면서 지나가는데 눈이 그냥 돌아가는 거예요. 그러면 보는 내가 주체인가, 저 아름다운 사람, 자기를 보여주는 저 사람이 주체인가? 또 임금님이 행차를 할 때 백성이 나와서 구경하면 그 백성이 주체인가, 그 백성에게 보도록 하는 임금이 주체인가? 그다음에 마주 보는 봄, 나와 네가 만나서 마주 볼 때, 눈과 눈을 마주 볼 때, 이해의 눈길, 사랑의 눈길, 공감의 눈길로 마주 볼 때, 그때는 내가 주체이고 대상을 타자화하는 봄인가? 그것은 타자와 내가 함께 만나는 봄 아닌가?

대상을 타자화하고 복속시키고 상징적으로 먹어치우는 것으로서의 봄이라는 것은 내려다봄입니다. 아래로 볼 때 그때의 봄이 타자화하는 것이고 특히 인간의 경우는 사물적 대상으로 볼 때 타자화되는 겁니다. 그래서 봄이라는 시각 작용이 모두 타자화하는 것이 아니라 봄의 어떤 특수한 양태가 타자화하는 봄입니다. 또 선생님은 봄에 대해서 들음을 우위에 두셨지만,[18] 봄만 그렇게 타자화하는가, 듣는 것은 타자화가 아

---

18 "도무지 보이는 것 속에는 인격적 존재가 없다. 그렇다면 언제 우리는 인격적 존재와 만나게 되는가? …… 그것은 오직 우리가 들을 때, 정확하게 말하자면 소리를 듣는 것이 아니라 말을 들을 때이다. 이때 들리는 것은 사물의 외면이 아니라 말이다." 김상봉, 앞의 책, 259쪽.

닌가요? 선생님은 들음이라는 것이 내가 이렇게 나에게 적극적임과 동시에 저쪽에서 말하는 것을 듣는다는 의미에서 수동성이기 때문에 서로주체성에 상당히 비근한 것으로서 들음을 이야기하시지만[19] 듣는다는 것이 예를 들어 엿듣는 것일 때, 도청을 하는 것일 때는 어떻게 됩니까? 그다음에 내가 죽어도 듣고 싶지 않은데, 교장 선생님 말씀을 듣지 않을 수 없을 때 그 들음은 일방적으로 당함일 뿐이 아닌가요? 도청하는 것은 내가 일방적으로 듣는 것일 뿐이지요. 공속하는 것이 아니고. 그러니 들음이라는 것을 봄과 존재론적으로 전혀 다른 어떤 걸로 볼 수가 없지 않은가요?

마찬가지로 촉각을 예로 들면, 프랑스 철학자 메를로퐁티가 촉각에 대해 한 얘기에 대해 선생님이 이렇게 말씀하셨지요. 촉각이라는 것이 바로 고문의 도구일 수 있다.[20] 그것은 에로스적인 터치일 수도 있지만,

19 "말을 하고 듣는다는 것은 본질적으로 서로주체적이다. …… 따라서 듣는 일에 관해서는 어느 한쪽을 가리켜 주체라 하고 다른 한쪽을 객체라고 구분하는 것이 불가능하다. 말하고 듣는 사람이 모두 주체인 동시에 객체이며 능동적인 동시에 수동적이기 때문이다. …… 말하는 자가 주체가 되는 것은 듣는 자가 객체가 되어주기 때문이다. 그런즉 말을 듣는 것 속에서 주체와 객체는 본질적으로 공속한다. 듣는 자가 객체가 되는 것은 스스로 귀를 내주어 객체가 되어주는 것이니 객체가 되어주는 사람은 그 순간 주체가 되는 것이요, 말하는 주체가 도리어 객체에 의존하는 객체가 되는 것이다." 김상봉, 앞의 책, 262~63쪽.

20 "메를로퐁티는 시각을 시선에 의한 만짐이라고 봄으로써 시각과 촉각 사이의 본질적 차이를 없애려 한다. …… '사물들은 나의 시선을 끌어당기고 나의 시선은 사물들을 어루만지며 사물의 윤곽 및 굴곡과 결합한다.' …… 하지만 메를로퐁티처럼 시각을 촉각화한다고 해서 시각의 홀로주체성이 서로주체성으로 변모하는 것은 아니다. …… 촉각의 접촉은 단순히 부드러운 애무로만 일어나지 않는다. 그것은 또한 폭력으로 일어나기도 한다. 시각에서는 거리 때문에 불가능한 폭력이 촉각에서는 바로 그 접촉 때문에 일어나는 것이다. …… 이를테면 고문하는 자와 고문당하는 자는 육체적으로 보자면 긴밀한 (아니 너무도 과도한) 접촉 가운데 있다. …… 여기엔 메를로퐁티가 말하는 주체와 객체의 상호성이나 상호육체성 같은 것은 없다. 가장 폭력적인 주체와 그 폭력에 내맡겨진 가장 나약한 육

서로서로 좋아해주는 것일 수도 있지만 고문일 수도 있다. 성추행일 수
도 있다. 그러면 촉각이라는 것이 끔찍한 것 아니냐? 듣는 것도 마찬가
지로 끔찍할 수 있지 않겠는가. 감탄으로서 보는 것과 일종의 추행으로
서 보는 것이 다르단 말이지요. 그런데 보이는 사람은 그것을 너무나 명
확하게 느껴요. 그래서 저 사람이 나를 감탄하면서 보고 있을 때는 자기
를 바라보는 시선을 즐기지요. 봄을 당한 사람이 즐김의 주체가 되지요.
그러나 저 사람이 나를 사물화하면서 추행의 대상으로 볼 때는 즉각 그
것을 느끼면서 거기에 대해서는 내가 타자가 되고 사물이 되는 느낌 때
문에 싫어지는 거지요.

김상봉 제 편에서는 선생님이 말씀하신 그런 구체적인 상황에 대해
서는 딱히 반대할 것이 없습니다. 그 상황에서는 그렇게 얘기할 수 있지
요. 그런데 제가 보는 것과 듣는 것에 대해서 새롭게 생각을 해봐야 된
다고 하는 까닭은 크게 두 가지입니다.

사회적인 권력관계가 문제라면, 선생님이 말씀하신 것처럼 모든 지
각 현상이 인간을 폭력적으로 소외하고 대상화하고 사물화할 가능성이
있다는 데 동의합니다. 그러나 제가 얘기하려고 했던 것은 그런 사회적
인 권력의 층위에서가 아니고, 지각 현상 그 자체에 있는 근원적인 차이
를 드러낼 필요가 있다는 거였어요. 그러니까 듣는 것이 중요하다, 듣
는 것이 할 수 있는 일을 보는 것이 하지 못한다고 한 까닭이 두 가지
입니다. 첫째는 순수한 인격적 주체성은 보이지 않는다는 거예요. 아
무리 눈을 부릅뜨고 뚫어지게 보더라도 자아라고 하는 건 보이지 않아
요. 그건 결국은 들을 수 있을 뿐이지요.

그런데 서양의 철학자들이 자기인식이나 자기의식을 말할 때, 부지불

체가 있을 뿐인 것이다." 김상봉, 「상호문화철학과 서로주체성의 이념」, 2010년
부산대 HK사업단 주최 학술대회 발표문, 36~37쪽. 『철학의 경계에서』(도서출
판 길, 근간)에 수록될 예정.

식간에 하나같이 그게 자기를 보는 것이라고 생각했던 거예요. 보는 것을 통해서는 사실은 나라고 하는 것, 자아라고 하는 것이 지각될 수 없는데. 보이지 않는 거니까요. 그런데 왜 어쩌다가 내가 내면적으로 나 자신을 본다고 생각했단 말인가? 이걸 물었던 거지요. 이것이 왜 문제냐면, 책에서 얘기했던 대로 시각이 포착하는 것은 언제나 공간적인 것이고 외부적인 것뿐이에요. 내면이 없는 것이 시각의 대상이거든요. 거꾸로 말하자면 내면성이란 어떤 경우에도 보이는 것은 아니에요.

그러니까 보이는 것은 모두 내면이 없는 껍데기로서 사물일 수밖에 없고 보이지 않는 것을 보아야겠다는 사람은 정신적인 것까지도 사물화하게 마련이지요. 게다가 언제나 나는 보는 주체이고 저쪽은 보이는 객체라면, 보이는 것은 그런 의미에서 사물적인 것, 외면적인 것이고, 어떤 경우에도 타자적 주체로서 내 앞에 마주 서지 못하겠지요. 마음은 눈에 보이지 않으니까 보이는 것만 있다고 한다면 마음은 없는 거고, 마음이 없는 존재가 인격적 주체일 수는 없으니까, 사람을 그저 보는 것으로 다 안다고 생각하는 사람이라면 다른 사람을 자기가 주무를 수 있는 사물이나 하나의 자동 기계처럼 대하게 되겠지요. 아니면 볼 수 없는 마음을 보려고 안간힘을 쓰는 사람은 사물화할 수 없는 타인을 어떻게 해서든지 시각적 대상으로 환원함으로써 사물화하려 하는 거지요.

이처럼 시각적 사유의 문제가 인격의 사물화에 있다면, 제가 그것을 비판하는 둘째 이유는, 고통은 보이지 않기 때문이에요. 고통은 보이지 않아요. 보이는 것을 통해 우리가 연상할 수 있을 뿐이지요. 절대로 직접 보이지는 않아요. 하지만 고통을 들을 수는 있지요. 시각이든 청각이든 인간의 마음이 그 자체로서 지각될 수는 없지만, 그럼에도 불구하고 음성은 그 자체로서 내면성의 현전을 알리는 거거든요. 그런 까닭에 인간이 당하는 고통 역시 시각이 아니라 청각을 통해 더 직접적으로 전달되는 거지요. 고통 역시 내면적인 거니까. 그런데 제가 늘 말해왔던 대로 고통에 대한 참여, 공감, 이런 것이 서로주체성의 어떤 본질적인 계기에 속하기 때문에, 그런 의미에서 들음에 대한 성찰이 필요하다는 거예요. 타인의 고통에 귀 기울이고 그에 응답할 때, 비로소 나는 홀로주체성의 골방에서 벗어나 서로주체성의 광장으로 나아가는 거니까. 아니 그보다 더 근본적으로 그 응답 속에서 나는 비로소 주체가 될 수 있으니까. 하지만 응답하기 위해서는 먼저 들어야 하잖아요.

비단 타인과의 관계뿐 아니라 존재 전체와의 관계에서도 시각적 사유로부터 청각적 사유로 이행하지 않으면 안 되는 것은 오직 그런 사고방식의 전환을 통해서만 우리가 존재를 사물화하는 관성에서 벗어나 존재의 뜻을 생각하고 존재와 인격적 만남의 관계에 들어갈 수 있기 때문이에요. 많은 철학자들이 존재의 사물화를 비판하고 염려하면서도 그로부터 벗어날 수 있는 길을 제시하지는 못했는데, 저는 존재를 보는 것에서 듣는 것으로 나아갈 때 존재의 사물화가 극복되리라 생각해요.

이 문제에 관해 다소 복잡한 말이 될 수도 있겠지만 하나 덧붙이고 싶은 게 있는데, 존재의 사물화는 기본적으로 언어에서 시작되지요. 생각하면 우리가 들어야 할 것이 음성이라면, 음성은 또한 말이지요. 그리고 말이야말로 인간의 음성을 동물의 음성과 질적으로 구별하게 해주는 거고요. 그런데 인간의 사유가 시각적 사유에 치우쳐 있다는 것은 인간의 말과 언어가 시각적 사유를 향해 정향되어 있다는 말과 같아요. 좀 구체적으로 말씀드리자면 우리가 주고받는 말을 이루고 있는 벽돌이 낱말이잖아요. 그런데 특히 서양 언어에서 두드러진 것이지만, 거기서 낱말들이 지시하는 내용이 시각적으로 표시될 수 있을 때, 그것은 명석판명한 낱말이 되지요. 플라톤의 이데아는 눈으로 볼 수 있는 방식으로 형상화된 낱말이라고 풀이하면 될 거예요. 이데아나 에이도스라는 말 자체가 그 뜻이니까요. 칸트가 정의(定義)할 수 있는 유일한 개념은 수학적 개념뿐이라고 말했을 때, 그 까닭이 뭐냐면 수학적 개념만이 직관 속에서 표상할 수 있다는 거였잖아요. 쉽게 말해 기하학적 개념만 순수 직관 속에서 볼 수 있다는 거지요. 얼마나 플라톤적인 생각이에요! 그런데 이런 사고방식 속에는 오직 보이는 것만이 존재의 진리를 드러낼 수 있다는 편견이 놓여 있어요. 그리고 이런 생각을 무비판적으로 받아들이기 시작하면 우리는 모든 낱말을 시각적으로 바꾸려 하게 되지요. 저는 그것이 서양 과학의 역사라고 생각해요. 귀로만 들을 수 있는 것도 눈으로 볼 수 있는 것으로 치환해야 그것을 인식한 거라고 생각하기 때문이지요.

고명섭 전환시키는 것이지요.

김상봉 개념이라고 하는 것이 그러니까 시각적인 이미지가 관념화된 거라고 생각할 수 있지요. 그리고 그게 이데아 아닙니까?

고명섭 그렇습니다.

김상봉 물론 그렇다고 우리가 모두 눈을 감고 살아야 한다는 말은 아니에요. 하지만 볼 수 있는 것과 볼 수 없는 것, 보아야 할 것과 들어야 할 것을 구분하는 것이 지금 우리 시대에 대단히 중요한 일이 되었다는 말씀을 드리고 싶은 거지요.

만남이란 결국 눈으로 보는 걸 넘어가서 내면으로 육박해 들어가야 하는 거예요. 보는 것은 단지 만남의 시작이고, 그다음에는 들어야 한단 말이에요. 그런데 우리는 대개의 경우 어떻게 하느냐면 남의 말을 들으면서도 애써서 보려고 해요. 그러니까 내가 듣는 모든 것을 볼 수 있는 방식으로 이미지화하려고 한다는 거지요. 그렇게 해야 생생하게 잡히는 거고, 그게 정말로 아는 거고, 알아듣는 거고, 이해하는 거라고 생각하지 않습니까?

고명섭 그 말씀을 들으니까 제가 이거 또 엉뚱한 오판을 하는 건지 모르겠지만, 기독교적인 관념 아닌가 하는 생각이……

김상봉 어떤 의미에서요?

고명섭 예를 들면 고대 그리스적인 의미에서 가장 아름다운 것은 이데아이고 선의 이데아인데, 그게 빛이라는, 눈에 보이는 거란 말이에요. 그런데 기독교의 원초적 형태인 유대교에서 하나님은 보이지 않고 오직 들을 수만 있고 보려고 해서는 안 되는 존재이고, 그래서 말씀을 잘 들어야 되고, 그래서 '하나님 말씀'이고, 그런 의미에서 저한테는 선생님 말씀이 그렇게 느껴지는데……

김상봉 일리 있는 얘기지요. 하지만 기독교라고 하는 것이 사실은 청각이 아니라 시각의 종교예요. 왜냐하면 기독교의 본질은 신이 눈으로 볼 수 있게 나타났다는 것에 있거든요. 그렇게 시각적으로 자기를 우리에게 보인 신이 예수인 거예요. 그게 바로 기독교에서 말하는 유일무이한 계시잖아요. 이 지점에서는 기독교와 유대교를 나눠서 얘기해야 돼요. 기독교는 봄의 종교예요. 신이 우리에게 자기를 보여주었다. 그래서 보인 신을 믿는 게, 보인 어떤 것을 신이라고 믿는 게 기독교지요.

고명섭 그러면 혹시 그리스화된 유대교의 한 모습이 기독교 아닙니까?

김상봉 그 얘기예요. 바로 그게 제가 늘 해오던 얘기였지요. 기독교는 그리스 정신이 입양한 종교라고. 그래서 그리스 정신은 기독교 속에서 자기를 상실한 것이 아니라 도리어 이어가고 완성한 거라고요. 그런데 그게 어찌 되었든, 여기서 제가 하고 싶은 말이 있는데, 유대교의 경우에 신은 사실은 말하지 않아요. 구약 성경에서 신이 "들어라 이스라엘!"이라고 말한다고 기록되어 있다 해서 신이 말을 하고 인간이 듣는다고 얘기하는 건, 그 자체로서는 사람들이 지어낸 얘기지요. 그런 의미에서 '신이 말을 한다, 국가가 나를 부른다' 이런 얘기를 저하고 자꾸만 같이 연결하지 말라는 얘기입니다. 제가 보는 것이 아니라 듣는 것이 더 근원적이라고 말할 때, 들어야 한다는 것은 신의 명령을 들으라는 것도 아니고 국가의 지시에 고분고분하게 따르라는 말도 아니에요. 들어야 한다는 것은 고통받는 타인의 신음과 부름에 귀를 기울여야 한다는 거지요.

물론 우리가 듣는 것이 단지 인간의 부름만은 아니라는 건 저도 당연히 인정하지요. 장자가 말했듯이 인뢰만 있는 것이 아니라 지뢰도 있고

202

천뢰도 있는 거니까요. 형이상학적으로 말하자면 함석헌이 말했듯이 모든 존재는 말씀하는 존재니까, 존재의 음성에 귀를 기울일 줄도 알아야지요. 하지만 여기서 우리와 별 상관없는 남의 종교의 한 측면을 가지고 와서 네 말이 이것과 같지 않으냐고 말한다면 저는 유대인들의 신이 무슨 말을 하는지 들어본 바 없다고 말할 수밖에 없지요.

고명섭 제 말씀을 다시 정리하면, 신과 연루시키기 위해서라기보다는, 한 번 더 여쭤보는 겁니다. 제가 충분히 납득을 못 해서요. 아까 사회·정치적 층위에서의 봄이나 들음과 다른, 좀 더 원초적인 차원에서의 봄은 그러한 성질이 있고, 그 봄에 비해서 상대적으로 들음이라는 것은 이러이러하다고 하는데, 저는 거기에 대해서 한 번 더 생각해보는 겁니다. 정말로 그런 걸까? 예를 들면 『나르시스의 꿈』에서 나르시스라는 그 신화를 하나의 비유로 삼아서 서양 정신을 이야기할 수 있다면, 나르시스가 그렇게 자기 얼굴을 보고 그 얼굴에 반해서 식음을 전폐하고 거기에 주저앉아서 얼굴을 보다 보다 지쳐서 쓰러져 죽었는데, 그러면 그때의 봄에 대해서도 비유적으로 얼마든지 이야기할 수 있지 않을까요?

김상봉 어떤 것하고요?

고명섭 본다는 것은 절대 주체적 행위가 아니다. 보아서 내가 지쳐 쓰러져 죽고 말았는데 과연 이것을 주체 행위라고 할 수 있는가?

김상봉 지금 이 문맥에서 어떤 관계가 있는지, 어떻게 제가 대답을 해야 되는 건가, 그게 아직 떠오르질 않는데요. 그러니까 사로잡힌 사람이 어떻게 주체적일 수 있느냐, 이렇게 제가 선생님의 말을 풀어서 이해해도 된다면…….

고명섭 예.

김상봉 그 봄에 사로잡혀서 말라 죽은 나르시스를 주체적이라고 말할 수 없다. 주체적이지 않은 건 사로잡혔기 때문이다, 매였기 때문이다. 그래서 주체적이라고 말할 수 없다는 뜻이라면, "맞아요, 제 말이 그 말입니다" 하는 게 제 얘기 아닙니까? 왜냐하면 그건 자기에게 사로잡히는 거거든요. 아집이란 말입니다. 그래서 불교에서도 그런 아집을 두고 그건 자유 아니라고, 진정한 의미의 자유는 자기를 고집하는 게 아니고 자기에게서 해탈하는 거라고 하잖아요?

고명섭 제 이야기는 본다는 것이 특권적으로 주체와 타자의 관계인 것이 아니고 시각이든 청각이든 이 태도가 중요하다는 것입니다. 내가 주체로서 타자화하면 그것은 타자화하는 것이고, 내가 오히려 당하는 입장일 때는 그것이 보는 것이든 듣는 것이든 간에 당하는 것이 될 수가 있다. 중요한 것은 타자화를 하느냐 아니냐 하는 것이지, 봄이냐 들음이냐 만짐이냐 그 차이는 아니지 않을까?

김상봉 그건 반은 동의하고 반은 동의할 수 없는 거지요. 그건 다 당연해요. 보는 것도 어떻게 보느냐, 듣는 것도 어떻게 듣느냐에 따라서 다 달라지지요. 사람들이 모든 일에서 결과적으로는 자기가 어떤 식으로 하느냐에 따라서 독도 약이 되고 약도 독이 될 수 있다는 얘기는 다 할 수 있지요. 세상만사가 그런 양면적인 빛과 그림자가 같이 있지 않은 게 없으니까요. 저 역시 보는 것을 특권화하는 시각적 사유를 비판한다고 해서 보는 것이 필요 없다고 말할 수는 없겠지요. 그러니까 그런 모든 것이 고유한 어떤 역능이라면 역능이 있는 것 아니에요? 그럼에도 불구하고 듣는 것에 대해서 이야기를 한 건 우리가 듣는 것이 무엇인지에 대해서 물어본 적이 없기 때문입니다.

결국은 철학이 이런 방식으로 해서 새로운 지평을 열어가는 것 아닙니까? 듣다, 보다, 그게 중요한 게 아니라 어떻게 보느냐, 어떻게 듣느냐 하는 게 중요하지, 어떤 게 더 우월하고 어떤 게 열등하다고 말할 수는 없겠지요. 하지만 선험론적인 지평에서 말하자면, 지금까지 철학이 듣는 것에 대해서 끝까지 천착해서 그것의 의미와 무의미와 한계와 좋은 것과 나쁜 것을 다 거쳐보지 않고 그저 모든 것을 봄으로 치환해서 이야기를 해왔기 때문에, 원하든 원하지 않든 봄이 가지고 있는 역기능에 나도 모르는 사이에 사로잡힌다는 얘기를 하고 싶었던 거거든요. 그러니까 그 얘기를 할 때 옆에 비교의 대상이 없으면 안 되니까 보는 것과 듣는 것을 대비시켰던 거지요.

그런 의미에서 저는 꼭 어느 쪽이 더 우월하냐, 열등하냐 따지고 양자 택일하기 위해서 둘을 대립시킨 건 아니에요. 사실은 『서로주체성의 이념』을 쓸 때는 좁은 지면에 그걸 처음으로 대입해야만 했던 까닭에 지금 선생님께서 너무 일면적인 것 아니냐고 하실 만한, 비판 또는 반발을 할 만한 게 있다는 건 인정합니다. 그럼에도 불구하고 이쪽의 영역, 그러니까 듣는 것이 가지고 있는 고유한 역능을 보는 것이 가지고 있는 고유한 영역이나 역할과 진지하게 대비해서 볼 때가 됐다는 거예요. 윤리적으로 말해보면 뭐든지 잘 쓰면 좋은 거고 못 쓰면 나쁜 거지요. 하지만 지금 우리 시대가 어떤 시대입니까? 관음증의 시대 아닙니까?

고명섭 그렇습니다. 적극적으로 동의합니다.

김상봉 그러니까 한마디로 모든 것을 보려고 하는 욕망, 영화에서도 보려고 하는 욕망 때문에 사람들이 타인의 고통을 도리어 보지 못한다는 것, 9·11테러의 비행기 충돌하는 것도 반복해서 보면 고통의 감정이 증폭되는 것이 아니라 그냥 하나의 이미지로 남는다는 것. 그리고 제가 그리스 비극에 대해 쓴 책에서 그리스 비극의 거의 유일한 금기라고도 할 수 있는 것이 폭력적인 장면을 직접 보여주는 것이라고, 그러니까 피를 흘리고 고통받는 장면을 보여주지 않는다고 했잖아요.[21] 보여주지 않고 오직 소리로만 그걸 전한단 말입니다. 신음 소리, 비명 소리가 안

---

21 "그리스 비극시인들이 관객들에게 보여주어서는 안 된다고 생각했던 것은 다름 아닌 폭력 장면이었습니다. 그리스 비극을 여러 가지 관점에서 해석하고 이해할 수 있겠지만, 그것은 폭력에 대한 성찰이라고 할 수 있을 만큼 온갖 폭력 장면들로 가득합니다. …… 그런데 이처럼 그리스 비극이 현대 영화 못지않은 폭력성을 가지고 있음에도 불구하고 한 가지 점에서 그것은 우리 시대의 폭력영화와 다릅니다. 그것은 그리스 비극이 폭력적이고 엽기적인 장면을 절대로 직접 재현해 보여주지 않는다는 것입니다. 비극시인들은 폭력적인 사건이 언제나 무대 뒤에서 일어나도록 희곡을 썼습니다." 김상봉, 『그리스 비극에 대한 편지』, 375쪽.

에서 나든지, 아니면 그게 너무 상투적일 수 있기 때문에 나와서 말로 설명해주잖아요. 그럴 때 오히려 타인의 고통이 훨씬 더 증폭된 방식으로 나에게 전해 오는데, 그 까닭이 그때 비로소 우리가 타인의 고통을 적극적으로 따라체험하게 되고 내 속에서 반복하게 된다는 것, 그러니까 그게 주체적인 방식으로, 타인의 고통에, 수동성에 내가 능동적이고 적극적으로 참여하게 된다는 거였잖아요.

고명섭 이 질문을 생각하면서 제가 이런 질문을 드리면 선생님이 굉장히 속상하고 화가 나시지 않을까 그런 걱정을 했습니다.

김상봉 아닙니다. 저는 선생님이 정말 정곡을 찌르고 있구나 생각을 했지요. 그러니까 선생님이 계속 이걸 가지고 물고 늘어지시는 것도 다른 이유가 아니고 이게 『서로주체성의 이념』의 정점이라 그렇다고 생각해요. 별로 알아본 사람들이 있었던 것 같지는 않지만. 그런데 제 입장에서 보자면 보는 것과 듣는 것의 구별이야말로 방법론적으로 보자면 제가 그다음 단계로 나아가는 데 가장 중요한 발판이란 말입니다.

서로주체성의 이념

고명섭 선생님, 한 가지 더 질문을 드리겠습니다. 서로주체성이라고 하는 것이 너와 나의 만남인데 그중에서 가장 중요한 게 아까 선생님이 말씀하신 자기상실이라는 것이 어쩌면 서로주체성의 한 전제조건 같은 것이 된단 말이에요. 나에게 주관적으로는 부끄러움으로 나타나는 것들, 당함이고 수동이고 상실이고 그래서 한없이 치욕스럽고 부끄러운 그 체험의 지속성이 바로 자기상실인데요. 자, 그럼 나와 네가 만나는데 그냥 만나는 것이 아니라 서로주체성이 되려면 나는 너에게 상실되고 너는 나에게 상실되는 이중적 상실의 겪음이 있어야 되지 않을까 하는 생각이 드는데, 그랬을 때 내가 너에게 당해서 이토록 치욕스럽고 너는 나에게 당해서 이토록 치욕스러운 이 만남이 어떻게 가능한가요?

김상봉　그것도 정말 좋은 지적입니다. 그 두 가지가 하나가 아니에요. 치욕적인 자기상실은 우리 역사의 즉자태입니다. 제가 지금까지 철학적으로 씨름해온 과정이 그것의 의미를 물은 거잖아요. 그것을 승화시킨 것이 서로주체성이에요. 그냥 일면적으로 내가 너한테 치욕적으로 자기를 상실하고 당하고 있는 건 그 자체로서는 결코 서로주체성이 아닙니다. 함석헌이 "눈에 눈물이 맺히면 그 렌즈를 통해서 하늘나라가 보인다"고 하잖아요. 그런데 눈에 어린 눈물이 그 자체로서 하늘나라일 수는 없어요. 하늘나라는 눈물을 통해 깨닫게 되는 새로운 세계에 대한 전망인 거지요. 서로주체성도 마찬가지예요. 제가 존재의 진리, 주체성의 진리로서 서로주체성의 이념을 말할 때, 그것을 내가 깨달을 수 있었던 것은 눈물이라는 렌즈를 통해 존재와 주체를 바라보았기 때문이에요. 하지만 눈물 그 자체가 서로주체성은 아니라고요. 다시 말해 치욕의 역사 그 자체가 서로주체성의 현실태는 아니에요. 치욕은 우리 역사의 즉자태인 거지요. 그냥 그대로 보자면 함석헌이 말했듯이 수난과 치욕의 역사일 뿐인데, 왜 우리가 그런 치욕과 고난을 당해야만 했을까, 그 고난의 뜻이 무엇일까 묻기 시작하면서, 하나씩 둘씩 주체와 존재의 진리에 대해 다시 물어간 결과가 서로주체성의 이념인 거지요.

고명섭　그러니까 바로 그 당함과 수난의 역사 속에서 우리가 보는 그 주체와 서로주체성의 이념에서 그 주체가 뭔가 층위가 다르다는 느낌을 받았습니다. 이 서로주체성의 이념에서 주체는 매우 순수해졌고 정화되었고…….

김상봉　승화된 거예요.

고명섭　승화되고 아름다워졌습니다. 그런데 바로 거기에서 다소 불편함을 느끼는 겁니다.

김상봉　이해합니다.

고명섭　세상은 아름답지 않은데, 너무 아름다운 세상을 그려놨구나. 그런데 세상은 아름답지 않다. 현실에서 실제로 만나면 만날 상처 주고 상처받고, 차라리 안 만나고 싶다……

김상봉 선생님 마음엔 저도 공감합니다. 그 문맥에서 칸트의 말이
생각나는군요.『판단력 비판』에서 칸트가 그렇게 말을 하지요. 사람들
을 적대시하고 두려워해서 피하려고만 하는 인간혐오증이나 인간공포
증은 모두 혐오스럽고 경멸스러운 정념이라고요. 그런데 그렇게 말한
뒤에 칸트가 이런 말을 덧붙인답니다. 좀 길지만 읽어드릴게요.

이에 반해 우리가 인간을 적대시하기 때문에 인간혐오증(Misanthropie)으
로 인해 사람들로부터 도피하는 것이나 우리가 사람들을 우리의 적이라고
두려워하기 때문에 인간공포증(Anthropophobie, 사람을 겁내는 것)으로 인해
사람들을 피하는 것은 한편으로 혐오스러운 것이며, 또 한편으로 경멸스러
운 것이다. 그렇기는 하지만 '또 다른 종류의' 인간혐오증(이 표현이 아주 적
합한 것이라고 할 수는 없지만)도 있는데, 우리는 이런 종류의 인간혐오증에 대
한 경향성이 나이가 들어감에 따라 선량한 마음씨를 가진 많은 사람들의 마
음속에서 나타나는 것을 흔히 볼 수 있다. 그런데 이런 것은 '인간에 대한'
호의(Wohlwollen)가 문제라면 얼마든지 친인간적(philanthropisch)이지만, 오
랫동안의 비통한 경험 때문에 인간에 대한 만족(Wohlgefallen)으로부터는 아
주 멀어져버린 경우이다. 은둔해 살려는 경향이나 외딴 별장에서 살고자 하
는 환상적인 소망, 또는 (젊은이들의 경우) 로빈슨 크루소 풍의 소설가나 시
인들이 썩 잘 이용할 법한 소재이지만, 세상에 알려지지 않은 섬에서 소수의
가족과 평생을 보낼 수 있었으면 하고 행복을 꿈꾸는 것은 그런 종류의 인
간혐오증에 대해 증거를 제공한다. 불성실함과 배은망덕, 불의, 그리고 우리
스스로 크고 중요한 것이라 생각하여 그것을 추구하면서 사람들 자신이 서
로에게 온갖 생각해낼 수 있는 악을 행하는 그런 목적들의 유치함, 이런 모
든 것은 사람들이 되고자 원하기만 했더라면 그렇게 될 수 있었을 그런 인
간의 이념과는 너무도 모순되며, 또한 보다 선량한 인간을 보려는 간절한 소
망과는 너무도 상반되는 것이기 때문에, 인간을 사랑할 수 없을 바에야 인간

을 미워하지 않기 위하여, 차라리 모든 사교적인 즐거움을 포기하는 것이 도리어 사소한 희생인 것처럼 보이는 것이다.[22]

칸트처럼 엄격한 철학자가 한편에서는 인간혐오증과 인간기피증을 혐오하고 경멸했으면서도 다른 한편에서는 인간을 사랑할 수 없을 바에야 미워하지 않기 위하여 만남의 기쁨을 포기하는 것이 도리어 사소한 희생처럼 보인다고 말하는 것이, 선생님 마음에 좀 위로가 되십니까? 굳이 칸트를 끌어오지 않더라도 저는 선생님의 비통한 마음을 잘 이해할 수 있습니다. 하지만 그 비통함 때문에 물음을 멈출 수는 없지 않습니까? 도리어 우리가 직면한 상황이 고통스럽기 때문에 묻기 시작하는 거잖아요. 왜 우리가 이렇게 살아야 하는지, 다르게 살 수는 없는 건지 질문해야 하잖아요? 만약 이것이 그럴 수밖에 없는 상황이라면 받아들이는 수밖에 없지요. 저도 칸트가 말했듯이 인간을 사랑할 수 없을 바에야 미워하지 않기 위해 만남을 포기해야 했겠지요. 하지만 이렇게 사는 것이 반드시 그래야 할 필연성이 있는 것이 아니라면, 현실에서 왜 이렇게 되었는지 그 원인을 묻고 더 나은 삶이 어떤 것인지 또는 실현 가능한 삶의 참모습이 어떤 것인지를 찾고 알려주는 것이 철학의 임무 아니겠어요?

서로주체성의 이념은 그런 물음으로부터 잉태되었어요. 선생님 말씀처럼 세상이 아름답지 않기 때문에, 아니 너무 추악하기 때문에, 그리고 그 추악함이 우리에게 참을 수 없는 고통을 주기 때문에, 이것이 과연 존재의 본래적 진리인가, 아니면 무엇이 삶의 참모습인가를 물은 결과라는 거지요. 그렇게 시작된 물음에 대한 제 대답은 우리가 현실에서 보는 추악함이 근본에서 보자면 다른 무엇보다 자기가 고립된 홀로주체로서 존재할 수 있다는 잘못된 믿음에 근거하고 있다는 거예요. 그런 잘

---

22 I. Kant, *Kritik der Urteilskraft*, AA, V 276[B 126] 아래.

못된 믿음에 따라 사람들은 지금까지 삶의 세계를 잘못 형성해왔단 말입니다. 그러니까 우리가 그런 추악한 현실을 조금이라도 정화하려면 이제부터라도 잘못된 세계관에서 벗어나 우리 모두가 보다 참된 만남의 방식으로 우리 삶의 세계를 형성해나가야 한다는 거예요. 서로주체성의 이념이란 그런 새로운 삶의 지평이 어떻게 가능한가를 보여주는 일종의 존재론적 지도인 셈이지요.

고명섭 그렇다면 서로주체성의 이념이란 말 그대로 추악한 현실의 부정으로서 이데아란 말씀인가요?

김상봉 어려운 질문이군요. 그렇기도 하고 아니기도 합니다. 당연히 현실이 추악한 한에서 서로주체성의 이념은 현실이 아니라 이념입니다. 하지만 그렇다고 해서 제가 그 이념이 현실과 무관하게 피안에 자리하고 있는 초월적 이념이라고 생각하는 건 아닙니다. 서로주체성의 이념이 아직 온전히 실현되지 않았다는 의미에서 보자면 그것은 김남주가 노래했듯이 북극성처럼 "봉기의 창끝에서 빛나는 별"[23]입니다. 그것을 저는 절대적 서로주체성의 이념이라 불렀습니다만, 우리가 지향하지만 끝끝내 도달할 수는 없는 이념이라고 말할 수 있겠지요.

하지만 다른 한편에서 보자면 서로주체성이란 이미 현실 속에서 실현되어 있음에도 불구하고 우리가 인식하지 못한다는 의미에서 다만 감추어진 이념으로서, 지금 여기 일어나고 있는 존재의 진리이기도 합니다.

고명섭 그걸 좀 더 설명해주시면…….

김상봉 생각해보세요. 우리가 인식하든 인식하지 못하든 원하든 원하지 않든, 우리 모두는 이미 만남 속에, 서로주체성 속에서 존재하고 있다고요. 생각하면 세상에 홀로주체로서 존재하는 사람이 있습니까?

---

23 김남주, 「자유를 위하여」, 『나와 함께 모든 노래가 사라진다면』(김남주 유고시집), 창비, 1995.

우리가 홀로주체로서 존재한다고 생각하는 것은 불교식으로 말하자면 그것 자체가 미망(迷妄)이고 무명(無明)의 상태인 거예요. 거짓을 참인 것처럼 생각하고 있는 것뿐이지요. 칸트는 존재를 장소 또는 위치(Position)라고 말한 적이 있었습니다만, 그 장소의 뜻을 말하지는 않았어요. 제 식으로 말씀드리자면 우리 각자의 존재는 만남의 장소예요. 불교식으로 말하자면 인연의 매듭인 거지요. 그런데 사람들은 자기가 혼자라고 생각하지요. 마치 고독이 자기 존재의 전부인 것처럼. 물론 고독은 내면성의 징표로서 역시 인격적 존재의 본질에 속하는 것이긴 해요. 하지만 그 고독한 홀로주체성은 언제나 이미 일어난 서로주체성의 이면이에요. 만남이 없으면 고독도 없는 거예요. 그런데 우리는 그 둘을 분리해서 우리 모두는 고독한 단독자라고만 생각하지요. 하지만 실제로는 나의 절반은 세계이고 세계는 또 나의 세계이기도 해요. 그런 의미에서 서로주체성은 이미 실현되어 있는 것이지요. 문제는 그것을 자각하는 것인데, 바로 그 자각이야말로 철학이 수행하는 근원적 실천이에요.

아까 선생님이 추악한 현실과 그 현실로부터 받는 상처를 말씀하실 때, 한편으로는 공감한다고 말씀드렸지만, 실은 그렇게 생각하실 때, 너무 죄송한 말씀이지만 선생님은 아직도 홀로주체성 속에 갇혀 있는 거예요. 전에 제가 정당 활동을 하고 있을 때, 어떤 분이 물어보시더라고요. 정당 활동을 하면서 상처받을 때 어떻게 하느냐고. 상처라고 말할 일인지는 모르겠지만, 사실 실망스러운 일도 많았거든요. 아니 실망 정도가 아니라 아예 절망이었지요. 그래서 더는 희망이 없구나 생각하고 결국 정당 활동을 접고 여기 제주로 숨어든 거잖아요. 그러면 선생님, 이 상황이 어떤 상황인가요? 나는 순수하고 온전한데, 내가 만났던 타인들이 하나같이 추악해서 내가 상처받은 건가요? 저는 그렇게 생각하지 않아요.

고명섭 예.

김상봉 제 탓이죠. 제가 아직 철학자가 아닌 거예요. 함석헌이 그랬잖아요. 혁명에는 세 가지가 충족되어야 한다고. 철학, 조직, 지도자. 이 순서가 중요해요. 동학이 전형적인 실례인데, 최제우와 최시형의 철학이 있고 다음으로 그 철학을 따르는 사람들이 모여 동학당을 만들고 그 다음으로 그 사람들 사이에서 전봉준 같은 영웅이 나타나는 거란 말이에요. 서양식으로 말하자면 마르크스·엥겔스가 철학을 세우면 그 철학과 이론에 따라 공산당이 만들어지고 그 뒤에 레닌 같은 혁명가가 나오는 거잖아요. 그런데 한국의 진보 정당엔 철학이 없어요. 이런 말을 하면 발끈하겠지만, 빌려 온 철학이 무슨 철학이에요. 마르크스부터 지젝까지 꽃병에 꽂힌 꽃이지, 거기 무슨 생명이 있어요? 그러니 옛 진보신당 사람들이 백날 싸워봤자 주사파를 못 이기는 거예요. 김일성의 주체사상은 아무튼 빌려 온 건 아니잖아요. 그러니까 우리 현실에 통하는 데가 있는 거란 말이에요. 물론 나야 그런 주체성 이론은 믿지 않지만…….

고명섭 왜 안 믿습니까?

김상봉 홀로주체성의 극단적 형태잖아요? 수령만 주체고 나머지는 다 수족이니까!

고명섭 예. 공연한 질문이었습니다.

김상봉 정치를 하든 혁명을 하든 철학이 먼저 있어야 되는데, 철학이 없으니까 백날 떠들어봤자 아무것도 못 하는 거거든요. 세상을 바꾸겠다는 사람들이 세계관이 없는데, 새로운 세상의 지도도 설계도도 없는데 뭔 세상을 바꿔요? 가소로운 일이지. 제 앞가림이나 하면 다행이지……. 그런데 그게 누구 탓이에요? 철학자가 없는 게 누구 탓이냐고요.

고명섭 그건 선생님 탓이네요. 선생님이 철학 교수 아닙니까.

김상봉 제 말이 그 말이잖아요. 내가 이것밖에 안되니까 세상이 그 모양인 거잖아요. 내가 진작에 철학자였고 그래서 내가 그들을 설득할 수 있었더라면 내가 실망할 일도 없었을 것 아니에요? 내가 아직 철학자도 뭣도 아니니까, 최제우도 루소도 마르크스도 못 되니까, 이 세상도 그런 거잖아요. 그런데 내가 누굴 원망하겠어요?

고명섭 갑자기 할 말이 없어지는 기분이기는 합니다만, 그래도 그게 서로주체성과 무슨 상관이 있다는 말씀입니까?

김상봉 그러니까 내가 상처받고, 내가 침탈당하고, 내가 타자에 의해서 능욕당한다고 지금 느낄 때, 그러니까 나를 침탈하는 너, 너에게 침탈당하는 나, 이렇게 이 둘이 있을 때 결국 서로주체성이라고 하는 건, 너의 모든 악업이라고 하는 게 동시에 나의 악업이기도 하다는 것을 말하는 거예요.

그걸 제가 처음으로 말로 표현한 게 박명림 선생하고 편지 대담하면서 시민적 차원에서의 서로주체성을 얘기할 때였어요.[24] 시민적 서로주

---

24 "우리가 참된 만남의 현실태가 되기 위해서는 누구도 일방적으로 주체가 되거나 객체가 되지 않고 너와 내가 서로 주체가 되어야 합니다. 저는 그것을 가리켜 서로주체성이라 불러왔습니다만, 이것은 구체적으로 세 계기로 나누어 볼 수 있습니다. 첫째로 감성의 서로주체성은 너와 내가 슬픔과 기쁨을 나누는 데서 시작됩니다. 너의 슬픔이 나의 슬픔이 되고 나의 기쁨이 너의 기쁨이 될 때 우리는 감성의 차원에서 서로주체성 속으로 들어가게 됩니다. 둘째로 의지의 서로주체성은 너와 내가 서로에게 책임을 느끼고 의무를 다하려 할 때 성립합니다. 이를테면 너와 내가 서로의 고통을 단순히 공감하는 데서 머물지 않고 내가 책임져야할 의무의 대상이라고 느끼고 그것을 해소하기 위해 애쓸 때 우리는 윤리적 의지의 차원에서 서로주체성의 속으로 들어가게 됩니다. 마지막으로 생각의 서로주체성이 있는데, 이는 너와 내가 고립된 홀로주체로서 생각하고 판단하는 것이 아니라 언제나 더불어 생각하고 판단하는 것을 의미합니다. 오늘날 우리 사회에서 자주 언급되는 집단적 지성은 바로 서로주체성 속에서 생성되는 지성을 말하는 것인데, 이것이 도덕적 이념과 결합하면 한갓 지성에서 머물지 않고 공공적 이성으로 나타날 것입니다. 만약 한 국가가 참된 만남의 전체라면 저 세 가지 요소는 반드시 포함하고 있어야만 합니다. 즉 시민들이 기쁨과 슬픔을 서로 나누어야 하고, 서로의 행불행에 대해 책임을 져야 하며, 마지막으로 모든 일에 대해 같이 알고 더불어 생각하면서 나랏일에 참여할 수 있어야 합니다. 그러므로 타인의 눈물에 무관심한 사람들, 타인의 고통에 아무런 책임도 못 느끼는 사람들, 그리고 만사를 혼자 생각하고 결정하는 사람들이 같이 나라를 만들 수는 없는 일입니다. 오늘 대한민국이 심각한 위기에 처한 근본 원인도 바로 이 국가의 바탕이 치명적

체성을 실현하기 위해 세 가지가 필요하다는 거예요. 첫째는 생각과 판단의 서로주체성, 둘째는 기쁨과 슬픔의 서로주체성, 그런데 하나가 더 있어요. 같이 생각하고 판단하고 결정해야 한다. 이건 민주주의 사회에서 당연한 일이죠. 너의 고통이 내 고통이라고 하는 것, 이것도 비교적 쉽게 이해할 수 있어요. 고통의 연대가 없이 어떻게 시민 공동체가 가능하겠어요? 더 나아가 너의 기쁨이 내 기쁨이다. 이것도 조금 어렵지만 공감할 수 있는 일이지요. 그런데 마지막으로 정말로 중요한 건요. 너의 죄과, 너의 과오가 나의 죄과, 나의 과오라고 하는 개념이에요. 이것이 진정한 서로주체성이에요.

　이를테면 예수가 십자가에 달렸을 때 내려다보면서 하늘에다 대고 그러지 않습니까? 주여 저들을 용서하소서. 저들은 저들이 무슨 일을 하는지 알지 못하나이다. 이렇게 얘기할 때, 모든 인류의 죄악은 예수의 죄악이 아니에요. 저들을 용서하소서. 저들은 용서받아야 될 불쌍한 자들입니다. 제가 볼 때는 그게 서양 정신의 한계입니다. 제가 함석헌에게서 배운 건, 저들의 과오가 내 과오라는 거예요. 예수가 하나님의 아들이라 하잖아요. 아니 하나님이 육신의 옷을 입고 자기를 계시한 거라고도 하잖아요? 좋아요. 함석헌도 종교가 무엇이냐고 물으니까 내가 하나님이 되자는 거라고 말하거든요. 하지만 내가 하나님이 되는 게 도대체 어떤 거예요? 성공한 목사들이야 그러겠죠. 하나님의 영광과 권력에 참여하는 거라고. 그래서 그자들이 지금도 예배당 지어서 열심히 사업을 하고 돈을 벌잖아요. 하지만 함석헌은 내가 하나님이 된다고 하는 것이 무엇을 의미하느냐, 그렇게 물으면 이렇게 대답하는 거예요. 그건 세계의 모든 고통과 세계의 모든 죄악이 나의 고통과 나의 죄악이 되는 거라고! 세상의 죄가 나의 죄라고! 예수의 경우에는 저들을 용서해달라고

으로 훼손되었기 때문입니다." 박명림 · 김상봉, 『다음 국가를 말하다』, 웅진지식하우스, 2011, 117~18쪽.

기도를 하는데, 함석헌은 자기 자신의 죄가 그 자체로서 세상 죄라고 말하거든요. 예수는 죄가 없이 태어나 세상 죄를 대신 졌다 해서, 기독교인들이 고맙다고 울고불고하잖아요? 하지만 누가 누구의 죄를 대신 사해줄 수 있어요? 고통이 각자에게 고유한 것이듯이 죄도 그런 건데. 그런데 기독교는 죄 없는 예수가 나의 죄를 대신 짊어지고 사해주었다잖아요. 하지만 예수의 입장에서 나는 죄 없고 선한데 저들은 용서받아야 된다고 하는 것 자체가 사실은 여전히 자타의 고립과 분립 속에 있는 거예요. 홀로주체성인 거지요. 하지만 함석헌에게 세상의 죄는 자기 자신의 죄가 밖으로 드러난 거였어요. 먼저 네 속의 압박자와 착취자를 죽여라, 그러면 네 밖의 압박자와 착취자가 사라질 것이라잖아요.

고명섭 선생님, 그래서 『자기의식과 존재사유』에서 시작해 서양 근대 철학의 정수라고 할 수 있는 칸트의 존재론으로 뚫고 들어가 거기에서 홀로주체성을 목격하고 홀로주체성을 넘어서는 것을 찾아가면서 서양 역사를 관통해서 결국에는 서로주체성의 이념을 이론적으로 구성하셨는데, 그 이론적 구성이라는 것은 어떤 면에서는 추상적이고 그 추상적인 이론이 살아서 꿈틀거리는, 생생한 생명체로서의 현실성을 획득해가는 과정으로서 그 이후의 고민과 실천이 있을 텐데 그 이야기들은 다음에 해야 되겠지요.

김상봉 물론이지요.

고명섭 그 이야기를 할 때 이번에 제대로 못 한 함석헌 이야기도 좀 하고요.

김상봉 이론에서 실제로 넘어갈 때 함석헌 이상으로 적합한 게 없지요.

고명섭 그리고 이번에 선생님이 보내주신 논문[25]을 읽으면서 제가 한동안 고민했던 문제가 딱 풀렸던 것이 바로 저기 통일신라 때의

---

25 김상봉, 「상호문화철학과 서로주체성의 이념」.

승려…….

김상봉 원효.

고명섭 원효의 일심이라고 하는 것이 나도 아니고 너도 아닌 무한의 마음, 그 마음이 되자는 이야기지만 그것처럼 동시에 공허한 것이 없다는 그 말씀에 뼈저리게 공감했는데,[26] 그런 문제들도 더 이야기를 해봤으면 좋겠습니다.

김상봉 저도 그렇습니다.

고명섭 이야기하고 싶은 것을 다 하지 못했다는 아쉬움…….

김상봉 그런데 제대로 대답하지는 못했지만 선생님이 마지막에 제

---

26 "부처와 예수는 각자의 방식으로 자아의 아집을 극복한 삶의 모범을 보여주었다. 하지만 그 모범이 우리를 만남으로 이끌어주지는 못한다. 그 까닭을 한마디로 말하자면 그들의 삶은 홀로주체의 완전성, 통속적으로 말하자면 독신자의 삶의 완전성을 보여줄 뿐 만남 속에서 온전해진 삶의 모범을 보여주지 못하기 때문이다. …… 하지만 왜 예수의 사랑이 만남으로 나아가지 못했던가? 우리가 보기에 그 까닭은 그가 나와 너의 관계를 말하지 않고 나와 하나님의 관계에만 몰입했기 때문이다. 다시 말해 너를 통해 나의 아집을 해체하려 하지 않고 신을 통한 자기부정만을 추구했기 때문이다. 이런 착오는 불교의 가르침의 경우에도 마찬가지다. 한자경은 『일심의 철학』에서 아집과 법집을 모두 비판하면서 그 모든 집착을 일심을 통해 지양하려 한다. 일심이란 나도 아니고 너도 아닌 무한의 마음이다. 너도 나도 아닌 무한이요 전체라는 뜻에서 한자경은 그것을 기독교의 신이나 칸트의 순수 자아, 또는 헤겔의 절대정신이라 해도 무방하다고 본다. …… 하지만 일심이 이런 의미의 보편자라면 …… 일심으로 너와 나의 다툼을 근절시키려는 시도는 아무런 결실을 얻을 수 없다. 원효에서 한자경까지 일심의 철학이 아무리 너와 나의 분리를 무명에 따른 망상이라 비판한다 하더라도 세상에서 너는 너이고 나는 나라는 분리의 의식이 극복되지 않는 한, 내가 하나님 속에서 또는 자아가 일심 속에서 자기 아집을 극복한다 하더라도 그것은 한갓 관념적인 자기부정에 지나지 않을 것이다. 무한과의 합일을 몽상하는 한 우리는 땅 위에서 참된 만남으로 이르는 길을 찾을 수 없으며, 너와 나 사이에 생사를 건 투쟁 역시 그치지 않을 것이다. 그러므로 철학적 무한이든 종교적 절대자든 주체와 타자에 앞서는 어떤 지평에 몰입할 것이 아니라 지금 여기서 너와 내가 만날 수 있는 길을 열어야 한다. 이런 의미에서 서로주체성의 이념은 신을 향한 수직적 초월이 아니라 너를 향한 수평적 건너감을 위한 길을 열기 위한 시도이다." 같은 글, 52~53쪽.

기하신 문제들은 다시 묻고 생각해야 할 것들입니다. 너무 어려운 질문들이라 제대로 대답을 못 했는데 아무튼 지금 선생님께서 무언가 첨예한 극한을 건드린 것 같습니다.

고명섭　예. 오늘은 여기서 마치겠습니다.

제2부

만남—철학의 심화

      " 서양 정신의 역사가 홀로주체성을 집요하게 추구하는 과정을 보여준다면, 반대로 우리는 한국의 역사 속에서 철저한 주체성의 상실로 나아가는 경향성을 발견하게 됩니다. 자기 자신의 주체성을 스스로 포기하고 절대적 타자에게 자기를 종속시킴으로써 자기를 보존하려 하는 거지요. 한마디로 말해 사대주의입니다. 하지만 이것 역시 지속 가능하지 않다는 것은 우리의 지난 역사와 현실 자체가 증명하지 않습니까? 사대주의의 결과가 식민 지배와 분단 및 전쟁 상황이니까요.

    이런 의미에서 서로주체성의 이념은 한국 정신사의 현실태가 아닙니다. 우리가 한국 정신사에서 먼저 발견하는 것은 타자 속에서의 자기상실 곧 주체성의 포기와 상실이지요. 그런데 저는 그 직접적이고 즉자적인 현실 속에 도리어 서양 정신이 알지 못했던 참된 주체성의 이념으로서 서로주체성의 본질적 계기가 숨어 있다고 생각한 거예요. 일종의 변증법적 전환의 씨앗이 여기에도 숨어 있다는 말입니다. 진정한 주체성이 참된 만남 속에서만 실현될 수 있다면, 그 만남을 가능하게 하는 본질적인 계기들 가운데 수동성이라든지, 매혹이라든지, 타자에게 배움이라든지 또는 더 나아가 타자의 고통에 대한 응답이라든지, 이런 것들이 참으로 비루한 한국의 역사 속에 숨어 있는 새로운 자기인식의 씨앗이라는 거지요.

    그런 의미에서 홀로주체성의 이상이 서양 정신사에서 나타났던 꿈과 욕망이었다면, 서로주체성이란 한국 정신사에서 길어낸 새로운 자기인식과 새로운 세계에 대한 희망이지, 한국 정신사 그 자체에 대한 현실적 규정이 아닙니다. 한국인의 의식이 서로주체성을 실제로 내면화하고 있다거나 체화하고 있다는 말을 하고 싶은 것이 전혀 아니라는 말입니다. 우리는 오히려 타자 속에서의 자기상실이 너무 강한데, 그것을 뒤집어서 말하면, 그 속에 서로주체성으로 나아갈 수 있는 어떤 실마리가 감추어져 있을 수 있다는 희망을 말했던 것이지요. 우리의 현실이 너무 절망적이니까…… 한마디로 말해 한국 정신사가 보여주는 타자적 정신 속에서의 자기상실은 뒤집어 보면 정신의 임신일 수도 있고, 자기상실에 따르는 현실적 동요 역시 임신한 정신의 입덧일 수도 있다는 거지요. 그에 비해 서양 정신은 영원한 처녀 신 아테네처럼 누구에게도 매혹되지 않지만 새로운 생명을 잉태할 수도 없는 불임의 정신이라는 것이고요. 그러니까 홀로주체성이 영원한 자기동일성을 지향하는 꿈과 욕망이라면, 서로주체성의 이념이란 더도 덜도 아니고 타자적 정신과의 만남 속에서 매혹되고 상처받고 더러는 자기를 망각하면서도 동시에 그 만남 속에서 새로운 정신을 임신하는 정신의 꿈이에요. 그 이념을 제가 어느 정도로 철학적으로 체계화하느냐, 그리고 현실 속에서 얼마나 실현할 수 있느냐 하는 것은 앞으로의 과제지요. **"**

본문 229~30쪽 중에서

서로주체성, 이념인가 현실인가

고명섭　선생님, 지난번에 서로주체성 문제를 가지고 이야기를 하다가 마무리를 하기는 했지만 역시 저 자신도 미흡했고 선생님도 조금 더 이야기를 했으면 하는 생각을 하셨던 것 같습니다. 제가 또 그 문제에 대해서 책을 읽고 단순하게 질문하기보다는 제 나름의 생각을 붙여서 이야기하니까 좀 더 재미가 있었습니다. 그래서 생각이 다른 점을 주고받는 것이 대화를 위해서 좋은 면도 있는 것 같고요.

그래서 제 생각은 이렇습니다. 선생님 철학의 핵심을 한마디로 말하면 서로주체성의 이념이고 이 문제를 제대로 해명하고 공유하는 것이 가장 중요하다. 그리고 사회, 역사, 국가, 기업, 이런 주제에 대한 이야기들은 모두 서로주체성의 이념이 더 구체적 차원에서 적용되거나 또 거기서 발견되고 실현되는 그런 차원의 문제여서, 역시 이 문제를 따져보려면 그에 앞서 서로주체성의 이념이 무엇인지 한 번 더 깊이 들어가 밝혀보는 것이 필요하다고 생각합니다. 그래서 오늘 만남을 준비하면서 서로주체성 문제에 관심을 집중해서 자료를 다시 정리해보았습니다. 또 질문의 수위가 높든 낮든 간에 서로주체성이 무엇인지 구체적으로 이해해 간다는 차원에서, 제 나름대로 성실하게, 도발적으로 질문을 할 수 있으면 해보겠습니다.

그러고 보니 지난번에 『서로주체성의 이념』을 다뤘지만 그 전에 쓰셨던 『학벌사회』, 『도덕교육의 파시즘』은 다루지 못했습니다. 과거에도 읽어봤지만, 이번에 다시 꼼꼼히 읽어보니 『학벌사회』도 역시 배울 것이 많았고, 특히 『도덕교육의 파시즘』의 경우는 윤리학과 서로주체성이라는 문제를 본격적으로 다루고 있어서 절대 허투루 지나가서는 안 되는 텍스트라는 것을 확인했습니다. 『학벌사회』를 다시 읽다 보니 거기서도 서로주체성의 이념에 대해 많이 말씀하십니다. 『학벌사회』에서 서로주체성과 홀로주체성에 대하여 이야기하시는 부분을 보면, 홀로주체성이란 것은 순수한 자기관계 속에서 정립되는 주체의 이념을 가리키는 말이다, 내가 나 홀로 주체가 된다는 그 입장을 가리키는 이름이 홀로주체성이다, 이렇게 말씀하십니다.

그러면서 서구에서 홀로주체성을 극복하려 시도한 것은 후설의 현상학인데, 후설이 말했던 상호주관성(Intersubjektivität)이라는 것이 지금 우리가 말하는 서로주체성(Allelosubjektivität)과 유사한 것처럼 보이지만 상호주관성은 너를 상정한다기보다는 다른 자아(alter ego)를 생각하는 것으로서 진정한 의미의 만남 또는 교호라 하기는 어렵다고 하셨습니다. 그래서 서로주체성 이념은 1인칭 단수로 표현되는 홀로주체는 애초에 불가능하며 주체는 오직 내가 너와 만나 함께 이루는 서로주체성 속에서만 발생하는 것을 가리킨다, 그러니까 나는 서로주체인 우리로부터 발생하는 것이다, 나는 너와 더불어 우리가 되지 않고서는 내가 되지 않는다, 이것이 서로주체성의 이념이 말하려는 가장 근원적인 통찰이다. 저는 이것이 포인트라고 생각합니다.

그러니까 홀로주체라는 것은 진짜 홀로주체인 것이 아니라 서로주체임을 잊어버린 주체, 서로주체임을 자각하지 못하는 주체, 자기밖에 없다고 착각하는 주체, 따라서 홀로주체는 가상적인 주체이고 그 실상은 서로주체이다. 다만 그 가상적인 주체인 홀로주체가 홀로주체적인 태도로 타자를 배제하거나 지배하거나 착취하는 것이다. 그러니까 근원에서 우리는 서로주체이며 홀로주체는 우리의 참모습이 서로주체라고 하는 그 실상을 망각한 주체의 의식 상태를 가리키는 이름이다. 우리의 존재는 서로주체지만 우리의 의식은 홀로주체인 것이다. 그것을 이해하는 것이 포인트라고 생각합니다.

김상봉 저를 대신해서 정확하게 말씀해주셨습니다. 그러니까 서로주체성과 홀로주체성이 마치 실체적으로 두 개가 있다고 생각하면 안 된다는 겁니다. 주체성의 진리를 밝힌다고 하는 것은 그것의 본래성, 즉 불교식으로 말하자면 우리의 진아(眞我)가 무엇에 의해서 가려지는지 밝히는 일이지요. 참된 '나'가 우리의 무명(無明)에 의해서, 미망(迷妄)에 의해서, 아집에 의해서 가려져 있잖아요. 철학이 하는 일은 그것을 닦아내주는 것입니다. 나는 나 혼자야, 또는 신채호 식으로 표현하자면 역사는 아(我)와 비아(非我)의 투쟁이야, 내가 있기 위해서는 비아가 없어져야 돼, 또는 비아가 강하면 내가 있을 자리가 없어, 이런 식의 양자택일이 아니라는 걸 밝히는 일이지요. 비록 구체적 현실에서 그런 양자택일이 통용되는 것처럼 보인다고 하더라도 그것을 통해서는 절대로 우리가 진정한 자기실현으로 나아갈 수 없음을 보여주는 것, 그것을 통해서 사람들로 하여금 아와 비아의 투쟁이 아니라 도리어 아와 비아의 만남이야말로 누구나 다 가지고 있는 참된 자기실현에 대한 근원적인 욕구임을 보여주는 것, 이게 철학이 해야 할 일이라고 생각해요.

그런데 이것은 현대의 철학자들이 말하듯이 자아와 주체를 무작정 부정하고 해체해야 한다거나, 레비나스처럼 타자 앞에서 무한 책임을 져야만 윤리적이라는 식으로 말하려는 것이 아닙니다. 사람들이 너무 쉽게 모든 인간이 이기적인 존재고 자기만을 위한 존재라고 단정해버리는데, 제가 하고 싶은 말은 무슨 다른 주장을 하기 전에 먼저, 그 자기가 도대체 무엇인가, 당신들은 자기가 도대체 무엇이라고 생각하는가,

그 자기가 자기 혼자 존재할 수 있는 존재인가, 하는 물음이에요. 그리고 그 물음에 대해 저보고 대답해보라면 그게 그렇지 않다는 것이지요. 내가 나 혼자 나일 수 있다고 생각하는 건 일종의 무명 상태이고, 철학이 해야 하는 일은 그런 자기에 대한 무지 또는 착오로부터 자기 자신에 대한 올바른 깨달음, 올바른 자각으로 나아가게 만들어주는 것이지요. 이렇게 사고방식의 전환을 이루어내는 것이 철학의 일차적인 임무입니다.

그런데 똑같은 말이라도 철학적으로 말한다는 게 뭐겠어요? 근거를 제시하는 거잖아요? 하지만 방금 우리가 말한 것들은 그냥 입에 올리기는 쉽지만 근거를 제시하기는 정말로 어려운 일이거든요. 내가 누구인가? 나와 너는 어떤 관계 속에 있는가? 나의 자유가 어떻게 너와 나의 만남 속에서만 일어날 수 있는가? 이런 물음들에 대한 수많은 논의는 복잡한 세계관의 문제이고 철학적 자기인식의 문제이므로 어쩔 수 없이 여러 가지 참조의 틀이 필요하지 않겠어요? 그런 의미에서 서양 철학을 다시 돌아보고 또 우리 자신의 역사와 현실을 되돌아본 거지요. 단순히 서양은 날 때부터 홀로주체여서 구제 불능이고 우리는 자동적으로 서로주체다, 이런 유치한 구분 짓기를 하자는 것은 아니었다는 말씀도 드리고 싶어요.

고명섭 그래서 『학벌사회』에서 홀로주체성과 서로주체성에 대해 쓰신 대목을[1] 읽고 제가 가지고 있는 의문들이 한편으로는 풀리기도 했지

---

1 "나는 언제 주체로서 존재하게 되는가? 서양 철학은 이 물음에 대해 두 가지 방식으로 대답했다. 첫째로 그들은 순수한 자기관계가 주체의 본질이라고 생각했다. 즉 주체성의 본질이 자기반성이라는 것이다. 이런 입장은 독일 관념론자들에 의해 극단까지 전개되어 그들은 의식의 자기반성을 신의 절대적인 자기반성으로 고양시켰다. 이처럼 반성이 절대화될 때, 그것은 절대적인 자기관계로 파악될 뿐이다. 여기서 타인은 원칙적으로 문제되지 않는다. 타인은 오직 나 속의 타자, 나에 의해 정립된 내재적인 타자로서만 존립근거를 가진다. 그리하여 나는 오직 나 자신과 반성적으로 관계함을 통해 내가 되고 주체가 된다고 생각되는 것이다. 이처럼

만, 다른 한편으로는 또 다른 의문이 들기도 했습니다. 그것이 뭐냐면, 제가 오해를 했는지 모르겠지만, 홀로주체성의 현실태라고 간주되는 주체는 언제나 환상이다, 홀로주체로서의 나는 상상력의 산물이지 참된 주체성의 현실태가 아니다, 그렇게 이야기를 하시는데, 그렇다면 '서양의 주체는 홀로주체다'라는 명제는 틀린 명제가 되고, 서양의 주체는 홀로주체라고 착각하는 주체, 즉 본질적으로는 서로주체인 그런 주체다, 이렇게 말해야 하는 것이 아닐까…….

김상봉 옳은 말씀입니다.

고명섭 예를 들어서 자본이라는 것은, 자본의 홀로주체성은 무엇인가? 자본은 홀로주체인가 서로주체인가, 법은 홀로주체인가 서로주체인가, 이런 문제들이 나올 수 있을 것 같은데, 우선 이렇게 홀로주체라는 것이 서로주체성의 본질을 망각한 주체의 아집, 자기규정이라고 본

오직 순수한 자기관계 속에서 정립되는 주체의 이념을 가리켜 우리는 홀로주체성이라 부른다. 그것은 내가 나 홀로만으로 주체가 될 수 있다는 입장을 가리키는 이름이다. …… 우리가 말하려는 서로주체성이란 내가 세상에서 다른 사람들과 같이 존재한다는 자명하고도 당연한 상식적 통찰에 철학적 개념의 옷을 입힌 것이 아니다. 그것은 내가 오직 너를 통해 그리고 너와 더불어서만 주체로서의 내가 될 수 있다는 새로운 통찰을 위한 개념이다. 오랫동안 주체는 나 또는 자아(ego)와 교환 가능한 개념으로 사용되었다. 이것은, 문법적으로 말하자면, 주체가 단수 1인칭으로 이해되었다는 것을 의미한다. 그렇게 단수로 이해된 주체, 다시 말해 자기 홀로 주체로서 존립하는 낱낱의 개별자가 바로 홀로주체이다. 서로주체성의 이념은 이렇게 단수 1인칭으로 표현되는 홀로주체가 불가능하며 주체는 오직 내가 너와 함께 이루는 '우리'의 서로주체성 속에서만 발생한다는 것을 지시한다. …… 홀로주체인 나는 서로주체인 우리로부터 발생하는 것이다. 나는 너와 더불어 우리가 되지 않고서는 결코 내가 되지 못한다. 이것이 서로주체성이 말하려는 가장 근원적인 통찰이다. 생물학이나 심리학의 차원에서는 내가 우리에 앞서는 토대가 되지만, 서로주체성의 이념 아래서는 우리가 나에 앞선다. 나와 너의 만남이 없는 곳에 내가 사물적으로 먼저 존재할 수 없다는 것, 내가 주체가 되기 위해서는 나 혼자서가 아니라 언제나 너와 함께 서로주체인 우리가 되어야 한다는 것, 이것이 서로주체성의 이념이다." 김상봉, 『학벌사회』, 한길사, 2004, 38~41쪽.

다면…….

김상봉 오도된 자기인식이죠.

고명섭 예, 오도된 자기인식이라 본다면, 우리가 서양의 역사를 봤을 때, 서양의 정신은 홀로주체의 정신이라고 이야기하는 것과 어떤 모순을, 선생님이 『서로주체성의 이념』에서 이야기했던 그 명제와 모순을 일으키는 게 아닌가 하는 생각이 듭니다.

김상봉 제가 정확하게 이해했다면, 제가 『나르시스의 꿈』이나 『서로주체성의 이념』에서는 홀로주체성과 서로주체성을 서양과 한국의 정신사에서 실제로 정립된 현실태로서 구분하고 있으면서, 지금 선생님의 질문에 대해서는 홀로주체성과 서로주체성의 개념이 하나의 이념형일 뿐 하나는 서양의 현실이고 다른 하나는 한국의 현실이라고 나눌 수 없다고 주장한다면, 이 둘 사이에 어떤 모순이 있는 것이 아닌가 하고 선생님이 질문하시는 것이라면, 저는 그런 질문이 정당한 질문, 아니 더 나아가 비판이라고 인정해요. 아마 선생님뿐 아니라 다른 많은 분들도 그런 생각을 하실 거예요.

제가 지금 말씀드리려고 했던 것을 다시 한 번 말씀드리면, 그 자체로서 홀로주체가 따로 있고 서로주체가 따로 있는 것이 아니라는 것이죠. 두 가지 자기인식의 방식 또는 자기에 대한 태도가 있는 것인데, 사실은 동양에서든 서양에서든, 아니면 같은 나라 안에서도 사람에 따라서 자기를 이해하는 방식이 홀로주체적일 수도 있고 서로주체적일 수도 있고 중첩되어 있는 것이죠. 그래서 홀로주체성, 서로주체성이 제가 말하기 전에 없었던 것도 아니고, 모든 사람이 정도의 차이는 있지만 같이 가지고 있는 자기인식의 대표적인 두 가지 방식이라고 생각할 수 있는데, 그럼에도 불구하고 제가 홀로주체성을 서양에다 돌리고, 그다음에 한국의 수난사에 초점을 맞추어서 서로주체성을 이야기하는 까닭은, 일단 서양만을 놓고 본다면 그 서양이 홀로주체성이 보여줄 수 있는 명암을 가장 전형적인 형태로 드러내준다는 것, 그래서 홀로주체성은 서양 철학의 자기인식의 틀이라는 것이었어요.

그래서『나르시스의 꿈』에서 제가 서양 철학이 그런 의미에서 '꿈'이라고 하지 않았습니까. 철학이 꿈이라는 말은, 철학이 그 자체로서 홀로주체성의 현실태가 된 것이 아니라, 절대적 홀로주체성에 대한 꿈과 욕망으로 나타나고 전개되었다는 뜻입니다. 물론 그 꿈과 욕망은 분명히 다시 현실을 규정하고 형성하는 원리가 되지요. 하지만 그 원리는 마지막에 가서는 작동 불가능하다는 거예요. 왜냐하면 절대적 홀로주체성이란 실현 불가능한 꿈이거든요. 제가 하려고 했던 일은 그것을 폭로하고 드러내는 거였지요. 서양 철학의 체계는 현실 그 자체라기보다는 그네들의 욕구, 상상, 욕망 속에서 정형화된 꿈이고, 라캉 식으로 말하자면 상상계 속에서 그려진 자화상일 수 있다는 것이지요. 요컨대 홀로주체성에 대한 욕망과 홀로주체적 현실은 구별해야 합니다.

서양 정신의 역사가 홀로주체성을 집요하게 추구하는 과정을 보여준다면, 반대로 우리는 한국의 역사 속에서 철저한 주체성의 상실로 나아가는 경향성을 발견하게 됩니다. 자기 자신의 주체성을 스스로 포기하고 절대적 타자에게 자기를 종속시킴으로써 자기를 보존하려 하는 거지요. 한마디로 말해 사대주의입니다. 하지만 이것 역시 지속 가능하지 않다는 것은 우리의 지난 역사와 현실 자체가 증명하지 않습니까? 사대주의의 결과가 식민 지배와 분단 및 전쟁 상황이니까요.

이런 의미에서 서로주체성의 이념은 한국 정신사의 현실태가 아닙니다. 우리가 한국 정신사에서 먼저 발견하는 것은 타자 속에서의 자기상실 곧 주체성의 포기와 상실이지요. 그런데 저는 그 직접적이고 즉자적인 현실 속에 도리어 서양 정신이 알지 못했던 참된 주체성의 이념으로서 서로주체성의 본질적 계기가 숨어 있다고 생각한 거예요. 일종의 변증법적 전환의 씨앗이 여기에도 숨어 있다는 말입니다. 진정한 주체성이 참된 만남 속에서만 실현될 수 있다면, 그 만남을 가능하게 하는 본질적인 계기들 가운데 수동성이라든지, 매혹이라든지, 타자에게 배움이라든지 또는 더 나아가 타자의 고통에 대한 응답이라든지, 이런 것들이 참으로 비루한 한국의 역사 속에 숨어 있는 새로운 자기인식의 씨앗이라는 거지요.

그런 의미에서 홀로주체성의 이상이 서양 정신사에서 나타났던 꿈과 욕망이었다면, 서로주체성이란 한국 정신사에서 길어낸 새로운 자기인식과 새로운 세계에 대한 희망이지, 한국 정신사 그 자체에 대한 현실적 규정이 아닙니다. 한국인의 의식이 서로주체성을 실제로 내면화하고 있다거나 체화하고 있다는 말을 하고 싶은 것이 전혀 아니라는 말입니다. 우리는 오히려 타자 속에서의 자기상실이 너무 강한데, 그것을 뒤집어서 말하면, 그 속에 서로주체성으로 나아갈 수 있는 어떤 실마리가 감추어져 있을 수 있다는 희망을 말했던 것이지요. 우리의 현실이 너무 절망적이니까……. 한마디로 말해 한국 정신사가 보여주는 타자적 정신 속에서의 자기상실은 뒤집어 보면 정신의 임신일 수도 있고, 자기상실에 따르는 현실적 동요 역시 임신한 정신의 입덧일 수도 있다는 거지요. 그에 비해 서양 정신은 영원한 처녀 신 아테네처럼 누구에게도 매혹되지 않지만 새로운 생명을 잉태할 수도 없는 불임의 정신이라는 것이고요. 그러니까 홀로주체성이 영원한 자기동일성을 지향하는 꿈과 욕망이라면, 서로주체성의 이념이란 더도 덜도 아니고 타자적 정신과의 만남 속에서 매혹되고 상처받고 더러는 자기를 망각하면서도 동시에 그 만남 속에서 새로운 정신을 임신하는 정신의 꿈이에요. 그 이념을 제가 어느 정도로 철학적으로 체계화하느냐, 그리고 현실 속에서 얼마나 실현할 수 있느냐 하는 것은 앞으로의 과제지요. 일차적으로는 『서로주체성의 이념』에서 첫걸음을 내디딘 것이기는 하지만…….

고명섭 선생님이 그렇게 말씀해주시니 확실히 분명해지는 면이 있습니다. 그러나 여전히 선생님께서 서로주체성과 홀로주체성의 관계를 설명해나가는 과정에서, 이 홀로주체성이라는 것이 주관적, 주체적인 인식의 문제냐 아니면 객관적인 존재나 사태의 문제냐, 이런 부분에서 서술상의 편차가 조금 있을지는 모르지만, 서양 정신이 구현된 것으로서 삶의 질서에서 나타나는 어떤 홀로주체성이 있다…….

김상봉 인정합니다.

고명섭 그렇게 이야기하시기 때문에, 홀로주체가 단순히 자기규정의 문제가 아니라 존재사태의 문제로 오는 면이 있기 때문에, 그래서 그 부분은 해명되어야 할 필요가 있다…….

김상봉 충분히 이해합니다. 앞서 제가 말씀드린 대로 홀로주체성의 이상이 한편에서는 꿈과 욕망이지만 그 꿈은 세계관이 되고 이를 통해 다시 현실을 규정하게 됩니다. 그런데 우리는 이 과정을 거꾸로 살펴볼 수도 있습니다. 만약 서양의 역사에서 절대적 홀로주체성을 향한 꿈과 욕망이 철저히 반박된 적이 있었더라면, 그네들은 그 꿈을 수정했겠지요. 아, 이건 길이 아니구나 하고 말입니다. 하지만 제가 말하려 했던 것은, 서양의 현실 역사가 그 꿈과 욕망을 반박한 적이 한 번도 없었다는 거예요. 이게 서양 정신이 한 번도 타자 속에서 자기를 상실했던 적이 없었다고 한 말의 뜻이죠. 그러니까 우리의 나르시스는 계속 같은 꿈을 변주해서 꿀 수 있었던 것이고 그게 지금까지의 서양 정신사였다는 거예요. 그렇게 서양의 현실 역사와 서양의 정신사는 서로 앞에서 끌고 뒤에서 밀면서 한 방향으로 나아갈 수 있었던 거고요. 그리고 그런 의미에서 홀로주체성이 서양 정신의 꿈과 욕망일 뿐 아니라 일정하게 현실의 형성 원리이기도 했다고 말할 수 있는 거지요.

제가 이렇게 말하면 많은 사람들이 기독교의 경우를 들어 저를 반박할 거예요. 그리스 문명에서 기독교 문명으로 이행한 것은 타자 속에서의 자기상실이 아니고 뭐냐고요. 그런 비판에 대한 저의 대답은, 그것은 서양 정신이 타자 속에서 자기를 상실한 것이 아니고 원래 그리스 정신 속에 있었던 삶의 이상이 기독교를 통해서 완성된 것이다, 그런 의미에서 서양 정신에 입양된 것이지 서양 정신이 기독교 속에서 자기를 상실한 것이 아니라는 거예요.

그런 의미에서 서양의 역사 전체가 어쩌면 우리 입장에서 보았을 때는 자폐적인, 자기 내적인 모놀로그, 어떤 독백과 같은 것이라고 할 수 있지요. 다시 말해 서양 정신이 외부 세계나 타자적 정신과 현실적으로 관계를 맺지 않았다는 뜻이 아니라 그 관계의 방식이 홀로주체적이라는 의미에서 자폐적이라는 거예요. 그리고 이론과 실천의 순환도 그렇고, 사유와 현실 사이의, 사유와 존재 사이의 매개도 전체로서 보았을 때 자기동일성이라는 큰 틀 속에서 서양 정신의 전개 과정을 가장 잘 설명할 수 있다고 생각해요.

하지만 그렇다고 해서 서양이 그런 홀로주체성에서 벗어날 수 없다고 제가 생각하는 건 아니에요. 어디까지나 지금까지의 과정이 그렇다는 말이고 앞으로는 서양 정신사도 달라져야 하고 달라질 수밖에 없다고 생각해요. 저의 작업도 그런 변화를 위한 것이기도 하고. 하지만 이건 또 다른 문제니까 지금은 이 정도로 해두죠.

기독교와 서양 정신의 홀로주체성

고명섭 예, 잘 이해했습니다. 그렇지만 여전히 충분히 납득하기 어렵다거나 의문이 해소되지 않는다고 느껴지는 것이 있는데요. 과연 서양 정신이 자폐적 정신이라고 이야기할 수 있느냐는 문제는 제가 반복해서 제기하지 않을 수가 없을 것 같고요. 둘째로는, 선생님은 서양이 기독교에 자기를 상실당한 것이 아니고 입양했다, 그래서 서양 정신은 기독교를 말하자면 숙주로 삼아서 자기를 전개해서 근대로 온 것이라고 이야기하시는 것 같은데, 그 이야기가 나온 김에 좀 더 논의해봤으면 합니다. 제가 보기에는 『서로주체성의 이념』에서 이 부분을 선생님이 소략하게 다루셨던 것 같습니다. 그러니까 서양의 홀로주체성이 어떻게 기독교 안에서 그대로 관철되고 있는가 하는 것을 설명하는 부분이 다른 주제에 비해서 간략하게 다루어졌다 싶은 겁니다. 다른 한편으로 이 문제에 대해 저는 과연 선생님이 말씀하시는 것처럼 그렇게 볼 수가 있는가, 오히려 기독교 정신이라는 것이 그리스에서 연유한 나르시스의 꿈, 홀로주체성과는 매우 다른 양태의 사유와 인식을, 세계관을 보여주고, 또 그것이 지닌 힘이 매우 강력해서 서양 정신에서 기독교 정신이 규정하는 바가 대단히 컸다, 그래서 흔히 헬레니즘, 헤브라이즘으로 양대 흐름을 이야기하는데, 그리스 정신이 서양 정신을 규정한 것만큼이나 기독교 정신이 서양 정신을 규정한 면이 있지 않은가 하는 추정을 해보는 것이고요. 그랬을 때 그 기독교 정신에서는 그리스 정신에 대해 선생님이 말씀하시는 홀로주체적인 면모에 배치되는, 그런 면모를 부정하는 강한 힘이 있는 것이 아닌가. 그리고 그것이 예를 들어서 아우구스티누스 철학에서도 나타나고, 또 루터를 비롯해 근대 기독교 사상에서도 나타나는 면이 분명히 있지 않은가. 그래서 이 부분을 선생님이 입양했다고 했다고 해서 그대로 수긍하기는 좀 어렵지 않을까 합니다.

김상봉 아마도 여기서 그 이야기를 길게 할 수는 없겠지만, 간단히만 말씀드린다면, 먼저 유대교와 기독교를 구별해야 한다는 것을 말씀드려야겠습니다. 유대교는 서양 사람들에게 여전히 이질적인 종교입니다. 그리스 정신이 받아들인 건 유대교가 아니라 기독교예요. 단순히 신을 믿는 것이 아니라 인간인 예수를 신으로 숭배하는 종교가 기독교라는 말입니다. 그런데 이것은 유대인들이 받아들일 수 없는, 철저히 그리스적인 사고방식의 발로예요. 유대인들이 보는 신과 인간 사이에는 넘을 수 없는 단절이 있지요. 하지만 그리스인들의 경우엔 신과 인간 사이에 그런 근원적 단절은 없어요. 도리어 신과 인간이 본질적인 동일성 속에 있다고 말하는 게 옳지요. 아리스토텔레스가 말했듯이 그들에게 신은 '영원한 인간'이었거든요. 완전성 속에서 이상화된 인간이 곧 신이었단 말입니다. 그런데 그리스인들이 표상했던 신들은 아직 절대자라고 할 수는 없어요. 모두 개별자들이었으니까. 그래서 그리스 땅에서는 신화와 종교가 철학에 의해 지양되어야 했지요. 왜냐하면 자기를 신과 같이 절대화하고 싶다는 욕구를 그리스 신화와 종교가 온전히 충족시켜주지 못했기 때문이지요. 그런데 기독교가 그걸 충족시켜준 거예요. 예수는 유일한 신의 유일한 아들이잖아요. 제우스나 헤라나 아폴론 중의 하나가 아니라 철학자들이 말했던 '헨 카이 판'(ἐν καὶ πᾶν), 하나인 전체로서 참된 절대자였던 거지요. 그런데 그 절대자가 인간으로서 세상에 자기를 드러냈다는 것 아닙니까? 죄와 구원의 서사는 둘째이고, 형이상학의 관점에서 볼 때 본질적으로 중요한 건 예수 속에서 인간이 신이 되었다는 거예요. 이것만이 진정으로 기독교적인 것이고 동시에 그리스적인 정신의 표현인 거지요.

그럼 기독교는 뭐냐? 그건 유대교에 뿌리를 두고 있지만 헬레니즘적 세계에서 자란 정신이에요. 헬레니즘이 뭡니까? 세계화된 그리스 정신이잖아요? 그러니까 기독교는 유대교에서 태어났지만 그리스 세계에 입양된 정신이에요. 그런 의미에서 신약 성경이 그리스어로 쓰인 것은 우연이나 선교를 위한 방편이 아니라 너무도 자연스러운 역사적 필연이에요. 태어나서 미국 가정에 입양된 한국 어린이가 한국어를 할 줄 모르는 것과 크게 다르지 않은 일이지요. 물론 예수는 율법을 폐하러 온 것이 아니라 완성하러 왔다고 말했다고 되어 있고, 신학자들 역시 신약과 구약의 연속성에 비해 그리스 정신과 기독교가 이질적이라고 강조할 수는 있지요. 그러나 기독교적 복음의 핵심은 단연코 유대적인 것이 아니고 그리스적인 거예요.

마지막으로 덧붙일 이야기는, 기독교 교리 자체가 그리스적 정신 속에서 확립되었다는 사실을 기억해야 돼요. 기독교 교리의 역사는 한마디로 말해 삼위일체론이 확립됨으로써 완성되지요. 삼위일체론의 핵심은 예수를 신으로 인정하는 거예요. 그런데 삼위일체론이 처음부터 확립된 것이 아니거든요. 예수의 신성과 인간성에 관해 정통과 이단을 둘러싼 온갖 논쟁과 대립의 역사가 수백 년 지속된 끝에 비로소 확립된 것이 예수의 신성이에요. 그러니까 초대 기독교에서 처음부터 예수가 신으로 인정된 것이 아니라는 말이에요. 예수가 그냥 선택받은 인간에서 신의 아들로, 아니 거기서 더 나아가 신 자신과 실체적으로 동일한 존재로 상승하는 건 전적으로 그리스적 정신 속에서 이루어진 일이에요. 이런 점에서 그리스 정신과 기독교를 분리하는 건 기독교 생성의 역사 자체에 비추어 볼 때 전혀 지지될 수 없는 생각이지요.

저는 그런 의미에서 그리스 정신에 뿌리박고 있는 서양 정신이 한 번도 타자적 정신 속에서 자기를 상실한 적이 없다고 말하는 거예요. 기독교를 통해서도 자기를 상실한 적이 없는데 어떻게 다른 정신을 통해서 자기를 상실할 수 있겠어요? 물론 이 말은 서양이 외부 세계와 아무런 관계도 맺지 않았다는 의미에서 자폐적 정신이라는 뜻이 아니에요. 고대의 끝자락에서 기독교와의 만남을 통해 서양 정신이 자기를 쇄신할 수 있었다면, 중세의 끝자락에서는 다시 아랍 세계와의 만남을 통해 자기를 쇄신하고 근대의 문을 열게 되잖아요? 그런데 이 만남이 타자 속에서의 자기상실이 아니라는 거예요. 그때그때 서양은 자기의 필요에 의해 타자적 정신을 자기화할 뿐이에요. 고대에서 기독교를 통해 종말에 이른 (그리스) 종교를 완전히 쇄신했다면, 중세 후기엔 아랍 정신과의 만남을 통해 새로운 과학적 인식의 길로 나아가게 되잖아요? 물론 정확하게 말하자면 그것 역시 아랍을 매개로 한 아리스토텔레스와 고대 그리스 학문의 재발견이었지만……

매번 이런 식이었으니 서양 정신은 한 번도 타자적 정신 속에서 자기를 상실하지 않고 아무 단절 없이 홀로주체로서 자기를 오직 확장해 올 수 있었던 거예요. 그리고 이질적 타자를 만나면 그 타자를 도리어 나에게 동화시킴으로써, 나를 더 확대하고 보편화할 수 있다는 욕구를 버리지 않고 이어올 수도 있었다는 거죠. 그리고 그런 식의 확신이 구체적으로 거꾸로 현실에 영향을 끼쳐서 현실을 형성하는 원리가 되었다고 하는 것, 이 두 가지가 순환하게 된다는 것이 제 얘기였습니다.

고명섭 예, 선생님, 기독교와 그리스 정신의 관계가 아주 명쾌해졌습니다. 그런데 이왕 기독교 이야기가 나왔으니, 얕은 지식이지만 제가 품고 있는 고민을 이야기해보겠습니다. 홀로주체성이라는 서양 정신에 대한 규정이 과연 기독교에서 통할 수가 있는가. 그 홀로주체성이라는 것은 자기에 대한 무한한 긍지, 그리고 타자와의 관계에서 품는 우월성, 이 두 가지라고 할 수 있는데, 과연 기독교에서, 물론 유대교와 관련이 있겠지만, 가령 「욥기」 같은 데서 끊임없이 수난당하는 존재, 그래서 결국 자기 존재 자체를 부정해야만 절대자인 신에 의해서 구원받는 모습들이 반복해서 나타나지 않습니까? 아브라함의 경우도 자기 자식을 죽여야만 하나님에게 인정을 받고, 모세를 보더라도 모세가 '나 잘났습니다' 하고 나서서 민족을 구원한 것이 아니라 능력이 안되어서 도망하는 자를 보고 하나님이 부르니까 질질 끌려가는 거잖아요? 그런 것들을 볼 때, 구약에 나타나는 상은 홀로주체성으로서의 자기긍지에 가득 찬 인간형이 아니고, 또 그런 사람을 높이 받드는 것이 아니라 오히려 자기부정적이고 자기를 한없이 낮춰버린 자만이 하느님의 아들로 인정받는다는 느낌을 준다는 것이죠. 또 하나는 기독교 사상이 구체화되는 과정에서 아우구스티누스가 자유의지를 밝혔다고 하지만, 동시에 아우구스티누스는 자유의지의 불가능함을 이야기한 사람이고…….

김상봉 그렇죠, 또한 예정을 이야기한 사람이지요.

고명섭 자유의지를 이야기함과 동시에 자유의지를 부정해버림으로써 인간 존재가 얼마나 무력한가를 설파하고, 그래서 그런 식으로 존재의 무력함, 나라는 인간 자체의 무력성을 밝혔다는 것, 그 속에 구약과 아우구스티누스 사상 사이의 흐름이 있고, 그것은 근대 기독교 정신까지 이어지는 것이 아닌가. 그리고 이 부분이 매우 핵심적인 부분이어서 그것을 중심에 놓고 본다면 홀로주체성을 이야기하기가 어렵지 않겠나…….

김상봉 오늘 조짐이 좋은 것 같습니다, 선생님. 늘 독자들한테서 문제가 되던 것들이 아닌가 싶기도 한데요. 제가 『나르시스의 꿈』 머리말에서 각주로 처리했던 얘기[2] 같아요. 그 얘기가 뭐고 하니, 서양에서 타자들은 언제나 인격적인 타자가 아닙니다. 죽음, 그다음에 운명, 그다음에 자연, 그다음에 신. 이게 전부 나와 동등한 네가 아니에요. 그러니까 신 앞에서의 절대적인 무력함이라고 하는 것을 가지고서 '아, 이게 홀로주체성이 아니다'라고 하는 건 적어도 제가 생각하는 홀로주체성과 서로주체성의 구분의 범주에서는 별개의 문제입니다. 그러니까 이거야말로 서양 정신이 자기를 절대화하는 전략이에요. 사도 바울이 나는 없고 오로지 내 속에 예수 그리스도만 살아 있노라 말할 때, 그것은 내가 절대화되는 방식입니다. 그리고 바로 그런 점에서 니체가 조롱했죠. 그러니까 천민들이 달리 어떻게 자기가 해볼 수가 없으니까……. 물론 이것은 야유이고 반어이기도 했지만, 니체가 그런 말까지 할 정도로요. 신 앞에서 나는 아무것도 아니라는 겸손과 자기비하의 감정은요, 사실 그것을 통해서 내가 신과 하나됨으로써 절대적인 권력에 참여하려고 하는 권력의지예요.

고명섭 선생님, 그것을 조금만 더 부연을 해주시면…….

---

2 "서양 정신의 한계는 그것이 한 번도 자기의 한계를 경험하지 못했다는 사실 그 자체이다. 서양 정신이 알고 있는 유일한 정신의 한계는 죽음이다. 그것은 자기의 절대적인 없음과 소멸이다. 다시 말해 그것은 비존재요 공허요 진공의 영역이다. 따라서 그것이 아무리 정신의 삶과 활동을 한정한다 하더라도, 그것에 의한 정신의 한정은 소극적인 것일 뿐이다. 왜냐하면 죽음은 그 자체로서는 한갓 없음과 비존재일 뿐이므로 정신의 삶과 존재를 한정하기는 하지만 결코 적극적으로 규정할 수는 없기 때문이다. …… 따라서 정신의 삶은 죽음에 의해 활동이 정지되기는 하되, 결코 그것에 의해 수동성 속에 빠지지는 않는다. 왜냐하면 죽음은 정신에 대해 아무것도 행하는 일이 없기 때문이다. 이를테면 죽음 앞에서 그리스 신화의 영웅들이 비겁해지느냐 아니면 비범한 용기를 보이느냐는 죽음이라는 사태 자체와는 아무 상관이 없다. 그것을 결정하는 것은 영웅들의 정신 그 자체이다. 따라서 죽음이라는 정신의 절대적 타자는 정신에게 능동적으로 작용함으로써 그것을 수동적으로 규정하는 타자가 아니라, 도리어 정신의 크기를 식별할 수 있게 해주는 배경의 구실을 하는 타자일 뿐이다." 김상봉, 『나르시스의 꿈』, 21~22쪽.

김상봉　한번 생각해보세요. 선생님은 서양 정신이 신에 대해 자기가 철저히 무력하다고 느끼는 것을 두고 타자 속에서의 자기상실이라고 하시지만, 세상에 신을 본 사람이 있어요? 신이 무슨 실제적 타자로서 내 앞에 마주 선 적이 있느냐고요. 그건 그냥 나르시스가 수면에서 본 자기의 얼굴, 이상화된 자기의 표상이잖아요? 칸트 식으로 말하자면 순수한 이성의 이상 앞에서 인간이 겸허한 자기비하의 감정을 느낀다면, 그게 과연 어떤 의미의 겸허일 수 있나요? 그 자체로서 신이나 절대자가 과연 무엇인지 우리는 몰라요. 우리가 분명히 말할 수 있는 것은 다만 내가 신에 대한 관념을 가지고 있다는 것뿐이죠. 물론 그 관념을 마르크스처럼 한갓 아편이요 허구라고 생각할 수도 있고, 토마스 아퀴나스처럼 참된 관념이라고 생각할 수도 있고, 칸트처럼 이성의 필연적 이념이라고 생각할 수도 있죠. 객관적으로 누가 옳은지는 누구도 단정할 수 없는 일이잖아요. 오직 분명한 것은 인간이 신에 대한 관념이나 믿음을 가지고 있다는 사실 그 자체란 말이에요. 지금 우리에게 문제가 되는 것은 서양 정신이 그 관념 또는 믿음의 대상에 대해 어떤 태도를 취하느냐 하는 것이잖아요? 그리고 선생님 말씀에 따르면 서양 정신이 신의 정신 속에서 자기를 부정했으니 타자적 정신 속에서의 자기상실이 아니냐 하고 물으시는 것이고요.

고명섭　그렇습니다.

김상봉　그걸 확인했으니, 먼저 농담 삼아 여쭤봐도 되겠어요?

고명섭　무슨 말씀인지?

김상봉　한국 개신교회의 대다수 목사들이 신에 대한 절대적인 순종을 입에 올리지 않습니까?

고명섭　그렇습니다.

김상봉　그분들이 말하는 순종의 내용이 무엇이라 생각하세요?

고명섭　신의 의지에 대한 순종, 신의 명령에 대한 순종인가요?

김상봉　구체적으로는요? 신의 의지가 뭐고 명령이 뭐겠어요?

고명섭 성경에 쓰여 있는 말인가요?

김상봉 물론 그렇게 말하면 모범 답안이기는 하죠. 하지만 성경에 쓰여 있는 말의 뜻이 다 같아요? 읽는 사람에 따라 이해하는 방식이 다르니, 사실 해석의 가능성도 여러 가지로 열려 있다고 봐야죠. 그러니 어떻게 하는 게 신의 뜻을 따르는 게 되겠어요?

고명섭 글쎄요…….

김상봉 미안해요. 공연한 농담은 그만할게요. 하나님에게 절대 순종해야 한다는 말은 그냥 교인들에게 목사 말 잘 들으라는 얘기예요. 십일조, 주일 헌금, 감사 헌금, 건축 헌금 등등 각종 헌금 잘 내고, 예배에 빠지지 말고, 구원은 교회 안에만 있으니까 엉뚱한 소리에 귀 기울이지 말고…….

고명섭 그러니까 신의 의지에 대한 순종이란 목사의 의지를 신격화하는 장치라는 뜻이군요.

김상봉 하지만 제가 무턱대고 악의적으로 폄하하기 위해 이런 말을 하는 건 아니에요. 조금 더 진지하게 말하자면 사도 바울이 이제 나는 죽고 내 속에서 오직 예수 그리스도만 살아 있다고 말할 때, 이것은 조선의 사대적 지식인들이 공자를 입에 올리거나, 식민지 시대 친일파들이 천황 폐하 만세를 외치거나, 오늘날 한국의 친미주의자들이 미국적 기준을 신주 모시듯 신봉하는 것과는 전혀 달라요. 문법적 형식만 두고 보면 양쪽 모두 지극한 자기부정이죠. 바울이 더 극단적인 자기부정이라 해야겠지요. 아예 자기는 죽어버렸다고 하니까! 하지만 실제로 그 둘이 어떻게 같은 자기부정이라 하겠어요? 공자든, 천황 폐하든, 미국이든, 이런 것들은 실제적인 타자예요. 그런 까닭에 나의 주체성이 이런 타자에 의해 실제로 제한될 수밖에 없어요. 싫어도 징용과 징병, 정신대에 끌려가야 하는 거잖아요? 하지만 사도 바울이 죽은 자리에 대신 예수 그리스도가 살아 역사한다는 게 무슨 말이겠어요?

고명섭 그 경우에도 십자군 전쟁에 끌려가는 건 마찬가지 아닌가요?

김상봉 맞아요. 하지만 그 차이가 뭔지 모르신다는 뜻은 아니겠죠? 중세의 기독교인들이 신의 뜻을 빙자해 십자군 전쟁을 선동할 때, 그들은 철저히 주체적으로 자기 자신의 욕망과 이익을 위해 신을 끌어들이는 거예요. 하지만 식민지 조선의 지식인들이 이 땅의 젊은이들을 상대로 천황 폐하를 위해 학도병이나 정신대에 지원하라고 선동하고 다녔던 것이 그런 주체성의 실현일 수 있겠어요?

고명섭 그렇게 흥분하지 않으셔도 충분히 이해가 됩니다.

김상봉 그건 그냥 노예적 예속의 표현이잖아요?

고명섭 맞습니다.

김상봉 그 차이가 어디서 생기는 거겠어요? 대일본 제국의 천황 폐하는 현실적 권력으로 존재하는 타자적 주체이지만, 예수 그리스도는 내면의 거울일 뿐, 어떠한 실제적인 타자적 주체도 아니기 때문이에요. 그러므로 신의 뜻이란 거울에 반사된 나 자신의 의지와 욕망에 지나지 않는 거죠. 그리고 그런 신의 뜻 앞에서 자기를 부정한다고 아무리 법석을 떤다 하더라도 그건 자기의 신격화지 수동적인 자기상실과는 아무 상관이 없는 거예요.

고명섭 저도 이제 그 차이를 알겠습니다.

김상봉 제가 너무 흥분해서 미안하지만, 하나 더 보태고 싶은 말이 있어요.

고명섭 마음 놓고 흥분하셔도 됩니다.

김상봉 신 앞에서의 자기부정이란 것이 꼭 기독교만의 일은 아니라는 거예요. 그건 그리스 철학의 일이기도 하고, 유교와 불교와 도교의 일이기도 하다는 거지요.

고명섭 아, 예, 선생님.

김상봉 사실 모든 위대한 종교와 철학이 가르치는 게 뭐겠어요?

고명섭 뭘까요?

김상봉 극기복례(克己復禮)죠! 아집에서의 해탈이고, 성인무상심(聖

人無常心)이지요. 세상에 참된 종교와 철학치고 사사로운 자기에게 집착하라고 가르치는 데가 어디 있어요? 극기든 해탈이든 무심이든 모두 자기를 버리라는 말이잖아요. 그러니까 유독 기독교만 그런 건 아니라는 거예요. 이건 서양 철학의 경우에도 마찬가지여서, 기독교 이전의 고대인들에게 철학이란 플라톤이 동굴의 비유에서 생생하게 묘사했듯이 인간을 사사로운 존재의 굴레에서 해방해서 보편적인 진리의 빛으로 인도하는 길이었거든요.

고명섭 예, 그렇습니다.

김상봉 하지만 여기서 모두가 똑같다는 말을 하려는 건 아니에요. 차이가 있어요.

고명섭 그게 뭘까요?

김상봉 그냥 알기 쉽게 비교를 해보자고요. 아까 우리가 사도 바울 얘기를 했잖아요? 나는 죽고 나 속에서 예수 그리스도만 살아 있다고.

고명섭 예.

김상봉 하지만 그 예수 그리스도란 건 내면의 거울이지요? 그렇게 추상적인 것이니까 쉽게 나의 주체적 의지로 전유할 수도 있는 거거든요.

고명섭 그렇지요.

김상봉 그럼 노자의 말은 어떤가요? 성인무상심(聖人無常心)이니 이백성심위심(以百姓心爲心)이라. 성인에겐 마음이 없다, 다만 백성의 마음으로 자기 마음을 삼는다는 말 말이에요. 함석헌이 참 좋아한 말이고 저 역시 그분의 책을 통해 마치 처음 듣는 말처럼 감동받은 말이지만, 여기서 성인무상심이 성인은 사사로운 마음이 없다는 말이라면, 여기까지는 바울과 같아요. 그런데 바울이 자기의 마음, 자기의 의지 대신 예수 그리스도를 내세운다면 노자는 백성의 마음을 내세우잖아요.

고명섭 예, 감이 잡히는데, 정확하게 차이가 뭡니까?

김상봉 차이에 앞서 먼저 같은 점을 말하고 시작할게요. 백성의 마음이든 신의 뜻이든 보편이라는 점에서는 같아요. 기독교든 노자든 사사로운 욕망을 보편적 진리를 통해 규제하는 것은 같지요. 규제한다는 말이 어감이 좀 안 좋으니까 긍정적으로 표현하자면 인간의 참된 자기실현이란 사사로운 자기를 버리고 보편적 자아와 하나 되는 데 있는 거지요.

고명섭 예, 이해하겠습니다.

김상봉 그 보편적 자아, 보편적 진리가 자기를 어떻게 나타냅니까? 이게 문제예요. 노자에게 그것은 백성의 마음이에요. 지금 이 땅에서 고통받는 모든 인간의 마음이라고요. 그런데 기독교에서 또는 사도 바울에게서 보편적 진리, 보편적 자아는 예수 그리스도예요. 정확하게 말해 역사적 예수가 아니라 그리스도인 예수, 신격화된 예수라고요. 보이지도 잡히지도 않는 신의 의지와 뜻이 보편적 진리인 거예요. 그런 까닭에 그건 너무도 쉽게 나의 욕망의 투사와 반영이 되어버리는 거지요. 물론 정치꾼들이야 백성의 마음도 늘 제 맘대로 해석하지요. 입만 열면 국민의 뜻을 팔아 사기 치는 게 정치 모리배들의 일이니까……. 하지만 아무리 그렇다고 하더라도 백성의 마음을 신의 의지처럼 그렇게 제 맘대로 전유할 수는 없어요. 아무리 왜곡하고 억압하고 전유해도 백성의 뜻과 다를 때는 동학농민전쟁에서부터 3·1운동과 4·19와 부마항쟁과 5·18과…….

고명섭 6월항쟁은 말씀하지 않으셔도 되겠습니다.

김상봉 하하! 예. 마지막으로 오해를 피하기 위해 드리고 싶은 말씀인데, 이 모든 말이 신을 믿느냐 믿지 않느냐 하는 것과는 별개의 문제예요. 저도 어떤 의미로든 신을 믿을 수는 있죠. 하지만 그 신이 어떤 모습이냐, 나와 신의 관계가 어떤 관계냐 하는 건 신의 존재를 믿느냐 믿지 않느냐 하는 것과는 별개의 문제란 말입니다. 함석헌이 그랬잖아요. 종교가 뭐냐고 묻는다면, 내가 하나님 되자는 것이라고요. 그런데 내가 하나님이 된다는 건 하나님과 하나 된다는 말이고, 결국은 개별적인 자기를 벗어나서, 개별적인 자아를 초월해서, 결국 불교에서 자기 아집을 벗어나서 참된 자아 또는 원효 식으로 말해 일심(一心)으로 나아가자고 하는 것이고, 이것은 비단 서양의 문제만이 아니고 양의 동서를 막론하고 다 있는 거예요.

그리고 이것 자체는 하나도 나쁜 것이 아니죠. 그래서 철학 개론 수준의 얘기에서 '철학이 보편학이다'라고 할 때, 그렇다면 철학이 추구하는 보편자가 어떤 의미에서 보편적이냐고 묻는다면, 권력의지로써 전체를 지배하기 위해 보편적 진리를 추구할 수도 있지만, 모든 사람의 고통과 하나 되겠다고 하는 열정 때문에 전체와 보편을 추구할 수 있는 거잖아요. 보편적 슬픔, 그 슬픔의 바다에 이르려는 것이 철학적 파토스일 수 있거든요.

공연히 철학을 끌어들여 이야기가 옆길로 샜는데, 다시 종교로 돌아가서 내가 하나님이 되는 것, 또는 신과 하나 되는 것이 어떻게 가능한가요? 믿음을 통해 가능하다고 대답할 수 있겠지요. 하지만 믿음이라면 무엇을 믿는다는 말이에요? 그럼 다시 신의 존재와 능력을 믿는 거라고 말하겠지요. 하지만 그건 앞서 말했던 대로 결국 자기의 존재와 능력을 믿는 것과 같아요. 함석헌이 신에 대한 믿음을 뭐라 말했던가요? "신을 믿는다고 하는 것은 이웃을 믿는 것"이라잖아요. 사람들이 신을 믿는다는 것은 절대자를 자기 맘대로 다 전유하는 거거든요. 그러니까 믿는 거지요. 함석헌 식으로 표현하면, 아니 하나님이 진리라는데, 우리를 구원해주겠다는데, 복을 주겠다는데, 그렇게 무소불위라고 하는데 안 믿을 사람이 누가 있겠냐고요. 그런데 그 신은 가짜거든요. 자기 욕망의 절대화니까. 참된 신성함은 인간성 속에 깃드는 것이니까요. 그런데 그렇게 더럽고 누추하고 비루한, 나와 같은 이웃 사람을 내가 어떻게 믿을 수 있겠냐고요. 내가 어떻게 이웃을 믿을 수 있는가? 그런데 함석헌에 따르면 실은 이웃을 믿는 것이야말로 하나님을 믿는 거예요. 제 말도 똑같습니다. 유대교든 불교든 그게 동아시아 전통이든, 뭐라고 말을 하든,

그게 전체 또는 어떤 절대자 속에서 나를 지양해버린다, 개별자로서 나를 지양해버린다고 하는 것은 좋은 일이에요. 이것 자체를 비난할 이유는 하나도 없어요. 그런데 이 지양의 길이 홀로주체적일 때 이게 권력의지라는 거예요, 제 얘기는. 그래서 서로주체적이어야 됩니다. 내가 나를 지양한다고 하는 것이 너 속에서 내가 지양되어야 하는 거지, 보이지 않는 신 속에서 내가 지양되면 안 된다는 거지요.

고명섭 그 말씀을 들으니까 떠오르는 생각이 있는데요. 불교에서 하는 이야기인데, 도는 여럿이 닦지만 깨달음은 홀로 얻는다, 독각이라고 그러죠. 그래서 홀로 깨친다고 할 때 독각이라고 하는 것과 홀로주체성과는 어떤 관계가 있을지 모르겠는데요. 율곡이 십 대 때 금강산에서 불교 공부를 하다가 노승을 만나서 이야기를 나누었는데 그 뒤에 정리하기를, 불교는 사람을 돌보지 않고 이웃을 돌보지 않는다, 유교는 반대로 이웃을 돌본다는 것이고, 그래서 율곡 자신은 불교를 결국 버리고 유교를 자기 사상의 중심으로 삼았다는 겁니다. 선생님 말씀을 듣다 보니까 그 이야기가 떠오르는데요. 하지만 독각이라고 하더라도, 결국 하나님에게, 진리에 나 혼자 이른다 하더라도, 불교가 그 아(我)를 극복함으로써 그것을 부정함으로써 나를 좋은 의미로 보편화하는 것이라고 본다면, 그 독각이든 홀로 이르든 간에 그 방법이나 그 길 그 자체가 결론을 규정해버린다고 할 수 있는가…….

김상봉 제가 마지막 질문을 이해를 못 했어요.

고명섭 그러니까 그 독각이 최종적으로는 내 존재의 홀로주체성을 입증한다기보다는 홀로 깨달음으로써 보편에 이른다면 그 깨달음의 과정을 홀로주체적인 것이라고 이야기할 수 있느냐는 겁니다.

김상봉 선생님, 저는 그런 부분에서 독각이라는 것 자체를 비난하고 싶은 생각은 없어요. 그것이 그것으로 할 수 있다면, 저는 그것에 대해서 남을 돌보지 않는다고 해서 굳이 비난받을 일은 아니라고 생각합니다. 그런데 이게 문제가 되는 까닭은 무엇인고 하니, 결국 따지고 보면 부처도 독각이고 예수도 독각이에요. 물론 이렇게 말하면 기독교나 불교에서 저보다 훨씬 조예가 깊은 분들이 반발하시겠지만, 어떤 의미에서 이게 독각인고 하니, 그분들이 보여준 삶의 이상이라고 하는 것이, 그래요, 그런 과정을 통해서 지극한 사랑을 보여줄 수도 있고 자비와 깨달음도 보여줄 수 있는데, 그것이 우리가 더불어서 살아야만 하는 세속의 세계에서 어떻게 해야 온전한 만남이 될 수 있는가를 보여주지 않는다는 것입니다. 독각이 그것을 보여주는 깨달음이라 한다면 마다할 이유가 없는 거죠. 그런데 우리는 기독교에서 얘기를 시작했는데, 예수의 지극한 사랑이 사실은 마지막에 가서는 자기부정이란 말이에요. 자기부정인데, 그 일면적인 자기부정을 가지고서는 더불어서 살아야 될 만남의 공동체로의 길을 보여주지 못한다는 말이었어요. 그런 의미에서 독각이 내용 없는 독각이 되어버리는 거지요. 우리는 그 독각이라는 것이 그 자체로서 무엇인가 내용이 있다고 전제를 하고, 그렇게 보편에 이르렀다고 전제를 하는데, 그 전제가 사실은 내용 없는 전제라는 것입니다. 예수와 부처가 수천 년 전에 세상에 왔음에도 불구하고 아직도 예수가 말했던 하늘나라, 하느님 나라에 이르는 길을 찾지 못하고 우리가 사바세계에서 헤매는 이유가 인간의 마음이 이렇게 완악하고 강퍅해서가 아니고 길을 못 찾았기 때문에 그렇다는 것이 제 생각이고, 제가 이제 드러내야 될 것은 그 길을 다시 물어야만 한다는 것이죠.

방법론적 개인주의에 대하여

고명섭   예, 선생님, 이 문제는 일단 이 정도로 하고요. 서로주체성 이야기를 다시 하지요. "주체성 속에 동일성과 차이성이, 자기와 남이 공속한다는 이 역설을 해명하는 것이야말로 독일 관념론 철학이 떠맡았던 가장 중요한 과제였다. 그런데 독일 관념론 철학자들은 주체성 속에 내재하는 타자성을 원칙적으로 순수한 주체 내적 자기관계를 통해서 해명하려 했다."[3] 그래서 타자성을 진정한 타자로 두는 게 아니라 자기 내부의 타자로 만들어 해소해버리는 방식을 취했다는 건데, 이것이 바로 홀로주체적 정신이 내면의 껄끄러운 것을 소화하는 방식이라는 이야기잖아요? 그런데 제가 품는 의문은 이것이 데카르트의 코기토에서부터 시작된 말하자면 방법론적인 개인주의라고 할까, 이것이 빚어낸 결과는 아닐까, 그러니까 어떤 주체가 자기 내부의 동일성과 타자성을 소화해서 해소한다는 것이 홀로주체의 자기선언이나 자기긍지인 것이 아니라, 방법론적 개인주의가 나타나는 한 양상이 아닐까 하는 겁니다. 방법론으로서는 여러 가지를 취할 수가 있거든요. 객관주의에서 시작할 수도 있는 것이고, 나에서부터 출발할 수도 있는 것이고 말이지요. 그런 식의 방법론에서 나온 한 태도이지 그것을 홀로주체적 정신의 필연적 소산으로 보기는 어렵지 않은지…….

김상봉 그 부분에 대해서는 이렇게 반문해볼 수 있겠죠. 왜 하필 그런 방법론적인 정신이 서양에서 그렇게 극대화되어서 나왔을까. 그게 첫 번째 대답이라면 대답이고요. 따지고 보면 그런 식의 방법론을 취한다고 하더라도 다른 식의 결론에 도달할 수도 있어요. 그리고 그것을 보여주는 것이 제가 시도하는 일이지요. 그런 방법론적 개인주의는 나도 찬성한다. 그렇게 해야지, 자아를 해부해 보여 끝까지 가봐야지. 그렇게 끝까지 가봐야 자아가 미망이구나, 자아가 아집이구나 하는 것도 알 수 있으니까 들어가보자 이거예요. 거기 안 들어가면 그것을 알지 못합니다. 방법론적으로 에고이즘으로 들어가면 실제로도 에고이즘에 사로잡히니까, 아예 방법론적으로 에고이즘을 취하면 안 된다고 주장하는 사람이 많이 있거든요. 현대 철학에서 특히 그래요. 그런데 그런 사람들의 입장은, 들어가보지 않기 때문에 자아에 대해서 말도 하지 않지만, 그 미망에서 벗어나지도 못해요. 여전히 자신도 모르는, 의식하지 못하

---

3 김상봉, 『학벌사회』, 150쪽.

는 감옥에 갇혀 있으면서 자기가 말하지 않기 때문에 자기는 그 감옥에 갇혀 있지 않다고 착각하는 것일 뿐이거든요. 그러니까 방법론적으로 에고이즘을 택한다고 해서, 또는 방법론적 유아론(solipsism), 나홀로주의를 택한다고 해서 절대로 '내가 나 스스로 내가 될 수 있구나' 하는 결론에 도달하지는 않는다는 것이죠. 저는 오히려 그것을 보여주고 싶은 겁니다.

고명섭 그걸 또 불교와 비교해 보자면, 불교에서 오랜 수련을 통해 자아의 미망을 깨치는 것, 그것을 각이라고 한다면, 그 과정은 사실 오묘하고 심오해서 논리적으로 설명이 되지 않는다고들 흔히 이야기하는데요. 선생님이 서로주체성의 이념을 풀어가는 과정을 보면, 결국 나, 에고를 철저하게 파고들어가서 그것의 구조와 세계를 완전히 보여줌으로써 오히려 그 세계가 없다는 것을 드러낸다는 것, 그럼으로써 나라는 것의 집착으로부터 벗어나게 해준다는 것, 그러니까 불교가 실천적인 수련을 통해서 자아가 미망이라는 것을 깨우쳐가는 과정을 오히려 학문적인 물음과 답변과 계속되는 논리적인 해명 속에서 그 자아를 해체해버린다는 것입니다. 그래서 그 나를 넘어섰을 때 결국 우리는 너와 나의 만남일 수밖에 없다, 나는 너와 만날 수밖에 없다는 그런 차원에 이르는 것이기 때문에 그것이 방법론적 개인주의를 통해서 만들어온 서양 근대 사유와 방법론은 유사하지만 결과는 달라져버리는, 아상(我相) 자체를 완전히 해체해버리고 재구성하는 데까지 이르게 된다는 것이 선생님의 설명이지요. 그랬을 때 제게 드는 의문은 그것입니다. 선생님이 말씀하시는 서양, 그 서양 정신의 범주, 그 범위는 어디냐, 예를 들면 영국의 정신은 서양 정신이라고 할 수 있느냐, 또 러시아나 동유럽 쪽의 사고는 서양 정신이라고 할 수 있느냐 하는 의문이 머릿속에 자연스럽게 떠오릅니다.

김상봉 사실 철학자가 제일 대답하기 어려운 질문이 그런 거지요. 이를테면 어디까지가 인간이냐, 인간의 실제적인 경계선이 어디냐 물으면 대답하기 어렵잖아요. 어떤 특정한, 진짜 인간이라고 부르기도 어렵고 안 부르기도 어려운 돌연변이를 가지고 와서 우리가 어디까지가 인간이라고 할 수 있느냐 하는 것에 대답하기가 어려운 것처럼. 또는 태아가 어디서부터 인간이냐, 생명 윤리 하는 사람들이 늘 고민하는 것이 그것 아닙니까. 수정된 그 순간부터 또는 수정되고 난 다음에 며칠이 지나야 몇 주가 지나야 인간이냐 아니냐……. 당신이 서양 정신을 두고서 홀로주체성을 얘기했다고 하는데, 서양 정신이 그럼 어디서부터 어디까지냐 하고 물으면 사실 실증적인 대답을 제시하는 것은 불가능하죠. 그것을 대답할 수 있다고 한다면, 제가 바보겠죠.

그럼에도 불구하고 그 질문에 대해서 나름대로 그 문맥에 적합하게 생각을 해보면, 그러니까 철학이 문제인데 그 철학 중에서도 자아, 또는 넓은 의미에서 주체에 대한, 또는 자유라는 몇 가지 핵심적인 범주에 대한 이야기 아니겠습니까. 그러면 제가 드리고 싶은 대답은 영국은 영국대로, 프랑스는 프랑스대로, 독일은 독일대로, 미국은 미국대로 그것을 각자의 방식으로 변주하는데, 지배적인 주체의 자기동일적 관계 속에서 그것이 자기를 재생산해나간다는 것은 그때그때마다 그것이 변주됨에도 불구하고 볼 수 있다는 것이죠. 이를테면 독일 관념론의 경우에 거대 주체가 강하게 드러나 있다고 말할 수 있겠죠. 그것에 비하면 영국 쪽에서는 개인적인 것이 더 강하다는 점에서, 이쪽과 저쪽은 전혀 별개의 것이 아니냐 생각될 수도 있지만, 이쪽에서 개인을 이해하는 방식하고 저쪽에서 신을 이해하는 방식이 내적인 구도에서 봤을 때는 차이가 없지요. 그것이 미국으로 건너온다 하면, 이제는 거대 주체, 국가도 아니고, 좋은 의미에서 개인도 아니고 자본입니다. 하지만 자본이라고 하더라도, 그것의 운동 원리 자체가 자본의 내적인 자기관계, 자기동일성의 자기복제를 통해서 진행된다고 한다면, 그것이 나타나는 양상의 다양성에도 불구하고 그 속에서 우리가 공통적으로 볼 수 있는 건, 말하자면 그것이 실체로 나타나든 주체로 나타나든 자기동일적인 관계 속에서 그

운동이 진행된다는 말씀은 드릴 수 있다는 겁니다.

　　고명섭　좋습니다. 그런 설명에도 불구하고 이런 식의 발상은 어떨까 생각을 해봅니다. 그것이 그럼에도 불구하고 홀로주체적 사유로, 홀로 주체적인 양상으로 나타나는 것이기 때문에, 근원적으로 바탕은 동일 하다고 할 수 있을지 모르겠지만, 독일 근대 관념론 철학에서 보이는 거 대 주체적인 모습과 영국 경험론 철학에서 나타나는 개별 주체들에 방 점을 찍는 철학 간의 차이는 생각보다 커서, 그 차이를 아우르는 전체의 보편적인 홀로주체성을 상정할 수 있을지는 모르지만, 둘 사이가 근원 적으로 동일하다고 이야기하게 되면, 자칫하면 홀로주체적인 사유가 아 닌 것은 무엇이냐 하는 말도 나올 수 있지 않겠냐는 생각이 드는 겁니다.

　　김상봉　그건 이렇게 답할 수 있지 않을까 생각합니다. 제가 일관되 게 근저에 두고 있는 것이 서양적 홀로주체성의 토대가 자유의 이념이 라는 거잖아요. 그런데 고대에서 그 자유의 이념이 직접적인 정치적 현 실로서 표현되고 실현되었을 때, 그 양상이 둘로 나뉘었다고 말씀드렸 지요. 그것이 그리스와 로마의 차이였지요. 정치적 삶의 지평에서 똑같 이 자유의 이념을 추구했음에도 불구하고 그리스인들은 도시국가 체 제를 유지했고 로마인들은 세계 제국으로 나아갔단 말입니다. 각각의 경우에 그 이유가 무엇인지는 앞서 말씀드렸으니 생략하고요.

　　그런데 근대에 이르면 고대적 자유가 다른 무엇보다 자아와 주체의 이념 속에서 철학적 근거를 발견하게 되지 않았겠어요? 이런 문맥에서 보자면 근대적 주체란 고대적 자유 시민이 중세의 인격 개념을 통해 보 편화된 뒤에 근대에 이르러 비로소 자기 자신의 내면적 토대(원래 주체라 는 말이 토대라는 의미도 있잖아요)로 돌아간 거지요. 그러니까 서양 정신은 처음에는 직접적으로 자유를 추구하다가 근대에 이르러서야 비로소 자 유로운 행위의 내면적 토대인 주체를 발견한 것이거든요.

　　그 이후 철학자들이 그것을 나(Ego)라고 부르든, 자기(self)라고 부르 든 또는 주체(Subjekt)라고 부르든 간에 자아의 의지를 온전히 실현하는 것을 자유와 주체성의 실현으로 이해하게 되지요. 그런데 여기서 근대 서양 정신은 다시 고대적 정신이 봉착했던 자유의 내적 모순에 부딪히게 됩니다. 그것은 근대적 자아의 개념을 기초한 데카르트에게서 이미 나타나는 모순으로서 그는 나의 존재의 근거를 한편에서는 나 자신의 자발적이고 능동적인 생각의 활동에 두면서도 다른 한편에서는 절대적 초자아인 신에게서 찾아요. 이건 주체의 자유가 개별성과 보편성이라는 대립적인 계기를 자체 내에 지닐 수밖에 없기 때문에 생기는 필연적인 곤경이에요.

그 뒤 철학사의 전개를 보면 이 두 계기가 한층 더 구체화되어 대립하게 되는데, 한편에서는 주체의 자유가 어떤 타자적 의지에도 예속되지 않는 자발성의 표현과 실현이 되어야겠지요. 그게 자유니까요. 이렇게 생각하면, 근대적 주체성의 개념에서 개별성의 계기가 극대화됩니다. 그리고 그것은 다른 무엇보다 영국 철학자들이 발전시킨 근대적 개인주의로 나타나지요. 아마도 그것은 13세기 마그나 카르타에서부터 지속적으로 왕의 권력에 맞서 시민의 자유를 확대해온 나라에 어울리는 철학이 아니었을까 생각합니다.

하지만 개인의 자발성만으로 자유가 온전히 실현되지 못한다는 것은 이미 고대 그리스와 로마의 경우에도 분명히 드러난 일이 아닙니까? 나는 세계의 주인이 될 때만 나의 주인도 될 수 있으니까요. 개별적 주체 역시 직접적인 개별성을 벗어나 보편적 주체로 군림할 때 비로소 온전히 자유를 실현할 수 있는 거예요. 이렇게 생각하면 주체성 속에서 보편성의 계기가 강조되어야 하겠지요? 주체의 개념을 그 방향으로 극단화한 철학이 독일 관념론이라고 하겠습니다. 아마도 이것 역시 하나의 민족이 통일된 근대국가를 이루지 못하고 분열되어 있었던 독일 같은 나라에 필요한 철학이 아니었나 생각할 수 있겠지요.

하지만 어떤 문맥에서 어떤 나라가 어떤 방향으로 나아갔든지 간에, 분명한 것은 그것들이 모두 같은 주체, 같은 자유의 이념으로부터 전개된 필연적 대립이었다는 거예요. 다시 말해 세상의 모든 개인이 주체로서 자기를 정립해온 것도 아니고, 모든 주체를 구별 없이 홀로주체라고 말할 수 있는 것도 아니에요. 그것은 엄밀하게 말하자면 서양 정신이 전범적으로 발전시켜온 삶의 이상으로서, 서양 정신은 내적인 차이와 대립을 보여줄 때조차도 자유와 주체성의 이념에 뿌리박고 자기를 전개해온 거지요.

공동체에 대한 오해, 차이와 타자성에 대한 집착

고명섭 듣고 보니 대단히 흥미 있고 또 그럴듯하기도 한 설명입니다만, 그럴수록 더 많은 물음도 생깁니다. 하지만 여기서는 더 들어가 질문하는 것은 제가 좀 참고, 이야기를 좀 더 전개해보겠습니다. 아까 그 동일성과 차이성 얘기가 언뜻 나왔는데 선생님이 서로주체성을 설명하는 방식에서, 나를 주체가 되게 하는 나와 너의 타자적 관계는 이제 '나는 네가 아니다'라는 부정성과 '나는 너다'라는 동일성의 공속으로 발생한다, 이처럼 나와 네가 동일성과 차이성을 같이 가질 때 나와 너는 우리가 된다, 그러니까 나는 오직 너와 더불어 우리가 되는 한에서 나로서 존재할 수도 있다, 이것을 가리켜 우리는 서로주체성이라고 부른다, 『학벌사회』한 대목에서 이렇게 이야기를 하셨는데요.[4] 저는 이 대목을

4 "우리는 이처럼 고립된 자기관계로 발생한다고 간주된 주체의 자기관계를 가리켜 주체의 홀로주체성이라 부른다. 그런데 홀로주체성이란 어떤 경우에도 인간의 주체성에 붙일 수 있는 이름은 아니다. 사실상 독일 관념론자들이 주체의 자기정립을 홀로주체성 속에서 서술했을 때 그들이 말한 것은 신적 주체였지 인간적 주체는 아니었다. 신은 자기 바깥에 타자를 가지지 않는다. 그리하여 만약 신이 주체가 되어야 한다면 그는 오로지 자기 속에서 자기 자신과 관계하지 않으면 안 된다. 그리하여 독일 관념론자들은 이런 고립된 홀로주체의 자기관계 속에서 신의 자기원인성과 무한한 창조성을 보았다. 신은 자기 속에서 타자를 근원적으로 정립함으로써 자기가 되는 것이다. …… 나는 오직 나 밖에 존재하는 너를 나와 동일한 존재

읽으면서, 이런 식으로 동일성과 차이성으로서의 타자를 통해 설명하는 것이 선생님의 서로주체성의 원초적 형태인 아이와 엄마의 관계 속에서의 서로주체성을 설명하는 것보다 저한테는 더 현실적이고 설득력 있게 느껴집니다. 왜냐하면 나와 너의 관계에서 부정성이 개입되는데 그 부정성이 서로주체성을 역동적으로 만들어주는 것으로 보이기 때문입니다. 서로주체성에 대해서 제가 약간의 껄끄러움이랄까 부담감을 느끼는 이유는 나와 네가 만나서 우리가 된다는 서로주체성 설명이 굉장히 아름답게만 느껴져서예요. 나와 네가 만나서 과연 우리가 될 수 있는가, 우리가 되는 과정이 쉬운가, 그 과정에 많은 고통과 괴로움과 아픔이 함께하는데 그런 부정성이 충분히 고민되지 않은 것처럼 느껴집니다. 그렇기 때문에 그 부정성 자체를 충분히 철저하게 사고하는 방식으로 서로주체성을 인식할 필요가 있고, 또 그것이 뚜렷하게 느껴질 때, 그 부정성이 뚜렷하게 올 때, 서로주체성이 우리의 과제라는 것이 더 부각되지 않겠는가…….

김상봉 옳으신 말씀이에요. 임신의 비유에서 타자성과 부정성이 말소되는 것은 아니다, 아니 다른 어떤 만남에서보다 타자성과 부정성이 생생하게 살아 있다고 말씀을 드리고 싶지만, 선생님의 의도는 충분히 이해가 되기 때문에, 그 자체로 그 말씀을 받아들여서 한번 대답을 해보지요. 제가 너와 나의 만남을 말하거나 너와 내가 만나 우리가 되어야

로서 의식하는 동시에 너를 나와 다른 존재로서 의식하는 한에서만 내 속에서 나 자신과 타자적인 자기거리 속에 들어갈 수도 있는 것이다. 그러므로 나의 내적인 자기관계는 언제나 외적인 타자관계의 흔적이다. …… 그리하여 나를 주체가 되게 하는 나와 너의 타자적 관계는 이제 '나는 네가 아니다'라는 부정성과 '나는 너이다'라는 동일성의 공속으로 발생한다. 이처럼 나와 네가 동일성과 차이성을 같이 가질 때, 그때 나와 너는 우리가 된다. 그러니까 나는 오직 너와 더불어 우리가 되는 한에서만 나로서 존재할 수도 있다. 이처럼 내가 고립된 자기관계가 아니라 너와의 관계 속에서 우리가 됨으로써만 주체가 될 수 있다는 것을 가리켜 우리는 주체의 서로주체성이라 부른다." 김상봉, 앞의 책, 151~52쪽.

한다고 말할 때, 그건 너와 나 사이에 차이와 부정성이 실제로 사라진다는 뜻도 아니고, 사라져야만 한다는 뜻도 아닙니다. 그런 건 서로주체성의 이념과 아무 상관이 없어요. 나와 네가 만나 우리를 이룬다고 할 때, 만약 그 우리 속에서 아무런 차이와 부정성도 없고 동일성만 남는다면, 아마 그것은 다음 두 가지 중의 하나겠지요. 즉 내가 너를 나에게 동화시키거나 네가 나를 너에게 동화시키거나…… 하지만 이 둘 모두 자기 동일성의 확장일 뿐 만남의 실현이라 말할 수는 없어요.

고명섭 하나의 경우가 더 있지 않습니까? 둘이 새로운 하나를 이루는 것은 어떻습니까? 약간 거창하게 말하자면 새로운 보편이랄까. 선생님도 말씀하신 거잖아요.

김상봉 맞습니다. 그게 함석헌이 말했던 '보다 높은 하나'의 실현이지요. 하지만 보다 높은 하나는 나만의 것일 수도 없고 너만의 것일 수도 없어요. 그런 까닭에 보다 높은 하나 속에서는 나의 개성도 너의 개성도 다시 말해 둘의 차이가 일방적인 방식으로 제거되거나 말소될 수도 없지요. 그런 까닭에 '보다 높은' 하나인 거예요. 거꾸로 차이와 부정성이 전제되지 않는 만남은 실은 만남이 아니라 폭력적인 동화에 지나지 않아요. 참된 만남의 첫째가는 전제 가운데 하나가 차이 또는 부정성이잖아요. 내가 나와 만나는 것이 무슨 의미가 있어요? 내가 너와 만나는 것이 만남이지. 그런데 너라는 것은 나와 다를 때 너인 것이지 나와 완전히 같아져버린 존재라면 그게 어떻게 너일 수 있겠어요? 그러니까 제가 만남을 말하고 우리를 말한다 해서 그것이 너와 나의 차이와 부정성의 소멸로 이어지는 것이 아니냐고 생각하는 건 사실은 별 근거가 없는 염려라고 말씀드릴 수밖에 없어요.

기왕 말이 나온 김에 약간 항변조로 말씀을 드리자면, 사실 저는 너와 나의 만남을 말하든 '우리'에 대해서 말하든, 한 번도 그런 걸 친밀한 공감으로만 설명한 적이 없습니다. 이를테면 『그리스 비극에 대한 편지』에서 안틸로기아[5]의 의미를 강조할 때부터 저는 너와 내가 매사에 좋은 게 좋다는 식으로 만수산 드렁칡이 되는 것이 진정한 만남이 아니라는 건 반복해서 말해왔어요. 아니, 말해온 정도가 아니라 강조해왔지요.

그리스 비극에서 안티고네는 크레온이 될 수 없고, 크레온은 안티고네가 될 수 없어요. 안티고네와 크레온은 적대적으로 대립할 수밖에 없지요. 그런데 그 적대적 대립을 극복하거나 둘 사이의 화해를 추구한답시고 안티고네를 제거할 수도 없고 크레온을 제거할 수도 없어요. 그리스 비극은 대립의 필연성을 극한까지 밀어붙여 노정하는데, 관객은 그것을 보면서 자기 입장에 따라 이쪽이나 저쪽에 더 많이 공감하겠지만, 동시에 대립하고 있는 주인공 각자에게 각자의 정당성이 있구나, 하는 걸 깨닫단 말입니다. 그런 비극이 상연되던 시대를 가리켜 저는 적의 눈물을 이해할 수 있었던 시대라고 표현했잖아요. 아테네 시민을 그렇

---

5 "그러나 비극의 대화는 기본적으로 스승과 제자가 우호적인 분위기에서 진리를 탐구해나가는 방식이 아니라, 서로 다른 입장을 대변하는 주인공들이 적대적 대립상황 속에서 치열하게 시비를 논하는 것이 대부분입니다. 다시 플라톤의 경우와 비교하자면 그것은 중기나 후기의 대화가 아니라 초기 대화편의 분위기에 가깝다고 할 수 있습니다. 이를테면 『고르기아스』에서 소크라테스가 선에 대하여 여러 소피스트들과 차례로 치열하게 토론하는 것이나 『국가』 제1권에서 역시 소크라테스가 트라시마코스와 정의에 대해 논쟁을 벌이는 것처럼 말입니다. 따지고 보면 플라톤의 초기 대화편에서 볼 수 있는 적대적 논쟁의 분위기는 바로 그리스 비극의 대화의 분위기를 그대로 옮겨놓은 것과 같습니다. 플라톤이 젊은 시절 비극을 습작했다는 것은 뜻없는 일이 아니었던 것입니다. 예를 들면 『아가멤논』에서 클뤼타임네스트라가 남편을 살해한 뒤에 코러스장과 주고받는 격렬한 대화나 『자비로운 여신들』에서 아폴론 신과 코러스장(복수의 여신)이 주고받는 대화, 그리고 『안티고네』에서 안티고네와 크레온이 주고받는 대화 같은 것들은 친근한 분위기 속에서 오가는 부드러운 대화가 아니라 적대적 대립 속에 있는 사람들이 상대방에게 치열하게 자기의 정당성을 논변하는 대화들입니다. 그런 까닭에 예로부터 사람들은 비극의 대화를 단순한 대화 즉 디알로기아라고 부르지 않고, 논쟁을 뜻하는 안틸로기아(antilogia)라고 불렀습니다. 그리고 이 안틸로기아야말로 비극을 참으로 비극답게 했던 가장 중요한 요소였던 것입니다." 김상봉, 『그리스 비극에 대한 편지』, 243쪽.

게 도야한 것이 그리스 비극의 위대함이라고. 여기서 눈물을 이해한다는 건 동일성이지만 그것이 엄연히 적의 눈물인 한에서 날카로운 차이와 대립은 여전히 살아 있는 거예요.

하지만 그 차이가 차이로만 남아 있다면 어떻게 되겠어요? 그때는 시민 공동체로서 폴리스의 성립과 존속 자체가 불가능하겠지요. 그런 까닭에 차이와 대립이 일면적인 분리로 치달아서도 안 돼요. 예를 들면 남자가 여자가 될 수도 없고 여자가 남자가 될 수도 없으니 그 둘은 영원히 차이와 대립 속에 있을 수밖에 없지만, 남자와 여자가 서로의 고뇌를 이해할 수 있을 때 비로소 둘이 만날 수 있는 거지요. 비단 이 경우뿐 아니라 세상의 모든 만남이 다 그렇겠지요.

그리스 비극에 대한 이야기는 어떤 의미에서 2,500년 전의 역사에 저의 생각을 투사한 면도 있으니까 그 정도로 해두고, 제가 그걸 좀 더 현실적으로 성찰한 결과가 5·18에 대한 해석이에요. 최정운 교수는 5·18이 개인을 전체 집단 속에서 용해해버렸다는 의미에서 절대공동체를 보여준 사건이라고 주장하는데요. 그러면서 비슷한 예를 드는 것이 2002년 월드컵에서 한국인들이 보여준 일치된 응원의 열기라고 해요. 하지만 저는 그렇게 보지 않아요. 5·18과 2002 월드컵이 유사하다고 보는 것은 경악할 만한 일이죠. 어떻게 축구장 민족주의와 5·18을 비교할 수 있겠어요? 5·18이 위대한 것은 개인의 차이와 개별성이 집단의식 속에서 용해되어버렸기 때문이 아니에요. 그것은 개인이 넘을 수 없는 차이에도 불구하고 타자의 고통에 응답했기 때문에 위대한 역사인 거예요. 그리고 그런 까닭에 참된 나라의 이념을 계시해 보여주는 거지요.

고명섭　말씀을 끊어서 죄송합니다만, 거기서 굳이 나라라고 말씀하시는 까닭은 뭡니까? 굳이 나라가 아니라도 여러 가지 공동체가 있을 수 있을 텐데요.

김상봉　그건 간단하죠. 동질적인 공동체도 많아요. 동일한 이해관계에 따라 결속한 공동체, 동일한 이념에 따라 결성된 공동체도 많이 있잖아요? 예를 들면 '학벌없는사회' 같은 시민단체는 한 가지 분명한 목표를 위해 결속한 사람들의 공동체 아니겠어요? 그런데 국가는 그런 공동체일 수 없어요. 그것은 어쩔 수 없이 이질적이고 상이한 존재의 조건 속에 있는 사람들이 모여 이룬 공동체잖아요? 그런데 상이한 존재의 조건과 이해관계와 마음에 품은 이념 때문에 국가의 구성원들이 일면적으로 대립하고 반목하면 어떻게 되겠어요? 국가라는 공동체 자체가 성립될 수 없겠지요. 그 모든 차이에도 불구하고 함석헌의 표현을 빌리면 우리가 서로 "너도 나"라고 말할 수 있을 때, 비로소 나라가 온전히 정립되는 거란 말이에요. 여기서 "너도 나"라고 말할 때, 내가 너를 나에게 동화시킨다는 말이 아니라는 건 굳이 덧붙일 필요가 없겠지요? 너는 너고 나는 나죠. 그런데도 그런 너를 향해 "너도 나"라고 말할 때, 그게 나라예요. 그런데 우리의 현실이 어디 그런가요? 너도 나라고 하는 게 아니라 "우리가 남이가?" 하잖아요? 그건 우리와 남을 적대적으로 나누는 말이거든요. 남북이 우리와 남으로 나뉜 나라에서 다시 동서로 우리와 남을 나누고 있으니, 이 땅에 참된 나라는 아직 존재하지 않아요. 그런데 5·18이 보여준 것이 너도 나라고 하는 거예요.

5·18에 대해서는 다시 얘기할 차례가 올 테니 그때 다시 말씀드리기로 하고, 아무튼 제가 끊임없이 고민해온 건, 만남 속에서 차이를 어떻게 제거하느냐가 아니라 차이에도 불구하고 우리가 어떻게 만날 수 있느냐 하는 거예요. 이건 전혀 다른 문제의식이지요. 그런데 더러는 사람들이 제가 만남을 얘기한다고 해서 마치 타자성이나 차이성을 부정하는 사람인 것처럼 비판하기도 합니다. 하지만 저는 그런 비판이 비판하는 사람 자신의 편견의 표현이라고 생각해요. 그 편견이란 간단히 말하면 차이성과 동일성의 이분법이에요. 만남이란 차이 속의 동일성이고 동일성 속의 차이인데, 동일성과 차이는 절대로 만날 수 없다는 편견이 있는 거지요.

이런 편견에서 벗어나지 않으면 사람들은 결국 제 편리한 대로 한 번은 차이성에 집착하고 한 번은 동일성에 집착하게 되지요. 간단히 말해 자기가 유리할 때는 동일성을 추구하고 불리할 때는 차이성을 고수하려 하는 거예요. 상대적으로 권력을 가진 입장일 때는 동일성을 말하고 약자의 자리에 섰을 때는 차이를 고수하려는 거지요. 그런데 사람들이 그런 이상한 이분법에 빠지는 건 제가 보기엔 '우리'라는 말이나 '공동체'라는 말에 대해 너무 큰 피해의식이 있기 때문이 아닌가 생각해요. 한국 사회의 집단주의적 문화는 크고 작은 공동체의 이름으로 너무도 자주 개인의 주체성과 자발성을 폭력적으로 억압해왔잖아요. 그러니까 자라 보고 놀란 가슴 솥뚜껑 보고 놀란다고, 비슷한 걸 보면 그냥 알레르기 반응을 보이는 거지요. 그래서 저 같은 사람이 너와 내가 만나 우리가 된다고 말하면, 즉시 '우리'라고? 그리고 '우리가 남이가' 하는 말이 떠오르고, 만남이고 우리고 간에 또 누가 공동체를 빙자해서 개인의 자율성이나 차이성을 억압하려는구나 하는 생각이 드는 거겠지요.

이처럼 저도 남들을 충분히 이해할 수는 있지만, 그런 태도에 동의할 수는 없어요. 획일성을 거부하고 차이성을 보존하기 위해 너와 내가 그 차이 속에 완강히 머무른다면 어떻게 되겠어요? 크레온과 안티고네가 완전히 남으로, 적대적으로만 가버리면 남는 것은 모두의 죽음과 파멸이잖아요? 시민 공동체, 폴리스는 불가능하거든요. 그리스 비극이 우리에게 묻는 것은 '그럼 어쩔래?' 하는 거지요. '갈 데까지 갈래 아니면 그 모든 차이에도 불구하고 무언가 만남의 접점을 찾을래?'

그런데 그리스 비극은 질문은 던졌지만 대답하지는 못했어요. 그것이 이 비길 데 없이 위대한 예술의 한계지요. 저의 대답은 타인의 고통에 대한 적극적 응답이야말로 해소될 수 없는 차이에도 불구하고 우리를 만날 수 있게 해주는 길이라는 거예요. 응답! 5·18 그 열흘 동안 지극하게 분출된 타인의 고통에 대한 응답 말이에요.

말이 너무 길어졌으니 이제 그만 정리를 하자면, 저는 독자들에게 말에 너무 속지 마시라, 말에 집착하지 마시라는 말씀을 드리고 싶어요. 제가 우리라고 말하거나 공동체를 말할 때, 저는 획일적인 방식으로 차이와 부정성을 말소한 적이 한 번도 없어요. 너무도 많은 분들이 제가 말하는 만남이나 서로주체성이라는 말에 대해서 자신들이 몽상하고 있었던 것, 즉 아무런 모순도 없고 어떤 적대적인 대립도 없는 완벽한 합일과 일치의 상태를 바로 투사해버려요. 그러나 저는 만남도 공동체도 그런 획일적 일치와 합일의 상태라고 말한 적이 없어요. 도리어 저는 그런 식의 공동체나 공동체주의가 모두 가짜이고 오류이고, 공동체의 폭력적인 전유라고, 그래서 그걸 버려야 한다고 늘 얘기했는데, 그럼에도 불구하고 공동체라는 말 자체가 우리 사회에서는 굉장히 나쁜 방식으로, 개인의 차이와 독자성이 완전히 말소되어버리는 획일적 단체로 이해되는 겁니다.

실은 저도 그런 것을 최근에 깨닫게 되었어요. 내가 말하고 있는 공동체의 의미와 한국 사회에서 "지리산에 들어가서 공동체 일구고 살 거예요"할 때 그 의미가 너무나 다르다는 것을 실은 최근에 알게 되었고, 그래서 공동체라는 말을 쓰지 말아야 되나 하는 생각까지 들 정도입니다. 그래서 그런 것이 아니라는 것이 잘 드러났으면 좋겠습니다.

고명섭 언어의 뉘앙스 차이로 인한 그런 오해를 선생님의 책을 읽을 때 제가 하고 있었을지 모르겠습니다. 책을 읽으면서 스스로 느끼는 것이기는 하지만 저는 그런 의미에서 동일성으로서의 공동체에 대한 반감이라 할까, 심정적 거부감 같은 것이 상당히 강한 편이어서, 나 자신이 더 큰 하나가 돼야 하고, 보편을 지향해야 되고, 이 갈등을 넘어서야 된다는 것에 100퍼센트, 200퍼센트 공감할 뿐 아니라 절실하게 바라는데도 불구하고, 공동체라는 것을 생각하면 '차라리 나는 혼자 살래' 하는 식의 태도가 불거져서 혹시 이것이 자기분열은 아닌가 하는 생각을 한 적도 있습니다.

김상봉 솔직하게 말씀해주셔서 고맙습니다. 선생님뿐 아니라 많은 한국인들이 그런 분열적 상황에 놓여 있다고 생각하는데, 제가 서로주체성의 이념이나 만남의 철학을 통해 극복하려고 애써온 것도 바로 그런 상황입니다. 그런데 여기서 다소 잡담처럼 들릴 수 있겠지만, 참고가 될 수도 있겠다 싶은 생각이 들어, 저의 개인적 경우를 조금 말씀드리고 싶습니다. 저 역시 선생님과 마찬가지로 만남과 고립 사이에서 끊임없이 버성기고 사는 한국인 중의 한 사람이지만, 제가 공동체나 집단의 요구에 일면적인 피해의식을 가지고 있지 않은 것은 하나의 공동체 속에서 아웃사이더가 되는 것을 그다지 두려워하지 않는 성정 때문이 아닌가 생각하기도 합니다.

무슨 말씀이냐면, 집단이나 공동체의 요구가 부당하거나 자기의 개인적 의지와 충돌할 때, 의외로 많은 한국인들이 그에 대해 이의를 제기하거나 저항하기보다는 그냥 순응하거나 굴복합니다. 이건 여러 가지 이유가 있겠지만 특별히 어려워서 그렇다기보다는 그냥 몸에 밴 습관 같은 거예요. 한국에서는 어떤 공동체에서든 눈에 보이지 않는 위계질서가 있기 때문이지요. 가족 내에서는 부모 자식 언니 동생, 학교에서는 선생과 학생, 선배와 후배, 군대에서는 선임과 후임 그리고 직장에서는 상사와 부하 사이에 일종의 보편적인 지배-피지배 관계가 확립되어 있어요. 그처럼 상하 관계가 일상의 모든 관계를 규정하는 사회에서는 아니라고 말하는 건 단순히 다른 의견을 표시하는 것이 아니고 지배 권력과 그 질서에 저항하는 것과 같은 의미를 지니기 때문에 아니라고 말하는 것이 정말로 쉽지 않은 일이지요.

게다가 한국인들은 한편에서는 그런 지배-피지배 관계를 불편해하면서도 워낙 어릴 적부터 그런 관계 속에서 살아온 까닭에 그런 지배 피지배의 그물망에서 이탈하는 것을 두려워합니다. 아마 한국인들처럼 고독을 두려워하는 사람들은 세상에 다시 없을 거예요. 그래서 끊임없이 이런저런 모임들을 만들지요. 온갖 동창회, 향우회, 계모임, 친목모임, 취미모임, 종교단체 등등……. 그래서 혼자 있을 때 무엇을 해야 할지 모르는 사람들이 대다수라고 봐야겠지요. 혼자 있을 땐 스마트폰을 붙잡고 카톡이다 페이스북이다 하면서 이 사람 저 사람과 부질없이 수다를 떨어야 정서가 안정되는 사람들이 한국인들이지요. 그러니까 공동체는 한국인들의 존재 조건과 같습니다. 그런데 그 공동체가 모두 가짜니까 문제예요. 자연히 피해의식이 쌓이는 거죠.

그런데 저의 경우에는 그런 공동체에 들어가는 것도 좋아하지 않고, 공동체에서 추방되는 것도 두려워하지 않아요. 우리와 내가 대립할 때, 나를 택하는 삶을 살아온 편이죠. 저는 집단이 저에게 요구하는 것에 그렇게 고분고분 순응하면서 살지 않았어요. 예를 들면 학교에서 저의 동의 없이 연구실에 세콤을 설치한다? 그러면 저는 세콤에 연결된 전선을 끊어버려요. 만약 학교에서 기물 파손이라고 시비를 건다? 그럼 날 쫓아내라는 거예요. 이런 식으로 사니까 저는 집단에 대한 피해의식이나 원한 감정이 적어도 개인적 차원에서는 별로 없어요. 세상이 날 싫어하면 나도 세상을 싫어하면 그만이지 하고 살아왔으니까요. 늘 그래왔기 때문에 어떤 의미에서 보면 피해의식이 좀 덜하죠.

그런데 제가 생각할 때 대다수 한국인들은 공동체에 대해 피해의식이 너무 많아요. 그래서 공동체란 말이 나오면, '우리' 얘기가 나오면 반감부터 먼저 느껴요. 이 사람이 또 다른 공동체란 말을 가지고 나를 내리누르는구나, 나는 개인으로 살고 싶다. 선생님 말씀이 바로 그거예요. 그리고 그게 1990년대 이후 지난 20여 년 동안 한국 사회를 지배해온 아주 나쁜 질병이고 돌림병입니다. 그런데 그런 피해의식에서 벗어나려면 먼저 집단과의 관계에서 순응적 태도를 벗어나야 돼요. 아니라고 할 때 아니라고 말하는 사람은 그렇다고 말해야 할 때 확신을 가지고 그렇다고 말할 수 있거든요. 이런 의미에서 먼저 개인의 자유와 주체성에 대한 자각이 만남과 공동체의 기초라고 말할 수 있겠지요.

만남이라는 말이 스물한 번이나 나온다고 해서 사람들이 '만남 강령'이라 불렀던 진보신당 강령 전문의 첫 문장을 자유의 이념에서 시작했던 것도 그 때문이에요.[6] 왜 제가 평등도 아니고 만남도 아니고 자유를 먼저 말했는가 하면, 만남조차도 자유가 먼저 선행되지 않으면 개인을 말소해버리고 삶의 지평에서 개인을 내리누르는 이데올로기가 되어버리는 거거든요. 자유의 참된 실현이 만남 속에서만 가능하기 때문에 만남을 말하는 거지, 자유 없이 만남만 강요된다면 그게 무슨 만남이겠어요? 그런 의미에서 적어도 제가 지금까지 취해온 입장은 제가 아는 한 가장 급진적으로 개인을 옹호하는 거예요. 방법론적인 에고이즘은 여기서도 관철되고 있다는 말입니다. 그러니까 다시 한 번 개인이 전체의 이름으로 억압되거나 소멸되는 것은 서로주체성의 이념과 아무런 상관이 없다고 하는 것을 말씀드립니다.

지난 20년의 지적 상황에 대하여

고명섭 선생님의 서로주체성의 이념이 한국 사회의 역사적 문맥에서 오해의 소지가 있었던 것 같은데, 한국 사회를 오랫동안 전체주의적 이념이 내리눌렀다, 그래서 진정한 의미에서 자유주의가, 자유의 이념이 보편 이념으로서 우리 삶 속에서 구현된 적은 없다는 점은 분명한 것 같습니다. 그래서 그런 식의 우익 전체주의 이념이 우리를 속속들이 지배하다가, 거기에 맞서 우리가 해방과 자유를 추구하는 과정에서 대항 이념으로 내세웠던 것이 광의의 마르크스주의라고 할 수 있는데, 그

---

6 "아무에게도 예속되지 않고 스스로 자기를 형성할 때, 나는 자유이다. 하지만 나는 오직 너와 만나 우리가 될 때에만 내가 될 수도 있다. 그러므로 삶의 진리는 만남이요, 자유는 본질에서 사회적이다. 나의 자유는 그 만남의 공동체가 확장되는 만큼 넓어지고, 그 만남의 온전함만큼만 온전할 수 있다. 이처럼 자유로운 삶을 위해, 너와 내가 평등하게 만나 서로 주체로서 우리가 되고 하나의 공동체를 형성하는 활동이 바로 정치이다." 「진보신당 연대회의 강령」, 2009년 정기 당대회 2차 회의(3월 29일)에서 채택됨.

마르크스주의의 실질적인 실천 형태는 또 다른 형태의 전체주의와 유사했고, 그래서 전체주의가 우리에게 남긴 트라우마가 컸다, 그러니까 우리 몸속에, 무의식에 새겨진 것은 우익 전체주의이고, 우리 정신 속에 살아 있는 채 새겨진 것은 좌익 전체주의이다, 이렇게 이야기할 수 있을 것 같습니다. 그런데 그 양자가 다 같이 붕괴하기 시작한 건데, 1987년 6월항쟁 이후로는 그 우익 전체주의가 실체적으로 무너지기 시작했고, 그다음에 소련의 패망을 통해서 젊은 사람들의 정신을 한때 장악했던 좌익 전체주의적인 사고방식이 현실성을 상실하는 과정을 겪으면서 총체적인 반성이 일어났는데, 그런 식의 전체성을 철학적인 언어로 동일성이라고 규정하고 그 동일성의 대척점에 있는 차이를 불러내서 차이의 푸닥거리를 한 것이 지난 20년이 아니었던가 생각합니다. 그 푸닥거리는 상처를 씻어내기 위해서 필연적으로 거치지 않을 수 없었던 것이겠지요. 그래서 동일성에 대한 굉장한 적대감이 있었고, 동일성을 떠올리게 하는 것들에 대한 매우 민감하고 히스테리컬한 반응이 나왔고 그 과정에서 선생님의 생각도 혹시 동일성의 철학이 아닌가 하는 의심을 사면서, 차이의 철학들이 적대적으로 대하거나 혹은 도외시하거나 혹은 문제 바깥으로 자꾸 밀어내려고 하지 않았던가 하는 생각이 듭니다.

　김상봉　말씀하신 걸 두 가지 측면으로 나누어서 살펴볼 필요가 있겠습니다. 먼저 현대 서양 철학에서 동일성이 비판받게 된 까닭이나 문맥을 긍정적인 의미에서 살펴볼 필요가 있지요. 세상에 무슨 일이든 까닭이 있는 법이니까요. 한국 사회에서 동일성의 철학에 대한 비판은 이른바 포스트모더니즘이라는 이름 아래 소개된 현대 프랑스 철학자들과 함께 유포되었지만 실제로 동일성의 철학을 철저하게 비판한 선구자는 아도르노라고 말할 수 있습니다. 오죽하면 책 이름부터가 『부정 변증법』(Negative Dialektik)이겠어요? 그리고 실질적 내용을 보더라도 아도르노의 부정의 철학이야말로 체계를 일관되게 거부했다는 의미에서 동일성의 철학에 대한 한층 더 철저한 비타협적 거부라고 할 수 있습니다.

그에 비하면 나중의 프랑스 철학자들은 동일성의 원리를 거부한다 하면서도 동시에 나름대로 수미일관한 체계를 세우려 했다는 의미에서 양면성을 가지고 있습니다. 기존의 형이상학을 파괴하면서 동시에 새로운 형이상학이나 존재론을 세우려 하는 경향이 나타나는 거죠. 간단히 말해 그들도 철학자가 되고 싶은 거예요. 그래서 데리다나 들뢰즈에 이르면 차이가 하나의 존재론적 원리로 격상된다고도 말할 수 있지요. 마치 중세 후기의 쿠사누스에게서 그랬던 것처럼 말이에요. 한동안 한국에서 데리다의 차연이라는 말은 유식한 사람들 사이에서 세상만사를 모두 다 설명해주는 개념인 듯 유행했던 적도 있지요. 모든 유행이 그렇듯이 요즘은 듣기 어려운 말이 되어버렸습니다만⋯⋯.

하지만 아도르노든 들뢰즈나 푸코든, 한 가지 점에서는 우리 시대가 그들에게 공통적으로 빚지고 있는 것이 있습니다.

고명섭 그게 뭘까요?

김상봉 소수자에 대한 시각의 전환입니다. 한때 한국에서도 '한 줌의'라는 표현이 모든 부당한 권력에 대한 수식어로 쓰이던 시절이 있었잖아요?

고명섭 예, 그랬습니다.

김상봉 그 '한 줌의'라는 말이 뭡니까? 소수라는 말이잖아요? 아니 극소수라는 말이거든요.

고명섭 맞습니다. 한 줌의 자본가, 한 줌도 안 되는 기득권 세력⋯⋯.

김상봉 그게 근대적인 사고방식입니다. 악은 한 줌에 지나지 않는다고 하는 생각이지요. 여기서 주어와 술어를 변위시키면 한 줌이 악이 됩니다. 다시 말해 소수가 악이 되는 거예요. 그에 반해 다수는 언제나 선합니다. 이렇게 되면 소수자는 자동적으로 악한 사람이 되어버립니다. 서경식 선생님 같은 재일 조선인이나 아도르노 같은 유대인이 그들이 거주하는 사회에서 단지 소수자라는 이유로 나쁜 사람이 되는 거예요. 동성애자, 장애인 등등 따지자면 끝이 없겠죠? 생각하면 얼마나 자주 다수가 단지 다수라는 이유만으로 소수자를 폭력적으로 박해합니까? 특히 한국 사회에서 말이에요. 아예 낱말이 있잖아요? 왕따! 학교에서 왕따, 군대에서 왕따, 직장에서 왕따, 도무지 왕따 당하지 않기 위해서는 언제나 긴 줄에 서는 법을 배워야 합니다. 다수의 무리에 속하는 법을 배워야 하는 거지요.

그런데 이것이야말로 주체성의 무덤이에요. 역사적으로 돌이켜 보면 모든 위대한 정신은 소수자의 길을 걸었던 사람들입니다. 더 정확하게 말하자면 창조해야 했던 사람들, 새로운 시대의 문을 연 사람들은 예외 없이 소수자였다고 말해도 되겠지요. 이미 존재하는 것을 모방하거나 반복하는 것을 두고 창조라고 말할 수는 없으니까요. 창조란 그 자체로서 소수자가 되는 행위라고 말할 수 있겠습니다. 예를 들면 세종대왕의 한글 창제는 그 자체로서 자기가 당시 지식인 사회에서 소수자가 되는 행위, 자기를 소수자로 만드는 행위라고 말할 수 있겠지요. 하지만 그렇게 스스로 소수자가 되려는 결단 없이 어떻게 한글 창제가 가능했겠어요?

동서양을 막론하고 위대한 종교적 스승들은 소수자의 길이 얼마나 중요한지를 깨우쳤는데, '좁은 길로 가라'는 예수의 가르침은 널리 알려진 교훈이라 하겠습니다만, 이런 건 기독교가 아니라도 마찬가지입니다. 임진왜란 때 활약했던 사명당이 서산대사를 처음 만나러 묘향산에 갔을 때, 대사가 어디서 오느냐고 물었답니다. 그러자 사명당, 옛길을 따라옵니다 하고 대답했더랍니다. 그랬더니 서산대사 일갈하기를, "옛길을 따르지 말라!"고 했다는군요. 이처럼 옛길을 반복하지 않고 자기의 길을 간다는 것은 따지고 보면 언제나 소수자가 된다는 말이지요.

고명섭 선생님 말씀을 듣고 있으니 한편으로 이런 의문이 듭니다. 소수자가 되는 것의 중요성을 그렇게 일찍부터 알고 있었는데, 어쩌다가 '한 줌의 자본가' 하는 식으로 악이 소수자로 표상된 겁니까? 이것이 근대성과 관계가 있는 일인가요?

김상봉 중요한 질문입니다. 사실 정통적인 기독교 교리에 따르면 구원받는 자들은 소수입니다. 이를테면 라이프니츠는 『변신론』에서 인간 대다수는 악으로 말미암아 최후의 심판 날에 영원한 형벌에 처해질 수밖에 없다는 것을 자명하게 전제하고 신의 정의를 변호하고 있지요. 비단 기독교뿐 아니라 철학적 관점에서 보더라도 선은 언제나 소수에게 해당되는 것이라 여겨져왔다고 보아야 할 것입니다. '칼레파 타 칼라'(Χαλεπὰ τὰ καλά)라는 그리스 속담에서도 알 수 있듯이 고귀한 것은 언제나 어렵고, 또 어려운 만큼 흔치 않기 때문입니다. 이건 예나 지금이나 마찬가지라고 해야겠지요. 흙에 비해 금이 드물듯이 고귀한 인격도 쉽게 이룰 수 있는 것이 아니지요.

그런데 윤리적 관점에서 보자면 이런 생각을 근본에서 흔들어놓은 사람이 마르크스입니다. 그가 한편에서는 프롤레타리아 계급을 진리의 담지자로 드높이고 다른 한편에서 기존의 윤리와 도덕을 부르주아적인 지배 이데올로기라고 매도하기 시작하면서 가치의 전도가 일어났던 거지요. 마르크스 덕분에 고매한 인격과는 아무 상관도 없는 노동자라도 노동조합의 빨간 조끼만 입으면 진리의 담지자가 되는 전환이 일어난 겁니다. 물론 이것은 거슬러 올라가자면 마르크스 이전에 이미 프랑스 혁명기에도 나타났던 일이기는 합니다. 이미 그때 윤리와 도덕이 계급적 토대를 상실하고 보편성을 획득하게 되지요. 소극적으로는 루소에 의해 학문과 예술에 대한 교양이 더는 도덕적 성숙의 전제조건이 아니게 되면서, 무식한 사람들도 선량한 사람의 대열에 설 수 있게 되었는데, 칸트는 이를 이어받아 외적 조건에 구애받지 않는 전혀 새로운 마음씨의 윤리학을 창시했습니다. 훗날 칸트는 루소에게서 인간을 존경하는 법을 배웠다면서 자기의 철학이 인류를 위해 기여하지 못한다면 자기가 일개 노동자보다 나을 것이 무엇이냐고 되묻기도 하지요.

고명섭 칸트의 말은 주워들어서 알고 있었습니다만, 역사적 맥락 속에서 다시 들으니 더 흥미롭습니다. 그렇다면 윤리학적으로는 칸트가 마르크스의 선구라는 뜻인가요?

김상봉 그렇기도 하고 아니기도 합니다. 서양에서 전통적으로 내려오던 귀족적 도덕을 평등하게 만들었다는 의미에서 칸트는 마르크스의 선구라고 말할 수도 있겠지요. 니체는 그런 의미에서 마르크스를 혐오했던 것처럼 칸트와 루소도 혐오했습니다. 이들이 모두 천민들에게 아첨했다 본 거지요. 하지만 마르크스와 칸트 사이에는 넘을 수 없는 차이가 있습니다.

고명섭 그게 뭡니까?

김상봉 칸트가 도덕을 계급성에서 해방해서 평등하게 만들었지만, 그렇다고 해서 도덕을 쉽게 만든 것은 아닙니다. 도리어 칸트야말로 다른 어떤 철학자보다 도덕적 완성을 이루기 어려운 과제로 만든 사람이지요. 도덕적 완성의 길이 외적 성취가 아니라 내면적 마음씨에 달려 있으므로 귀족이든 노동자든 자본가든 성직자든, 누구에게나 차별 없이 열려 있는 길이기는 하지만, 그 길을 끝까지 걷는 것은 도리어 외적 성취의 길보다 훨씬 더 어려워졌다고 말할 수도 있어요. 이 점에서 칸트의 도덕은 여전히 소수자의 도덕이라고 말할 수 있습니다.

하지만 마르크스는 많이 다릅니다. 그에게는 선악의 척도가 계급 곧 집단입니다. 다시 말해 당파성이 선악의 구분 기준이 되는 거지요. 그런데 마르크스가 자본주의 사회에서 계급을 둘로 나누고 자본가가 아니라 노동자를 선한 계급으로 설정한 까닭은 그들이 다수라는 것 외엔 다른 특별한 일반적 기준이 없었습니다. 그런 보편적 기준 자체를 마르크스는 이데올로기라고 보는 편이니까요. 그렇게 되고 나니, 아무런 반성 없이 다수가 선이라는 편리한 도덕이 성립하게 되었습니다. 니체는 대다수 현대인들이 천민의식에서 한 치도 벗어나지 못하면서 단지 그들이 다수라는 계급의식에 기대어 스스로 탁월하고 선한 존재라고 자부하는 도덕적 허세와 가치의 전도를 견딜 수 없어 했지요.

고명섭 그래서 기독교를 혐오한 만큼 사회주의도 싫어했겠지요.

김상봉 그런데 다수가 굳이 프롤레타리아 계급뿐이겠어요? 분류를 달리하면 얼마든지 다른 방식으로 다수와 소수를 나눌 수 있는 거지요. 히틀러는 독일인과 유대인을 다수와 소수로 나누었던 거고요. 생각하면 오늘날까지도 다수가 선이고 소수가 악이라는 식의 이분법은 사회주의를 표방하든 국가사회주의를 표방하든 아니면 자본주의를 내세우든, 대다수 국가에서 지배계급이 국가 권력을 전유하는 표준적 방식이라고 보아도 무방하겠습니다. 늘 국민 대다수를 빙자해 소수자를 박해함으로써 대다수 국민에게 대다수라는 범주 속에 편입되어 있다는 안도감과 왕따가 되면 안 된다는 불안감을 갖게 하고, 이를 통해 저항을 미연에 방지하는 거지요.

그래서 어떤 식으로 사용되든 소수자의 설 자리가 점점 더 좁아져온 것이 서양에서 보자면 제2차 세계대전까지의 상황이라고 볼 수 있겠습니다. 그것이 제2차 세계대전 후 이어진 베트남전쟁과 반전 운동, 68혁명 등으로 흔들리면서 철학 역시 그에 대한 응답으로 다수가 선이라는 이데올로기를 포기하고 급진적인 방식으로 소수자를 옹호하기 시작했지요. 그도 그럴 것이 이른바 후기 산업사회에서 노동자 계급부터가 동질적인 방식으로 분류될 수 없을 정도로 다양하게 분화되어버렸거든요. 그런 상황에서 계급적 조건에 입각해서 다수가 선이라 주장하는 것이 어려워진 거지요. 그것이 철학적으로는 보편적 동일성을 거부하고 차이를 옹호하는 것으로 나타났다고 말할 수 있겠습니다.

고명섭 그렇다면 그것이 한국적 상황과는 어떻게 맞물렸다고 보십니까?

김상봉 처음엔 별다른 반향이 없었다고 보아야겠지요. 한국은 한편에서는 오랫동안 국가주의가 신성한 이데올로기였고 다른 한편에서는 1980년대에 뒤늦게 마르크스주의가 사람들을 사로잡았으니까요. 선생님도 지적하셨듯이 1980년대 운동권 문화 역시 집단적 전체주의를 못 벗어나기는 마찬가지였지요. 생각하면 한국인들이 과연 개인의 침해할 수 없는 자유와 권리 또는 주체성이란 걸 자각한 적이 있는지 좀 의심스러운 일이지요. 함석헌의 씨을 사상은 개인의 절대적인 자기주장이라고도 말할 수 있는데, 이건 한국 현실의 적극적 반영이라기보다는 처절한 반동이라고 보아야 하지 않을까 싶어요. 하여간에 좌우를 가릴 것 없이 집단적 문화에서 벗어나지 못하다가, 1987년 6월항쟁이 노태우의 집권으로 이어지면서 사람들이 역사에 대해 환멸을 느끼기 시작하던 차에, 얼마 있지 않아 90년대 초반 소련이 붕괴되면서 갑작스럽게 사람들이 꿈에서 깨듯 그 집단주의에서 깨어난 것이라 봅니다. 이 점에 대해서는 사실 저보다 선생님께서 더 말씀하실 게 많을 거예요. 그 무렵 저는 유학 생활 중이었으니, 변화를 옆에서 생생하게 체험하진 못했죠.

고명섭 선생님 말씀을 계속 듣고 싶습니다.

김상봉 저는 다소 추상적으로 이렇게 과거 몇십 년 한국의 진보운동의 역사를 정리할 수 있다고 봅니다. 먼저 1970년 전태일의 분신이 모든 역사의 출발이라고 말할 수 있겠는데, 그 이전까지는 적어도 해방 후 하나의 흐름으로서 진보운동이란 것이 존재하지 않았기 때문입니다. 전태일이 일하고 있었던 평화시장은 사방으로 북쪽의 서울대와 성균관대, 남쪽의 동국대를 지척에 두고 있었고, 동쪽의 고려대나 서울사대 등과도 꽤 가까운 거리에 있었습니다. 그런데 그는 대학생 친구 하나만 있으면 좋겠다고 간절히 원했을 만큼 그 대학의 학생들과는 아무 교분이 없었지요.

고명섭 그 전에 학생운동이 없었던 것도 아닌데 말이죠.

김상봉 그러게 말입니다. 4·19까지 거슬러 올라갈 것도 없이, 1965년 박정희 정권의 한일 협정에 반대해서 일어난 이른바 6·3사태에서 보듯이 학생운동은 아직 노동 현장과 결합하지 않은 채 정치 문제에 집중하던 편이었습니다. 그런데 전태일의 분신과 함께 새로운 역사가 시작됩니다. 그 사건은 한국의 학생, 지식인 그리고 뜻있는 종교인의 양심을 뒤흔든 지진과도 같은 사건이었습니다. 그 후 특히 야학의 형태로 노동자와 학생 그리고 종교인이 결합하게 되지요. 생각하면 그 시대처럼 한국 사회가 타인의 고통에 애틋하게 응답한 시대는 다시 없을 거예요.

고명섭 노학 연대 같은 걸 말하라면 80년대가 훨씬 더 광범위하고 조직적이었던 걸로 알고 있습니다만…….

김상봉 저는 일종의 시대정신에 대해, 아니 정신이란 표현은 너무 거창하니까 시대의 정조나 정서에 대해 말씀드리는 건데요. 70년대는 유신독재 치하에서 야만적으로 억눌린 시대입니다. 독재 자체는 박정희와 전두환이 마찬가지라고 말할 수 있지만 70년대는 몇몇 예외적인 사건을 제외하면 거의 저항다운 저항을 할 수 없었던 시기였습니다. 그야말로 정신이 철저히 억눌린 시기였지요. 그런 상황에서 양심은 안으로 부끄러움을 느끼지 않을 수 없었고 밖으로는 억눌린 자들에게 연민과 공감을 느끼지 않을 수 없었습니다. 여기서 정신이 억눌렸다는 것은 밖으로 뻗어나가지 못하고 자기 내면에 갇혔다는 뜻입니다. 그런 점에서 저는 내면성을 70년대의 특징이라 할 수 있다고 봅니다. 물론 그 내면성이란 대다수 사람들에겐 이성적 자기인식의 단계에까지 도달한 것은 아니고 다만 자기에 대한 부끄러움과 타인에 대한 연민이라는 다소 감상적이고 감성적인 단계에 머물렀던 것이기는 합니다만…….

고명섭 저는 70년대에 대해서는 별로 할 말이 없습니다만 그렇게 말씀하시니까 제가 대학을 다녔던 80년대와 70년대가 좀 달랐다는 느낌은 옵니다.

김상봉 그 차이는 5·18 때문입니다. 80년대는 광주의 5·18과 함께 시작됩니다. 그 사건은 우리에게 다른 무엇보다 학살자들에 대한 분노, 그리고 불의한 권력을 타도해야 한다는 불같은 열정을 불러일으켰다고 할 수 있겠지요. 아마 이 점에 대해서는 세월이 많이 지났지만 고 선생님께서 저보다 더 생생하게 그때의 감정을 회상하실 수 있으리라 생각합니다.

고명섭 그 감정을 결코 말로 다 표현할 수 없지요. 하지만 이 대목에

선 제 감정을 이야기하기보다는 선생님 말씀을 더 듣고 싶네요.

김상봉 그 분노 그리고 열정이 우리를 집단화한 동력이었다고 할 수 있겠지요. 적을 이기려면 힘이 있어야 하는데, 약자들이 힘을 얻으려면 뭉치는 수밖에 없지 않겠어요? 집단주의적 정서는 그런 상황에서 자연스럽게 요구되고 뿌리내렸다고 해도 크게 틀린 말이 아닐 거예요. 그런데 개인의 모든 사사로운 관심과 욕망을 스스로 포기하고 집단의 대의와 조직의 이익에 복무하는 것은 오직 승리에 대한 희망이 지속되는 한에서만 유지될 수 있는 일입니다. 그런데 1987년 김영삼, 김대중 두 야당 지도자의 분열로 민주화의 성과가 노태우에게 넘어간 꼴이 되었을 때, 강고하던 희망에 처음으로 균열이 생겼지요. 실은 그때 이미 한 시대가 끝났다고 봐도 좋을 거예요. 그 후 1991년 말 소련이 해체됨으로써 동구권에서 현실 사회주의 국가들이 종말을 고했을 때, 새로운 세상에 대한 희망은 객관적으로 파산 선고를 받은 꼴이 되어버렸지요.

고명섭 그렇습니다.

김상봉 그런 뒤에 무엇이 찾아왔겠어요? 개인의 욕망입니다! 개인의 입장에서 보자면 얼마나 많은 순수한 영혼들이 자기의 욕망을 모두 포기한 채 역사의 진보를 위해 희생하고 헌신했겠어요? 그런데 그 눈물겨운 희생이 아무런 의미도 보람도 없이 배신당하는 것을 경험했을 때, 그들이 각자 자기 개인으로 돌아가는 것 말고 무엇이 더 가능했겠어요? 『호모 에티쿠스』에서 말했듯이, 역사와 사회에서 추방되어 개인의 골방에 유폐된 영혼이 추구할 수 있는 것은 사사로운 욕망과 쾌락밖에 없습니다.[7]

흔히 말하는 포스트모더니즘 그리고 해체의 철학은 갑작스럽게 분출하기 시작한 개인의 욕망과 결합하여 삽시간에 기존의 친숙한 철학 체계들을 불태워버렸습니다. 이른바 포스트모더니즘 철학자들이 방법론

---

7 김상봉, 『호모 에티쿠스』, 한길사, 1999, 141쪽.

적으로 보자면 한편에서는 프로이트의 리비도를 말하고 다른 한편에서는 마르크스의 구조를 말하니까, 이쪽에서 저쪽으로 건너가는 것이 그다지 민망한 일도 아니었겠지요. 얼마나 편리하고 고마운 다리입니까? 그러잖아도 이제 역사에 대한 거대 담론에 실망할 대로 실망한 사람들에게 마르크스를 누구보다 잘 아는 프랑스 공산당원 철학자들이 프로이트와 라캉의 리비도를 사근사근 이야기해주니, 아무 미안한 마음 없이 지난날의 부질없는 열정과 결별할 수 있게 된 거잖아요.

그 이후 들이닥친 1997년의 외환위기, 이른바 아이엠에프(IMF) 사태는 다시 한 번 한국인의 의식에 심각한 상처를 입혔지요. 나라 곳간이 비었다 해서 없는 사람들이 금을 모아 주었더니, 국가는 정리해고로 보답했잖아요? 저는 그때 민주주의의 신화 자체가 끝났다고 봅니다. 그이후 한국인들은 너 나 가릴 것 없이 자기 말고는 아무에게도 기댈 수 없고 아무도 믿을 수 없는 냉혹한 현실 속에 던져져버렸습니다. 개인의 생존 그 자체가 모두 개인에게 떠맡겨진 시대가 되었어요. 그러니 이런 상황에서 좋은 의미의 공동체 의식이 뿌리내릴 수 없는 건 너무도 당연한 일이지요. 저는 이런 상황이 철학적으로 보자면 동일성이나 보편성을 거부하면서 개인의 욕망과 차이에 몰입하게 만든 배경이라고 생각합니다.

그런데 이 문제에 관해 제가 대단히 비감하게 생각하는 것은 개인의 차이와 욕망에 대한 자각이 참된 의미에서 개인의 주체성과 자발성 그리고 고유성에 대한 존중으로 나아갔다기보다는 우리 사이에 단순히 단절과 고립만 심화한 것이 아닌가 하는 것입니다. 차이에만 몰입하면서, 차이 속에 있는 사람과 어떻게 만날 수 있는가를 못 배웠어요. 그게 지금 우리의 곤경입니다. 좌든 우든 아무리 나와 다른 생각을 가진 사람이라고 해서 그가 박멸되어야 할 박테리아는 아니지 않습니까? 제가 안티고네와 크레온처럼 이웃집 사람과 정치적으로 대립하는 생각을 품고 산다 해서 그가 반드시 박멸되어야 할 타자는 아니라고요. 하지만 그런 타자성 속에서 나와 다른 타자와 어떻게 소통할 수 있는지에 대해서는 거의 아무런 대책도 없는 것이 지금 우리의 자화상입니다.

예전에 박정희 같은 거대 주체가 품었던 욕망이 '나 혼자 모든 것을 지배하겠다'는 권력의지였다면, 지금 많은 사람들은 '나하고 다른 사람하고는 섞이기조차 싫어, 세상이 어찌 되든지 나 하나만 지키면 돼'라고 생각하겠지요. 그런데 그건 결과적으로는 '나와 다른 사람들은 없어져버렸으면……' 하는 은밀한 욕망과 같거든요. 한쪽이 타자를 폭력적으로 자기에게 동화시키려는 의지였다면, 다른 쪽은 타자를 그냥 배제하려는 의지이지요. '가스통 할배'들이 젊은이를 이해 못 하듯이 진보적 의식을 가진 젊은이들도 '일베'를 이해하려고 하지는 않지요. 어떤 입장을 취하든 자기와 대립되는 타자는 그냥 배제되고 부정되어야 하는 타자에 지나지 않아요.

그토록 타자성이란 말이 유행하는 시대지만 어떻게 그 타자성을 넘어 만남으로 나아갈 수 있느냐에 대한 물음이 없는 까닭에 각자가 자신의 상대적 타자성 속에 고립되어 있을 뿐이에요. 결과적으로 보자면 각자가 서로 상이한, 즉 상대적으로 타자적인 자기동일성 속에 고립되어 있는 거지요. 타자성의 자기동일성 속에 함몰되어버린달까……. 그런 시대에 타자성이 무슨 대단한 의미를 가질 수 있겠어요? 만남 속에서 존중받지 못하는 타자성이! 피차간에 박멸의 대상이 되어버린 타자성이 말이에요.

고명섭　차이의 철학이 그렇게 유행했지만 우리가 차이의 철학을 진정으로 체화하고 이해했느냐 하면 그렇지 못한 게 많다고 생각합니다. 어떤 의미에서는 '차이의 동일성에 함몰된다' 이렇게 말장난처럼 표현해볼 수가 있을 것 같은데, 차이라는 것은 각자 다름이잖아요. 그런데 다른 것들끼리 모여서, 그냥 각자 자기동일성을 유지하는 그 모습, 그게 차이의 철학으로 나타나는…….

김상봉　각각이 자기의 아집 속에 있는 거지요.

고명섭　예, 어떤 의미에서는 아집을 깨자고 하는 그런 차원에서 차이를 보자는 건데, 차이라는 이름으로 아집의 굴레에 들어가버리는, 그런 식으로 해서 소통의 가능성이 차단되어버리고 계속되는 분열을 낳고 하는 모습이 확실히 있었다고 생각합니다. 그렇지만 동시에 그 20년 동안 그 차이의 철학이 어떤 면에서는 광풍이고 어떤 면에서는 푸닥거리인데 우리에게 많은 점에서 각성을 주고 생각을 하게 해준 점도 있지 않았는가 하는 생각도 듭니다만…….

김상봉 예, 동의합니다.

고명섭 보편성이라고 할까요, 혹은 전통적으로 전체를 고민하는, 전체주의가 아니라 전체를 고민하는 그런 사유를 지속하는 사람의 입장에서 볼 때, 차이의 철학들이 너무 어린애 장난 같고, 큰 것을 포기해버리고 작은 것에 빠져들어버린 것 아니냐고 부정적으로 볼 수 있는 그런 차이의 운동들이 분명히 있었지만 그것이 담당한 긍정적 역할도 있지 않은가…….

김상봉 그 질문에 대해 제가 그렇다 아니다 하고 단정적으로 대답하기는 어렵습니다. 저는 다만 오늘날의 젊은 세대가, 20년 이상 지속된 새로운 시대정신 속에서 자라난 나의 제자, 내가 가르치는 학교의 학생들, 이 세대가 차라리 "그래, 나는 나밖에 모르는 홀로주체다, 어쩔래"라고 나오면 좋겠어요. 비굴하지 않게, "나 자유로운 홀로주체야, 천상천하 유아독존이야, 누구도 나의 주체성을 침해할 수 없어" 하고 나올 수 있다면 그거야말로 우리한테 희망이 있는 거라고 생각해요. 진정으로 자기를 소중하게 아끼고, 자기를 지키려는 내적 의지를 가지고 있는 사람은 결국 끝까지 그걸 밀어붙이다 보면 나라고 하는 것은 어떤 의미에서도 나 혼자 존재할 수 없는 인간이고 결국은 이 사회 속에서 내가 나를 지키고 실현하기 위해서는 결국 너와의 만남이 있어야 되고 그걸 통해서 비로소 정치의 광장, 만남의 광장, 사회적 삶의 광장으로 나가야 한다는 것을 당연히 깨달을 테니까요.

그런데 그게 아니고 자기에 대한 자각이 단지 감상적인 이기주의 정도에 머물러 있을 뿐 확고한 주체성을 확립하지 못한 경우엔 학교와 군대 그리고 직장에서 속절없이 권위에 굴종하는 비겁하고 나약한 인간으로 전락하고 말지요. 만약 지금 우리 대다수가 이런 상황에 머물러 있다면 지난 20년 동안의 차이와 타자성에 대한 이야기들이 아무런 열매도 맺지 못하고 한때의 소란스러운 잡담으로 끝나게 되는 거지요.

저는 오늘날 한국의 젊은이들이 저 둘 사이의 갈림길에 서 있다고 생각해요. 만약 새로운 세대가 자기의 자아를 강건하게 지키면서 그 바탕 위에서 만남의 길로 나아갈 수 있다면 새로운 시대의 주역이 되겠지요. 그 가능성에 대해 저는 절망도 낙관도 하지 않아요. 그건 누구도 이렇다 저렇다 단정할 수 없는 문제이고, 저를 포함해서 우리 모두는 다만 절망이 희망이 되도록 최선을 다하는 것이 마땅하겠지요.

차이의 철학에 대하여

고명섭 기왕에 말씀이 나왔으니 차이의 철학에 대해서 제가 품고 있는 부정적인 인식을 여기서 조금 더 이야기해보고 싶은데요. 차이의 철학이 말하는 다름을 존중한다는 것이 다름 속에 갇혀버리는 양상들로 많이 나타났던 것 같고 그러다 보니 차이를 넘어 앞으로 더 나아가지 못하는 모습이 있었던 것 같습니다. 또 그것이 다른 한편으로는 서양 철학의 유행 아니었습니까? 특히 프랑스 현대 철학, 아니면 미국을 통해 유입된 포스트모더니즘이 그 유행을 타고 들어온 것이었고요. 차이라는 이름의 동일성에 휩쓸리는 현상이 이 유행 속에 있었다고 봅니다. 그런 점에서 그 휩쓸림에 대한 명확한 자각이 필요하다고 생각합니다. 둘째로는 차이의 철학이라는 것이 현대 자본주의의 생산 전략, 자본의 전략, 지배 전략적 요소가 매우 강하다는 것입니다. 그래서 다품종 소량 생산도 차이를 강조하는 방식으로 나타나는 것일 수 있고, 다름을 찾아서 질주하고 활강하고 내달리는 것, 그래서 노마드, 유목이라고 하는 것이 자본의 노마디즘일 수 있기 때문에, 그런 노마디즘, 차이 자체가 순수한 정신의 소산이라고만 봐서는 안 되고 오히려 그런 점에 대한 경각심이 필요하지 않은가 생각합니다.

김상봉 지당하신 말씀이라 더 보탤 말이 없을 정도입니다. 특히 차이가 현대 자본주의의 생산 전략과 맞물려 있다는 지적에 대해서도 깊이 공감하고요. 선생님 말씀에 화답하는 의미에서 말을 보태자면, 요새 여기저기서 '배제된 자의 정치'라는 말을 듣게 됩니다만, 생각하면 이것도 차이의 철학이 나타나는 여러 양상 가운데 하나라고 할 수 있겠지요. 이를테면 노동운동을 말할 때도 배제된 노동에 초점을 맞추는 사람들은 정규직 노동운동을 거의 적대시하다시피 몰아세우면서 마치 비정규직 노동자들의 저항이 이제 우리를 구원할 수 있는 새로운 길인 양 말하는 게 저는 우려스러워요.

한동안 정치학자들 입에서 오르내리던 정체성의 정치(Identity Politics)라는 것 있잖아요. 예를 들면 여성의 정체성 정치, 흑인의 정체성 정치, 이런 것들 말이에요. 제가 서양 정신의 나르시시즘을 말하고 서로주체성을 내세웠을 때, 그게 정체성의 정치학과 유사한 것 아니냐 묻는 이도 있었어요. 기본적으로 억압된 차이와 타자성이 자기의 정체성을 자각하고 주장하는 것이 정체성의 정치라고 해서 말이지요. 그런데 생각하면 얼마나 재미있습니까? 차이의 정치학이 정체성의 정치라니! 정체성이 뭡니까? 아이덴티티, 동일성이잖아요? 그러니까 차이와 타자성의 정치의 속살은 자기동일성의 정치학인 거예요.

하지만 배제된 자의 정치든 정체성의 정치든 각자가 자기의 정체성과 자기동일성에 갇혀서 자기와 다른 정체성이나 존재의 조건을 지닌 타자들과는 어떻게 만나야 할지 알지도 못하고 고민하지도 않고 자기 아닌 타자를 전부 다 자기와 무관한 세력으로 또는 적대적인 세력으로 돌려버리고, 그럼에도 불구하고 뭔가 자기의 문제를 어떻게든 해결하려고 할 때는 힘과 힘의 충돌, 이익과 이익 간의 충돌밖에는 남는 게 없거든요. 그래서 저는 일각에서 탈근대적인 철학의 세례도 받고, 새로운 좌파니 새로운 진보니 하는 이름을 입에 올리는 사람들 가운데서도 아까도 말씀드렸던 것처럼, 이제는 배제된 자의 정치 이런 얘기를 하면서 이를테면…….

고명섭 아감벤이 말하는 호모 사케르 같은 게…….

김상봉 바로 그겁니다. 그런 식으로 치닫는 것에 대해서, 저는 분별 또는 전체를 보는 지혜를 좀 촉구하고 싶어요.

고명섭 예, 그게 그런 위험성이 확실히 있는 것 같습니다. 배제된 자의 정치라는 것도 저는 그렇게 이해합니다. 호모 사케르, 배제된 자의 정치라고 하는 것이 유럽 공동체, EU를 만들어가면서 그것을 보편성이라고 좋게 표현할 수도 있겠지만, 유럽적인 자기동일성을 구축해가는 것일 수도 있지요. 그 속에서 유럽 내부의 이질성을 계속해서 보여주거나 균열시키는 것이 이주민이고 그 이주민이 대개 아랍, 아프리카 쪽에서 건너온 사람들, 과거 유럽이 수탈하고 지배했던 식민지의 주민들이죠. 이 사람들이 들어와서 유럽의 동일성에 계속 균열을 가하고 그 이질성이 우파가 볼 때 유럽다움을 훼손하는 것처럼 보일 것이고, 어쨌거나 그 문제를 해소하지 않을 수 없는데, 이것을 배제하거나 차단한다면 유럽은 결국은 고립되어버리고 전망을 잃고 말겠지요. 그런 차원에서 유럽 내에서 그런 배제된 자의 문제에 대해 철학적으로 조명하는 것은 나름의 현실성이 있다고 봅니다. 또 우리 사회에서도 이주민이 백만 명이 되고 다문화 사회가 되어가고 있기 때문에, 그런 것을 이야기할 수 있는 요소들이 충분히 있다고 보고요. 비정규직이나 청년 실업도 그렇고요. 그러나 그것이 또 하나의 유행 담론처럼 되면서 역으로 현실에 영향을 주어서 작은 것에만 자꾸 집착하게 되면, 정작 큰 것을 보지 못하게 하는 효과를 내지 않을까 걱정입니다.

김상봉 바로 그 말씀입니다. 유럽 얘기가 나왔으니까, 철학적인 관점에서 그것에 대해서 하고 싶은 얘기가 하나 있어요. 19세기에 다수가 언제나 선이고 소수가 악인 것처럼 말했다면, 오늘날 호모 사케르 같은 것을 말하는 사람들이 다수자는 그들이 단지 다수이기 때문에 불의하고 소수자는 단지 소수이기 때문에 정당한 것처럼 말할 때가 있는데, 저는 거기에 동의하지 않습니다. 예를 들면 아랍 사람들이 유럽에 와서 살 때 왜 유럽 사람만 자기를 부정해야 됩니까? 저는 이슬람 여인들이 프랑스나 독일에서 살면서 눈만 쭉 찢어진 부르카를 입고 다녀야겠다고 고집한다면, 이것이 옳다고 생각하지 않습니다. 왜냐하면 그건 나의 자기동일성 속에 머물러 결코 너와는 만나지 않겠다는 의지의 표현이거든요. 만남은 언제나 새로운 보편, 함석헌 식으로 말해 보다 높은 하나를 낳을 때 비로소 결실을 맺는 거지요. 그리고 이를 위해서는 너와 내가 같이 노력해야 돼요.

이 점에 관해 저는 유럽의 경우를 보면서 참 가슴이 아픈 게, 양쪽이 다 너무 극단적이에요. 키플링처럼 동과 서는 절대로 만날 수 없다고 생각하고 히틀러처럼 자기와 다른 타자는 모두 제거해야겠다고 생각하다가, 요즘은 그걸 반성한다고 레비나스나 아감벤처럼 타자 앞에서의 일방적인 자기부정을 말한다면, 둘 다 만남은 불가능하지요. 그런 식으로 타자를 우상 숭배하듯 하게 되면, 결과적으로 남는 건 타자성이 자기동일성이 되는 것뿐이에요. 죽어도 자기를 상실하고 싶지 않다, 유럽이 식민지에 가서 섬처럼 살았던 그 버릇하고 식민지 사람들이 유럽에 와서 섬처럼 사는 버릇하고 똑같아요. 둘 다 비난받아야 되는 겁니다. 그런 의미에서 소수자라고 해서 면제되는 건 아니라는 거지요.

고명섭 예, 선생님, 정말 중요한 쟁점을 얘기하신 것 같은데요.

김상봉 만나지 않겠다는 얘길 한 거나 마찬가지예요.

고명섭 이론이나 철학 이전에 실감으로서 삶의 현실 속에서 느끼는 것이지만, 다수는 악이고 소수는 선이다, 이렇게 이분법적으로 이야기하기 어려운 경우들이 너무나 많지 않습니까? 그러니까 그런 것들 속에서 겪는 고통과 갈등이 있는 건데, 그 문제를 섬세하게 살피고 충분히 고민하는 이론이면 이론, 철학이면 철학, 그렇게 되어야 하는데 그러지 못한 채로 너무 거칠게…….

김상봉 관념적으로 치닫게 되면 그게 도리어 인종주의가 발흥하는 토양을 만들어주게 돼요. 주변에서 보면 타자성을 입에 올리는 사람들이 제일 타자성을 못 참는 사람들이에요. 철학적으로만 타자성 이야기하는 거예요. 철학적으로만. 자기 집 옆에 그런 사람이 오면 섞여서 못 삽니다. 관념적으로는 그렇게 얘기하다가 어느 순간 나치 식으로 폭발해버린다고요. 그러니까 철학이 그런 공리공담을 하면 안 됩니다. 제가 레비나스를 비판하면서 말했지만,[8] 타자 속에서도 자기를 상실하지 않으려는 그 욕망 말이죠. 그게 식민지에서 종주국 인간들의 욕망이에요. 그건 거꾸로 아랍인들이 유럽에서 부르카 쓰고 왔다 갔다 하면서 이게 인권이라고 주장하는 게 당혹스러운 것과 똑같아요. 그건 인권 아닙니다. 자기동일성의 아집 이상도 이하도 아니에요. 근대 식민

---

8 "레비나스가 한편으로 타자를 순수한 수동성과 무능력 속에 묶어두면서 다른 한편으로는 그에 대한 무한한 책임을 요구하는 것은 자기 자신이 타자에 대해 일방적 주체로 군림하려는 의지의 표현일 뿐이기 때문이다. 타인을 책임진다는 것은 타인의 후견인이 된다는 것과 마찬가지다. 그리하여 타인에 대한 책임감이란 타인에 대한 지배욕과 정확하게 동일한 것이다. 고상한 언어로 포장된 타자에 대한 욕망이 (욕망을 사랑이나 동경이라고 바꾸어 말해도 마찬가지다) 특히 유대·기독교적 종교에서 한갓 지배욕에 지나지 않는다는 것은 그 일신교의 역사가 웅변하고 있거니와, 레비나스가 어쩔 수 없이 랍비였다는 것은 다음의 말을 보면 알 수 있다. '어떻게 나는 너 안에 흡수되지 않고 나를 잃지 않으면서 너의 타자성 안에서 나로 남아 있을 수 있겠는가? 어떻게 자아는, 나의 현재 속에 있는 자아가 아니면서, 다시 말해 어쩔 수 없이 자신에게 돌아온 자아가 아니면서 나로 남아 있을 수 있는가? 어떻게 자아는 자신에게 타자가 될 수 있는가? 아버지가 되는 길 이외에는 다른 길이 없다.' 여기서 레비나스는 어떻게 내가 너 안에 흡수되지도 않고 나를 잃지도 않으면서 너의 타자성 안에서 나로 남아 있을 수 있는지를 묻고 있다. 제국주의자들은 식민지에서도 식민지 문화에 흡수되지 않는다. 그들은 식민지에서도 백인으로, 자기로 남아 있다. 그런데 바로 그것이 레비나스의 욕망이었던 것이다." 김상봉, 「상호문화철학과 서로주체성의 이념」, 30쪽.

지배의 영향 때문에 감히 그걸 대놓고 말하지 못하는 거지. 자칫 잘못하면 이게 인종주의라고 벌 떼처럼 일어나게 되니까. 하지만 정말로 인종주의의 발흥을 막으려면 타자성만 말할 것이 아니라 만남에 대해 말해야 돼요.

고명섭 제가 보는 바로도 딜레마라고 할까 이율배반이라고 할까, 그런 지점인 것 같습니다. 인권의 정치와 관련해, 부르카를 못 쓰게 하는 것이 자칫하면 폭력이 될 수도 있고, 그대로 두자니 그것은 사실……. 어떻게 보면 파키스탄이야말로 인류 사회에서 가장 억압적인 국가 중에 하나거든요. 그 억압성의 상징이 부르카인데 그 부르카를 프랑스나 영국에서 그대로 쓰는 것이 과연 옳은가 하는 것이 딜레마적인 상황이고, 많은 논쟁이 거기서 불거지는 것 같은데, 그 문제도 다시 이야기할 수 있는 기회가 있으면 좋겠습니다.

언어와 철학

고명섭 이야기를 바꾸어서 다시 이론적인 차원으로 건너가고 싶습니다. 이번에는 언어의 문제에 대해 말씀을 나누었으면 합니다. 우리가 지금 타자성에 대해 이야기하고 있습니다만, 부르카나 다른 문화의 차이도 중요하겠지만 철학적으로 보자면 다른 어떤 차이보다 언어의 차이가 중요하지 않을까 싶은데, 이 문제에 대해서 말씀을 좀 나누고 싶습니다. 서경식 선생님과 대담하신 기록인 『만남』을 보면 두 분이 언어의 문제에서부터 대단히 첨예하게 부딪히면서 이야기를 시작하셨는데, 그 문제를 정작 『서로주체성의 이념』에서는 주제 삼아 다루지 않으신 것 같습니다. 서경식 선생님과의 대화 분위기로 짐작하건대 선생님께서도 언어의 차이에 대해 나름대로는 계속해서 생각을 이어오신 것 같은 느낌을 받았습니다. 그런데 막상 찾아보면 언어에 대해 쓰신 글은 잘 보기 어려워서 과연 언어와 서로주체성의 이념이 어떤 관계에 있는지 묻고 싶었습니다. 먼저 선생님께 언어가 중요한 철학적 문제인가요?

김상봉 하하하, 왜 아니겠습니까? 제가 얼마나 많은 언어를 배우느라 고생을 하고 있는데! 언어에 관심이 없다면 말이 안 되는 일이죠. 거의 원한 감정 같은 것까지 가지고 있습니다.

고명섭 원한 감정이라…….

김상봉 농담이었어요. 모자란 재능에 비해 너무 많은 언어를 배우느라 너무 많은 시간을 허비한 것에 대한 원한 감정이란 뜻이었는데…….

고명섭 그걸 생각하면 철학이 참 제대로 공부하기 어려운 학문이라는 생각이…….

김상봉 영어는 어릴 적부터 배웠으니 그렇다 치고, 칸트 읽으려니 독일어 배워야 했고, 플라톤 읽으려고 그리스어 배웠고, 아우구스티누스 읽으려고 라틴어 배웠고, 데카르트 읽으려고 프랑스어 공부해야 했지요. 공자와 맹자를 알려면 한문을 읽어야 하고, 요즘은 이 나이에 일본어 공부하고 있습니다.

고명섭 일본어는 왜?

김상봉 다 함석헌 때문이지요. 함석헌을 제대로 연구하려고 하니. 이분이 일본에서 공부했잖아요? 스승이 우치무라 간조[9]였고. 특히 그가 일본에서 공부했던 1920년대엔 이른바 교토학파 철학이라는 것이 유행하고 있었잖아요. 그런 세세한 것을 따지지 않더라도 일본으로부터 받은 지적 영향을 무시하거나 부정하는 건 어리석은 일이지요. 그런데 생각해보니 이게 함석헌만의 문제가 아닌 거예요. 사실 우리가 서양 문명을 대부분 일본을 통해 받아들였잖아요. 그리고 좋든 싫든 오랫동안 식민 지배를 받았으니, 20세기 한국의 역사와 사상을 제대로 이해하기 위해서는 일본과의 관계를 도외시할 수가 없다는 생각이 들더라고요. 늦은 나이지만 필요하면 배워야죠. 죽을 때까지 배울 건 배워야 하는

9 内村鑑三, 1861~1930: 일본의 개신교 사상가.

거니까.

고명섭　그렇게 여러 나라 언어를 죽도록 배우는 분치고는 언어에 대해 철학적으로 말씀하신 건 별로 없는 게 좀 이상하게 여겨집니다만…….

김상봉　언어학이야 개별 과학이니까 저는 언어학자들이 언어에 대해 경험적이고 과학적인 탐구를 하는 것에 대해 얼마든지 배우고 경청할 준비가 되어 있습니다만, 철학자들이 언어철학이라고 떠벌리는 건 별로 신용하지 않습니다.

고명섭　예, 말씀이 과격하시군요. 언어학과 언어철학의 차이가 그렇게 크다고 할 수 있습니까?

김상봉　철학은 원하든 원치 않든 보편화하는 학문입니다. 그런데 서양 철학자들이 언어에 대해 심오한 잡담을 늘어놓을 때 그 사람들이 아는 언어가 어떤 것이겠어요? 하이데거가 언어에 대해 수다를 떨 때 한국어를 알았겠습니까? 일본인 제자가 있었으니 일본어는 조금 알았을까요? 중국어나 한문은? 거기 철학자들 모두 수재 중의 수재이고 마음만 먹으면 비슷비슷한 인도·유럽 언어 몇십 개까지도 습득할 수 있겠지만, 그들이 아는 언어의 범위란 대개 인도에서 영국까지라고 봐야겠죠. 그 상황이 어떻든 사실은 현대 철학이 언어적 전회니 어쩌니 하면서 언어의 존재론적 위상을 드높였지만, 상이한 언어들의 차이에 주목한 철학자가 누가 있었는지는 들은 바가 없어요. 학창 시절에 제가 공부했던 학교 주변에 영미 철학 연구하는 분들이 많아 한동안 비트겐슈타인부터 크립키(S. Kripke)까지 이런저런 언어철학자들을 조금 읽었는데, 그저 자기들 언어에 대한 재치 있는 이야기들일 뿐, 상이한 언어들을 넘나드는 스케일을 보여주는 사람은 없었어요. 그네들은 단지 자기 자신의 언어에 대해 말하면서도, 자기 주장이 모든 언어 일반에 대해 보편적으로 통용되는 진리인 것처럼 허세를 떨지요. 저는 그런 종류의 월권에 대해서는 일찌감치 판단을 내렸어요. '수고들 한다. 계속 열심히 해라.' 그리고 제 갈 길을 갔지요.

나중에 공부를 마치고 돌아와 보니 이번에는 프랑스 철학자들이 언어에 대해 잡담을 시작했더라고요. 말하는 방식은 영미 철학자들과 달랐지만, 이들 역시 자기들 언어를 모든 언어의 모범으로 상정하고 언어 일반에 대해 주장하는 건 다르지 않았어요. 도무지 겸손이란 걸 배우지 못한 사람들이니까. 제가 아무리 삼류 철학자지만, 저도 모국어가 있는 사람이잖아요. 그리고 그 모국어를 쓰는 사회를 떠나 외국어로 논문을 썼고, 그것도 모자라 그 외국어로 또 다른 외국어들을 배웠잖아요. 그리고 모국어를 떠나 다른 언어로 말을 하고 생각을 하고 글을 쓰는 것이 얼마나 고통스러운 일인지 온몸으로 체험했던 사람이잖아요. 그리고 그건 지금도 진행 중인 일이고요. 요즘은 원하지 않아도 외국어로 논문을 써야 할 때가 있으니까요.

그런 경험에 비추어 볼 때 언어의 구조가 어떠니 언어와 무의식의 관계가 어떠니 하면서 마치 보편적인 하나의 언어라도 있는 것처럼 철학자들이 언어에 대해 잡담을 늘어놓는 것은 도저히 받아들일 수 없는 건방진 월권이라는 생각밖에 들지 않아요. 예를 들면 저는 학교에서 라틴어 수업 시간에 학생들에게 라틴어의 특징을 알려주기 위해 인도·유럽어를 굴절어라고 부르고 우랄·알타이어를 첨가어로 부르는 까닭을 설명해요. 그러면서 막연하게 모든 언어가 그 둘 중의 하나에 속하지 않을까 생각하기도 했어요. 그런데 최근에 제가 베트남에 자주 왕래하게 되어 베트남어를 좀 살펴봤더니 베트남어는 굴절도 없고 첨가도 없더라고요. 너무 놀랍고 낯설었어요. 언어들이 그렇게 다른데, 철학자들이 그 모든 언어를 다 섭렵한 것도 아니면서 언어의 보편적 구조에 대해 말하는 것을 제가 어떻게 신용하겠어요?

고명섭 그렇게 말한다면 비단 언어철학뿐 아니라 과학철학이나 예술철학, 또는 법철학 이런 것도 불가능한 것 아닙니까?

김상봉 비슷한 점이 있습니다. 그래서 철학이 개별 학문이나 삶의 영역을 철학적으로 성찰하는 것은 언제나 성급한 일반화의 오류를 범할 수 있는 위험을 처음부터 안고 있는 거지요. 그럼에도 불구하고 개별 학문이나 삶의 영역에 대해 철학적인 성찰을 포기할 수도 없는 것이 우리의 운명이기도 합니다. 그걸 포기하는 순간 개별 학문의 지역성과 사실성의 한계에 갇혀버릴 테니까요.

고명섭 그렇다면 언어철학도 마찬가지 아닙니까?

김상봉 마찬가지라고 말할 수도 있지요. 하지만 현대의 언어철학이 이 점에 관해 특별히 비판적 검사를 받을 필요가 있는 것은 그것이 너무 많은 것을 스스로 참칭하기 때문입니다. 현대 철학에서 언어적 전회를 말하는 사람들은, 언어가 그 배후로 들어갈 수 없는 어떤 선험론적 (transcendental) 사유의 지평이라고 생각합니다. 하이데거는 그런 정신을 표준적으로 표현해서 "언어는 존재의 집"이라고 했지요. 마치 칸트가 12개의 범주를 경험의 선험적 구조라고 생각한 것처럼 현대 철학자들은 언어를 그런 자리에 놓으려고 하지요. 그런데 이런 일은 다른 종류의 철학에서는 쉽게 할 수 없는 일입니다. 예를 들어 법철학자가 법이 배후가 없는 선험론적 존재지평이라고 말한다면 누가 그걸 믿겠어요? 법철학자들은 적어도 그런 허황된 이야기는 하지 않고 법의 근거와 정당성을 철학적으로 묻는단 말이지요.

그런데 많은 현대 철학들이 언어를 말할 때, 하이데거가 말했듯이 언어가 존재의 집이라고 생각합니다. 그러면서 언어 외부의 실재는 마치 칸트의 물자체와도 같이 우리가 닿을 수 없는 피안이라고 생각하지요. 저는 그것까지도 이해하고 받아들일 용의가 있습니다. 하지만 오직 하나의 단서 조항이 전제되어야 하는데, 그것은 언어가 하나가 아니라는 전제입니다. 프랑스어와 독일어가 다르고 독일어와 한국어는 더 다르지요. 우리가 이런 식으로 언어들의 차이를 생각하기 시작하면, 언어를 존재의 집이라고 말하는 것이 다소 과도한 일이라는 것을 금세 알 수 있습니다. 경상도 말과 전라도 말이 같은 말입니까? 제주 말과 평안도 말은 같습니까? 같은 낱말을 사용하더라도 억양이 달라지면 존재의 집의 모습도 달라지는 것 아닙니까?

저는 그럼에도 불구하고 하나의 전제 아래 하이데거의 말을 받아들일 용의가 있는데, 그것은 각자에게 각자의 언어가 있다는 전제입니다. 그리고 여기에다 언어가 존재의 집이라는 하이데거의 말을 결합하면 어떤 결론이 나옵니까?

고명섭 각자에게 각자의 언어가 있듯이 각자의 존재가 있다는 결론이 나오겠지요.

김상봉 예, 각자의 세계가 있겠지요? 현대 철학자들이 정말로 언어의 중요성에 주목했더라면 거기까지 이르렀어야 합니다. 우리 모두는 자기의 언어, 자기의 세계에 갇혀 있는 거라고요. 그런데 언어가 마치 하나인 것처럼 언어의 일반적 구조를 말하고 그것도 모자라 아예 언어를 존재의 집이라고, 칸트의 선험론적 의식의 지평을 대신하는 거라는 식으로 말한다면 얼마나 무모한 일인가요?

고명섭 그럼 언어철학은 불가능한 학문 분야라는 뜻입니까? 또 그래서 선생님은 언어철학에 대해서는 아무 관심도 없다는 건가요?

김상봉 아니죠. 그런 뜻은 아녜요. 그런 언어철학은 불가능하지만, 언어에 대해 우리가 반드시 고민해야만 할 철학적인 문제들이 있어요.

고명섭 흥미진진해지는군요.

김상봉 다른 것도 많이 있겠지만 제 편에서만 그 문제들을 말씀드린다면, 다른 무엇보다 만남과 언어의 문제 그리고 언어의 차이가 야기하는 존재이해와 자기이해의 차이 문제 같은 것들을 말씀드릴 수 있겠지요.

고명섭 듣고 보니 저도 평소에 궁금하던 문제들과도 맞물리는 것 같습니다만, 먼저 만남과 언어의 문제는 구체적으로 어떤 것입니까?

김상봉 두 가지 측면에서 살펴볼 수 있습니다. 인간은 기본적으로 언어를 통해 의사소통을 합니다. 그런데 의사소통이란 만남의 본질적

계기들 가운데 하나지요. 그러니까 만남과 언어는 뗄 수 없이 관계되어
있는 것처럼 보입니다. 하지만 그 둘의 관계가 어떻게 되는 건가요? 만
남이 언어의 근거입니까? 아니면 언어가 만남의 지평이고 근거입니까?
그도 저도 아니면 제3의 답이 있는 건가요?

고명섭 그렇게 물어보시니 갑자기 숨이 막힐 것 같은데요…….

김상봉 하하, 저도 그렇습니다. 하지만 요즘 유행하는 언어의 제국
주의(자아의 제국주의에 빗대서 해본 말입니다)를 해체하고 상대화하기 위해
서는 반드시 물어야 하는 물음이지요. 정말로 우리가 언어의 배후로 들
어갈 수 없다면 언어가 모든 것의 근거라고 말해야겠지요. 하지만 그것
이 아니라면 언어가 생성되고 언어의 의미가 형성되는 지평이 무엇입
니까? 제 대답은 만남이 언어의 지평이라는 것입니다. 그리고 사람들이
언어가 존재의 집이라고 말한다면, 저는 더 근원적으로는 만남이 존재
의 지평이라고 말하는 거지요. 하지만 이건 가장 원론적인 주장이고 구
체적으로 어떤 의미에서 만남이 언어의 지평인지를 설명하는 것은 간
단한 작업이 아니겠지요.

더 나아가 만남 역시 여러 층위에서 고찰할 수 있겠는데, 크게는 경험
적이고 개별적인 주체들의 만남과 선험론적인 만남의 지평으로 구별할
수 있겠습니다. 경험적이고 개별적인 만남의 경우엔 언어가 만남을 가
능하게 해주는 결정적인 다리가 되겠지요. 그러니까 언어는 한편에서는
만남 속에서 비로소 일어나는 것이지만 거꾸로 만남이 언어 속에서 일
어나는 것이기도 하지요. 이런 의미에서 만남과 언어는 공속한다고 말
할 수도 있겠습니다. 그런데 이처럼 언어가 만남의 길이라고 한다면, 그
길이 너와 나의 만남을 보다 부드럽고 매끄럽게 만들어주기 위해서 필
요한 것이 무엇인가 하는 것을 물을 수 있겠지요.

철학사적으로 고찰해보면, 이 주제와 관련해 서양에서는 크게 세 가
지 학문이 발전해왔습니다. 먼저 논리학은 생각의 정확성과 엄밀성을
추구함으로써 결과적으로 정확하고 오해 없는 의사소통을 위해 기여했

다고 할 수 있습니다. 둘째로 수사학은 다른 무엇보다 말의 설득력을 높이는 데 기여했습니다. 나쁘게 말하자면 고르기아스에게서 보듯이 거짓도 진실인 것처럼 납득시키는 기술이 수사학이라는 입장까지 있었으니까요. 마지막으로 근대 이후에 특히 꽃을 피운 해석학이 있습니다. 이것은 말을 하는 자의 입장이라기보다는 듣는 자의 입장에서 정확한 이해를 추구하는, 철학의 분과 학문입니다. 언어가 단지 말을 하는 사람만으로는 성립할 수 없고 반드시 듣는 사람과의 관계 속에서 의미를 가지는 것이라면, 수사학의 필수적인 맞짝이라고 하겠습니다.

그런데 논리학과 수사학 그리고 해석학이 나름대로 언어를 갈고닦는 데 기여해왔지만, 제 편에서 볼 때 여전히 불충분한 점이 있습니다.

고명섭 어떤 점이 불충분하다고 할 수 있나요?

김상봉 언어를 만남의 관점에서 고찰하지는 않았다는 거지요. 다시 말해 일면적으로 주체의 관점에서 언어를 고찰했다는 겁니다. 논리학은 어떤 의미에서는 언어 이전의 이념적 사유의 연관관계를 고찰한다고 말할 수도 있는데, 이것은 언어를 의도적으로 모든 만남의 문맥으로부터 추상화해서 고찰하는 것과 같지요. 그 뒤 수사학과 해석학은 논리학의 편협함을 벗어나 생동하는 말의 세계로 나아갔지만, 수사학은 말하는 주체의 입장에서 듣는 자를 객체화했고, 해석학은 듣는 자의 입장에서 말하는 자를 대상화했다고 말할 수 있습니다. 이 한계를 넘어서 언어를 일관되게 만남의 지평에서 새롭게 해명하는 것이 제가 마음에 품고 있는 과제입니다.

고명섭 듣고 보니 공감이 가는 말씀이기는 합니다만, 그래도 해석학의 경우에는 수사학과는 달리 언어에서 만남의 측면을 강조한다고 볼 수도 있지 않습니까? 해석학이 추구하는 것이 말을 이해하는 기술이라면, 상대방을 이해함으로써 참된 만남에 다가가는 것 아닙니까?

김상봉 일리 있는 말씀입니다. 수사학의 일방성에 비하면 해석학은 훨씬 더 대상 중심적인 것처럼 보이고 또 실제로 그런 측면이 있는 것도 사실입니다. 그러나 제 편에서 보자면 해석학 역시 동일성의 원리에 매여 있기는 마찬가지이고, 그런 까닭에 아직 만남의 지혜에는 이르지 못한 학문입니다.

고명섭　한 번 더 풀어서 말씀해주시면 좋겠습니다.

김상봉　현대 해석학의 선구자들 가운데 한 사람인 비코가 역사는 자연보다 더 이해하기 쉽다고 말했을 때, 그 이유가 뭐였습니까? 자연은 우리가 만든 것이 아니지만, 역사는 우리 자신이 만든 것이기 때문이라고 했잖아요? 그런 까닭에 역사는 따라체험할 수 있고 더욱 내밀하게 이해할 수 있는 거지요. 나중에 해석학에서 저자 자신보다도 저자를 더 잘 이해하는 것이 목표가 될 정도로 말이에요.

고명섭　그렇게 타인을 잘 이해한다면, 그것이 만남을 위해서 좋은 일이고 필요한 일 아닙니까?

김상봉　선생님, 바로 그 부분이 결정적인 분기점인데요, 타인은 결코 내가 다 이해할 수 없는 존재라는 깨달음에 이르지 못한다면, 우리는 아직 만남이 무엇인지 알 수 없습니다. 아니 타인이든 자기 자신이든 우리 모두는 자기 자신에게든 남에게든 이해할 수 없는 신비입니다. 거기에 인격의 본질이 있지요. 그런 타자적 인격을 그 타자 자신보다 더 잘 이해하겠다는 것 자체가 주체의 오만이에요. 인간은 인식할 수 있는 사물도 아니지만, 이해할 수도 없는 존재예요. 그리고 만남은 그 타자성을 존중하고 보존하는 데서 비로소 시작되는 거지요.

고명섭　타인은 다 이해할 수 없는 존재라는 것, 그 타자성을 존중하고 보존하는 데서 만남이 시작된다는 것. 아, 선생님, 이거 정말 중요한 지적입니다.

김상봉　예. 우리는 자기 자신도 다른 사람도 끝내 이해하지 못해요. 그래도 만나야 하고 사랑해야 하지요. 만약 이해가 만남의 전제라면 우리 사이엔 만남도 사랑도 불가능할 거예요. 만남의 지혜는 그렇게 인식하고 이해할 수 없는 타인에게 다가가는 데 있는 거지요. 마찬가지로 만남이란 언제나 언어를 초과하는 사건, 언어를 뛰어넘는 사건이에요. 우리는 언어를 통해 대상을 인식하고 언어를 통해 타인을 이해한다 하지요. 하지만 만남은 언어의 그물에 포획되지 않아요. 그것은 언제나 언어의 그림자로만 그 흔적을 남길 뿐이지요.

고명섭　예. 그렇다면 만남의 철학이 언어에 대해 학문적으로 수행하려는 일은 뭘까요?

김상봉　언어의 한계를 드러내는 거지요. 만남이 부름과 응답에서 시작되는 한에서, 언어는 우리를 만남으로 이어주는 길이에요. 하지만 그 길은 동시에 너와 나의 만남을 가로막는 길이기도 하지요. 이 점에 관해 철학은 말해야 할 때와 침묵해야 할 때를 구별하는 지혜라고 할 수 있겠지요.

고명섭　말할 수 없는 것에 대해서는 침묵하라던 비트겐슈타인과는 다른 이유, 다른 의미에서…….

김상봉　예. 칸트는 신에 대한 신앙을 위해 인식을 제한해야 했다고 말했는데, 저는 신과의 만남뿐 아니라 타인과의 만남을 위해 인식뿐 아니라 말을 내려놓아야 할 때가 있다는 거예요. 물론 대책 없이 말을 내려놓는 게 전부가 되면 안 되겠죠. 만남 속에서 언어에 잡히지 않는 사이나 빈틈이 무엇인지, 그것이 말에 어떻게 음영을 드리우는지, 그런 것들을 생각하면서 언어에 관한 철학적 담론들을 쇄신하고 싶은 거지요. 논리학이 로고스의 학문, 근원적인 의미에서 말의 자기반성이라면, 만남의 논리학이라고 이름할 수도 있겠지요. 하지만 이건 아직 갈 길이 먼 이야기니까 일단 여기서 접도록 하지요.

언어와 존재이해

고명섭　예, 저도 질문하고 싶은 것이 많지만 참도록 하겠습니다. 아무튼 선생님께서 언어들의 차이에 주목해야 한다고 하시니, 그 점에 대해 제가 평소에 궁금했던 것을 하나 말씀드리고 싶습니다. 서양 언어의 문제를 문외한의 자유로운 상상력으로 한 번 더 이야기를 해보면, 서양 언어에서 굉장히 곤혹스러운 문제가 주어로 쓰이는 지시대명사인데요. 예를 들면 그 말이 노바디(nobody), 넌(none)이라면 그것이 실체가 있는 거냐 없는 거냐 하는 문제가 발생하게 되는데, 그리스어에서 우데이스 (oudeis) 같은 말도 그렇지요. 그 말이 호메로스의 『오디세이아』에서 재미있게 나타나잖아요. 오디세우스가 키클롭스를 향해 "내 이름은 우데이스야"라고 하는 것. 오디세우스와 이름도 비슷해서, 아마도 오디세우스의 사투리나 방언쯤으로 생각했겠죠? 어쨌든 내 이름은 우데이스야 하고 눈 찌르고 도망가는데, 그 거인이 소리를 지르니까 친구들이 와서 누가 한 짓이냐 물으니 "우데이스가 저지른 거야" 하고 대답하지요. 영어로 'Nobody did', '아무도 안 그랬어'가 되어버리는 거죠. "아무도 안 그랬어" 하니까 키클롭스들이 왔다가 그냥 가버리잖아요. 그런 식의 이야기들을 어떤 한국어판도 번역을 못 한다는 말이지요. 그러니까 "아무도 안 했어"라고 번역하는데 그렇게 해놓고 주석이라도 달면 다행이죠. 번역이 안 되어서 그렇게 할 수밖에 없었다고 하면 다행이지만, 대부분은 그것도 없이 그냥 넘어간단 말이에요. 그런데 이게 영어나 독일어 번역으로는 굳이 주석을 달 필요 없이 이해되는 거잖아요. 그 언어들 사이에는 그런 연속성이 있는데 우리말로는 그 자체로 번역이 안 되는 겁니다. 그런 문제들이 바로 언어의 근원적인 장벽이나 사유의 차이, 심지어는 말장난 같은 것을 만들어낸다는 말이지요. 그 우데이스라는 것이 실체냐 아니냐 하는 것은 우리 한국어에서는 성립될 수 없는 문제잖아요. 그런데 그것이 아마도 그쪽 사람들한테는 굉장히 중요한, 해명해야 할 과제인 것 같다는 거지요.

김상봉　하하하, 제 이메일 아이디가 oudeis인 걸 염두에 두고 하신 말씀인가요? 아니면…….

고명섭　꼭 그건 아닙니다만, 선생님 아이디가 우데이스라는 건 알고 있지요. 그럼 선생님은 『오디세이아』의 그 일화에서 그 아이디를 따오신 겁니까?

김상봉 아닙니다. 정직하게 말씀드리자면 아직 『오디세이아』를 정독하기 전에 택한 아이디입니다. 그냥 그리스어를 읽으면서 가장 마음에 드는 낱말이어서 그걸로 정했던 거지요. 그런데 나중에 보니 우데이스, 아니 정확히는 우티스(outis)라는 이름 아닌 이름이 키클롭스의 마수에서 오디세우스가 풀려날 수 있었던 열쇳말이더군요. 그래서 저도 저의 아이디가 그런 오멘과도 같은 이름이 되기를 바라고 있지요. 사람 잡아먹는 키클롭스 같은 자본주의 그리고 국가의 폭력을 일소하는 우데이스, nobody, 젊은 사람들 말로는 듣보잡……

고명섭 하하하, 듣보잡이라. 선생님하고는 안 어울리는 말입니다.

김상봉 그렇습니까? 그런데 원래의 주제로 돌아가기 위해 드리는 말씀입니다만, 제가 우데이스를 아이디로 택할 때 읽었던 책이 있긴 있었습니다.

고명섭 『오디세이아』 말고 다른 곳에서도 우데이스가 활약하는 모양입니다.

김상봉 그럼요. 근데 문맥이 좀 다릅니다.

고명섭 무슨 책이었습니까?

김상봉 플라톤의 『소피스테스』입니다.

고명섭 아, 그렇군요.

김상봉 비존재 또는 없음에 대해 집요하게 물어 들어가는 대화편이지요. 그 책에서 플라톤이 제기하는 물음이 간단히 말하자면 비존재가 무엇이냐는 물음입니다. 그리스어로 비존재는 메 온(μή ὄν)이라 표시할 수도 있고 우덴(οὐδέν) 또는 메덴(μηδέν)이라고 표현할 수도 있습니다. 앞의 메 온은 영어로 옮기면 non being, 그러니까 비존재를 뜻하는 말이고 뒤의 우덴이나 메덴은 nothing, 즉 무(無)에 해당하는 말입니다. 그런데 문제는 이게 전부 성, 수, 격에 따라 변화하는 낱말이라는 겁니다. 이를테면 우덴은 우데이스의 중성, 단수, 주격 형태입니다. 우데이스는 남성, 단수, 주격 형태고요. 여성도 있는데, 우데미아(οὐδεμία)가 우데이스의 여성형입니다. 그리고 각자 아래로 격에 따라 다른 형태를 취하면서 변화하지요. 게다가 단수형뿐 아니라 복수형까지도 있습니다. 원래 우데이스는 문법적으로는 수사(數詞)에 속하는 낱말입니다. 헤이스(εἷς) 미아(μία) 헨(ἕν)이 숫자 하나[一]의 남성, 여성, 중성, 주격 형태거든요. 거기다 부정을 표시하는 우(οὐ)나 메(μή)를 붙이면 우데이스도되고 메덴도 되는 거지요. 이런 사정은 메 온이라고 할 때도 마찬가지예요. 메 온(μή ὄν)은 영어로 치면 be동사의 현재분사 온(ὄν)에 부정을 뜻하는 메(μή)를 붙인 거란 말이에요. 그래서 또 여기서도 성, 수, 격에 따라 변화가 일어나요. 온(ὄν)은 원래 중성, 단수, 주격 형태예요. 여성이라면 메 우사(μή οὖσα)라고 써야 하고 남성이면 메 온(μη ὤν)이라고 써야 해요. 역시 이것도 남성, 여성, 중성에 따라서만 변하는 것이 아니고 단수와 복수에 따라 다르게 변하지요.

고명섭　그리스인들이 비존재나 무를 그렇게나 복잡하게 변화시켜 표현했군요.

김상봉　그래요. 그래서 플라톤이 물어요. 어떻게 없는 것을 두고 남성, 여성, 중성을 따지며 게다가 단수와 복수로 나눌 수 있느냐고요. 아까 선생님이 말씀하신 것처럼 표현하자면, 이게 무의 실체화가 아니고 뭐겠어요? 뭐든지 실체화한 끝에 무조차 실체로 만들어버리는 거지요. 플라톤이 위대한 철학자인 것이 자신의 모국어 속에 있는 그 역설을 놓치지 않고 물었다는 거지요. 그러면서 과연 무가 뭐냐, 비존재가 뭐냐고 물어 들어간단 말입니다.

고명섭　예. 그래서 플라톤은 뭐라고 대답합니까?

김상봉　비존재 또는 무란 존재의 절대적인 부정 즉 없음이 아니다, 다만 아님일 뿐이라고 말했지요.

고명섭　그리고 보니 『자기의식과 존재사유』의 머리말에서 말씀하신

거였군요.[10]

김상봉 예. 생각하면 저에겐 없음을 그렇게 이해할 수 있다는 것이 큰 충격이었는데, 그리스어를 배운 덕분에 그것이 다른 무엇보다 그리스어와 한국어의 차이에서 비롯된다는 사실을 즉각 깨달을 수 있었습니다. 그리고 그것이 서양 언어와 한국어의 차이로부터 어떻게 존재사유가 달라지는지를 생각하기 시작한 출발점이 되었습니다.

고명섭 존재가 아니라 무의 개념이 어떻게 다른가에서 출발하셨다는 말씀이군요.

김상봉 그렇습니다. 사실 우리가 있다는 말을 어떻게 규정하고 이해하겠습니까? 있음보다 더 큰 지평은 없기 때문에 할 수 없이 그것의 부정을 통해서 이해할 수밖에 없습니다. 그러므로 있음의 의미는 없음에 있지요. 그런데 서양 언어에서 없음이란 단지 있음(being)의 부정(non-being)일 뿐입니다. 그런 까닭에 없음이란 단지 파생적이고 종속적인 사태에 지나지 않습니다. 먼저 being이 정립되어야 그것을 부정해서 non-being을 얻을 수 있는 거예요.

고명섭 먼저 being이 없으면, non-being도 없는 것이고요…….

김상봉 바로 그거죠. 그러니까 아무것도 없음은 불가능한 거예요.

고명섭 아무것도 없지 않고 왜 무엇인가 있느냐는 물음도 불가능한 것이고요.

---

10 "그러나 기독교인들이 신을 통해 없음을 잊으려 한 것은 고대 그리스인들의 처방에 비하면 유치하고 보잘것없는 시도에 지나지 않았다. 그리스인들은 있는 것의 있음을 확고히 함을 통해서가 아니라 없음을 없애버림으로써 허무를 극복하려 했다. …… 파르메니데스는 이러한 그리스적 없음이해의 원조이다. '있는 것은 있고 없는 것은 없다.' 이것이 그의 구호였다. 플라톤은 여기서 한 걸음 더 나아갔다. 그는 파르메니데스처럼 없음을 무작정 외면하는 것이 가능하지 않음을 깨달았다. …… 그는 없음이 실은 없음이 아니라 아님일 뿐이라고 가르침으로써 없음을 무화시키려 하였다. …… 세상은 오직 있음으로 꽉 차 있다." 김상봉, 『자기의식과 존재사유』, 11~12쪽.

김상봉 그렇죠. 아무것도 없음 자체가 애당초 불가능한 상태인데, 왜 아무것도 없음이 아니냐고 묻는 것은 성립 불가능한 물음이라는 거죠.

고명섭 다시 한 번『자기의식과 존재사유』머리말의 뜻을 생생하게 파악하겠습니다.

김상봉 거기선 그냥 플라톤의 말을 반복했을 뿐이지만, 이 문제를 좀 더 추궁해보자면, 저는 '없다'는 말이 한국어에서처럼 독립된 낱말인 그런 언어가 있는지 아직 모르겠어요. 적어도 제가 아는 외국어 가운데는 없어요. 국어 사전을 보면 '없다'는 형용사로 규정되어 있는데, '있다'는 동사라고 되어 있어요. 분명히 그 두 낱말은 상관 개념이라고 말해도 좋을 만큼 공속하는 낱말인데, 하나는 동사고 하나는 형용사라는 게 국어학자들의 무사유의 소치인지 아니면 다른 무슨 심오한 이유가 있는지는 모르겠어요.

고명섭 서양 문법에서라면 '있다'가 동사라면 '없다'도 동사라고 했겠지요.

김상봉 그런 혼란은 '이다'와 '아니다'에서도 나타나는데, '이다'는 조사라고 하면서 '아니다'는 또 형용사례요. 아니다는 '안-이다'에서 왔다고 생각되는데, 왜 품사가 달라지는지. 저는 국어학자가 아니니까 이런 어긋남은 내버려두고, 우리의 주제로 돌아가 철학적으로 생각해보면, 서양 언어의 경우엔 존재사태가 단지 to be와 not to be 또는 being과 non-being 사이에서 일어난다고 말할 수 있다면, 우리의 경우엔 있다와 없다, 이다와 아니다 사이에서 일어나지요.

고명섭 이다와 아니다도 존재의 근본 범주에 들어간다고 할 수 있겠지요?

김상봉 물론이지요. 선생님은 아무것도 아닌 것을 있다고 할 수 있겠습니까?

고명섭 아, 아무것도 아닌 것이라면 있다고 말하기도 어렵겠죠.

김상봉 그럼 무엇인가가 있다면, 그것은 언제나 무엇인가로서 있겠지요?

고명섭 그렇겠지요.

김상봉 그래서 우리가 중립적으로 존재라고 표현하는 가장 근원적인 지평은 있다와 없다뿐 아니라 이다와 아니다라는 네 가지 모서리에 의해 펼쳐지게 되는 거예요. 하지만 서양의 존재사유는 그렇지 않아요. 일단 거기서는 '없다'나 '아니다'는 구별 없이 not to be로 묶여버려요. 그리고 to be에 종속하는 부수적 사태가 되어버리지요. 그래서 있음과 없음의 대립이 우리처럼 첨예하지 않아요. 도리어 서양 형이상학에서 존재의 지평에서 일어나는 한층 더 근원적인 대립은 to be와 being의 대립, 독일어로 표현하자면 Sein과 Seiendes의 대립, 즉 존재와 존재자의 대립이에요.

고명섭 아! 그래서 하이데거가 서구 형이상학의 존재신학적 파악을 비판한 겁니까?

김상봉 그렇지요. 서양 형이상학에서 존재(Sein)와 존재자(Seiendes)가 대립된다고 말할 수도 있지만, 혼동되어 문제라고 말할 수도 있지요. 하이데거가 비판한 것도 그것이고요.

고명섭 그런 말씀을 듣고 보니 평소에 혼란스러웠던 것이 좀 정리가 되는 것 같습니다. 저도 철학책을 보면서 서양 사람들이 being이나 Sein이란 말을 쓸 때 그걸 정확하게 무엇이라 이해해야 하는지 꽤 오래 혼란을 겪었거든요.

김상봉 '있다'의 뜻으로 이해할 수도 있고 '이다'의 뜻으로 이해할 수도 있으니까 그런 거지요?

고명섭 예. 좀 더 구체적으로 말씀을 드리자면, '존재와 존재자가 다르다'가 하이데거의 출발점이잖아요. 그런데 하이데거 말로는 사람들이 다 존재자를 존재라고 한다, 그래서 존재 망각의 역사라고 이야기를 하는데, 그 존재라는 것을 '있음'이라고 흔히 번역하잖아요? 그러니까 Sein을 '존재'라고 했다가, 다시 '있음'이라고 번역을 하는데, 그렇게 있음이라고 번역을 하니까 저는 그것이 '있다'라는 의미, '존재하다'라는 의미인 줄로 알았어요. 그러니까 존재가 독일어로 하면 Ich bin, 영어로 하면 I am, I am here, '내가 여기 있다'라는 그 현재 있음이라는 것을 뜻하는 줄 알았는데, 나중에 보니까 This flower is beautiful, '이 꽃은 아름답다'라는 그 아름답다에 붙어 있는 is도 존재라는 거예요. 그래서 곰곰이 생각을 해보니까, 과연 그런 Sein이라는 걸 우리말 있음으로 번역할 수가 있는 거냐. 사실 '있음'도 Sein이지만 '임'도 Sein 아니냐, 그러면 있음이라고 번역할 게 아니라 '임'이라고 번역해야 되는 것 아니냐. 그렇다면 그 난점 때문에 최초로 Sein을 번역하려고 고심했던 사람들이 있음으로 번역하지 않고 존재라고 번역한 게 아니었겠나, 그런 생각을 하는 것이고요. 거기서 한 번 더 들어가면, 좋다, 그렇다면 Sein의 번역어가 존재라고 할 수 있느냐. 그러니까 우리말에서는 Sein에 해당하는 단어가 없다. 우리한테는 있는 것은 있는 것이고, 예쁜 것은 예쁜 것이지 그 둘을 아울러서 하나로 상정하는 말이 없다. 그렇다면 서양 언어의 Sein이라는 것은 서양 언어의 사정이지 그네들 사정을 어떻게 보편화할 수 있느냐. 하이데거가 그리스어와 그 직계 후예인 독일어를 하는 자들이 아니고서는 철학을 할 수가 없다, 심지어 프랑스에는 철학이 없다는 식의 이야기를 하는 것이 이런 사정과 연관이 있는 것인가 하는 생각이 듭니다. 그렇다고 해서 그럼 실제로 Sein이라는 것이 정말 존재하느냐, 한국어를 쓰는 내가 보는 바로는 결국 존재하는 것은 존재자뿐이지 문장을 연결해주는 문법적인 계사를, 혹은 있음을 보여주는 동사인 Sein을 특화하고, 그것을 떼내어서 실체화할 수가 있느냐. 그건 실체화가 안 된다, 그냥 존재자만이 있는 것이다. 그리고 그 존재자들의 집합으로서 큰 존재자가 있을 뿐이다, 그렇게 생각되는 것입니다. 그래서 예를 들면 이 세계 전체, 전체로 있는 것, 이것을 우주라고 할 수 있고, 전체로서의 존재 혹은 존재자라고 할 수 있는 것이 아닌가 생각하게 됩니다.

　　김상봉　아까 제가 존재 개념이야말로 서양 언어와 한국어의 가장 큰 차이라고 했을 때, 그 이유는 선생님이 지금 말씀하신 것과 같습니다. 서양 사람들은 있다와 이다를 영어식으로 말하면 하나의 to be 또는 being 속에 집어넣을 수 있었어요. 그것은 비단 영어뿐 아니라 독일어, 프랑스어도 마찬가지고 라틴어, 희랍어까지 적어도 제가 알고 있는 서양 언어에서는 있다와 이다 모두 being이니 Sein이니 하는 하나의 동사 속에 들어가죠. 우리는 명확하게 구별하는 낱말을 동일한 낱말로 사용하니까 이게 문제가 되는 거예요. 우리의 입장에서는 서양 사람들이 Sein이나 esse, 또는 being이라고 할 때, 이걸 우리말로 어떻게 옮겨야 할지가 그때그때마다 어려운 과제가 되고, 거꾸로 서양 사람들 역시 한국어에서 명확하게 구분되는 있다와 이다를 한 낱말로 옮기려고 하면 불편하다 느낄 수 있겠지요.

그렇다면 저는 여기서 질문하고 싶은 것이 그렇게 존재를 다른 언어를 통해 이해하는 사람들이 과연 존재이해가 같다고 말할 수가 있겠느냐 하는 것입니다. '있다'라고 하든 '이다'라고 하든 구별 없이 묶어서 하나의 개념 (그 하나의 개념을 일단 존재라고 부르기로 하지요) 속에서 이해하고 파악하는 서양 사람들과, 서양적 존재를 '있다'로도 '이다'로도 이해할 수 있는 한국인들이 존재를 과연 동일한 방식으로 파악할 수 있겠느냐는 거지요. 서양에서 '있다'와 '이다'는 하나의 존재라는 동사에 포섭되는 까닭에 그 모든 것이 하나의 존재에 귀속하게 되니까, 선생님 말씀처럼 쉽게 특권화되지요. 게다가 원래는 동사인 낱말이 부정사나 분사가 됨으로써 쉽게 명사화되니까, 의미론적으로 보자면 존재가 실체화되거나 사물화되겠지요.

하지만 한국인들의 경우엔 있다와 이다가 별개의 동사로 구별되는데다가, 있다와 없다까지 별개의 동사로 구별되어버리니까 존재사태를 한 가지 방식으로 단일화하는 것이 불가능하지요. 게다가 있음이나 없음 또는 임과 아님, 이런 식으로 명사화하는 것이 불가능하지는 않지만, 아무리 그런 경우라도 서양 언어의 분사나 부정사가 동사를 명사화하는 것처럼 자연스럽게 변환되지는 않잖아요. 그래서 존재를 명사화하고 실체화하는 것이 그만큼 어려워지는 거지요. 그 결과 한국어의 경우에는 존재를 단일화하고 실체화해서 특권을 부여하는 것도 거의 불가능한 일이에요. 서양 철학의 영향 때문에 존재가 하나이고 특권적인 것처럼 생각하기는 하지만, 막상 설명을 하려고 하면 어긋나는 지점이 한둘이 아니란 말입니다. 언어가 존재의 집이고, 언어를 통해 우리가 존재의 음성을 알아듣는다면, 한국인들은 서양 사람들과는 좀 다른 방식으로 존재의 음성을 듣는다고 해야겠지요.

그런 의미에서 저는 앞으로 그 차이에 주목하면서 서양적 존재사유와 다른 우리 나름의 형이상학적 존재이해를 체계적으로 전개하는 것이 저의 일이라고 생각하고 있습니다.

언어와 주체

고명섭 오늘 선생님께 들은 말씀 중에서 특히 큰 공부가 되는 이야기였는데, 앞으로 선생님 사유가 어떻게 전개될지 무척 기대가 됩니다. 이제 다음으로 넘어가 선생님이 아까 또 다른 차이로서 제시하신 언어와 주체의 문제를 살펴보면 좋겠습니다. 언어의 차이가 주체의 자기이해나 주체형성의 차이로 나타난다는 뜻으로 이해했는데, 맞습니까?

김상봉 그렇습니다.

고명섭 말씀을 듣기 전에 먼저 제 이야기를 좀 해도 된다면, 저는 평소에 자기라고 하는 것, 셀프(self), 독일어로는 젤프스트(Selbst)라고 하는 이 말이 서양 언어에만 있는 것이 아닌가, 그래서 그 자기의식(Selbstbewusstsein)이란 말이 서양 언어에서만 나올 수 있었던 게 아닐까, 그런 의미에서 자기반성으로서 주체철학이라는 것도 서양에서만 나올 수 있었던 게 아닐까 하는 느낌도 드는데 선생님은 어떻게 생각하십니까?

김상봉 저는 그건 조심스럽습니다. 불교는 어떤 의미에서는 더 심하지 않나요?

고명섭 제 이야기는 그러니까 불교도 그런 의미에서는…….

김상봉 서양적인 게 아닐까.

고명섭 범서양적인 사유에 속하지 않을까 하는…….

김상봉 동의합니다. 하지만 불교가 서쪽으로 못 가고 동쪽으로 와서 우리에게 엄청나게 영향을 남겼고, 그 가운데는 자아의 개념도 있지 않겠습니까? 그런 의미에서 저는 우리가 자아에 대한 성찰이 없었다거나 그게 꼭 서양에만 있었던 문제의식이라고 하는 데 대해서는 조심스러운 입장입니다.

고명섭 조금 더 부연을 해보자면, 불교에서 말하는 무아는 자아에 대한 강렬한 집착이나 고민, 천착 끝에 나왔을 겁니다. 그 불교가 히말라야를 넘어서 중국으로 들어와서 우리나라까지 건너왔고 불교 사상이 우리에게 스며들었고, 또 신유학이라고 하는 주자학도 불교를 배경으로 해서만 이해될 수 있지요. 그러니까 우리 안에 그런 식의 자아나 혹은 자기에 대한 사유가 당연히 있다고 할 수 있겠지만, 그렇더라도 가령 자기의식, 자기통치, 영어로 self-government가 서양 언어에서는 자연스럽게 나올 수가 있는데 우리에게서는 어려운 것이 아닌가 합니다.

김상봉 이제 무슨 말씀인지 이해하겠습니다. 그런데 두 가지 문제가 섞여 있는 것 같습니다. 먼저 정치적인 차원에서 자율이나 자기지배 또는 비슷한 의미에서 자유의 이념은 서양에서만 확고히 뿌리내린 이념이라는 것에 대해서는 앞에서도 이야기했으니 더 말할 필요가 없겠습니다. 저는 민주주의와 민본주의를 뒤섞으면서 동아시아에도 민주주의의 전통이 있었다고 하는 주장에 대해 전혀 동의하지 않습니다.

그런데 정치적 영역이 아니고 종교나 철학의 문맥에서 자아에 대한 자각이 문제라면 동아시아 전체 그리고 한국의 지적 전통에서도 서양 못지않게, 아니 서양에 앞서서 자아 개념이 등장했다고 보아야 하지 않겠는가 하는 것이 저의 생각입니다. 그러니까 문제는 실천과 이론 사이에서 자아와 자유의 개념이 서로 어긋나는 현상을 설명하는 것이 어렵다는 데 있다는 생각이 듭니다. 이게 생각하면 참 역설적인 것이, 서양의 정치가 처음부터 급진적인 자유의 이념에 입각하고 있었던 것에 비하면 서양의 기독교는 얼마나 노예적인 순종의 종교입니까? 그런데 우리의 경우엔 정치적인 삶의 지평에서는 노예적인 예속이 보편화되어 있었다고 말할 수 있지만, 불교가 가르치는 자유는 또 얼마나 급진적입니까?

고명섭   듣고 보니 그렇게 생각할 수도 있겠군요.

김상봉   저는 그 불일치를 생각할 때마다 이런 생각까지 듭니다. 어쩌면 서양의 경우에는 그리스적인 자유의 이념을 순화하기 위해 기독교적인 복종의 종교가 필요한 것이 아니었을까, 그리고 우리의 경우에는 정치·사회적으로 예속된 삶을 사는 사람들이었던 까닭에 정신의 영역에서라도 자유로우라고 불교가 있었던 것이 아닐까. 그런 생각을 하면 한국에 기독교는 정말 불필요한 종교가 아닌가 하는 생각도 들지요.

고명섭   그건 왜 그렇습니까?

김상봉   가뜩이나 억압적인 사회관계 속에서 사는 사람들에게 종교까지 비굴한 복종을 강요하니까요.

고명섭   그래도 선생님은 기독교에서 자유의 정신을 배웠다고 하시지 않았습니까?

김상봉   예, 저의 경우를 생각하면 부질없는 얘기이긴 합니다만…….
그래도 문득 내가 자유의 정신을 기독교에서 배웠을까 아니면 그냥 내가 스스로 자유로운 정신을 타고났기 때문에 그런 성경 구절만 좋아했던 걸까 싶은 생각도 드는군요. 똑같이 교회를 다녀도 대개는 전혀 다른 구절에 얽매이니까…….

고명섭   아무튼 제가 생각하기에도 서양과 한국에서 종교와 정치가 그렇게 어긋나는 것은 생각해볼 만한 일 같기는 합니다. 그런데 한 가지 짚고 넘어가자면, 앞에서 기독교적 복종에 대해 말씀하실 땐 그것이 자기의 신격화인 까닭에 참된 타자에 대한 복종이나 예속이 아니라고 하시지 않았던가요?

김상봉 맞습니다. 앞서 말씀드린 대로 기독교가 신에 대한 복종을 말하지만 그것이 동시에 자기의 신격화라는 것은 여전히 타당한 입론입니다. 그때의 주체는 선험론적 주체 또는 보편적 주체라고 봐야죠. 다시 말해 기독교 속에서 인간성 그 자체가 신격화된다는 말입니다. 그러나 그 신격화된 인간성이 결코 사사로운 개별자로서의 자아일 수는 없지요. 그런 까닭에 신의 의지에 자기를 복종시킨다는 것은 경험적인 개인 주체의 입장에서 보자면 외부적 의지에 순응하는 것처럼 느껴지겠지요. 마치 칸트 철학의 관점에서 아무리 이성이 자연법칙을 스스로 입법한 것이라고 하더라도 경험적인 인식주체는 그런 사정을 알 수 없으므로 자연법칙이 자기와 무관하게 객관적으로 존립하는 법칙이라고 믿는 것처럼 말입니다. 마찬가지로 기독교가 인간성의 신격화라는 점에서 신의 명령에 복종하는 것이 자기 자신의 보편적 의지에 복종하는 것이라 하더라도 그런 것을 아직 통찰하지 못한 개인의 입장에서 볼 때는 신의 의지에 대한 복종이 타자적 의지에 대한 복종으로 여겨지겠지요. 저는 서양에서 기독교가 본질적인 차원에서 인간의 자유를 손상하지 않으면서도, 경험적 의식의 차원에서는 그냥 내버려두면 대책 없이 충돌할 수 있는 개인의 자유의지를 신의 명령에 대한 복종을 통해 조절하고 통제하려 한 것이 아니었을까 생각하기도 합니다. 특히 국가의 법질서가 제대로 작동하지 않았던 중세 초기에는 더욱 그렇지 않았을까 하는 생각이 들지요.

그에 비하면 불교는 놀랄 만큼 급진적인 자유를 가르치는 종교지요. 그건 서양식으로 말하자면 신 앞에서조차 자유로운 자아의 존재를 확립한 것이라고 말할 수도 있으니까요. 고대 종교가 처음에는 유대교를 제외하고는 여기저기 할 것 없이 다신교적이었는데, 기독교가 그리스의 신들을 하나의 유일신으로 통일했다면, 불교는 일체의 잡신들을 제거해 버림으로써 다신교적 체계를 극복했다고 말할 수 있겠지요. 그 과정에서 불교는 신들이 지배하던 객관적 세계를 자아와 마음에 의해 열리는 관념론적 세계로 바꾸어놓았잖아요. 그러니까 생각하면 서양 철학이 근대에 들어와서 이룩한 주관주의적 전회를 불교는 이미 플라톤의 시대에 성취했다고도 말할 수 있겠지요.

이처럼 가장 급진적인 의미에서 존재의 외타적 근거를 제거했으니 자아는 자기 외의 어떤 권위에도 더는 기대거나 예속될 필요가 없어진 거지요. 석가모니는 세상을 떠날 때 나에게 의지하지 말고 오직 법에 의지하라고 말했다 하고, 나중에 선불교에 와서는 부처를 만나면 부처를 죽이고 조사(祖師)를 만나면 조사를 죽이라고 가르칠 정도로 자기 이외의 다른 권위를 거부하는 종교가 불교 아니겠어요? 그런 것을 생각하면 형이상학적 차원에서 보자면 자아 개념이나 자기 개념이 불교에 없었다고 말할 수는 없겠죠.

구체적으로 불교 철학에서 자아와 의식을 이론적으로 분석해온 역사만 보더라도, 물론 저는 거기에 대해서 말씀드릴 수 있는 식견이 거의 없다고 해도 과언이 아닙니다만, 이를테면 유식불교를 통해서 자아를 얘기하는 분들 보면 서양 못지않은 엄밀성으로 자아와 의식을 분석하거든요. 더러 유식불교를 연구하는 분들이, 서양 철학이 보여주는 의식이나 자기의식의 분석이 유식불교에서 분석하는 자아라는 것에 비해 오히려 더 평면적이고 일차원적이라고까지 말하잖아요. 그래서 불교의 입장에서 보자면 데카르트나 칸트의 자아 이론이나 의식 이론은 아직 초보 수준에 지나지 않고 후설의 현상학쯤 오면 이제 유식불교의 자아 이론과 비견할 만하다고 하기도 하거든요. 그래서 실제로 불교를 공부한 사람들이 현상학에 대해서 관심을 가지거나 또는 현상학을 하는 사람들이 거꾸로 불교에 대해서 관심을 가지게 되는 그 친화성도, 저는 그게 그 수준쯤 가면 동서양 철학의 자아 분석이 비슷하게, 말하자면 다층

적이 되고 입체적이 되기 때문에 그런 것이 아닌가 생각하지요. 반면에 칸트조차도 불교의 입장에서 보자면 평면적이라고 생각되겠지요. 저는 이화여대의 한자경 교수 같은 분들이 동료 학자의 입장에서 볼 때 매우 성실하고 훌륭한 칸트 학자이고 더 나아가 독일 관념론 전반에 대해서도 뛰어난 학자인데, 불교의 자아론에 경도되는 것도 그런 까닭이 있으리라 짐작해요. 칸트의 위대함이야 당연히 부정할 수 없는 거지만, 자아 이론과 의식 이론을 떼어놓고 보자면 불교가 보여주는 깊이와 치밀함은 칸트에게서 볼 수 없는 또 다른 경지라고 할 수 있겠지요.

그리고 굳이 자아 이론이 얼마나 입체적이고 다층적이냐, 이런 것을 우리가 도외시한다고 하더라도, 자기의식이라고 하는 것이 서양적인 것이고 우리한테는 아니지 않으냐고 하는 건, 당장 제가 최근에 본 걸 가지고 말씀드리면, 만해의 『불교대전』만 봐도 안 그래요. 저보고 불교의 형이상학을 서양 철학의 언어로 요약하라면 딱 두 명제로 표현할 수 있다고 생각하는데, 하나는 '내가 존재의 진리'라는 거고, 다른 하나는 '나는 없다'는 거예요. 이 두 명제가 조성하는 역설적인 거리가 불교적 사유의 지평이 아닌가 생각하지요.

그런데 제가 별로 아는 것도 없으면서 이런 말씀을 조금 길게 드린 까닭은, 자아 이론이 서양에서 우리에게 전해진 것이 아니듯이 자아의 해체에 관한 담론도 우리 조상들이 모르지 않았다는 걸 말씀드리고 싶어서였어요. 불교는 한편에서는 내가 전부라고, 서양식으로 말해 '헨 카이 판'(ἓν καὶ πᾶν), 곧 하나인 전체라고 가르치면서 동시에 그 나라는 것이 무(無)라고, 아무것도 아니라고 가르친단 말이에요. 그런데 서양 철학을 공부한 사람들이 마치 데카르트와 칸트가 없으면 자아의 개념을 알 수 없고 푸코나 데리다가 없으면 다시 그런 근대적 자아가 해체될 수 없다는 식으로 말하는 건 수천 년 동안 나름의 전통 속에서 자아와 무아(無我) 사이에서 철학을 해온 한국인 그리고 동아시아인들의 입장에서 볼 때는 다소 때늦은 소란일 수 있는 거지요.

고명섭 불교에서 자아나 자아에 대한 관심이 많다고 하는 것은 충분히 인정합니다. 그런데 자아와 자기, I와 self가 동일한 차원인지 모르겠지만 문법적으로 볼 때 재귀적 용법이라고 하지 않습니까? 자기에게 돌아오는 것, 마이셀프(myself)든 유어셀프(yourself)든 셀프의 문법적 관념이 최소한 한국어에서는 보이지 않는 것 아닌가, 그래서 서양 언어를 한국어로 번역할 때 부딪히는 여러 가지 난점이 있지만, 그중의 하나가 셀프를 번역하기 어렵다는 것인데 그것이 단순히 번역상의 문제만이 아니라 사유 자체를 규정짓는 것은 아닌가 생각합니다. 그러니까 예를 들어 선생님이 그리스 정신이라든가 그리스 정치에 대해 말씀하실 때 자기통치, 다시 말해 자기가 자기를 다스린다고 하는데, 이 자기통치 자체가 서양 언어의 번역어이고 우리말의 습관에서 보면 그 말 자체가 성립이 안 되는 것이고 우리한테는 그런 관념이 없다는 생각이 드는 겁니다.

김상봉 무슨 말씀인지 알겠습니다. 언어의 재귀적 사용과 자기의식 그리고 자유의 이념의 상관관계를 지적해주셨는데, 저도 이런 문제의식 자체가 대단히 중요한 의미가 있다고 생각합니다. 그러나 중요한 주제일수록 엄밀하게 논하지 않으면 한갓 인상이나 느낌에 지나지 않을 수도 있으니까, 조금 더 섬세하게 따져보면 좋겠습니다.

우선, 앞에서도 말씀드렸듯이 자아나 자기를 반성적으로 자각하는 것과 정치적으로 자유의 이념을 자각하고 그것을 실천하는 것은 구별해야 하리라 생각합니다. 자기의 개별성과 고유성을 자각한다 해서 정치적 자유의 이념이 자각되거나 실천되는 것은 아니기 때문입니다. 이것은 조금 전에 말씀드린 대로 불교가 형이상학적으로 보자면 서양보다 훨씬 이른 시기에 자아를 반성적으로 자각하게 해준 철학이라고 말할 수 있지만, 그것이 정치적 자유의 이념을 일깨우지는 못했다는 것만 보더라도 잘 알 수 있습니다.

저는 그런 의미에서 자아의 자각과 자유의 자각 가운데 더 어려운 것이 정치적 자유의 자각과 실천이 아닐까 하는 생각까지 조심스럽게 해보게 됩니다. 인간은 어떤 방식으로든, 예를 들어 생로병사의 고통을 통해서든 아니면 윤리적 반성을 통해서든 자기를 자각할 수 있지만, 이때의 자기는 아직 개인으로서의 자기요 자아에 머물 수 있는 데 반해, 자유의 주체로서 자기를 자각하는 것은 자기를 자기의 주인인 동시에 나라의 주인으로 자각하는 것이기 때문입니다.

그런데 이런 의미에서 자유의 개념이 명확하게 자각된 곳은 그리스밖에 없었습니다. 그리고 개인적 자유의 이념에 입각해서 정치의 이념이 명확하게 자각된 것도 제가 아는 한 그리스밖에 없습니다. 단순히 의사결정의 절차만 두고 보자면 다른 곳에서도 민주적인 의사결정의 사례는 얼마든지 발견됩니다. 예를 들어 신라의 화백 회의도 그런 사례들 가운데 하나라고 할 수 있겠지요. 로마에서도 그렇고, 기록이 드물긴 하지만 고대 갈리아나 게르만 사회에서도 나름대로 민주적인 집단적 의사결정이 제도화되어 있었던 것을 발견할 수 있습니다. 부정적으로 말하자면, 고대 갈리아나 게르만 사회에서 오리엔트 사회에서 볼 수 있는 전제군주는 없었습니다. 그러니까 자연적으로 공동의 의사결정 구조 내에서 집단적으로 나랏일 또는 부족의 일을 결정했다고 말할 수 있고, 그런 한에서 민주주의 역시 적어도 맹아적으로는 존재했다고 말할 수도 있겠습니다. 이 점에서 볼 때, 유럽인들이 이미 고대 사회에서부터 민주적 정신을 공유하고 있었다고 말할 수도 있고 이것을 인도·유럽 언어의 일반적 성격과 연결 지을 수도 있겠지요. 그것을 선생님은 언어의 재귀적 용법, 특히 그 가운데서도 인칭대명사가 재귀적으로 사용되는 것과 연결하신 거지요. 재귀대명사를 사용함으로써 주어로서의 나와 목적어로서의 나 사이에 일종의 타자적인 자기관계가 성립되는 것이니까, 그것이 이론적으로는 자기의식으로 나아가고 실천적으로는 자기통치나 자율성 또는 더 나아가 자유의 이념과 맞물리는 것이 아니겠는가 하는 것이 선생님 말씀이라 이해해도 되겠지요?

고명섭 맞습니다.

김상봉 저도 원칙적으로 그 말씀에 동의할 수 있습니다. 하지만 방금 말씀드린 대로 같은 유럽인들 사이에서도 자유의 이념을 명확하게 자각한 사람들은 오직 그리스인들밖에 없었다는 사실을 부정할 수 없다면, 이 문제는 인도·유럽 언어 전체가 아니라 그리스어를 세밀하게 관찰함으로써 설명해야 할 일입니다. 저로서는 선생님이 제안하신 언어의 재귀적 사용을 논의의 실마리로 삼아 그리스어에서 재귀적 용법과 재귀대명사가 어떻게 쓰였는지, 그리고 그것이 라틴어를 비롯해 다른 언어와 어떻게 다른지 조금만 말씀을 보태고 싶습니다.

고명섭 저는 그런 차이는 모릅니다만, 재귀적 용법에서 그리스어만의 두드러진 고유성이 있습니까?

김상봉 예. 저도 선생님이 그걸 자꾸 반복해 말씀하시니까 새삼스럽게 돌이켜 보게 되는데, 일단 그리스어의 경우에는 동사의 태(態)가 둘이 아니고 셋입니다.

고명섭 태라면 능동태, 수동태 같은 걸 말하는 거지요?

김상봉 그렇습니다. 우리가 알고 있는 보통의 유럽 언어에는 능동태와 수동태 두 가지의 태가 있는데, 이 점은 라틴어도 마찬가지입니다.

고명섭 그리스어는 다릅니까?

김상봉 예, 그리스어는 태가 셋입니다. 능동태와 수동태 사이에 중간태가 따로 있습니다. 유럽 언어에서 동사는 보통 법과 태 그리고 시제에 따라 변화하게 되지요. 물론 그 이전에 인칭에 따라 변화하는 건 당연하고요. 법에는 직설법, 접속법, 명령법 같은 것이 있는데, 이는 말하는 사람이 자기가 하는 말의 내용의 존재적 지위를 어떻게 상정하고 있는지를 나타냅니다. 말하는 사람이 자기가 말하는 내용을 사실이라고 상정하고 말을 하는 경우에는 직설법을 쓰게 됩니다. 말하는 사람이 자기가 하는 말의 내용을 사실이라고 적극적으로 상정하지 않고 단지 가능한 것이라든지, 아니면 실현되어야 할 일이라든지 아니면 비현실적이거나 불가능한 일이라고 상정하고 말을 한다면 직설법 이외의 다른 법이 쓰이게 되지요.

시제는 절대 시간을 표시하는 경우도 있고 상대적 시간관계를 표시할 수도 있으며, 동사 행위의 방식을 표현하는 경우도 있습니다. 그런데 이건 한국어에 익숙한 사람에겐 이해하기 좀 어려운 것이기는 합니다만, 그리스어에서 시제는 절대적 시점을 가리키는 기능보다 동사 행위가 일어나는 방식을 표시하는 기능이 더 중요합니다. 예를 들어 같은 과거 시제라도 미완료 과거가 지속적 행위를 표시한다면 부정 과거는 점적인 행위를 표시한다는 식이지요.

다른 한편 태의 경우에는 다른 서양 언어에서는 보통 능동 수동인데, 이건 말 그대로 행위자 또는 내가 주체가 되어 타자적 대상에 대해 작용을 가하거나 거꾸로 타자적 주체에 의해 수동적으로 작용을 당하는 것을 구별해주는 기능을 하겠지요. 그리고 선생님이 말씀하신 대로 재귀대명사를 사용하는 동사의 경우에는 자기가 자기에게 작용을 가하는 것이니 따지고 보면 능동적 작용이기도 하고 동시에 수동적 당함이기도 한 상태에 있다 하겠습니다. 칸트는 이런 모든 재귀적 작용 가운데 특히 자기의식 속에서 자기가 자신에게 작용을 미치는 것을 자기촉발(Selbstaffektion)이라고 불렀는데, 이 개념이 자기의식의 본질적 계기로서 칸트부터 후설까지 대단히 중요한 구실을 했던 것은 철학사에 기록된 바와 같습니다. 데리다는『목소리와 현상』에서 후설의 자기촉발 개념을 비판하면서 자신의 이야기를 전개하기도 하지요.

이렇게 살펴보면, 선생님이 아까 말씀하신 대로 유럽 언어에서 인칭 대명사의 재귀적 사용이 유럽 철학에서 자아에 대한 자각을 촉진한 바탕이 되었으리라는 추측이 그렇게 부당한 것은 아니라고 말할 수 있겠습니다. 아무튼 우리말에서 나는 나를 씻는다, 이런 식의 말은 하지 않으니까요.

고명섭 제가 하고 싶었던 말이 그거였습니다. 번역문이 아니라면, '나를'이라는 목적어는 남이 나에게 작용을 가할 때만 쓰는 말이지 내가 나에게 무슨 작용을 가한다는 뜻으로 쓰는 말은 아니잖습니까.

김상봉 동의합니다. 그런데 선생님이 이야기를 시작한 덕분에 제가 새롭게 돌아보게 되는 것이 하나 있습니다. 그건, 서양 언어 가운데서도 그리스어와 그 이후 우리가 아는 현대 언어 사이에 큰 차이가 있다는 점입니다. 그리고 이게 중요한 논점인데 저는 그 차이가 같은 유럽인들 가운데서도 그리스인들에게서 자유의 이념이 선구적으로 등장한 하나의 원인이라고 말할 수 있지 않을까 하는 생각을 해보게 됩니다.

아까 말씀드린 대로 다른 언어의 경우에는 태가 둘밖에 없습니다. 능동태와 수동태. 그러니까 인간의 사회적 관계 속에서 우리는 주체로서 남에게 작용을 가하든지 아니면 남에게 작용을 당하든지 하는 거지요. 그런데 그 사이에 재귀적 관계가 있는 겁니다. 하지만 재귀적 관계를 통해 표현되는 자기관계는 개별적 경우로서 발생하는 것일 뿐, 일반적으로 확립된 태로서 발생하는 것은 아니지요. 그것은 단지 능동태와 수동태의 틈새에서 일어나는 일종의 우발적 사태라고 말할 수 있겠습니다. 그리고 이것은 대개 사사로운 영역에서 일어나지요. 전형적으로는 아까 말씀드린 대로 내가 나를 씻는다든지, 내가 나를 기쁘게 한다든지…….

그런데 그리스어의 경우에는 능동태와 수동태 외에 중간태가 따로 있습니다. 이걸 모르는 사람들에게 설명하는 것이 쉬운 일인지 모르겠는데, 동사 하나가 인칭과 법, 태, 그리고 시제에 따라 어미가 변하거든요. 예를 들어 라틴어의 경우 코기토(cogito)라고 하면 그 어미만 보고도 우리는 '내가 생각한다'는 말이라는 것을 자동적으로 알 수 있지요. 코기타스(cogitas)라고 하면 네가 생각한다는 말이고, 코기타무스(cogitamus)라고 하면 우리가 생각한다, 이런 식으로 달라진단 말이에요. 물론 세 가지 모두 직설법, 현재, 능동태라는 것도 알 수 있죠. 수동태라면 위의 경우가 코기토르(cogitor), 코기타리스(cogitaris), 코기타무르(cogitamur) 등으로 표현되겠죠. 그런데 라틴어는 여기서처럼 능동태와 수동태만 있을 뿐 중간태는 없어요.

고명섭 그런데 그리스어는 그 사이에 중간태가 있다는 말이지요?

김상봉 예, 중간태가 독립된 태로서 있어요. 그런데 이걸 능동태와 수동태 사이에 중간태가 있다고 표현해야 할지, 아니면 능동태와 중간태가 먼저 있고 난 뒤에 수동태가 있다고 해야 할지 모를 정도예요.

고명섭 그건 무슨 말입니까?

김상봉 그리스어에서는 동사 하나가 모두 따지면 6백 가지 이상으로 변해요. 인칭·법·태·시제에 따라 변하는데, 부정사, 그러니까 영어에서 우리가 보통 투(to) 부정사라고 표현하는 그것까지도 태와 시제에 따라 변하거든요. 이를테면 '교육하다'라는 동사의 능동태 현재 부정사가 파이데우에인(paideuein)이라면 중간태와 수동태의 형태는 파이데우에스타이(paideuesthai)지요. 현재 완료 부정사는 따로 있는데, 페파이데우케나이(pepaideukenai)가 능동태의 형태라면 페파이데우스타이(pepaideusthai)는 중간태와 수동태의 형태예요.

고명섭 그럼 중간태와 수동태는 이름만 다를 뿐 같은 것 아닙니까? 어떤 의미에서 독립적 태라는 건지…….

김상봉 설명을 드릴게요. 아무튼 이런 식으로 동사의 어미가 변하는데, 능동태와 중간태만 완비된 변화 형태가 있고 수동태는 대부분 중간태의 형태를 따르고 일부 시제와 법에서만 중간태와 다른 형태를 취해요. 그러니까 그리스어의 경우엔 다른 인도·유럽 언어처럼 능동태와 수동태가 기본적인 태인 것이 아니고 능동태와 중간태가 기본적인 태였다는 것을 이로부터 알 수 있지요. 수동태는 처음엔 중간태를 통해 표현하다가 나중에야 미래와 부정과거 두 시제의 경우에만 독립된 형태로 변화하게 됩니다. 그러니까 그리스인들은 이미 언어 구조 자체에서 수동적으로 당함에 앞서 자기가 자기 스스로를 규정하는 사고방식을 먼저 발전시켰다고 할 수 있겠습니다.

고명섭 그것은 처음에 제가 말씀드리면서도 전혀 몰랐던 사실입니다만, 듣고 보니 정말로 놀랍군요. 그런데 그게 유독 그리스어만 그렇다는 말씀입니까?

김상봉 제가 알기론 그렇습니다. 인도게르만어에는 일반적으로 능동태와 수동태밖에 없습니다. 그리스어의 경우에만 중간태가 따로 있고 게다가 수동태가 대부분 시제에서 중간태에 기생하는 거지요. 이처럼 중간태가 일반적인 태의 하나로 정립되어 있었던 까닭에, 그것은 아까 다른 언어에서 재귀대명사를 사용해서 자기관계를 표현하는 것이 대개 사사로운 행위에 국한되었던 데 반해 그리스어의 경우에는 원칙적으로 모든 동사가 아무 제한 없이 처음부터 중간태의 쓰임을 가지게 됩니다. 그래서 사사로운 행위뿐 아니라 공적 행위를 표현하는 동사도 중간태로 쓰일 수 있게 되는데, 이를테면 폴리테우에스타이(politeuesthai) 같은 동사가 가장 전형적인 사례라고 하겠습니다.

고명섭 뜻이 뭔가요?

김상봉 '시민 노릇 하다'라는 뜻입니다. 이 동사를 능동태로 쓰면 폴리테우에인(politeuein)인데, '시민이다'라는 뜻입니다. 이것은 단순히 시민의 자격을 가지고 있다는 뜻이지요. 그런데 이것을 앞에서처럼 중간태로 쓰면 시민으로서 활동하고 있다, 시민으로서 정치에 참여하고 있다는 뜻을 가지는 거지요. 그러니까 이런 경우에는 능동태가 소극적인 자격을 표현하는 자동사인 데 반해 중간태로 쓰일 때 비로소 적극적인 활동 상태를 표현하는 겁니다. 그리스인들은 폴리테우에스타이(politeuesthai)처럼 공적 활동을 표현하는 동사에서도 얼마든지 중간태를 사용할 수 있었던 거지요. 다시 말해 공적 영역에서도 재귀적인 자기관계 또는 비슷한 말이지만 자기규정을 언어적으로 표현할 수 있는 가능성이 있었으니, 언어가 현실을 반영한다고 한다면, 언어에서 중간태가 존재한다는 것은 공적 영역에서의 자기규정을 언어가 반영하는 것인 동시에 현실적인 공공적 자기규정이 가능하다는 사고방식을 그리스어가 촉진했다고 말할 수 있겠지요. 요컨대 그리스 고유의 시민적 자유의 이념은 다른 무엇보다 중간태라는 그리스어의 특성으로부터 발전한 것이라 생각해볼 수 있겠습니다.

고명섭 제가 옳다 그르다 판단할 입장은 아닙니다만, 듣고 보니 대단히 흥미롭고 설득력도 있다고 느껴집니다.

김상봉 언어의 재귀적 사용에 관해 보자면 사소하지만 의미 있는 차이가 또 하나 있습니다.

고명섭 뭡니까?

김상봉 아까 선생님이 셀프라는 낱말이 독특하다고 하셨잖아요?

고명섭 예. 그 말이야말로 일상 언어에서 주체를 표현하는 낱말이 아닐까 생각했기 때문입니다만……

김상봉 이제 저도 선생님이 왜 그렇게 그 말에 특별한 인상을 받으셨는지 이해하겠습니다. 그리고 셀프가 일상 언어에서 자아의 주체성을 표현하는 낱말이라는 것에 대해서도 충분히 동의합니다. 그런데 말이 나온 김에 조금 더 생각을 이어가보면, 그 말의 쓰임에서도 그리스어와 다른 유럽 언어 사이에 의미 있는 차이가 있습니다.

고명섭 어떤 겁니까?

김상봉 사실 그 말은 현대 유럽 언어에서도 일상적인 쓰임이 있는 말은 아니죠. 철학자들에게는 중요한 말이지만 일상 언어에서는 강조를 위해서나 드물게 쓰이는 낱말이잖아요.

고명섭 그렇기는 하죠.

김상봉 그런데 그리스어의 경우엔 그 셀프에 대응하는 낱말이 대단히 광범위하게 쓰입니다.

고명섭 그게 뭘까요?

김상봉 아우토스(autos)입니다.

고명섭 아, 그렇군요.

김상봉 아우토스는 기본적으로 자기 자신, 자기 스스로를 뜻하는 말입니다. 그런데 이 말의 쓰임이 대단히 광범위합니다. 비교를 위해 라틴어를 살펴보면 아우토스에 대응하는 낱말이 '입세'(ipse)인데, 그건 그야말로 현대 유럽어와 마찬가지로 행위 주체나 객체를 강조하기 위해 쓰이는 말입니다. 그러므로 그 쓰임도 그렇게 일상적이라고 말할 수는 없습니다. 이에 반해 그리스어의 아우토스는 기본 뜻은 입세와 같이 '자기 자신'을 뜻하지만, 그 뜻으로만 쓰이지 않고 어떤 때는 3인칭의 인칭대명사로도 쓰입니다. 일상 언어에서 언제나 흔하게 쓰이는 낱말인 거예요. 그러니까 셀프가 자아의 주체성을 일상 언어에서 소박하게 표현하는 말이라면, 그리스어는 자아의 주체성이 3인칭의 인칭대명사 속에서도 늘 환기되고 있는 거지요. 엄밀하게 말하자면 아우토스가 1인칭의 나 자신만을 가리키는 말은 아니지만, 아무튼 행위 주체의 주체성과 자발성을 강조하는 말이니까 그런 의미에서 주체의 자발성이 아우토스 속에서 환기되고 있다고 말할 수 있겠지요.

그런데 그리스어는 아우토스로부터 헤아우토스(heautos)라는 말이 파생되어 좁은 의미에서 재귀적인 인칭대명사로 쓰입니다. 그러니까 아우토스가 자기 자신의 자발성과 주체성을 강조하는 말이라면, 좁은 의미에서 자기관계를 표현하기 위해서는 헤아우토스를 쓰는 거지요. 이해를 돕기 위해 구체적인 쓰임을 예로 들자면, 그리스어로 자율성을 뜻하는 낱말이 아우토노미아(autonomia)잖아요? 자기가 입법한다는 거지요. 그런데 칸트가 미학에서 심미적 판단력에 대해 헤아우토노미(Heautonomie)라고 하거든요. 그리스어식으로 쓰면 헤아우토노미아(heautonomia)겠지요. 이 둘의 차이를 보면 아우토스와 헤아우토스의 차이를 알 수 있는데, 똑같은 입법이라도 아우토노미아의 경우엔 나 자신이 입법하면서 그 법률이 동시에 객관적인 효력과 타당성을 갖는 데 반해, 헤아우토노미아의 경우엔 내가 입법하는 것이 오직 나 자신에게만 그 효력을 갖는다고 말할 수 있겠습니다.

그러니까 그리스어에서는 주체의 자발성과 능동성을 강조해 표현하는 아우토스가 주격으로도 목적격으로도 쓰이면서 강조를 위해서뿐 아니라 일반적인 인칭대명사로도 쓰이고, 더 나아가 알파벳 한 글자(ἐ)

만 보태면 좁은 의미의 재귀대명사(ἑαυτός)로 쓰이니까, 도처에서 아우토스와 만나게 되는 거죠. 그 때문인지는 모르겠으나 — 아니 그렇겠죠? — 라틴어에는 입세와 결합한 낱말이 거의 없는데, 그리스어 사전을 보면 아우토스와 결합한 낱말이 많아요. 그만큼 주체의 자발성과 능동성이 일상 언어의 차원에서 두드러지게 표현되어 있는 거죠.

이런 식으로 생각하면 같은 유럽인들 가운데서도 유독 그리스인들이 개인의 주체성을 일찍부터 의식하고 정치적 자유의 이념을 독자적으로 발전시킨 까닭도 이해할 수 있지 않나 싶어요. 그리고 통시적으로 보자면 그리스인들이 그렇게 아우토스라는 낱말 속에서 즉자적으로 모든 인칭에 해당되는 것으로 표현했던 주체성이 근대 철학에서는 '나'라는 1인칭 대명사로 표현된 것이라고 말할 수도 있겠습니다. 그리스어에서 아우토스의 일상적 쓰임에 비하면 에고(ἐγώ)라는 인칭대명사는 일상적으로 쓸 필요가 없는 말이었거든요. 그걸 굳이 쓰지 않아도 아까 라틴어 동사 코기토의 사례를 통해 보듯이 동사 어미만 보면 내가 한다는 말인지 네가 한다는 말인지를 알 수 있으니까요. 그러니까 주체의 자발성과 능동성이 3인칭 대명사 속에 감추어져 있어서 아직 1인칭으로 특화되지 않았던 거지요.

그런데 근대 유럽 언어에서는 나는 생각한다(I think), 너는 생각한다(you think) 모두 같은 동사 형태를 취하니까 이제부터는 명확하게 누가 말하는 것인지를 표시해주어야 하잖아요. 그래서 그리스어나 라틴어에서는 두드러지게 등장하지 않았던 1인칭 대명사가 언제나 전면에 등장하게 되지요. 그 결과 모든 인칭에 해당되던 자기 자신(autos)이 1인칭 대명사인 '나' 속에서 두드러진 방식으로 특권화되는 과정이 근대 철학이라고 말할 수도 있겠습니다.[11]

---

11 "그런데 비단 철학자들뿐만 아니라 모든 근대인들이 늘 사용하던 말 가운데 고대나 중세인들에겐 조금 낯선 말이 하나 있었습니다. 그것이 '나'(I)라는 말이었

아무튼 처음에 선생님이 셀프니 재귀적 용법이니 말씀하실 땐 가볍게 생각했는데, 말씀을 받아 대화를 하다 보니 저도 미처 깊이 생각하지 않았던 것을 새롭게 많이 깨우쳤군요. 어쩌면 오늘 대담의 가장 큰 수확이 아닌가 싶을 만큼……

고명섭 저도 평소에 막연하게 생각했던 것들을 한층 더 명확하게 따져볼 수 있어서 좋았습니다. 그리고 언어와 철학적 사유의 관계에 대해

습니다. …… 그러나 그리스어나 라틴어의 경우에는 사정이 약간 다릅니다. 이 언어들의 경우에도 당연히 '나'나 '너'를 표시하는 인칭대명사가 있었습니다. 그러나 고대어의 경우에는 1인칭이나 2인칭 주어는 그다지 자주 쓰이지 않았습니다. 현대 유럽 언어와는 달리 고대어는 동사의 어미가 인칭에 따라 변하기 때문에 군이 주어를 따로 표시하지 않아도 되기 때문입니다. 예를 들어 라틴어에서 I think는 ego cogit-o, you think는 tu cogita-s, s/he thinks는 ea(is) cogita-t, we think는 nos cogita-mus, you think는 vos cogita-tis, they think는 ii cogita-nt입니다. 그러니까 1인칭 단수 cogito부터 3인칭 복수 cogitant까지 동사의 어미가 같은 것이 하나도 없습니다. 이런 까닭에 고대인들은 군이 ego나 tu라는 1, 2인칭 주어를 따로 써줄 필요가 없었습니다. ego cogito라고 말하든 cogito라고 말하든 '나는 생각한다'를 표시하기는 마찬가지이기 때문입니다. 따라서 고대인들은 '나'라는 말을 특별히 강조할 필요가 있을 때가 아니면 일상적으로 사용하지 않았습니다. …… 그리하여 근대에 들어와 시인과 철학자들이 더 이상 유럽 공통의 언어인 라틴어로 글을 쓰지 않고 자신의 모국어로 글을 쓰기 시작했을 때, 오늘날 우리가 보듯이 '나'라는 낱말이 말과 글의 전면에 등장하지 않을 수 없게 된 것입니다. …… '나'라는 말이 새롭게 말과 글의 전면에 등장함으로써 '나'라는 개념이 철학적 사유의 중심을 차지하게 된 것은 너무도 자연스러운 일이었습니다. 그리고 근대 철학의 새로움은 바로 이 개념 하나에 달려 있다 해도 과언이 아닙니다. 그리하여 세상만사를 '나' 속에서 바라보기 시작한 시대, 그것이 근대입니다. 이런 의미에서 우리는 근대를 가리켜 주관주의(subjectivism)나 반성(reflexion)의 시대라고 특징짓는 것입니다. …… 근대가 시작되고 철학하는 정신이 3인칭의 '그것'에 대한 관심으로부터 1인칭의 '나'에 대한 반성으로 돌아왔을 때, 비로소 생각하는 나, 주체로서의 내가 측량할 수 없는 신비로 다가왔습니다. 이전에 철학자들에게 존재란 무엇인가, 신이란 무엇인가 하는 것이 가장 근본적인 물음이었다면, 이제 근대인들에게 가장 중요한 물음은 '나는 누구인가'라는 물음이었습니다." 김상봉, 『호모 에티쿠스』, 226~28쪽.

좀더 깊이 생각해볼 수 있는 기회도 되었습니다. 그러면 이제 언어의 문제는 이 정도로 해두고 다음 주제로 넘어가볼까요?

김상봉 아니 잠깐, 언어의 문제를 마무리 짓기 전에 한 가지 보태고 싶은 말이 있습니다.

고명섭 아직 하시고 싶은 말씀이 남았군요.

한국어와 주체성

김상봉 지금까지는 그리스어와 주체성의 관계에 대해 이야기를 했으니 한국어와 주체성의 문제에 대해서도 생각을 좀 해보고 넘어가야 하지 않겠습니까? 선생님께서는 셀프라는 낱말에서 서양 고유의 주체성의 언어적 근원을 예감하셨습니다만, 그렇다면 한국어에서는 서양적 주체와 다른 고유한 주체성이 뿌리내릴 수 있는 어떤 개성적인 토양이 있는 것인지, 제 편에서 보자면 서로주체성의 언어적 바탕 같은 것은 있는지, 그런 것을 묻게 됩니다.

고명섭 선생님이 스스로 대답을 해주셔야 할 문제 같습니다. 저도 대단히 궁금합니다만…….

김상봉 그런데 그런 것을 생각할 때마다 저는 정직하게 말씀드리자면, 한국어가 건강한 주체 형성에 걸림돌이 되는 언어가 아닌가 하는 생각까지 하기도 합니다.

고명섭 그건 무슨 뜻입니까?

김상봉 특별한 것은 아니고요. 듣기에 따라서는 몹시 사소하고 하찮은 문제일 수도 있겠습니다만, 엄격하게 반말과 존댓말이 나뉜 언어를 쓰는 사람들이 과연 자기 자신을 자유롭고 평등한 주체로서 자각할 수 있겠느냐 하는 것이 저에게는 오래된 고민거리입니다. 저는 아직도 이 물음에 대해 자신 있게 대답을 하지 못하겠는데, 저에겐 이것이 언어와 주체의 관계에 대한 다른 어떤 문제보다 절박한 문제입니다.

저는 오랫동안 서양의 주체성을 비판해왔지만, 보기에 따라서 저의 그런 이야기들은 자기 주제를 모르는 자의 한가한 소리일 수 있습니다. 왜냐하면 남을 비판하는 것보다 제 앞가림하는 것이 더 급한 일이니까요. 한 번도 주체로서 자기를 정립해본 적이 없는 사람들이 남의 주체성이 옳다 그르다 따지는 것이 얼마나 우스운 일이에요? 그런데 생각하면 그게 제 모습인 거지요. 한국인으로서 우리의 과제는 서양적 주체의 한계를 넘어서는 것 이전에 먼저 우리 자신을 옳은 주체든 그른 주체든 주체로서 정립하는 것이 더 절박한 과제가 아니겠어요? 민족주의를 비판했던 함석헌도 그런 의미에서 "먼저 하나의 민족이 됩시다"라고 말했잖아요. 우리는 아직 우리 자신을 집단적 주체인 겨레 또는 민족으로서 정립해본 적이 없다는 거지요. 축구장에서나 한 민족이지 경기장을 나서면 "우리가 남이가?"라면서 우리와 남을 내부에서 적대적으로 나누는 자들이거든요. 그런 수준의 민족이란 생물학적인 인종과 다름없는 무리이지 결코 정치적 공동주체로서 겨레는 아니에요.

그런 자들이 서양 철학자들이 주체를 비판하고 해체해야 한다고 자기비판 하는 것을 마치 자신의 일인 것처럼 앵무새처럼 반복하는 것은 푸코라는 인간이 인간중심주의를 비판하는 것을 보고, 사람 근처에도 오지 못한 원숭이들이 우리는 처음부터 사람이 되지 않아 다행이라고 생각한다거나, 자기 속에 있지도 않은 인간성을 해체해야 한다고 소란을 피우는 꼴이지요. 그러니까 우리의 일차적인 과제는 먼저 주체가 되는 것, 그 주체가 무엇이든지 간에 주체가 되려는 욕구를 갖는 것이 아닐까 생각해요.

고명섭 그럼 그것은 일종의 단계론적 사고방식에 따라 우리도 먼저 서양적인 의미의 주체가 되고 서양적인 민족이 되어야 한다는 뜻으로 읽힐 수도 있겠는데요.

김상봉 간단히 대답할 수 있는 문제는 아니겠지만 그래도 원칙적으로 말씀드리자면 꼭 그럴 필요는 없다고 저는 생각합니다. 주체가 된다는 것이 반드시 서양적인 홀로주체성의 길을 먼저 걸어야만 가능한 것은 아닙니다. 물론 현실적으로 많은 사람들이 그런 홀로주체의 길을 걸어 자기를 주체로 정립하겠지요. 하지만 그것은 결코 필연적인 길도 아니고 유일한 길도 아닙니다. 똑같이 경제 발전을 이룬다 하더라도 한국의 재벌 경제체제가 일본도 미국도 독일도 아닌 한국 고유의 경제체제이고, 똑같이 사회주의 이념을 내걸어도 북한의 세습 수령제 사회주의가 소련도 중국도 베트남도 아닌 북한 고유의 체제인 것처럼, 어차피 역사 속에서 각자는 각자의 방식으로 각자의 역사를 만들게 마련입니다. 세습 재벌이나 세습 수령제 국가라는 일부러 나쁜 사례를 들어 말씀드렸습니다만, 나쁜 것의 경우도 그런데 하물며 좋은 의미에서 주체형성이야 더 말할 필요가 없겠지요. 실제로 우리가 한국의 근현대 역사를 돌이켜 보면 동학혁명에서 시작되었고 3·1운동을 거쳐 5·18로 이어지는 민중항쟁의 역사는 한국의 민중이 노예 상태에서 벗어나 자유를 위해 싸워온 투쟁의 역사지만, 그들이 추구한 자유가 단순히 서구적 자유라고 말하는 것은 적절한 관찰이라고 할 수 없습니다. 제가 그것이 어떤 의미에서 참된 만남과 서로주체성의 이념이 생성되어온 역사인지를 특히 5·18을 중심으로 해명하려 해왔다는 건 선생님도 아시는 일입니다만…….

고명섭　예, 그건 선생님이 늘 해오신 일이지요. 그런데 그런 역사를 스스로 알고 계시면서 무엇을 걱정하시는 겁니까?

김상봉　간단히 말하자면 이런 겁니다. 한국인들이 동학에서 5·18까지 그렇게 위대한 항쟁의 역사를 만들어왔음에도 불구하고, 결과적으로 보자면 개인적인 차원에서든 집단적인 차원에서든 자기를 주체로서 온전히 정립하지 못한 까닭이 무엇이냐는 문제지요. 현대사만 놓고 본다 할 때, 5·18과 6월항쟁의 그 눈물겨운 자기해방의 역사가 다시 억압적 권위주의 사회로 퇴행하게 된 까닭이 무엇이냐는 겁니다.

이런 질문에 대해 당연히 여러 가지 사회적이고 제도적인 이유들을 통해 대답을 할 수 있겠지요. 그런데 저는 좀 더 근본적으로 언어 속에서도 그 이유를 찾을 수 있고, 찾아야만 한다고 생각하는 거지요.

고명섭 그리고 그것이 반말과 존댓말의 불평등한 언어 사용이라는 것이지요?

김상봉 그렇습니다. 생각하면 서양 사람들은 신을 부를 때도 반말로 부르지 않습니까. 평등하게 말입니다. 그런데 우리는 한 살만 많아도 아래위를 따지고 그에 따라 한쪽이 반말을 하고 다른 쪽이 존댓말을 하는 언어 생활을 하고 있잖아요. 물론 상황에 따라 엄격할 수도 있고 느슨할 수도 있지만, 원칙적으로 보자면 그런 불평등한 언어 사용 자체가 사람들 사이의 위계질서를 강제하는 면이 있지요. 그런데 이처럼 언어 그 자체가 위계적 관계를 요구하고 강제하는 한국어가 우리 자신을 자유롭고 평등한 주체로서 자각하는 것을 심각하게 방해하는 것이 아닌가 생각해요. 저는 가정이나 학교 또는 군대나 직장에서 한국인들의 인간관계가 과도한 지배와 예속의 관계가 되고 더 나아가 폭력적인 관계가 되는 것이 불평등한 언어 생활 때문이라는 생각을 자주 합니다. 아예 모두 서로 반말을 쓰거나 모두 존댓말을 쓰면 그런 일이 없을 텐데 한 사람은 존댓말을 쓰고 다른 사람은 반말을 하는 경우에는 어김없이 인격적 지배 관계가 성립된단 말입니다. 그런 불평등한 관계가 아예 물리적으로 폭력적인 상황으로 비화하는 것은 너무도 쉬운 일이지요. 그래서 저는 언젠가 학교에서 교사들의 폭력을 방지하기 위해 제발 교단에서 학생들에게 존댓말을 쓰라고 권유하는 칼럼을 쓴 적도 있습니다.

고명섭 충분히 공감이 가는 말씀입니다만, 따지고 보면 일본어의 경우에도 반말과 존댓말이 공존하고 또 우리처럼 불평등하게 사용되지 않습니까?

김상봉 예. 그래서 드리는 말씀인데, 일본의 학자들이 특히 전쟁 후에 자주 이야기했던 일본인들의 몰주체성은 다른 무엇보다 언어에서 그 근원을 찾아야 하지 않을까 생각하기도 합니다. 한동안 그 주제에 대한 책들을 꽤 열심히 찾아 읽었는데 마루야마 마사오[12]나 다케우치 요시미[13]부터 시작해 가라타니 고진[14]까지 일본인들의 주체성 또는 몰주체성을 비판한 지식인들 가운데 언어에서의 불평등을 진지하게 언급한 사람이 있었는지는 잘 모르겠습니다. 일본은 표면적으로 보자면 적어도 국가의 차원에서는 한국보다 주체적인 나라로서 지금까지 역사를 만들어왔지만 패전 후 많은 지식인들이 비판했듯이 개인의 차원에서 보자면 근대적 주체형성에는 실패했다는 자기반성이 많았는데, 저는 그 가장 중요한 원인이 언어에 있지 않나 하는 생각을 합니다.

여담이지만 작년에 안식년을 얻어 처음 제주에서 생활하기 시작했을 때, 제주의 언어가 존댓말과 반말의 엄격한 구분이 없다는 것을 알고 대단히 놀랐습니다. 지내면서 제주 사람들의 사회적 인간관계가 육지 사람들에 비해 훨씬 더 평등하다는 것도 알게 되었는데, 저는 그것이 다른 무엇보다 제주의 언어가 평등하기 때문이 아닐까 생각합니다.

고명섭 그런데 한국어를 임의로 개조해서 반말도 존댓말도 없는 언어로 만들 수는 없는 일 아닙니까?

김상봉 그러게 말입니다. 그래서 저는 사회적 관계에서 한쪽이 존댓말을 하면 다른 쪽도 존댓말을 하고, 한쪽이 반말을 하면 다른 쪽도 반말을 하는 관행이 확립되어야 하리라고 생각합니다. 예를 들면 나이 든 남자들이 집 밖에서 만나는 젊은 여자들에게 적당히 반말을 하는 것이 용인되지 않는 사회가 되어야 한다는 거지요. 마찬가지로 학교에서는 선생과 학생 사이에, 선배와 후배 사이에, 군대에서는 상급자와 하급자 사이에 똑같이 존댓말을 쓰는 것이 현실적으로 우리가 선택할 수 있는 유일한 대안이 아닌가 싶습니다. 물론 선생이 학생에게 똑같이 존댓말

---

12 丸山眞男, 1914~96: 일본의 정치학자이며 정치사상사의 권위자.

13 竹內好, 1910~77: 중국 문학자.

14 柄谷行人, 1941~ : 일본의 문예평론가. 사상가.

을 쓰는 것이 너무 지나친 것이 아니냐는 또 다른 나의 목소리도 있습니다만……

아무튼 언어와 주체의 관계에 대해 부질없는 철학적 잡담을 늘어놓는 것보다 저는 이런 것이 우리가 진지하게 고민해야 할 더 중요한 문제라고 생각합니다.

국가와 서로주체성

고명섭 저는 선생님이 책에서는 언어에 대해 별로 말씀하신 적이 없어서 언어에 관한 이야기가 이렇게 길어지리라고는 예상치 못했는데, 말씀하시는 걸 들으면서 이야기를 꺼내길 정말 잘했다는 생각을 했습니다. 그런데 이야기 중에 드는 생각이 하나 있는데, 선생님이 주체와 언어의 관계를 말씀하시면서 은연중에 그 주체를 개인적 주체로 상정하는 동시에 집단적 주체, 더 정확히 말해 정치적 공동주체로서 민족이나 국가적 주체와 동일시하는 것이 아닌가 하는 인상을 받았습니다. 다시 말해 자기를 주체로서 정립한다는 것을 한편에서는 개인의 차원에서 말씀하시면서 동시에 민족이나 국가의 차원에서 말씀을 하신단 말이지요. 저는 그 두 차원이 선생님의 사유 속에서 자연스럽게 하나로 통합되어 있다는 인상을 받았습니다.

내가 나를 자유로운 주체로 실현하는 것 역시 바로 그런 언어와 역사 공동체로서의 국가라는 지평 속에서이다. 나의 자기실현은 언제나 사회적으로 이루어진다. 따라서 내가 나를 형성하고 실현한다는 것은 내가 속한 언어와 역사 공동체인 민족과 국가를 더불어 형성해나감으로써 온전히 이루어지는 일인 것이다. 이런 의미에서 국가와 민족은 나에게 소중한 대상이다. 국가가 소중한 것은 그것이 나와 너, 즉 우리의 서로주체성의 실현태이기 때문이다.[15]

국가와 서로주체성의 문제에 대해서 선생님이 『도덕교육의 파시즘』에서 이런 말씀을 하셨는데요. 이런 설명을 듣다 보면 『서로주체성의 이념』에서 선생님의 설명은 서양의 주체성을 홀로주체성으로 보면서 국가 차원의 집합적 주체성도 법률을 매개한 홀로주체성이라고 하시는 대목과 모순되는 것으로 보이고, 또 이 설명에 따르면 서양의 법률적 주체로서의 공동주체야말로 서양의 아름다운 서로주체성인 것처럼 보인다, 그래서 결론적으로 고대 그리스의 폴리스 공동체야말로 그런 서로주체성의 이상적 형태 아닌가, 소포클레스의 비극에서 안티고네와 크레온의 논쟁이 바로 그런 것이 아닌가, 이런 생각이 드는 거지요.

그런데 비판적으로 성찰을 해보자면, 국가적 주체성과 개인적 주체성은 구별되어야 하는 것이 아닌가, 아니 더 급진적으로 말하자면 개인의 주체성을 확립하기 위해서는 국가적 주체성에 저항해야 하는 것이 아닌가 하는 생각도 들거든요. 굳이 알튀세르 같은 사람을 끌어들이지 않더라도 국가는 끊임없이 개인을 주체가 아니라 객체로 호명하는 것이 아닌가, 그래서 국가에 의해 호명되는 주체는 가짜 주체일 수밖에 없는 것이 아닌가 하는 질문을 해볼 수 있겠습니다.

김상봉 다시 논란이 많은 문제를 제기해주셨는데요. 마르크스가 국가를 부르주아의 일상사를 처리해주는 위원회 정도로 취급하고 더 나아가 국가가 소멸하게 되는 것이 사회주의 사회의 실현과 같은 것으로 간주되면서 우리 시대에 이르기까지 국가에 대해 어떤 입장을 취하느냐 하는 것은 사람의 생각이 얼마나 진보적이냐를 판단하는 기준이 되기도 합니다. 예전에 진보신당에서 강령을 만들 때도 제가 '국가'를 긍정적으로 서술한 것이 어떤 당원들 사이에서는 논란이 되기도 했지요. 마르크스가 폐기 처분한 국가를 긍정적으로 입에 올리는 것이 충분히 사회주의적이지도 않고, 충분히 진보적이지도 않다는 징표로 읽힌 거

---

15 김상봉, 『도덕교육의 파시즘』, 도서출판 길, 2005, 46쪽.

지요.

저는 마르크스에서 알튀세르까지 세상에 불만이 많은 사람들이 국가를 혐오하는 것을 이해할 수는 있습니다. 따지고 보면 저도 제가 태어나 살고 있는 국가를 혐오하기는 마찬가지이니까요. 모르기는 몰라도 알튀세르가 프랑스를 혐오한 것보다 제가 한국을 혐오하는 것이 그 정도가 더 심하면 심했지 약하지는 않을 거예요.

그런데 내가 그렇게 현존하는 국가를 혐오한다 해서 국가 자체가 필요 없다고 생각하거나 국가의 존재 이유를 부정하는 거냐고 묻는다면 그건 별개의 문제라고 생각해요. 그건 마치 뭐랄까, 지금 사는 집이 낡았다고 해서 집을 아예 부수어버리고 앞으로는 집 없이 한데서 살자는 말처럼 허황된 거지요. 하기야 말을 해놓고 보니 이런 말에 대해서도 유목적 삶 운운하면서 진지하게 국가를 넘어선 삶이나 사회를 말하는 사람들도 있겠습니다만…….

고명섭 예. 특히 차이의 철학, 탈근대 철학이 유행하면서 국가를 불신하거나 부정하고, 국가가 주체가 되는 것은 다 국가주의다, 이렇게 이야기들 하는데, 저도 한때는 그런 식으로 생각한 적이 있지만 곰곰이 따지고 보니까 그렇게 뭉뚱그려 내다버리면 해결할 수 있는 길이 아무것도 없고요. 사실 우리가 국가를 통하지 않으면 설명할 수 없고 해결할 수 없는 게 너무나 많잖아요. 복지국가를 국가 아니면 뭘로 만드느냐, 시장의 질서니 사람다운 사회니 하는 것을 국가가 아니면 무엇을 통해서 만들 수 있는 것인가, 그런 것을 국가주의라는 말로써 뭉뚱그려서 의심하는 태도로 보기 시작하면 출구가 없다, 그런 생각을 요즘 들어서 점점 더 많이 하게 됩니다.

김상봉 좋은 말씀입니다. 마르크스가 이후의 진보적 정신을 오염시킨 것이 한두 가지가 아니지만 국가에 관해서 보자면 가장 전형적인 자기모순이 이를테면 이런 거예요. 마르크시즘이 국가 소멸론을 말할 때, 그것은 아나키즘과 구별되지 않습니다. 이런 입장에서 보자면 저처럼 긍정적인 의미에서 국가를 입에 올리는 사람들은 모두 보수적인 국가주의자라고 비판받겠지요. 그러나 다른 한편, 참 아이러니한 게, 제가 『기업은 누구의 것인가』에서 시장의 가치를 긍정하면서 국가에 의한 전면적 계획경제를 비판하면, 마르크스주의자들이 이번에는 생산의 무정부성이라고 하면서 비판을 하지요. 그러니까 정치의 영역에서는 국가가 소멸해야 한다는 사람들이 경제의 영역에 오면 싹 바뀌어서 생산이 무정부적이면 안 되고 물샐틈없이 국가의 통제 아래 있어야 된다고 말한단 말이에요. 그럼 우리는 어느 장단에 춤을 춰야 합니까?

백 년이 넘도록 그 많은 마르크스주의자 가운데 이 명백한 모순에 대해서 진지하게 고민한 사람이 누가 있는지, 저는 모르겠어요. 한편에서는 아나키즘적인 국가 소멸의 상태를 몽상하다가 다른 한편에서는 생산의 무정부성을 극복하기 위해 프롤레타리아 독재라는 미명 아래 전체주의적 국가체제로 끝난 것이 소련의 경우 아니겠어요? 영리한 이론가들이 이 모순을 시간과 역사라는 변수를 통해 해결하려 하긴 했지요. 일찍이 칸트는 모순율의 무조건적 타당성을 부정하면서 모순율은 시간적 지평을 걷어내면 성립하지 않는다고, 그러니까 오직 시간성 속에서만 성립하는 원리라고 했어요. 서로 모순되는 술어들이 같은 주어에 동시에 귀속하기 때문에 모순이 발생하는 것이지, 모순되는 술어들이 만약 다른 시간에 동일한 주어에 귀속한다면 아무런 모순도 실제로는 발생하지 않는다는 거지요. 나는 한국인인 동시에 한국인이 아니라고 말하는 건 명백한 자기모순이지만, 나는 과거에 한국인이었다가 지금은 한국인이 아니라고 말한다면 아무런 모순도 일어나지 않는 것처럼, 국가는 소멸해야 하는 동시에 존재해야 한다고 주장하는 것은 자기모순적인 말이지만, 지금은 생산의 무정부성을 방지하기 위해 강력한 국가가 존재해야 하지만 나중에는 소멸해야 한다고 말한다면 모순을 피할 수 있겠지요.

하지만 그렇게 나중에 국가가 소멸하고 나면 생산의 무정부성은 어떻게 통제되고 극복되느냐고 물으면, 그들이 뭐라고 답하는지 저는 들은 바가 없어요. 사람이 무슨 자동인형도 아닌데, 단지 자본주의가 발흥할 수 있는 외적 조건을 제거하고 나면(이게 어떻게 가능한지는 별개로 치더라도), 국가나 정부가 없어도 그때부터는 사람들의 경제 활동에서 생산의 무정부성이 저절로 사라진다는 말인지, 아니면 뭔지…….

이론이란 것이 이런 식으로 임시변통을 위해 둘러대는 말잔치가 되어버리면, 결국 사람들은 그때그때의 관심이나 유행에 따라 한 번은 이쪽으로 한 번은 저쪽으로 우왕좌왕 몰려다니게 되지요. 국가 또는 민족, 그런 문제들에 대해서 유행 따라서 한 번은 우르르 이쪽으로, 한 번은 우르르 저쪽으로, 같은 사람이 자기 속에서 이 말 할 때는 이쪽으로 가고, 저 말 할 때는 저쪽으로 가고 하는 것이 너무 많아서 지금 이 문제가 풀리지 않는 건데, 하여튼 결론은 누구도 자기를 자기 혼자 실현 못 한다는 것입니다.

고명섭 선생님 말씀에 전적으로 동의하면서, 제가 보기엔 그게 이 대화의 주제이기도 한 것 같아요. 어떻게 우리를 형성할 것인가 하는 것이 우리의 문제라고 할 수 있고, 서로주체성의 이념을 고민하면서 그것을 이야기하는 것이고요. 우리가 이론이든 철학이든 단순히 학습이나 추종의 대상으로 삼다 보니까, 그것을 우리 내부에서 통일해서 소화하지 못한 상태다 보니까, 결국에는 자기분열 상태에 빠져버리는 거예요. 국가 소멸론 혹은 국가 폐지론을 한편으로는 머릿속에 간직하고, 다른 한편 강력한 국가 통제가 없는 시장의 무정부성을 비판하는 것, 이 모순을 문제라고 확연히 자각하지 못한다는 것, 그것이 문제고 빨리 극복해야 된다, 그래야만 이게 이론이든 철학이든 정상적으로 논의가 될 수 있다고 생각을 하는 겁니다. 단순히 이것이 옳다는 게 아니라 서로 다른 주장이 만나서 생산적 논의가 되려면 내가 뭘 주장하고 있는지 분명히 자각해야 되는데, 내가 뭘 주장하고 있는지가 불분명한 경우가 너무나 많다, 학문의 이름으로, 철학의 이름으로, 혹은 이론의 이름으로 너무 많이 보이고 있다, 그런 점을 저도 선생님하고 이야기하면서 좀 더 확실하게 느끼게 됩니다.

김상봉 예, 마르크스 이후 진보적 학자나 지식인들이 국가에 대해 갖고 있는 자기모순적인 태도를 지적했습니다만, 저 역시 남을 비판하는 것만으로 그쳐서는 안 될 테니, 이제 그 모순을 넘어 국가에 대해 저 나름의 입장에서 몇 마디를 보태고 넘어가고 싶습니다.

고명섭 예, 선생님. 처음에 국가와 주체의 관계에 관해 여쭈어본 것에 대해 대답을 제대로 하지 않으셨는데 그걸 말씀해주시면 되지 않을까 싶습니다만……

김상봉 그게 좋겠습니다. 어차피 답을 해야 할 테니까요. 간단히 말씀드리자면 주체성과 국가는 분리할 수 없이 공속하는 사태입니다. 앞서도 말씀드린 대로 주체의 자유와 주체성은 주체의 능동적인 자기형성에 존립하는데, 주체의 자기형성이란 동시에 주체의 세계형성이기도 하기 때문입니다. 여기서 주체가 능동적으로 형성할 수 있는 세계의 한계가 나라입니다. 그러므로 나라를 잃는다는 것이나 나라가 없다는 것은 주체가 스스로 형성할 수 있는 세계가 없다는 뜻이므로, 결과적으로 보자면 주체성 그 자체가 실현될 수 없다는 뜻이기도 합니다.

이 점에 관해서는 서양 근대 정신의 역사에서 데카르트가 나의 주체성의 개념을 확립하기 전에 장 보댕[16]이 국가 주권의 개념을 먼저 확립했다는 사실을 회상하는 것도 나쁘지 않겠습니다. 주체성의 표현과 실현에서 국가를 형성하는 단계는 주체성의 즉자적 실현 단계라고 할 수 있겠지요. 그것은 마치 자기 인식보다 대상 인식이 앞서듯이 주체의 자유로운 의지의 자각에 앞서는 것이라고 말할 수 있겠습니다. 인간은 언제나 먼저 활동을 한 후에 자기가 그런 활동적 능력을 가지고 있음을 사후적으로 확인할 수 있는 것이니까, 주체의 자유로운 세계형성에서도

---

16 Jean Bodin, 1530~96: 프랑스의 정치사상가.

주체는 먼저 외적으로 세계를 형성하면서 자기가 그런 자유로운 형성의 능력이 있는 주체라는 것을 대자적으로 그리고 사후적으로 깨닫게 되는 것이지요. 적어도 서양의 경우에는 이것이 정상적인 순서라고 말할 수 있겠습니다.

고명섭 우리의 경우에는 그렇지 않다는 말처럼 들리는군요.

김상봉 예. 서양 사람들은 자유인들이었으므로 누구의 방해도 받지 않고 자기를 실현할 수 있었으니까, 국가형성과 주체성의 자각이 순리에 따라 이루어질 수 있었지만, 우리의 근대는 본질적으로 노예적 예속에서 시작된 것이므로 그런 길을 밟을 수 없었지요. 하지만 서양에서든 한국의 근대에서든 우리가 공통적으로 확인할 수 있는 것은 주체성과 국가는 분리할 수 없이 공속한다는 사실입니다. 그리하여 주체가 된다는 것은 시민이 된다는 것이고, 반대로 시민이 되지 못한다면 주체도 못 되는 것이지요. 식민지 노예는 그런 의미에서 주체가 아닌 주체입니다.

고명섭 자기모순처럼 들립니다만……

김상봉 맞습니다. 그게 우리가 해명하고 풀어야 할 고유한 모순입니다. 이를테면 소월의 시가 보여주는 자기의식이란 자기가 주체일 수 없는 주체라는 것, 자기가 주체가 될 수 없다는 것을 절망적으로 자각함으로써 주체가 되는 주체입니다. 나라를 빼앗겼으니까요. 시민이 될 수 없는데, 어떻게 주체가 될 수 있겠어요? 존재를, 칸트적 의미의 장소(Position)를 빼앗긴 주체는 그렇게 세계에서 추방됨으로써 본의 아니게 세계를 초월하는 선험론적 주체(transcendental subject)가 되지요. 이것이 소월의 주체가 보여주는 변증법이라고 하겠습니다.

하지만 만약 그렇게 정말로 세계를 초월해서 다시 돌아올 수 없다면 그런 주체에게 허락된 운명은 죽음밖에 없습니다. 소월은 자살로 삶을 마감함으로써 수미일관하게 그 필연성을 자기 삶에서 완성한 시인이지요. 그러나 주체가 속절없이 죽음에 떨어지지 않으려면 다시 현실 속에서 자기를 형성할 수 있어야 합니다. 그리고 그것은 시민으로서 국가를 형성할 수 있어야 한다는 말과 같습니다. 그런 것을 생각하면 마르크스가 국가에 대해 보였던 일면적 부정의 태도는 배부른 자들의 소리라고 해야지요.

고명섭 하지만 왜 꼭 국가라야 합니까? 국가가 아니라 사회면 안 되는 이유는 뭡니까?

김상봉 주체가 스스로 세계를 형성한다고 말할 때, 이를 조금 엄밀하게 규정하자면 우리는 여기서 형성된 공동체와 그 형성의 지평을 구별할 수 있겠는데, 형성의 지평이 세계라면 일정한 형식과 한계 속에서 형성된 지속적 공동체가 국가라고 말할 수 있겠습니다. 그러니까 나에게 허락된 가능한 만남의 극한이고 총체이고 지평이 세계라면, 그 만남의 지평에서 내가 현실적으로 형성할 수 있는 공동체의 한계가 국가라는 것입니다. 이를테면 나는 한국인으로서 한국을 형성하는 것과 같은 의미에서 일본을 형성할 수는 없습니다. 물론 남의 나라에 대해서도 어떤 식으로든 영향을 미칠 수는 있겠지만, 그것은 내가 한국인으로서 한국의 운명에 관여하는 것과는 질적으로 다른 것입니다. 경우에 따라 내가 이웃나라 일본의 나랏일에 개입한다 하더라도, 그것은 일시적이며 주인이 아닌 손님으로 참견하는 것이지요.

다른 한편 국가보다 작은 공동체들에 관해 말하자면, 그것들은 다시 국가라는 지평에서 생겨나고 소멸한다고 말할 수 있겠습니다. 일단 국가가 형성되고 나면 국가는 다른 사회적 실체들의 지평이 되는 것이지요. 이 점에 관해 이런저런 법적 조건들을 말할 수 있겠지만 보다 근원적으로 모든 형성에는 가소성과 고정성이 필연적으로 공속하게 마련입니다. 유동적이 아닌 것은 형성의 대상이 될 수 없지만, 고정된 것이 아무것도 없을 때는 형성의 입각점을 얻을 수 없습니다. 국가는 형성의 지반으로서 고정된 것이며 또한 형성된 건축물로서 고정된 것이기도 합니다. 우리는 그 속에서 하위 단체들을 형성하는 거지요. 이런 의미에서 국가와 사회는 동등한 지평이라 할 수 없습니다. 국가에 비해 사회는 무규정적인 만남의 지평인 까닭에 국가와 같은 구속력을 지니지 못합니다.

고명섭 그렇다면 국가가 먼저냐 사회가 먼저냐, 하는 물음도 가능하겠군요?

김상봉 예. 그것은 역사적 조건과 상황에 따라 달리 대답할 수 있을 것입니다. 아리스토텔레스의 정치적 동물(ζῷον πολιτικόν)이란 개념을 토마스 아퀴나스가 사회적 동물(animal sociale)이라고 번역한 것은 중세가 고대 그리스 시대처럼 국가의 시대가 아니었기 때문이었겠지요. 한편에서는 교회법이 다른 한편에서는 세속법이 서로 공존하면서 다투던 시대였으니까요. 그가 인간을 사회적 동물이라 부른 것은 사교적 동물, 만남의 존재로서 인간을 그렇게 표현한 것이라 볼 수 있겠습니다. 비단 서양 중세뿐 아니라 역사상 수많은 지역에서 국가 이전 또는 국가 외부의 사회적 삶이 존재했으니, 그런 의미에서 보자면 국가가 유일한 사회적 삶의 지평은 아니라고 말할 수 있겠지요. 그리고 같은 이유에서 사회가 국가보다 더 넓은 개념이라고 하겠습니다.

고명섭 그렇다면 선생님께서는 왜 그렇게 주체를 국가와 뗄 수 없이 결합시키시는 겁니까? 그것은 일종의 서구 중심적 사유 아닙니까? 자유로운 만남이 반드시 국가를 통해서만 실현되어야 한다면, 앞에서도 질문드린 것처럼 선생님이 말씀하시는 서로주체성의 현실태도 결국 그리스적 국가가 되어버리는 것 아닙니까?

김상봉 그렇기도 하고 아니기도 합니다. 누누이 말씀드리지만 주체성은 언제나 정치적인 이념입니다. 그것은 거꾸로 말하자면 정치 역시 언제나 주체성의 문제라는 말과도 같습니다. 정치와 주체성의 문제는 분리할 수 없이 공속하는 삶의 지평입니다. 그런 의미에서 제가 『그리스 비극에 대한 편지』에서 정치를 가리켜 "너와 내가 만나 우리가 되는 것"이라고 규정한 것은 그대로 서로주체성의 이념이기도 한 거지요. 이런 의미에서 주체형성의 문제는 국가형성의 문제와 뗴어놓고 생각할 수 없습니다. 주체는 언제나 시민적 주체일 수밖에 없는 거지요.

그런데 제가 그 주체성의 진리로서 서로주체성을 말할 때, 여기서 전제되고 있는 주체나 주체성 그리고 그것의 본질로서 자유는 모두 서양적 이념입니다. 제가 서양의 홀로주체성을 비판하는 것은 자유나 주체성 그 자체의 가치를 부정하는 것이 아니라 그것이 가지는 한계를 비판하는 것입니다. 하지만 그 비판은 한편에서는 부정하지만 다른 한편에서는 인정하고 긍정하기 때문에 가능한 것입니다. 자유나 주체성의 의미를 인정하지 않았더라면 굳이 비판할 필요도 없었겠지요. 그런 의미에서 저는 서양 정신이 이룬 성과 위에서 그것을 넘어가려 하는 거지요.

이런 사정은 국가의 이념도 마찬가지입니다. 지난 수천 년 인류 문명의 역사는 사회적으로 고찰하자면 국가의 역사입니다. 가족이나 씨족 등과 같은 혈연 공동체들이 국가에 의해 지양되었다는 것은 자연에 의해 고정되어 주어진 유대와 결속이 인간 스스로 창설한 사회적 결속으로 대치되었다는 것을 의미합니다. 국가라는 공동체를 결속하는 힘이 폭력이든 자유로운 계약이든 무엇이든지 간에, 분명한 것은 그 결속의 끈이 자연에는 없다는 사실입니다. 그런 의미에서 국가는 그 가장 근원적인 토대에서부터 인간의 자유로운 형성의 산물이라고 해야겠지요.

서양 정신은 국가의 이 근원적 본질을 단순히 국가의 시원적 생성의 지평으로 남겨두지 않고 보다 적극적으로 국가의 형성 원리로 삼았다는 점에서 국가의 본질에 가장 충실했다고 말할 수 있습니다. 생각하면 수천 년 국가의 역사 속에서 다양한 국가의 모델들이 각축해왔는데, 오늘날 서양적 국가 모델이 지배적인 형태가 된 것도 그것 때문이라고 저는 생각합니다. 다시 말해 이집트와 중동 지역 그리고 인도와 중국에서 조금씩 상이한 형태의 국가들이 어찌 보면 그리스보다 먼저 출현했지만, 지금에 와서 보자면 그리스적 국가의 이념이 그 모든 국가의 모델을 지양한 것은 오직 그리스적 국가만이 가장 명확하게 자유의 이념을 국가의 본질로서 자각하고 추구해왔기 때문입니다. 다른 모든 국가 형태들이 자유를 두려워하고 자유를 억누름으로써 국가적 결속을 유지하려 했다면, 그리스인들은 국가를 인간의 본질 속에 뿌리박고 있는 자유에 대한 갈망이 사회적 삶 속에서 구체적으로 실현된 공동체로 파악했던 겁니다. 그리스적 국가의 힘은 바로 거기서 비롯되는 것이지요.

고명섭 그럼에도 불구하고 선생님은 그런 그리스 국가를 비판해오셨는데, 그 까닭은 무엇입니까?

김상봉 한마디로 답하자면, 그것은 서구적 자유의 이념이 본질적으로 자기동일성에 근거하고 있기 때문입니다. 좋은 의미에서 보자면 그것은 그리스인들이 추구했던 이소노미아(ἰσονομία), 곧 동등한 권리의 정신의 표현이라고 볼 수 있습니다. 평등한 인간의 자유로운 공동체가 국가였던 거지요. 하지만 여기서 아직 규정되지 않은 것은 누가 그 동등한 권리를 향유할 수 있느냐 하는 것입니다. 그리스인들은 그 이소노미아의 범위를 협소한 한계 속에 가두었습니다. 노예나 여성이나 이방인에 대해서는 닫아두었던 거지요. 그리고 그 이후 서양의 역사는 헤겔이 말했듯이 그 한계를 철폐하고 모두에게 그 자유와 동등권이 허락된 사회로 나아간 과정이라고 말할 수 있겠지요.

고명섭 그렇다면 오늘날의 국가에서 원칙적으로 모두에게 동등한 권리가 허락되어 있다면 그것으로 충분한 것 아닙니까?

김상봉 하나의 국가 내에서 모든 구성원이 동등한 권리의 주체로서 대접받아야 한다는 것은 참된 국가형성을 위해 없어서는 안 될 필요조건이지만 그것만으로는 아직 충분하지 않습니다. 아니 도리어 그 원리만이 국가형성의 지배적 원리가 될 때, 우리는 반드시 예상하지 못한 위기에 봉착하게 됩니다.

고명섭 어떤 위기를 말씀하시는 겁니까?

김상봉 알기 쉽게 먼저 사례들을 통해 이야기하는 것이 좋겠습니다.

서양에서 중세가 끝나고 새로운 국민국가의 형성 과정을 살펴보면 유럽 각 지역에서 그 과정이 타자성의 폭력적 배제와 함께 진행되었던 것을 볼 수 있습니다. 가장 먼저 오늘날 스페인과 포르투갈이 위치한 이베리아 반도에서 아랍인들을 축출한 것에서 시작하여, 종교개혁 이후 프랑스에서 신교도들이 박해받고 그 가운데 다수가 추방된 것은 그 대표적인 사례라고 할 수 있겠습니다. 그 이후 유럽에서 등장한 계몽주의는 레싱의 『현자 나탄』(1779) 같은 작품에서 보듯이 고상한 세계시민주의를 통해 자기동일성에 대한 집착과 타자에 대한 폭력성을 극복하려는 이상주의적 열정의 표현이라고 할 수 있습니다. 그것은 타자를 폭력적으로 부정해서는 국가의 형성 자체가 어렵다는 것을 깨달았기 때문이겠지요.

하지만 그 깨달음이 충분하지 않았다는 것은 그 이후 제국주의 침략의 역사나 나치 독일의 유대인 학살의 역사가 증명해줍니다. 그러니까 계몽주의가 정점에까지 끌어올린 고상한 세계시민주의는 현실 속에서는 여전히 한계를 노정하고 있는 것이지요. 그 한계를 넘어가기 위해서는 새로운 국가의 이념이 명확하게 정립되어야만 합니다. 단순히 이것만으로는 충분하지 않다는 것이 아니라 적극적인 긍정을 위한 새로운 이념이 정립되어야 한다는 것입니다.

고명섭 그리고 그 새로운 국가의 이념이 만남이라는 것이고요.

김상봉 맞습니다. 지금까지 국가는 자유 실현의 지평이었다면, 이제부터 그것은 참된 만남의 지평으로 이해되어야 한다는 것입니다. 자유는 그 자체로서는 자기의 확장을 욕구할 뿐입니다. 그러므로 그것이 만남의 욕구와 결합하지 않을 때는 반드시 자기에게 집착하고 타자를 배척하는 경향을 띠게 됩니다. 오직 자유의 이념이 만남의 욕구와 결합할 때만, 우리는 누구의 노예도 되지 않는 동시에 누구의 폭군도 되지 않고 진정한 의미에서 열린 만남의 공동체를 만들어나갈 수 있습니다. 그리고 그것이야말로 지금 우리 시대에 주어진 과제입니다.

고명섭 근대적 국가, 서구적 국가의 모델을 넘어가는 것이 우리 시대의 과제라는 말씀입니까?

김상봉 그렇습니다. 지금까지 국가는 외부를 향해서는 닫힌 전체였습니다. 아니, 보다 엄밀하게 말하자면 본질적으로는 외부를 인정하지 않는 전체였지요. 법철학적으로 보자면 주권 개념은 여전히 그 이상의 심급을 인정하지 않는 최종 심급이지요. 다시 말해 주권은 철저히 홀로주체성에 기초한 이념입니다. 그리고 내부적으로는 자기동일성의 이념에 입각한 이념이기도 합니다. 그러나 지금 우리는 그렇게 홀로주체적인 주권주체들이 충돌하는 한 공동의 미래를 담보할 수 없는 시대에 살고 있습니다.

국가들 사이의 각축이 방치되어서는 안 된다는 이유만이 아니라 개인의 자유 실현이라는 관점에서 보더라도 국가는 이제 더는 나의 자유로운 자기실현의 최종적 지평일 수가 없게 되었습니다. 자유의 관점에서 보든 만남의 관점에서 보든 나는 전 세계를 지평으로 나 자신의 뜻을 펼치고, 같은 국가의 동료 시민뿐 아니라 모든 인류를 향해 만남의 손길을 뻗치는 시대가 되었기 때문입니다. 그런 시대에 국가나 민족의 울타리는 결코 삶의 최종적 지평으로 절대화될 수 없습니다. 가족이 국가에 의해 지양되어도 가족 자체가 없어지는 것은 아니듯이, 국가나 민족이 세계시민 공동체에 의해 지양되어도 국가나 민족이 없어지지는 않겠지만, 그것의 효력은 상대화될 수밖에 없는 것이 지금 우리 시대입니다. 이미 현실이 그렇고요.

문제는 이 현실을 철학적으로 해명하고 근거 짓는 일입니다. 그래야 인류는 주어진 현실에 즉자적으로 떠밀려가지 않고 스스로 역사의 방향을 정립하고 그 역사를 능동적으로 형성해나갈 수 있으니까요. 서로주체성의 이념은 그것을 위해 제시된 새로운 국가, 새로운 주체의 이념인 거지요. 이 문맥에서 그 이념을 한마디로 표현하자면, 함석헌이 말했듯이 '너도 나'라고 말하는 것이 새로운 국가의 이념이 되어야 한다는 것입니다. '나는 나다'도 아니고 '우리가 남이가'도 아니라 네가 또한 나라는 것, 남이 동시에 우리라는 것을 적극적으로 인정할 때, 비로소 우리는 현존하는 국가들 사이의 갈등과 대립을 넘어 새로운 세계시민적 공동체를 열어갈 수 있을 것입니다.

고명섭 그것은 칸트가 말한 세계공화국 같은 겁니까? 아니면 오늘날 유럽 공동체는 어떻습니까?

김상봉 당연히 칸트의 세계공화국 이념이나 20세기에 등장한 국제연맹이나 국제연합, 그리고 지금 현재진행형인 유럽연합 모두 근대적 민족국가를 넘어가기 위한 의미 있는 제안이고 시도라고 저도 생각합니다. 하지만 그런 시도들이 제대로 정착되고 결실을 거두기 위해서는, 그것들이 개별적인 사례로 그치지 않고 보편화되어야 합니다. 이것은 오직 이념으로 추상화되고 체계화될 때만 가능한 일입니다. 하지만 칸트의 세계공화국 이념은 그런 의미에서 보자면 엄밀하게 규정된 이념이라기보다는 하나의 제안을 벗어나지 못한 것이었습니다. 그런 한에서 우리는 아직도 우리가 나아가야 할 그 세계시민적 공동체가 어떤 것이어야 할지 명확한 그림을 갖지 못했어요. 다만 이런저런 사례들 속에서 암중모색하고 있을 뿐이지요.

유럽연합은 거슬러 올라가면 로마 제국에 그 기원을 두고 있다고 말할 수 있겠지요. 그것은 전혀 새로운 공동체가 아니라 2천 년 전에 이미 존재했던 통합된 유럽의 재현이라고 말할 수도 있습니다. 그런 까닭에 그것을 동아시아에서 반복하는 것이 어떻게 가능한지는 아직 분명치 않습니다. 역사적 조건이 다르기 때문이지요. 하지만 그렇다고 해서 동아시아에 살고 있는 우리가 옛날의 중화적 조공 질서로 되돌아갈 수는 없는 노릇입니다. 그렇다면 과연 지금 우리가 추구할 수 있는 열린 국가들의 보다 높은 하나는 어떻게 가능한 것인가? 이것이 지금 우리에게 맡겨진 물음입니다.

특히 동아시아와 한국을 전체적으로 놓고 보자면 여전히 자기동일성의 원리에 입각한 주권 개념이 국내 정치와 국제관계를 기본적으로 규정하고 있습니다. 지금 상황을 보자면 일본은 일본대로 중국은 중국대로 19세기 제국주의 시대의 국가주의로 돌아간 것처럼 보입니다. 그런 가운데 한국은 여전히 국가조차 형성하지 못하고 내부적 분열을 끝없이 반복하고 있다는 점에서 역시 19세기적이라고 해야겠지요. 그때처럼 앞으로도 머지않아 우리는 한국의 지배층이 중국에 붙을까 미국에 붙을까를 두고 다투는 모습을 보게 될지도 모르지요. 아니, 틀림없이 그런 날이 오리라 생각합니다. 이미 한국의 경제는 중국의 영향권 아래 급속히 들어가고 있는데, 정치가 그와 무관할 수가 있겠어요?

고명섭 예, 전적으로 동의합니다.

김상봉 우리가 살고 있는 한국이 정말로 그런 상황에서 과거의 비극적 역사를 반복하지 않으려면, 보다 근원적으로 타자를 향해 열린 국가의 모습이 어떤 것인지를 상상하고 설계할 수 있어야 합니다. 그리고 이를 통해 가까이는 동아시아 멀리는 전 세계를 위해 새로운 국제질서를 선구적으로 기투할 수 있어야 할 것입니다. 그것은 남을 위한 일이기도 하지만 그 이전에 우리 자신의 생존을 위해서도 피할 수 없는 일입니다. 다시 동학농민전쟁의 비극이나 제주 4·3학살의 비극을 반복해서야 되겠습니까? 이들 모두 타자를 인정하지 않으려는 아집과 스스로 주체가 되지 못하고 외세에 기생하려는 자기상실이 초래한 비극이잖아요? 하지만 새로운 역사를 위한 설계도는 남에게서 얻어 올 수 없습니다. 오직 자립적 정신에 의해 스스로 기투할 수 있을 뿐이지요. 서로주체성이나 만남의 이념은 그것을 위한 시도였습니다.

그런데 이처럼 우리가 새로운 국가의 이념을 모색해야 한다는 것은 현존하는 국가가 더는 우리가 평화롭게 안주할 수 있는 집이 아니기 때문입니다. 그런 점에서 새로운 국가를 기투한다는 것은 지금의 국가를 허문다는 것을 필연적으로 수반합니다. 그런 까닭에 제가 국가를 아무리 중요한 삶의 지평으로 고찰한다 하더라도 이것이 국가를 절대시하기 때문이 아니라는 것을 분명히 해두고 싶습니다. 5·18 항쟁 공동체의 뜻을 물을 때나[17] 대한민국 임시정부의 뜻을 물을 때나[18] 한결같이 견지해온 입장입니다만, 현존하는 모든 국가는 극복되고 지양되어야 할 잠정적인 공동체로서, 결코 무제약적으로 절대화될 수 있는 전체가 아닙니다. 그런 의미에서 모든 국가는 자기 속에 '국가 속의 국가'를 잉태하고 있게 마련입니다. 그것은 임시정부처럼 명확한 형태로 존립할 수도 있고 5·18 항쟁 공동체처럼 일시적인 계시로서 주어졌다가 사라질 수도 있지만, 미래의 새로운 국가의 씨앗을 자기 속에 잉태하지 못하는 국가는 죽은 국가라고 보아도 좋을 것입니다.

　고명섭　지금 우리에게 그 미래의 국가는 통일된 한반도가 되겠군요.

　김상봉　그렇습니다. 그런 의미에서 남한이든 북한이든 그 미래의 국가에 의해 극복되고 지양되어야 한다는 점에서 잠정적인 국가이기는 마찬가지겠지요. 그 새로운 통일국가가 어떤 의미에서 폐쇄적이고 배타적인 근대적 국민국가가 아니라 밖을 향해 열려 있고 내부의 다양성이 존중되는 미래의 국가 모델을 보여줄 수 있는지가 지금 우리의 과제라고 하겠습니다.

　여기서 보태고 싶은 것이 두 가지 있는데, 첫째로 방금 이야기한 것에 근거해서 우리는 나라와 국가를 구별해야 한다는 것입니다. 이씨 조선도 식민지 조선도 분단된 남북한도 그리고 우리가 꿈꾸는 그 뒤의 통일된 국가도 국제법적으로 보자면 모두 서로 다른 국가입니다. 하지만 우리는 그 모두를 같은 우리나라의 역사로 간주합니다. 그러니까 나라와 국가는 엄밀하게 말하자면 서로 구별해야 할 개념입니다.

　다른 하나는 개인과 국가의 관계에 관해 보태야 할 말인데, 제가 편하

17　김상봉, 「항쟁공동체와 지양된 국가」, 『민주주의와 인권』, 제10권 제3호, 2010. 『철학의 헌정』, 도서출판 길, 2015에 재수록.

18　김상봉, 「국가 속의 국가(Imperium in Imperio): 뜻으로 본 대한민국 임시정부」, 『철학연구』, 제88집, 2010.

게 말해서 주체가 언제나 시민적 주체이고 그 시민적 주체는 다른 무엇보다 국가형성에 참여함으로써 자기의 주체성을 실현할 수 있다고 말하지만, 이것이 개인의 주체성이 국가의 주권에 예속되어 있다는 의미는 아닙니다.

고명섭 예, 그 부분은 저도 한 번 더 묻고 확인하고 싶었습니다.

김상봉 개인의 주체성은 국가의 주권보다 작기도 하지만 또한 크기도 합니다. 한편에서 국가의 주권은 이상적으로 말하자면 개별적 시민의 주체성의 총합입니다. 물론 여기서 그 총합이 산술적 총합은 아니겠지만, 그것이 어떻든 개별적 시민의 주체성이 주권의 부분인 한에서는 결코 주권보다 우위에 있을 수 없습니다. 만약 국가가 그 이상의 심급을 허락하지 않는 절대적이고 무제약적인 전체라면 개인의 주체성은 속절없이 국가의 주권적 주체성에 포섭되고 예속될 것입니다. 그러나 국가는 그런 절대적 전체가 아닙니다. 그것은 내부적으로는 새로운 국가에 의해 극복되어야 할 공동체이며, 외부적으로는 세계시민 공동체에 의해 제한될 수밖에 없는 공동체입니다. 하지만 그렇게 새롭게 쓰여야 할 국가의 역사는 인간이 하늘나라에 도달하기 전에는 끝나지 않을 것입니다. 물론 그 이름은 대동사회라 해도 좋고 마르크스 식의 공산주의 사회여도 상관없는 일입니다.

하지만 하늘나라까지 입에 올리지 않더라도, 그 이름이 무엇이든 세계시민 공동체도 통일된 미래의 국가도 결코 현실로서 주어진 사태로서 현전하지는 않습니다. 그것은 오직 이념으로서만 기투될 뿐입니다. 그 이념이 뿌리내리는 장소는 이성입니다. 하지만 그 이성 역시 홀로주체적인 삼단논법이 아니라 너와 나의 자유로운 만남 속에서 생성되는 것이겠지요. 어떻게 생각하든, 개인적 주체가 그렇게 미래의 보다 확장된 국가를 마음에 품은 주체로서 간주될 때, 그는 현존하는 국가보다 더 큰 주체입니다. 국가 권력 앞에서 우리가 수호해야 할 개인의 자유와 존엄성은, 개인이 이처럼 국가를 넘어선 국가 그리고 보다 확장된 공동체를 위한 척도를 자기 속에 품은 씨앗, 아니 함석헌 식으로 말해 씨올이라는 데 존립한다고 하겠습니다.

만남의 상처

고명섭 예, 말씀 고맙습니다. 국가와 주체성의 문제에 대한 논의는 서로주체성의 의미를 사회적 삶의 문맥에서 검토해본 것이라고 말할 수 있다면, 이제 방향을 정반대로 바꾸어 서로주체성의 의미와 타당성을 내면적 차원 또는 감성적 차원에서 검토해보았으면 합니다. 이야기의 실마리로 삼기 위해 제가 먼저 선생님이 쓰신 『도덕교육의 파시즘』의 한 구절을 인용해보겠습니다.

> 따라서 나를 참된 주체로 만들어주는 반성은 대화이다. 돌이켜 생각함이란 언제나 더불어 생각함의 흔적이다. 반성은 회상과 동경이지만, 어떤 회상도 홀로주체의 폐쇄적인 기억이 아니며 어떤 동경도 홀로주체의 폐쇄적인 욕망이 아니다. 나의 모든 기억은 너에 대한 기억이며 또한 너의 기억이기도 하다. 마찬가지로 나의 동경은 너의 동경이기도 한 것이다. 순수하게 사적인 언어가 없듯이, 처음부터 타인과 공유하지 않는 기억도 타인으로부터 인정받지 않는 동경도 없다.[19]

이 대목이 아주 절창이라고 생각합니다. 돌이켜 생각함이란 언제나 더불어 생각함의 흔적이라는 것, 더불어 생각함 없이는 돌이켜 생각함이라는 것 역시 존재할 수 없다는 것이 지금 선생님 철학이잖아요.

그런데 다만 여기서 자꾸 끼어드는 생각이 뭐냐면 이겁니다. 만남이라는 것이 대화만 있는가. 만남이라는 것이 포지티브한 만남도 있지만

---

19 김상봉, 앞의 책, 164쪽.

우리에게 어떤 트라우마를 안기는 만남도 있고, 우리 안에 깊은 상처를 주는 그런 만남들이 있는데, 그것은 예를 들면 폭력과 같은 것인데, 이런 것도 우리에게는 굉장히 큰 반성을 일으킨다, 그래서 그 문제가 같이 고민되어야 한다, 어떻게 이 만남이라는 언어 속에서 폭력과 그 트라우마까지 포괄할 것인가 하는 문제들이 남는다는 것입니다.

김상봉 이 질문은 조금씩 표현은 다르지만 반복해서 새롭게 제기되는 것 같습니다. 때마다 제 딴에는 대답을 한다고 하는데도 물음이 반복되는 것은 한편으로는 제 답이 시원찮았기 때문이고 다른 한편으로는 선생님이 제기하는 물음이 그만큼 중요한 것이기 때문이겠지요. 그런데 지금 문맥에서 선생님의 질문은 이전의 비슷한 질문들과 달리 저에게도 조금은 특별하게 다가옵니다.

고명섭 어떤 의미에서 그렇습니까?

김상봉 지금 질문하신 것을 제 식으로 재구성하자면 서로주체성의 이념에서 상처 또는 트라우마가 어떻게 이해되고 있는가, 이렇게 표현해도 되겠지요?

고명섭 예, 그렇습니다. 선생님께서 그 문제에 대해서 말씀을 안 하신 건 아니지만 저에겐 계속 그 문제가 완전히 해소되지 않고 남아 있습니다. 너와 나의 만남 속에서 내가 주체가 된다고 할 때, 그 만남이란 것이 단지 사랑과 대화로만 발생하지는 않는 것이 아닌가? 도리어 상처와 트라우마가 너와 나의 만남 속에서 좀 심하게 말하면 더 일반적이고 지배적인 양상이 아닌가 하는 생각이 가시지 않습니다. 이 물음이 명확하게 정리되지 않기 때문에 자꾸 선생님의 서로주체성의 이념이나 만남의 철학이 일면적이고 나이브한 주체 이론이라는 오해가 생기는 것이 아닐까, 그런 생각도 들고요.

김상봉 지적하신 문제는 저에게도 정말로 대답하기 쉽지 않은 문제입니다. 부디 이번이 마지막 시험의 고비가 된다면 좋겠습니다. 먼저 분명히 전제해두어야 할 것이 있는데, 제가 참된 만남이나 만남의 진리에 대해 말하면서 그 구체적 계기들로서 대화나 배움이나 모심 또는 보다 일반적으로 말해 사랑 같은 말을 입에 올릴 때, 이는 우리가 현실 속에서 경험하는 수많은 변질되고 왜곡된 만남의 여러 가지 현상형식들을 배제하기 위한 것은 아닙니다.

고명섭 그렇지만 선생님이 그렇게 만남의 진리와 현상형식을 구별할 때, 이른바 그 만남의 진리 속에는 상처나 고통 또는 트라우마는 없는 것 아닙니까? 우리가 현실 속에서 경험하는 그 많은 트라우마를 서로주체성의 이념이나 만남의 진리로부터 해명할 수 없다면, 그 만남의 진리라는 것이 어떤 의미에서 진리라고 말할 수 있습니까? 진리는 오직 현상을 그 근거에서 해명하고 근거 지어주기 때문에 진리 아닙니까?

김상봉 지당한 말씀입니다. 진리는 언제나 현상의 진리입니다. 만약 그렇지 않고 진리가 따로 있고 현상이 따로 있다면 그런 진리는 또 다른 현상이지 진리일 수 없겠지요. 그런 의미에서 만남의 진리를 말하는 경우에도 그것은 현상의 모든 다양한 만남의 측면들을 그 뿌리에서 근거 짓는 것이어야지, 우리가 현실 속에서 겪는 모든 상처와 고통을 제거한 피안의 환상을 참된 만남의 모습이라고 강변할 수는 없는 일입니다. 그런 의미에서 제가 참된 만남 또는 만남의 진리와 만남의 현상형식을 구별하는 것이 한편에서 아무런 상처와 고통이 없는 만남을 참된 만남이라고 상정하고 상처와 고통 속의 만남을 현실적 만남이라고 대립시키기 위한 것은 아닙니다. 물론 그렇다고 해서 정반대로 치달아 현실에서 우리가 경험하는 온갖 폭력적인 만남의 현상을 그 자체로서 참되다고 긍정하는 것도 아닙니다. 만남의 진리는 일면적인 사랑과 조화에 존립하는 것도 아니지만 마찬가지로 일면적인 폭력과 상처에 존립하는 것도 아니니까요. 사랑도 폭력도 모두 만남의 구체적인 현상일 뿐 그 자체로서는 만남의 진리가 아닙니다.

고명섭 무슨 말씀인지 알겠습니다만, 그럼에도 불구하고 선생님께서 참된 만남이라고 할 때, 그것은 폭력이 없는 만남, 그런 의미에서 이상적이고 일면적인 만남을 말씀하시는 것 아닙니까? 이를테면 절대적 서로주체성의 이념 같은 것을 말씀하실 때 말입니다.

김상봉 맞습니다. 여기서 오해를 해소하기 위해 진리를 두 가지로 구별해야 한다는 말씀을 드려야 하겠습니다.

고명섭 무슨 뜻입니까?

김상봉 주체의 진리가 만남이라고 할 때, 그 진리는 한편에서는 주체에 앞서는 전제이지만, 다른 한편에서는 주체가 지향하는 과제이고 목적입니다. 전제로서의 진리는 현상이 거기서 일어나는 지평이고 근거입니다. 하지만 거기서 일어나는 모든 현상이 그 자체로서 참된 것일 수는 없습니다. 다시 말해 너와 나의 구체적인 만남은 그 만남을 가능하게 하는 근원적 조건 또는 지평 위에서만 가능합니다. 그런데 그 조건들은 그 자체로서는 좋은 것도 나쁜 것도 아닙니다. 예를 들어 만남의 필연적 조건이라 할 수 있는 자아의 수동성이란 그 자체로서는 선한 것도 악한 것도 아니라는 뜻입니다. 그런데 만남이 현상으로 일어나면, 만남의 근거인 능동성과 수동성이 억압과 폭력 또는 굴종의 형태로 나타날 수 있겠지요. 이런 만남의 현상은 불의한 것이고 윤리적 의미에서 비진리라고 말할 수 있겠습니다. 이로부터 윤리적으로 그릇된 만남의 수많은 현상을 올바른 만남으로 이끄는 것이 우리의 과제로 주어지게 됩니다. 이처럼 우리에게 과제로서 주어진 이상적 만남을 가리켜 이제 우리는 참된 만남이라고 부를 수 있겠습니다.

지금까지 우리가 언급한 상이한 만남을 헤겔 식으로 구분해보자면 다음과 같이 세 가지로 정리할 수 있습니다. 앞서 말한 근거로서의 만남의 진리가 현실적인 만남을 가능하게 해주는 즉자적 근거로서의 진리라면, 현실 속에서 일어나는 온갖 만남의 현상들 자체를 가리켜 만남의 대자적 진리라고 부를 수 있습니다. 사회과학적 관점에서 보자면 도덕적으로 좋은 현실이든 나쁜 현실이든 현실을 있는 그대로 그리는 것이야말로 그것의 진리를 드러내는 것일 테니까요. 그리고 마지막으로 우리가 추구하는 이상적인 만남은 헤겔 식으로 말하자면 즉자대자적 진리라고 말해야겠지만, 말을 하면서 보니 여기서 굳이 헤겔의 언어를 쓸 필요가 있나 싶기는 하군요. 오히려 알아듣기 쉽게 첫째가 근거로서의 진리라면 둘째는 사실로서의 진리 그리고 마지막은 이상으로서의 진리라고 표현하면 되지 않을까 싶습니다.

아무튼 제가 만남의 진리를 말할 때 저 세 가지 진리의 개념을 엄밀하게 구별하지 않고 어떤 때는 이런 뜻으로, 다른 때는 또 다른 뜻으로 만남의 진리나 참된 만남이라는 말을 쓰다 보니 오해가 생길 법합니다. 그러니까 먼저 이렇게 개념을 엄밀하게 구분한 뒤에 이제 상처와 트라우마에 대해 생각을 해보지요.

고명섭 그렇게 구분을 하고 보니 아닌 게 아니라 불필요한 오해는 피할 수 있을 것 같습니다. 그렇다면 만남 속에서 일어나는 상처와 트라우마는 그 세 가지 만남의 진리의 매트릭스 속에서 어떻게 해명될 수 있습니까?

김상봉 비로소 본론으로 들어갈 차례가 되었군요. 가장 먼저 말씀드릴 것은, 우리가 현실의 만남 속에서 경험하는 수많은 상처는 만남의 본질적 근거로부터 필연적으로 발생하는 현상이라는 것입니다.

고명섭 어떤 의미에서 그렇습니까?

김상봉 인간 존재의 한계와 수동성 때문입니다. 인간의 활동은 결핍에서 비롯됩니다. 결핍이 욕구를 낳고 그 욕구가 활동을 추동하는 것입니다. 그 결핍은 오직 타자를 통해서만 충족될 수 있는데, 바로 그 타자의존성이 수동성의 장소라고 할 수 있습니다. 아니, 인간의 존재에 관한 이런 통속적인 서술보다 우리의 입장에서 더 중요한 것은 인간의 주체성 속에 있는 수동성이라고 할 수 있겠습니다.

고명섭 『서로주체성의 이념』에서 말한 그 수동성 말이군요.

김상봉 그렇습니다. 나는 오직 너의 부름에 응답할 때 내가 되고 주체가 됩니다. 이것 자체가 근원적 의존성이고 수동성입니다. 너를 통하지 않고서는 결코 나라는 것이 주체로서 존립할 수 없는 거지요. 교육에 관한 글에서도 언급한 적이 있지만,[20] 인간은 너와의 만남 속에서 내가 되고 주체가 되지만, 이 만남은 인간이 자기를 주체로서 정립하고 형성하는 과정의 첫 단계에서는 압도적으로 수동적인 만남입니다. 갓 태어난 아기는 주체성은 고사하고 생존 자체를 전적으로 외부의 보살핌에 의존합니다. 타인의 작용에 불가항력적으로 내맡겨져 있는 거지요. 이런 상황에서 상처받지 않는다는 것은 불가능한 일입니다. 왜냐하면 누구도 타인의 욕구를 완벽하게 충족시켜줄 수는 없기 때문입니다. 타인이 그럴 의사가 있느냐 없느냐와 무관하게 인간의 욕구 그 자체가 충족 가능한 것이 아니기 때문이지요. 그 종류가 무엇이든 결핍과 욕구가 상시적인 반면에 그것의 충족은 다만 일시적인 사건일 뿐입니다.

만약 인간이 처음부터 자족적인 존재라면 결핍도 수동성도 없었을 것이고 당연히 상처를 받을 필요도 없었겠지요. 하지만 여기서도 우리는 다시 결핍과 수동성을 생물학적인 방식으로만 국한해서 이해하지 않도록 조심해야 합니다. 보다 본질적인 문제는 만남이라는 사건 속에서 일어나는 수동성입니다. 나는 오직 너와 함께 우리가 되는 한에서 주체인 나로서 존재할 수 있습니다. 그런데 내가 너와 만나 우리가 된다는 것은 어떤 식으로든 나와 네가 능동성과 수동성을 같이 나눈다는 것을 의미합니다. 이런 의미에서 주체성의 본질 속에 수동성이 놓여 있는 거지요.

너와 내가 만나 우리가 되는 것을 넓은 의미에서 사랑이라고 부른다면, 사랑한다는 것은 상처받는다는 것과 같습니다. 그것은 한편에서는 사랑하는 사람과 사랑하는 사람을 위해 같이 상처받는 것이기도 하고, 다른 한편에서는 사랑하는 사람으로부터 상처받는 것이기도 하지요. 상

---

20 김상봉, 「내부로의 망명 또는 낙오자 되기」, 학벌없는사회 편, 『학교를 버리고 시장을 떠나라』, 메이데이, 2010.

처받지 않는 사람은 사랑하는 사람이 아닙니다. 상처 받지 않고 사랑하겠다는 것은 사랑이 뭔지 모르는 사람들만 할 수 있는 몽상이지요. 어떤 의미로든지 간에, 사랑은 상처를 통해서만 자기를 알리고 증명하는 것입니다.

여기서 우리가 이것을 거꾸로 말해도 크게 틀리지 않을 텐데, 우리가 상처받는 것은 우리가 사랑하기 때문입니다. 만약 우리가 아무도 사랑하지 않는다면, 누구와의 만남도 바라지 않는다면, 우리가 삶에서 받는 상처는 스콜라적 구분에 따라 말하자면 물리적 악일 수는 있어도 윤리적 악일 수는 없을 것입니다.

고명섭 무슨 뜻입니까?

김상봉 길 가다 개에게 물린 상처와 사람에게 받은 상처가 같겠습니까?

고명섭 그렇지는 않지요.

김상봉 만약 우리가 누구도 사랑하지 않는다면, 그때 다른 사람에게서 받는 상처는 개에게 물린 것과 같아요. 그것은 그냥 길 가다 넘어져 다친 상처와 같은 거지요. 그런 의미에서 그건 물리적 상처, 물리적으로 나쁜 일일 뿐입니다. 그러나 사람에게 상처받는 것은 단순히 물리적인 상처가 아니라 윤리적으로 나쁜 일입니다. 하지만 왜 그렇겠어요? 길을 가다 넘어져 다쳤을 때나 개에게 물렸을 때 받는 상처와 사람에게 받는 상처의 차이가 뭐겠습니까?

고명섭 하나는 몸의 상처고 다른 건 마음의 상처지요.

김상봉 마음이 스토아 철학자들이 상상했듯이 무슨 점토판도 아닌데 무슨 상처를 입는다는 말입니까?

고명섭 사랑이 개입돼 있으니까요.

김상봉 바로 그 말입니다. 마음이 있는지 없는지, 여기 있는지 저기 있는지, 무슨 점토판인지 바람인지, 누가 마음을 본 사람이 있으며, 낸들 그 모든 물음에 어떻게 대답을 하겠어요? 하지만 우리는 모두 마음의 상처를 안고 살고, 그 상처를 통해 마음이 있다는 것을 알잖아요? 상처와 고통이야말로 마음의 가장 분명한 존재 증명인 거지요. 그런데 마음이 상처받는 까닭이 뭐겠어요? 몸이 아니라 마음이 받는 상처는 오직 사랑 때문이지요. 인간에 대한 사랑과 믿음이 먼저 있지 않았더라면, 내가 도대체 누구에게 무엇 때문에 상처를 받겠어요? 그때는 모든 상처가 개에게 물린 것과 같겠지요. 오직 내가 사랑했기 때문에 상처받는 거예요. 사랑하는 사람과 함께 상처받든, 사랑하는 사람에게 상처받든, 사랑이 없다면 마음도 없고 상처도 없어요.

그런데 상처가 깊으면 우리는 사랑은 잊고 상처만 기억하게 되지요. 마음은 어지럽게 긁힌 자국으로만 자기를 드러내게 되고요. 하지만 아무리 그렇더라도 그 상처가 사랑의 이면이고 그림자라는 사실이 달라지는 것은 아니에요. 그러니까 누군가의 상처가 크고 깊은 것은 누군가의 사랑이 그만큼 크고 깊다는 말이지요. 내가 사랑하지 않는다면 상처받을 일이 어디 있고 슬퍼할 일이 어디 있어요? 하지만 그 상처가 두려워 사랑하지 않을 수 있습니까? 인간이 돌멩이 같은 사물이 아니라 인격이라면, 사랑 없이 사는 것은 불가능한 일이지요.

고명섭　예, 선생님. 상처는 그렇다 치고 폭력은 어디서 옵니까?

김상봉　상처받지 않으려는 의지가 폭력의 뿌리예요. 수동성을 받아들이지 않겠다는 의지가 폭력의 시원이라고요. 언제나 능동적 주체로 군림하겠다는 의지야말로 폭력적 의지인 거지요. 그러니까 너와 나의 만남은 근원적으로 능동성과 수동성이 만나는 곳에서 일어나는 것인데, 수동성은 피하고 오직 능동성만 취하려 할 때, 만남은 단재 신채호의 표현처럼 아(我)와 비아(非我)의 투쟁, 나와 너의 투쟁이 됩니다. 그리고 단재의 입장에서는 이것이야말로 현실의 진리라고 말할 수 있지요. 저 또한 그것이 어떤 의미에서는 현실의 진리, 사실의 진리일 수 있다는 것을 부인할 생각은 없어요. 오늘날처럼 도처에서 사람들이 입만 열면 경쟁을 부르짖는 시대에는 너와 나의 만남이란 것이 오로지 이기고 지는 것으로 환원되는 것처럼 보이지요.

하지만 그렇다고 해서 그 사실의 진리가 만남의 진리 그 자체라고 말할 수는 없어요. 사실로서 일어나고 있는 만남의 현상은 만남의 많은 가능성 가운데 한 가지가 드러난 것에 지나지 않기 때문이에요. 현상과 본질 또는 사실과 근거를 구별하지 못하는 사람들이 하나의 사실적 현상을 그 자체로서 본질적 진리라고 생각하지만, 이는 잘못된 믿음이에요. 만남의 본질적 근거에서 보자면 순수한 능동성과 순수한 수동성 사이의 거리는 무한하다고 해도 좋을 거예요. 그것은 마치 0과 1 사이에 찍힐 수 있는 점이 무한한 것과 같아요. 그 무한히 가능한 위치 가운데 어떤 위치에서 내가 너와 만나느냐 하는 것은 미리 규정될 수 없는 가능성의 영역이지요. 그리고 그 가능성에 인간의 자유도 존립하는 거고요.

그러니까 우리가 만남의 근원적 근거로서의 진리로부터 어떤 만남을 현실에서 이루어나가느냐는 것은 우리에게 맡겨진 과제예요. 만남은 경쟁이고 폭력일 수밖에 없다고 믿는 사람은 그런 만남을 만들겠지요. 하지만 다른 가능성도 있다고 믿는 사람은 다른 만남의 방식을 추구할 겁니다. 이런 문맥에서 제가 참된 만남을 입에 올릴 때, 그것은 근거로서의 진리나 사실로서 만남의 진리가 아니라 우리가 실현해야 할 과제로서 만남의 진리예요. 그런 의미의 참된 만남을 여러 가지로 규정할 수 있겠지만, 폭력적 만남은 어떤 경우에도 참된 만남의 현실태가 될 수 없다는 것은 분명합니다. 수동성을 거부하는 만남은 가짜니까요.

그러니까 조금 역설적으로 들릴 수도 있겠지만, 폭력 없는 만남을 위해서는 수동성을 거부하는 것이 아니라 도리어 수동성 속으로 자기를 던지는 용기가 필요합니다. 그게 진짜 용기지요. 맨주먹으로 일본 헌병의 총칼에 맞섰던 3·1운동이나 경찰의 총에 맞섰던 4·19 그리고 계엄군의 폭력에 맞섰던 5·18의 용기는 바로 그런 용기의 지극한 전범을 보여주는 거지요. 그에 반해 아무런 무기도 들지 않은 인간에게 총칼을 휘둘렀던 일본 군경이나 제주 4·3의 학살자들 그리고 광주에서 계엄군의 폭력은 사실은 인간의 나약함과 비겁함이 극단적으로 표출된 것에 지나지 않습니다. 비겁함이야말로 폭력의 뿌리예요. 비겁한 자들이니까 주먹을 드는 거지요.

그와 마찬가지로 그 폭력은 동시에 공포와 두려움 때문이기도 하지요. 내가 먼저 죽이지 않으면 저들이 나를 죽일 것이라는 공포 말입니다. 어쩌면 지금까지 인류의 역사는 바로 그 공포와 그 공포 앞에서의 두려움이 비겁함을 낳고 그 비겁함이 폭력을 낳아온 역사라고 할 수도 있겠지요. 그러면서 그런 폭력성을 마치 대단한 용기인 것처럼 미화해온 역사이기도 하겠고요.

이 문맥에서 보자면 철학이 해야 할 일은 사람으로 하여금 타인 앞에서의 두려움과 공포 그리고 비겁함을 극복할 수 있도록 도와주는 일이겠지요. 서로주체성의 이념은 그런 의미에서 사람들에게 사르트르가 말하듯이 "타인이 나의 지옥"이 아니라는 것, 도리어 나는 오직 너와의 만남 속에서만 내가 될 수 있다는 것, 그러므로 나는 이미 만남 속에서 나로서 존재하는 것이고 그 만남을 온전히 형성해나감으로써 온전한 내가 될 수도 있다는 것을 깨닫게 하는 자극이지요.

고명섭 말씀을 듣고 보니 선생님의 의도가 무엇인지 이제 조금 더 이해할 수 있을 것 같습니다. 선생님이 여기저기에서 "즉자적 서로주체성에서 진정한 서로주체성으로"라는 표현을 쓰십니다. 우리가 근본적으로 우리 존재를 인식한다는 것은 우리가 홀로 나로서 존재한다는 것이 아니라 언제나 구체적인 타자와 관계 맺음을 통해서 그 과정 속에서 내가 구성되는 것이다. 그렇기 때문에 우리의 정신이라는 것 자체는 원천적으로 서로주체성으로서 구성되어 있는 것이다. 그러나 이것이 즉자적으로 있을 때에는 우리가 그런 줄을 모른다. 그러나 우리가 그것을 자각해서, 자각의 상태를 대자적이라고 할 수 있을지는 모르겠는데요, 그것을 보면서 우리가 서로주체성을 의식적으로 구현한다고 할까, 그것을 형성하고 실현해나간다고 할까, 그런 두 단계의 서로주체성이 있지 않겠는가, 그런 생각을 해봅니다.

김상봉 그렇습니다. 우리는 나를 있게 한 시원적 지평으로서의 만남과 내가 이루어야 할 이상적 만남 사이의 길에서 존재하는 거지요. 그런 의미에서 삶은 만남에서 만남으로 이어지는 길입니다. 나는 나의 존재에 앞서는 만남을 통해 존재하게 되고 어떤 너의 네가 됨으로써 내가 되지요. 그리고 그 만남을 스스로 형성하는 과정 속에서 자유로운 주체가 됩니다. 그리고 그 만남을 온전히 완성함으로써 나의 자유와 주체성을 참되게 실현하겠지요. 물론 이것은 도달할 수 없는 이념이겠지만…….

고명섭 생각하기에 따라서는 내가 만남으로부터 내가 된다는 것은 주체가 타자로부터 구성된다는 현대 철학자들의 말을 떠올리게 하기도 합니다만…….

김상봉 맞습니다. 내가 타자로부터 구성된다고 하는 것은 어찌 보면 현대 철학의 상투어 같은 거예요. 그런데 제가 그들과 갈라지는 지점은 주체를 구성하는 그 타자가 3인칭의 그것이나 익명의 구조가 아니라 2인칭의 살아 있는 너라고 하는 거예요.

고명섭 그런 의미에서 인격적 만남이라는 거죠?

김상봉 그렇죠, 인격적 만남입니다. 비인격적 구조에서 너나 나나 똑같이 꼭두각시처럼 규정되어 있는 것이 아니고 너와 내가 이미 주어져 있는 인격적 만남의 장 속에서 너와 내가 같이 출현하고 너와 내가 능동적으로 같이 만나서 새로운 만남을 다시 만들어나가는 과정을 통해서 그것을 이어나가는 것이지 죽어 있는 구조가 아니라는 것입니다.

고명섭 알겠습니다. 제가 이번에 선생님과 대화를 위해서 텍스트를 읽어가면서 그런 점을 확연하게 알게 됐는데, 과거에 서둘러서 책을 읽었을 때는 충분히 그것을 파악하지 못했습니다. 서로주체성이라는 것을 주체와 주체의 만남, 그 관계 양상을 이야기하는 걸로 언뜻 착각을 했었거든요. 그런데 나라는 주체성 자체가 원천적으로 그렇게 서로주체적으로 이루어져 있다는 것, 그렇게 서로주체적으로 생성된다는 것을 바로 보는 것, 바로 여기가 서로주체성을 제대로 이해하기 위한 출발점이 아닌가 하는 생각이 듭니다.

김상봉 더 나아가 덧붙이고 싶은 것이 있는데, 저는 그런 의미에서 타자니 구조니 하는 말을 싫어하듯이, 관계라는 말도 별로 좋아하지 않아요.

고명섭 그 표현 역시 3인칭적이기 때문입니까?

김상봉 바로 그 때문이지요. 관계는 좋게 말하자면 만남보다 외연이 넓은 개념이에요. 책상 위에 술잔이 있다고 말하는 것도 책상과 술잔의 공간적 관계 아니겠어요? 그러니까 관계라는 말은 사물적 관계에나 인격적 관계에나 다 갖다 붙일 수 있는 말이지요. 하지만 만남은 본래적 의미에서는 사람과 사람 또는 인격적 존재들 사이에서만 쓸 수 있는 말이거든요. 그런데 저는 사람들이 파편화되고 고립된 개인의 존재를 염려하면서 왜 그렇게 집요하게 관계라는 말을 버리지 못하는지 이해하지 못하겠어요. 만남이라는 좋은 우리말을 놔두고…….

고명섭 그거야 선생님이 늘 비판해오셨듯이 서양의 학자가 먼저 말하지 않았으니까 그렇겠죠. 하버드 대학의 교수나 프랑스 철학자 가운데 한 사람이 먼저 만남에 대해 말을 하면 한국의 학자들도 관계가 아니라 만남이 얼마나 심오한 개념인지 감동적으로 이야기하기 시작하겠지요.

김상봉 마치 제 마음을 읽고 계신 것처럼 말씀하시는군요. 그런데 유감이지만 그럴 일은 없을 거예요.

고명섭 무슨 일이 없다는 겁니까?

김상봉 서양 학자가 만남에 대해 이야기하는 것 말입니다.

고명섭 왜 그렇습니까?

김상봉 르페브르도 그랬고, 또 르페브르까지 오기 전에 부버도 얘기를 하긴 했지요. 하지만 그런 말들은 아직은 말이고 기호일 뿐이에요.

물론 서양의 학자들이 어떤 식으로든 만남에 대해 말할 때, 그것이 사물적 관계가 아닌 인격적 관계에 대한 갈망 때문임은 분명하다고 저도 생각해요. 하지만 아무리 그렇다고 하더라도 그들은 그 인격적 관계가 무엇인지 스스로 설명할 수는 없을 거예요.

고명섭 너무 단정적으로 말씀하시는 것 아닌가요?

김상봉 예, 이 문맥에서 단정적으로 말하지 못할 것도 없지요. 서양의 철학자들이 만남에 대해 더듬거리면서 이야기를 시작할 수는 있겠지만, 그 이야기를 스스로 끝맺을 수는 없을 거예요. 부버가 그랬던 것처럼 말이에요. 만남에 대해 철학적으로 끝까지 사유하는 건 그들이 아니라 우리의 몫이에요.

고명섭 그건 도대체 어디서 오는 자신감인가요?

김상봉 먼저 만남을 서양 언어로 번역해보세요. 어떤 낱말이 적합한 번역어인가요? 미팅(meeting)이라고 할까요? 아니면 인카운터(encounter)라고 할까요? 독일어의 베게그눙(Begegnung) 또는 트레펜(Treffen)? 아니면 프랑스어의 랑콩트르(rencontre)? 도대체 어떤 낱말이 만남이라는 우리말에 가장 합치하는 낱말인가요? 아니면 더 찾아볼까요? 그리스어나 라틴어도?

그 모든 낱말이 가능한 번역어이지만 어느 것도 합당한 번역어는 아니잖아요. 사실 언어에 대해서는 이미 이야기를 했지만 만남이야말로 서양 언어로 번역하기 거의 불가능한 우리말 가운데 하나라고 저는 생각해요. 그런데 그 까닭이 뭐겠어요? 언어가 존재의 집이라는 하이데거의 말이 옳다면, 만남이라는 낱말이 품고 있는 존재와 역사 그 자체가 미팅이나 인카운터라는 집에 거주하는 존재와 다르기 때문이지요. 저는 오랫동안 철학을 공부하면서 서양의 많은 철학적 개념에 대해 그 심오한 깊이를 가슴으로 느낄 수 있을 만큼 친숙하게 되었지만, 아직도 만남이라는 우리말의 깊이를 어떤 서양말로 옮길 수 있는지 못 찾았어요. 그리고 앞으로도 찾지 못하겠지요. 서양 언어의 어떤 낱말이 만남이라는 말의 깊이를 담아낼 수 있겠어요?

고명섭 그 까닭이 뭘까요?

김상봉 만남이라는 말의 깊이, 그건 고통의 깊이예요. 상처와 트라우마의 깊이라고요. 만남이라는 낱말은 정말 얼마나 아름다운 말이에요? 사랑하는 임과의 만남이라고 말을 할 때 말이에요. 하지만 그게 전부가 아니라는 건 선생님이 아까 먼저 말씀하셨지요. 상처와 트라우마라고! 제가 만남을 말하는데, 왜 선생님은 상처와 트라우마를 떠올리셨나요? 아까 저는 그렇게 되묻지 않았지만, 생각하면 얼마나 이상한 일인가요? 하지만 저도 알아요. 그러니까 묻지 않았던 거지요.

고명섭 무엇을 안다는 말씀인지…….

김상봉 만남이라는 말에 피가 묻어 있다는 것을요. 윤상원과 박기순[21]이 사랑하는 사이였던가요?

고명섭 글쎄요.

김상봉 모를 일이지요. 하지만 이 땅에 남은 사람들이 그들의 영혼을 만나게 해서 영혼이라도 결혼을 시키고 싶어 한 까닭이 뭐겠어요? 그런 만남이 아니라면 이 땅에 흐르는 그 끔찍한 피를 어떻게 씻을 수 있겠어요? 구원이 오직 만남 속에서만 가능한 것이니까, 이 끔찍한 폭력의 역사는 오직 그 사랑과 만남을 통해서만 끝낼 수 있는 거니까 그런 거잖아요. 그런 게 아니었더라면 저 역시 만남 같은 건 입에 올리지 않았을 거예요. 그게 아니라도 존재와 진리 그리고 주체에 대해 할 말은 얼마든지 많이 있었을 테니까. 서양 철학자들이 다른 모든 면에서 아무리 출중하다 하더라도 만남에 피가 묻어 있는 걸 우리처럼 절실하게 이해할 수는 없어요. 천당에 사는 사람들이 어떻게 지옥을 알겠습니까?

---

21 윤상원(1950~80)은 5·18 광주항쟁 당시 시민군의 대변인 역할을 하며 전남도청에서 끝까지 싸우다 계엄군의 총에 사망했다. 박기순(1957~78)은 윤상원과 '들불야학'을 함께한 동지였으며 노동운동을 하던 중 사망했다.

하지만 서양 철학자들이 만남을 말하기 어려운 까닭은 그게 전부가 아니에요.

고명섭 또 다른 한계가 있다는 겁니까?

김상봉 그들의 삶의 이상은 여전히 능동적인 자유와 주체성이기 때문이에요. 누누이 말씀드리지만 만남이란 수동성을 받아들이는 용기에 존립하는 거예요. 하지만 수동성을 받아들인다는 건 그렇게 쉽게 할 수 있는 일은 아니에요. 서양적 자유와 민주주의를 우리가 하루아침에 습득하지 못하고 이리도 지리멸렬한 에움길을 걷고 있는 것은 그것이 우리의 역사 속에 뿌리박고 있는 것이 아니기 때문이지요. 그래서 시간이 걸리는 거예요. 서양 사람들이 수동성을 기꺼이 받아들이는 것도 마찬가지입니다. 얼마나 오랜 세월이 지나야 미국 사람들이 이슬람 사람들이나 북한 사람들에 대한 그 비이성적이고 비겁한 공포를 버릴 것 같으세요?

고명섭 그런 날을 보기는 쉽지 않겠지요. 하지만 철학적으로 보자면 기독교는 수난의 종교 아닌가요?

김상봉 맞아요. 그래서 문제예요.

고명섭 무슨 뜻입니까?

김상봉 그들이 정직한 사람들이었다면 예수의 수난을 신격화하지 말았어야 해요. 하지만 그들은 집요하게 예수의 수난을 신의 수난으로 만듦으로써 수난을 영광으로 바꾸었어요. 그와 함께 수난도 수난이 아닌 게 되어버렸지요. 그게 기독교가 서양 정신에게 안겨준 최대의 비극이에요. 적어도 고대 그리스인들은 오이디푸스의 수난을 신격화하지 않을 만큼은 지혜로운 자들이었지만, 로마인들은 그런 지혜를 가지기엔 너무도 많이 승리만 했던 자들이었지요. 처절한 패배를 모르는 자들이니, 예수의 수난인들 그냥 수난으로 내버려둘 수가 있었겠어요? 그래서 수난조차 드라마가 되고 신격화되어야 했던 거지요. 하지만 최제우와 전봉준의 수난에서부터 윤상원의 수난에 이르기까지 거기 무슨 영광이 있어요? 거기에 무슨 눈곱만큼이라도 우리에게 위로가 될 만한 영광이란 게 있습니까? 아니면 거기 무슨 아름답고 숭고한 드라마가 될 이야기가 있나요? 수난은 그냥 수난이지, 숨을 곳 없이 쫓기고, 찢기고, 실성하고, 미쳐 돌아가는 거란 말이에요. 윤상원은 그냥 그때 세상을 떠났으니 장렬하기라도 하지, 살아남아 미쳐버린 사람들은 도대체 뭐냐고요. 김영철 씨[22] 같은 분을 생각해보세요. 거기 무슨 아름다움이 있고 무슨 비극적 숭고가 있어요? 선생님이 시인이라면, 그분의 삶을 어떻게 심미적으로 승화할 수 있겠어요? 그게 가능합니까? 아도르노가 아우슈비츠 이후에 서정시가 가능하냐고 물었다지만, 묻는 사람이 바보지. 서양에서는 그런 게 참신한 물음일지 몰라도 우린 원래부터 서정시가 불가능한 사람들이에요.

고명섭 있기는 있지요. 서정주도 있고 박목월도 있고…….

김상봉 맞아요. 그들은 현실이 너무도 끔찍했기 때문에 현실을 등진 시인들이죠. 하지만 그것인들 쉬웠겠어요? 거긴들 피가 묻어 있지 않았겠냐고요. 서정주의 「자화상」을 한번 들어보세요. 읽어드릴게요.

애비는 종이었다. 밤이기퍼도 오지 않았다.

파뿌리같이 늙은할머니와 대추꽃이 한주 서 있을뿐이었다

어매는 달을두고 풋살구가 꼭하나만 먹고 싶다하였으나…… 흙으로 바람벽한 호롱불 밑에

손톱이 깜한 에미의아들.

甲午年이라든가 바다에 나가서는 도라오지 않는다하는 外할아버지의 숯 많은 머리털과

---

22 김영철(1948~98)은 지역주민운동가로 들불야학에서 강학으로 활동했으며, 광주항쟁 당시 도청 항쟁 지도부의 기획실장으로 활약했다. 윤상원과 함께 도청을 끝까지 사수하다 체포되었고 심한 고문 후유증으로 정신질환을 앓다가 세상을 떠났다.

그 크다란눈이 나는 닮었다 한다.

스물세햇동안 나를 키운건 八割이 바람이다.

세상은 가도가도 부끄럽기만하드라

어떤이는 내눈에서 罪人을 읽고가고

어떤이는 내입에서 天痴를 읽고가나

나는 아무것도 뉘우치진 않을란다.

찰란히 티워오는 어느아침에도

이마우에 언친 詩의 이슬에는

몇방울의 피가 언제나 서껴있어

볓이거나 그늘이거나 혓바닥 느러트린

병든 수캐만양 헐덕어리며 나는 왔다.[23]

「국화 옆에서」 같은 시로 이 시인을 처음 접한 사람들은 이 시를 어떻게 이해할지 모르겠어요. 서정주가 전주 옆 부안 사람이잖아요. 선운사 있는 부안 말이에요. 정확하게 말하자면 고부군 부안면 선운리에서 출생했어요. 그런데 거기가 어디예요? 동학농민전쟁의 발상지잖아요. 전봉준이 사발통문을 돌린 곳이 고부거든요. 그런데 서정주는 그 지역에서 종의 자식으로 태어났다잖아요. 자유인이 아니고 노예로. 그에게 어떤 삶이 가능했겠어요? 그의 아버지에게도, 외할아버지에게도 세상은 그들의 것이 아니었겠지요. 그래 그 더러운 세상을 뒤엎자고 전봉준이 봉기를 일으켰을 때, 숱 많은 머리털과 커다란 눈의 외할아버지도 같이 일어나 따라갔던 거지요. 그리고 어떻게 된 줄 아세요?

고명섭 봉기가 실패로 돌아가고…….

김상봉 농민군이 패배하고 봉기가 최종적으로 실패로 돌아간 뒤에 농민군에 참여했던 사람들이 어떻게 되었겠어요? 조금이라도 연루된

23 서정주, 『미당 시전집 1』, 민음사, 1994, 33쪽.

자들은 샅샅이 뒤져 이 잡듯이 잡아서 개처럼 도살해 죽였지요. 그럼 그걸 피해서 어떻게 했겠어요? 관군과 일본군의 수색을 피해 남으로 남으로 쫓겨 온 사람들이 마지막으로 숨어든 곳이 전라도 서남 해안에 널린 섬들이에요. 그래서 이 시에서 갑오년인가에 외할아버지가 바다로 나갔다는 거예요. 고기 잡으러 간 게 아니고, 바다로 도망쳤다는 얘기라고요. 하지만 바다로 나가면 누가 반겨주고 숨겨주겠어요? 거긴들 안전했겠습니까. 알 수 없는 일이지만 그래도 그렇게 숨어든 사람들이 죽지 않고 목숨을 부지하고 살아남은 경우도 적지 않았으리라 짐작이 되는 게, 일제 시대 암태도 소작쟁의 사건(1923~24) 같은 걸 보면 알 수가 있지요. 그건 필경 갑오년에 숨어든 동학 농민군의 정신이 이어진 결과라고 보아야 하지 않을까 생각되거든요.

그런데 그게 어떻든지 간에 다시 지금 우리의 서정주에게 돌아가 보자면, 자기가 갑오년에 집 나간 그 외할아버지를 닮았다고 하잖아요. 자기도 아는 거지요. 자기 속에 반골의 피가 흐르고 있다는 걸. 하지만 이미 나라는 식민지로 전락한 땅에서 그것도 종의 자식으로 태어난 소년이 무얼 할 수 있었겠어요? 다시 외할아버지처럼 죽창이라도 들고 싸워야 했을까요? 그럴 수도 있지요. 하지만 그게 쉬운 일이겠어요? 다시 외할아버지처럼 싸우면 무슨 승리의 희망이라도 있었겠어요? 아니 그게 어떻든, 왜 세상을 위해 나라를 위해 싸우는 게 늘 같은 집안 사람들이 떠맡아야 되는 일이겠어요? 남들은 조선 왕조 때는 조선 왕조의 신하로 일제 식민지 치하에서는 일본 제국의 신민으로 잘도 붙어먹고 사는데, 서정주 집안만 대를 이어 싸우고 희생되어야 할 까닭이 어디 있겠어요? 어차피 그때나 지금이나 종의 자식이긴 마찬가지인데…….

여러 해 전에 홍세화 선생님이 광주에 오셔서 전남대에서 대중적인 강연 모임이 있었는데, 저도 단상에 앉게 되었어요. 그때 제가 좀 과격한 발언을 했더니 모인 분들 가운데 앞에 앉아 계시던 어떤 여자분이 그러더라고요. 그쪽 말씨 쓰면서 우리 애들 선동하지 말라고.

고명섭   그쪽 말씨…….

김상봉   경상도 말 쓰면서 전라도 애들 선동하지 말라는 거지요. 그 때는 정말 당황스러웠지만, 그 마음 충분히 이해가 되더라고요. 한국의 역사를 광주의 젊은이들만 고민하고 싸우고 희생당해야 할 까닭이 뭐 겠어요? 그 이후 저는 광주에서 예외적인 경우가 아니면 대중 강연은 하지 않아요. 서정주도 그 여자분하고 비슷한 마음이었겠지요. 종의 자 식이, 수치와 부끄러움 말고는 아무것도 걸친 것이 없는 죄인이나 바보 천치 같은 놈이 시대를 위해 나라를 위해 뭘 할 수 있었겠어요? 어찌 보 면 그것도 사치잖아요. 그래 그런 소년이 할 수 있는 결단은 하나뿐이었 지요.

고명섭   예.

김상봉   어떤 일이 있어도 뉘우치지는 않겠다는 것! 얼마나 처절한 결단이에요? 아무것도 뉘우치지는 않겠다니. 세상을 살면서 누군들 부 끄러움이 없겠어요? 누군들 뉘우칠 일이 없겠냐고요. 하지만 엄밀하게 말하자면 뉘우침과 부끄러움이라는 이 도덕적 감정은 오직 자유로운 인간에게만 허락된 정념이에요. 그래서 노예에겐 도덕이 가능하지 않아 요. 칸트가 누누이 강조했듯이 의지의 자유가 없으면 도덕은 불가능한 거예요. 타자의 강제 아래 있는 의지는 아무것도 스스로 선택할 수 없으 니까, 책임의 주체도 될 수 없는 거지요. 하지만 그럼에도 불구하고 이 땅에서는 지배계급이 민중을 길들이는 도구로 사용한 게 도덕이었지요. 효자가 되고 충신이 되고 열녀가 되라고 끊임없이 세뇌를 해왔잖아요.

고명섭   선생님 말씀대로 '도덕교육의 파시즘'이지요!

김상봉   바로 그거지요. 서정주는 일찌감치 그게 얼마나 위선적인지 알아버린 거예요. 아무것도 뉘우치지는 않겠다는 건 그런 의미에서 엄 청나게 급진적인 발언이에요. 도덕의 굴레에 얽매이지 않겠다는 말이거 든요. 하지만 좋게 말해 급진성이지, 현실 속에서 그런 결단이 어떤 결 과를 낳았겠어요? 일제 강점기에는 일본 제국주의자들의 비위를 맞추지 않으면 안 되었고 박정희 때는 박정희에게 전두환 때는 또 전두환의 비위를 맞추는 노래를 부르지 않으면 안 되었지요. 아무것도 뉘우치지는 않으면서…….

고명섭 그래서 선생님이 서정주를 가리켜 기생이라고 비판하신 것 아닙니까?

김상봉 예, 그랬지요. 하지만 기생이라고 회한이 없겠어요? 이미 첫 시집에서 서정주가 말했듯이 그가 아무리 훌륭한 시인으로 추앙받더라도 이마 위에 얹힌 시의 이슬에는 몇 방울의 피가 언제나 섞여 있다고 하잖아요. 서정주의 시가 아름다운 건 그 눈부신 이슬방울 속에 섞여 있는 붉은 피 때문이라고 저는 생각해요. 그가 아무리 친일을 하고 독재에 부역했다 하더라도 그는 피로써 시를 썼던 사람인 거예요. 생각하면 기생이 무슨 죄가 있겠어요? 멀쩡한 여자를 기생으로 만든 세상이 잘못이지. 서정주는 자기가 기생인 것을 알았던 시인이지요. 적어도 기생이면서 요조숙녀 노릇을 한 시인은 아니라고 해야겠지요.

그런데 서정주의 시조차 핏빛이어서 아름다운 것이라면, 신경림이나 이시영의 시는 어떻겠어요? 그건 시도 뭣도 아니고 그냥 악몽이에요. 이를테면 이시영 시인의 「흉년」이란 시를 들어보실래요?

> 보리밭 속에 일렁이는 피
> 누나는 깜둥이에게 깔려 있었다
> 쪼콜렛과 소총이
> 다붙은 입술을 열고
> 오디처럼 오래오래 마을에 터졌다
> 가을 밭갈이 때
> 쟁기날에 머리가 으깨어진
> 깜둥이 한 쌍을
> 구호물자와 함께 늙바리 황소는

삼켰다 긴긴 해 황토밭엔 깜부기만 익고
땅을 벌리고 황소가 낳은
네발의 흑송아지
누나는 건초 밑에서 목을 매었다[24]

　여기 시인이 묘사하는 장면을 한번 눈에 선하게 그려보세요. 생생하
게 그리면 그릴수록 끔찍한 악몽 아니에요? 6·25전쟁 때 누나가 미군
에게 강간을 당해 깜둥이를 쌍둥이로 낳았는데 어른들이 그 갓난아이
들 머리통을 쟁기날로 으깨어 황소에게 먹으라고 주었다잖아요. 그런
데 그걸 삼키고 황소가 네발의 흑송아지를 낳았다니, 황소도 새끼를 낳
아요? 어디까지가 현실이고 어디서부터가 꿈이에요? 이 시에서 무엇이
사실 진술이고 또 무엇이 시적 환상이에요? 아니면 도대체 이런 시도
시가 맞긴 맞아요? 내 말은 무슨 문학적 가치가 있느냐는 겁니다.

오월의 하루를 너와 함께 있고 싶다.
오로지 서로에게 사무친 채
향기로운 꽃이파리들의 늘어선 불꽃 사이로,
하얀 자스민 흐드러진 정자까지 거닐고 싶다.

그곳에서 오월의 꽃들을 바라보고 싶다.
그러면 마음속 온갖 소망들도 잠잠해지고,
피어나는 오월의 꽃들 한가운데 행복이 이루어지리,
내가 원하는 그 커다란 행복이······.[25]

24　이시영, 『만월』, 창작과비평사, 2003, 131쪽.
25　릴케, 『릴케 전집 1』, 김재혁 옮김, 책세상, 2002, 112쪽.

원래 이런 게 서정시 아니에요? 아니면 이런 건 어떤가요?

나의 삶은 잔잔한 호수와 같아요.
호숫가 마을에는 나의 아픔이 살며,
집 떠날 생각은 차마 못 하지요.
가끔씩 접근과 도주의 마음이 떱니다.
그러면 억눌린 소망들은 호수 위로
은빛 갈매기들처럼 날아갑니다.
그러다 모든 것이 다시 조용해집니다……
그대는 나의 삶이 무엇을 원하는지 아시나요,
그것을 벌써 이해하셨던가요?
아침 바다에 철썩이는 파도에 밀리며
나의 삶은 조가비가 되어 힘겹게
그대 영혼의 해안에 오르고 싶어 합니다.[26]

고명섭   좋군요. 누구의 시입니까?

김상봉   릴케요. 라이너 마리아 릴케! 윤동주가 좋아했던 시인. 아도
르노가 아우슈비츠 이후엔 불가능해졌다고 말했던 그런 시를 쓴 시인.
하지만 아우슈비츠가 아니었어도 우리에겐 불가능한 시를 쓴 시인. 그
래서 윤동주가 그랬잖아요. "별이 아슬히 멀듯이" 너무도 멀리 있는 시
인이라고.

고명섭   왜 불가능합니까?

김상봉   한반도가 온통 아우슈비츠잖아요. 얼빠진 정신병자가 아니
라면, 이 끔찍한 땅에서 누가 릴케 같은 서정시를 쓰고 앉아 있을 수 있
겠어요? 우리가 써야 할 시는 이런 것들밖에 없어요. 한번 들어보세요.

---

26 릴케, 『바람에 레몬나무는 흔들리고』, 김재혁 옮김, 책세상, 1993, 27쪽.

섯알 오름길

트럭에 실려 가는 길
살아 다시 못 오네

살붙이 피붙이 뼈붙이 고향 마을은
돌아보면 볼수록 더 멀어지고
죽어 멸치젓 담듯 담겨져
살아 다시 못 가네

이정표 되어 길 따라 흩어진 고무신들
전설처럼 死緣 전하네

오늘은 칠석날
갈라진 반도 물막은 섬 귀퉁이 섯알 오름

하늘과 땅, 저승과 이승 다리 놓아
미리내 길 위로 산 자 죽은 자 만나네

녹은 살 식은 피 흩어진 뼈
온전히 새 숨결로 살아 다시 만나네

고명섭 뼈가 끊어지듯 처절한 시네요. 이건 누구 시입니까? 제주의
학살을 이야기하는 시 같은데요.
김상봉 저도 몰라요. 모슬포 학살터 비석 뒤에 있는 시예요.²⁷ 이름

---

27 이 시의 저자는 김경훈 시인이다.

이 있는 시인이 쓴 건지 아니면 그냥 이 비석을 세울 때 시인이 아닌 유족 중의 한 분이 썼는지 저는 몰라요. 비석에도 표시가 되어 있지 않고, 제주엔 이런 비석들과 시들이 하도 많아서 확인할 수도 없고…….

고명섭   섯알 오름이라는 제목의 뜻은 뭡니까?

김상봉   서쪽 아래에 있는 오름이란 뜻이겠지요. 거기 있는 학살터요.

고명섭   4·3 때인가요?

김상봉   아니, 6·25 땝니다. 보도연맹 학살 사건이에요.

고명섭   아, 4·3 뒤에 다시 학살이 있었군요.

김상봉   그렇습니다. 한국에서나 베트남에서나 양민 학살이 주특기인 군대와 경찰이니까. 6·25가 터지자 남한의 군대가 제일 먼저 한 일이 좌익이라고 분류된 자들을 학살한 거였지요. 30만 명을 죽였다잖아요. 재판도 없이 아무 죄도 없는 사람들을.

고명섭   제주도 예외가 아니었군요.

김상봉   4·3 때 3만 명을 죽이고도 아직 죽일 사람들이 남아 있었던 모양이에요. 그날이 칠월 칠석이었다는군요. 트럭으로 여기저기서 모슬포 학살터까지 끌고 와 해병대 신병들에게 한 명에 한 발씩 실탄을 주고 구덩이 앞에서 한 명에 한 사람씩 쏘아 죽이라고 했답니다. 그렇게 살뜰하게 한 명당 한 명씩 죽이라고 한 까닭이 뭔지 아세요?

고명섭   뭡니까?

김상봉   해병대 장교란 자들이 학살을 하기 전에 회의랍시고 앉아서 그랬다는군요. 우리 부대의 신병들이 적을 사살해본 경험이 없으니까 경험을 쌓기 위해서 각자 한 명씩 쏘아 죽이게 하면 좋겠다고. 우리가 이런 나라에 살아요. 적을 사살해본 경험이 없으니까 제 아비 어미를 죽이게 하자는 나라에 산다고요. 이런 땅에서 서정시가 가능하겠어요? 그런데 선생님, 제가 왜 이렇게 흥분했나요? 우리가 무슨 얘기 하다가 여기까지 왔어요?

고명섭   만남 얘기하다가 여기까지 왔습니다.

김상봉   만남이 왜요?

고명섭   서양 사람들은 절대로 만남이 뭔지 모른다고.

김상봉   예, 생각났어요. 그럼 제가 왜 그렇게 만남에 집착하는지 아시겠어요?

고명섭   왜 그렇게 집착하십니까?

김상봉   모슬포 학살터 비석에 쓰인 시에서 그러잖아요.

하늘과 땅, 저승과 이승 다리 놓아

미리내 길 위로 산 자 죽은 자 만나네

녹은 살 식은 피 흩어진 뼈

온전히 새 숨결로 살아 다시 만나네

만난다잖아요. 두 번씩이나, 칠월 칠석날 견우와 직녀 만나듯이 산 자와 죽은 자가 만나고 녹은 살과 흩어진 뼈가 다시 만난다잖아요. 하지만 이스라엘 사람들이 독일 사람 만나고 싶겠어요?

고명섭   아마 아니겠지요.

김상봉   그래서 팔레스타인 사람 학살하고 있잖아요? 레비나스에게 당신의 타자가 팔레스타인 사람이냐고 물었더니 점령의 고통스러운 필연성이라고 헛소리해대면서…… 왜 그렇게 고상을 떨다가 딴소리를 하겠어요?

고명섭   남이니까 그렇겠지요?

김상봉   저도 그렇게 생각해요. 남이니까. 하지만 우리가 남이에요? 죽인 자와 죽은 자가 남이냐고요.

고명섭   아니죠.

김상봉   그래서 만나야 하는 거예요. 그래서 신경림 선생의 시는 온통 이런 거예요.

허재비굿을 위하여
　─두 원혼의 주고받는 소리

잡아주오 내 손을 잡아주오.
흙 속에 묻힌 지 삼십 년
원통해서 썩지 못한 내 손을 잡아주오.
총알에 으깨어지고 칼날에 찢어진
내 팔다리를 일으켜주오.
밤마다 내 어머니 흐느껴 우는 소리 들리지만
나는 갈 수 없어,
산과 들을 헤매이며 나를 찾는
어머니 통곡 소리 들리지만 나는 못 가.
철적은 비 구죽죽이 내리는 밤이면
머리 쥐어뜯으며 흐느끼기도 하고
늑대 애터지게 울어쌓는 찬 새벽이면
엉금엉금 흙 속을 기어보기도 하지만,
내 형제가 내 가슴을 쏜 것이
나는 원통해,
내 친구가 내 어깨 찌른 일을
나는 믿을 수가 없어.
복사꽃처럼 붉던 두 볼에 젖무덤에 허벅지에
검푸른 풀 돋으리라 어이 알았으리.
잡아주오 내 손을 잡아주오.
원통해서 썩지 못한 내 손을 잡아주오.
잡으리라 내 그대 손 잡으리라.
나 또한 어깨에 등허리에 머리통에
총알이 박힌 채 대창이 꽂힌 채.

우리가 쏘고 맞고 찌르고 찔리면서
죽던 그날을 나는 잊지 못해.
새빨간 노을 속으로
가마귀떼 날아가던 그 가을 언덕을
나는 잊지 못해.
피 쏟으며 쓰러지던 그대 그
붉은 입술을 나는 잊지 못해.
삼천 날 삼천 밤을 뉘우쳤지,
흙 속에서 통곡하며 뉘우쳤지.
우리는 원수가 아니라오, 미워하지도 않았다오.
잡으리라 내 그대 손 잡으리라.
아직 더운 내 입김으로 내 혓바닥으로
그대 상처 녹이리라.
그리하여 날아가리라 함께 날아가리라,
그대 어머니 내 어머니 울음소리 들리는 곳,
내 친구들 형제들 노랫소리 울음소리
가득한 곳으로.
잡으리라 원통해서 썩지 못한
그대 손 잡으리라.
햇빛 온 누리에 가득한 곳으로
그대 손 잡고 날아가리라.[28]

이 시에 만남이라는 말은 한 번도 나오지 않아요. 하지만 그 말이 없
어도 이 시의 주제가 만남이라는 건 분명하잖아요. 아니면 언제까지 친
구가 친구를, 형제가 형제를 죽이면서 살아야겠어요? 제가 만남에 대해

---

28 신경림, 『신경림 시전집 1』, 창비, 2004, 170쪽 아래.

말하는 건 오로지 그 때문이에요. 그리고 이 땅의 비극이 동시에 세계사적 비극이기도 하니까, 한반도의 비극은 세계사적 보편성에 맞닿아 있으니까, 전 지구적 만남을 생각하는 것뿐이에요. 아니면 다른 어떤 철학자가 만남을 우리처럼 처절하게 갈구할 수 있겠어요?

고명섭 예…….

김상봉 저 때문에 분위기가 너무 무거워졌네요. 쓸데없이 시는 꺼내가지고……. 선생님이 화제를 좀 바꾸어주시지요.

기쁨의 철학과 슬픔의 철학

고명섭 말씀을 들으면서 먹먹합니다만, 문득 그런 기억이 나네요. 제가 언젠가 저희 신문사에 기획 특집으로 이런 제안을 해본 적이 있었어요. 김상봉 철학과 '연구공간 수유너머'의 철학을 비교해 보는 기획을 한번 해보자, 김상봉의 슬픔의 철학과 수유너머의 기쁨의 철학. 그때 당시는 사람들이 스피노자 이야기를 많이 하고 그랬거든요. 말하자면 김상봉의 철학은 쉬운 말로 하면 세상에 가득 차 있는 이 슬픔을 어떻게 줄일 수가 있느냐 이렇게 이야기할 수 있는데, 수유너머의 생각은 이 기쁨을 어떻게 넓혀갈 것이냐, 이렇게 비교를 해볼 수도 있을까 했지요. 그런데 지금 선생님 말씀을 들으면서 선생님이 왜 그렇게 슬픔에 집착하시는지를 좀 더 절실하게 알 수 있을 것 같습니다.

김상봉 선생님의 제안이 호의적인 뜻이라는 건 알겠습니다만, 제가 기쁨의 철학을 말하는 분들에게 뭐라고 대답을 할 수 있을지는 잘 모르겠어요. 기쁨과 슬픔을 이분법적으로 나눌 수 있는 것인지도 좀 의문이고요. 게다가 그분들이 무슨 말을 하는지 잘 모르니까 더욱 말씀드리기가 어려운 면이 있지요. 그냥 니체에 대해서라면 할 말이 좀 있지만…….

고명섭 어떤 말씀을 하고 싶으십니까?

김상봉 약간 에움길을 돌아야 할 것 같은데, 니체가 연민이나 동정을 싫어한 것은 잘 아시지요?

고명섭 예, 그런데 왜 물으십니까?

김상봉 그 말은 타인의 고통과 슬픔에 대한 공감에 그리 큰 가치를 부여하지 않았다는 말이기도 하지요. 더 직설적으로 말하자면 그런 정념을 거의 혐오했다고 볼 수 있어요.

고명섭 그런 식으로 말한 구절들이 많지요.

김상봉 니체가 원래 고전문헌학자잖아요. 그중에서도 그리스 고전문헌학 교수였지요. 그런데 서양이 근대적 정신을 형성하는 과정에서 르네상스 이래 고전문헌학이 대단히 큰 역할을 하지만, 이탈리아 르네상스 시대에는 상대적으로 그리스보다는 키케로를 중심으로 한 고대 로마가 더 큰 영향을 끼쳤어요. 그러다가 계몽주의 시대 즈음에 와서야 그리스 문화가 본격적으로 연구되기 시작하지요. 그 이후 19세기에 와서 이른바 고전문헌학적 연구가 확고히 자리를 잡게 됩니다. 18~19세기에 태동한 해석학은 처음엔 사실 고전 문헌을 어떻게 이해할 것인가 하는 문제에서 시작된 학문이라고 해도 틀리지 않을 거예요. 아무튼 그 이후 서양에서는 고전문헌학이 대학에서 하나의 학문 분과로 독립되고 그리스어는 철학자들의 필수 교양이 되었습니다. 이런 경향을 이끌었던 나라가 특히 독일이었어요. 니체는 그 시대의 한복판에서 나고 자란 사람입니다. 왕성하게 그리스 문학과 철학이 새롭게 조명되고 연구되던 시대의 한복판에서 사유한 사람이라는 거지요. 그가 자기 시대의 본질과 위기를 다른 누구보다 날카롭게 꿰뚫어 본 사람이라는 건 대부분 인정할 수 있는 사실이겠지만, 거기서의 척도가 그리스 정신이라는 것이 얼마나 널리 알려져 있는지는 모르겠어요.

제가 이 말씀을 드리는 것은 그리스 정신이 근대 서양인들에게 어떻게 받아들여졌는가를 생각해볼 필요가 있기 때문이에요. 간단히 말하자면 계몽주의 이후 유럽인들이 재발견한 그리스 문명은 다른 무엇보다 자유와 평등을 근본 이념으로 삼고 있는 고전기 아테네 문명이라고 말할 수 있습니다. 그리고 이것은 지금까지도 큰 차이가 없다고 말해도 좋겠지요. 근대적 자유와 민주주의 그리고 마르크스적 평등의 이념조차 거슬러 올라가면 아테네 시민 공동체에서 그 뿌리를 발견할 수 있다고 말할 수 있으니까요.

고명섭 그렇지요.

김상봉 그런데 니체가 비판했던 것이 바로 그 아테네예요. 소크라테스가 살았던 당시의 그 아테네 말이에요.

고명섭 초기 저작 『비극의 탄생』에서부터 소크라테스가 그리스 비극 정신을 죽였다고 하지요.

김상봉 맞아요. 니체가 그리스를 척도로 삼아 근대 문명을 비판했다고 하지만 실제로 니체가 척도로 삼았던 그리스는 기원전 5세기의 아테네가 아니었어요. 더 거슬러 올라가 호메로스의 시대가 니체의 정신적 뿌리였거든요.

고명섭 그 시대는 고전기 아테네와는 확연히 다른 시대였다는 거지요?

김상봉 그렇습니다. 한 가지 점에서 대단히 중요한 차이가 있었는데, 고전기 아테네 문명이 자유와 평등을 근본 이념으로 삼은 시대였다면, 호메로스의 시대는 탁월함이 최고의 가치로 숭상되던 시대였어요. 통속적으로 말해 뒤의 시대가 원칙적으로 민주주의의 시대, 평등한 시민의 시대였다면 앞의 시대는 탁월한 귀족의 시대였던 거지요.

그런데 니체는 자유와 평등, 정의 같은 수사로 포장된 근대 문명이 존재의 사실을 있는 그대로 인식하지 못하게 하는 일종의 위선적인 수사라고 보았을 뿐 아니라, 그것이 해로운 것이라고 생각했다는 점에서 우리가 흔히 생각하는 근대의 역사적 진보를 정면에서 거부하고 부정한 사람입니다. 근대 문명이 고전기 그리스 언어로는 이소노미아, 곧 평등 그 자체를 문화의 이상으로 삼음으로써 인간성의 탁월함이 뿌리내릴 수 있는 터전을 제거해버렸다고 보았기 때문이에요. 니체의 표현을 직접 빌려 말하자면 현대인들은 서로에게 모래알처럼 친절한 존재래요. 여기서 서로에게 친절한 모래알이란 말이 얼마나 경멸적인 표현인지 생각해보세요. 그런데 그렇게 모래알처럼 보잘것없는 인간들만 만들어 낼 수밖에 없는 것이 근대성이라는 거지요. 거슬러 올라가면 기독교 그리고 근대에 오면 루소 같은 철학자들이야말로 그런 퇴락한 시대를 만들어낸 주범이라는 거고요.

그 까닭이 뭐겠어요? 착한 사람, 선량한 사람이 되어야 한다는 강박증에 사로잡혀 있기 때문이지요. 착한 사람이 뭐예요? 타인의 고통에 민감한 자들이지요. 물론 그렇다고 해서 니체가 특별히 잔인한 사람이었다거나 잔혹함을 숭상했다는 말은 아니에요. 그건 호메로스가 묘사한 아킬레우스나 역사적 인물인 카이사르가 특별히 잔인한 사람이 아니었던 것과 같아요. 도리어 그들은 관대한 인품의 소유자들이었지요. 니체가 비판한 건, 선량함이 선의 맹목적인 척도가 되어서는 안 된다는 거예요. 인간의 탁월함을 실현하기 위해서는 이른바 소녀 취향의 조화나 평화 그리고 착함 따위를 절대적 선의 척도로 삼아서는 안 된다는 거지요. 때로는 전쟁과 끔찍한 폭력을 통해 인간성의 탁월함과 숭고가 드러날 때도 있다는 거지요. 그런데 근대는 이른바 휴머니즘이라는 깃발 아래 모든 종류의 폭력을 죄악시한 나머지 인간성의 숭고와 탁월함을 위해 반드시 필요한 삶의 에너지를 억압한다는 거예요. 그리고 이건 천민들의 음모라는 거지요. 니체의 관점에서 보자면 이를테면 기독교나 사회주의 운동은 보잘것없는 천민들이 탁월한 인간들을 시기해서 평등이라는 미명 아래 탁월한 인간들을 거세하려는 음모라고 할 수 있겠습니다.

니체가 슬픔의 정념을 혐오했던 것도 그것이 현저하게 나약한 자들의 정념이기 때문이에요. 중요한 문제는 인류 가운데 소수의 탁월한 사람이 얼마나 더욱 탁월하게 자기를 실현하느냐 하는 것이지, 천민들의 수가 아무리 많다 한들 그들의 고통이 어떤 것이냐 얼마나 크냐 하는 것이 아니라는 거지요. 그럼에도 불구하고 천민들은 그것이 가장 중요한 관심사가 되어야 한다는 듯이 자기들의 고통을 알아달라고 아우성을 치고 이것이 가치의 척도가 되어버린 게 우리 시대라는 거예요. 하지만 그렇게 모래알처럼 하찮고 보잘것없는 존재들이 아무리 착하고 선량하게 산다 한들 거기서 무슨 탁월하고 위대한 것이 나올 수 있겠어요?

『그리스 비극에 대한 편지』에서 거칠게 비판하기는 했지만, 사실 저는 니체의 근대성 비판에 대해 많은 부분 공감해요. 일리 있는 비판이죠. 하지만 그렇다 해서 그의 말을 액면 그대로 받아들여 슬픔이 약자들의 정념이고, 그걸 퍼트리고 선동하는 것이 나쁘다는 식의 말에 대해서까지 감동할 일은 없어요.

고명섭　그 이유를 좀 설명해주실 수 있겠습니까?

김상봉　두어 가지로 말씀드릴 수 있겠는데요, 먼저 니체가 슬픔의 정념과 기쁨의 정념을 이분법적으로 나눈 것부터가 썩 합당한 건 아니에요. 이를테면 그가 비판한 기독교의 원조인 예수가 슬픔의 사람이기는 했지요. 복음서에 보면 불쌍히 여긴다(σπλαγχίζεσθαι)는 말이 종종 나오는데, 그걸 보면 기독교가 슬픔의 정념을 선동한다는 니체의 말이 맞는 것처럼 보여요. 하지만 우리가 공정하게 이 문제를 살펴보려면 예수의 가르침 가운데 핵심이 기쁨이라는 것도 고려해야 해요. 복음이 뭡니까? 기쁜 소식이잖아요. 그리고 '항상 기뻐하라'는 것은 기독교의 가장 핵심적인 가르침이에요.

그러니까 예수에게서조차도 기쁨과 슬픔은 이분법적으로 나뉘는 게 아니에요. 삶에는 기뻐할 일도 있고 슬퍼할 일도 있잖아요. 그런데 그걸 이분법적으로 나누어 슬픔의 정념은 악이고 기쁨의 정념은 선이라는 식으로 말하는 것은 화끈하고 참신하게 들릴지는 모르겠지만 그다지 지혜로운 말은 아니라 해야겠지요.

고명섭 잠깐만요, 선생님. 제 편에서 이렇게 반론을 제기하듯이 말씀드려도 된다면, 니체가 편파적인 만큼 선생님도 편파적인 데가 있습니다.

김상봉 제가 슬픔의 철학이라고요?

고명섭 예. 그렇게 읽고 이해할 수밖에 없는 측면이 있지 않나요? 그래서 저도 그렇게 대비를 해본 거거든요. 수유너머의 기쁨의 철학과 김상봉의 슬픔의 철학이라고……

김상봉 하기야, 생각하니 할 말이 없긴 하군요. 제가 슬픔의 철학자이긴 하죠. 정신의 깊이는 오직 고통의 깊이라는 말은 제가 늘 입에 달고 사는 말 가운데 하나이고, 슬픔이 어떤 의미에서 선험론적 정념인지, 어떻게 우리가 슬픔 속에서 존재의 진리를 듣는지를 천착해왔으니까요. 물론 제가 슬픔의 철학을 추구한다 해도 아직은 갈 길이 멀지만, 지금 단계에서도 분명히 말씀드릴 수 있는 것이 몇 가지 있기는 있군요.

고명섭 미리 그렇게 이실직고를 하셨으면 좋았을 텐데요. 이건 농담이고요. 그게 뭔지 좀 말씀해주시면 도움이 되겠습니다.

김상봉 가장 먼저 강조하고 싶은 것은 제가 어떤 이유에서 슬픔에 집중하든지 간에 제가 슬픔을 말하는 것은 어떤 경우에도 개별자로서 저 자신의 개인적 슬픔이나 고통을 반추하는 것은 아니라는 사실입니다. 이걸 분명히 하지 않으면 처음부터 아무 말도 하지 않는 것이 낫겠지요. 사람들이 슬픔을 말할 때 너무 쉽게 자기의 사사로운 고통을 드러내는 것이 슬픔을 반추하는 것이라고 생각하거든요. 하지만 그건 나약한 정신의 자기연민이지 슬픔에 대한 철학적이고 이성적인 성찰과는 아무 상관이 없어요.

고명섭 그 차이를 좀더 분명하게 말씀해주시면……

김상봉 예를 들어서 말씀드리는 것이 좋겠군요. 기형도 시인의 시를 생각해보세요. 가끔 그의 시들은 과도한 자기연민을 드러내는데, 이를테면 「위험한 가계」 같은 게 대표적이에요. 그 시에서 시인은 자기 어릴

적 가난을 너무나 사실적으로 그려 독자의 눈물샘을 자극해요. 그래서 결과적으로 그 시인은 독자에게 자기를 위해 좀 울어달라고 시를 쓴 모양이 되었지요. 이런 일은 서정시의 형식 자체가 1인칭의 독백처럼 되어 있는 까닭에 쉽게 일어날 수 있는 일이긴 하지만, 시인에게 최소한의 자존심이 있다면 그런 일은 하면 안 돼요. 소월의 시들을 보세요. 겉으로는 울고불고 이별의 슬픔을 토로하는 것처럼 보이지만 실은 그의 시 어디에도 개인으로서 소월의 슬픔이나 고통은 드러나 있지 않아요. 그런 시인이 진짜 시인이지요.

하물며 철학이야 형식에서부터 사사로운 슬픔을 반추할 수 있는 가능성이 봉쇄되어 있잖아요. 그러니까 제가 슬픔에 대해 말한다는 것은 개인의 자기연민과는 아무 상관도 없어요. 그뿐 아니라 저는 굳이 시인이 아니라도 다른 분들이 슬픔에 대해 말할 때, 조금이라도 자기연민의 기미가 보이면 그 부분에 대해 비판적 거리를 드러내지요.

고명섭 어쩌면 서경식 선생님과의 대담에서도 그랬던 것이 아닐까 하는 생각이 드는군요.

김상봉 글쎄, 잘 모르겠지만 어쩌면 그분이 저에게 느꼈던 불편함 가운데 하나가 그런 차가움일 수도 있지요. 저는 그렇게 감정이 풍부하거나 예민한 감수성을 가진 사람이 아니에요. 정이 많고 부드러운 사람이라서 슬픔에 대해 말하는 것이 아니라고요. 제 편에서는 이유가 있기 때문에 인간의 슬픔을 존중하지만 그 슬픔이 자기연민으로 흐르는 것까지 존중하는 것은 아닙니다. 니체가 슬픔의 정념을 비판한 것이 자기연민을 비판한 거라면, 저는 기꺼이 니체 편이지요. 하지만 니체조차 자기연민에서 얼마나 벗어났는지 미지수니까, 그냥 웃고 마는 거지요.

고명섭 예, 니체의 그 자기연민……, 그렇습니다.

김상봉 아무튼 강건한 정신이 아니면 슬픔에 대해 말하면 안 돼요. 나약한 정신들이 슬픔을 반추하고 성찰할 경우엔 어김없이 자기연민으로 흐르거든요. 그래서 『그리스 비극에 대한 편지』에서도 앞부분에 그걸 못 박고 시작했잖아요. 서푼 가치도 없는 제 슬픔을 드러내지 못해 안달을 할 바에야 차라리 슬픔에 대해 침묵하는 것이 정신의 크기를 보여주는 거라고.

고명섭 슬픔에 대한 성찰이 자기연민이 되어서는 안 된다는 말씀은 충분히 이해합니다. 그럼 선생님이 슬픔을 반추하시는 까닭은 뭡니까?

김상봉 그 답이야 철학이 뭔지를 생각하면 짐작할 수 있는 거죠. 철학이 보편학이잖아요. 그러니까 슬픔이 오직 보편적인 사태인 한에서 그것에 대해 철학적으로 성찰할 이유가 생기는 거예요.

고명섭 조금 더 구체적으로 말씀해주신다면…….

김상봉 먼저 슬픔이 나 개인의 사사로운 정념이나 체험이 아니라 보편적 체험이고 정념인 한에서 철학적으로 성찰할 가치가 있겠지요. 철학이 공리공담이 되지 않으려면 현실에 뿌리박고 있어야 하잖아요. 현실에 대한 응답이어야 하고. 그럼 그 현실이 뭐겠어요? 오직 고통만이 의미 있는 현실이에요. 고통만이 내 삶에 절실한 현실성을 부여하는 것이고, 더 나아가 너의 고통과 나의 고통이 겹치고 만나는 곳이 너와 내가 같이 속하는 세계가 열리는 지평이에요.

고명섭 다소 막연하게 들릴 수도 있고, 문학적 은유 아니냐고 비판도 할 수 있는 말씀입니다만…….

김상봉 꼭 그렇지는 않아요. 철학에서 오랫동안 솔립시즘(solipsism), 곧 나홀로주의란 것이 하나의 난문으로 전해져 내려오는데, 이 물음이 묻고 있는 것이 정확하게 무엇인지는 그렇게 분명하지 않지만, 아무튼 우리가 경험하는 모든 세계가 정말로 존재하는 것이냐, 이게 문제라면 그 물음에 대답하는 것은 불가능하겠지요. 세계란 라이프니츠에 따르면 모나드가 표상하는 것일 뿐이고, 불교에 따르면 무명(無明)으로 말미암아 마음이 꿈을 꾸는 것에 지나지 않는다 하잖아요. 그렇게 한갓 꿈과 표상에 지나지 않을 수도 있는 세계가 우리에게 절실한 의미를 가지는 까닭이 뭐겠어요?

수동적으로 당하는 고통 때문이지요. 예를 들어 내가 극장에서 끔찍한 내용의 영화를 보다가 불편하면 극장에서 나오면 그만이지요. 지금은 극장에 가서 영화를 보지만 과학 기술이 발달하면 언젠가 내가 집에서 의자에 앉아 사이버 세계 속으로 들어가 영화 속의 주인공이 되어 그것을 체험하는 방식으로 영화를 볼 수도 있겠지요. 하지만 어떤 경우든 내가 불편하면 거기서 나올 수 있으니까 나는 그걸 현실이 아니라 영화라고 생각하는 거지요. 그런데 라이프니츠나 불교의 세계관에 따르면, 실은 우리 삶이 그렇게 사이버 영화를 보는 것과 같아요. 모나드는 창문이 없어요. 그러니까 외부 세계라는 것은 실제로는 없는 거라고요. 나에게 그냥 그렇게 표상되는 거지. 그런데 그 세계가 내게 절실한 의미를 가지는 까닭이 뭐겠어요? 고통 때문이지요! 내가 수동적으로 당하면서 임의로 빠져나올 수 없는 고통 말이에요.

비트겐슈타인이 모든 나는 하나의 세계라고 했지만, 엄밀하게 말하자면 세계가 나만의 것은 아니잖아요. 너와 내가 공유하니까 세계라는 거지! 하지만 그렇다고 해서 처음부터 너와 내가 공유하는 하나의 세계가 자명하게 주어져 있다고 생각할 수도 없어요. 우리는 각자의 경험 속에 갇혀 있고 나는 한 번도 남이 되어본 적이 없는데, 나와 남이 같은 세계를 가진다는 것을 어떻게 확신할 수 있어요? 그건 사실 일종의 독단적 가정일 뿐이지 철학적으로 보자면 결코 자명한 전제가 아니거든요. 물리적 세계가 주어져 있다고 가정하고 그 세계를 탐구하는 것이 과학이라면, 철학은 그렇게 세계를 주어진 사태로서 전제하고 시작할 수 없어요. 철학은 무전제의 근본학이니까 이 경우에도 세계는 엄밀하게 근거 지어져야 할 과제이지 자명한 전제로서 받아들일 수는 없기 때문이에요.

하지만 그렇다고 해서 우리가 하나의 세계에 속한다는 것을 부정할 수 있는 것도 아니에요. 그것 역시 독단적 가정이기는 마찬가지니까요. 분명한 건 너와 내가 공존하고 공유하는 세계는 이것이다 또는 저것이다 하고 고정되어 주어진 것이 아니라는 거예요. 마치 한 사람의 경험적 세계가 협소한 한계에서부터 더욱 확장되는 것처럼 너와 나 공동의 경험 세계도 그런 것이라 할 수 있겠지요. 그래서 철학의 과제는 선험론적 관점에서 보자면 자폐적인 모나드로서 외따로 떨어진 섬처럼 홀로 있을 수도 있는 자아들이 어떻게 하나의 세계를 열어갈 수 있는지 그 가능성의 조건을 탐구하는 거예요.

비트겐슈타인의 말처럼 모든 내가 하나의 세계라고 말하지 않고 너와 내가 하나의 세계를 가져야 한다면, 그 세계가 어떻게 열리는 것이겠어요? 라이프니츠는 모든 자아를 창문이 없는 모나드라고 주장했지요. 우리 모두는 각자 자기 속에서 일어나고 펼쳐지는 표상의 파노라마를 지각할 뿐이지 바깥 사물과 실제로 관계하는 건 아니라는 거예요. 자폐증 환자라는 말과 같지요. 그런데 그럼에도 불구하고 우리가 공동의 세계를 가질 수 있는 것은 동일한 존재를 표상하고 있기 때문이에요. 우리 각자는 세계를 비추는 거울과 같은데, 다만 다른 관점 다른 각도에서 세계를 비추고 있다는 거지요. 하지만 존재하는 모든 것이 모나드이고, 모든 모나드는 창문이 없다면, 공동의 존재가 어디 있겠어요? 그냥 각자가 자기 속에서 꿈을 꾸는데, 서로 겹치는 꿈을 꾼다고 말하는 것이 더 그럴듯하겠지요. 하지만 비슷한 꿈을 꾸는 것이 과연 공동의 세계, 공동의 존재 지평을 여는 거라고 할 수 있겠어요? 삼성 반도체 공장에서 백혈병을 얻은 여성 노동자와 그런 삼성을 지배하는 이건희가 서로를 개인적으로 전혀 알지 못하는 관계인데 서로 다른 곳에서 같은 영화를 본다고 해서 그들이 같은 세계에 속한다고 말할 수 있습니까? 그리고 그때 같은 세계에 속한다는 것이 뭘 의미할 수 있겠어요?

제가 이렇게 장황하게 라이프니츠를 거론한 건, 그의 철학이 틀렸다고 끝까지 반박하기 위해서가 아니에요. 많은 사람들이 그의 생각이 그럴듯하다고 생각할 수도 있지요. 적어도 논리적 정합성이 문제라면 저도 그의 생각이 전혀 불가능한 공상이라고 생각하진 않아요. 누가 알겠어요? 우리 모두가 실은 자기 속에 자폐적으로 갇혀 꿈을 꾸는 게 우리의 인생일지! 그런데 라이프니츠가 이렇게 생각한 까닭은 다른 무엇보다 자아의 능동성과 자족성을 확립하기 위해서였어요. 부정적으로 표현하자면 자아가 수동성에 빠지지 않게 하기 위해서였던 거지요. 그 결과 그는 세계를 가장 극단적으로 파편화해야만 했어요. 수동성에 빠지지 않게 하자니 처음부터 관계를 끊는 수밖에 없었던 거지요.

하지만 세계가 뭐예요? 관계의 총체이고 만남의 총체잖아요? 서로 역동적으로 관계하는 만큼, 그리고 만나고 있는 만큼 공동의 세계가 열리는 거지요. 이건 누구라도 쉽게 생각할 수 있는 일이에요. 그런데 여기서 제가 강조해서 보태고 싶은 말은, 내가 경험하는 일들이 한갓 꿈이 아니라 현실적 존재인 것은 고통의 경험 때문이고, 너와 나의 경험이 별개의 사태가 아니라 공동의 세계에 속하는 것은 너와 내가 고통을 공유하기 때문이라는 것입니다. 그 고통의 공동성이야말로 너와 내가 공통된 세계에 속한다는 증거예요. 나의 고통이 나의 경험의 현실성을 보여주는 거라면, 너와 나 공통의 고통이 공통의 세계를 열어주는 열쇠라는 말이지요.

이건 비단 공간적 의미의 공통적 세계 지평에 대해서뿐 아니라 시간적 의미의 세계 지평, 곧 역사에 대해서도 똑같이 적용할 수 있는 원칙입니다. 그러니까 공간적 의미에서뿐 아니라 시간적 의미에서도 보편적인 세계 곧 역사는 내가 다른 사람들의 과거 고통에 참여하는 한에서만 열린다는 거예요. 만약 우리가 과거 타인의 고통에 대해 아무런 공감도 느끼지 못하고 삶을 산다면 역사는 없겠지요. 역사는 오직 고통의 전승, 고통의 연속성에 존립하는 거예요.

고명섭　그렇게 집요하게 전 방위적으로 고통을 존재와 역사의 근본 개념으로 놓으시면서 슬픔의 철학이 아니라고 잡아떼시려 했다니……. 이젠 고통이 역사의 지평이기도 하군요.

김상봉　예. 그런 점에서 역사서술의 관점과 이유가 바뀌어야 해요.

함석헌 식으로 말하자면 모든 역사서술의 선험론적 지평은 수난사예요. 고통의 연속성이 시간의 지속이고 역사라는 뜻이지요. 고통의 연속성 속에서 비로소 우리는 역사와 만나게 됩니다. 이를테면 5·18에 대해 우리가 아무리 많은 사실적 정보를 수집한다 하더라도 그때 수난받은 사람들의 고통에 아무런 공감도 느끼지 못한다면 5·18과의 만남은 없는 거지요. 경험적인 순서에서 보자면 사실 인식이 먼저인 것처럼 보입니다. 사실에 대한 인식이야 정도의 차이일 뿐 너 나 할 것 없이 가질 수 있지만 고통에 대한 공감은 아예 없을 수도 있으니까요. 하지만 선험론적 지평에서 고찰하자면 만남이 인식보다 더 근원적인 지평이에요.

고명섭 예.

김상봉 공간과 시간부터가 만남 속에서 우리에게 열리는 거지요. 만남의 지평 이면에 그 자체로서 공간과 시간이 어떤 것인지 우리는 알 수 없어요. 그런 점에서 만남은 인식과 세계의 선험론적 지평이에요. 그리고 우리에게 존재가 시간과 공간의 지평에서 열리는 것이라면, 결국 존재 역시 만남 속에서 열리는 거지요. 이런 의미에서 존재의 선험론적 근거는 만남이에요.

고명섭 말씀을 끊어서 죄송합니다만, 이 문맥에서 선험론적 근거라는 말을 좀 설명해주시면 듣는 사람들에게도 도움이 되지 않을까 합니다. 존재의 근거라고 간단히 표현하지 않고 굳이 선험론적 근거라고 말씀하시는 까닭이…….

김상봉 그 이유는 이런 거지요. 이 세계가 꿈이든 현실이든 뭐든지 간에 내가 이 세계를 창조한 건 아니잖아요. 그런 의미에서 사람들이 세계의 객관적 근거를 묻는 것은 자연스러운 일이에요. 그런데 엄밀하게 말하자면 세계는 절대적인 의미에서 객관적으로 존재하지 않아요. 다시 말해 세계의 있음이 그 자체로서 있음이 아니라는 거지요.

고명섭 그 자체로 있음이 아니라면…….

김상봉 '나에게 주어져 있음'이에요. 『자기의식과 존재사유』에서 해명했던 것처럼, 존재가 그 자체로서 있음이 아니라 나에게 주어져 있음이란 다른 누구보다 칸트에 의해 일어난 사고방식의 전환이었는데, 철학의 역사에서도 가끔 되물릴 수 없는 전환이 있어요. 이것도 그런 거지요.

그런데 이처럼 세계의 있음이 나에게 주어져 있음인 까닭에 내가 특별한 의미에서 존재의 근거가 될 수 있습니다. 어떤 의미냐면 주어져 있음의 근거가 되는 거지요. 세계가 그 자체로서 무엇인지는 주어지기 전에는 알 수 없어요. 그것을 있다고 말해야 할지 없다고 말해야 할지조차 알 수 없지요. 세계는 나에게 주어지고 내 속에서 열리는 한에서만 있을 수도 있는 거예요. 하지만 그 세계가 그냥 자동적으로 주어질 수 있는 게 아니라는 것을 깨달은 사람이 칸트였지요. 필름 카메라에 아무 비닐이나 말아 넣는다고 사진이 찍히는 것은 아니잖아요. 세계 역시 우리가 눈을 뜨고 있다 해서 우리에게 그냥 주어지는 것은 아니라는 거예요. 세계가 나에게 주어지기 위해서도 내가 그 세계를 받아들일 수 있어야 합니다. 그래야 비로소 세계가 세계로 열리는 거예요.

그렇게 세계가 열리는 지평과 조건이 선험론적 근거입니다. 그런데 칸트는 그 선험론적 근거를 나의 자기의식에서 찾았어요. 고립된 나, 홀로주체인 나의 자기의식 말이에요. 그리고 이건 제가 누누이 비판했듯이 그 뒤 다른 철학자들의 경우에도 마찬가지였습니다. 그에 반해 저는 나의 자기의식이 아니라 너와 나의 만남이 세계 존재의 선험론적 근거라는 거예요. 왜냐하면 나 자신부터가 너와의 만남 속에서 나로서 존재하게 되는 것이니까요.

고명섭 그리고 고통과 슬픔이 만남의 본질적 계기에 속한다는 것이고요.

김상봉 그렇습니다. 그런 의미에서 슬픔이 존재의 선험론적 근거라는 말이지요. 철학은 언제나 최종적 근거를 물어왔습니다. 그런데 『서로주체성의 이념』에서도 말했듯이 철학은 동서양을 막론하고 존재의 근거를 탐구한다면서 사물적 규정 근거를 탐구해왔어요. 하지만 그건 과학자들이 사물의 세계를 해명할 때는 유익한 탐구 방식일 수 있지만, 인간의 삶이 열리는 세계를 해명해주지는 못해요. 그리고 사물의 세계는 인간적 삶의 세계가 단순화되고 퇴화된 차원이지 결코 그것이 인간의 삶을 근거 지을 수는 없어요. 인간의 삶의 세계엔 사물의 세계에는 결코 없는 것들이 있기 때문이에요. 그럼에도 불구하고 사물적 세계의 요소들로 인간의 삶의 세계를 설명하겠다는 것은 무로부터 존재를 설명하려는 것과 같이 허망한 시도일 뿐입니다.

고명섭 제가 처음에 기쁨의 철학과 슬픔의 철학을 대비했을 때는 사실 이런 말씀을 들을 거라고 예상했던 것은 아니었는데, 예상 밖으로 많은 문제들이 얽혀 있군요.

김상봉 이야기가 너무 추상적으로 흘렀지요? 선생님이 좀 바로잡아주시지요.

고명섭 아닙니다. 저는 이런 이야기야말로 선생님의 철학을 제대로 이해하기 위해 필요하다는 생각이 듭니다. 다만 한 가지 아쉬운 것이 있다면 슬픔에 대해서는 선생님의 입장을 어느 정도 이해하겠는데, 선생님의 철학에서 기쁨의 위상은 어떤 것인지가 여전히 궁금합니다. 처음 질문을 꺼냈을 때 의도도 둘을 대비하면 어떻게 될까 하는 것이었으니까요.

김상봉 예. 그럼 기쁨에 대해 생각을 좀 정리해보지요. 먼저 제가 기쁨을 죄악시하는 건 아니에요. 이런 말은 할 필요도 없는 말이겠지만……. 제가 무슨 엄숙주의자여서 기쁨을 죄악시하고 슬픔에 몰입하는 건 아니라는 뜻입니다. 기왕 존재론적으로 이야기가 전개되어왔으니까 이 문맥에서도 이어서 말씀을 드리자면, 제가 기쁨이 아니라 슬픔에서 철학적 사유를 시작하는 것은 타인의 슬픔 또는 보편적 슬픔의 소리가 존재의 소리이기 때문이에요. 그 소리를 들을 때 나는 존재의 소리를 듣는 것이고, 나의 닫힌 방에서 나와 세계와 만나게 되는 거예요. 다시 시를 하나 읽어드릴게요. 신경림 시인의 「일출」이라는 시입니다.

어둠을 밀어올리며 두 어깨로 밀어올리며
바다 위에 산 위에 공장 지붕 위에
해는 뜨고 헐떡이면서 해는 뜨고
파도에 실려 바람에 실려
솔나무에 전나무에 가시나무에
모래밭에 골목길에 벽돌담 헌 누더기에
햇빛은 부딪치고 엉겨붙고 매달리면서
외쳐댄다 잊지 말라 잊지 말라고
간밤의 어둠을 지겹던 고통을 잊지 말라고
어둠을 쫓으면서 발을 굴러 쫓으면서
피멍 든 부르튼 손 서로 깍지 끼고
해는 솟아 아우성으로 해는 솟아
울음에 실려 노래에 실려
빈 들판 비린 어물전 번잡한 거리를
공사장 자전거포 젖은 뱃전을
햇빛은 끌어안고 어루만지고 볼 비비고
외쳐댄다 잊지 말라 잊지 말라고
치욕의 나날 부끄럼의 역사를 잊지 말라고
어둠을 몰아내면서 몸부림으로 몰아내면서
까치떼 갈매기떼 참새떼 더불어 둘레 짜고
해는 뜨고 눈물에 젖어 해는 뜨고[29]

햇빛이란 플라톤에게서부터 존재의 진리의 은유지요. 그중에서도 아

---

29 신경림, 앞의 책, 232쪽.

침 햇빛이라잖아요. 최초의 존재의 빛인 거지요. 그런데 여기서 시인이 아침 해로부터 들은 소리가 뭡니까? "잊지 말라"는 거잖아요. 저는 그것이 존재의 음성이라 생각해요. 여기까지는 플라톤도 같아요. 그에게도 철학은 기억하는 것, 회상하는 것이었지요. 그런데 뭘 회상하라는 거예요? 플라톤은 이데아라고 가르쳤지요. 존재의 순수하고 완전한 근거를 잊지 말고 회상하라고. 하지만 이 시에서 시인이 요구하는 기억과 회상의 대상은 다르지요. 우리가 기억해야 할 것은 지난날 타인의 고통이에요. 까닭이 뭐겠어요? 플라톤은 불완전한 것의 근거가 완전한 존재라는 것밖에 몰랐던 사람이에요. 그 말에 담긴 숭고한 의미를 저도 모르지는 않아요. 그러나 기억에도 순서가 있지요. 완전한 것을 기억하기 전에 먼저 기억해야 할 것은 타인의 고통이라는 거예요.

고명섭 왜 하필 타인의 고통일까요?

김상봉 타인의 고통이야말로 내 존재의 직접적 근거이기 때문이고, 그 고통에 참여함으로써만 나는 하나의 주체로서 세계 내에 존재하게 되기 때문이에요. 이런 의미에서 타인의 고통에 공감하는 것, 같이 슬퍼하는 것은 나와 세계의 존재론적 근거인 거지요. 타인의 고통을 잊지 않는 것, 그것으로부터 세계가 열리기 때문입니다. 그래서 그게 존재의 진리예요. 햇빛인 거지요.

고명섭 기쁨은 왜 안 됩니까? 타인의 기쁨에 참여하는 것은 어떻습니까?

김상봉 순서가 슬픔이 먼저니까요.

고명섭 …….

김상봉 슬픔을 나누는 것뿐 아니라 기쁨을 나누는 것도 만남의 중요한 계기인 것은 틀림없습니다. 그뿐 아니라 슬픔을 나누는 것보다 기쁨을 나누는 것이 더 어려운 경우도 많지요. 하지만 그럼에도 불구하고 만남에서 기쁨이 아니라 슬픔을 나누는 것이 먼저인 것은 어쩔 수 없는 순서입니다.

고명섭 왜 그렇습니까?

김상봉 그걸 여기서 다 말씀드릴 수는 없겠지만, 한 가지 가장 핵심적인 것은 슬픔이 수동성의 장소이고 자기부정성의 장소이기 때문이에요. 그래서 그게 처음이 될 수밖에 없지요. 수동성 속에서만 존재가 열리니까요. 내가 너와 기쁨을 나누든 슬픔을 나누든, 내가 너와 만나고 무언가를 나누기 위해서는 내가 너에게로 건너가야 할 것 아니겠습니까? 그 건너감이 존재의 선험론적 지평이거든요. 내가 순수한 자기동일성 속에 머물러 있다면, 그런 경우엔 나의 자기의식도 너와의 만남도 그리고 존재의 진리도 열리지 않습니다.

그런데 기쁨이든 슬픔이든 엄밀하게 말하자면 반성적 정념이기는 마찬가지예요. 다시 말해 기쁨과 슬픔은 직접적인 쾌락이나 고통 그 자체가 아니라 그것들에 대한 반성 속에서 발생하는 정념이라는 말이지요. 구체적으로 보자면 기쁨은 쾌락의 확인에서 옵니다. 그래서 쾌락의 자기관계가 기쁨이라고 말할 수 있겠지요. 이에 반해 슬픔은 고통의 자기관계라 할 수 있겠습니다. 이렇게 보면 둘 다 반성적 자기관계라는 점에서는 마찬가지인 것처럼 보이지만, 결정적인 차이가 하나 있습니다.

고명섭 예.

김상봉 고통의 자기관계는 부정적 자기관계입니다. 고통이 고통을 반성하고 확인하는 순간 그것을 부정하는 것이 고통이고 슬픔이에요. 그래서 니체가 『차라투스트라는 이렇게 말했다』에서 그랬잖아요. "고통은 말한다! 사라져라!"(Weh spricht: Vergeh!)[30]

고명섭 예.

김상봉 이에 반해 쾌락은 자기를 확인할 때 그것의 영원한 지속과 확장을 원하지요. 그래서 이번에도 니체가 이걸 그렇게 말했지요. "하지

---

30 프리드리히 니체, 『차라투스트라는 이렇게 말했다』, 정동호 옮김, 책세상, 2000, 378쪽.

만 모든 쾌락은 영원을 원한다!"(Doch alle Lust will Ewigkeit!)

고명섭 예, 그랬지요.

김상봉 사실 니체는 이렇게 쾌락과 고통을 대비할 때, 쾌락이 고통보다 더 깊고 심오하다는 말을 하려 했던 거예요. "쾌락은 영혼의 슬픔보다 더욱 깊다!"(Lust tiefer als Herze leid!)는 게 니체 말이었지요. 하지만 저는 같은 사태에 대해 그와 정반대로 말하려는 것입니다.

추상적으로 일반화해 말하자면 기쁨이 자기긍정과 자기동일성의 정념이라면 슬픔은 자기부정의 정념이에요. 순수한 자기동일성 속에는 존재도 자아도 없습니다. 서양 철학이 불가능한 시도를 하고 있다고 제가 늘 비판해온 것이 그거잖아요. 그네들이 자기동일성 속에서 자아와 존재의 진리를 확보하려 한다고 말이에요. 그러니까 니체가 쾌락이 더 깊다고 말한 게 옳든 그르든 간에 한 가지는 분명한데, 쾌락은 자기를 부정하고 넘어서지 못합니다. 기쁨은 자기를 부정하지 않죠. 계속 머무르고 지속하려는 것이 기쁨입니다. '영원히! 계속 이대로!' 이게 기쁨의 구호예요. 그래서 타자성을 알지 못하는 자기동일성이야말로 기쁨의 본질적 징표입니다. 하지만 타자성과 자기부정성이 일어나지 않는 곳에는 존재의 진리도 만남의 진리도 일어날 수 없어요.

하지만 슬픔은 달라요. 슬픔은 언제나 슬픔을 부정하고 기쁨을 지향하기 때문에 슬픔이거든요. 슬픔이 슬픔에 집착하고 계속해서 슬픔에 머무르기를 원한다면, 그건 이미 슬픔이 아니지요. 벗어나고 싶으니까 슬픔이고 고통인 거예요. 기쁨의 감정이 갖고 있지 않은 슬픔의 힘은 바로 그 자기부정성에 있습니다. 그렇지 않고 자기동일성 속에서 자기에게 머무르고 자기를 확장하려는 슬픔은 슬픔이 아니고 우울증일 뿐이에요. 그건 욕망의 그림자이지 슬픔이라고 말할 가치도 없지요. 방법론적으로 보자면 바로 이 자기부정성 때문에 슬픔이 만남의 진리 그리고 존재의 진리가 드러나는 장소가 될 수도 있는 거지요.

고명섭 슬픔과 우울증을 구분하는 것이 흥미롭습니다.

김상봉　자기의식의 근원에서 보자면 나와 쾌락이 따로 있는 것도 아니고 나와 고통이 따로 있는 것도 아닙니다. 그건 아직 반성 이전의 감각이니까 나와 쾌락 그리고 나와 고통은 아직 분리되지 않은 하나로 있다고 해야겠지요. 그렇게 분리되지 않은 하나가 타자성 속에서 분리될 때 비로소 반성이 일어나고 자기의식이 발생하고 또 만남이 일어나는 겁니다. 그렇다면 이런 최초의 분리가 일어나는 감각이 쾌락을 통해서겠어요, 아니면 고통을 통해서겠어요? 당연히 고통이지요. 고통은 그 자체로서 자기부정성을 본질적으로 품고 있거든요. 니체가 말했듯이 고통은 "사라져라!"고 말하는 것이니까. 누구에게 말하는 겁니까? 자기에게, 고통 자신에게 "꺼져라!"고 말하는 거잖아요. 이 부정성이야말로 존재를 최초로 열어주는 자기거리입니다. 이 자기거리로부터 나도 너도 세계도 존재도 열리는 거지요.

슬픔이란 고통이 자신을 향해 "사라져라!"고 외치면서 느끼는 자기거리의 의식입니다. 그 거리가 존재의 자기거리인데, 이것을 가장 먼저 감성적 차원에서 의식하는 것이 슬픔이에요. 기쁨은 그런 고통에 비하면 이차적이고 파생적인 정념이지요. 고통이 자신을 향해 "사라져라!"고 외치면서 동시에 무엇을 욕구하겠어요? 고통의 반대를 욕구하지 않겠어요? 그것이 쾌락이지요. 엄밀하게 말하면 쾌락은 내용이 없는 개념입니다. 그것은 고통의 반대로서만 존립하고, 결핍의 충족으로서만 일어나기 때문에 고통이나 결핍에 언제나 의존하는 감각이지요. 그런 의미에서 에피쿠로스가 쾌락을 고통의 부재 상태라고 규정한 건 우연이 아니고 쾌락의 본질을 정확하게 꿰뚫어 본 결과라고 할 수 있습니다.

하지만 이렇게 말한다 해서 제가 기쁨의 가치를 부정하려는 것은 결코 아니에요. 슬픔이 아무리 근원적인 정념이라 생각하더라도, 슬픔에 집착하거나 슬픔을 선동하지는 않아요. 왜냐하면 슬픔은 그 자체로서 자기부정적인 정념인 까닭에 언제나 자기의 반대인 기쁨을 지향하는 것이기 때문이지요. 그런 의미에서 제가 처음에 말씀드린 대로 과연 기뻠의 철학과 슬픔의 철학을 이분법적으로 나눌 수 있는 것인지는 여전히 의문이에요.

도리어 저는 기쁨의 철학을 한다는 사람들에게 과연 참된 기쁨이 무엇이며 어떻게 실현되는지를 묻고 싶어요. 문제는 기쁨과 슬픔을 이분법적으로 구분하는 것이 아니고 어떻게 하면 슬픔에서 기쁨으로 건너갈 수 있느냐 하는 거니까. 제가 다른 사람은 몰라도 니체가 기쁨과 슬픔에 대해 말할 때 그게 통 미덥지 않은 것은, 그가 감정적으로 슬픔의 정념을 비난하는 건 알겠는데 어떻게 기쁨을 실현할 수 있는지 그건 잘 모르겠기 때문이에요. 아니, 그가 하는 말을 전혀 못 알아듣겠다는 뜻이 아니라 그 말이 그다지 설득력이 없다는 뜻에서요.

고명섭 저도 니체를 읽으면서, 니체 삶을 들여다보면서 그런 생각을 많이 했습니다. 니체를 기쁨의 철학의 원조라고들 이야기하는데, 니체의 삶은 슬픔과 고통으로 가득 찬 삶이고 니체라는 사람은 슬픔과 고통 속에 미쳐버린 사람이지요. 그런 사람이 기쁨을 이야기하고, 춤추는 신을 이야기하는데, 니체가 말하는 춤추는 신을 저 개인적으로는 깊이 실감하지 못했어요. 그것은 아주 극심한 고통 속에서 부르는 이름이고 또 동경이 아닌가 하는 느낌을 받았는데, 다만 저는 그런 입지점은 가능하다고 생각합니다. 슬픔에서 시작해서 이 가득 찬 슬픔을 어떻게 줄여나갈 수 있는가, 마찬가지로 이 기쁨을 어떻게 넓혀나갈 수 있는가 생각할 수 있겠지요. 철학적 사유의 출발점에 대한 이해가 없어서 그런지 모르지만, 그렇게 시작할 수 있지 않을까…….

김상봉 앞에서도 말씀드린 대로 기쁨에서 출발해서는 타자성으로 나아가지 못합니다. 기쁨의 자기확장이 있을 뿐이지요. 오직 슬픔만이 자기 속에서 자기를 부정합니다. 이게 제가 슬픔의 철학과 기쁨의 철학이 '출발점만 다를 뿐 서로 만날 수 있다'고 생각하지 않는 까닭입니다. 『그리스 비극에 대한 편지』에서도 말했지만, 니체가 기쁨을 추구하는 방식이 추상적으로 표현하자면 타자를 부정하고 자기를 확장하라는 거지요. 기쁨의 자기긍정, 자기확장 그리고 슬픔의 극복과 부정 아니겠어요? 하지만 그렇게 자기동일성 속에 유폐된 기쁨이나 쾌락은 플라톤이 『파르메니데스』에서 순수한 '하나'는 마지막엔 하나도 아니고 있지도 않게 된다고 말한 것과 같은 운명에 처할 수밖에 없어요. 쾌락은 자기동일성 속에서 영원히 자기를 확장하려고 하지요. 그러나 그 끝은 쾌락의 종말이지요. 예를 들어 맛있는 음식을 맛있다고 해서 먹고 먹고 또 먹으면 어떻게 되겠어요?

고명섭 선생님, 여기서 제가 고백하자면, 저는 들뢰즈 철학에 대해서 일종의 교양으로서 관심을 쭉 가져왔지만 한 번도 전면적으로 긍정해본 적은 없습니다. 다만 제가 풍문으로 들은 것이 아니라 텍스트로 읽었을 때 받았던 느낌은 사람들이 일반적으로 말하는 것과는 조금 달랐습니다. 텍스트와 삶을 함께 읽어본다면, 니체든 스피노자든 거기서 기쁨의 철학을 끌어낼 수도 있지만 꼭 그렇게만 볼 일은 아니라는 생각을 했습니다.

김상봉 그렇게 기쁜 삶을 산 것은 아니었다는 뜻입니까?

고명섭 그렇습니다. 그리고 기쁨의 철학으로 해결하기에는 이 세상의 고통과 어려움이 너무 많다고 느꼈습니다. 다만 제가 일종의 문제 제기로서 기쁨의 철학과 슬픔의 철학을 대비해서 질문을 드렸던 것은 아까도 말씀드렸듯이 중간 과정으로서, 거쳐야 할 과정으로서 그런 대비도 의미가 있지 않을까 생각했기 때문입니다.

서로주체성의 관점에서 본 쾌락과 기쁨

김상봉 그럼 중간 과정을 지나 결론적으로 선생님이 묻고 싶었던 것은 무엇입니까?

고명섭 글쎄 결론에 해당하는지 어떤지는 모르겠으나, 저는 선생님이 아까 기쁨의 철학을 말하는 사람들이 과연 어떻게 기쁨을 얻으려 하는지 모르겠다고 말씀하신 것으로 돌아가서, 선생님의 입장에서는 그렇다면 기쁨이 무엇이며 어떻게 기쁨을 얻을 수 있다고 생각하시는지 그걸 좀 듣고 싶습니다. 저도 슬픔의 철학과 기쁨의 철학을 이분법적으로 구분하기 위해 질문을 드렸던 것은 아닙니다. 슬픔이 왜 중요한가 하는 것을 설명해주셨으니, 이제는 서로주체성의 관점에서 기쁨이 무엇인지를 말씀해주시면 좋겠습니다.

김상봉 그 문제에 관해 가장 먼저 하고 싶은 말은, 사람들이 쾌락이나 기쁨을 너무 오랫동안 오해하고 살아왔다는 겁니다.

고명섭 어떤 의미에서 그렇습니까?

김상봉 먼저 부정적으로 말씀드리자면, 만남을 배제한 채 기쁨이나 쾌락을 추구해왔기 때문입니다. 다시 말해 진정한 쾌락이나 기쁨이 만남에 있다는 것을 정말로 너무도 잊고 있다는 뜻입니다. 그러니까 제가 비판해온 홀로주체성이란 단순히 인식의 차원에만 해당하는 것이 아니고 정념과 욕망의 차원에서도 똑같이 일어나는 거지요. 이걸 구체적 사례를 들어 말하기 시작하면 한이 없을 테니, 저는 여기서 프로이트에 국한해서 이 문제를 생각해보고 싶습니다. 아무래도 그가 인간의 욕망에 대한 학문적 분석의 문을 연 사람이라고 말할 수 있을 테니까요.

이와 더불어, 저의 입장에서 프로이트에 대해 생각할 가치가 있는 또다른 이유는 그가 인간의 자아형성을 인격적 타자와의 관계에서 고찰했기 때문에 인격적 타자를 알지 못하는 철학의 홀로주체성을 이론적으로 극복한 것이 아닌가 생각하는 사람들이 많다는 것입니다. 제가 이 문제에 대해 명시적으로 언급하지는 않았지만, 실은 서로주체성을 입에 올리기 시작한 뒤에 아주 일찍부터 들어온 비판적인 물음 가운데 하나가, 프로이트 이후 현대 철학은 너무도 자명하게 인격적 타자와의 관계 속에서 자아의 형성을 해명하려 하지 않느냐 하는 거였거든요. 여기서 그런 질문들까지 고려하면서 욕망에 대한 프로이트적 관점에 대해 한두 마디 보태고 싶습니다.

고명섭   저도 그것이 늘 궁금했습니다. 오이디푸스 콤플렉스부터 시작해 프로이트가 구사하는 분석틀이 인격적 타자와의 관계 아닙니까?

김상봉   예. 하지만 그것 자체가 특별한 것은 아닙니다. 사람이 고립되어 홀로 존재할 수 없다는 걸 누가 모르겠어요? 사람이 다른 사람과의 관계 속에서 존재한다는 사실 자체를 확인하는 것이 아니라, 사람과 사람 사이의 관계를 어떻게 규정하느냐 하는 것이 중요한 문제겠지요. 그런데 의식의 차원이냐 무의식의 차원이냐 하는 차이를 도외시하고 보자면, 자아의 주체형성을 인격적 타자와의 관계에서 해명한 것은 이미 헤겔에게서 시작된 일입니다. 문제는 헤겔이든 프로이트든 타자와의 인격적 관계를 사물적 관계로 환원해서 분석한다는 겁니다. 다시 말해 나와 너의 관계도 나와 그것의 관계가 되어버린다는 거지요. 주체와 객체 또는 대상의 관계가 되어버린다는 말씀입니다.

고명섭   조금 더 구체적으로 설명해주시면 좋겠는데요.

김상봉   제가 프로이트 전문가는 아니지만 이 문맥에서 어쩔 수 없이 프로이트의 자아 또는 주체 개념에 대해 몇 마디 해야겠습니다. 요점만 간단히 말씀드리면, 프로이트는 데카르트나 칸트에게서 볼 수 있는 엄밀한 주체 개념을 확립하지 못했습니다. 그럼에도 불구하고 그는 자아에 대해 말했고 이것이 현대 철학에 심각한 오해를 불러일으켰지요.

고명섭   선생님, 처음부터 도발적인 발언을 하십니다. 어떤 의미에서 프로이트에게서 주체 개념이 엄밀하게 확립되지 않았다는 뜻입니까?

김상봉   프로이트가 주체와 실체를 엄밀하게 구별하지 않기 때문에 그렇습니다.

고명섭   주체와 실체…….

김상봉   데카르트 이래, 아니 더 정확하게는 칸트 이래 주체를 실체와 구별하는 것은 의식철학의 가장 기본적인 상식입니다. 데카르트는 주체로서 자아의 영역을 최초로 개방한 철학자였으나, 모든 시원이 그렇듯이 그의 자아에는 과거의 흔적이 남아 있습니다. 무슨 말이냐면 그는 자아를 순수한 생각의 활동으로 정립하면서 동시에 그것을 실체로 간주했다는 겁니다. 그가 자아를 생각하는 사물(res cogitans)로 불렀다는 것은 잘 알려진 일이지요. 그래서 그에게서는 자아가 사물적 실체인지, 아니면 순수한 사유 활동인지가 해명되지 않은 채 모호하게 방치되어 있습니다. 이 문제가 제기되는 것은 데카르트가 자아를 단순히 생각함의 활동이라고만 설명하지 않고 생각을 본질로 삼는 실체라고 지속적으로 주장했기 때문입니다. 그러면서 자아는 물질적 실체도 아니고 육체 또는 신체와도 다른 고유한 정신적 실체라고 주장했던 겁니다. 그런데 우리는 자기가 생각하는 것을 반성적으로 확인할 수는 있지만 그 생각의 토대가 되는 정신적 실체를 지각할 수는 없습니다. 그러니까 사람들이 데카르트에게 생각을 본질로 삼는다는 그 실체가 도대체 뭐냐는 질문을 하지 않았겠습니까.

이 질문은 더 단순하게 표현하자면 이런 질문이기도 합니다. 생각하는 자가 누구인가? 같은 질문을 우리는 이렇게 바꿀 수도 있겠습니다. 누가 생각하는가? 또는, 무엇이 생각하는가? 간단히 말해 생각의 주체가 누구냐, 무엇이냐 하는 물음이었지요.

고명섭 재미있군요. 데카르트의 대답은 뭐였습니까?

김상봉 실은 대답을 못 했습니다. 그도 그럴 것이 데카르트가 여기서 진퇴양난에 처한 꼴이 되었거든요. 그는 나는 누구인가 하는 물음을 처음 묻기 시작했을 때, 나를 객관적인 존재의 지평에서 규정하려는 시도를 거부합니다. 다시 말해 이성적 인간이라거나 영혼이라는 식으로 규정하는 것을 거부하는 거지요. 그리고 오직 생각의 활동만으로 나를 규정하려고 합니다. 그러면서 생각을 멈추면 내가 존재하는지 아닌지 그것조차 확실치 않다고 말하지요. 그런 의미에서 나는 생각의 활동으로서만 존재합니다. 그런데 데카르트는 여기서 멈추지 않고 나를 생각의 활동을 본질로 삼는 실체라고 말하고 맙니다. 그러자 여기서 위의 물음이 발생하게 되지요. 그 실체가 뭐냐는 겁니다.

우리가 상식적으로 자기의 실체라고 생각하는 육체도 아니고 아리스 토텔레스나 토마스 아퀴나스의 영혼도 아니라면, 그게 무엇이냐는 물음 이었는데, 데카르트는 줄기차게 그것은 생각하는 실체이지 육체가 아니라는 동어반복적인 말밖에 할 수 없었습니다. 그러자 홉스가 물었지요. 육체는 왜 생각할 수 없느냐고, 육체는 왜 생각의 주체이면 안 되느냐고…….

고명섭 그거 재미있네요. 왜 안 됩니까?

김상봉 데카르트는 대답하지 못했습니다. 칸트에 와서야 이 문제가 어느 정도 가닥을 잡게 됩니다. 데카르트 이후 철학자들이 집중적으로 해명하려 했던 생각은 다른 무엇보다 자기 자신에 대한 생각, 곧 자기의식입니다. 사실 데카르트는 주체가 자기를 의식하는 과정을 자서전적으로 보여주기는 하지만, 대상의식과 자기의식을 언제나 명시적으로 구분한 것은 아닙니다. 그런데 대상의식이 문제라면 육체가 생각 못 할 까닭이 뭐겠어요? 생각이 기본적으로 지각에서 시작되는 거라면, 지각이나 의식 활동을 육체적 또는 생리적 반응에 기초한 심리 작용으로 보지 말아야 할 까닭도 없는 거지요. 하지만 인간에게서 생각이 하나의 비약을 이루는 건 그 생각이 대상의식으로만 머물지 않고 언제나 자기의식과 결합해 있기 때문이거든요. 다시 말해 인간의 지각 활동과 사유 활동의 본질은 단순히 외부 자극의 수용이나 그에 대한 반응이 아니고 자기를 돌이켜 생각할 줄 아는 자기의식이라는 거지요. 그 자기의식의 결과가 바로 '나'라는 자기동일적 표상입니다.

이처럼 인간의 사유 활동이 '나'의 자기의식에 기초를 두고 있다는 것은 철학사에서 보자면 칸트에 와서야 분명히 자각됩니다. 이런 입장에 따르면 육체가 생각할 수 없는 것은 육체가 자기를 반성하지 못하기 때문이라고 대답할 수 있겠지요. 육체도 다른 물체들처럼 외부 세계와의 관계 속에서 작용을 받을 수도 있고 반작용을 할 수도 있겠지요. 그리고 보다 적극적으로 작용할 수도 있고요. 하지만 자기를 돌이켜 생각하는 자기의식, 자기관계, 이건 우리가 아무리 육체성과 그에 따른 인간의 생리 작용을 분석한다 하더라도 해명되지 않습니다. 다시 말해 인간이 자기를 '나'로 의식하는 현상을 육체성으로부터 연역할 수는 없다는 것입니다. 그런 까닭에 육체가 생각한다는 말을 하기 어려운 거지요.

고명섭　정말로 그렇습니까?

김상봉　정말로 그런지 아닌지, 실은 저 역시 단정할 수는 없습니다. 다만 분명한 것은 제가 아는 한 아직 누구도 육체가 어떤 의미에서 자기를 반성적으로 의식할 수 있는지 설명하지 못했다는 사실입니다. 다른 누구보다 프로이트가 그랬지요. 그는 리비도가 자가성애(Autoerotismus)의 단계에서 자기애 즉 나르시시즘의 단계로 이행하는 것을 설명하려고 할 때, 이 문제의 심각성을 처음으로 깨달은 것처럼 보입니다. 자가성애란 리비도의 발달 과정에서 맨 처음 단계라고 할 수 있는데, 이 단계에서 주체는 아직 자기와 타자를 구별하지 못하는 상태에서 즉자적으로 자기 자신의 육체를 통해 성적 쾌감을 추구합니다. 그 반대편에 다른 사람에 대한 욕망과 사랑, 이른바 대상애(對象愛)가 있습니다. 그런데 프로이트는 자가성애와 대상애만으로는 리비도 발달 과정을 충분히 설명할 수 없다고 보고 그 두 극단 사이에 자기애, 즉 나르시시즘의 단계를 집어넣었습니다. 그리고 타인에 대한 사랑 역시 나르시스적 사랑에 뿌리를 두고 있는 것으로 설명하려고 했지요.

이 단계에서 주체는 자기 자신을 처음으로 대상화하고 자기에 대해 애착을 느끼게 됩니다. 그런데 자기를 사랑하기 위해서는 자기를 자기로서 의식해야 합니다. 이처럼 자기를 대상적으로 의식한다는 것은 달리 말하자면 자기의식의 출현이라고 볼 수 있겠는데, 이것이야말로 진정한 의미에서 주체로서 나의 출현입니다. 그런데 이것은 자가성애의 단계에서는 아직 출현하지 않은 의식 활동입니다. 그렇다면 어떻게 해서 주체가 자기 자신을 남이 아닌 나로서, 하나의 통일된 대상으로 자각하게 되겠습니까? 이런 문제의식을 프로이트는 「나르시시즘 서론」에서 이렇게 표현하고 있습니다.

〔자가성애와 지금 여기서 우리가 다루는 나르시시즘이 어떤 관계에 있느냐는〕 첫 번째 물음과 관련해서 나는 다음의 사항을 주지시켜두려고 한다: 필연적 전 제는 이것이다. 나라는 것과 비교할 수 있는 통일성이 처음부터 개별자 속에 현전하고 있는 것은 아니다. 나는 발달해 나와야만 한다. 그런데 자가성애적 충동이 원초적인(uranfänglich) 것이다. 그러므로 나르시시즘을 형성하기 위 해서는 어떤 무엇인가가 새로운 심리적 작용으로서 자가성애에 결합되어야 (hinzukommen) 한다.[31]

이 단락의 구조는 아주 단정한 삼단논법입니다. 처음에 필연적 전제 가 제시되고, '그런데'라는 접속사와 함께 소전제가 옵니다. 마지막으로 '그러므로'라는 접속사와 함께 결론이 오지요. 내용도 분명합니다. 먼 저 필연적 전제를 보면, '나'라고 하는 것이 개별적 인간의 의식 속에 미 리 주어져 있거나 자동적으로 출현하지는 않는다는 겁니다. 의식이든 무의식이든 가릴 것도 없이 인간 존재의 최초 단계엔 개별자 속에 자기 를 반성적으로 의식하는 '나'는 존재하지 않습니다. 그럼에도 불구하고 인간은 때가 되면 자기를 '나'라고 의식하게 됩니다. 하지만 무로부터 어떤 것이 나올 수 없다는 것은 여기서도 적용되어야 하겠지요. 아무것 도 없는 데서 느닷없이 '나'라는 것이 출현할 수는 없을 것이므로 프로 이트는 그것을 가리켜 '나'는 발달해 나와야 한다고 말하는 거겠지요. 여기서 발달해 나와야 한다는 말의 원문은 entwickelt werden인데 동사 가 능동이 아니라 수동태로 표현되어 있습니다. 그래서 그대로 직역하 면 '자아는 발달되어야 한다'는 말입니다. 보통 이런 경우 독일어에서

---

31 프로이트, 「나르시시즘 서론」, 『정신분석학의 근본개념』, 프로이트 전집 제11권, 윤희기 옮김, 열린책들, 2004, 50쪽.

는 '자기를 발달시키다'(sich entwickeln) 식으로 재귀적 표현을 많이 씁니다만, 지금 이 경우엔 아직 자아가 출현하지 않은 단계이므로 그렇게 쓸수는 없었겠지요. 그래서 어쩔 수 없이 수동태로 표현한 것입니다. 여기엔 두 가지 의미가 중첩되어 있는데, 하나는 감추어져 있던 이전 단계에서 다음 단계로 나아간다는 뜻이고 다른 하나는 그것이 자아 자신이 아닌 (왜냐하면 자아는 아직 없으니까) 다른 무엇인가에 의해 촉발되어야 한다는 뜻입니다. 여기까지가 대전제입니다. 그리고 삼단논법에서는 대전제가 가장 중요하지요.

그런데 처음엔 아직 출현하지 않았던 '나'는 개별적 인간 속에 하나의 가능성으로 감추어져 있던 상태에서 펼쳐져 나와야 합니다. 그렇다면 그 사건이 어떻게 가능하겠습니까? 그것이 어떻게 가능하든 '나'는 그것이 출현하기 이전의 단계에서 발달해 나와야 할 것입니다. 그렇다면 그 발달의 첫 단계가 무엇이겠어요? 프로이트가 보는 리비도의 발전단계에서 가장 원초적인 단계는 자가성애입니다. 그러므로 자아가 전개되려면 그 자가성애로부터 발전해 나와야겠지요. 이것이 소전제가 말하는 것입니다. 그런데 여기서 프로이트가 직면한 곤경은 자가성애를 아무리 분석해도 그로부터 '나'라는 자기의식이 출현할 근거를 찾을 수없다는 겁니다. 좀 거칠게 말하자면 자가성애란 인간이든 다른 동물이든 만져주면 쾌락을 느끼니까 자기가 자기를 만지는 것이거든요. 하지만 이 단계에서는 아직 자기와 남의 구별은 없어요. 그냥 익명의 주체가익명의 주체를 애무하는 거지요. 그런데 나르시시즘의 단계는 자기를남과 분명하게 구별한 상태에서 남이 아니라 자기를 사랑하는 것이거든요. 그 사랑이 육체적인 것이든 정신적인 것이든지 간에. 그런데 어떻게 해서 그로부터 남과 구별되는 자기를 의식하게 되는 겁니까?

프로이트는 이 물음에 대해 대답을 하지는 못하고 거의 동어반복 수준의 하나 마나인 말로 저 삼단논법을 끝내는데, 그게 나르시시즘이 가능하기 위해서는 어떤 새로운 심리 작용이 자가성애에 결합되어야 한다는 결론입니다. 자가성애 자신은 자기를 의식하지 못하므로 무언가 새로운 심리 작용이 일어나야 한다는 말이지요. 하지만 프로이트는 그 새로운 심리 작용이 구체적으로 무엇인지는 설명하지 않았습니다. 그러니까 인간이 자기를 자기라고, 남이 아닌 '나'라고 의식하게 되는 것이 어떻게 가능한지를 설명하지 못한 거죠. 하지만 엄연히 나르시시즘이 하나의 심리 현상으로서 나타나고 반성적인 자기의식이 때가 되면 인간에게 출현하는 것은 부인할 수 없는 일반적 현상이니까, 프로이트는 '자아'를 그 출처나 근원을 묻지 않고 그냥 자명한 것으로 받아들이고 자아와 이드 그리고 초자아의 분열과 상호관계를 설명한 겁니다.

이걸 표면적으로 보면 프로이트가 타자와의 관계 속에서 자아의 욕망과 억압을 설명하니까 마치 자아를 인격적 타자와의 관계 속에서 해명하는 것처럼 보이지만, 실은 그는 인격적 관계 속에서든 비인격적 관계 속에서든 자아의식이 어떻게 출현하는지 그것 자체를 선험론적으로 해명한 적이 없습니다. 그는 자아를 이미 주어진 것으로 상정한 뒤에 자아의 내적 분열이나 대상적 관계를 다만 경험적으로 분석하고 해명했을 뿐이라는 거지요.

고명섭 실은 저도 선생님의 책을 워낙 열심히 읽다 보니 경험론적으로 자아를 분석하는 것과 선험론적으로 해명하는 것의 차이를 전혀 이해 못하는 것은 아닙니다만, 프로이트를 그런 식으로 다시 보는 것이 아무튼 매우 흥미롭습니다. 정신분석학 쪽에서도 그런 식으로 프로이트를 비판하기도 합니까?

김상봉 그게 비판인지 어떤지는 모르겠지만 라캉의 거울 단계는 정신분석학의 한계 내에서 프로이트의 한계를 극복하려는 시도였다고 할 수도 있겠지요.

고명섭 유아가 한 살 전후에 거울을 보면서 자기의 표상을 형성하게 된다는 이야기 말이죠? 그럼 그건 자아의식의 선험론적 해명이라 할 수 있습니까?

김상봉 아니요, 없습니다.

고명섭 이유가 뭡니까?

김상봉 사람들이 그 속에 무슨 대단한 것이라도 있는 듯이 거울 단계, 거울 단계 하지만, 막상 거울 단계에 대한 라캉의 글 자체를 보면 별 내용이 없습니다. 다음으로, 한 살 전후의 유아가 거울을 보면서 자기 자신을 처음으로 자각하게 된다는 것이 라캉의 말인데, 이게 아무런 설득력도 없습니다.

고명섭 예. 선생님 설명을 계속 듣고 싶네요.

김상봉 집에 거울이 없으면 사람이 못 된다는 말이잖아요. 라캉은 6개월부터 18개월 사이를 거울 단계로 잡는데, 그 기간에 거울 속에서 자기의 모습을 보느냐 마느냐 하는 건 아주 우연적이고 경험적인 문제입니다. 원시인들이 거울이 있었겠어요? 아니면 굳이 원시인까지 거슬러 올라가지 않더라도 모든 사람이 세상에 태어나 그 나이 때 거울을 자동적으로 보게 되는 겁니까? 사람에 따라서는 다 자라서야 거울을 볼 수도 있잖아요. 그럼 그런 경우에는 자아의식이 형성되지 못한다는 말입니까? 저는 도대체 이른바 거울 단계 이론이 진지한 과학적 주장인지 아니면 비유로 해본 소리인지 그것부터 모르겠어요. 술자리 농담이라면 모를까 언필칭 과학의 이름으로 이런 종류의 허튼소리를 하고 그게 무슨 대단한 의미가 있는 이론인 것처럼 전 세계적으로 전파되고 소비되는 것이 전혀 이해가 되지 않습니다.

고명섭 예, 선생님, 저도 거울 단계 이론에 대해선 처음 들었을 때부터 다소 동화 같다는 생각을 했습니다.

김상봉 저는 라캉의 거울 단계에 대한 글을 처음 읽은 뒤 지금까지 라캉 자신이나 다른 사람들이 그에 대해 대답을 해놓은 게 있을까 하고 기회 있을 때마다 찾아보았으나 찾지 못했습니다. 라캉의 거울 단계는 인간의 자아의식 형성에 대한 철학적 이론도 아니고 과학적 이론일 수도 없어요. 그건 그냥 정신분석학의 이름으로 자기의식에 대한 낡고 낡은 오해와 편견을 반복하고 있는 것에 지나지 않습니다.

고명섭 오해와 편견이라면…….

김상봉 자기의식이 '자기를 보는 것'이라는 오해지요. 제가 『서로주 체성의 이념』에서 비판했던 서양 철학의 집요한 착오가 자기를 보는 것 이 곧 자기를 의식하는 것이라는 거예요.

고명섭 예, 기억하고 있습니다.

김상봉 그런데 어찌 보면 데카르트도 그렇고 칸트도 그렇고 헤겔이 나 후설조차 실은 자기를 의식하는 것이 자기를 보는 것이라고 라캉처 럼 그렇게 대놓고 주장하지는 않았어요.

고명섭 예.

김상봉 그건 경험적 지각의 문제니까요. 그러나 자기를 의식하는 것 은 어디까지나 내면적 자기관계잖아요. 그러니까 철학자들이 자기의식 을 암묵적으로 자기를 보는 것이라고 간주하긴 했지만 라캉처럼 아예 몇 살 무렵에 아이가 벽에 걸린 거울을 보고 자기를 의식하게 된다는 식으로 말하지는 않았지요. 그런데 라캉은 철학자들이 암묵적으로 또 는 비유적으로 생각한 마음의 거울 표상으로서의 자아를 현실의 거울 표상으로 끌고 나온 거예요. 하지만 비유와 과학을 구별하지 못한 것에 더하여, 자기를 보는 것이 자기를 의식하는 것이라는 생각은 라캉 이전 에도 근대의 의식철학 전체가 무비판적으로 전제했던 착각이고 편견일 뿐이에요.

물론 라캉이 그렇게 무모하게 거울 표상을 물리적 공간 속에서의 시 각적 경험으로 상정해준 덕분에 우리가 서양의 자기의식 이론의 근저 에 있는 공통적 오류를 분석하기 편하게 된 것은 그의 공적이라면 공적 이라고 할 수도 있겠습니다만.

고명섭 그래서 어떤 오류가 거기서 드러납니까?

김상봉 자기의식 속에서 자기에게 마주 서는 자아가 실재가 아니라 표상이라는 것이지요. 그것 자체가 라캉의 자기의식, 또는 서양 철학이 암묵적으로 상정한 시각적 자기의식이 참된 자기의식이 아니라는 것을 말해주는 거예요. 라캉은 거울 표상이 실재가 아니라 표상에 지나지 않는다는 사실을 그 자체로서 자기의식의 피할 수 없는 본질적 진리로 받아들이고, 그로부터 온갖 자기분열과 타자성을 끄집어내지요. 그리고 많은 사람들이 거기 매혹되기도 하고요. 하지만 사람이 거울을 보아야 자기를 의식한다는 것도 미신일뿐더러, 도무지 자기를 보는 것이 자기의식이라는 것 자체가 아무 근거도 없는 틀린 생각입니다.

고명섭 자기를 보는 것이 아니라 듣는 것이 자기의식이라고 선생님은 주장하셨지요.

김상봉 여기서 어떤 의미에서 자기의식이 자기를 보는 것이 아니라 자기를 듣는 것인가를 반복할 생각은 없습니다. 지금 우리 문맥에서 중요한 것은 라캉이 거울 표상을 통한 자아의 정립을 설명할 때, 거기엔 타인과의 인격적 만남은 들어설 자리가 없다는 거예요. 자기의식은 처음부터 나르시스적인 자기관계일 뿐이지요. 게다가 그 자기관계란 것이 자기 자신이 아니라 자기의 표상에 대한 관계에 지나지 않으니까 참된 자기관계는 오직 상상 속에서만 가능할 뿐 현실 속에서는 언제나 자기에 대한 오인이나 오해 속에서 헤맬 수밖에 없는 것이 자아의 운명 같은 게 되어버리지요. 주체적 자기정립이나 자기형성 따위는 꺼낼 수도 없는 망상 같은 게 되는 거고요.

고명섭 그럼 선생님의 경우에는 자기의식의 다른 길이 있다는 말씀인가요?

김상봉 물론이지요. 다른 길이 아니라 올바른 길입니다. 자기의식이란 자기를 보는 것이 아니라 듣는 거예요. 인간은 마음의 거울이든 벽에 걸린 거울이든 자기의 표상을 보고 자기를 의식하는 것이 아니고, 자기를 부르는 음성에 응답하면서 자기를 의식하는 거라고요.[32]

---

32 김상봉, 『서로주체성의 이념』, 도서출판 길, 2007, 276쪽.

고명섭 『서로주체성의 이념』의 그 구절은 저에게도 인상적이었습니다. 그런데 자기를 듣는 것이 자기를 보는 것과 어떤 차이를 낳습니까?

김상봉 자기를 보기 위해 타인이 필요하지는 않지요. 거울이라는 물건만 자기 앞에 있으면 되지요. 거울 앞에서 자기를 보는 것은 자기와의 사물적 관계에 지나지 않습니다. 이에 반해 자기를 듣는 것은 처음부터 인격적 관계입니다. 자기를 의식하는 것은 타인에게 응답하는 것이기 때문입니다. 거울은 누구도 부르지 않습니다. 어떤 물건, 어떤 사물도 누구를 부르지 않지요. 인격적 존재만이 누군가를 부릅니다. 그리고 나는 나를 향한 그 부름에 응답함으로써 처음으로 나를 나로서 의식하는 거예요. '아, 나를 부르는구나!' 이것이 최초의 자기의식입니다. 그래서 거울이 없어도 사람은 자기를 의식할 수 있지만, 아무도 자기를 불러주는 사람이 없으면 인간은 자기의식을 지닌 인간이 되지는 못하는 거예요. 프랑스에서 2백여 년 전에 발견되었던 아베롱의 야생 소년처럼 말이에요. 그 소년이 정상적인 인간으로 성장하지 못한 까닭이 거울이 없어서였겠어요? 누가 알겠어요? 나르시스처럼 숲속 연못에서 그가 자기 얼굴을 본 적이 있을지! 하지만 김춘수가 「꽃」에서 말했듯이 누가 내 이름을 불러주지 않으면 나는 사람도 뭣도 아니고 그저 무의미한 몸짓에 지나지 않는 거예요. 엄마가 아이의 이름을 불러줄 때, 아이가 그 부름이 자기를 부르는 것임을 깨닫는 순간이 자아의 출현이에요. '나'는 오직 너를 향한 응답으로서만 일어나는 겁니다. 그 응답 속에서 인간은 비로소 '나'로서 존재하게 되는 거지요. 그러므로 프로이트가 물었던 "새로운 심리적 행위"(neue psychische Aktion), 곧 유아로 하여금 자기를 자기로서 의식하게 해주는 행위는 부름에 대한 응답이에요. 데카르트 식으로 표현하자면 '나는 응답한다, 그러므로 나는 존재한다'고 말할 수 있겠지요.

그렇게 나를 나로서 존재하게 만드는 응답은 최초의 자기의식으로 끝나지 않습니다. 그것은 처음엔 자기의 이름을 부르는 것에 대한 응답이겠지만, 인간은 타인의 고통에 응답할 수도 있고, 시대와 역사의 부름에 응답할 수도 있지요. 알튀세르 같은 사람들은 그런 응답을 거대 주체의 호명에 대한 응답이라고 비웃지만, 팔자 좋은 사람들의 두서없는 잡담이지요. 호명도 호명 나름이고 응답도 응답 나름이지, 고통받는 어린 여공들의 고통에 대한 전태일의 응답이나, 5·18 광주에서 피 흘리며 쓰러지던 청년 학생들에 대한 광주 시민들의 응답을 누가 거대 주체의 호명에 노예적으로 응답하는 거라고 모욕할 수 있습니까?

인간이 타인의 부름에 응답함으로써 자기가 되는 건 아이나 어른이나, 개인적 주체나 집단적 주체나 모두 마찬가지예요. 내가 너의 부름에 응답할 때, 그 응답 속에서 너와 나는 한층 더 높은 하나 속에서 우리가 되는데, 그렇게 너와 내가 우리가 되는 곳에서만 나도 내가 될 수 있습니다. 이것이 서로주체성의 진리예요. 이것을 전혀 인식하지 못했기 때문에 정신분석학은 자기와 타자의 관계를 말하면서도 일관되게 자기를 고립된 홀로주체인 이기적 자기로밖에 설정하지 못합니다. 프로이트가 무의식의 영역을 개방함으로써 이룬 혁명적인 성취는 누구도 부인할 수 없지만, 그의 자아 개념은 철저히 홀로주체적인 서구적 자아나 주체의 개념에서 한 발짝도 벗어나지 못한 것입니다. 그리고 자아와 타자의 관계 역시 신채호 식의 아와 비아의 투쟁 모델에 사로잡혀 있습니다. 다시 말해 자아는 여전히 일종의 원자처럼 고립된 개별자로 고찰되고 타자에 대한 기본적인 태도는 오로지 "무제한적 이기주의"로만 설명되는 거지요. 그 이기주의를 프로이트는 『정신분석 강의』에서 이렇게 설명합니다.

아이는 처음에는 자기 자신만을 사랑할 뿐이며, 다른 사람을 사랑하는 법, 자기의 자아를 남을 위해서 희생하는 법을 나중에 가서야 비로소 배우게 됩니다. 아이가 처음부터 사랑하는 듯이 보이는 그러한 사람들이라 할지라도 처음에는 자신이 그들을 필요로 하고, 그들 없이는 살 수 없기 때문에 사랑하게 되는 것입니다. 그러므로 그것은 다시금 이기적인 동기에서 비롯된 것입니다. 나중에 가서야 비로소 사랑의 충동은 이기주의에서 독립하게 됩니다. 아이가 사랑하는 법을 배우게 되는 것은 실제로 이기주의에서부터 시작되는 것입니다.[33]

여기 프로이트의 말을 세심하게 분석해 보면 자기에 대한 사랑과 남에 대한 사랑이 이분법적으로 분리되어 있고, 그 둘 가운데 근본적인 것은 자기에 대한 사랑입니다. 그리고 그런 자기애와 이기심으로부터 남에 대한 사랑도 생겨나는 것이라 되어 있습니다. 그리고 이런 생각은 너무도 당연하고 상식적인 것이어서 그 타당성을 되물을 필요조차 없는 것처럼 여겨집니다. 이렇게 생각할 때, 우리는 인간의 자아를 자극에 반응하는 원자론적 개별자로서 간주하면서 나에게 쾌락을 주는 자극을 선호하고 고통스러운 자극으로부터 자기를 방어하는 주체로서 간주하는 것입니다.

그리고 이 점에서는 라캉도 마찬가지입니다. 그 역시 무슨 억하심정이 있는 사람처럼 인간의 자율성과 이타심을 집요하게 부정합니다. 과학을 빙자한 아집이지요. 하지만 이런 식의 자아 이해는 잘못된 존재론적 전제에서 비롯된 것입니다. 그 전제란 인간의 의식 현상을 원자론적으로 고립된 유기체에게 배타적으로 귀속하는 속성으로 보는 것입니다. 그리고 그 이유는 더 거슬러 올라가자면 인간의 의식 현상을 생리적 욕망으로 환원해서 설명하려는 일종의 환원주의입니다. 마음의 모든 동경과 욕망이 생리적 욕망이라면, 의식이든 무의식이든 자아이든 초자아이든 이런 전제 아래서는 나에게서 일어나는 마음의 일들이 모두 분리되고 고립된 개별자에게 귀속하는 속성이나 부수 현상이 되어버리는 것입니다. 왜냐하면 그때 나는 육체로서만 존재하는 것이니까요. 너의 육

---

33 프로이트, 『정신분석강의』, 임홍빈 · 홍혜경 옮김, 열린책들, 2004, 277쪽.

체와 나의 육체가 분리되어 있듯이 너의 마음과 나의 마음도 분리된 실체로서 간주되는 거지요.

고명섭 예, 아주 잘 이해가 되고 적극적으로 공감합니다.

김상봉 내가 한갓 육체의 주체라면 나의 육체는 여기에 있고 남의 육체는 저기에 있으니 서로 무관하게 분리된 실체가 분명하겠지요. 그리고 자기를 사랑하고 위하는 마음이 언제나 고립된 자기에 대한 애착과 남에 대한 대립의식으로 나타나는 것도 분명할 것입니다. 하지만 내가 마음의 주체라면 이야기가 다릅니다. 물론 여기서도 내가 단순한 지각과 의식의 주체라면 여전히 나의 마음과 너의 마음은 도리어 육체보다 더 멀리 분리되어 있다고 말해야 하겠지요. "얼굴은 마주 보고 있으나 마음은 천산이나 멀다"는 명심보감의 말처럼.

그러나 지금 우리가 말하려는 것은 몸도 아니고 단순히 의식 활동으로서 마음도 아니고, 주체로서의 마음입니다. 이 셋을 정확하게 구별하지 않으면 우리는 끊임없이 자기를 오해할 수밖에 없습니다. 사실 학자들까지 포함해서 대다수의 사람들이 이걸 잘 구별하지 않고 자기 편한 대로 뒤섞어 말합니다만……. 아무튼 '나는 나다'라는 걸 스스로 의식하는 주체는 고립된 거울이 아니라 만남 속에서 만남의 주체로서만 존재합니다. 그 만남이 없는 곳에서는 나도 있을 수 없습니다. 그런 까닭에 이기심이나 자기애 역시 단순히 분리된 실체로서 자기만을 위하고 남을 배제하려는 욕망으로 나타날 수 없는 것입니다.

고명섭 여기서 한 가지 의문이 자연스럽게 일어나는데요. 자아가 그렇게 그 자체로서 나와 너의 만남으로 존재한다면, 인간이 그렇게 이기적인 행태를 취하는 까닭은 무엇입니까? 선생님의 생각이 옳다면 모든 사람이 처음부터 이타적인 존재가 되었을 것이라고 볼 수도 있지 않을까요?

김상봉 그것은 인간이 자기를 몸이든 마음으로서든 분리된 실체로서 생각하기 때문입니다. 한편에서 내가 실체로서 경험하는 나는 나의 육체밖에 없습니다. 그런 까닭에 나는 나의 육체가 나라고 생각합니다. 그리고 보는 자기를 잊어버리는 거지요. 이것은 마치 프로이트 식으로 말해 처음 태어난 유아가 눈에 보이는 엄마를 자기로 착각하는 것과 같습니다. 그런데 이 단계가 지나면 이번에는 눈에 보이는 몸이 자기의 전부라고 생각하게 되지요. 그러나 이 둘 사이에 무슨 본질적인 차이가 있는 것은 아닙니다. 자기와 대상을 구별하지 못한다는 점에서는 마찬가지이지요.

철학자들은 이런 식의 일차원적 자기이해에서 벗어나 있는 것처럼 보이지만 본질적으로 다를 것은 없습니다. 그들은 정반대의 극단으로 치달아서, 보이는 대상이 아니라 대상을 바라보는 시선의 주체가 나라고 생각합니다. 그러나 서로주체성의 관점에서 보자면 그것 역시 잘못된 자기인식입니다. 내가 보는 대상이 내가 아니듯이, 대상으로부터 철수한 고립된 주체 역시 내가 아닙니다.

고명섭 그럼 선생님한테 자아는 무엇입니까?

김상봉 자아는 자기와 타자 사이에 놓여 있는 다리와도 같습니다. 다리의 존재는 한쪽 기슭만으로는 불가능하지요. 오직 이쪽과 저쪽에 같이 걸쳐 있을 때만 다리는 무너지지 않고 있을 수 있습니다. 자아도 마찬가지입니다. 그것은 오로지 만남 속에서만 존재할 수 있는 주체입니다. 지각의 주체, 시선의 주체는 아직 인격적 주체는 아닙니다. 인격적 주체는 오직 만남의 주체입니다. 지각과 시선은 일방적이지만 만남은 처음부터 상호적입니다.

고명섭 조금 더 상세히 설명해주시면 좋겠습니다만…….

김상봉 이해를 돕기 위해 길을 조금 돌아서 가야 하겠습니다. 우리는 존재를 언제나 알맹이로 생각하는 데 익숙해져 있습니다. 손에 잡히는 것만이 진짜로 있는 것이라고 생각하지요. 하지만 사실 존재는 언제나 손에 잡히는 알맹이들 자체가 아니라 그 알맹이들을 결합해주는 힘으로서 알맹이들 사이에 있습니다. 예를 들어 우리가 딱딱한 고체라고 생각하는 물질을 현미경으로 보면 배율이 높을수록 구멍이 숭숭 뚫린 수세미처럼 보이겠지요. 그런데 그 분석에 끝이 있겠습니까?

고명섭 아마 없겠지요.

김상봉 아무리 분석을 해 들어가도 사정은 마찬가지일 것입니다. 모든 존재하는 것들은 언제나 어떤 하위 질료들을 결합한 것으로 나타나겠지요. 그런데 결합된 존재자의 존재가 하위 질료로 환원될 수는 없을 것입니다. 다시 말해 두 개의 수소 원자와 한 개의 산소 원자가 결합되어 물이 생겨나지만, 물은 수소도 산소도 아니지요. 그러니까 물은 함석헌 식으로 말하자면 수소와 산소에 비해 '보다 높은 하나'인 것입니다. 그런데 물뿐 아니라 모든 존재자가 그런 의미에서 보다 높은 하나로서 존재하는 것이지요. 우리가 앉아 있는 집은 벽돌과 철근으로 이루어져 있지만, 벽돌도 철근도 그 자체로서는 집이 아니지요. 집은 벽돌과 철근에 비해 새로운, 보다 높은 하나로서 존재하는 것입니다.

그런데 여기서 우리가 존재의 위계에서 높은 곳으로 올라가면 갈수록 보다 높은 하나와 그것의 요소들 사이의 거리가 멀어집니다. 예를 들어 수소 원자 및 산소 원자의 존재와 물의 존재는 본질적으로는 다를 것이 없습니다. 그것들은 모두 하위 요소들의 결합으로서 존재하는 것이지요. 이런 사정은 물과 모래 그리고 시멘트가 섞여 콘크리트를 이룰 때도 마찬가지입니다. 그리고 콘크리트와 철근 등이 모여 집을 만들 경우에도 그렇지요. 이들은 모두 무기물로서 보다 높은 하나의 있음은 하위 요소들의 합성으로 생성됩니다.

그러나 꽃 한 송이, 또는 나무 한 그루의 존재는 이와 양상이 다릅니다. 그것들 역시 보다 높은 하나로서 존재하기는 마찬가지이지만, 여기서 보다 높은 하나로서의 생명은 요소들의 외적 형태나 요소들로부터 파생되는 부수 현상이 아니고 그 요소들에 대하여 자립성을 지니는 형성력이기도 합니다. 그 형성력으로 말미암아 요소들은 동일한 상태에 그대로 머물지 않고 성장할 수 있는 거지요. 이는 집이나 물에서는 볼 수 없는 새로움입니다.

하지만 물의 존재가 수소 그 자체, 산소 그 자체가 아니라 수소와 산소를 묶어주는 힘으로서 수소와 산소 사이에 걸쳐 있듯이 유기체의 생명도 이 세포, 저 세포가 아니라 모든 요소 사이에서 그것들을 결합해주는 힘이라고 해야 할 것입니다. 이런 사정은 비단 식물만이 아니라 모든 생명체에 해당하는 것이어서 동물도 인간도 마찬가지인 것이지요.

인간이 단지 동물적인 신진대사만으로 존재하는 생명체였더라면 인간의 존재도 자신의 신체를 이루는 요소들을 통합적으로 유지하는 힘으로서의 보다 높은 하나로 그칠 수 있었을 것입니다. 하지만 인간은 자기 자신을 반성적으로 의식한다는 점에서 동물적 생명 이상의 존재입니다. 그 자기의식이야말로 인간을 인간으로 만들어주는 본질이라 할 수 있지요. 그런데 『서로주체성의 이념』에서 제가 말하려 했던 것은 그 자기의식은 고립된 주체의 자기관계가 아니라 너와 나의 만남 속에서만 생성된다는 것이었습니다. 수소와 산소의 결합을 통해서만 물이 생겨나듯, 나의 자기의식도 나와 너의 만남 속에서만 가능하다는 것입니다. 자기를 의식하는 나의 실체를 마음이라고 부른다면, 그 마음이란 단순히 지각의 다발이 아니라 만남의 총체라고 말할 수 있겠습니다. 우리 각자는 인연의 매듭입니다. 하지만 인연도 만남도 나만의 것은 아닙니다. 그 절반은 언제나 타인의 몫이니까요. 그래서 내가 만남과 인연으로서만 존재한다면 나는 나와 너 사이에 걸친 다리로서 무지개로서만 존재하는 것입니다.

고명섭 잠깐만요. 방금 내가 나와 너 사이의 다리라고 말씀하시면서 선생님은 이미 나와 너를 구분하셨는데요. 너의 반대편에 있는 나와, 나와 너 사이의 다리로서의 나는 어떻게 다른지 설명이 필요해 보입니다. 수소와 산소가 결합해서 더 높은 하나인 물이 되는 것은 A+B=C라는 식으로 이해할 수 있지만, 너와 내가 만나 다시 내가 된다는 말은 A+B=A라는 말이 돼 이상하게 들릴 수도 있겠습니다.

김상봉 이래서 말이 너무 많으면 늘 실수를 하게 되는군요. 그 말에서 앞의 나와 뒤의 나는 같은 낱말이기는 하지만 내용은 다르지요. 하나는 그냥 이름으로서의 나이고 다른 하나는 활동으로서의 나입니다. 또는 하나가 결과라면 다른 하나는 그 결과를 낳는 활동이라고 말해도 되겠지요. 그런데 제가『자기의식과 존재사유』에서 있음의 자기부정성을 말하면서 있음이 '자기 밖에 있음'이라고 말했던 걸 기억하십니까?

고명섭 예, 아주 잘 기억하고 있습니다.

김상봉 우리 유한한 인간에게 있음이란 언제나 없음을 통해서만 있습니다. 마치 내가 오직 너와 나의 만남 속에서만 나일 수 있는 것처럼. 이런 것이 논리적 모순이라면 모순이라고 말할 수도 있다는 것은 저도 인정합니다. 하지만 이런 모순들은 생각을 잘못해서 일어난 모순이 아니라 사태 자체 속에 놓여 있는 모순이기 때문에 논리적 처방을 통해 근절될 수 없습니다. 그것은 논리적 규칙에 앞서는 모순입니다. 아니 어쩌면 논리적 규칙 그 자체가 근거하고 있는 모순이겠지요. 그런 까닭에 논리적 모순율은 그런 근원적 모순에 대해서는 아무런 위력도 지니지 못하는 겁니다.

고명섭 무슨 뜻인지 설명을 좀 해주시지요. 나중의 독자들을 위해서도 설명이 필요한 부분 같습니다.

김상봉 이런 걸 한번 생각해보시지요. 우리가 오늘 몇 시에 이야기를 시작했습니까?

고명섭 10시 좀 넘어서 만났던가요?

김상봉 예, 그런데 그때 이 사무실에 들어왔던 선생님과 제가 지금 있습니까?

고명섭 …….

김상봉 다시 묻지요. 10년 전의 선생님과 제가 지금 존재합니까? 아니면 20년 전의 선생님이나 제가 지금 그대로 존재하고 있나요?

고명섭 예, 이해하겠습니다. 당연히 10년 전의 나나 20년 전의 선생님은 지금 더는 존재하지 않는다고 해야겠지요.

김상봉 됐습니다. 그럼 1년 전의 선생님이나 저는 지금 존재합니까?

고명섭 존재하지 않지요. 그때의 나는 흐르는 시간 속에서 사라져버렸다고 말해야겠지요.

김상봉 우리의 삶이 아무리 비극적이라 하더라도 살면서 한 번쯤은 괴테의 파우스트처럼 "멈추어라! 너 참 아름답구나!"라고 외치고 싶은 순간이 있지 않습니까?

고명섭 그렇게 붙잡고 싶은 순간이 있겠지요.

김상봉 하지만 멈출 수 있는 순간이 있던가요?

고명섭 없지요.

김상봉 10년 전의 나도 더는 없지만, 1년 전의 나도 이젠 없습니다. 그때 그 시간의 나는 영원히 사라져서 다시는 돌아오지 않겠지요. 그럼 한 시간 전의 나는 아직 머물러 있습니까?

고명섭 아니죠. 10분 전의 나도 마찬가지입니다.

김상봉 그럼 1분 전의 나, 1초 전의 나는 어떻습니까? 그런 까닭에 헤겔이 『정신현상학』에서 우리는 존재의 직접성을 표현하기 위해 여기, 지금이라고 말하지만, 그것을 말하는 순간에 여기도 지금도 더는 존재하지 않는다고 말했던 거지요.

고명섭 저도 기억합니다.

김상봉 그럼에도 불구하고 우리는 지금 여기 있습니다. 이것은 부인할 수 없는 사실이지요. 그리고 우리는 아까도 있었고 나중에도 있을 것입니다. 그런 한에서 우리가 있다는 것은 지속하고 머무른다는 것입니다. 하지만 머무르고 지속한다는 것은…….

고명섭 끊임없이 없어지면서 생성되는 것이겠지요.

김상봉 바로 그것입니다. 있다는 것은 없어지는 것이고 동시에 없음으로부터 생성되는 것입니다. 이 사태를 만약에 수학적으로 미분해서 볼 수 있다면, 있음이란 있음과 없음의 결합 아니겠어요? 하지만 그건 명백한 모순이지요. 우리는 있음이 어떻게 없음과 관계할 수 있는지 논리적으로 전혀 이해할 수 없습니다. 하지만 그렇다고 해서 이 모순을 우리가 부인하거나 거부할 수도 없지요. 그것은 존재 그 자체에 놓여 있는 모순이기 때문입니다.

똑같은 말을 나에 대해서도 할 수 있지요. 존재가 존재자의 근원적인 지평이듯이 나의 자기의식은 모든 대상의식의 지평입니다. 이런 측면에서 보자면 나의 자기의식 속에서만 나도 너도 의식될 수 있습니다. 그런데 내가 나를 의식한다는 것은 오직 너에게 응답함으로써 일어나는 일입니다. 그런 한에서 보자면 나는 오직 너와 함께 내가 될 수도 있습니다. 이것 역시 형식논리적으로 보자면 모순입니다. 그러나 해소할 수 없는 모순입니다. 존재나 자기의식 모두 근원적인 지평입니다. 그런데 그것은 절대적 지평은 아닙니다. 말 그대로 그것은 인간이 벗어날 수 없다는 의미에서 우리가 빠져 있는 조건일 뿐입니다. 우리 자신에게 근원적인 지평도 그 자체로서는 유한한 것이라 해야겠지요. 그런 한에서 존재도 자아도 자기를 그 자체로서 정립하거나 정당화하지 못합니다. 그리고 언제나 자신의 이면을 지시하게 마련이지요. 그런 한에서 존재도 자아도 자기의 부정을 통해 정립되는 것입니다. 있음은 없음을 통해, 나는 너를 통해. 우리는 수소와 산소가 결합하여 물이 되듯이 존재와 무가 결합하여 이루는 제3의 어떤 것을 생각할 수 없습니다. 왜냐하면 우리는 존재의 지평에 갇혀 있기 때문입니다. 마찬가지로 너와 내가 만나 이루는 나도 아니고 너도 아닌 제3의 어떤 것을 말할 수도 없지요. 여기서 우리는 나의 자기의식에 갇혀 있기 때문입니다. 나도 존재와 마찬가지로 내가 벗어날 수 없는 생각의 지평인 까닭입니다.

고명섭 그렇다면 너와 내가 만나 우리가 된다고 말씀하셨던 것은 어떻게 됩니까?

김상봉 그건 지금 이 문맥에서는 해당되지 않는 말입니다. 나와 너 그리고 우리가 뗄 수 없이 공속하는 것은 사실입니다. 그러나 이것은 우리가 나의 자기의식 또는 주체의 개념에 대한 철학적 비판 이후에야 비로소 얻게 되는 선험론적 인식입니다. 그리고 나, 너, 우리가 동일한 존재론적 지위를 갖는 것도 아닙니다. 나는 인식의 주체입니다. 그리고 너는 경험적 의식 속에서는 인식의 대상으로 내게 나타납니다. 철학적 분석을 통해 우리는 '너'가 한갓 대상이 아니라 도리어 주체의 근거, 다시 말해 나의 근거라는 것을 파악하게 됩니다. 그러나 이 근거는 사물적 근거의 경우와 달리 일방적인 인과성이 아닙니다. 왜냐하면 적어도 주체성의 정립에 관한 한, 부름도 응답도 일면적인 근거일 수 없기 때문입니다. 먼저 불러주지 않으면 응답할 수 없지만, 응답할 타자가 없다면 부를 수도 없기 때문이지요. 이런 의미에서 네가 나의 근거이듯이 나는 또한 너의 근거이기도 합니다. 그것을 깨달을 때, 나는 너와 내가 서로주체성 속에서 우리임을 알게 됩니다.

  그러나 이것은 철학적 인식 속에서 우리가 깨닫게 되는 자기의식의 진리입니다. 다시 말해 그것은 직접적인 경험적 사실이 아닙니다. 서로주체성이란 너와 내가 수소와 산소처럼 결합해서 새로운 주체가 되는 것이 아닌 거지요. 나는 서로주체성의 진리를 철학적으로 깨닫는 순간에도 인식의 주체, 의식의 주체로서는 고독한 자아로 남아 있습니다. 자아는 외부를 허락하지 않는 지평입니다. 그런 의미에서 레비나스는 생각의 지평을 전체성(totalité)이라고 불렀지요. 그러므로 나는 나 밖으로 걸어 나갈 수는 없고 오직 그것을 확장할 수 있을 뿐입니다. 응답 속에서 나를 초월함으로써, 나를 넘어서고 나를 버림으로써. 그러나 이 말 역시 처음과 같은 모순이지요. 피할 수도 없는…….

  고명섭 하지만 선생님은 다른 문맥에서는 내가 나 자신에게 타자라고 말씀하실 것 아닙니까?

  김상봉 맞습니다. 그래서 다시 모순에 떨어지겠지요. 그렇게 반복해서 모순에 떨어질 수밖에 없는 것이 나의 운명입니다. 하지만 이 모순은 부질없는 모순이 아닙니다.

있음과 없음의 모순적 공속 덕분에 비로소 지속하는 있음이 가능한 것처럼, 너와 나의 만남 때문에 공동체로서 공존하는 세계가 열리는 것이기 때문입니다. 그리고 우리는 새로운 만남, 새로운 공동체를 추구함으로써 세계 속에서 세계를 다시 형성하고 이어가는 것이지요. 그리고 그 활동 속에 참된 기쁨도 생성되는 것입니다. 오직 정신만이 향유하는 기쁨이……

감정 또는 감성의 문제

고명섭 기왕에 기쁨과 슬픔 그리고 쾌락과 고통에 대한 이야기를 나누었으니, 조금 일반적인 의미에서 감성이나 감정에 대해서도 논의를 해보고 싶습니다. 대화의 실마리로서 『도덕교육의 파시즘』의 한 구절을 회상하면서 이야기를 시작하지요. 보통 우리가 어린아이들이 토론 훈련을 하고 논리적인 것을 학습하고 지성을 훈련하고 하면 정신이 발육되어서 도덕성도 같이 자라지 않겠느냐고 막연하게 생각하는데, 선생님은 지성적 토론이 사람의 도덕성을 길러주지는 못한다고 단호하게 말씀하시면서 초등학교 과정에서 비판적 사고 훈련은 도덕교육의 주된 과제가 되어서는 안 된다, 윤리라는 것은 머리가 아니라 가슴의 문제다,[34]

---

34 "게다가 지성적 토론은 사람의 도덕성을 길러주지 못한다. 이는 변호사들이 도덕 군자가 아닌 것과 마찬가지이다. 파스칼이 말했듯이 가슴은 머리가 알지 못하는 다른 논리를 가지고 있다. 도덕은 도덕적 성숙의 논리에 따라 계발되어야 한다. 물론 이것이 지성적 성숙을 배척하는 것은 아니다. 하지만 어떤 경우에도 도덕적 성숙이 지성적 성숙을 자동적으로 뒤따르는 것이라 할 수는 없다. 그런 의미에서 초등학교 과정에서 비판적 사고훈련은 도덕교육의 주된 과제는 아닌 것이다. 이 단계에서 중요한 것은 도덕적 반성능력의 토대를 닦는 일이지만, 그 토대는 비판적 사고능력이 아니라 도덕적 감수성이다. 한마디로 말해 머리가 아니라 가슴이 문제인 것이다." 김상봉, 『도덕교육의 파시즘』, 227쪽.
  "논리학을 지나치게 좋아하는 사람들 가운데는 사람이 논리적 사유의 규칙을

이런 이야기를 하시는 대목이 저한테는 새로웠습니다. 한 번 더 부연을 해주셨으면 좋겠습니다.

김상봉 하필 그 부분을 지적하시는 것이 역시 날카로우시군요. 한 마디로 말씀드리자면 그건 도덕의 출발은 능동성일 수 없다는 말과 같습니다.

고명섭 느닷없는 말씀처럼 들립니다만······.

김상봉 하하! 생각하니 정말 느닷없는 말이네요. 비슷한 말을 다르게 표현하자면 도덕교육은 이성이 아니라 감정교육에서 시작해야 한다고 말할 수도 있겠네요. 우리 사회에서 논리니 철학이니, 어린이 철학이니 어린이 논술이니 한동안 유행했던 적이 있지 않습니까? 요즘도 크게 달라지진 않았겠지만, 아무튼 그건 한국 사회가 너무 불합리하고 비논리적인 사회니까 논리적, 이성적으로 생각하고 토론하는 법을 배워야 한다는 뜻이었겠죠. 그런 의미에서라면 저도 이게 무익하다거나 그래서는 안 된다고 생각한다는 것은 결코 아니에요. 그런데 이것을 무차별하게 도덕교육에 적용을 하고······, 도덕교육에 적용을 하는 것도 괜찮아요. 당연히 토론을 해야죠. 이성적인 사유가 들어가야 되고. 그런데 그것을 기왕이면 어릴 때부터 하는 게 좋다 해서 어린이 철학교실 따위가 유행하기 시작하면 도착도 이런 도착이 있을 수 없다는 거죠.

인간의 인지 발달 과정을 놓고 볼 때, 인간이 수동성에서 능동성으로 나아간다고 한다면 외부로부터 자극을 받고 느끼고 감동을 받고 하는

지키기만 하면 모든 일에서 올바른 생각을 할 수 있을 듯한 환상을 유포하는 사람들이 더러 있다. 그런 사람들은 학문으로서 논리학의 창시자인 아리스토텔레스가 왜 프로네시스(phronesis) 곧 실천적 지혜를 이론적 인식(episteme)과 구별하였는지를 돌이켜 보는 것이 좋을 것이다. 사실 형식논리학은 우리로 하여금 오류에 빠지지 않도록 도울 수는 있으나 결코 도덕적 문제에서 자명한 진리에 이르도록 해주지는 못한다. 논리적 계산을 통해 정답을 찾을 수 없는 문제가 바로 도덕적 문제들인 것이다." 같은 책, 131쪽.

것이 먼저고, 그 바탕 위에서 서서히 그것을 반성적으로 생각하면서 가슴으로 느꼈던 것을 머리로 이해하고 설명할 수 있게 되지요. 그런데 만약 어린이들에게 철학 교육을 한다면서 가슴으로는 아무것도 느끼지 못하는 아이들을 데리고 도덕적 문제를 철학적 토론의 대상으로 만드는 것은 교육적으로 정말 좋지 않은 결과를 낳는다는 게 제 생각이에요.

그것은 도덕적 문제를 일종의 지적 유희의 대상으로 전락시키고, 사람을 아주 어린 시절부터 입만 살아 있는 괴물로 만드는 거지요. 인간의 이성적 사유와 토론이 의미를 가지려면 자기가 생각하고 말하는 것이 자기의 삶과 뗄 수 없이 맞물려 있어야지, 그렇지 않으면 자기와 아무런 상관도 없는 문제에 대해 왈가왈부하는 게 되어버리지 않겠어요? 그렇게 되면 생각이 공리공담으로 흐르고 인간의 도덕적 감수성은 십중팔구 위선으로 이어지게 마련입니다. 그런 의미에서 저는 어린이 철학 교육은 잘못된 일이라고 생각해요. 정작 철학 교육이 필요한 중고등학교의 공교육 과정에서는 철학 교육을 한사코 막는 나라에서 엉뚱하게 어린이 철학이 소비되는 것이 생각하면 참 착잡한 일이지요.

더 나아가 청소년기에도 마찬가지인데, 철학 교육이 폭넓은 삶의 경험과 맞물리지 않고 무차별적으로 시행되면 그것도 입만 살아 있는 재담가들을 만들어낼 뿐입니다. 이건 비단 철학 교육뿐 아니라 다른 모든 교육에 대해서도 마찬가지여서 한국 교육이 삶의 현장과 유리된 지식을 주입한다는 것은 『학벌사회』에서도 비판한 적이 있지요. 예를 들어 제 손으로 한 번도 돈을 벌어본 적이 없는 청소년들이 경제를 배운다 한들 그게 무슨 산 지식이 되겠어요? 아니면 학교 생활에서 민주적인 조직 구성과 의사결정을 실제로 연습할 수 없는 상태에서 민주주의를 배운다 한들 그게 공허한 구호 이상의 의미가 있겠냐고요.

고명섭 그래서 한국 사회에서 민주적 의사결정이 그렇게도 어려운 거군요.

김상봉 당연하지요. 아무튼 다시 우리 주제로 돌아가서 이야기를 좀 보태자면, 서양에서 교육철학의 원조라고 할 수 있는 플라톤이 『국가』에서 말하는 교육의 첫 번째 단계가 시문학을 통한 교육이잖습니까? 더러 사람들은 플라톤이 시인을 추방하라고 했다는 것만 풍문으로 듣고 말하는데, 추방하느니 마느니 하는 말이 나온 것은 시인들이 최초의 교육자들이기 때문이에요. 그래서 잘못된 교육을 일삼는 시인들은 추방해야 한다는 거였지요. 그러니까 그건 인간의 교육에서 시인의 역할이 그만큼 절대적이었기 때문입니다.

플라톤에 따르면 교육의 첫 번째 단계는 종교 교육인 동시에 예술 교육 또는 미적 교육이에요. 가장 처음 도야되어야 하는 것이 감정이기 때문이지요. 그러니까 미적 교육과 종교 교육은 모두 감정 교육입니다. 그리고 둘 다 그 형식에서 보자면 예술 교육이고요. 왜냐하면 그리스 사회에서는 신에 대한 이야기를 시인들이 문학적인 방식으로 해주었잖아요. 오늘날 종교 교육이라 하면 종교적 도그마를 주입하는 것으로 생각하지만, 플라톤에게 종교 교육이란 아름다움과 숭고에 대한 감수성을 도야하는 거예요. 세상에서 가장 큰 것, 또는 모든 현세적인 척도를 뛰어넘는 무한에 대한 감수성을 키워주는 게 종교 교육이라는 이야기지요.

예를 들어 불교에서 현세에 우리가 태어나서 살다 죽는다 말하지 않고 우리가 윤회한다고 이야기할 때, 그것이 사실로서 옳든 그르든, 어린 아이가 그 말을 들었을 때 자연스럽게 윤회가 뭘까, 그럼 이 세상이 그냥 이걸로 끝나는 것이 아니고, 나에게 이전이 있었고 내가 모르는, 또 내가 알지 못하는 미래가 있다는 말인가 하고 생각할 때, 이 협소한 시야를 뛰어넘어서 어느 순간 무한히 열리는 존재의 지평을 향해서 마음을 확장하게 됩니다. 그게 호연지기인데, 이거야말로 도덕의 필요조건이 되는 기초라고 할 수 있지요. 왜냐하면 도덕의 반대가 악덕이라고 한다면, 모든 악덕은 자기 속에 갇히는 거거든요. 그러니까 이걸 우리 마음의 상태로 중립적으로 얘기하면, 모든 악덕은 자기 속에 유폐된 정신

에서 시작되지요. 그러니까 자기 말고 타자를 모르는 거죠. 있다고 생각
하지도 않고, 있어도 자기중심적으로 생각해버리고 이런 모든 것이 악
덕의 출발점이거든요.

반대로 도덕적 의식은 나를 협소한 개체의 자리에서 확장해서 세계
와 하나로 놓을 때 성립하는 것입니다. 그런데 나를 세계와 하나로 놓아
본 적이 없는 사람한테 도덕을 백날 말하면 무슨 소용이 있겠어요? 그
래서 도덕을 말하기 전에 우선 먼저 길러야 할 게 호연지기예요. 그런데
호연지기란 간단히 말하면 정신의 시야를 넓히는 데서 길러지지요. 그
시야를 넓히기 위해 무한에 대한 감수성을 말하는 것이고요. 그런데 여
기서 호연지기를 잘못 기르면 폭군의 권력의지가 될 수도 있어요. 세상
을 위에서 내려다보고 제 맘대로 주무르려 하는……. 세계를 전체로서
대상적으로 보는 것만이 아니고 타인의 고통을 자기의 고통으로 느낄
수 있어야 도덕적인 호연지기로 나아가겠죠.

더 근원적으로는 안정된 정서를 기르는 것도 대단히 중요한 교육적
과제입니다. 이것은 한국인들에겐 정말로 심각하고도 중요한 문제인데,
너무 많은 사람들이 정서가 불안정하고 안정된 가슴을 가지고 있지 않
습니다. 안정된 정서, 이거 우리한테는 정말 예외적인 거예요. 제가 보
기엔 한국인들 대다수는 희로애락의 바탕이 많이 왜곡돼 있습니다. 다
시 말해 무엇을 보고 기뻐하고 언제 슬퍼하고 분노하고 화를 내야 하는
가, 이런 것이 많이 왜곡돼 있어요.

따지고 보면 우리의 1980년대가 실패한 큰 이유도 거기 있을 거예
요. 감정 교육에서 우리 사회 전체가 실패했고, 우리가 호연지기를 기르
지 못했고 정서적으로 불안정했기 때문에, 세상을 바꾼다 하면서도 제
대로 못 한 거지요. 내 마음속이 지옥인데 마음에 지옥을 품고 있는 사
람이, 또는 마음에 사막을 품고 있는 사람이 어떻게 외부 세계를 낙원으
로 바꿀 수 있겠어요? 그건 가능하지 않겠지요. 그래서 꼭 윤리적인 측
면이 아니라 미적인 측면에서라도, 또는 통틀어서 인간의 행복에 관해

서 말하더라도 우리한테 정말로 필요한 건 정서 교육이고 예술 교육이라는 걸 간곡하게 말씀드리고 싶어요. 초등학교 이전에 안정된 정서가 정착되고, 거기서부터 호연지기가 서서히 뿌리를 내려서 초등학교 때를 마칠 때쯤 그것이 기본 성격으로 자리 잡지 못하면, 그런 마음의 바탕에 무슨 씨앗을 뿌리더라도 자갈밭에 떨어진 씨앗과 같습니다.

고명섭 사실 돌이켜 보면 초등학교부터 미술, 음악, 글쓰기를 배우고 정서 함양이니 전인 교육이니 하지만 미적 교육이라는 것을 받아본 적이 있는가, 우리의 정서를 섬세하게 키우는 교육을 받아본 적이 있었던가, 그런 문제의식이 있었던가 하는 생각이 듭니다. 저는 선생님 생각에 전적으로 동의하는 입장인데, 그런 부분에서 약간 트라우마가 있다고 할 수 있어요. 저는 논리적인 사람이거나 지적인 사람이기보다는, 좋게 말하면 감성적인 사람이고 나쁘게 말하면 감상적인 사람이에요. 20대의 저는 감상이 흘러넘치고 감성을 폭음하고 감성에 취해서 비몽사몽으로 헤매고 다녔던 인간인데, 어쨌거나 그런 상태에서는 타인의 고통에 대해서는 굉장히 민감하고 작은 아픔도 크게 다가오고 내 아픔은 내가 견뎌내면 되는데 타인의 아픔은 내가 어떻게 할 수 없기 때문에 그게 증폭되어서 오는 겁니다. 그래서 저 아픔을 내가 견딜 수 없기 때문에 외면해버리고 싶은 마음까지 들게 되는 상황들을 겪었는데, 제가 겪은 1980년대라는 시대는 엄격하게 말하면 그런 사고 일체를 감상주의로 배격하던 시대였어요. 그런 나약한 감상에 빠져서는 변혁도 혁명도 할 수 없고 적과 맞붙어서 싸울 수 없다, 강인한 혁명적 남성성을 기를 수가 없다, 그런 나약한 여성적 감상성에 빠져서 살아서는 안 된다는 사고가 지배적이었지요. 그런데 그렇게 배제하는 감상성 속에는 사실은 미적 세계인식이라든가 세상의 아픔에 대한 섬세한 느낌이 들어 있어서, 그런 것들이 감상성과 함께 가버리거든요. 그런 점에서 제가 대학 생활을 보냈던 1980년대는 감수성이나 감성, 미의 측면에서는 사막과 같은 시대였습니다. 정서적으로 미숙한 사람들이 논리적으로 비대해져서 세계를 논리적으로 해석하고 그것이 전부라고 생각하다 보니, 결국에는 이 미숙한 것들이 자기 발을 걸어서 넘어뜨리고 또 서로에게 상처를 깊이 주기도 했지요. 이른바 운동권 쪽에 있었던 사람들치고 그 내부 문화로 인해서 상처받지 않은 사람들이 없었고 그 상처의 반동으로 그 자체를 완전히 부정해버리거나 출가를 해서 산속으로 들어가거나 하고, 또 어떤 사람들은 그 상처를 치유하는 방법이 사회과학이 아닌 다른 것이어야 한다고 영성을 통한 치유라는 방식으로 나아가기도 했고요. 그래서 저는 정말로 선생님 말씀처럼 어렸을 때부터 그런 미적 교육, 그런 감성을 풍부하게 하는 교육이 정말 중요하다고 생각을 하는데요. 제가 그런 식의 이야기를 하면 제 안에 있는 어떤 것이, 그게 초자아일 수도 있고 대타자일 수도 있고 기억일 수도 있는데, 무슨 귀신 씻나락 까먹는 얘기냐, 순수 이성을 키우고 세상에 대한 냉철한 인식이 필요하고, 그렇게 해서 이 세상을 바꿔나가는 것이 중요하지 그런 소녀적 감상에 빠져 살 때냐, 그런 걸 주장하는 것 자체가 웃기는 것 아니냐 하는 반발이 저도 모르게 제 안에서 나오는 겁니다. 제 안에 그런 트라우마가 확실히 있습니다.

김상봉   생각하면, 냉철하게 대상화해 말하기에는 너무도 가슴 아픈 시대의 상처입니다. 그래도 선생님 마음속에서 왜 그런 반발이 나올까, 그걸 다시 물어볼 필요는 있겠지요. 그런 식의 즉각적인 반발이 과연 타당한 근거를 가지고 있는가, 아무 근거도 없는 조건 반사적인 반발인가, 아니면 아직 사라지지 않은, 청산되지 않은 시대의 어떤 목소리, 어떤 울림인가, 여러 가지로 이야기할 수 있겠지요.

이 문제를 우리가 전에 나눈 얘기에 이어서 생각하자면, 세계를 형성한다는 건 자유의 표현이죠. 그런데 그 세계형성을 위해 필요한 것이 무엇이냐고 묻는다면, 철학이든 사회과학이든, 다른 무엇보다 이성적인 사유에 입각한 새로운 세계의 설계도라고 하겠지요. 저도 그렇게 말했고요. '네 말이 진리라는 걸 증명해봐. 당신의 설계도로 차를 한번 만들어봐. 굴러가면 진리이고 아니면 아니지.' 그런 의미에서의 설계도라는 건 개념적 사유의 활동이지 단순히 꿈꾸는 것과는 다르다는 식으로 저도 이야기를 했고, 그게 이성의 역할인 것은 맞습니다.

그런데 세계를 형성하려 할 때 이런 식으로만 형성을 말한다면 우리 모두는 말하자면 공학자가 될 수밖에 없거든요. 그리고 공학자의 머릿속에 들어 있는 건 냉정하고 이성적인 사유이지요. 그 이성적 사유가 지향하는 대상은 인격적 타자가 아니라 사물적 대상이고요. 그래서 내가 형성해야 할 세계도 사물적 세계가 되어야 하는 거지요.

문제는 인간이 살아가는 세계는 인격적 만남의 세계라는 겁니다. 그래서 세계를 형성한다는 것도 레고 조립하듯이 쌓아 올리는 것도 아니고 컴퓨터 그래픽으로 내 맘대로 가상 현실을 만드는 것도 아니라, 너와 나의 만남의 길을 새롭게 연다는 것을 의미하지요. 그리고 세계를 형성하는 활동 자체가 나와 너의 만남 속에서 생성되는 거란 말입니다. 그런데 이때 철저히 빠져 있는 게 만남의 기술이에요. 너와 나의 만남이라는 것이 타인의 고통에 대한 감수성, 타인의 고통에 대한 응답, 그런 것 없이 어떻게 있을 수 있습니까? 그런데 너무 자주 이 모든 것이 이데올로기로, 머릿속에 있는 이념의 매트릭스로 치환되어버리는 거예요. 그래서 실제로 그때그때의 만남 속에서 우리가 더불어 확인하고 느낄 수 있는 공동의 기쁨과 슬픔의 길, 이것에 대해서는 감수성이 결여되어 있었던 거죠.

조심스러운 얘기이긴 하지만, 한국 사회에서 사람들의 자연스러운 감성과 공감의 능력은 너무도 쉽게 머릿속에 있는 이데올로기에 의해서 억압되고 왜곡되어왔습니다. 특히 이데올로기적 적대성 때문에요. 그래서 어떤 감정 특히 증오의 감정은 과도하게 증폭되는 반면, 자기와 다른 사람의 고통에 대한 감수성은 억압되다 못해 아예 마비되기까지 하지요. 우리가 공유하는 희로애락의 감수성이라는 것이…… 그런 의미에서 제가 『그리스 비극에 대한 편지』에서 그리스 비극의 위대성을 적의 고통에 대한 공감이라고 말하기도 했지요. 적도 고통받고 눈물을 흘린다는 걸 일깨우는 예술이었다는 거죠. 그런데 우리의 경우엔 일단 적이라고 규정되는 순간에 피도 눈물도 없는 적대성만 남고, 인간이 자연스럽게 가져야 할 타자의 감정에 대한 공감 능력은 이데올로기에 의해 구획된 당파성에 완전히 종속되어, 결과적으로 기존의 고착된 만남의 길을 절대로 확장해나갈 수 없다, 바꿔나갈 수 없다고 생각하지요.

고명섭 사실 비유가 실재를 규정하는 경우도 있습니다. 예를 들면 적들의 목을 치자고 단호한 마음으로 비유적으로 하는 말이었는데, 자꾸 하다 보면 상대의 목을 치는 일이 실제로 일어나잖습니까. 프랑스 혁명 과정에서 비유적 언어들이 난무했는데 그것이 어떻게 현실로 전환되는지 이야기를 언뜻 들은 기억이 납니다. 가라타니 고진이 "은유로서의 건축"이라는 표현을 썼는데, 서양에서는 건축으로서의 사유, 사유를 세워서 건물을 짓는다는 식의 은유가 뿌리 깊게 면면히 내려오는 것 같고, 그런 것들이 반복되다 보면 사람은 빠지고 건물만 들어서는 식의 결과가 될 수도 있겠다, 비유는 그런 현실을 불러내는 효과가 있다는 생각을 합니다.

김상봉 사실 이 주제는 길게 얘기할 만한 가치가 있다고 생각하는데요. 우리 시대의 사회과학과 이론이라는 것이 인간을 인간으로 안 봅니다. 굳이 그 말을 안 쓴다고 하더라도, 사회과학이 기본적으로 사회공학이 돼버렸다니까요. 제가 볼 때는 그건 좌우를 가리지 않습니다.

고명섭 사회과학에 대해서 제가 느낀 그 낯섦이라고 할까요. 저는 심지어 경제학과를 다녔는데, 사회과학에서도 가장 과학적 사고에 가깝고 그만큼 비정한 학문이라고도 할 수 있지요. 사회과학 하면 저한테 떠오르는 이미지는 바로 그 비정함이에요. 인간을 도구화하는 느낌이 듭니다. 인간이 익명이 되고 평균이 되어버리는데, 사실 그게 다 한 사람 한 사람이란 말이에요. 사회과학의 이런 성격에 참 공감하기가 어려웠지만, 저는 그런 식의 태도는 감상주의이고 이 감상주의를 극복하지 않으면 안 된다, 감상주의로는 이 세상을 주체로서 사랑할 수가 없다, 그래서는 혁명은 둘째치고 주체로서 살아갈 수도 없다고 생각하면서 사회과학적 언어에 익숙해지고, 사회과학의 정신으로 나를 훈련시켜야 된다고 주문했던 거지요. 비유하자면 지금의 내 심장은 미세한 풀잎에도 스치면 베일 정도로 연약한데 이래서는 세상을 살아갈 수가 없다, 이게 칼날이 들어와도 베이지 않을 정도로 단단한 심장을 만들어야 된다, 그러려면 사회과학적 언어로 나를 단련해야 된다, 그래서 인간에 대한 구체적인 이미지를 지워버려야 된다고 생각했습니다.

김상봉 칸트 식으로 말하면 감성은 개별성의 자리거든요. 우리는 이성만으로는 절대로 한 사람 한 사람을 만나지 못합니다. 좋은 의미로든 나쁜 의미로든 이성은 보편의 능력이거든요. 우리가 한 사람 한 사람을 개성적이고 개별적인 바로 그 사람으로 만나게 되는 것은 언제나 감성을 통해서예요. 그래서 감성의 영역만이 하이데거 식의 용어로 말하자면 각자성(Jemeinigkeit)입니다. 그 한 사람 한 사람이 다른 사람과 바꿀 수 없고, 우주와도 바꿀 수 없는 바로 그 사람으로 우리한테 오는 순간은 오직 가슴으로만 만나요. 그런 까닭에 그것을 말소해버리면 혁명이든 뭐든 전부 다 '동물 농장'이 되는 거고요.

고명섭 그러니까 결국은 본말이 전도되었다고 할까요. 정말 중요한 것과 수단이, 목적과 수단이 전도되어버려요. 각자의 가슴이 살아 있고 가슴이 통하는 세상을 만들자는 것이 혁명의 목표인데, 그런 세상을 만들려면 가슴이 없는 사람이 되어야 합니다. 우리 모두 얼마나 가슴이 없는 사람이 됐는지를 가지고 우리의 높이를 측정하자. 그래서 가장 가슴이 없는 사람이 가장 높은 사람인 거예요. 가슴이 있는 사람일수록 주눅들게 됩니다.

김상봉 그래서 그 사람들이 진정한 의미에서 이성적인 인간이었으면 얼마나 좋았겠습니까. 감성을 배제한 이성이라는 것은 구체성을 상실한 보편성이라고 할 수 있을 텐데, 구체성을 상실한 보편성은 가짜 보편성이에요. 보편이라는 이름을 가지고 있을 뿐인 하나의 개별적이고 전혀 이성적인 근거도 없는 맹목적인 자기확신일 뿐이죠. 그런 의미에서 주관적으로는 아무런 보편성과 객관성도 가지지 못하는 자기확신일 뿐이고, 그것이 타자와의 관계에서는 폭력으로 나타나지요.

고명섭 가령 1980년대 학생들에게 이상적인 존재론으로 그려지는 체르니셰프스키의 『무엇을 할 것인가』에서 '특별한 인간' 라흐메토프는 언제 자기 자신이 끌려갈지, 고문당하고 죽을지 알 수 없으니까 못이 박힌 판자 위에서 잠을 자고 미리 모든 걸 다 훈련하지요. 그렇게 육체적 고통조차도 초월하고 심장도 초월하고 완벽하게 혁명에 헌신하는 존재로 자신을 만들어냅니다. 저는 실제로 20대 때 한 치의 오차도 없는 기계와 같은 인간, 어떤 경우에도 감정이 개입해서 사태를 흐트러뜨리지 않는, 그래서 수학적 정확성으로, 입력되면 그대로 결과로 나오는 그런 존재가 되지 않으면 나를 완전한 존재라고 할 수 없다고 생각했습니다. 사이보그처럼 되는 것을 스스로 목표로 제시해놓고도, 과연 그것이 가능한 일인가, 불가능하지만 하는 데까지 해보자, 이렇게 생각했던 것이고요. 1980년대 그 흐름 속에 같이 있었던 사람들 상당수는 어떤 식으로든 그와 유사한 형태로 자기를 형성할 필요가 있다고 생각했을 겁니다.

김상봉 그래서 사회과학에서 사람을 위해서 학문을 한다고 하는 것과, 방법론적인 의미에서 사람을 결국에는 배제하게 된다고 하는 것은 구별해야 된다고 저는 생각합니다. 가령 의학은 당연히 사람의 고통을 덜고 치유하기 위한 학문이지요. 그러나 우리가 서양의학을 비판할 때, 그것이 근대 이후에 인간을 육체를 가진 기계로 봄으로써 어떻게 의학이 인간을 소외시켰는가를 이야기하지 않습니까? 마르크스에 대해서 이야기할 때도, 노동자 착취와 인간의 자기소외를 다른 누구보다도 치열하게 고민하고 그것을 해결하기 위해서 학문을 했다는 것을 칭찬한다 하더라도, 방법론적인 측면에서 인간을 비인간적으로 소외시켰다는 것은 별개의 문제로서 비판할 수 있고 또 해야 할 일이지요. 마르크스에게는 주체가 없습니다. 그 점에서는 알튀세르가 옳다고 해야겠지요. 그가 『자본』(Das Kapital)에서 보여주는 세계는 인격적 주체가 철저히 배제된, 자본의 운동 원리니까요.

다른 한편으로 인격적 주체란 활동의 주체이기도 하지만 고통의 주체이기도 한데, 아까 선생님이 말씀하시는 걸 들으면서 문득 예전에 읽었던 레싱 생각이 났습니다. 레싱이 호메로스에 대해 얘기하면서 (워낙 오래전에 읽어서 기억이 가물가물합니다만) 그리스인들이 트로이인들과는 달리 눈물을 억압하지 않았다는 말을 했던 게 기억납니다. 그리스의 영웅들은 예를 들어 아킬레우스가 그런 것처럼 울어야 할 때 울 줄 아는 사람이었다는 거지요. 어떤 외부적 자극에도 무감동한 존재가 영웅이 아니고, 오히려 가장 나약하게 상처받을 수 있는 자로서 또 눈물을 흘리는 자로서 그려지는 게 호메로스적 영웅이라고 레싱은 얘기했습니다. 그런 의미에서 한국 사회의 왜곡된 남성중심주의적 문화, 태도에 대해서도 감성과 이성을 두고 비슷한 말을 할 수 있겠죠. 울면 안 된다, 상처받으면 안 된다고 할 때 구체적인 피와 살로 이루어진 인간을 결국은 잊어버리게 되고, 그래서 세계는 다시 추상화되지요.

고명섭 1980년대를 한 번 더 이야기해보겠습니다. 사회과학주의라고 하면 개별성은 무가치하다는 생각과 연관되는데, 가령 문학은 개별성에 대한 천착이거든요. 궁극적으로는 그게 보편적인 것에 가닿을지는 몰라도 우선은 개별적인 것을 개별적인 것 자체로 소중히 품어본다, 특히 서정시에서 그런 지향이 나타나는데, 사회과학의 시선에서 볼 때는 평균 내면 사라지는 것에 불과한 것이어서 거기에 시간을 쏟는다는 것은 낭비라는 느낌을 줄 수 있는 것이죠. 그런 의미에서 구조나 제도, 질서, 논리 중심으로 사고하면서 그렇게 개별성이 망각되거나 무시되는 경우가 많았다고 생각합니다. 저 자신도 그런 문화적 압박을 받으면서 사회과학주의를 내면화하게 되고 그래서 시 쓰는 자신을 어리석고 나약한 사람, 자기 감정을 털어내지 못한 허약한 사람으로 생각한다거나, 소설 읽기가 얼마나 웃긴 것인가 하는 생각으로 나아가지 않았던가 그런 생각이 듭니다. 그런 과정에 어떤 보이지 않는 정신적 폭력성이 있었다는 것은 틀림없는 사실이고, 그 폭력성이 많은 사람들에게 고통과 상처로 남아서 그 시대가 아름다웠던 시대가 아니라 고통스러웠던 시대로 회상되는 것이 아닌가 합니다.

김상봉 저는 그 부분에서 우리의 얘기를 이어나가기 위해서 1970년대와 비교하는 것도 나쁘지 않겠다는 생각이 들어요. 5·18까지요. 역사적으로 본다고 하더라도 1980년대가 1970년대 위에 있잖아요. 1970년대는 아픔에 대한 공감의 시대였어요. 그게 먼저였고 그 정점이 5·18이거든요. 지금 우리가 윤리 얘기하다가 여기까지 왔잖아요. 그런데 타인의 고통에서 아픔을 못 느끼는데 그다음에 윤리가 있어야 될 이유가 어디 있겠어요?

고명섭 1970년대의 그런 정서가 없었다면 윤상원의 투쟁도 없었을 것이고, 나중에 붙잡힌 박관현은 감옥 안에서 결국 단식 투쟁으로 사망했지요.

김상봉 1970년대의 출발은 전태일이지요. 전태일이 누굽니까? 그 사람은 중학교도 못 나온 사람입니다. 근로기준법 책의 깨알 같은 한자들의 장벽 앞에서 대학생 친구라도 하나 있으면 좋겠다 했던 사람이었잖아요. 이성이 지식과 무관한 것이 아니라면 전태일이 이성을 상징하는 인물은 아니라고 해야겠지요. 그렇다면 그가 어떻게 한 시대의 출발을 알리는 불꽃이 될 수 있었습니까? 간단히 말하자면 그는 타인의 고통이 자기 고통이 되어버린 사람이었지요. 좀 더 확장해서 말하자면 세상의 고통이 자기 고통이 되어버린 사람이 아니었던가요? 그것은 이성이 알지 못하는 보편, 오직 가슴으로만 느낄 수 있는 총체성이지요.

고명섭 이번에 전태일 일기가 문화재로 지정되면서 공개됐는데 그걸 보니까 『전태일 평전』에서도 실렸지만 "나 아닌 수많은 나들이여"라고 그렇게 쓰여 있던데요. 그게 선생님이 이야기하시는 '네가 나'라는 이야기잖아요. 배우지 못한 사람이 원초적인 언어로 그렇게 설명하는 거죠.

김상봉 그런 의미에서 저는 우리의 항쟁사가 너무나 놀랍다고 생각하는데요. 길게, 전체로 놓고 보아도, 이념을 놓고 보아도 그렇지만, 인간이 어떻게 자기를 고양하게 되는가 하는 그 과정을 보여준다는 생각을 자주 해요.

고명섭 죄송합니다, 또 끊어서. 전태일부터 5·18까지 그 정서의 흐름을 놓고 그 위에 전태일이라는 존재를 말하자면, 차비를 아껴서 그걸로 풀빵을 사가지고 여공들, 누이들한테 주고 자기는 걸어가는 거죠. 밤늦게. 심지어 너무 늦어서 파출소에 잡혀 들어가기도 하고요. 여공들의 배고픈 사정을 못 견디니까 풀빵을 사 주는 태도가 이어져서 5·18에서 그 사람들이, 말하자면 여러 전태일들이 모여서 주먹밥을 만든 것이라고 볼 수도 있겠네요. 정서를 놓고 본다면요.

김상봉 아니, '그렇게 볼 수도 있겠다'가 아니라 그렇게 봐야 되는 거지요. 왜냐하면 5·18이 그렇게 불쑥 솟아나온 게 아니기 때문에, 전태일부터 5·18까지가 딱 10년 아니에요? 87년 체제를 말하기도 하고 80년 체제를 말하기도 하지만 지금 우리는 전태일 이후, 그 끝자락에서 있는 거거든요. 그래서 기점도 굉장히 중요해요. 그 기점이 저는 전태일이고 거기서 시작이 되었다고 보고요. 전태일 사건에 대한 응답이, 전태일 사건이 있고 나서 생기는 것이 야학 아닙니까? 광주에서도 서울에서도, 여기저기 폭발적으로 야학들이 생겼는데, 그것이 말하자면 이성의 응답이었던 거죠.

고명섭 역사적으로 보자면 바로 전태일에 의해서 야학운동이 생겼고, 그 야학운동의 한 불꽃이 광주에 있었던 들불야학이었고, 그 들불야학에서 야학운동을 하던 사람이 윤상원이고, 그 윤상원이 죽음으로써 광주를 지켰고, 그 흐름도 역시 전태일에서 성립된다고 할 수 있고요.

김상봉 　전태일에 대한 응답이 윤상원이었던 거예요.

고명섭 　제 대학 시절에는 전태일이라는 존재를 우리 시대의 예수라고 하고, 예수의 초상화와 함께 전태일 상을 같이 붙여놓은 기독교 학생운동 단체들도 있었습니다. 저는 그런 생각도 들었어요. 전태일이라는 사람은 분신해서 죽어버린 사람인데, 가슴 아픈 일이긴 하지만 그게 어떻게 예수가 될 수 있는가. 그런데 예수라는 존재가 예수사건이고 진리사건이라고 하잖아요? 그런 것처럼 전태일이라는 존재가 진리사건이었구나, 전태일이야말로 논리적으로 설명하기 어려운 어떤 진리의 현현이었구나, 그것이 역사적 진리, 초월적 진리가 드러나는 어마어마한 사건이었구나, 공부를 한참 하면서 근년에 들어서야 비로소 그렇게 이해하게 됐어요. 이번에 5·18에 관한 선생님의 논문을 읽으면서 다시 새삼스럽게 5·18 광주야말로 바로 그 집합적으로 일어난 진리의 현현, 진리사건이라고 할 수 있겠다는 생각을 하게 됐습니다. 만약 제가 그런 공부가 안 된 상태에서 그런 이야기를 들었다면 지나치게 주관적인 과장이 아닐까 생각하고 말았을 텐데, 5·18 광주야말로 진리사건이고 전태일이야말로 진리사건이구나, 우리 시대 예수가 뭔지를 보려면 전태일이나 윤상원 같은 존재들을 보면 되는구나, 그런 생각을 했습니다.

빚지고 있음과 긍지

김상봉 　공감합니다. 그러면 이렇게 우리 이야기가 5·18로 넘어가는 겁니까?

고명섭 　감성이나 감정의 문제와 관련해서 아직 한 가지 짚고 넘어갈 것이 있습니다.

김상봉 　뭡니까?

고명섭 　선생님이 『도덕교육의 파시즘』에서 말씀하신 '빚지고 있음'

의 감정과 긍지에 대해 이야기를 좀 나누었으면 합니다.[35] 이것도 감정
에 속하니까요. 그 빚지고 있음이라는 것에 대해서 공감하지 않는 것은
아닙니다. 공감은 합니다. 우리가 빚진 존재라는 것을 깨닫는 것은 우리
정신의 한 도약이라고 생각은 하는데요. 선생님 말씀에 따르면 빚지고
있기 때문에 감사하는 마음이고, 내가 남을 사랑하기 전에 남에게 사랑

---

35 "여기서 우리는 풀기 어려운 이율배반에 빠지는데, 도덕적 강제를 자기강제로
이해할 수도 없고 타율적 강제로 이해할 수도 없는 난처한 지경에 처하게 되는
것이다. 생각하면 칸트 자신이 이 이율배반의 희생자라 할 수 있겠으니 그의 윤
리학은 계몽된 신학과 우둔한 맹목 사이에서 끊임없이 동요한다. 즉 그가 도덕으
로부터 임의성을 배제하고 그것의 무조건적 당위의 측면을 강조하려 하면 그의
도덕은 신학적 타율성 속에 빠질 위험에 처하게 된다. 이 위험을 피하기 위해 반
대로 법칙에 대한 존경심을 강조하게 되면 그 존경심은 공허하고 맹목적인 의무
감에 떨어질 위험에 처하게 된다. 그런즉 칸트는 자의성으로 환원될 수 없는 도
덕적 강제의 고유성을 밝혀내기는 하였으나 그것을 온전히 해명하거나 정초하
지는 못하였던 것이다. 하지만 우리가 만약 도덕적 강제의 근거를 정당하게 해
명하지 못한다면, 도덕은 욕망의 변신(metamorphosis) 이외에는 아무것도 아닐
것이다.

그렇다면 우리는 도대체 무엇으로부터 자의성과 다른 도덕적 강제의 근거를
마련할 수 있겠는가? 어떻게 하면 나 자신 속에서 확증할 수 있는 내면적 감정을
배제하지 않으면서도 동시에 그 감정이 나 혼자만의 자생적 감정이 아니라 타자
와의 관계에서 어떤 구속성과 강제를 내포한 감정일 수 있겠는가? 그것은 오직
하나, 감사의 마음이다. 감사의 마음이란 내가 빚지고 있다는 깨달음에서 비롯된
다. 나의 존재는 다른 사람은 물론이거니와 모든 아닌-나(Nicht-Ich)에 빚지고
있다. 그런즉 존재는 은혜다. 내가 남을 사랑하기 전에 나는 먼저 사랑받았으며,
오직 그 사랑으로 말미암아 지금 이렇게 존재하고 있는 것이다. 그 사랑의 인연
에는 끝이 없으니 결국 나는 모든 사람과 온 세계에 빚진 존재이다. 내가 이것을
깨달을 때, 나는 나를 둘러싸고 있는 모든 사람 모든 존재에 대해 감사를 느끼게
된다. 그리고 내가 모든 타인과 아닌-나에게 빚지고 있으며, 은혜를 입고 있다는
것을 느낄 때, 나는 비로소 내가 그 모든 사람과 온 세계를 사랑하고 보살피는 것
이 나의 자의에 맡겨진 일이 아니라 나에게 부과된 마땅한 의무임을 깨닫게 된
다. 감사의 마음은 자기가 받은 은혜와 사랑의 빚을 기꺼이 모든 사람과 세계에
되갚으려 하는데, 오직 이를 통해서만 도덕적 의무감은 타율적 강제의 의식과
어리석은 맹목으로부터 동시에 벗어날 수 있다." 김상봉, 앞의 책, 308~10쪽.

받은 것을 아는 마음이지 않습니까? 이것이 일반적으로 타당하다는 것은 인정하지만, 고민이 되는 것이 있습니다. 하지만 모든 경우에 우리는 자신의 존재를 나 아닌 것에 빚지고 있다고 느끼는가. 빚지고 있다는 느낌은 내 존재가 소중하고 내가 자신을 충분히 긍정할 때의 마음이다. 만약 나 밖의 세계에 내가 조금도 빚지지 않았고, 나를 나로 만들어낸 이 세계에 빚졌다는 느낌은 없이 나를 존재하게 함으로써 고통을 안겨준 이 세계가 저주스럽다면 그때도 감사의 마음을 느낄 수 있을까. 빚졌다는 느낌 없이도 사람은 타자에 대해 동정심을 느낄 수 있다. 나의 고통을 너도 가지고 있구나. 너의 고통을 보니 차라리 내가 괴롭고 말겠다는 느낌. 어쨌거나 빚졌다는 느낌에서 감사가 이끌려 나오려면 먼저 빚졌다고 느껴야 한다. 그리고 빚졌다고 느끼려면 내 삶, 내 존재가 내가 향유할 만한 것이고, 존재하지 않는 것보다는 존재하는 것이 더 낫고 더 행복하다고 느껴야 한다. 요컨대 자기부정, 자기혐오, 자기거부보다는 자기긍정이 더 커야 한다. 그러나 자기를 긍정하기보다는 자기를 부정하고 자기의 이런 처지를 저주한다면 그때도 이 세계에 빚졌다는 느낌, 감사의 느낌을 느낄 수 있을까. 그렇기 때문에 빚졌다고 느끼고 감사의 마음을 품으려면 먼저 자기긍정을 키워야 한다.

김상봉 선생님 말씀 다 옳아요. 그리고 그건 제가 하고 싶은 얘기이기도 해요. 제가 빚지고 있음이 도덕감의 근본이라고 말한다 해서, 인간의 도덕적 의식의 전개 과정에서 빚지고 있음의 의식이 발생론적으로 제일 먼저 생긴다는 얘기는 아닙니다. 제가 『도덕교육의 파시즘』의 마지막 장에서 도덕적 의식이 어떻게 생성되는지를 발생론적으로 서술하면서 이 문제를 거의 마지막에 서술하지 않았습니까? 그러니까 인간의 도덕적 의식이 최초로 어디서 출발해서 어디로 가는가 하는 것을 제 나름대로 짚어본 것이지요. 그런데 그 전개 과정에서 빚지고 있음의 자각은 거의 제일 마지막에 옵니다. 제일 처음은 쾌락과 욕망입니다. 그다음 단계는 착함이지요. 그다음은 정의와 올바름 또는 의무의 자각이고 마지막은 생명 전반에 대한 책임감과 보살핌이지요. 그리고 그건 어쩌면 서양 윤리학의 역사를 반복한 것이기도 합니다. 처음엔 좋고 나쁨, 쾌락과 욕망에 기초한 행복주의 윤리학, 그다음은 근대의 동정심의 윤리학, 다음으로 칸트의 의무의 윤리학, 마지막으로 우리 시대의 생명 윤리와 여성주의적 관점의 목소리까지 더듬어 보았던 거지요.

그런데 그러면서 거의 제일 마지막쯤에 빚지고 있음에 대한 감사를 다루었지요. 『도덕교육의 파시즘』에서 하필 그 부분을 짚어내주신 것은 역시 선생님다운 안목이라 생각합니다.

고명섭 칭찬 같긴 한데, 무슨 뜻입니까?

김상봉 현실적 도덕교육에 대한 비판이라는 측면을 도외시하고 『도덕교육의 파시즘』을 순수 윤리학적 관점에서만 고찰하자면, 그 책의 가장 큰 성과는 빚지고 있음에 대한 감사의 의식을 도덕성의 기초로 확립한 것이라고 저 스스로는 생각하고 있습니다. 그 점을 주목한 독자들이 얼마나 있는지 모르겠는데, 지금 선생님이 그걸 말씀하시니까 저야 고맙고 반가운 일이지요.

고명섭 그러고 보니 저도 왜 그것이 특별히 눈에 띄었는지 설명하라면 쉽지가 않네요. 그리고 선생님의 글도 별로 그 문제를 자세히 설명하지 않아서, 어떤 의미에서 그게 그렇게 중요한 것인지 한번 설명을 듣고 싶습니다.

김상봉 간단히 설명하자면 그것은 도덕적 강제의 근거가 무엇이냐는 물음에 대한 대답입니다. 서양에서 도덕을 당위와 강제의 측면에서 파악한 사람은 잘 알려진 대로 칸트입니다. 그 전에는 사실 윤리학이라고 하는 것은 좀 단순하게 말하자면 행복론이라 해도 과언이 아니었습니다. 그것은 행복이 최고선이라는 아리스토텔레스의 정식화 속에 요약되어 있지요. 그런데 칸트는 도덕이 선과 악의 문제로서, 행복과 불행의 문제와는 전혀 다르다고 주장했지요. 이렇게 해서 처음으로 윤리학이 행복론에서 분리되어 의무론이 되었습니다. 선과 악은 이제 의무와 당위의 문제가 된 거죠. 이처럼 도덕을 당위와 의무의 감정과 결합한 것은 서양 윤리학의 역사에서 칸트의 비길 데 없는 공적이지만, 거기에도 치명적인 함정이 있었습니다.

고명섭　그게 뭡니까?

김상봉　도덕적 당위나 의무의 근거가 무엇이냐는 문제가 생긴 거지요. 예전에는 설령 누가 이걸 묻는다 하더라도 행복이라는 답이 있었습니다. 『호모 에티쿠스』에서 인용했던 아우구스티누스의 말처럼 우리가 덕을 추구하는 까닭 또는 신의 도덕적 명령을 지켜야 하는 까닭은 그것이 우리를 행복으로 이끌어준다는 거지요. 그런데 칸트는 그런 식의 근거설정을 거부했잖아요. 그것이 칸트 윤리학의 출발이니까, 이건 너무 당연한 거지요. 그런데 그렇게 하고 나니 질문이 생기는 거예요. 도대체 선하게 살아야 하는 이유가 뭐냐? 왜 내가 하기도 싫고, 한다 해도 나의 행복을 위해 도움도 되지 않는데 단지 그것이 의무이기 때문에 해야 하느냐는 물음이 생기는 거예요.

고명섭　칸트가 말하는 이유가 뭔가요?

김상봉　이유? 의무의 근거요? 복잡한 논의를 생략하고 단답형으로 결론만 말씀드리자면 그런 건 없어요. 마치 신에게 자기 이외의 존재근거가 없듯이, 그래서 신을 가리켜 자기원인(causa sui)이라 말하듯이, 선한 의지, 의무감, 도덕법칙에 대한 존경 등 칸트 윤리학의 근본 범주라고 말할 수 있는 이런 것들은 모두 자기 이외엔 아무런 근거도 필요하지 않아요. 그래서 도덕은 언제나 정언 명령이라는 거예요. 그건 무조건적인 명령, 다른 조건이나 근거 때문에 정당한 명령이 아니고, 그 자체로서 정당한 명령이라는 뜻이지요.

고명섭　그럼 선한 의지나 의무감 그리고 도덕법칙에 대한 존경 이 세 가지 사이의 관계는 어떻게 됩니까? 그것들 사이에 선후 관계나 근거와 귀결의 관계는 없습니까?

김상봉　쉬운 질문은 아닙니다만, 역시 좀 단순하게 말씀드리자면, 그 세 가지 아니 더 나아가 실천이성이라는 개념까지 포함해서 따지고 보면 동일한 도덕성의 다양한 측면 또는 현상형식이라고 말할 수 있겠지요.

고명섭 그러면 그 하나이고 동일한 도덕성이 자기 밖에서는 아무런 근거를 가지지 않는 절대적 정당성을 가진다는 뜻입니까?

김상봉 맞습니다. 그것이 이른바 칸트가 말하는 도덕의 자율성입니다. 그런데 자율성이란 자기가 입법한다는 뜻이잖아요?

고명섭 예, 그렇지요.

김상봉 그런데 여기서 자기가 누구겠습니까?

고명섭 그거야 당연히 인간 아니겠습니까?

김상봉 미안하지만 아닙니다.

고명섭 아니 그럼 스스로 도덕법칙을 입법하는 주체가 누구라는 말입니까? 신입니까?

김상봉 물론 그것도 아닙니다. 그랬더라면 칸트의 윤리학은 다시 신학적 타율성의 덫에 걸리게 될 테니까요.

고명섭 도대체 유령이 입법한다는 것도 아니고 도덕의 자율성이란 게 누구의 자율성입니까?

김상봉 법칙의 자율성입니다.

고명섭 그렇다면 법칙이 법칙을 입법한다는 뜻입니까?

김상봉 굳이 말로 표현하자면 그렇게 되겠지요. 법칙이 따로 존재하고 있는 것도 아니니까, 실제로는 그것도 정확한 말은 아니겠지만……. 아무튼 그게 이른바 칸트 윤리학의 형식주의입니다. 이 문맥에서 보자면 입법의 실질적 주체는 없고 형식만 있는 거지요. 보편성이라는 형식!

고명섭 황당합니다!

김상봉 맞습니다. 황당한 일이지요. 그래서 니체가 나왔잖습니까. 선생님은 니체에 대해 저보다 훨씬 더 많은 것을 알고 계시지요.

고명섭 아! 이제 칸트와 니체의 관계가 선명하게 보입니다.

김상봉 그렇지요. 아리스토텔레스를 배경에 놓아야 칸트가 선명하게 보이듯이, 칸트를 배경에 놓아야 니체가 선명하게 보이지요. 아리스토텔레스와 칸트 그리고 니체는 서양 윤리학의 역사에서 가장 중요한 변곡점입니다. 아리스토텔레스가 상식적이고 원만한 행복의 도덕, 중용의 도덕을 말했다면, 칸트는 도덕적 의무를 가히 절대자의 자리까지 숭고하게 드높인 철학자였지요. 하지만 그런 도덕적 절대주의는 니체의 눈에는 도리어 도덕의 무근거와 우둔한 맹목의 그림자일 뿐이었습니다. 그래서 그는 칸트와는 정반대의 극단으로 치달아 칸트 식의 도덕적 의무나 당위성 자체를 아예 부정했던 거지요. 선생님이 책에 자세히 쓰신 대로 칸트도 기독교도 불교도 하나같이 노예 도덕이라고 낙인이 찍히는 건데, 그 대신 남는 건 권력에의 의지라고 할 수 있겠지요.

저는 이런 의미에서 니체와 함께 서양의 윤리학은 플라톤 이전의 시대, 곧 소피스트의 시대로 되돌아갔다고 생각합니다.

고명섭 정의는 강자의 이익이라던 트라시마코스의 시대 말입니까?

김상봉 예. 니체 이후 지금 우리 시대는 철학적으로 고찰하자면 도덕이 그 기초를 잃고 붕괴되어버린 시대입니다. 두 차례의 세계대전, 특히 아우슈비츠 그리고 그 뒤 한국과 베트남과 중동에서의 전쟁을 거치면서 도덕과 윤리는 아무런 보편적 설명 근거도 없는 한갓 주관적 관성으로 전락한 것처럼 보입니다. 그래서 니체의 말이 더 진실한 울림을 주는 것이기도 하고요.

구체적으로 말하자면, 지금 우리가 어떤 당위를 말하든, 예를 들어 환경과 생명 윤리적 당위를 말하든, 경제와 기업 윤리적 당위를 말하든, 아니면 타자에 대한 환대의 당위를 말하든, 도대체 어떤 종류의 도덕적 당위를 말하든, 니체의 관점에서 보자면 근거가 없기는 마찬가지입니다. 아니면 권력에의 의지가 그런 당위를 해명할 수 있겠어요?

고명섭 그래서 선생님은 빚지고 있음의 깨달음으로부터 그 모든 당위의 근거를 찾겠다는 겁니까?

김상봉　예, 바로 그겁니다. 생각하면 아리스토텔레스와 칸트와 니체가 많이 다르지만 한 가지 점에서는 같습니다.

고명섭　어떤 점에서 그렇습니까?

김상봉　그들이 서로 대립하는 것 같아도 각자의 방식으로 자기중심적 도덕을 말했다는 점에서는 같다는 뜻입니다. 세 철학자에게서 모두 도덕은 언제나 자기를 위한 것입니다. 추상적으로 표현하자면 도덕은 늘 자기목적적입니다. 그런데 때마다 자기가 다를 뿐입니다. 아리스토텔레스에게서 그 자기가 소박한 의미에서 인간적 행위 주체를 가리키는 것이었다면, 칸트의 경우엔 추상적 법칙성 자체가 도덕의 주체이고, 니체의 경우엔 의지 그 자체가 도덕적 주체라고 해야겠지요. 니체가 권력에의 의지를 가리켜 의지를 의지하는 것이라고 말하잖아요? 그런 의미에서 아리스토텔레스부터 니체까지 서양 윤리학이 자기중심적이고 자기목적적인 윤리학이라고 말할 수 있는 거지요.

고명섭　그러면 선생님은 다시 여기서도 서양적 홀로주체성의 그림자가 어른거린다고 비판하시겠군요.

김상봉　예, 그렇습니다. 생각하는 주체가 자신의 주체성의 근거를 집요하게 자기 자신에게서만 찾아온 것처럼, 도덕적 의지의 주체 역시 자기 자신의 도덕적 의식의 근거를 자기 속에서만 찾아온 것이 서양 윤리학의 역사입니다.

고명섭　동정심의 윤리학은 타자 윤리학이라고 할 수 있지 않을까요?

김상봉　언뜻 보면 그렇지만, 아닙니다. 본질적으로 타인의 고통에 대한 동정심이나 연민 역시 내가 자유롭게 베푸는 일이기 때문입니다. 그러니까 이 경우에도 도덕적 행위의 근거는 내 안에 있는 것이지, 타인이 나에게 도덕적 행위를 강제할 수는 없습니다. 바로 그런 까닭에 칸트가 동정심이 도덕의 객관적 근거가 될 수 없다고 했던 것이지요.

고명섭　그렇다면 선생님은 서로주체성의 이념으로부터 어떻게 서양 윤리학과는 다른 윤리학을 전개하시는 겁니까?

김상봉 한마디로 말씀드리자면, 이론적 주체성의 차원에서 주체로서 내 존재의 근거가 너에게 있는 것처럼, 실천적 차원에서 내가 마땅히 행해야 할 의무와 당위의 근거 역시 너에게 있다는 거지요.

고명섭 그러면 네가 나에게 명령한다는 뜻입니까? 그건 또 다른 타율이 아닙니까? 아니면 어떤 의미에서 타자가 주체의 도덕적 의무의 근거가 됩니까? 그때 그 타자는 누굽니까?

김상봉 누구도 아닙니다. 모든 타인이, 모든 생명이 그리고 마지막엔 존재 전체가 내가 빚지고 있는 타자입니다. 나는 그들 모두의 은혜로 존재하는 것입니다. 나를 낳아준 부모, 내가 먹는 쌀 한 알, 물 한 방울, 그것을 가능하게 해주는 태양과 우주 전체가 내가 빚지고 있는 타자이지요. 그리고 이것은 이런저런 이론적 주장 이전의, 근원적 사실이라고 해야겠지요. 모든 인간이 유한한 존재인 한, 누구에게도 빚지고 있지 않은 사람, 타자의 은혜를 입지 않고 존재하는 사람은 없을 테니까요. 도덕은 내가 세상에 빚지고 있음을 깨닫고 그 은혜에 대해 감사를 느낄 때 비로소 객관적 근거를 얻게 됩니다. 내가 존재하기 위해 얼마나 많은 타인의 고통과 눈물에 빚지고 있는지를 깨달을 때, 나는 그 고통과 눈물의 빚을 갚아야 한다는 것도 동시에 자각하게 되지요. 빚은 갚으라고 있는 거니까요. 그런 의미에서 도덕적 당위의 근거는 모든 너, 아니 타자 전체입니다.

고명섭 하지만 자기가 빚지고 있다는 걸 진심으로 깨닫고 감사하는 사람이 몇이나 되겠습니까?

김상봉 맞습니다. 저를 포함해서 우리 대다수는 사실 자기가 얼마나 큰 은혜로 이 세계에 존재하는지를 깨닫지 못하고 삽니다. 하지만 그렇다고 해서 내가 객관적으로 빚지고 있다는 사실 자체가 없어지는 것은 아닙니다. 그걸 의식하지 못하면 나는 다만 뻔뻔한 인간이 되는 것뿐이지요. 철학이 할 일은, 사람들이 그런 뻔뻔함에서 벗어나도록 내가 빚지고 있는 존재라는 사실을 상기시키는 것입니다. 그런 의미에서 선생님이 처음 이 주제를 꺼내시면서 하신 말씀은 음미할 가치가 있습니다.

고명섭   감사의 감정과 자기에 대한 긍지의 감정을 말씀하시는 건가요?

김상봉   예, 그렇습니다. 실은 저도 『호모 에티쿠스』에서 비슷한 취지의 말을 한 것 아니겠습니까?[36] 도덕적으로 성숙한 인간이 되기 위해 필요한 것이 첫째로 자기에 대한 긍지, 둘째가 타인에 대한 동정심과 관

---

36   "서양 윤리학은 선한 삶을 살기 위해 우리가 가져야 할 세 가지 관심을 이야기합니다. 그에 따르면 우리가 선한 사람이 되기 위해서는 무엇보다도 자기에 대한 관심을 가져야만 합니다. 이때 자기에 대한 관심이란 자기에 대한 이기적 애착을 뜻하는 것이 아니라 자기에 대한 참된 긍지(superbia)를 뜻합니다. 긍지란 '위에 있음'의 의식입니다. …… 위에 있음이란 내가 정신적 의미에서 모든 비열하고 천박한 것들을 뛰어넘어 있음을 뜻합니다. 그리하여 긍지란 내가 정신의 크기와 숭고에 대하여 느끼는 만족감이며, 또한 그러면 그럴수록 더욱이 높은 정신적 이상을 향해 상승하려는 열망을 뜻합니다. 이런 한에서 긍지는 모든 고귀한 열정의 모태인 것입니다. …… 우리가 선한 사람이 되기 위해 반드시 가져야 할 두 번째 관심은 타인에 대한 관심, 정확히 말하자면 타인의 고통에 대한 관심입니다. 이것이 없을 때, 우리의 긍지는 내용 없는 공허한 자부심에 지나지 않게 되며, 우리의 모든 열정 또한 한낱 정신의 허영으로 전락하고 마는 것입니다. 따라서 선하게 살기 위해 우리는 이웃의 아픔을 같이 아파하고, 이웃의 슬픔을 같이 슬퍼하는 연민과 동정심을 갖지 않으면 안 됩니다. 그리하여 자기 자신에 대한 관심이 동시에 타인의 고통에 대한 관심과 하나 될 때, 비로소 우리는 선한 사람이 될 수 있는 것입니다. …… 참으로 선하게 살기 위해 우리가 가져야 할 세 번째 관심은 모든 나와 모든 너에 대한 관심, 즉 우리 모두에 대한 관심입니다. 칸트적으로 표현하자면, 이것은 보편에 대한 관심, 또는 보편적 법칙에 대한 관심이라고 말할 수 있겠습니다. 우리가 너에 대한 관심 없이 나 자신에 대한 관심만 갖고 산다면, 그때 우리는 자기중심적이고 이기적인 인간이 되기 십상입니다. 그러나 마찬가지로 우리가 보편에 대한 고려 없이 너에 대해서만 관심을 가진다면 이때 우리의 의지는 편협한 당파성에 빠지기 쉽습니다. 이런 함정에 빠지지 않기 위해서는 우리는 너에 대해 따뜻한 관심을 갖되, 언제나 우리 모두에 대한 관심을 잃지 말아야 할 것입니다.

결론적으로 말하자면 우리가 자기 자신에 대한 긍지, 타인의 고통에 대한 동정과 연민 그리고 보편적 법칙에 대한 존경심을 고루 가질 때, 우리의 의지는 선한 의지가 될 수 있을 것입니다." 김상봉, 『호모 에티쿠스』, 339~40쪽.

심, 셋째가 보편적인 우리에 대한 의식이라고. 물론 여기서는 아직 빚지고 있음의 의식을 말하지는 않았지요.

고명섭 그 책을 쓸 무렵에는 분명하게 자각하지 않았던 것인가요?

김상봉 예, 아마 그럴 거예요. 그 점을 생각하면 『도덕교육의 파시즘』은 처음으로 저 자신의 윤리적 사유의 기초를 놓은 책이지요. 하지만 그렇다고 해서 『호모 에티쿠스』에서 말했던 것이 그 효력을 잃는 것은 아니죠. 특히 자기에 대한 긍지가 도덕의 발생론적 기초라는 것은 아무리 강조해도 지나치지 않아요. 자기를 멸시하는 노예에겐 도덕이 있을 수 없어요. 오직 자기를 긍정하고 자기에게 긍지를 느끼는 자유로운 정신에게만 도덕은 가능하지요. 그 점에서는 선생님의 말씀에 저도 전적으로 동의해요. 선생님이 말씀하신 대로, 내 인생이 존재하는 것 자체가 저주라고 생각하는 사람에게 빚지고 있음이라는 게 무슨 말이 되며, 더 나아가서 그런 사람에게 어떻게 도덕적인 것을 기대할 수 있겠어요? 너무 당연한 얘기죠. 또 그렇게 너는 빚지고 있으니 빚 갚으라고 강요하는 사람이 아무도 없으니 도덕이 긍지 높은 정신의 자유의 표현이라는 거예요.

고명섭 선생님의 그 글을 읽으면서 20~30대 때 저를 되돌아보았는데, 제가 조금 행복할 때는 이 세계에 제가 빚지고 있다는 느낌을 받았습니다. 그런데 내가 고통에 빠져 있으면, 또는 내 삶이 저주스러울 때는 빚지고 있다는 느낌이 전혀 안 들었습니다. 고통스럽고 괴롭고 저주받았다는 느낌과 빚지고 있다는 느낌 사이에서 왔다 갔다 한 기억이 납니다.

김상봉 맞아요. 선생님만 그런 것이 아니라 저도 크게 다르지 않습니다. 그런 의미에서 철학이 해야 할 일은 왔다 갔다 하더라도 늘 그걸 상기하도록……, 철학이라는 게 뭘 엄청나게 많은 걸 하는 것이 아니라 그걸 환기하는 것 또는 상기시켜주는 것 아니겠습니까? 그것을 통해서 비록 내 삶의 상황이 열악하고 어렵다고 하더라도 우리의 존재가 얼마나 많은 타인들의 눈물 위에 자리하고 있는지 잊지 말라고 끊임없이 이야기를 함으로써 사람들로 하여금 자기의 비좁은 동물적 삶의 울타리를 벗어나 애써서 자기를 초월하도록 고무하는 것이 철학이겠지요. 그리고 더 나아가 자기의 고통에도 불구하고 타인의 고통에 응답하고, 세계의 고통을 껴안으려고 발돋움할 때, 도리어 자기를 옥죄고 있는 그 어떤 사사로운 고통의 굴레에서도 해방될 수 있다는 게 『그리스 비극에 대한 편지』에서부터 제가 말하기 시작한 것이 아닌가 합니다.[37]

고명섭 선생님, 그래서 저도 역시 그러니까 결국은 매우 중요한 것이 자기긍정과 긍지가 아니겠는가 생각합니다. 자기긍정과 긍지가 있어야만 바로 이 세상으로부터 내가 사랑받았고 빚졌다는 것을 실감할 수가 있고, 그래서 내가 갚아야 한다는 마음, 도덕심이 자연스럽게 우러나올 수가 있는 것이고요. 그런 점에서 우리 교육이 바로 자기긍정과 자긍심을 바르게 키워줘야 되는데 바로 그것을 제대로 못 하고 있습니다. 왜곡된 자기긍지, '내가 최고'라는 식의 이상한 의식, 나는 빚진 존재

---

37 "진리는 오직 생각 속에서 계시된다. 그러나 생각이란 무엇인가? 생각은 본질적으로 반성이다. 반성은 돌이켜 생각함인바, 그것은 회상하는 것이요, 감사하는 것이다. 나를 나로서 존재하게 해준 타인의 슬픔과 고통을 회상하고 그것에 감사할 때, 비로소 우리는 타인과 온전히 만날 수 있다. 바로 이 만남이 진리이다. 진리는 인식과 사물의 일치가 아니라 나와 너의 만남, 자기와 타자의 인격적 일치에 존립하는 것이다. 그러므로 우리가 타인의 슬픔과 고통을 돌이켜 생각하고 그것에 대해 감사하는 것은 이미 지나가버린 과거에 머무르기 위해서이다. 우리는 오직 생각함으로써만 존재한다. 그러므로 깨어서 생각해보라. 우리는 자기가 존재하기 위해 얼마나 많은 사람들에게 슬픔과 고통의 빚을 지고 있는가? 바로 지금 이 순간 우리는 얼마나 많은 사람들의 티 없는 행복을 짓밟고 서 있는가? 지금 우리가 누리는 풍요가 우리와 피부색이 같거나 다른 사람들의 비참한 빈곤 위에 터하고 있는 것이 보이지 않는가? 내가 존재하지 않는 곳에서 내가 존재한다는 것은 바로 그것을 의미한다. 내 존재를 지탱하는 것은 타인의 눈물이다. 오직 그런 의미에서 내 존재는 타인 속에 있는 것이다." 김상봉, 『그리스 비극에 대한 편지』, 29쪽.

가 아니라는 왜곡된 의식을 심어주거나, 아니면 찌그러져서 나는 아무 것도 아니라는 식으로 사람을 열패감에 빠지게 하고 있지요. 선생님이 지목했던 학벌사회가 바로 그런 잘못된 교육을 만들어내는 것은 아닌 가 생각합니다.

김상봉 구구절절 가슴 아프게 공감하는 말씀입니다. 그건 참 생각하 면 할수록 슬프죠. 우리 사회에서 풋풋한 젊음들이 왜 이토록 치명적인 열등감의 포로로 살아야 하는가 생각하면 너무 화가 나고요. 말씀하신 대로 『학벌사회』라는 책을 쓰고 '학벌없는사회' 운동을 했던 첫째가는 이유도 그거였죠. 긍지를 키워주는 교육, 문화가 되어야 하는데, 과연 앞으로 우리가 어떻게 그걸……. 생각하면 사실 너무 막막해서 어디서 부터 어떻게 말을 시작해야 할지 모를 정도예요. 자기 자신에 대한 건강 한 긍지가 홀로주체성의 자기 아집으로 흐르지 않으면서, 말하자면 너 와의 만남 속에서 자연스럽게 형성될 수 있도록 하기 위해서 우리가 현 실적으로 할 수 있는 일이 정말 보이지 않으니까 말입니다.

철학과 교양의 관계

고명섭 아무리 힘들어도 희망과 믿음을 포기할 수는 없으니까 그래 도 인간의 긍지를 기르기 위해 무엇을 해야 할 것인가를 좀 더 생각해 보면 좋겠습니다. 선생님이 『학벌사회』에서 긍지가 불가능한 교육의 문 제를 사회과학적 차원에서 다루셨다면, 『도덕교육의 파시즘』에서는 윤 리학과 도덕교육의 관점에서 비판하신 거잖아요?

김상봉 예. 정확하게 말씀하셨습니다.

고명섭 도덕교육이 초등학교 때부터 학생들에게 윤리학의 바탕을 가르치고 사회 속에서 어떻게 윤리적 인간으로 살 것인가를 훈련시키 는 교육이라고 한다면, 그 윤리학이 윤리학 자체로서 독자적인 학문이 냐? 한국에서 도덕을 가르치는 선생들은, 혹은 그 교과를 집필하는 사람들은 그렇게 주장하지만, 윤리학은 명백히 철학의 한 분과이고, 윤리학을 제대로 알고 세우려면 당연히 철학이 전제되어야 하는 것이다, 이렇게 그 책에서 이야기하셨지요.

김상봉 그것도 맞습니다.

고명섭 그런 것을 전제로 해서 선생님께서 이 책 앞부분에서 철학에 대해서 이렇게 말씀하시는데, 잠깐만 읽어보겠습니다.

이렇게 학문적 인식이 분화될 때 만약 그 분화된 인식들을 매개해주는 어떤 것이 없다면 그 결과는 인식의 분열이며 단절이다. …… 우리는 모두 자기 삶에서 나름의 분업화된 직업세계 속에서 살아간다. 그 직업적 활동이 전문적이면 전문적일수록, 그리고 우리들 각자가 그 직업적 활동에 열정적으로 몰두하면 할수록, 우리의 삶 역시 파편화될 위험에 처하게 된다. 무수히 다양하게 분화되고 분열되는 직업세계 사이에 다리를 놓아주는 것이 아무것도 없다면, 우리의 삶은 서로에 대한 몰이해 속에서 고립될 것이다.[38]

그러면서 그 다리를 놓아주는 것, 그 역할을 하는 것이 곧 철학이라고 하셨습니다. 여기에 대해서 제 생각을 좀 정리를 해봤는데 한번 읽어보겠습니다. '이런 사정은 철학의 경우도 마찬가지 아닐까. 철학이 보편적 반성을 본질로 하고 있다지만, 그 도구는 결국 논리와 개념이다. 그러나 아무리 정치한 논리와 개념도 삶과 세계의 일부만을 포착할 뿐이다. 개념적 인식 너머에 파악되지도 해석되지도 않은 채 남아 있는 거대한 삶의 실재가 있는 것이다. 철학은 그 실재에 개념과 논리를 무기로 삼아 육박해 들어가지만, 어느 깊이 이상은 들어가지 못한다. 개념과 논리의 작업이 전문적일수록 부분적 인식의 위험은 커진다. 이것이 철학의 역설 아닐까. 따라서 철학은 분화된 학문과 인식 사이에 다리를 놓는 보편

---

38 김상봉, 『도덕교육의 파시즘』, 116쪽.

적 지평을 제공하지만, 그 지평은 추상적 지평의 형식에 머무를 수밖에 없다. 그러므로 구체적 보편성의 이상을 지향한다면 철학만으로는 부족하다. 거기에서 필요한 것이 교양 아닐까. 자기 고유의 세계가 없다는 점에서, 비전문적이라는 점에서 교양은 쓸모없는 것이지만, 이 쓸모없음의 쓸모가 여기에 있는 것이 아닐까. 철학이 삶의 총체적 인식의 추상적 지평을 제공한다면, 교양은 그 범위가 광범위할수록 그 지평에 구체성을 부여하게 된다. 교양은 자기 너머 세계를 구체적으로 이해하는 도구인 셈이다. 이 교양은 딜레탕티즘 혹은 아마추어리즘의 형태로 나타나고 실천된다.' 이런 제 생각에 대해서 어떻게 생각하시는지요?

김상봉 다시 대단히 중요한 문제를 제기하셨는데요, 독자들의 입장에서는 긍지에 대해 이야기하다가 왜 갑자기 철학과 교양의 관계를 이야기하나, 그런 의문이 들 수 있겠습니다. 그래서 우선 말씀하신 문제가 독자의 귀에 너무 비약처럼 들리지 않도록, 이 문제를 긍지의 문제와 연결해서 이야기를 해보고 싶습니다.

고명섭 아, 예. 듣고 보니 그렇군요.

김상봉 우리가 긍지를 입에 올리기는 했지만, 그걸 정의한 적은 없는 것 같죠?

고명섭 생각해보니 그렇네요.

김상봉 그러니까 서로 뭔지도 모르는 걸 가지고 아는 것처럼 말하고 있었던 건가요?

고명섭 하하! 그렇게 되어버렸습니다. 그럼 선생님은 긍지가 뭐라고 생각하십니까?

김상봉 사실은 저도 잘 모릅니다. 그래서 한번 같이 생각해보자고 드린 말씀이에요.

고명섭 그렇다면 공연히 주눅 들 것 없이 같이 묻고 생각해볼 수 있겠네요. 먼저 긍지라는 말이 서양 철학에서는 어떻게 이해되어 왔습니까? 어원이나 개념의 뿌리 같은 게 어떻게 되나요? 그리고 보니 선생님이 『나르시스의 꿈』에서 롱기누스나 오비디우스에 대해 말씀하시면서 긍지를 언급하지 않았습니까?

김상봉 맞습니다. 기억을 일깨워주셔서 고맙습니다.

고명섭 그럼 거기서 시작해서 긍지에 대해 이야기를 좀 풀어주시죠.

김상봉 일단 반대말에서 시작하지요. 긍지의 반대말이 단순히 언어적으로 무엇인지는 모르겠지만, 사태 자체에서 보자면 비천함이라 할 수 있지 않을까 생각합니다. 아마도 그와 함께 자기에 대해 느끼는 열등감이나 타인 앞에서의 비굴함도 그 비천함에 포함되겠지요. 하지만 그런 것을 느끼지 않고서도 그 자체로서 비천한 인간은 얼마든지 있으니까, 엄밀하게 말하자면 객관적인 비천함과 주관적인 비굴함이나 열등감은 구별해야겠습니다만…….

고명섭 좋습니다. 저도 긍지가 비천함의 반대라는 것은 공감할 수 있습니다. 하지만 그 자체로서, 긍지가 뭡니까?

김상봉 오비디우스에서 시작해보지요. 나르시스가 느낀 긍지의 감정을 그는 수페르비아(superbia)라고 표현했습니다. 이건 수페르(super)라는 '~ 위에'라는 뜻의 전치사를 명사로 만든 거지요. 그러니까 수페르비아는 위에 있음의 의식이지요. 누구 위에 있겠습니까?

고명섭 남들보다 위에 있다는 말이겠지요?

김상봉 맞습니다. 그래서 나르시스가 그 긍지 때문에 아무도 사랑할 수 없었던 거지요. 모두가 자기보다 아래로 보이는데, 누구에게 매혹될 수 있겠어요? 비교하자면 그 점에 관해서는 (그리고 오직 그 점에 관해서만) 왕년에 독재자의 영애니 영식이니 하는 자들이나 재벌 집 자식들과 비슷한 거지요. 그자들을 나르시스와 비교하는 게 과도하긴 하지만, 아무튼 나르시스의 경우 그래서 긍지는 교만과 겹칩니다. 그런 까닭에 긍지의 깊은 뜻을 다 드러내기엔 모자라지요.

고명섭 그러면 그리스인들에게서 긍지는 그와 달랐습니까?

김상봉 예, 좀 달랐습니다. 그리스어로는 긍지가 메갈로프쉬키아

(megalopsychia)라고 하는데, 이 말은 그대로 풀어 말하면 원대한 마음입니다.

고명섭   영어의 머그내니머스(magnanimous)로군요.

김상봉   예. 그게 라틴어 마그나니무스(magnanimus)에서 온 말인데, 크다는 뜻의 마그누스와 마음을 뜻하는 아니무스가 결합된 낱말입니다. 그리고 그건 실은 메갈로프쉬키아를 그대로 라틴어로 번역한 말이라고 할 수 있지요. 물론 앞은 명사이고 뒤는 형용사지만, 아무튼 그리스인들은 긍지를 위계적인 높이로 이해하기 전에 먼저 크기로 이해했던 겁니다. 철학적으로 보자면 긍지라는 말에 처음으로 깊은 뜻을 부여한 사람은 아리스토텔레스인데, 그도 그래서 "긍지는 크기에 존립한다"고 했던 거지요. 물론 이 크기란 눈에 보이는 크기가 아니고 보이지 않는 정신의 크기지요. 아무튼 아리스토텔레스에 따르면 긍지 높은 사람이란 "자기 자신이 큰일을 할 만한 사람이라고 생각하며, 실제로도 그럴 만한 사람"이라고 합니다.[39] 그러면서 그는 긍지가 여러 덕의 조화이며, 선하지 않은 사람이 긍지 높은 사람 행세를 하는 것은 완전히 웃기는 일이라고 하지요. 긍지란 고귀한 성격 없이는 가능하지 않다는 말도 하고요. 동아시아적 전통에서 보자면 긍지는 호연지기에 가장 가까운 말이 아닌가 싶습니다. 호연지기도 크기와 관계되어 있거든요. 맹자는 호연지기를 가리켜 "그 기는 지극히 크고 지극히 굳세니, 올바르게 길러 해치지 않는다면, 마침내 하늘과 땅 사이에 가득 차게 된다. 그 기는 정의 및 도와 배합됨으로써 길러지는 것이므로 이들이 없으면 허약해진다"(『孟子』, 공손추 上)고 합니다.[40]

고명섭   다 좋은 말들이네요. 그런데 선생님이 하시고 싶은 말씀

---

39   아리스토텔레스, 『니코마코스 윤리학』, 강상진·김재홍·이창우 옮김, 도서출판
     길, 2011, 136쪽.
40   맹자, 『맹자』, 박기봉 옮김, 비봉출판사, 1995, 80쪽.

은……?

김상봉 아리스토텔레스를 따라서든 맹자를 따라서든, 인간의 긍지는 정신의 크기에 있다는 말을 하고 싶은 거지요. 맹자가 말하듯이 하늘과 땅 사이에 가득 찰 정도로 넓어진 정신 말입니다. 노자 식으로 말하자면 온 백성의 마음과 하나가 된 마음이고요.

고명섭 그렇다면 전태일처럼 세상의 고통이 자기 고통이 된 영혼이라고 할 수도 있겠네요.

김상봉 오늘 우리가 궁합이 참 잘 맞는 것 같습니다.

고명섭 그런데 긍지가 철학과 교양의 관계와 무슨 상관이 있습니까?

김상봉 예. 이제 본론으로 들어가보지요. 긍지가 세계와 하나 될 정도로 확장된 정신이라면, 자기 육체의 테두리에 사로잡힌 정신이 비천한 정신이라 하겠습니다. 그런데 우리가 지금 철학 교육이나 교양 교육을 고민하는 까닭이 뭐겠습니까? 결국 인간의 정신을 비좁은 자기의 골방에서 나와 무한한 세계로 나아가게 하기 위해서가 아니겠어요?

고명섭 그렇겠지요. 그리고 그 최초의 출발이 감정 교육이 되어야 한다고 말씀하셨지요.

김상봉 맞습니다. 그런데 그 출발점은 영원히 거기 머무르라고 찍혀 있는 점이 아니고, 거기서 시작해서 이제 앞으로 나아가라고 표시해둔 것이겠지요.

고명섭 감정 교육이 철학 교육으로 나아가야 한다는 뜻인가요?

김상봉 말하자면 그런 셈이지요. 아무리 전태일의 사랑이 자기를 온통 불사를 만큼 무한한 것이라 하더라도, 현실 속에서 그 사랑은 구체적으로 규정되지 않으면 안 되잖아요. 하지만 그렇다고 해서 전체를 향해 무한히 나아가는 사랑을 토막 내어 파편화된 존재의 감옥에 유폐해서도 안 되겠지요. 그러니까 하나의 전체인 무한한 사랑을 현실 속에서는 이 사람에게는 이런 방식으로 저 사람에게는 저런 방식으로 드러내야 한다는 말입니다. 하지만 그러면서도 이런 사랑과 저런 사랑이 서로 모순적으로 대립하지 않고 하나로 이어져 넘나들 수 있어야겠지요. 그것이 총체성 아니겠어요? 전체이면서도, 무차별한 하나가 아니라 또한 여럿이고 모두인 경지 말입니다. 사랑을 예로 들어 말했습니다만 굳이 사랑의 경우가 아니라 하더라도, 우리의 호연지기와 긍지 역시 무엇으로 나타나든 그런 총체성을 지녀야겠지요.

이런 문맥에서 보자면, 철학 교육은 먼저 가슴으로 무한한 전체를 느끼고 예감하는 영혼으로 하여금 이성을 통해 전체를 생각하도록 이끌어주어야 합니다. 그런데 그 전체는 무차별한 하나가 아니고 다양한 부분으로 구획되어 있지요. 그래서 그 부분들을 넘나들 수 없다면 전체에 대한 예감은 느낌 이상으로 나아갈 수가 없겠지요. 왜냐하면 정신은 자기가 거주하는 부분적 존재에 갇혀 전체를 향해 나아갈 수 없을 테니까요. 그러므로 정말로 정신이 구체적으로 전체를 향해 나아가는 일은 오직 부분적 존재 영역들을 넘나드는 통섭을 통해서만 가능할 거예요.

고명섭 그런데 그것을 철학만이 할 수 있다는 뜻입니까? 교양은 안 되는 겁니까?

김상봉 그게 선생님의 질문이었지요. 물론 철학뿐 아니라 교양 역시 마찬가지로 통섭의 능력이지요. 사실 제가 『도덕교육의 파시즘』에서는 철학만이 그 일을 할 수 있다는 식으로 다소 철학 근본주의적인 어조로 말한 부분들이 있어요. 그러니까 제 글의 행간에 철학자의 자의식 과잉이라고 할 만한 부분들이 있다는 건 기꺼이 인정할 수 있습니다. 그리고 그렇게 된 데는 그것대로 이유가 있었습니다.

고명섭 어떤 이유입니까?

김상봉 한국 사회에서 선생님이 말씀하신 대로 교양 있다는 사람들이 교양 있는 얘기를 좀 하면 좋겠는데 실은 아니거든요. 『도덕교육의 파시즘』을 쓸 때에는 한편으로는 한국의 국민윤리를 담당하고 있는 자들의 그 놀라운 후안무치, "철학 따위는 필요 없다, 우리는 우리끼리 국민윤리라고 하는 걸 얼마든지 학문적으로 근거 지을 수 있다"는 식으로 말하는 사람들에 대한 당혹감도 있었고, 다른 한편으로는 통섭이니 뭐니 하면서 우리 사회에서 한동안 유행하던 말들을 들으면서, 어떻게 그렇게 쉽게 통섭을 입에 올릴 수 있을까 싶은 생각에 말이 좀 과격해졌던 거지요.

고명섭 제가 이런 말씀을 굳이 드렸던 것은, 선생님은 철학을 전문으로 하는 입장에 서 계시고, 저는 딜레탕트적인 교양의 측면에 상대적으로 가깝게 있어서 이 만남도 의미가 있다는 것을 굳이 강조해보고 싶어서 그런 것입니다. 선생님과 서경식 선생님의 만남도 어떤 의미에서는 철학과 교양의 만남이었고 또 만나야 할 이유가 분명하고요. 부연하자면, 철학의 핵심은 에피스테메, 진리인식이라고 할 때 철학자에게 에피스테메보다 더 중요한 것이 뭐가 있겠느냐 하겠지만, 철학 바깥에 있는 제 입장에서 보면 철학이 보여준 세계인식이나 수준 높은 문학이 보여준 세계인식이나 무슨 본질적 차이가 있나 싶습니다. 어떤 면에서 교양인이 보여주는, 가령 몽테뉴가 『수상록』에서 보여주는 도저한 인식이 철학자의 세계인식보다 꼭 떨어진다고 볼 수 없다, 그럼 인간은 철학 없이 살 수 있는가, 철학 없이도 살 수 있을지 모른다, 우리는 문학만으로도 살 수 있을지 모르고 교양만으로도 살 수 있을지 모른다, 그런 생각도 한다는 것이죠. 선생님은 받아들이지 않으시겠지만요.

김상봉 천만에요. 받아들입니다. 사실 철학만이 총체성에 이르는 길이라고 한다면 도리어 제가 무식한 사람이 되겠지요. 이 점에 관해 이야기를 좀 보태자면 철학만이 정신을 총체성으로 인도하는 길이라고 생각하는 철학자들이 적잖이 있긴 합니다. 어쩌면 대다수 철학자들이 그런 입장을 암묵적으로 가지고 있을지도 모르겠어요. 그런데 실은 서양에서 철학의 시초부터 그런 철학 근본주의에 대한 반대의 목소리도 있었습니다.

고명섭 학문으로서의 철학이 전부가 아니라면서 교양을 대변하는 목소리가 있었다는 겁니까?

김상봉 예. 그게 바로 수사학입니다.

고명섭 그럼 소피스트의 수사학을 말씀하시는 건가요?

김상봉 그것까지 포함해서요. 이게 처음 시작할 때는 소피스트들이 돈 받고 지식을 팔아먹는다는 비판을 받긴 했지만, 교육자도 먹고사는 사람이긴 마찬가지니까 그걸 비난하는 건 좀 빗나간 비판이지요. 그보다는 그들이 가르치는 내용이 과연 교육적 가치가 있느냐 하는 것이 더 중요한 일 아니겠어요?

고명섭 당연히 그렇겠지요.

김상봉 그런데 소피스트들이 창시한 그 수사학이라는 것이 처음에는 선과 악, 참과 거짓을 혼란시킨다고 비난도 받았지만, 곧 그것이야말로 교양 교육의 근간이라는 생각이 자리를 잡았던 거지요.

고명섭 이유가 뭡니까?

김상봉 수사학이 나쁘게 말하면 말로 사기 치는 기술이라고 할 수도 있지만, 좋게 말하면 말을 잘하는 기술(ars bene dicendi)입니다. 그런데 말을 잘한다는 것이 그냥 되는 일이겠어요? 요즘 한국에도 그런 학원이 있지만 기계적으로 훈련을 받는다고 진짜 말 잘하는 사람이 되겠습니까?

고명섭 그건 아니겠지요.

김상봉 정말로 말을 잘하기 위해서는 알아야 할 것도 많고, 윤리적으로 무엇이 옳고 그른지 생각해야 할 것도 많고, 또 듣는 사람이 과연 어떻게 받아들일지 남의 입장도 생각할 줄 아는 전반적인 지식과 교양을 갖추어야 하지 않겠어요? 그래야 누구를 상대로 무슨 주제에 대해서 말을 하든 말이 먹힐 것 아닙니까?

고명섭 당연히 그렇겠지요.

김상봉 하지만 그렇다고 해서 모든 분야에 대해 철두철미하게 전문가가 되려면 그것도 인간의 짧은 인생에서 가능한 일이 아니겠지요.

고명섭 그것도 당연한 말씀이지요.

김상봉 그래서 거기서 하나의 타협이랄까 균형으로서, 전체의 모든 일에 관해 구체적인 지식을 다 갖추지 않았다 하더라도, 필요할 때 스스로 정보를 찾고 분류하고 정리해서 그 모든 일을 두루 생각하고 그걸 말로 표현하고 소통할 줄 아는 원만하고 전인적인 인간에 대한 이상이 생겨나게 되지요. 이것이 고대 그리스의 이소크라테스 이래로 수사학적 교육의 이상이 되었습니다. 철학자들 가운데서도 소크라테스나 플라톤은 수사학에 대해 비판적이었지만 아리스토텔레스만 하더라도 두꺼운 수사학 책을 썼잖아요? 그 내용을 간단히 보면 말을 잘하기 위해 이성도 필요하고 윤리도 필요하고 감정도 도야할 필요가 있다 해서 로고스와 에토스 그리고 파토스 세 부분으로 되어 있거든요. 이쯤 되면 수사학이야말로 복잡하고 골치 아프기만 한 철학보다 훨씬 더 좋은 전인 교육의 길이고 총체성의 교육인 거지요.

로마 시대로 오면 오히려 철학 교육보다 수사학이 교육의 기반이 되었다고 보아도 과언이 아닙니다. 키케로가 전형적으로 그런 교육의 이상을 대변하는 사람이 아닐까 싶은데, 그는 정치가이면서 웅변가, 수사학자였지만 동시에 스스로는 철학자로 자부했던 사람이지요. 성 아우구스티누스 역시 원래는 철학자라기보다는 수사학자였습니다. 철학은 개종하고 난 뒤에 본격적으로 연구했다고 보아야겠지요. 그의 글이 『고백록』에서 보듯이 문학적 향기가 있는 것은 그가 젊은 시절 수사학자로서 교육받고 훈련받은 것과도 무관하지 않을 거예요.

이렇게 고대에서 시작된 수사학은 중세를 거쳐 르네상스 시대에 다시 전성기를 맞게 되는데, 많이 알려진 대로 르네상스 시대는 기억할 만한 철학자들을 별로 배출하지 못했고 그보다는 수사학자들이 시대를 이끌었다고 할 수 있습니다. 그 시대 철학자들이란 대부분 대학에서 아리스토텔레스 주석이나 달고 있었으니 무슨 새로운 시대정신을 이끌 수 있었겠어요? 그래서 그 시대엔 주로 대학 내에 있었던 직업적 철학자들과 대학 밖의 자유로운 수사학자들이 다른 어떤 시대보다 첨예하게 대립했다고 말할 수 있지요.

고명섭   그럼 수사학과 철학이 결정적으로 대립하는 지점은 어딥니까?

김상봉   그걸 저의 방식으로 말씀드려도 된다면, 똑같이 전체를 생각하고 총체성을 추구한다 하더라도 구체적으로 들어가 철학이 인식을 추구한다면 수사학은 소통을 추구한다고 말할 수 있지요. 그래서 철학자는 수사학자를 가리켜 알지도 못하면서 말을 한다고 비판할 것이고, 수사학자는 아무 쓸모도 없는 지식에 매달린다고 철학자를 비판할 수 있겠죠. 하지만 저는 그 둘 다 모두 중요하다고 생각해요. 물론 개인적 소질이나 성향으로 보자면 저는 수사학자의 소질은 별로 없다 생각하고, 그래서 철학적 인식에 매달리긴 하지만, 아무리 많이 안들 그걸 서로 나눌 수 없다면 뭐하겠어요? 그래서 수사학 역시 중요한 분야이고, 한국처럼 다른 분야 사이에 소통이 어렵고 말을 험하게 제멋대로 하는 사회에서는 수사학이 도리어 더 활성화될 필요가 있다고 생각해요.

　　그런 의미에서 저는 선생님께서 총체성을 함양하기 위해 철학만이 아니라 교양도 중요하지 않으냐고 물으신 것에 대해 전적으로 동의하는 겁니다. 다만 거기서 각자 자기가 맡은 몫을 제대로 하느냐 못 하느냐가 중요하지요. 교양은 교양대로 맡은 일이 있고 철학도 철학대로 할 일이 있는데, 이게 서로 뒤섞여 제 할 일을 하지 않으면 철학도 없고 교양도 없는 상태가 되어버리잖아요? 그런데 교양도 그 도야의 방법과 길이 있어야 하는 법인데, 한국 사회는 사실은 교양의 방법과 길이 없는 게 더 큰 문제가 아닌가 싶어요. 이 문제에 관해서도, 만사가 무질서하기는 마찬가지여서 서양의 경우라면 수사학은 수사학대로 나름의 방법과 길이 있고 인문학이면 인문학대로 지켜야 할 기본이 있는데, 우리는 그런 기본이 확립되어 있지 않으니 그게 문제겠지요. 하지만 만사가 다 때가 있는데, 우리야 이제 처음 시작하는 사람들이니, 때가 되면 하나둘씩 모든 분야에서 척도가 확립되고 기본이 바로 설 수 있도록 노력해야 겠지요.

인문학과 총체성의 문제

고명섭 처음 질문을 했을 때는 이런 대답을 들으리라고 생각하지는 않았는데, 예상외로 호의적인 대답이 나쁘지 않네요. 교양과 수사학에 대해 이야기를 나누었으니, 거꾸로 철학적 총체성에 대해서도 말씀을 나누고 넘어가면 좋겠습니다. 특히 포스트모더니즘, 탈근대 철학이 유행하면서, 철학과 문학 간의 엄격한 경계가 무너졌는데 철학과 문학이 무슨 근본적인 차이가 있느냐고 오히려 철학자들이 문제 제기를 하기도 합니다. 철학과 문학은 근본적으로 하는 일이 동일하다, 선생님 말씀을 받아 말하면 꿈꾸기라고 하는 말들을 많이 했고 또 그런 말들이 상당히 설득력 있게 통용되기도 했는데, 선생님은 완강하게 그렇지 않다, 철학의 몫이 따로 있는 것이다, 그렇게 이야기하셨고요. 선생님의 철학적 저술들을 읽다 보면 반복해서 계속 나오는 것이 보편성, 총체성입니다. 아마도 이 총체성의 문제를 제대로 따지고 드는 것은 철학밖에 없고 이것이 철학의 고유한 영역 아니겠는가. 문제를 근본에서부터 그리고 철저하게 총체적으로 사고하게 하는 것, 그게 철학이고 철학의 고유영역이라는 생각을 하게 됐거든요. 총체성이라는 것이 왜 그렇게도 결정적인 문제인지 말씀을 듣고 싶습니다.

김상봉 아! 이 문제는 철학과 신입생들에게 가르치듯이 상투적으로 말하자면 몇 마디로 정리할 수 있는 것이겠지만, 제대로 말하라면 정말로 어려운 문제인데요…….

고명섭 어떤 의미에서 그렇습니까?

김상봉 결국 철학이란 무엇이냐, 하는 것이 여기서 물어지고 있는 거니까요. 생각하면 이것 자체가 가장 어려운 철학적 물음 가운데 하나거든요. 인생이 무엇이냐 하는 물음이 정답이 없는 것처럼, 저 물음에 대해서도 정답이 없으니까 막막한 거지요.

고명섭 요즘은 여기저기 자칭 철학자들도 많던데, 너무 어렵게 생각하지 마시고 일단 총체성에서 이야기를 시작해주시지요. 논의의 실마리로서 제가 먼저 말씀을 드려도 된다면, 탈근대 철학은 총체성을 깨부수고 나면, 총체성의 성채를 무너뜨리고 나면 총체성의 압제에서 해방되는 날이 올 것처럼 총체성을 공격했지요. 그것은 총체성이라는 것을 전체주의라든가 권력의 전제성과 하나로 보는 데서 온 것이었고, 돌이켜보면 범주의 오류일 수도 있고 사유의 층위가 다른 것을 즉각 일치시킴으로써 생긴 문제일 수도 있는 것 같습니다. 선생님은 그런 상황에서 총체성이라는 범주가 왜 본질적이고 핵심적이고 포기할 수 없는가를 얘기하셨는데, 저 역시 결국 우리가 총체성의 범주를 전제하지 않고서 어떤 사유를 전개할 수 있는가 그런 생각이 드는 겁니다.

김상봉 그렇지요. 물론 현대 철학자들이 전통적인 의미의 총체성의 이념을 비판하는 것은 나름의 이유가 있지요. 대개 전통 철학자들이 말하는 총체성은 만남의 총체성이 아니라 인식의 총체성이었으니까요. 하나의 원리로 모든 것을 이해하려는 욕망이 만들어낸 지향점이 총체성이었거든요. 만물의 유일한 최종 근거 같은 것이지요. 쉽게 말해 신이지요. 하지만 이런 총체성은 실체화되고 사물화된 총체성으로서 반드시 인간의 자유를 억압하고 만남을 가로막는 장벽이 되지요. 그런 점에서라면 저도 현대 철학자들의 총체성 비판에 동의해요.

하지만 그 이유 때문에 총체성의 이상 자체를 거부하는 것은 받아들일 수 없지요. 그건 결과적으로 만남을 포기하겠다는 것과 같거든요. 그래서 새로운 만남의 총체성, 과제로서의 총체성, 길로서의 총체성을 말하는 거예요.

고명섭 그 말씀도 무슨 뜻인지 이해하겠습니다. 언젠가 라이프니츠를 좀 읽다가 보니, 그 예정조화설이라는 것이 정말 황당무계한데도 라이프니츠가 진지하게 그것을 얘기했던 것은, 지금 이 논의의 과정을 보자면, 총체성으로서의 원리를 전제했기 때문이겠지요. 그러니까 모나드와 모나드는 서로가 교신할 수도 없는데 그럼 어떻게 만나느냐, 예정조화가 있다는 거지요. 그런데 그 예정조화는 결과적으로 인간의 자유와 양립하기 어려운 것이고, 선생님은 그런 의미에서 총체성의 문제점을 이야기하시는 것이고요. 저도 그런 의미에서 선생님이 말씀하시는 아르케라는 원리, 또 절대적 원인으로서의 신, 전통적 형이상학의 주제였던, 세계를 총체적으로 지배하는 원리에서부터 시작해서 전체를 아우르는 총체성을 추구하는 것, 그것을 거부하는 것은 맞다고 생각합니다.

그러나 제가 생각하는 총체성은 아마도 선생님과 같을 거라고 생각하는데, 원리가 아니라 지평으로서의 총체성입니다. 그러니까 무엇을 적극적으로나 근원적으로 규정한다기보다는 열림으로서의, 하나의 세계로서의 지평을 상정하지 않고서는 만남도 없고 교호도 없고 다툼도 없다, 그런 점에서 총체성을 다시 살려야 된다. 목욕물을 버리려다가 아이까지 버린다는 말이 있듯이 총체성의 압제를 공격하면서 우리 사유의 기반이라고 할 수 있는 그런 지평까지도 망각해버렸던 것이 아닌가, 그런데 그러고 나면 어떻게 사유의 건물을 세울 수가 있는가, 만날 수가 있는가. 그런 차원에서 저는 총체성의 복원이 필요하지 않을까 합니다.

김상봉 예, 말씀을 듣고 있으니 저도 조금 할 이야기가 생각이 납니다. 아무튼 서서히 우리 얘기가 결론을 향해 가는 듯합니다. 그러니 한번 정리를 해보지요. 앞에서 우리가 총체성의 문제에 관해 교양과 수사학 얘기를 먼저 했잖아요? 요즘 식으로 말하자면 교양이나 수사학은 넓은 의미에서 인문학의 일이라고 말할 수도 있겠지요?

고명섭 예. 그러면서 선생님은 철학과 인문학 사이에 일종의 긴장이 있다는 걸 일깨우시기도 했지요.

김상봉 그렇다면 우리의 과제는 인문학이 추구하는 총체성과 철학이 추구하는 총체성이 어떻게 다른지를 말하는 것이 되겠군요.

고명섭 맞습니다. 그렇게 시작을 하시지요. 둘의 차이가 뭡니까?

김상봉 앞서 제가 말한 것은, 똑같이 총체성을 추구하더라도 교양과 수사학이 소통에 방점을 찍는다면, 철학은 인식에 방점을 찍는다는 거였지요. 그러니까 수사학의 지평에서는 세상의 모든 인식이 소통 가능한 방식으로 재구성되어야 하겠지요. 그렇게 소통 가능한 방식으로 재구성된 인식이 말하자면 우리가 흔히 생각하는 교양의 내용이라고 말할 수도 있을 거고요. 이런 의미에서 소통 가능한 인식의 지평이 오늘날 사람들이 말하는 인문학이라고 말할 수 있겠습니다. 이런 의미에서 인문학의 대표 학문은 문학인데, 문학은 소통 가능한 글이나 기호로 가공된 인식을 다루는 학문이거든요. 그래서 문학을 하는 분들이 가끔 학문을 넘나들면서 보편적인 교양을 과시할 수 있는 거지요. 그들이 늘 평균적으로 소통 가능하도록 가공된 인식을 다루고 있기 때문입니다. 문학이라고 표현하긴 했지만 오늘날 한국에서 인문학이라고 부르는 것이 말하자면 그렇게 가공된 인식을 다루는 학문이라고 해도 되겠습니다.

고명섭 이야기가 점점 흥미로워지는데요. 거기에 무슨 문제라도 있다는 뜻입니까?

김상봉 아니, 꼭 문제가 있다는 뜻은 아닙니다. 다시 한 번 말씀드리지만, 다양한 분야에서 생산된 인식 또는 선생님 말씀처럼 다양한 에피스테메를 보편적으로 향유할 수 있는 방식으로 가공하고 유통시키는 것은 대단히 중요한 역할입니다. 그런 의미에서 다소 막연한 이름이지만, 인문학이라 하든 아니면 선생님 표현대로 소박하게 교양이라 하든, 개별 학문의 경계를 넘나드는 상식(common sense) 또는 양식(bon sens)의 중요성은 아무리 강조해도 지나치지 않습니다. 하지만 여기서 우리가 상식이나 양식의 한계를 자각하지 못한다면, 그때부터 그것의 폐해가 나타나게 되겠지요. 그러므로 우리는 상식과 양식의 좋은 역할을 인정하는 것만큼, 그것의 한계도 인식해야 합니다.

고명섭 그렇다면 그 한계가 어떤 것입니까?

김상봉 그럼 다시 처음부터 시작해볼까요? 우리는 평균적으로 소통 가능하도록 가공된 인식을 다룬다는 것은 그런 인식을 유통시킨다는 뜻이라고 했지요. 이를테면 최근에 유시민 선생이 자기 스스로를 가리켜 '지식 소매상'이라고 말한다고 하던데, 이건 지금 우리 주제와 관련해서 아주 적절한 비유지요. 그런데 그분이 많은 책을 읽고 다양한 주제에 관해 대중에게 말을 건네면서, 그 일을 가리켜 지식 소매상의 일이라고 규정했다는 것은 자기가 그 지식을 스스로 생산한 노동자는 아니라는 뜻이겠지요?

고명섭 그렇겠네요.

김상봉 그럼 그 말은 지식의 영역에서도 누군가 지식을 생산하는 정신의 노동을 하는 사람이 있다는 말 아닙니까? 그래야 그걸 남에게 소매를 하든 도매를 하든 유통시킬 수도 있을 것 아니에요? 유시민 선생이 자기는 소매상이라고 말하는 것은 지식을 생산하는 노동자는 아니라는 말이잖아요. 그 점에서 저는 그분의 엄정한 자기인식을 대단히 높이 평가합니다.

고명섭 꽤 호의적으로 말씀하시는군요.

김상봉 아니, 물론 그분이 저에 관해 계속 잘못 소개하는 건 지식 소매상의 상도의에 맞는 일이라 생각하지는 않아요. 하지만 그거야 어떻든, 그분이 자기가 소매상일 뿐이지 창조하거나 생산한 사람이 아니라고 인정하는 그 정직함은 높이 평가해야 하지 않겠어요? 그분은 적어도 지식을 유통시키기 전에 누군가가 생산해주어야 한다는 것을 알고 있는 분인 거지요.

고명섭 예, 좋습니다. 계속하시지요.

김상봉 그런데 다시 우리 주제로 돌아가서 그럼 그 일은 누가 합니까? 복잡한 현실 인식을 평균적으로 소통 가능한 방식으로 가공하기 전에 현실과 맞부딪쳐서 그 현실을 인식하고 현실의 모순을 해결할 수 있는 방법을 제시하고 지금보다 조금은 더 나은 방식으로 현실을 새롭게 형성할 수 있는 그런 길을 제시하는 것이 누구의 일이겠어요?

고명섭 그것이야말로 좋은 의미에서 학자의 임무가 아니겠습니까?

김상봉 그렇지요. 그런데 오늘날 학문이 과연 그 임무를 제대로 수행하고 있나요? 그게 문제입니다.

고명섭   그런데 그게 지금 우리 주제와 무슨 상관입니까?

김상봉   지식 유통업과 지식을 생산하는 정신의 노동이 점점 더 구별되지 않는 시대가 되어버렸다는 뜻이지요. 학문을 하는 사람들이 현실 인식을 위해 애쓰지 않고 남이 소통 가능한 방식으로 만들어놓은 지식의 통조림을 사고파는 일을 하면서 그게 현실 인식이라고 착각한다는 거예요. 오늘날 한국 사회에서 인문학이라는 것도 그런 지식 유통업 같은 것과 다르지 않게 된 면이 있지요. 물론 저는 이것이 무작정 나쁘다 생각하지는 않아요. 진리만 중요한 것이 아니라 그것의 소통도 중요한 일이라고 말씀드렸듯이. 하지만 지식을 생산하는 것과 유통시키는 것을 구별하지 않으려 한다면 그때부터는 심각한 착오가 시작되겠지요.

고명섭   구체적으로 말씀해주시면 이해에 도움이 되겠습니다만⋯⋯.

김상봉   제가 여기서 생각해보고 싶은 건 한국에서 인문학이 소비되고 유통되는 방식이에요.

고명섭   그게 어떻다는 겁니까?

김상봉   인문학이 무엇인지 정확하게 생각하지도 않고 여기저기서 인문학, 인문학 한다는 거지요. 대학에서는 인문학이 죽어간다고 난리인데, 또 대학 밖에서는 인문학 강의가 늘어가는 추세잖아요. 그런데 막상 인문학이 뭐냐고 물으면, 우리는 뭐라고 대답하지요?

고명섭   글쎄요.

김상봉   사실 서양에서도 인문학의 정의는 시대에 따라 달라요. 그런데 지금 우리가 말하는 인문학이란 서양에서 중세까지 통용되던 인문학은 아니에요. 중세 초기, 정확하게 말해 보이티우스(Boethius) 시대를 기준으로 보자면 문법학·논리학·수사학을 하위 3학(Trivium)이라 하고, 천문학·음악학·기하학·산수를 상위 4과(Quadrivium)라고 해서 지금 식으로 말해 인문학이라 불렀지요. 하지만 이거야 호랑이 담배 피우던 시절 이야기지, 르네상스 시대는 말할 것도 없고 토마스 아퀴나스 시대

448

에도 대학에서 저런 식으로 인문학을 강의하지는 않았어요. 하물며 요즘 어느 나라 어떤 대학에서 이런 학과를 다 묶어 인문대학을 만들겠어요? 예전에 독일에서 유학하던 시절을 돌이켜 보면 거기서는 인문학이라는 말 자체를 들어본 적이 없어요. 거기도 대학을 단과대학으로 나누는데, 제가 모든 대학을 다 훑어본 것은 아니지만 우리 식으로 말해 인문대학이란 건 본 적이 없어요. 그런데 유독 한국에서는 마치 명확하게 규정될 수 있는 학문 분과라는 듯이 인문학, 인문학 그러잖아요. 실제로는 무엇인지 아무도 모르는 걸 가지고 마치 자명하게 다 알고 있다는 듯이 말이에요. 이것 자체가 한국 사회의 문화적 부박함을 보여주는 거예요.

물론 그렇다고 해서 한국 사회의 인문학에 대한 관심이 다 나쁘다는 것은 아니에요. 인문학을 명확하게 정의하든 못 하든, 사람들이 인문학이라고 불리는 어떤 정신 활동이나 학문 활동에 대해 관심을 가진다는 것은 그 자체로서는 어떤 건강한 갈망의 표현이지요. 하지만 이른바 인문학에 대한 대중적 관심이 소중한 만큼, 그럴수록 학자들이나 전문가들은 그런 대중적 관심이 왜곡되지 않고 온전히 충족될 수 있도록 도와줘야 하지 않겠어요? 그런 의미에서 지금 한국에서 사람들이 무언가 긍정적인 의미에서 추구하는 인문학의 정체가 무엇인지, 그것을 차분하게 생각해볼 필요가 있습니다.

고명섭　인문학의 정체가 무엇이냐는 물음과 지식의 생산과 소통의 관계에 대한 물음이 어떻게 서로 연결되는지 설명이 필요한 것 같습니다만…….

김상봉　맞습니다. 지금 우리가 총체성의 문제를 이야기하고 있지요?

고명섭　예.

김상봉　그리고 인식의 총체성과 소통의 총체성이 구별되어야 하고 또 서로 존중되어야 한다는 것도 말했잖아요?

고명섭　맞습니다.

김상봉 그런데 사람들이 인문학을 찾는 까닭이 뭐겠어요? 그건 막연하게나마 삶을 파편화된 단절이 아니라 총체성 속에서 이해하려는 욕구의 표현이 아니겠어요?

고명섭 그렇겠지요.

김상봉 그런데 인문학이 그런 욕구를 충족시켜줄 수 있기는 있는 건가요? 그게 제가 묻고 싶은 물음이에요. 도대체 인문학이란 학문이 무엇을 하는 학문이기에, 삶을 총체성 속에서 이해하도록 해줄 수 있느냐고요.

고명섭 그게 간단히 답할 수 있는 문제가 아니기 때문에 물으시는 거겠지요?

김상봉 예, 물론이지요. 대학에서 인문학이 실제로 연구되고 교수되는 내용에 입각해서 판단하자면, 인문학이란 책이나 글을 연구하는 학문이에요. 서양식으로 말하자면 인문학이란 일차적으로는 문헌학(philology)이라고요. 전남대 인문대학의 경우에는 정확하게 문·사·철에 속하는 학과들로 이루어져 있어요. 국문·영문·중문 등의 어문학과, 사학과 그리고 철학과예요. 그런데 이 학문들의 공통점은 모두 문헌을 연구하는 학문이라는 거예요. 어문학과들은 말할 것도 없고, 역사학도 사료라는 문헌을 연구하는 거고, 철학 역시 일차적으로 철학 고전을 연구하는 거잖아요. 그래서 대학 밖에서 열리는 인문학 강좌들도 많은 경우 고전 읽기 또는 꼭 고전이 아니라도 이런저런 책읽기가 아니에요?

고명섭 맞습니다.

김상봉 그런데 책을 읽는 것과 삶의 총체성이 무슨 상관이 있지요? 아니, 더 정확하게 말하자면 문학이나 역사 그리고 철학 책을 읽는 것이 현실의 총체성과 무슨 상관이 있느냐고요.

고명섭 그렇게 물으시니, 그게 참 간단한 문제가 아니군요.

김상봉 물론 현실이라는 것이 언제나 생각된 현실이고, 생각된 현실이란 또 말로 표현될 수 있는 현실이므로 우리가 책이나 글 또는 다양한 기호를 통해 세상과 만나는 건 피할 수 없는 일이고, 그런 한에서 세상이 책 속에 있다고 말할 수도 있지요. 하지만 그 책이 왜 하필 인문학 책이지요?

고명섭 그건 인문학이 총체성을 추구하는 학문이기 때문이 아닙니까?

김상봉 예. 이렇게 해서 다시 우리의 주제로 돌아왔군요. 그런데 우리가 인문학이 추구하는 총체성이 무엇인지 대답했던가요?

고명섭 아니요. 그건 인문학이 무엇인지 그 경계부터 불분명하니까 더 문제지요.

김상봉 이를테면 앞서 말했듯이 한국의 많은 대학에서 인문학이 다른 무엇보다 문학과 역사와 철학으로 이루어진다고 가정한다면, 문학이나 역사가 추구하는 총체성과 철학이 추구하는 총체성이 같은지 다른지 그런 것도 물어야겠지요.

고명섭 물론입니다. 선생님 생각은 어떻습니까?

김상봉 『순수이성비판』에서 칸트는 인식을 분류하면서 역사적 인식과 수학적 인식 그리고 철학적 인식으로 나눕니다. 역사적 인식은 주어지는 것에 따른 인식(cognitio ex datis)으로서 경험적 인식이고 수학적 인식과 철학적 인식은 모두 원리에 의한 인식(cognitio ex principiis)으로서 이성적 인식이라 하지요. 그런데 이런 식으로 인식을 구분하는 것은 플라톤이 국가론에서 선분의 비유를 통해 인식을 구분하기 시작한 이래 서양에서는 시대에 따라 새롭게 시도되어온 구분이라 할 수 있습니다.

고명섭 그런데 그게 지금 우리의 논의와 무슨 상관입니까?

김상봉 인문학을 총체성의 관점에서 구분하기 위해 한번 상기해본 겁니다. 생각하면 문학과 역사와 철학을 인문학이라는 한 지붕 아래 집어넣은 것은 서양식의 플라톤이나 칸트의 분류법에는 없는 거지요. 하지만 우리의 대학에서 인문학을 문·사·철로 나눈 것이 까닭이 없는 일은 아니겠다는 생각이 드는군요.

고명섭 어떤 의미에서 그럴까요?

김상봉 칸트가 인식을 저렇게 구분할 때 총체성을 염두에 둔 것은 아니었습니다. 칸트의 책들 제목이 모두 무슨 무슨 '비판'인데, 독일어에서 비판(Kritik)은 그리스어로 나눈다(krinein)는 말에서 왔지요. 그러니 그는 나누고 분석하는 철학자였지 총체성의 철학자라고 말하기는 어렵지요. 하지만 지금 우리는 쪼개고 나누는 인식이 아니라, 인식에 의해 그렇게 쪼개진 현실을 총체성 속에서 이해하려 하고, 인문학이 그런 총체성의 학문이라고 말한단 말이에요. 엄밀하게 말하자면 총체성 또한 인간의 일인 까닭에 거기 이르는 길이 여러 갈래, 또는 여러 단계가 있지 않겠어요? 그런데 제 생각에 한국에서 인문학의 범주에 같이 묶이는 철학과 문학 그리고 역사가 총체성에 이르는 단계를 적절하게 표현하고 있지 않나 하는 생각도 드는 거지요.

고명섭 구체적으로 어떤 의미에서 그런지를 말씀해주시면 좋겠습니다만…….

김상봉 인문학을 역사와 문학 그리고 철학으로 나눈다면, 이 셋이 모두 글에 대한 학문이라는 점에서도 비슷하지만 총체성을 추구한다는 점에서도 비슷하다고 말할 수 있지요. 물론 어떤 경우든 그 총체성이란 결과로 주어진 것이 아니라 사고방식이라고 보아야 하겠지만. 아무튼 세계와 그 속에서 인간의 삶을 단절되고 분리된 부분으로 조각내어 보는 것이 아니라 전체로 이해하려는 사고방식이 인문학적 사고방식이라 할 수 있겠지요. 이걸 좀 나누어서 설명하자면, 인문학이 모두 글에 대한 학문이란 것은 그것이 현실에 대한 직접적 인식이라기보다는 간접적 인식이라는 것을 뜻한다고 말할 수 있을 거예요. 굳이 구별해 과학이 현실을 그 자체로서 직접 인식하는 학문이라면, 인문학은 직접적 인식을 한편에서는 종합하면서 다른 한편에서는 비교하고 반성하는 학문이라고 말할 수 있겠지요. 이렇게 간접적인 인식이기 때문에 과학이 엄격하게 지키는 경계를 인문학은 넘나들게 되지요. 예를 들어 역사학자가 과학사를 연구한다면 그는 물리학의 역사와 생물학의 역사를 얼마든지 넘나들 것이고, 문화사를 쓴다면 과학의 역사와 예술의 역사를 왔다 갔다 할 수도 있을 것이며, 일반적 의미의 통사를 쓴다면 온갖 학문 영역을 다 넘나들면서 여러 시대를 전체로서 고찰하려 하지 않겠어요? 역사학이 그렇게 탈경계적이라면 문학이나 철학은 더 말할 것도 없지요. 그리고 인문학이 이처럼 경계를 넘어가는 것은 다른 무엇보다 삶과 세계를 전체 속에서 이해하기 위해서지요.

그런데 똑같이 경계를 넘나들고 총체성을 추구하더라도 역사와 문학과 철학은 그 방식이 다릅니다. 역사학 또는 역사적 인식 방식이란 주어진 사실에 대한 객관적 인식에서 총체성을 추구하려는 사고방식을 말한다고 할 수 있습니다. 다시 말해 파편화된 과학적 인식을 통합하여 전체 속에서 세계를 인식하려 할 때, 그것은 역사적 인식 방식이라고 말할 수 있겠지요. 물리학은 아무리 확장된다 하더라도 사실의 세계를 다 담을 수는 없어요. 하지만 역사의 지평에 들어오지 않는 사실은 없어요. 존재 자체가 시간적이니까. 그러므로 우리는 모든 주어진 사실에 대한 과학적 인식을 역사학의 테두리 속에 통합할 수 있지요. 이 말은 랑케(Leopold von Ranke) 같은 역사학자가 동시에 아인슈타인 같은 물리학자나 다윈 같은 생물학자가 될 수 있다는 뜻이 아니라, 아인슈타인의 상대성 이론과 다윈의 진화론을 과학사를 쓰는 역사학자가 모두 결합할 수 있다는 뜻이에요. 마찬가지로 보편적 역사를 서술하는 역사학자는 과학의 역사와 경제의 역사 그리고 정치의 역사와 종교의 역사를 접목하면서 보편적인 역사의 모습을 그려 보이려 하겠지요.

그런 점에서 역사적 인식의 궁극적 지향점은 모든 경험적 인식의 총괄이라고 말할 수 있겠습니다. 또는 모든 과학적 인식의 총괄이라고 말해도 되겠군요. 모든 사실은 과거의 사실이에요. 그래서 존재가 주어져 있음이라면, 그것은 언제나 과거 존재일 수밖에 없어요. 그런 의미에서 사실에 관한 학문은 본질적으로 역사적인 거지요. 그리스에서 역사

(historia)라는 말의 원래 의미가 '탐구'였다는 것을 회상하는 것도 나쁘지 않겠지요. 요컨대 일어난 사실에 대한 탐구가 역사의 시작이었던 거예요. 그런 의미에서 칸트도 경험적 인식을 총칭하여 역사적 인식이라고 불렀던 거지요. 만약 현실을 총체성 속에서 파악하는 것이 사실적 인식의 총합만으로 가능한 것이었다면 우리는 역사적 인식만으로도 총체성에 도달할 수 있었을 거예요.

고명섭 그럼 총체성이 사실적 인식의 총합을 넘어선다는 뜻입니까?

김상봉 물론이지요. 설령 우리가 무한한 경험을 통해 사실적 진리를 총체성 속에서 완전하게 인식한다고 가정한다 하더라도, 사실적 인식의 총체성이 그 자체로서 삶의 총체성이 되는 것은 아니에요. 주어져 있는 사실, 그래서 과거의 시간 속에 변경할 수 없이 고정되어 있다고 상정되는 사실의 전체가 세계는 아니거든요. 아직 오지 않은 미래도 세계의 일부이며, 눈에 보이는 사실이나 손에 잡히는 사물만이 아니라 인간이 추구하는 가치 역시 세계의 일부지요. 그렇다면 그런 세계가 어디서 어떻게 파악될 수 있겠어요? 오직 우리 마음속에서 생각될 수 있을 뿐이지요. 더 정확하게 말하자면 세계는 상상을 통해 정립되고 그려질 수 있을 뿐인 거예요. 그렇게 상상된 세계가 신화와 종교의 세계 또는 문학의 세계라고 할 수 있겠지요. 그러니까 역사적 인식 속에서 열리는 세계가 사실적 인식의 세계라면, 신화와 종교 또는 문학이 그리는 세계는 상상력에 의해 열리는 세계라고 할 수 있겠습니다.

고명섭 그래서 문학은 인문학이 추구하는 총체성의 두 번째 단계가 되겠군요.

김상봉 그렇지요. 만약 문학이 예술의 한 분야로서의 시나 소설 등을 연구하는 학문이라면, 예술도 일종의 사건이고 사실이니까 문학도 역사적 인식에 속한다고 말할 수도 있겠지요. 설령 그런 경우라 할지라도 우리가 문학을 역사와 구별되는 인문학의 영역으로 간주하는 까닭은 그것이 주어져 있음의 세계가 아니라 될 수 있는 세계, 곧 상상할 수 있는 세계에 관계하기 때문이지요. 엄밀하게 말하자면 가능한 세계를 상상 속에서 표상하는 정신 활동 자체는 학문이 아니라 예술 창작의 일입니다. 그러나 학문으로서의 문학이 창작으로서의 문학예술에 대한 연구라면, 그것은 결국 현실의 세계가 아니라 우리가 상상하고 꿈꿀 수 있는 가능한 세계와 관계하는 학문이라고 해야겠지요. 그런데 꿈은 언제나 현실로부터 시작된다는 의미에서 문학은 역사를 자기 속에 품고 있다고 말할 수 있겠습니다.

그런데 여기서 역사는 단순히 현실 정치나 사회의 역사만이 아니라 다른 모든 과학의 탐구 대상에도 해당되는 말입니다. 그래서 문학은 가능한 모든 과학적 인식과 관계할 수 있지요. 모든 주어진 사실과 그에 대한 학문적 인식이 문학적 상상의 소재와 대상이 될 수 있으니까요. 이처럼 문학이 모든 사실적 인식과 관계할 수 있는 까닭에 그것은 또한 소통의 기술일 수도 있습니다. 그래서 인간의 정신은 사실의 차원에서는 구별되고 분리되어 있는 현실의 경계를 넘나드는 법을 문학과 예술을 통해 배울 수 있는 거지요. 그런 의미에서 보자면 서양에서 소통의 학문이라 할 수 있는 수사학이 일찍부터 문학 연구와 뗄 수 없이 결합되어 있었던 것도 자연스러운 일이었다 하겠습니다.

그렇게 경계에 갇히지 않고 현실과 관계한다는 것은 예술가가 현실에 얽매이지 않는다는 것을 뜻합니다. 왜냐하면 창조하는 예술가에게 모든 객관적 세계는 창조의 소재일 뿐이기 때문이지요. 이 점에서 시인에게는 과학자에게 허락되지 않는 자유가 있습니다. 보편적인 역사학이라는 것이 가능하다면, 그런 보편적인 역사학자는 모든 주어진 사실들에 대한 과학적 인식을 통합하여 총체적인 세계상을 그릴 수도 있겠지요. 그러나 그것은 어디까지나 사실이 허락하는 한에서 가능한 일입니다. 과학적 인식에서 진리의 가능 근거는 사실에 놓여 있기 때문이지요. 하지만 작가가 상상력 속에서 그려내는 세계의 진리의 근거는 사실에 있지 않고 우리의 마음속에 있습니다. 예술의 세계에서는 현실 속에 주어진 일이 아니라 마음이 공감하는 일이 진실이기 때문이지요. 이처럼 진리의 기반이 다르기 때문에 문학은 현실에 대한 거리 속에서 현실을 비판하는 힘을 가질 수도 있는 거예요. 사실의 세계에서 진리로 통용되는 것을 예술은 거짓이라고 판단할 수 있으니까요.

고명섭 그런 점에서 보자면 지난날 박정희나 전두환의 독재 아래서 다른 누구보다 작가들이나 문학 연구자들이 저항의 대열에 앞장섰던 것도 까닭 없는 일이 아니었다고 말할 수 있겠네요.

김상봉 물론이지요. 주어진 현실을 부정하고 다른 현실을 상상하는 것이야말로 예술의 본질에 속하는 일이니까요.

고명섭 그런데 말이 나온 김에 드리는 말씀인데, 선생님이 가끔 이제 비판의 시대는 갔고 형성의 시대가 왔다고 말씀하시는 것이 지금 이 문제와 관계가 있지 않나 하는 생각도 듭니다만.

김상봉 정확히 보셨습니다.

고명섭 그러니까 그 말은 문학으로는 충분하지 않고 철학이 있어야 된다는 말과도 통하는 거겠네요?

김상봉 예. 그런데 이 주제에 들어가기 전에 철학의 자기반성이 먼저 선행되기는 해야 할 거예요. 시인과 작가 그리고 문학 연구자들이 감옥에 가던 시절에 대다수 철학 교수들은 아무 일도 하지 않거나 아니면 독재자들의 하인 노릇을 했으니까요. 이승만에게는 안호상, 박정희에게는 박종홍, 전두환에게는 이규호라는 하인이 있었는데, 이들이 모두 철학 교수들이었습니다. 살아 있는 사람들이니까 이름을 거명하기 어렵지만, 그 외에도 독재에 부역했던 사람들이 많이 있지요. 게다가 그들이 서울의 지배적 학벌의 중심에 있었기 때문에 그 폐해가 더 심각했습니다. 언젠가 프랑스 구조주의를 거의 처음 한국에 소개한 어느 철학 교수가 쓴 책을 읽다 보니 욕망 이야기를 하다가 느닷없이 한국 정치인들의 대권 욕심을 입에 올리더라고요. 그 책이 출판된 때를 돌이켜 보니 일반적 독자라면 그게 김대중 씨를 욕하는 거라고 생각했겠더라고요. 그런데 자기는 유신독재의 앞잡이 노릇을 했으면서, 군인이 쿠데타로 멀쩡한 정부를 뒤집어엎고 정권을 잡는 것은 괜찮고 민간 정치인이 대통령이 되는 건 안 되는 이유가 뭔지 한번 묻고 싶더라고요. 그런 자들이 대학에서 가르치고 제자나 후배들을 다시 여기저기 교수로 심고 하니까 철학계가 그런 자들에 의해 오염되는 거지요. 그런 걸 생각하면 지난날 철학자들이 불의한 현실 속에서 침묵하거나 곡학아세하고 있을 때, 문인들이 자신의 전 존재를 걸고 그에 저항해 싸운 것은 아무리 높이 평가해도 지나치지 않아요.

고명섭   오늘날은 어떻습니까? 지금은 문인들도 예전 같지는 않습니다만…….

김상봉   불의한 현실 속에서 그 현실을 비판하고 새로운 세계를 상상하는 것은 그때나 지금이나 문학이 떠맡아야 할 사명이에요. 시대가 변했다고 해서 그게 달라질 수는 없지요. 그런데 문학이 현실 세계를 등지고 하찮은 자기연민의 넋두리를 늘어놓기 시작하면 그건 심각한 문제겠지요. 그런데 그런 얘기를 하면 우리 주제와 너무 멀어질 테니까 지금 이 문맥에서는 문학과 철학의 차이와 역할 분담에 대해서만 집중해서 말했으면 좋겠어요.

고명섭   저도 그게 좋겠습니다. 그런 의미에서 철학이 추구하는 총체성은 어떤 것인지 문학이나 역사와 어떻게 다른지를 말씀해주시지요.

김상봉   철학이 추구하는 총체성을 한마디로 표현하자면 그건 역사와 문학의 결합이라고 말할 수 있겠지요. 지성이 주어진 사실을 인식하고 상상력이 가능한 세계를 표상한다면, 가능한 세계를 현실적인 것으로 만드는 것이야말로 철학의 일이라는 거지요. 존재는 한편에서는 주어져 있음이지만 다른 한편에서는 될 수 있음이기도 한데, 주어져 있음의 세계가 역사적 인식의 세계, 아니 더 쉽게 말해 과학적 인식의 세계라면, 될 수 있음의 세계는 문학의 세계지요. 저는 철학이 이 두 세계 사이의 다리라고 생각해요. 역사와 문학 그리고 철학을 일종의 이념형으로 나누어서 고찰할 때, 역사적 인식 또는 과학적 인식은 결코 주어진 사실을 넘어가지 못해요. 그것은 변경 불가능하게 고정된 지나간 사실에 근거하고 있으니까요. 그에 반해 문학은 자유롭게 새로운 세계, 다른 세계를 상상하지요. 하지만 그 상상이 아무리 주관적인 공감을 얻는다 하더라도 그것이 그대로 객관적인 현실이 되는 것은 아니에요. 그것이 가능하려면 새로운 세계를 이미지 또는 표상을 통해 상상하는 것에서 한 걸음 더 나아가 우리가 꿈꾸는 세계를 개념적으로 설계하고 구성해야 돼요. 그러기 위해서는 예술적 상상력과 엄격한 사실 인식을 내적으로 결합해야 되는 거지요. 저는 그런 의미에서 지금 우리에게 필요한 것이 새로운 세계를 설계하고 형성할 수 있는 철학이라고 생각하는 거지요. 그런 철학이 없다면, 문학이 아무리 새로운 세계를 상상력 속에서 그려 보이더라도 우리는 그 꿈을 현실 속에서 실현할 수 있는 길을 찾지 못하고 헤맬 수밖에 없을 거예요. 그리고 실제로 지금 한국 사회가 아직 그런 방황에서 못 벗어나고 있는 것도 철학이 없기 때문이에요. 비판하고 부정하는 것은 쉽지요. 새로운 세상을 꿈꾸는 것도 쉬워요. 그러나 그런 세상을 설계하고 형성하는 것은 정말로 길고도 어려운 정신의 노동이 없으면 안 되는 일이에요. 그런데 지금 우리 사회에서 인문학에 대한 관심은 꼭 꿈꾸는 데까지만 가고 더 나아가지 않아요. 이건 꿈이 어떻게 현실이 될 수 있는지 설계하려는 철학자들이 드물기 때문이기도 하지만, 대중 역시 그걸 찾지 않기 때문이기도 해요. 꿈만 꾸지 그 꿈을 현실로 만들 생각은 별로 없는 거예요. 말을 해도 별로 들으려 하지도 않고. 그건 서울이 싫어서 제주로 가고 싶다고 하면서 어떻게 해야 제주로 갈 수 있을지, 그 방법은 생각하고 싶어 하지 않는 것과 똑같아요. 그냥 누가 나를 좀 서귀포 남쪽 바닷가에 데려다주면 안 될까 생각하는 거지요. 그런 게 인문학이라면 이런 인문학은 마르크스를 비틀어 말해 지식인의 아편에 지나지 않을 거예요.

이런 현상은 좀 구체적으로 보자면 한국 사회에서 소비되는 인문학이 역사도 철학도 아니고 유독 문학에 기울어지는 것과도 무관하지 않아요. 다시 말해 인문학에 대한 관심이나 열정이 다양한 과학적 인식을 섭렵해서 현실 세계에 대해 총괄적인 안목을 얻겠다는 열망도 아니고, 꿈과 현실을 결합하려는 철학적 열정도 아니면서, 다만 비극적 현실을 부정하고 꿈만 꾸려 하는 욕구로 나타난다는 거지요. 그런데 꿈이 무슨 죄가 있나요? 모든 꿈은 새로운 현실의 씨앗이잖아요. 문제는 꿈과 현실을 구별하지 않으려 한다는 것이지요. 종교인들이 객관적 현실과 주관적 믿음을 구별하지 않으려 할 때 망상에 빠지듯이, 인문학 공부도 잘못하면 사용하는 언어만 다를 뿐 종교적 망상과 다를 것이 없게 되어버리는 거예요.

고명섭 근데 그게 문학과 무슨 상관입니까?

김상봉 아까 문학이 꿈과 관계하는 학문이라 그랬잖아요? 근데 문학적 인식이 역사적 인식과 철학적 인식 사이에서 자기 역할을 정확하게 자각하지 못하고 꿈꾸면서 현실을 인식한다고 믿고 꿈만 꾸면서 현실을 형성하고 있다고 믿는다면, 그때부터 인문학은 지성의 무덤이 되겠지요. 그런데 바로 그게 한국 인문학의 현주소인 거예요.

만남의 총체성을 위하여

고명섭 좀 구체적으로 말씀해주시면 좋겠습니다만…….

김상봉 이건 구체적으로 두 가지 양상으로 나타나는데요. 한편에서는 문학이 철학이나 과학 흉내를 내는 것이고 다른 한편에서는 철학이 문학 흉내를 내는 것인데, 둘 다 문제예요.

고명섭 흥미 있는 이야기입니다.

김상봉 저는 학창 시절부터 문학을 전공으로 하는 분들 가운데 문학 연구와 직접 관계없는 세상일에 대해 말씀하시는 분들이 있는 걸 보면서 신기하게 생각하곤 했거든요.

고명섭　왜요?

김상봉　제 상식으로는 문학이란 시나 소설 같은 문학 작품을 연구하는 학문이라 생각하고 있었는데, 이분들이 그 한계 내에서는 도저히 가능하지 않은 것 같은 방식으로 현실 그 자체에 대해 전문가인 것처럼 발언을 하는 경우가 있더라고요. 쉽게 말해 문학을 연구하는 분들이 사회과학자가 할 말을 하는 거예요.

고명섭　문학을 연구하는 학자가 현실에 대해 말하면 안 된다는 법이라도 있습니까? 그것 자체가 나쁜 건가요?

김상봉　물론 그걸 나쁘다고 말할 수는 없지요. 사실은 문학을 하시는 분들이 정치와 경제 그리고 문화 현상에 대해 비판적으로 발언해온 것이 때로는 독재 정권 아래서 목숨을 걸고 한 일들이었고 그분들의 용기와 지혜로 우리가 이만큼이라도 자유로운 세상에 살고 있는 거니까요. 굳이 그런 비장한 예를 들지 않더라도 모든 문제에 전문가만 발언권을 가져야 한다는 생각도 잘못된 거겠지요. 한 사람의 시민으로서 모든 일에 발언할 수 있어야 그게 건강한 사회니까요. 그리고 전문가가 보지 못하는 문제를 비전문가가 먼저 보는 경우도 많거든요.

고명섭　그런데 뭐가 문제라는 뜻입니까?

김상봉　그럼에도 불구하고, 제가 궁금한 건 이거예요. 문학의 연구나 비평이 현실 인식일 수는 없잖아요. 시와 소설을 열심히 읽고 연구하면, 시나 소설에서 묘사되는 세계 그 자체가 과학적으로 인식되는 건가요?

고명섭　갑자기 도발적인 물음이군요. 그런데…… 아마 그건 아니겠지요?

김상봉　가끔 보면 문학을 하면서 정치나 경제, 문화 등에 대해 사회과학자처럼 말하는 분들이 있더라고요. 또 어떤 분은 철학자처럼 말하는 분도 있고요. 그런데 저는 그런 분들 가운데 유독 영문학을 하신 분들이 많은 것도 특이하다는 생각을 했어요. 불문학이나 독문학 하시는 분들, 중국 문학이나 일본 문학을 연구하시는 분들치고 영문학 하시는 분들처럼 그렇게 과감하게 사회과학자나 철학자로 변신하는 경우는 못 본 것 같아요. 그런 비슷한 경우가 있다 하더라도 자기들이 전문적으로 연구하는 텍스트에 입각해서 매우 조심스럽게 접근하지요.

고명섭　생각해보니 그런 것 같습니다. 그런데 거기 특별한 이유라도 있나요?

김상봉　저도 모릅니다. 다만 저는 이것이 미국이 지배하는 우리 시대의 기형적인 학문의 운명을 반영하는 것이라는 생각은 하고 있지요.

고명섭　무슨 뜻입니까?

김상봉　독일어를 배우고 독일에서 몇 년 산다고 세상을 다 안다고 생각할 수 있겠습니까?

고명섭　아마 없겠지요.

김상봉　이건 프랑스어나 중국어, 일본어의 경우도 마찬가지일 거예요. 내가 일본을 좀 안다고 세상을 다 안다는 생각은 아무도 하지 않겠지요. 그런데 영어를 능통하게 해독하고 미국이나 영국에서 공부를 하고 몇 년 살다 오면 세상이 다 보인다고 느낄 수도 있지 않겠어요? 왜냐하면 미국이 세계를 지배하고 있으니까, 모든 세상일이 미국 중심으로 돌아가고 모든 학문과 지식이 미국이라는 시장에 모여드니까요. 말하자면 미국이 세계의 아고라인 셈이지요.

고명섭　소크라테스가 거닐었던 옛날 아테네의 아고라가 지금은 미국이군요. 그러니까 선생님 말씀은 유독 영문학자들 가운데 문학의 영역을 넘어 사회과학이나 철학으로 이행하는 분들이 많은 까닭은 미국이 세계를 지배하는 국가라서 말하자면 영문학자들이 자기도 모르는 사이에 거만해지기라도 한다는 뜻입니까?

김상봉　그걸 꼭 거만하다고 말해야 할지는 모르겠지만, 아무튼 훨씬 더 자신만만해지는 것은 사실이겠지요. 그런데 이건 꼭 영문학의 문제만이 아니라 다른 모든 학문의 문제이기도 해요. 선생님이 전공하신 경제학과에서는 독일어 책을 읽습니까?

고명섭 요즘 누가 독일어를 읽겠어요?

김상봉 이유가 뭔가요? 아마도 그건 미국 자료 또는 영어로 된 자료만 가지고도 세계의 경제 현상을 연구할 수 있다고 생각하니까 그런 거 아니겠어요?

고명섭 아마도 그렇겠지요.

김상봉 하지만 정말로 그러리라고 생각하세요? 영어로 된 자료만으로 독일의 경제 현상을 제대로 인식할 수 있겠어요?

고명섭 당연히 아니겠지요.

김상봉 『기업은 누구의 것인가』를 쓸 무렵 저의 경험에 따르면, 독일의 노사 공동결정제도나 사회적 시장경제가 뭔지 미국의 경제학자들은 전혀 몰라요. 알려고 하지도 않고. 그런데 풍문으로 듣고 가끔 엉뚱한 비판은 하지요. 독일 경제가 그것 때문에 문제라고……. 그런데 이게 이런 경우 하나뿐이겠어요? 좀 거칠게 말하자면 미국 사람들은 세상 모든 지식이 자기들 속에 있다고 믿는 것 같아요. 정도의 차이는 있지만 패권국가의 지식인들은 언제 어느 나라든 그런 습관이 몸에 배긴 하겠지요. 자기 나라가 천하라고 생각할 테니까요. 그리고 가만히 있어도 세상 모든 사람들이 먼저 패권국가의 언어로 말을 해주니까 굳이 외국어를 배울 필요도 없겠지요. 하지만 그런 사정을 이해한다 해서 그게 옳은 건 아니지요. 사실은 그런 패권국가의 지식인들일수록 자기 언어의 한계를 벗어나 다른 언어의 세계로 애써 나아가려는 노력을 하지 않으면 정말로 쉽게 자기 나라에 앉아 세상을 다 본다는 착각을 하기 쉬운데, 그거 좋은 일 아니지요.

고명섭 예, 듣고 보니 전혀 일리가 없는 말씀은 아닌 것 같네요.

김상봉 그런데 미국의 경제학자들이 미국 경제에 대한 연구와 영어 문헌을 검색하는 것만으로 세계 경제를 인식할 수 있다고 믿는 것은 미국이 패권국가라서 그런 거지만, 문학을 연구하시는 분들이 쉽게 철학자나 사회과학자로 변신하는 건 제가 보기엔 또 다른 이유도 있는 것 같습니다.

고명섭 어떤 이유인가요?

김상봉 이미지와 개념의 구분이 없다고 생각하기 때문이지요. 데리다 식으로 말하자면 텍스트 외부의 실재 자체는 없다고 생각하기 때문이라고 해도 될까요?

고명섭 아니면 보드리야르 식으로 실재가 또한 시뮐라크르라고 생각하기 때문이라는 말씀이시지요?

김상봉 예. 그러니까 현실의 세계와 책의 세계가 구별이 안 되고 시적 언어와 과학적 언어도 그 경계가 모호해지는 거지요. 요컨대 현대 철학의 이른바 언어학적 전회라는 것이 문학자들에게 텍스트나 기호에 대한 연구만으로 현실을 인식할 수 있다는 착각을 불러일으켰다고 말할 수 있겠습니다. 저도 현대 철학의 언어학적 전회의 의미를 다 부정하고 싶은 생각은 없지만, 그런 현대적 풍조가 과학의 언어와 문학의 언어 그리고 철학의 언어를 엄밀하게 구별하지 않으려 한다면 그건 잘못된 일이라고 말하지 않을 수 없어요.

고명섭 그게 그러니까 역사와 문학 그리고 철학이 뒤섞이는 원인이라는 말씀입니까?

김상봉 예, 그렇지요. 한편에서 영문학을 하는 분들이 사회과학자 노릇을 하거나 철학자 노릇을 할 수 있는 것도, 다른 한편에서 철학자가 시인 흉내를 내는 것도 모두 그런 혼란에서 비롯되는 거지요.

고명섭 문학이 과학이나 철학과 혼동된다는 건 말씀하셨습니다만, 철학의 경우는 어떻습니까?

김상봉 철학은 철학대로 개념과 이미지를 혼동하고 인식과 상상을 뒤섞으니 문제지요. 거슬러 올라가면 이미 니체부터 현대 철학은 길을 잃었어요. 그는 시인과 예술가의 영혼을 가진 사람이지 결코 철학자는 아닌 사람인데, 현대 철학은 니체에게 배워야 할 것보다 배우지 말아야 할 것을 너무 많이 배웠어요. 그 뒤 하이데거부터 로티까지 시와 철학을 구별하지 않는 것이 현대 철학에선 유행 같은 게 되어버렸지요.

고명섭 결국 철학이 문제였군요!

김상봉 맞습니다. 명색이 근본학이니까 책임도 제일 크지요. 철학이 길을 잃었으니 다른 학문들도 영향을 받게 되지요. 이제까지 문학과 철학의 문제를 이야기했습니다만, 과학도 이런 혼란한 상황에서 벗어나 있는 것은 아니에요.

고명섭 어떤 과학이 왜 문제라는 겁니까?

김상봉 예를 들어 경제학을 생각해보지요. 아직도 마르크스 책만 읽으면 자본주의 경제를 다 인식할 수 있다고 생각하는 경제학자들이 있잖아요. 19세기 가족 기업을 모델로 삼아 자본주의를 분석한 걸 가지고 어떻게 법인 기업이 지배하는 오늘날의 자본주의를 안다고 할 수 있어요? 저는 그런 무모한 확신이 어떻게 가능한지 도저히 이해가 되지 않아요. 이건 뭐 고래 이빨이 몇 개인지 알아보기 위해 아리스토텔레스의 생물학 책을 뒤졌다는 르네상스 시대의 생물학자들도 아니고…….

고명섭 오늘 선생님은 은근히 유머도 있으시군요.

김상봉 그런데 이건 말하는 방식은 다르지만 우파 경제학자들도 다르지 않아요. 그네들이 하는 일이란 하이에크가 책에서 주장한 것을 정당화하기 위해 수학 공식을 동원하는 것이지요. 결론은 이미 나와 있고 현실을 거기 끼워 맞추는 거예요. 저는 그런 의미에서 자본주의 주류 경제학은 과학이 아니라 신학이라고 생각해요. 자본의 이해관계에 따른 주문 생산으로서의 사이비 학문이지요.

고명섭 제가 보기에도 그렇게 말씀하실 만한 점이 많은 것 같습니다.

김상봉 아니면 라캉의 경우는 어떻습니까? 저는 그의 글을 읽을 때마다 그 사람의 주장의 옳고 그름을 떠나, 그가 의사로서 자기 자신의 임상 경험을 토대로 말하지 않는다는 것이 생각하면 할수록 너무도 기이하게 느껴집니다. 아무리 프로이트로 돌아가자는 게 그의 구호라지만 어떻게 과학자라고 자부하는 사람이 자기 스스로 관찰하고 확인한 임상 경험이 아니라 프로이트라는 다른 사람이 책에 보고해놓은 임상 경험을 재해석함으로써 현실에 대한 과학적 이론을 수립할 수 있다고 생각할 수 있는지 전혀 이해를 할 수가 없어요. 그러니까 그는 프로이트를 해석하는 일종의 문헌학을 하고 있으면서 정신분석학이라는 현실적 과학을 하고 있다고 착각하는 셈이지요.

이런 기이한 학문적 풍토를 볼 때마다 저는 지금 우리 시대가 마치 가장 과학적이고 객관적인 인식을 추구하는 시대인 듯이 자부하고 있지만 실제로는 중세 말기 학자들이 아리스토텔레스와 갈레노스 또는 프톨레마이오스의 책이 곧 현실이라고 생각한 것과 별반 다르지 않게 책 속에서 세상을 인식하려 하는 시대라고 해야 하지 않을까 하고 되묻게 된다니까요. 내가 비정상인지 세상이 잘못된 건지 가끔은 구별이 안 돼요.

데카르트는 자기 시대의 그런 지적 풍토가 너무 낯설어 도서관에 쌓인 책을 모두 덮고, 거꾸로 세상이라는 커다란 책에 자기를 던졌다고 하지 않습니까? 지금 우리 시대야말로 다시금 학문이 현실과 어떻게 만나야 할 것인지를 진지하게 고민해야 할 때가 아닌가 싶어요. 저는 그게 학자에게 요구되는 최소한의 지적 성실함이 아닐까 생각하지요.

고명섭 앞에서 이미지와 개념을 구별 못 한다는 것이 책과 현실을 구별 못 한다는 뜻이었습니까?

김상봉 똑같은 말은 아니지만 이어져 있지요. 텍스트와 현실이 경계를 잃어버리고 삼투하기 시작하면, 그다음으로 일어나는 일이 표상의 영역에서, 아니 더 쉽게 말해 언어에서 객관적으로 현실에 대응하는 언어와 주관적인 마음의 일에 대응하는 언어가 역시 구별 없이 뒤섞이기 시작합니다. 다시 말해 과학적 언어와 시적 언어가 섞이는 거지요. 그리고 이런 일은 그냥 부지불식간에 일어나는 것만도 아니어서 경우에 따라서는 의도적으로 추구되기까지 하는데, 라캉은 아주 대표적인 사례라고 하겠습니다.

그런데 이런 식으로 언어 자체에서 객관적 현실과 주관적 표상의 경계가 희미해지기 시작하면, 도대체 우리가 말하고 생각하는 것에서 어디까지가 현실에 대한 인식의 표현이고 어디서부터가 우리의 주관적 소망인지를 분간할 수 없는 지경에 이르게 됩니다. 한쪽에서는 쌍용차다, 한진중공업이다, 강정 해군 기지다 하면서 죽을고생을 하고 있는데, 다른 한쪽에서는 기표가 기의 아래로 미끄러지느니 마느니 해가면서 도무지 어떤 기표도 현실을 그대로 드러낼 수 없는 것이 너무도 당연하다는 식으로 장광설을 늘어놓는 거지요.

누군들 현실이 언어에 다 담길 수 없다는 걸 왜 모르겠어요? 그게 무슨 대단한 깨달음이라도 된다고……. 그래서 불교가 수천 년 전부터 불립문자를 가르쳤고, 칸트는 칸트대로 사물 자체는 개념의 피안이라고 고백했던 거잖아요. 하지만 사람이 죽고 사는 것이 어떻게 그런 말장난 속에 해소될 수 있겠어요? 학문이 절박한 현실에 대한 성실한 응답이라면 현실이 어떻게 잘못되어가고 있는지를 그 자체로서 인식하고 그것을 어떻게 새롭게 형성할 수 있는지를 제시해야 할 것 아니에요?

고명섭 무슨 뜻인지 이해도 되고 공감도 됩니다만, 당위가 현실은 아니지 않습니까? 선생님 입장에서는 기표가 미끄러지지 않고 기의에 가닿을 수 있는 길이 있다는 말씀입니까? 아니면 언어가 실재와 만날 수 있는 길이 있다는 말씀인가요? 그걸 제시하지 못한다면 설령 선생님 말씀이 일리가 있다 하더라도 현대 철학자들이 아무 관심도 보이지 않을 것 같습니다만…….

김상봉 이렇게 해서 우리가 다시 데카르트의 시대로 돌아간 겁니다. 도대체 참된 인식이 무엇이냐 하는 것이 처음부터 다시 문제가 되어버렸다는 거지요.

고명섭 선생님의 답은 무엇입니까?

김상봉 스피노자에 기대어 말씀드린다면, 사물에 대한 참된 인식이란 사물 자체의 설계도와 같습니다. 만약 내가 어떤 대상에 대해 참된 인식을 가지고 있다면 그것에 대한 적합한 관념을 가지고 있을 터인데, 적합한 관념이란 다른 것이 아니고 우리가 그 관념으로 그 사물을 형성할 수 있는 능력을 얻게 되는 거지요. 존재의 생성을 관념 속에서 따라 체험하고 반복하게 해주는 것이 참된 관념이고 인식인 거예요. 예를 들어 내가 어떤 자동차에 대한 관념을 가지고 있다고 합시다. 그것이 참된 관념이라면, 그 관념에 따라 내가 자동차를 만들 수 있어야 한다는 거예요. 최소한 머릿속에서 차의 제작을 따라체험할 수 있어야 한다는 거지요. 내가 아무리 멋진 차를 상상한다고 하더라도 그것을 어떻게 형성하고 제작할 수 있을지를 말할 수 없다면 그런 관념은 아무리 멋있어 보여도 아무것도 만들어낼 수 없는 꿈에 지나지 않겠지요. 앞의 참된 관념을 개념이라 한다면 뒤의 멋진 관념은 그냥 이미지일 뿐인 거예요.

고명섭　다분히 오래된 근대적 진리관처럼 들리기도 합니다만…….

김상봉　그런데 그렇게 낡은 근대적 진리관이 여전히 그 효력을 잃지 않고 있지요. 철학자들이 뭐라고 말을 하든 우리 시대는 데카르트나 스피노자가 생각했던 대로 사물의 생성 원리를 점점 더 깊이 파악해 어지간한 것의 설계도를 모두 손에 넣은 시대잖아요. 과학의 발전이라는 것이 그것 아니겠어요? 그런 의미에서 저는 오늘날 철학자들이 데카르트나 스피노자가 생각했던 객관적인 과학적 진리가 허구적인 것이 되었다는 식으로 말하는 것은 전혀 근거 없는 허세에 지나지 않는다고 생각해요. 인공위성이 날고 인공지능이 운위되는 시대에 언어가 실재에 닿을 수 있니 없니 하는 토론이 좀 우스운 것 아니에요?

고명섭　예, 그렇습니다. 그런데 지금 선생님이 갑자기 근대적 진리관을 들고 나오시니 좀 당황스럽기도 하고, 현대 철학자들의 근대성 비판이 뭐였나 하는 생각이 들기도 하고…….

김상봉　그 문제에 관해서 보자면, 현대 철학자들이 근대적 진리관을 비판한 것은 그것이 잘못된 것이어서가 아니라 너무 성공적이어서라고 봐야겠지요.

고명섭 무슨 뜻인가요?

김상봉 사실 데카르트나 스피노자의 진리관은 과학의 역사에서 반박되지 않았어요. 지금 우리시대는 그들이 생각했던 대로 자연을 더욱 철저히 인식해서 온갖 것을 인간 스스로 형성하고 설계할 수 있게 된 시대잖아요. 문제는 그게 너무 성공적이어서 인간까지도 그 설계와 조작의 대상이 되었다는 거지요. 그것 외에 무슨 다른 문제가 있겠어요? 누가 지금의 물리학과 생물학이 대상 인식에서 실패했기 때문에 문제라고 말하는 사람이 있어요? 언어가 실재와 만난다 만다 하는 논쟁이 과연 그런 과학자들에게 무슨 의미가 있겠냐고요. 그러니까 그건 일종의 사이비 문제인 거예요. 철학자들이 그런 말에 아무리 심오한 의미를 덧칠한다 하더라도, 그것 때문에 현실에 대한 인식 자체가 흔들릴 일은 없거든요.

고명섭 그러면 선생님이 현대 학문을 비판하는 지점은 어디입니까?

김상봉 말씀드린 대로예요. 저는 우리 시대의 과학이 실재에 가닿지 못해서 문제가 아니라, 도리어 너무도 성공적이어서 인간을 사물적 형성의 대상으로 전락시키는 게 문제라는 거지요.

고명섭 그렇다고 하더라도 과학의 발걸음을 멈추게 할 수는 없는 일 아닙니까?

김상봉 맞아요. 적어도 인간이 인식의 대상인 한, 과학적 인식은 인간을 사물과 똑같이 분해하고 분석해서 똑같이 제작하거나 적어도 필요에 따라 조작할 수 있는 길을 찾아내려고 하겠지요. 그 욕망을 누가 막을 수 있겠어요?

고명섭 그럼 이대로 내버려둘 수밖에 없는 건가요? 생각해보면 현대의 철학자들이 비판한 것 가운데 하나가 그런 과학적 문제였지 않습니까?

김상봉 맞습니다. 후설의『유럽 학문의 위기와 선험적 현상학』에서 보듯이 현대의 과학적 인식을 비판하는 것이 현대 철학자들의 교양 비숫한 게 되었지요. 하이데거는 기술 문명을 비판해서 이름을 얻기도 했고요. 하지만 그런 비판이 딱히 소용이 없었다는 것은 선생님도 인정하시겠지요?

고명섭 이유가 뭘까요?

김상봉 표적이 빗나간 비판이었기 때문이겠지요. 사물을 사물적으로 인식하는 것을 아무리 비판한들 그게 무슨 소용이 있겠어요? 문제는 그 사물적 인식 방식을 주체에게 적용하니까 문제가 되는 건데, 후설이든 하이데거든 새로운 주체 개념을 제시한 건 아니니까, 왜 사물적 인식 방식을 주체에게 적용하면 안 되는지, 그리고 다른 어떤 방식으로 인식해야 하는지, 아무런 대안도 제시하지 못한 셈이 되었지요.

고명섭 홀로주체의 개념을 못 버려서 그렇다는 뜻입니까?

김상봉 그렇지요. 아무리 상호주관성을 말하더라도 만남이 뭔지는 몰랐으니까요. 주체는 오직 만남 속에서 생성되고, 그리고 그렇게 생성되는 주체의 세계는 만남에서 만남으로 이어지는 세계지요. 그런데 만남은 사물적으로 인식될 수 없어요. 만남은 사물이 아니니까. 어쩌면 그건 아무것도 아니지요. 만남은 존재자가 아닌 거예요. 존재자와 존재자 사이에 걸쳐 있는 무지개 같은 거지. 그래서 사물적 존재자를 인식하는 과학적 인식의 그물에 걸리지도 않는 거지요. 하지만 그렇다고 해서 그것이 정말로 아무것도 아니고 없는 거라고 할 수 있겠어요?

고명섭 아마도 그건 아니겠지요?

김상봉 그것이 무(無)가 아니라면, 그것도 어떻게든 인식되어야 할 것 아니에요? 물론 그것을 어디까지 인식하느냐 하는 것은 또 다른 문제겠지만.

고명섭 그렇겠지요.

김상봉 그렇다면 만남을 인식한다는 것이 무엇을 의미하는 것이겠어요?

고명섭 그건 선생님이 대답하셔야 될 물음 같습니다만……

김상봉 길이에요. 만남은 언제나 길을 통해 일어나는 것이니까, 만남을 인식한다는 것은 만남이 일어나는 길을 인식하는 것이지요. 사물을 인식한다는 것이 사물을 이루고 있는 구성 요소들로 사물을 분해하고 그것을 다시 합성해서 스스로 제작할 수 있게 될 정도로 그 사물의 생성 원리를 파악하는 것을 뜻한다면, 만남을 인식한다는 것은 만남이 일어나는 길을 안다는 것을 의미하는 거지요.

고명섭 좋습니다. 하지만 이 모든 이야기들이 총체성과 무슨 상관이 있습니까?

김상봉 이런 거지요. 한편에서는 사물적 인식이 있습니다. 그 인식의 능력 앞에서 존재하는 모든 것은 자기의 고유성을 잃어버립니다. 자연은 원래 스스로 그러하다 해서 자연인데, 자연적 사물 가운데 어떤 것도 스스로 그러한 고유성을 지키지 못하고 하이데거가 말했듯이 단순한 제작의 질료로 전락하지요. 그리고 그런 과학적이고 기술적인 인식이 전면적으로 세계를 뒤덮어, 인간조차 제작의 수동적 질료로 전락하게 된다는 거예요. 요컨대 과학적 인식이 총체성의 원리가 된 거지요. 아무것도 과학적 인식의 그물망 밖에 존재할 수는 없으니까요.

그러자 철학자들이 아우성을 치기 시작했지요. 여러 종류의 아우성 가운데 맨 마지막의 아우성이 이런 거예요. 너희가 아무리 그래 봤자 너희의 언어가 실재에 가닿을 수는 없어! 하지만 이건 루쉰의 아큐 같은 수작이지요. 과학이 사물적 인식에서 숨 가쁜 진보를 달성하는 시대에 그런 말은 단지 '아무리 그래도 과학이 내 마음을 어쩔 수는 없다'는 오기의 표현일 뿐이에요. 하지만 그런 속내를 노골적으로 드러낼 수는 없는 일이니까, 싸잡아서 회의주의자인 척하는 것뿐이지요. 그런데 이렇게 언어로 실재를 파악할 수 없다는 자들이 현실을 형성할 수는 없는 일이니까, 세계는 철학자들의 아우성과 무관하게 굴러가게 되겠지요. 그러면 철학자들은 그것을 자기들의 사이비 이론의 증거로서 다시 들이대겠지요. '거 봐라, 세상은 저렇게 제멋대로 굴러가는 거다!'

이렇게 해서 한편에서는 과학과 기술적 인식의 총체성에 의해 세계가 물샐틈없이 지배되어가는데, 철학자들은 그런 총체성을 조롱하고 비아냥거리는 것으로 소일하는 동안에 세상은 점점 더 구제 불능 상태로 빠져드는 게 우리 시대라고 해야겠지요.

고명섭 그러니까 한편에서는 사물적 총체성이 군림하고 다른 한편에서는 총체성에 대한 맹목적 비판만이 존재한다는 뜻으로 이해하면 되겠습니까?

김상봉 예.

고명섭 그럼 이런 상황에서 선생님의 대안은 무엇입니까?

김상봉 저도 만들려고요.

고명섭 역시 근대적 세계로 되돌아가야 한다는 뜻입니까?

김상봉 아니, 제가 만들려는 것은 좀 다른 거예요.

고명섭 뭡니까?

김상봉 모든 사람이 서로 만날 수 있도록 길을 만들고 다리를 놓는 거예요. 그게 제가 추구하는 총체성이에요. 아도르노 이래 현대 철학자들이 체계를 혐오하는 마음은 저도 이해해요. 체계는 종종 사람을 억압하지요. 하지만 열려 있는 길은 누구도 억압하지 않아요. 누군가 폭력적으로 그 길을 차단할 수는 있겠지요. 그럼 다시 그 길을 열기 위해 싸워야겠지요. 그러나 어떤 경우에도 길이 그 자체로서 사람을 억압하거나 부자유스럽게 만들지는 않아요. 오히려 우리는 그 길을 통해 서로 만날 수 있게 되는 거지요. 그 만남이야말로 우리가 포기할 수 없는 존재의 진리이고요. 모두가 모두와 억압 없이 만날 수 있는 길을 놓는 것, 저는 그것이 공자가 그리도 애타게 찾던 도(道)라고 생각해요. 공자 자신은 그걸 그렇게 생각했는지 아닌지 모르겠지만.

요컨대 제가 추구하는 총체성이 뭐냐고 묻는다면, 저는 그것이 고정된 체계가 아니라 열려 있는 만남의 길들이 서로 끊어지지 않고 이어져 있는 지평이라고 말하고 싶습니다. 그런 의미에서 총체성은 절대적인 만남의 지평입니다. 존재하는 모든 것과 가장 온전한 의미에서 만날 수 있는 상태를 우리가 상정할 수 있다면, 저는 그것이 총체성이라는 거지요. 물론 그것은 언제나 우리에겐 도달할 수 없는 이념으로 남겠지만…….

그런데 여기서 한 가지 유념해야 할 것은, 총체성이란 만남 속에서 생성되는 것이지 미리 만들어져서 주어지는 것이 아니라는 거예요. 만남이 미리 완성되어 주어지는 사실이 아니고 언제나 너와 나 사이에서 능동적으로 일어나야 할 사건이듯이, 그 만남의 길도 미리 완벽하게 다 놓여 있는 것일 수는 없고 만남을 위해 우리가 만들어나가고 확장해야 할 과제예요. 그런 의미에서 저는 궁극적인 총체성의 지평이란 우리한테 영원한 과제로서 만남을 통해서 열리는 것이고 그 만남의 길을 열어나가는 것이 총체성의 방법론이라는 거예요.

고명섭 총체성은 주어진 것이 아니고…….

김상봉 우리 스스로 실현해나가야 할 과제라는 거예요.

고명섭 만남이라는 방식을 통해 형성해가고 드러나는 것…….

김상봉 그렇습니다. 그런 까닭에 만남을 위해 미리 고정된 원리가 있는 것처럼 말하는 것도 옳은 일이 아니겠지요. 누구도 만남의 방식과 길을 한 가지 방식으로 미리 규정하고 남에게 강요할 수 없는 거니까요. 만남은 나와 너 사이에서 자유로이 일어나야 하는데, 그걸 내가 또는 네가 미리 자기 편한 방식으로 고정할 수는 없지 않겠어요? 그런 경우에는 만남이 다시 폭력적 강제 아래 놓이게 될 텐데, 그건 만남이라 할 수 없지요.

그럼에도 불구하고 현실에서는 지배 권력이 자기들 방식으로만 만나야 한다고 강요하는 것이 우리가 사는 세계이기도 합니다. 그래서 만남의 총체성을 추구한다는 것은 단순히 철학적 사변의 일로 끝나는 것이 아니고, 현실과의 긴장과 대립을 필연적으로 수반하는 거예요. 구체적으로 말하자면 더러는 자본이, 더러는 국가 권력이, 더러는 외세가 인간

472

의 자유로운 만남을 가로막고 억압하는 외적 폭력으로 군림하는 거지요. 그리고 그런 외적 폭력을 비판하는 것은 피할 수 없는 철학의 임무겠지요. 이처럼 비판적 관점에서 보자면 저도 현대 철학이 총체성을 비판하는 것에 많은 부분 공감해요.

하지만 비판에서만 그친다면, 우리가 아무리 지배 권력의 폭력을 비판하더라도 어쩔 수 없이 그들이 닦아놓은 길을 통해서만 서로 만날 수밖에 없게 돼요. 만남은 길을 통해 일어나는데, 다른 길이 보이지 않으면 늘 다니던 길로 다닐 수밖에 없잖아요. 그래서 정말로 지배 권력의 폭력으로부터 해방되고 싶다면, 새로운 만남의 길을 닦아야 하는 거지요. 제가 하고 싶은 일이 그거예요. 학벌이나 교육에 대해, 국가와 정치에 대해 그리고 기업과 경제에 대해 생각하고 글을 써온 것이 다 그것을 위한 일이었지요. 길도 닦고 다리도 놓고. 그런데 그런 길들이 끊어지지 않고 이어져야 하니까, 언제나 총체성의 관점을 유지하려고 애를 쓰는 거지요. 그래서 남들이 다 총체성을 해체하고 있을 때 저는 흔들리지 않고 제 나름대로 총체성의 깃발을 붙잡고 있었던 거예요.

그런데 여기서 문제는, 총체성의 지평에서 길을 열어간다는 것이 그 자체로서 고유한 정신의 노동이지만 개별 학문이나 과학의 영역에서 수행되기 어렵다는 거예요. 바로 이 지점에서 길의 총체성을 위해 필요한 보편적인 학문으로서 철학이 문제가 되는 거지요. 만남을 위해 새로운 길을 닦고 다리를 놓는 일은 그 자체가 인식을 위한 생산적 노동이기 때문에 교양이나 일반적인 인문학의 수준을 넘는 일이에요. 교양이나 인문학은 이미 생산된 인식을 유통시킬 수는 있어도 스스로 생산하는 정신의 노동은 아니거든요. 하지만 그렇다고 해서 개별 과학이 보편적으로 걸을 수 있는 길을 열어주지도 않아요. 예를 들면 『기업은 누구의 것인가』에서 제가 주식회사 경영권이 어디에 귀속되어야 하느냐를 물었지만, 이 물음은 경영학이나 경제학, 법학이나 정치학 등 어떤 특정한 학문의 한계 내에서 해명될 수 없는 물음이거든요.

고명섭 저도 그래서 그 책에 대해 법학자나 경제학자들이 말을 못 하는 거라고 생각하고 있습니다.

김상봉 그거야 이유가 뭐든, 이게 기업의 경영권에 대해서만 그렇겠어요? 한국 사회의 학벌 문제도 마찬가지지요. 학벌이 불평등의 재생산 장치라면 사회학의 대상이지만, 학교와 교육에 관계된 일이라면 교육학의 대상이 되는 거고, 사교육비 때문에 발생하는 경제의 왜곡을 생각하면 이건 또한 경제학의 대상이지요. 학벌이 어제오늘의 일이 아니라 역사 속에서 오랜 내력을 가지고 있으니 역사학의 대상이기도 하지요. 그래서 『학벌사회』를 쓸 때 실제로 그 모든 학문 영역을 넘나들면서 학벌을 분석할 수밖에 없었던 거거든요.

이런 사정을 생각하면, 우리의 삶은 개별 과학이 홀로 분석하고 해결할 수 있는 테두리 안에 갇혀 있지 않아요. 우리의 삶의 세계 그 자체가 법학의 세계나 경제학의 세계 또는 심리학의 세계 이런 식으로 구획되어 있지는 않다는 말이지요. 그런 점에서 보자면 학문의 구분은 주관적이고 편의적인 구분이지 사실 자체 또는 삶 자체의 구분일 수 없어요. 삶은 결국 삶을 사는 인간에겐 하나의 전체로서 일어나는 거니까요.

그런데 그런 하나인 전체로서 삶의 세계에 단절과 균열이 생기면 우리는 끊임없이 일상의 삶에서부터 내적 분열증에 시달리지 않겠어요? 그런 까닭에 우리가 자기 자신의 삶으로부터 소외되지 않으려면 그 구체적인 삶의 세계 자체가 되도록 서로 통할 수 있는 길로 이어져 있어야 하겠지요. 그러니까 너와 나 사이에 길을 놓는다는 것은 또한 서로 다른 학문 영역 그리고 대상 영역들 사이에 다리를 놓는 것과 늘 같이 갈 수밖에 없는 거예요.

구체적으로 예를 들자면 청소년기 삶의 세계에서 가장 중요한 장소라고 할 수 있는 것이 학교라면, 여기서 너와 나의 만남이 가장 전형적으로 일어나고 있는데, 학벌사회로 인해 그 만남이 치명적으로 차단되고 왜곡되어 있단 말이에요. 그리고 청소년들이 어른이 되어 기업에 들어가면 이번에는 물구나무 선 기업 지배 구조 때문에 역시 그 속에서 사람과 사람이 참된 만남을 실현할 수 없게 된단 말입니다. 그렇다면 학벌사회도 바꾸고 재벌 지배 체제도 바꾸어야만 사람들을 이런 질곡에서 구할 수 있지 않겠어요? 그런데 이 일을 어떤 학문이 할 수 있나요? 현실적으로 잘못 놓인 길은 다양한 학문적 영역을 넘나들면서 놓여 있는데, 개별 과학은 각자 자기 영역에 머물러 나오려고 하지 않고 또 나올 능력도 없으니 문제 자체를 애써 외면하게 되고, 인문학적 교양은 현실의 길에 대해 이러쿵저러쿵 비판을 늘어놓는 일은 잘하지만 길을 새로 놓을 능력은 없거든요. 그건 인식의 노동이 아니라 생산된 인식을 소통시키는 역할이니까. 비평할 수는 있어도 길을 놓지는 못해요. 문제 자체에 대한 객관적이고도 정확한 인식과 이해, 그리고 같은 문제라도 그 문제가 일어나는 영역에 따라 서로 다르게 적용해야 할 엄밀한 방법에 입각해서 문제를 분석하고, 동시에 그 다양한 문제의 측면들을 다시 하나의 전체상 속에서 파악한 뒤에 비로소 지금까지의 길이 아닌 새로운 길을 열 수 있지 않겠어요?

고명섭 그런 정신의 노동이 철학의 임무라는 말씀이군요.

김상봉 예. 그래서 저는 인문학이라는 막연한 이름 아래 철학과 문학과 역사학이 뒤섞이는 것도 온당치 않고, 요즘 유행하는 문화 이론이나 문화 비판이 현실에 대한 총체적 인식이 될 수도 없다고 생각해요. 한국 사회가 너무 기본이 안 되어 있는 사회다 보니 학문의 세계에서도 도대체 척도라는 것을 찾아보기 어렵고, 그래서 모든 게 부박하게 시류와 유행에 따라 흐르는데, 이제 우리도 하나둘씩 기본을 세울 때가 되었지요.

관점주의와 진리 그리고 만남

고명섭 말씀을 듣다 보니 물론 공감도 되고 이해도 됩니다만, 다른 한편으론 총체성에 대해 문득 인식론적 관점에서 드는 생각이 있습니다. 제 생각을 말씀드리기 전에 먼저 선생님 글에서 한 구절을 인용하고 싶습니다. 『도덕교육의 파시즘』에서 철학 이야기를 하시면서 이렇게 말씀하셨는데요.

하지만 여기서 우리는 사물의 진리가 우리에게 고정되어 주어지는 것이고, 우리가 할 일은 다만 그렇게 주어지는 진리를 받아들이기만 하는 것이라고 생각하지 않도록 주의해야 한다. 진리는 단순한 발견과 습득의 대상이 아니라 언제나 해석의 대상이다. 같은 대상이라도 우리가 어떤 위치에서 보느냐에 따라 명암이 달라지듯, 같은 진리라도 어떻게 해석되고 이해되느냐에 따라 그 의미가 달라진다. 그리하여 올바르게 생각한다는 것은 마지막에는 주어진 사실적 진리를 올바르게 해석한다는 것까지 포함한다.[41]

이 말씀을 읽으니 작년에 낸 『니체 극장』에서 고민한 문제가 떠올랐는데요. 니체의 관점주의를 어떻게 이해해야 하느냐는 굉장히 복잡한 문제 중의 하나인데, 니체의 관점주의적 진리이해와 객관주의적 진리이해를 통합적으로 이해해야 할 필요가 있다고 제가 거기에 썼어요. 저는 니체의 관점주의, 주관주의의 니체적 형식이라고 할 수 있는 관점주의와 그것에 대립하는 객관주의를 비교했는데, 결론 부분만 한번 읽어보겠습니다.

니체가 권력의지라고 명명한 살아 있는 것들의 본질을 관점의 산물이라고만 말할 수 없다. 니체의 관점이 작동하기 전에 이미 존재하는 대상 세계의 어떤 것이라고 보아야 한다. 그 권력의지가 어떤 것인지 더 정확하게 이해하기 위해 우리의 관점을 더 정교화해나가는 것, 그것이 말하자면 진리를

---

41 김상봉, 앞의 책, 132~33쪽.

향해 우리를 더 전진시키는 것이다. 이렇게 이해하면 해석을 넘어 존재하는 진리는 없다는 관점주의적 태도와 우리의 인식을 정교화해서 대상세계의 진리를 포착한다는 객관주의적 태도를 모순 없이 통합할 수 있게 된다. 모든 것은 우리의 관점을 통해 드러나지만, 그래서 우리의 관점, 우리의 해석을 뛰어넘어 직접 우리에게 주어지는 것도 없지만 동시에 관점과 무관하게 존재하는 대상세계를 부정하고서는 관점도 해석도 성립할 수 없다. 그 대상세계에 대한 우리의 해석은 좀 더 정교하고 좀 더 설득력 있는 쪽으로 나아갈 수 있게 된다. 다시 말해 관점이 진보하고 더 날카로워져서 대상세계 자체에 육박할 수 있게 된다. 우리의 진리의지, 진리를 찾으려는 의지는 객관세계에 대한 하나의 해석을 지향하는 것이 아니라 객관세계에 대한 진리의 인식을 지향한다. 객관적 진리를 찾는 것이 진리의지다. 그런데 그 진리는 아무리 정교한 것이라고 해도 우리의 관점과 해석을 통하지 않고서는 성립할 수 없다. 따라서 우리의 주관 안에서 보자면 진리는 단순히 발견되는 것이 아니라 어떤 질료에 형식을 부여해 구축하는 것, 다시 말해 해석을 통해 창조하는 것이 된다. 진리는 객관적으로 존재하는 것이어서 발견의 대상이고 동시에 주관적으로 구축하는 것이어서 창조의 대상이 된다는 말이다. 주관 바깥의 객관적 차원에서 보면 진리의 발견이고 해석주체의 주관의 관점에서 보면 진리의 창조인 것이다. 이렇게 관점주의와 객관주의는 서로 부딪히지 않은 채 종합될 수 있을 것이다. 이 종합을 니체 삶에 적용해보면 진리를 추구하는 삶, 진리를 창조하는 삶, 그것이 니체의 일생이었다고 볼 수 있을 것이다.[42]

이건 제가 어디서 무엇을 보고서 한 것이 아니라 제 고민을 정리한 건데 선생님이 말씀하신 것과는 어떤 관련이 있다고 할 수 있을까요?

김상봉 관련이 있죠. 선생님이 지금 말씀하신 니체의 관점주의라고

42 고명섭, 『니체 극장: 영원회귀와 권력의지의 드라마』, 김영사, 2012, 656~57쪽.

하는 건 거슬러 올라가면 근대적 원근법의 관념에서 시작한다고 보아야겠지요. 그리고 그건 처음부터 시각의 은유에 의해서 물들어 있다고 할까, 규정되어 있는 것이고, 또 좀 뒤에 가면 이런 식의 관점주의가 철학적으로 가장 심오한 형태를 얻게 된 건 칸트의 '아 프리오리'(a priori)이고 그것과 물자체 사이의 관계, 또 여러 가지 범주…… 그런 거라고 하겠지요. 시작은 그랬는데 그것이 니체로 오면 칸트의 아프리오리처럼 고정된 관점이 아니고 구체적인 현실 속에서 실제로 다시 달라지는 관점으로 해체되어버리는 것이라고 할 수 있겠습니다.

그런데 니체의 원근법이든 칸트의 주관주의든 아니면 더 거슬러 올라가서 우리가 근대적 원근법의 출현을 말하든지 간에, 제 편에서 보자면 그런 것들이 모두 결국은 홀로주체와 세계 사이의 관계를 말하고 있다는 점에서 별 차이가 없어요. 저는 이런 식으로 홀로주체의 관점과 있는 그대로의 세계를 대립시키는 것 자체가 처음부터 잘못된 문제설정이라고 보는 거죠. 그럼 이제 선생님도 즉각 제가 무슨 말을 할지 아시겠지요? 요컨대 관점의 문제든 사실 자체의 문제든 진리를 발견이나 제작이라고만 생각하는 것이 서양적 진리관의 근저에 있는 오류라는 것입니다.

반면에 제가 말해온 것은 진리는 근본에서 보자면 만남이라는 거지요. 물론 진리의 양상은 여러 가지여서 앞에서 저도 만듦으로서의 진리를 말했고 또 그 이전에 발견의 진리는 왜 없겠어요? 당연히 그런 것들이 우리가 일상 속에서 경험하는 진리사건이지요. 하지만 발견이든 제작이든, 이런 것은 모두 만남의 지평 속에서만 일어나는 파생적인 진리사건이에요. 다시 말해 만남이 먼저 일어나야 그다음으로 발견과 제작이 가능하다는 거지요. 발견이든 제작이든 주체와 객체의 분리 속에서 일어나는 사건이잖아요? 그 분리 속에서 열리는 것이 세계이기도 하고요. 그런데 이 분리가 만남 속에서만 일어난다는 것이 제가 말해온 거예요. 주체와 객체의 관계 자체가 너와 나의 만남, 다시 말해 인격적 관계

478

속에서 비로소 일어나는 사건입니다. 그런 의미에서 우리에게 그 자체로서 존재하는 세계는 없고 오직 만남 속에서만 세계가 열리는 거지요. 발견이든 제작이든 그렇게 만남 속에서 세계가 열려야 비로소 가능해지는 거예요.

이런 사정은 관점에 대해서도 마찬가지예요. 진리의 으뜸가는 근거는 내가 세계를 바라보는 관점도 아니고, 반대로 그 자체로서 있는 세계도 아니라는 거지요. 너와 나의 만남 속에서 세계가 먼저 열려야지, 내가 세계를 바라보는 관점이라는 것도 있을 수 있거든요. 너와 나의 만남이 일어나지 않는다면 나의 의식이 세계와 대자적으로 분리될 수도 없고, 나의 의식이 세계와 대자적으로 분리되지 않는다면 세계가 내 앞에 열리지도 않고, 그런 경우엔 인식도 관점도 처음부터 불가능한 거지요. 그래서 관점 역시 당연히 우리의 세계 인식에서 중요한 계기이지만 만남의 방식에 따라 달라질 수밖에 없어요. 만남의 방식이 달라지면 내가 세계를 보는 어떤 관점도 달라질 수밖에 없는 거죠. 그런 의미에서는 주관적 관점과 객관적 세계의 대립도 파생적 대립이지요. 세계 자체가 만남을 통해서 처음 열리는 것이고 그 만남의 성격에 의해서 세계의 성격도 달라지니까요.

하지만 그렇다고 해서 여기서 만남을 절대화하는 것도 옳지 않은 일이에요. 세계가 만남 속에서 열리고 인식이 그 개방성 속에서 가능해진다고 해서 만남을 칸트의 범주처럼 선험적으로 주어진 고정된 형식이라고 생각할 수 있느냐 하는 것은 또 다른 문제예요.

고명섭 그 문제는 저도 궁금합니다만……

김상봉 저는 그 물음에 대해서는 지금으로서는 아무 말도 하지 않으려 해요. 다른 모든 일들이 그렇듯이 만남도 우리 인간에게는 어떤 넘을 수 없는 한계 속에서 일어나기는 하겠지요. 그리고 모든 것을 알고 싶어 하는 철학자라면 그 한계를 인식하려는 욕구를 가질 수도 있겠지요. 이를테면 칸트가 인식의 한계를 철학적으로 인식하려 했던 것처럼 말입니다. 그러나 저는 그 한계가 과연 고정된 것인지, 그리고 그것을 인식할 수 있는 것인지 감히 말하지 못하겠어요.

세계가 만남 속에서 열리고, 그 속에서 진리도 일어나지만, 거꾸로 만남 그 자체도 구체적인 사건으로서 끊임 없는 생성 속에 있는 것이어서, 철학의 사명이란 만남의 고정된 형식을 추상적으로 규정하거나 완전한 만남의 이념을 자의적으로 고정하는 것이라기보다는 미리 결정하거나 예측할 수 없는 방식으로 우리에게 도래하는 만남의 사건을 어떻게 하면 더 성실하고 참된 만남으로 만들어나갈지를 고민하는 것이 아닐까 생각합니다.

고명섭 그래도 참된 만남의 이상은 필요하지 않겠습니까?

김상봉 물론 저도 앞에서 참된 만남의 이상을 말했지만, 그것은 내가 너에게 말 건네는 겸손한 제안이나 청유여야지 결코 사물적 방식으로 고정되면 안 된다는 말씀이에요. 어떤 경우에도 참된 만남이 일방적인 동원이 될 수는 없잖아요? 그렇다면 참된 만남의 기준도 미리 고정되어 제시될 수 없는 거지요. 무엇이 참된 만남이냐 하는 것 자체가 너와 나의 만남 속에서 생성되어야 할 진리사건인 거예요. 예를 들면 수백 년 전만 하더라도 자연과 인간의 만남 또는 동물과 인간의 만남이 지금 우리 시대처럼 진지한 성찰의 대상이 되지는 않았잖아요. 그런데 다시 수백 수천 년 후에는 누가 알겠어요, 인간과 기계 또는 로봇의 만남이 진지한 철학적 성찰의 과제가 될지?

그런 의미에서 참된 만남이라고 하는 것도 끊임없이 새롭게 일어나는 만남과 이미 일정한 형식 속에서 굳어진 만남 사이의 충돌과 조정 속에서 일어나는 사건이라고 할 수 있지요. 진리는 그 자체로서 있는 것도 아니고 내가 마음대로 관점을 가지고서 좌지우지할 수 있는 것도 아니에요. 만남이 내가 나 혼자 '야, 다 와서 나하고 만나자' 한다고 해서 만날 수 있는 것도 아니고 그렇다고 해서 나의 의지와 상관없이 내가 거기에 매여 있어도 안 되는 것이니까요. 그런 의미에서 진리도 만남도 생성 가운데 있는 거라고 할 수 있지요.

고명섭 제 나름대로 관점주의와 객관주의를 통합해서 이해해보려고 분투를 해보았는데 만족스럽지는 않았습니다. 관점과 객관 사이의 만남, 그것이 통합될 수 있는 다리를 발견할 수 없었거든요. 그래서 얼버무렸던 것이고요. 그런데 선생님은 그것을 만남이라고 이야기하시고, 말하자면 만남으로 양자를 지양해버렸다고 할 수가 있고 그런 점에서 훨씬 더 설득력 있는, 관점과 객관을 넘어서는 진리인식의 길을 제시했다고 할 수 있겠는데요. 그렇다면 만남이라는 것이 나와 너의 만남, 혹은 인격적 만남을 말하는 것인가, 아니면 나와 대상세계의 만남을 말하는 것인가, 양자를 아우르는 것인가, 이런 고민을 하게 됩니다.

김상봉 군이 순서를 말해야 한다면 인격적 만남을 통해서 세계가 열리는 것이죠. 선생님이 처음 말씀하실 때 나의 관점이 있고 이쪽에 세계가 있다고 하셨잖아요. 그런데 이 두 가지 모두가 만남 속에서 열린다고 제가 얘기해오지 않았습니까? 너와 나의 만남, 부름과 응답 속에서 비로소 나도 주체로서 생성되고 세계도 내 눈에 열리는 거지요. 너와 나의 부름이, 인격적인 부름과 응답이 있기 전에는 세계가 안 열려요. 부름과 응답이 어떤 방식으로 일어나느냐, 어떤 길을 통해 부름과 응답이 오고 가느냐에 따라서 열리는 지평이 세계이거든요. 세계란 그런 의미에서 서로 이어진 만남의 길들의 총체입니다.

다시 말해 만남 이전에는 나도 세계도 아직 서로 분화되지 않은 상태에 있지요. 자주 인용했던 김춘수 시인의 「꽃」에서, "내가 너의 이름을 불러주기 전에는 …… 하나의 몸짓에 지나지 않았다"는 말이 그 뜻이지요. 이름을 불러주지 않으면 너라는 대상은 무의미한 몸짓, 이름 붙일 수도 없는, 아무것도 아닌 것과 마찬가지인데, 불러주고 대답할 때 비로소 한 송이 꽃이 된다잖아요. 그러니 세계가 부름 속에서 열린다는 말 아닙니까?

이걸 군이 발달심리적으로 서술해보자면 아기가 엄마 품에 안겨서 젖을 빨고 있고 아직 부르는 것도 못 듣고 대답하지도 못하는 단계에서는 그야말로 미분화 상태에서 나도 없고 아직 세계도 없어요. 하지만 엄마와 눈을 맞추고, 웃음을 짓고, 또 엄마가 자기를 부르는 소리를 알아듣기 시작하면서 그 과정을 통해서 서서히 자기를 자각하게 될 때 뿌옇던 것이 가시면서 세계로서 나한테 열리는 것이지요.

거꾸로 말입니다, 그렇게 열린 세계가 혼돈 속에 빠지는 것도 근본에서 보자면 만남의 지평이 흔들리기 때문이라고 저는 생각해요. 내가 세계를 볼 때, 세계가 분명하다느니, 세계가 참 모호하다느니 하잖아요? 이건 조금 농담조의 말이기는 한데……. 예를 들어 근대 초창기에 데카르트적인 회의가 어디에서 시작되겠습니까? 그 회의와 의심은 비단 데카르트뿐만 아니라 실은 후기 르네상스와 근대 초기 시대의 지배적인 정조이기도 했는데요. 르네상스 시대의 작가, 시인을 찾아 읽다 보니 세계에 대한 의심과 회의의 뿌리는 과학적 인식의 문제에서 시작된 것이 아니고 사랑을 못 믿어서 시작돼요. 셰익스피어의 비극이야 너무나 잘 알려진 이야기들이니까 제가 말할 필요도 없겠지만, 이미 그 이전부터 예를 들어 프랑수아 라블레의 『가르강튀아와 팡타그뤼엘』 제3권에 파뉘르주라는 이름의 등장인물이 나오는데, 그 3권 내용이 내가 결혼하면 오쟁이 진 남편이 되지 말라는 법이 없으니 과연 미래의 내 아내가 정숙한 부인이 될지 어떨지 미리 확인하기 위해 천하를 주유하는 거예요. 그런데 그게 라블레에서 끝나는 의심이 아니고 몽테뉴의 『수상록』에서도 그대로 반복돼요. 몽테뉴는 그 문제를 장황하게 거론하면서 조바심을 낸들 어차피 해결할 수도 없는 문제니까 로마의 남자들처럼 부인들의 정절에 대해 대범한 태도를 취하는 게 좋겠다는 결론을 내리죠. 몽테뉴의 회의주의가 별게 아니고 사랑에 대한 회의주의라고요.

그러니, 농담 같은 소리긴 하지만, 세계에 대한 의심과 확실한 인식에 대한 집착이 모두 사랑을 못 믿어서 시작되는 거예요. 그러니까 우리가 진리를 날 때부터 과학적인 것처럼 객관적인 세계가 어떻고 확실성이 어떻고 얘기하는데, 진리도 의심도 모두 사랑입니다. 만남입니다. 그리고 인식론의 뿌리, 진리가 발생하는 지점은 그런 의미에서 너와 나의 만남이에요.

고명섭　선생님, 이 대목은 대단한 통찰 같습니다. 앞에서 얘기한 개인과 구조를 아우르고 그것을 넘어서는 것으로서의 만남 혹은 공동체, 그리고 지금 여기서 주관과 객관, 혹은 관점과 객관을 넘어서는 것으로서의 만남, 이것을 우리가 사유 지평으로서 새롭게 주목하게 되는 상황에 이른 것 같은데, 이게 정말 제대로 인식론으로서 구체화된다면 아주 강력한 세계 해석의 방법론이 되지 않을까 하는 생각이 듭니다.

김상봉　고맙습니다. 니체를 핑계 삼아 진리에 대해 이야기를 나누었는데 이제 마지막으로 한 가지만 보태고 제 말을 마무리 짓고 싶습니다. 제가 엉뚱하게 니체를 대변하고 싶은 게 하나 있는데요, 그걸 한마디로 말씀드리자면 니체에게서 진리는 단순한 관조가 아니고 창조라는 것입니다. 관점이란 보는 일에 속하는데, 사실 니체에게서 진리는 단순히 보는 것이 아니고 창조하는 거잖아요. 관점주의를 잘못 말하면 전형적으로 인식론적인 주체, 나쁜 의미에서 근대 인식론적인 주체와 인식론에 갇힌 진리 개념에 갇히게 되지요. 그런데 니체의 탁월함은 진리는 창조하는 것이지 그냥 관조하는 게 아니라는 것이거든요. 물론 이건 니체가 처음 생각해낸 것은 아니고 상기시킨 거라고 말하는 것이 옳겠지요. 신적인 정신에게서 창조와 인식이 동일하다는 것은 오래전부터 내려오던 얘기니까요. 하지만 진리를 창조성 속에서 파악하는 것은 근대의 실증적 진리관에서는 다소 낯선 일이 되었는데, 잊힌 진리의 창조성을 니체가 되살렸다고 할 수도 있겠지요. 그런 의미에서 『차라투스트라는 이렇게 말했다』의 「교양의 나라에서」에서 니체가 믿음과 창조에 대해 말하는 것은 저에겐 그의 다른 어떤 말보다 더 큰 무게가 있어요.

그런데 그 창조가, 기독교도 그렇고 니체도 그렇고 홀로주체의 창조라는 게 문제예요. 만남이 없는 창조는 결국 사물적 창조이고, 세계를 사물적으로 창조하고 제작하겠다는 의지는 간단히 말하자면 지배하겠다는 의지와 같거든요. 그래서 저는 같은 창조라도 만남 속에서의 창조, 서로주체성 속에서의 창조가 되어야 한다는 것이지요. 홀로주체로서의 절대자가 세계를 무로부터 창조하는 것도 아니고, 그렇게 창조된 세계의 무시간적 과거 속에 고정된 본질을 발견하는 것이 진리인 것도 아니고, 진리는 만남 속에서 너와 내가 새로운 세계를 창조해 나갈 때 일어나는 것이라고 말할 수 있겠지요.

고명섭 그리고 우리가 더불어 창조해야 할 그 세계는 쉽게 말해 만남 속에서 생성되는 공동체라는 말씀을 하고 싶으신 거겠지요.

김상봉 예. 그런 의미에서 이제 공동체에 대해 이야기를 나눌 차례가 된 것 같군요.

공동체—철학의 전개

“ 자유의 이념 그 자체 속에 배제와 억압이 필연적으로 공속한다는 겁니다. 시민들의 연대와 단결이 자기 자신의 자유와 권리를 지키기 위한 것일 때, 연대와 단결은 결코 그 자체로서 정치적 행위의 궁극 목적이 될 수 없고 언제나 도구적인 가치와 의미를 가질 뿐입니다. 다시 말해 타자와의 연대와 단결은 오직 그것을 통해 나의 이익이 확대되는 한에서만 긍정되는 거지요. 그런데 나의 자유와 권리 또는 이익은 연대를 통해 확대되다가 어떤 지점에 이르면 그 확대와 증가가 둔화되고 마지막에는 거꾸로 줄어들게 됩니다. 예를 들어 근대 국가에서 시민계급이 연대해서 봉건 제도를 무너뜨렸지만 그들의 연대는 노동계급에까지 확장되지는 않았습니다. 그 경우 자기들의 이익은 줄어들게 될 테니까요. 좀 거칠게 말하자면 서양에서 노동계급이 국가의 동등한 구성원으로서 시민적 연대의 대상으로 받아들여진 것은 서양 각국이 제국주의적 침략 과정에서 노동계급을 국가의 동등한 구성원으로서 인정하고 동원하는 것이 전체 시민의 이익을 확대하는 데 도움이 된다고 판단했기 때문입니다.

그런데 곰곰 생각하면 이건 이미 고대 그리스에서부터 늘 그래 왔던 것으로서 별 이상할 것도 없는 일입니다. 자유란 본질적으로 홀로주체적이고 자기중심적인 것이어서 타자는 자기의 자유와 권리를 지키기 위해 도움이 되고 필요한 한에서만 긍정되고, 그 이외에는 침탈의 대상이 될 뿐이에요. 그래서 지금까지 국가의 역사는 한편에서는 자기 내부에서 자유를 확대해온 것처럼 외부와의 관계에서 보자면 침략의 역사였던 거지요.

국가를 내부에서 보더라도 자기의 자유와 권리의 이념에 근거하고 있는 시민적 연대는 같이 나눌 수 있는 이익의 총량이 감소하게 되면 반드시 내부의 약자들을 배제하는 원리가 되게 마련입니다. 예를 들어 한국의 노동운동을 살펴보자면 시절이 좋을 때는 노동자들이 전체 노동계급의 연대를 부르짖지만, 상황이 악화되면 내부에서 약자를 배제하기 시작합니다. 오늘날 한국 사회에 만연하고 있는 비정규직 문제는 자본의 문제뿐 아니라 그에 암묵적으로 동조하는 주류 노동계급의 문제이기도 합니다. 99

본문 519~20쪽 중에서

근현대 민중항쟁사의 정점인 5 · 18

고명섭 지금까지 이론철학적인 측면에서 선생님의 철학에 대한 대화를 했다면 이제는 실천철학적 측면에서 선생님의 철학을 살펴볼 차례입니다. 여기서도 순서가 문제가 될 수 있겠는데, 저는 5 · 18에 대한 선생님의 철학적 해석에서 대화를 시작하면 좋겠다는 생각이 듭니다.

김상봉 저도 그게 좋겠습니다. 시간적인 순서를 따진다면 『학벌사회』를 먼저 다루어야 하겠지만, 논리적인 순서를 따른다면 5 · 18이 가장 먼저 할 이야기가 아닐까 싶습니다.

고명섭 아무래도 5 · 18에 대한 이야기가 선생님의 공동체론에서 밑그림에 해당하니까 그런 거겠지요?

김상봉 예. 지금까지 우리가 '주체'와 '만남'에 대해 다양한 측면에서 이야기를 나누었는데, 이제 실천철학으로 건너가자면, 주체들이 서로 만나 형성해야 할 현실적인 공동체에 대한 이야기로 건너가는 게 순서가 아니겠어요? 그런데 저에게는 5 · 18 공동체가 제가 이론적으로 말해온 공동체의 이념형이라고 할 수 있는 것이니까, 거기서 이야기를 시작하는 게 여러모로 어울리겠지요.

고명섭 그럼 이제 5·18에 대해 이야기를 시작해본다면, 저는 선생님의 5·18에 대한 논문, 「그들의 나라에서 우리 모두의 나라로: 두 개의 나라 사이에 있는 5·18」(2008)[1]을 이번에야 읽었어요. 정말로 심혈을 기울여서 쓴 논문이라고 느꼈습니다. 한 문장 한 문장을 천천히 음미하면서 읽었는데, 그러는 중에 떠오른 생각이 역사적인 큰 사건이 철학적 사유를 촉발한다는 거지요. 프랑스 혁명이 칸트의 철학으로, 헤겔의 철학으로 나온 것이라면, 5·18의 철학적인 결과는 김상봉 선생의 서로주체성의 이념이라는 생각도 들었어요.

김상봉 5·18이라는 비길 데 없는 역사에 저의 보잘것없는 이름을 결부시켜도 된다면, 저의 철학이 5·18에 빚지고 있다는 것은 객관적인 사실이니까, 저 역시 저의 철학이 5·18이 잉태한 새로운 정신으로 기억되기를 바라지요.

고명섭 선생님의 철학적 사유가 5·18에서 잉태되었다는 것을 스스로 자각하신 것이 언제부터인가요? 제 기억으로는 『그리스 비극에 대한 편지』의 머리말에서 명확하게 말씀하시기 시작한 것이 아닌가 싶습니다만……

김상봉 저 자신의 일에 대해서는 그다지 기억이 또렷한 편이 아니어서 정확히 답하기는 어렵습니다만, 『그리스 비극에 대한 편지』를 쓸 무렵엔 제가 광주에 오리라고는 상상도 하지 못했습니다. 그러니까 그 책은 제가 광주와의 공간적 거리의 멀고 가까움이나 사사로운 인연 같은 것과는 무관하게 그 역사적 사건을 언제나 마음에 품고 있었다는 하나의 증거가 되겠지요.

고명섭 무슨 특별한 이유라도 있었습니까?

김상봉 철학을 연구하고 가르친다는 것이 독일이나 프랑스 철학자

---

1 최영태 외, 『5·18 그리고 역사: 그들의 나라에서 우리 모두의 나라로』, 도서출판 길, 2008. 김상봉, 『철학의 헌정』, 도서출판 길, 2015에 재수록됨.

들이 쓴 책을 읽고 소개하는 일이 아니라는 것은 입이 아프도록 얘기했으니까 생략하겠습니다.

고명섭   예. 철학적 사유가 어떻게 현실과 만나느냐를 말씀해주시는 것이 훨씬 더 생산적이겠습니다.

김상봉   철학이 현실과 만나는 접점이 여러 가지가 있을 수 있지요. 그 접점이 무엇이냐에 따라 철학의 성격도 많이 달라질 거고요.

고명섭   선생님의 경우엔 그 접점이 5·18이라는 말을 하고 싶으신 거지요?

김상봉   그렇습니다.

고명섭   왜 하필 5·18이었습니까?

김상봉   우선 그 사건이 비극적 사건이기 때문이지요. 앞에서도 말씀드린 대로 저에게 현실과 표상의 구분 기준은 오직 고통입니다. 고통이야말로 존재의 현실성을 증거해주는 유일한 징표지요. 그러므로 철학이 헛된 잡담이 아니라 현실에 대한 진지한 대면이 되기를 원한다면, 고통에 대한 성찰에서 시작해야 된다는 것이 저의 확고한 신념입니다. 그래서 철학이 대면하는 고통이 보편적인 만큼 철학도 보편적이 되고 그 고통이 숭고한 만큼 철학도 숭고해지는 거지요.

고명섭   5·18이 그렇게 보편적이고 숭고한 고통의 역사였습니까?

김상봉   그렇습니다. 물론 처음부터 제가 그것을 명확하게 인식한 건 아니었습니다. 『그리스 비극에 대한 편지』를 쓸 무렵엔 아직은 우리 시대가 5·18로 요약될 수 있는 지난 시대의 고통스러운 희생에 빚지고 있다는 것을 회상하고 기억해야 한다는 일종의 당위론에 머물러 있었습니다. 20세기 한국의 민중항쟁사가 세계 어디서도 유례를 찾기 힘든 놀라운 역사였고 그 역사의 의미를 적극적으로 해명해야 한다는 것은 자각하고 있었지만, 아직 구체적인 연구 방향이나 방법까지 생각하고 있었던 것은 아니었지요. 다만 20세기 한국의 민중항쟁사는 단순히 고통의 기억을 위해서만이 아니라, 우리가 세계에 내놓고 자랑할 수 있는 역사라는 점에서도 대단히 중요하다는 생각은 늘 하고 있었습니다.

고명섭 그건 무슨 뜻입니까?

김상봉 역사는 극복의 대상이기도 하지만 이어가야 할 유산이기도 하잖아요? 철학이 역사와 대면한다는 것은 그런 의미에서 세계를 시간성 속에서 개방하는 정신의 노동이겠지요. 세계는 점이 아니라 펼쳐진 공간이듯이 동시에 시간성 속에서 지속하는 것이기도 하니까요. 인간이 역사를 쓰고 회상한다는 것은 그런 점에서 능동적으로 시간성 속에서 세계를 형성하기 위해서지요.

그런데 역사를 쓴다는 것이 어떤 경우에도 일어난 사건을 모두 복기하는 일이 될 수는 없어요. 그건 단순한 반복일 뿐 이어감은 아니죠. 결국 사람들은 한편에선 부정하고 극복할 필요가 있는 것, 그리고 다른 한편에서 기념하고 자랑할 만한 가치가 있는 것만을 역사적으로 기억하려 합니다. 그런데 우리 시대에 한국인으로서 자랑할 게 뭐겠어요? 대개 이렇게 물으면 흔해빠진 대답이 경제 발전이라 하겠지요. 그런데 경제를 발전시킨 것이 부끄러운 일은 결코 아니지만, 그건 어떤 경우에도 존경의 대상은 되지 못해요. 개인이든 국가든 돈 많은 부자가 된 것은 남들이 볼 때 부러운 일일지는 모르지만 도덕적으로 존경받을 일은 아니죠. 하기야 한국에서는 이런 가치 기준조차 확립되어 있지 않아서 이건희나 이재용 따위가 존경의 대상이 되기도 하는 모양이지만, 그거야 한국에서나 통하는 일이지요. 아비 잘 만나 돈 많은 게 무슨 도덕적 존경의 대상이 될 수 있어요? 그것도 온갖 탈법적 방법으로……. 그와 마찬가지로 경제 발전도 그 자체로서는 존경의 대상이 될 수 없어요. 오직 그것이 도덕적 가치에 합당한 한에서 존경의 대상이 되겠지요. 하지만 도덕을 거스르는 부유함이란 경멸의 대상일 뿐이죠. 더 나아가 그렇게 축적된 부는 반드시 부작용을 낳게 마련입니다. 바로 지금 우리가, 도덕을 경멸하는 경제적 탐욕이 세상을 어떻게 지옥으로 만들었는지 처절하게 체험하고 있지 않습니까? 아직도 그걸 깨닫지 못하는 사람이 너무 많아 탈이기는 하지만…….

고명섭　그럼 모든 면에서 존경의 대상이 되는 가치는 무엇입니까?

김상봉　그걸 그 자체로 논하기 시작하면 끝없는 윤리학적 논쟁에 휘말려들 수도 있으니, 여기서는 이야기를 도식화해서 말할 수밖에 없겠는데요. 경제적 가치가 가장 전형적인 노예적 가치라면 오직 자유인에게 어울리는 가치만이 무조건적인 존경의 대상이 되겠지요.

고명섭　그건 또 무슨 뜻입니까? 노예의 가치와 자유인의 가치라니요?

김상봉　경제가 뭐예요? 부자 되자는 거잖아요? 그럼 부자로 산다는 건 뭡니까? 잘 먹고 잘살자는 것 아닙니까? 그거 다 노예들이 추구하는 거라는 뜻이에요. 소크라테스와 예수, 부처와 공자가 그 점에서는 다 같아요. 오죽하면 부자가 하늘나라에 들어가는 것이 낙타가 바늘구멍 지나가는 것보다 어렵다고 말했겠어요?

고명섭　그럼 자유인이 추구하는 가치는 뭡니까?

김상봉　그야 당연히 자유지요!

고명섭　바보 같은 질문이었군요.

김상봉　잘 먹고 잘사는 것이 일종의 보편적 욕망이듯이, 자유도 보편적 욕망이라는 점에서는 다를 것이 없어요. 그런데 중요한 차이가 있지요.

고명섭　뭡니까?

김상봉　자유를 얻기 위해서는 반드시 고통스러운 투쟁의 가시덤불을 통과해야 해요. 누구도 가만히 앉아서, 아니면 그냥 근면하게 주인이 시키는 대로 일해서 자유를 얻을 수는 없어요. 그 점에서 자유에 대한 욕망과 잘 먹고 잘사는 것에 대한 욕망이 다른 거예요. 부자가 되기 위해 목숨을 걸 필요는 없지요. 하지만 자유를 위해서는 존재 자체를 걸고 억압에 저항해서 싸우지 않으면 안 됩니다. 그 투쟁의 과정에서 반드시 인간은 무릎을 꿇고 사느냐 아니면 서서 죽느냐 기로에 서게 되거든요. 주인은 내 말에 따르면 너를 살려주고 먹여주겠다고 구슬리지요. 대개는 그 말에 따라 노예적인 삶을 살아요. 왜냐하면 자유를 향해 고개를 쳐드는 순간 죽음에 직면할 수도 있으니까요. 하지만 그 기만적 유혹을 떨치고 자기 자신의 주인이 되기 위해 고개를 들고 일어설 때, 자유인의 역사가 시작되지요. 그 역사를 쓰기가 쉽겠어요?

고명섭 쉽지 않지요.

김상봉 어려우니까 경탄의 대상이 되는 거예요. 게다가 자유란 결코 혼자 얻을 수 있는 게 아니에요. 그래서 압제에 저항하고 투쟁하는 일은 처음에는 한 사람에게서 시작될 수 있다 하더라도 그 과정과 결과는 언제나 집단적인 사건으로 일어나게 돼요. 제 식으로 표현하자면 자유는 홀로주체성이 아니라 서로주체성 속에서만 일어날 수 있는 사건이라는 거지요. 그래서 그게 역사를 이루게 되고요. 역사라는 걸 단순한 연대기가 아니라 평등한 인간이 서로 만나 이루는 서로주체성의 기록이라고 한다면, 자유를 향해 고개를 쳐드는 것이야말로 진정한 의미에서 역사의 시작이지요. 그런 의미에서 역사는 아무나 쓸 수 있는 게 아니에요. 노예적인 민족에게나 그런 노예를 지배하는 폭군에게 연대기는 있어도 역사는 있을 수 없어요. 당연히 대다수 민족은 연대기로서의 역사가 있을 뿐, 진정한 의미에서 서로주체성의 형성 과정으로서 역사는 없지요.

우리 시대 한국인들에게 역사라는 것이 있고 또 쓰일 수 있는 까닭은 한국의 근현대사가 어디에 내놓아도 손색이 없는, 아니 그 정도가 아니라 어쩌면 세계사적으로 유례가 없을 정도로 강렬하고 지속적인 항쟁의 역사이기 때문이에요. 그 항쟁사는 당연히 자유를 향한 투쟁의 역사지요. "오 자유여, 봉기의 창끝에서 빛나는 별이여!"라는 김남주의 시구가 말해주듯이…….

고명섭 그러니까 선생님은 어디까지나 그 항쟁의 역사 속에서 5·18을 자리매김하신다는 말씀이군요.

김상봉 그렇습니다. 서준식 선생의 『옥중서한』 머리말엔가 그런 말이 있습니다. 당신이 옥에 처음 들어가 절실하게 깨달은 것 가운데 하나가 운동에도 역사가 있다는 거였다고…… . 1970년대 초, 그러니까 유신독재가 시작될 무렵에 감옥에 갇혔을 때 이미 자기보다 수십 년 먼저 감옥에 갇혀 있던 장기수들이 있었는데, 그분들의 기억 속에서 봉기의 역사는 19세기 초 홍경래의 난까지 거슬러 올라가더라는 거예요. 장기수분들이 어렸을 적 사랑방에서 어른들에게 들었던 그 옛날 봉기의 이야기들이 거슬러 올라가면 19세기 초까지 가닿는다는 거지요. 그러면서 자유를 향한 투쟁이 자기 혼자만의 일도 아니고 자기 시대만의 일도 아니라는 것을 겸손하게 자각하게 되었다고 쓰셨는데, 지금도 잊지 못하고 마음에 간직하고 있는 구절이에요.

생각하면 서북 지방을 흔들었던 홍경래의 난에서 시작해 진주민란을 거쳐 동학농민전쟁이 19세기 조선의 역사를 역사로 만들어준 사건이었다면, 20세기에 들어서는 3·1운동에서 해방 후 4·19와 부마항쟁 그리고 5·18과 6월항쟁까지 이 땅의 역사는 자유를 향한 지칠 줄 모르는 봉기와 항쟁의 역사지요. 산술적으로 계산하면 30년이 다 지나기 전에 반드시 지배 체제를 뒤흔드는 봉기가 지진처럼 일어나는 나라라고요. 그러니 누가 압니까? 박근혜 대통령 임기 끝나는 해가 1987년 6월항쟁으로부터 꼭 30년이 되는 해인데, 임기를 채우지 못하고 하야하는 일이 일어날지…… .

그게 어찌 되었든 제가 하고 싶은 말은 한국인들 역시 자유인의 자격이 있다는 것을 지난 200년 봉기의 역사가 증명해준다는 것이지요. 그 역사가 없었더라면 지금 우리 시대는 정말로 얼마나 절망적이고 암울한 시대겠어요? 하지만 때가 되면 불의한 권력에 저항해서 들고일어났던 엄연한 역사가 있으니까, 지금 우리 시대가 아무리 절망적으로 보인다 하더라도 마음속에 믿음과 희망을 간직할 수 있는 거지요.

그런데 5·18은 그렇게 험준한 산맥처럼 솟아오른 200년 봉기의 역사에서도 가장 높은 봉우리입니다. 그게 어쩌다 한 번 일어난 우발적인 봉기였다면 사람들이 5·18을 두고 허튼소리들을 할 수도 있었겠지만, 동학혁명부터 3·1운동 그리고 4·19와 부마항쟁 그리고 마지막으로 6월항쟁이라는 봉우리들을 연결해주는 능선에서 가장 높이 치솟아오른 봉우리가 5·18이라면, 지난 200년 한국사를 전면 부정하려 하지 않는 한 5·18의 뜻과 가치를 부정할 수는 없지요.

만약 그 항쟁의 역사를 부정하고 한국사를 쓰겠다는 사람들이 있다면, 그네들은 지난 200년 한국사를 비굴한 노예들의 근면한 노동의 역사로 서술하는 것 말고는 다른 서술 방식을 찾을 수 없을 거예요. 일제 식민지 시대에는 일본 제국주의자들의 자애로운 지도 편달을 받아 근대화의 초석을 다지고, 해방이 된 뒤에는 학살자 이승만의 지도 아래 공산주의자들을 박멸하고 반공국가의 기초를 놓았으며, 비록 4·19라는 황당한 일탈의 역사도 있었으나 다행히 박정희라는 걸출한 군인이 나타나 유신독재라는 극약 처방을 통해 모든 자유혼을 말살하고 오직 시키는 대로 일만 하도록 국민을 지도하여 오늘날의 경제 발전을 이루었다, 뭐 이렇게 가야 되지 않겠어요? 만약 정말로 우리 역사가 그런 거였다면, 그건 아무런 존경도 받을 수 없는 동물 농장의 연대기였겠지요.

하지만 제가 아무리 현재 한국 사회에 대해 절망하더라도 그 눈부신 봉기의 역사는 그대로 남아 있고, 그 역사가 남아 있는 한 저는 제가 한국인으로 태어나 살았다는 것에 대해 긍지와 자부심을 가질 수 있어요. 또한 그게 미래를 열어가기 위한 힘이고 디딤돌이지요. 그런데 그렇게도 소중한 지난 200년 자유를 향한 투쟁의 역사에서 최고의 봉우리가 5·18이에요. 남들이 그 사건에 대해 뭐라고 말하든 저는 그때 이후 역사를 보는 눈이 바뀌었지요. 그런 의미에서도 저에겐 너무도 중요한 사건이었어요.

고명섭 어떤 의미에서 역사를 보는 눈이 바뀌었다는 뜻입니까?

김상봉 그 전에 저는 한국인들이 자유인이 되기에 합당한 민족이 아니라고 믿었거든요. 제가 태어난 게 1958년이니까 1960년에 일어난 4·19를 직접 경험했다고 말할 수는 없고, 철이 들어서 본 건 18년 동안 박정희가 온갖 속임수와 폭력으로 인간을 억압해도 마치 개돼지들처럼 굴종하는 비굴한 한국인들의 모습뿐이었어요. 게다가 나고 자란 곳이 부산이었으니까 더욱더 그랬지요. 부산은 4·19 때만 하더라도 지방도시들 가운데서는 사망자가 가장 많았던 도시였는데, 박정희가 들어선 뒤에는 그런 저항 정신의 흔적을 찾기가 어려웠어요. 마산만 하더라도 월례 조회 때 교장 선생님 훈시로 불의에 항거한 3·15 정신을 듣고 컸다고 하던데, 저는 그런 기억이 전혀 없거든요. 게다가 유신독재가 시작된 뒤에는 쥐 죽은 듯이 고요한 도시가 되었지요. 나중에 안 일이지만, 1975년에는 부산대학교에 유학하고 있었던 재일동포 김오자 씨 사건까지 겹쳐 공포 분위기가 이만저만이 아니었지요. 1976년에 대학에 입학했으니 그때는 민청학련 사건(1974) 이후 부산뿐 아니라 서울에서도 긴급조치로 상징되는 공포정치가 온 나라를 짓누르고 있었을 때지요. 그런 시대에 대학을 다니면서 박정희가 죽던 1979년까지 제가 경험한 한국인의 모습은 아무리 누르고 눌러도 꼼짝 못하고 개돼지처럼 굴종하는 노예들의 모습밖에 없었어요. 그런 시대에 학생운동 한답시고 야학이다 교회다 서클이다 하며 여기저기 이발 저발 걸쳐놓고 있던 저는 마음속 깊이 한국인들을 경멸하는 것이 거의 성격으로 굳어질 정도였지요. 그 무렵 읽었던 최인훈 선생님의 소설에 "막걸리 한 사발, 고무신 한 켤레에 영혼을 팔아먹는 사람들에게 어떻게 민주주의가 가능하냐"는 탄식이 나오는데, 정말 그 시절 저의 눈에 한국인들은 아무런 희망도 찾을 수 없는 노예들에 지나지 않았어요.

그런데 부마항쟁이 터진 거예요. 그 여파로 박정희는 자기가 가장 믿던 심복의 손에 죽고⋯⋯. 저는 다른 곳도 아니고 부산이나 마산에서 그렇게 세상을 뒤엎는 엄청난 봉기가 일어날 것이라고는 상상도 못 했어요. 서울도 아니고 광주도 아닌 부산에서, 노예들 가운데서도 상노예들이라고 경멸했었는데, 그게 아니었던 거지요. 제가 받은 충격이 얼마나 컸겠어요? 사실 그 시절로 돌아가서 생각하면 제겐 5·18보다 부마항쟁이 그런 의미에서 훨씬 더 급진적으로 저의 인생을 바꾼 사건이었어요. 그 사건은 저에게 어떤 경우에도 민중을 경멸하거나 역사에 대해 냉소해서는 안 된다는 걸 가르쳤지요. 겉보기에 사람들이 아무리 비굴하게 머리를 숙이고 있는 것처럼 보이더라도, 때가 되면 고개를 쳐들고 일어나는 날이 온다는 거지요. 하지만 아무런 준비도 되어 있지 않은 채로 그날이 닥치면 안 되잖아요? 그래서 세상이 절망의 어둠에 잠긴 밤이야말로 지식인이 더 부지런히 아침을 준비해야 할 시간이라고 생각하고 공부했지요.

그런데 그렇게 우리 역사를 보는 눈이 바뀌고 나니까, 세상에 우리처럼 불의한 권력에 저항해서 끈질기게 싸워온 사람들도 없더라고요. 한국의 지배계급의 역사는 함석헌 선생이 『뜻으로 본 한국역사』에서 반복해서 비판했듯이 눈 뜨고 볼 수 없을 정도로 역겨운 사대주의와 자기 망각의 역사지만, 그 썩어빠진 지배계급에 맞서 싸웠던 민중항쟁의 관점에서 보자면 세상 어디에 내놓아도 비길 데 없는 자유를 향한 눈부신 투쟁의 역사인 거예요. 저는 근현대 한국의 민중항쟁사를 통해 처음으로 한국의 역사를 긍정하고 내가 한국인인 것에 대해 긍지를 가질 수 있었어요. 그리고 그건 지금까지 한 번도 흔들린 적이 없어요. 한국 사회가 아무리 문제가 많은 사회지만 마음속 깊이 내가 이 나라의 미래를 긍정할 수 있는 건 그 숭고한 항쟁의 역사 때문이에요. 이 나라는 최제우와 전봉준과 한용운과 함석헌의 나라잖아요? 저는 그런 나라를 소크라테스와 플라톤의 나라를 준다 해도 바꾸고 싶지 않아요.

고명섭　단번에 그렇게 역사관이 바뀐 겁니까? 그런 확신이 생긴 것이…….

김상봉　물론 그건 아니죠. 시작은 부마항쟁이었지만 그때부터 5·18까지 그리고 그 뒤에 6월항쟁으로 이어지는 역사를 살면서 그런 생각이 서서히 굳어졌다고 해야겠지요. 그리고 특히 그 가운데 5·18에 대한 성찰이 그런 확신의 확고한 근거가 되었습니다.

고명섭 그 민중항쟁의 역사 속에서 5·18이 그런 특별한 의미를 지니는 까닭은 무엇인가요?

김상봉 5·18은 한국의 민중항쟁사의 총결산과도 같습니다. 그걸 간단히 이렇게 말씀드릴 수 있겠습니다. 그러니까 한국의 민중항쟁사는 크게 세 가지 양상으로 나타납니다. 첫째로 무장항쟁입니다. 어쩔 수 없이 무기를 들어야 할 때가 있는 거지요. 그 대표적 사례가 동학혁명입니다. 둘째로 비폭력 저항입니다. 그것의 전범이 3·1운동이지요.

고명섭 셋째도 있습니까?

김상봉 예. 그것이 앞의 두 가지의 종합이라고 말할 수 있는 것으로서 자기 자신에 대한 폭력입니다. 자기를 스스로 불사른 전태일의 경우가 그 모범이라고 할 수 있겠습니다. 때로는 억압에 신음하는 인간이 평화적인 방식으로 저항하는 것조차 허락되지 않는 경우가 있습니다. 아무리 몸부림치고 외쳐 불러도 아무 대답도 없는 경우가 있는 거지요. 하지만 그렇다고 해서 자기의 의지를 실현하거나 표시하기 위해 타인에게 폭력을 가할 수도 없을 때, 인간이 불의한 현실에 저항하는 방법은 자기 자신에게 폭력을 가하는 것밖에 남아 있지 않겠지요. 우리 역사를 살펴보면 의외로 그런 저항의 길을 선택했던 분들을 많이 볼 수 있습니다. 김지하 시인이 1991년 분신 정국의 한복판에서 "죽음의 굿판을 걷어치우라"고 했던 것처럼 그 정당성이 문제 되는 경우도 있겠지만, 그렇다고 해서 대의를 위해 자기 자신의 생명을 불태우는 행위를 모두 싸잡아 도매금으로 비판할 수는 없겠지요.

고명섭 그럼 5·18은 그 세 가지 양상 가운데 어디에 속합니까?

김상봉 5·18은 그 세 가지의 종합입니다. 그것이 5·18의 독보적 가치입니다. 5·18이 한국 민중항쟁 역사의 산맥에서 가장 높이 솟은 봉우리인 까닭은 그 산맥의 모든 능선이 5·18에서 하나로 만나 솟아오르기 때문입니다. 5·18은 잘 아시는 대로 처음엔 평화적이고 비폭력적인 저항으로 시작하지요. 하지만 계엄군의 살인적인 폭력 앞에서 무장항쟁으로 전환됩니다. 그러니까 그건 3·1운동과 동학혁명의 종합인 거지요.

고명섭 셋째 양상은 어떻게 나타납니까?

김상봉 5월 26일 저녁 그 마지막 날 밤에 도청에 남았던 사람들이 총을 들고 계엄군과 싸워 이기려고 남았겠어요? 그들이 구식 소총으로 최신식 무기에 특수 훈련으로 단련된 공수부대원들과 싸워 이길 수 있다고 생각해서 거기 남았겠냐고요.

고명섭 분명히 그건 아니었을 겁니다.

김상봉 윤상원 열사가 거기 남았던 까닭은 누군가는 거기 남아서 피를 흘려야만 했기 때문이지요. 그래야 열흘 동안의 역사가 죽지 않고 부활할 수 있다는 걸 알고 있었던 거예요. 소크라테스가 독배를 마시고, 예수가 십자가에 달리고, 사육신이 형장의 이슬로 사라진 것은 모두 그들이 떳떳했기 때문입니다. 그들이 정말로 폭도였다면 도망갔겠죠. 하지만 떳떳한 사람은 도망가지 않고 자기의 모든 일을 백일하에 드러내고 끝까지 자기 행위에 대해 책임을 지는 법이에요. 이를테면 5·18 당시에 누가 계엄군에게 최초로 발포 명령을 내렸는지 아직도 모르는 것은 발포 명령을 내린 사람이 스스로 떳떳하지 못해서 내가 명령을 내렸다고 당당하게 말하지 못하기 때문이지요. 하지만 윤상원은 떳떳했기 때문에 도망가지 않고 그 자리에서 최후를 맞은 거지요. 살인자들이 정말로 스스로 떳떳하다 생각하고, 죽은 자들이 정말로 총을 들고 난동을 부린 폭도들이었다면, 왜 내가 그 폭도들의 난동을 진압하기 위해 발포 명령을 내렸노라고 당당하게 말하지 못하겠어요? 세상 사람들이 뭐라고 5·18을 음해하든지 간에 어느 쪽이 옳고 어느 쪽이 그른지는 그 하나로 분명해지는 겁니다. 요컨대 윤상원과 다른 많은 분들이 그 자리에서 마지막을 맞이한 것은 무장항쟁의 결말인 동시에 그 항쟁의 불씨를 후세에 전하기 위해 스스로를 태운 것이기도 해요. 그러니까 5·18 속에는 전봉준과 한용운과 전태일의 영혼이 모두 같이 살아 숨 쉬고 있는 것이지요.

5·18에 대한 기존의 연구들에 대하여

고명섭 5·18에 대한 연구가 많이 있지만 방금 선생님이 말씀하신 것처럼 의미를 부여하는 경우는 흔치 않은 것 같습니다.

김상봉 당연히 그렇겠지요. 5·18이든 다른 무엇이든 우리 역사의 고유한 흐름 속에서 고찰할 때에만 그 의미가 제대로 드러날 수 있는 법인데, 한국의 학자들은 한국 역사를 설명한다면서 때마다 외래 이론을 들이대니까 역사적 사건의 고유한 의미가 드러날 수도 없겠지요. 선생님도 여러 연구들을 보셨을 테니까, 기존의 연구에 대해 하실 말씀이 많을 줄 압니다만, 어떠신가요?

고명섭 아까 말씀드렸던 선생님의 글, 「그들의 나라에서 우리 모두의 나라로」를 읽으면서 느꼈던 것이 있는데요. 조지 카치아피카스가 광주에 머물면서 5·18에 대해서 고민을 하고 그것을 글로 썼잖아요. 그분이 에로스 효과(eros effect)라는 용어로 5·18을 설명한 것이 기억이 나는데, 역시 뭔가 옷이 좀 안 맞는다, 에로스란 말로는 5·18 때의 생생한 삶의 현장, 그 땀냄새와 피냄새와 눈물, 이런 것들이 설명되지 못한다는 생각을 했습니다. 그런데 선생님이 5·18을 서로주체성 이념의 현실태로 접근해가는 대목에서, 혹시 이념을 가지고 현실을 재단한 것이 아닐까 하는 예단이 저에게 있었어요. 그런데 글을 읽어 들어가니 이것이 바로 서로주체성의 현실태구나, 5·18은 이렇게 해서 역사적으로 또 철학적으로 다시 한 번 깊이 이해되는구나 하는 느낌을 받았습니다.

김상봉 카치아피카스가 5·18에 대해 관심을 가진 최초의 서양 학자라는 점에서 그분의 긍정적인 역할을 기꺼이 인정합니다만, 선생님이 방금 말씀하신 것처럼 그분은 5·18의 고유한 의미를 밝히지는 못했습니다. 그는 1960년대와 70년대 전 세계적으로 일어난 자유의 물결이 이 지역에서 저 지역으로 파급되어가는 과정을 설명하기 위해 에로스 효과란 말을 만들어냈는데, 딱히 설명도 없이 갖다 붙인 이름에 지나지 않는 까닭에 학문적인 개념이라고 말하기는 좀 어렵습니다. 개념을 듣는 순간 그 자체로서 연상되거나 와 닿는 내용이 있어야 하는데, 에로스 효과란 말은 무슨 정력제를 선전하는 문구라면 모를까 민중항쟁에 갖다 붙이기엔 그다지 적합한 개념이 아니지요. 그분 자신이 딱히 그 낱말을 적합하게 설명해주지도 않으니 더 아리송할 뿐이고요. 선생님이 에로스 효과를 말씀하셔서 저도 몇 마디 보탰습니다만, 실은 5·18 연구와 관련해서 제가 그분에 대해 언급하고 싶은 것은 따로 있습니다.

고명섭　저도 궁금해지네요. 5·18 연구사에서 그분이 특별히 기여한 것이 따로 있습니까?

김상봉　기여라고 해야 할지 어떨지 모르겠지만, 그분이 5·18을 파리코뮌과 비교했거든요. 두 사건 사이에서 발견되는 몇 가지 유사성을 열거한 뒤에 5·18이란 20세기 한반도에서 일어난 또 하나의 파리코뮌이라고 규정한 거지요. 아마도 카치아피카스는 그렇게 5·18을 파리코뮌과 유사한 사건으로 규정하는 것이 5·18에 불명예가 된다고 생각하지는 않았겠지요. 하지만 이런 식으로 5·18이 파리코뮌의 짝퉁이 되어버리면 5·18의 고유성이나 가치를 어떻게 찾을 수 있겠어요?

고명섭　그러고 보니 예전에 1980년대 말에 박노해, 백태웅, 조정환, 이 세 사람이 중심이 돼서 사노맹(남한사회주의노동자동맹)의 기관지로 낸 게 『노동해방문학』이었는데 거기서 5월 광주에 대해서 쓴 글이 당시 반향이 있었어요. 파리코뮌을 모델로 삼아서 광주가 자기 나름의 국가 질서를 만들어 대항했다고 해석한 건데, 그 해석이 5·18에 대해 제가 느끼는 실감과는 달랐어요. 지나치게 기존의 어떤 틀에 넣어서 해석한다는 느낌을 받았고, 최근 조정환의 『공통도시: 광주민중항쟁과 제헌권력』도 그 점에서는 크게 다르지 않습니다. 진지한 하나의 담론으로서 읽고 신문 지면에 소개하긴 했지만 제가 그 책에 대해서 적극적으로 동의하는 것은 아닙니다. 서구적인 개념을 가지고 해석을 하는 거잖아요.

김상봉 그 점에서는 최근에 이진경 선생이 5·18에 대해 쓴 글도 다르지 않습니다. 아무튼 그렇게 서양의 역사와 이론에 5·18을 끼워 맞추는 것을 5·18 연구라고 생각하는 한 우리는 5·18이 무엇인지 알 수 없는 거지요.

고명섭 선생님이 또 다른 논문인 「항쟁 공동체와 지양된 국가」에서, 5·18 항쟁이 어떻게 해서 5·18 공동체를 만들었는가, 그리고 그 공동체의 이념이 무엇이냐, 그런 이야기를 하셨는데요. 선행 연구들을 비판적으로 논평하시면서, 카치아피카스가 5·18을 파리코뮌과 비교하는 것은 있을 수 있는 일인데……

김상봉 물론 할 수 있죠.

고명섭 그런데 우선 한국어로 된 선행 연구들을 거의 참조하지 않았다는 걸 비판하셨더군요.

김상봉 예, 전남대 나간채 교수의 논문 하나밖에 참고한 것이 없습니다. 그 무렵 최정운 교수 역시 이미 5·18에 대한 논문을 쓴 것이 있었는데 참고한 흔적은 없어요.

고명섭 그런 점에서 어떤 면에서는 부실한 논문이고, 5·18이라는 사건을 파리코뮌이라는 사건 속으로 밀어 넣어버리면서 짝퉁으로 만들어버린 점이 안타깝다고 보셨고요. 그다음 이진경 선생의 글은 5·18을 구성체로 본 건데, 지나치게 아나키즘적인 혹은 국가를 고민하지 않은 글인 데다가 다른 용어들이 충분히 숙고되지 않은 채로 달라붙은 듯한 느낌을 준다는 것입니다. 또 조정환 선생의 5·18에 대한 해석에서 그 해석의 핵심에 네그리의 사유가 있고요. 이진경 선생은 집합적 신체라는 개념……

김상봉 그런 게 전부 요새 남의 나라 철학자들이 5·18과 아무 상관 없는 문맥에서 하는 말을 가져와서 5·18에 갖다 붙인 것 아닙니까.

고명섭 예, 저도 그렇게 느꼈습니다. 조정환 선생의 텍스트가 2010년 2월쯤 나왔을 가능성이 있는데, 여기서 다중, 전인, 절대적 민주주의, 초인들의 공동체, 이런 것들이 과연 광주를 설명할 수 있느냐는 지적인데, 대체로 선생님의 논조에 공감할 수 있었습니다. 특히 선생님이 서울대 외교학과의 최정운 선생이 쓴 5·18에 대한 글을 학적 논의의 출발점으로 삼는데, 거기서 최정운 선생이 5·18은 자유, 평등, 민주주의 이런 식의 서구 개념으로 설명되기 어려운 사건이고 그래서 그것을 넘어서는 것이다, 혹은 어떤 점에서는 그것에 미치지 못하는 사건이라고 정확하게 지적하시잖아요. 그 지점에서 선생님이 왜 그런 서구적 개념으로 5·18을 해명할 수 없는지를 이야기하면서 과연 그것이 서구적 개념에 미달하기 때문인가 아니면 그것을 넘어섰기 때문인가, 그 점을 따져보는데요. 결국 5·18이 어떻게 해서 서구적 개념을 넘어선 사건인가, 그리고 5·18이 단순히 자유의 지향에 그치지 않고 그 자유의 이념을 어떻게 넘어섰는가를 설명해가는 과정이 아주 독창적이라고 느껴집니다. 사실 선생님이 5·18과 자유를 연결해 이야기하는 대목[2]을 읽을 때만 해도, 자유로만 설명해버리면 기존의 논의에서 더 나아가지 못할 거라고 생각했는데, 그 자유를 어떻게 항쟁 과정에서 넘어섰는가 설명해냄으로써[3] 5·18의 실상에 대한 생생한 실감 속으로 들어갔다고 생각합니

---

2 "5·18 공동체 역시 항쟁 공동체였던 한에서 명시적이든 암시적이든 자유를 향한 동경에 의해 추동되었음은 의심할 여지가 없다. 만약 5·18 당시 광주 시민들이 폭력적 억압 아래서 노예 상태를 받아들였더라면 희생은 있었을지 모르나 항쟁은 없었을 것이다. 항쟁은 억압적 노예 상태에 대한 반발에서 출발하는 것이니, 자유를 향한 열망에 의해 추동되는 것이다." 김상봉, 「항쟁 공동체와 지양된 국가」, 『민주주의와 인권』, 제10권 제3호, 2010년 12월, 31쪽. 김상봉, 『철학의 헌정』에 재수록됨.

3 "헤겔은 『법철학』에서 '국가는 구체적인 자유의 현실태'라고 말했다. 마르크스 역시 그가 생각한 공산주의적 사회를 즐겨 '자유의 나라'라고 불렀다. 국가에 대한 구체적인 견해 차이에도 불구하고 자유를 인간의 정치적 삶의 최고 단계로 설정

다. 학문이 개념을 앞세워 사태를 규정함으로써 사태 그 자체에 미치지 못하거나 혹은 과잉되는 경우가 많은데 5·18 자체에 실감나게 육박해 들어가면서 그것을 개념으로 포착하는 과정을 보여주셨다고 느꼈습니다.

어제 선생님의 또 다른 글인 「응답으로서의 역사」[4]를 읽으면서 떠오른 생각들도 그런 겁니다. 5·18이라는 사건을 이론적으로 정리하는 출발점이라고 할 수 있는 책이 최정운 교수가 쓴 『오월의 사회과학』인데, 저도 그 책이 나왔을 때 출판 담당 기자로서 기사를 쓰고 또 인터뷰도 하고……. 그 텍스트가 저한테는 아주 강렬했습니다. 말하자면 눈물 없이는 읽을 수 없는 책이었고, 페이지를 넘길 때마다 눈물이 쏟아졌는데요. 그 말을 하다 보니까 기억이 나네요. '그날이 오면'이라는 책방의 이

한 것에서 서양의 정치 이론은 큰 차이를 보여주지 않는다. 그런데 5·18 공동체가 기존의 모든 정치적 이념들을 넘어갔다는 것은 한마디로 말하자면 자유의 이념을 넘어갔다는 것을 의미한다. 여기서 넘어갔다는 것은 자유의 이념을 버렸다는 것을 뜻하지 않는다. 그것은 도리어 자유를 위한 목숨을 건 항쟁이 자유의 본질적 진리를 드러냈다는 것을 의미한다. 그렇다면 자유의 본질적 진리이지만 자유를 넘어서는 그 지평이 과연 무엇인가? …… 항쟁 공동체는 고립된 홀로주체들의 공동체가 아니었다. 그러므로 자유가 홀로주체의 자기관계요 자기실현이라 한다면, 5·18 공동체를 가리켜 자유의 표현과 실현이라고 말하는 것은 심히 부적절한 언사가 되어버린다. 왜냐하면 그것은 공동체성이 개인의 자의식을 지양해버린 것처럼 보일 정도로 모든 이기심과 개인의 권리 주장을 초월한 공동체였기 때문이다. …… 나는 고립된 나의 자기동일성이 아니라 너와 나의 만남 속에서 내가 되고 나로서 존재하게 되며, 자유는 홀로주체의 자기결정이나 자기형성이 아니라 너와 나의 만남 속에서 우리가 되는 데 있으므로(이것을 가리켜 우리는 서로주체성의 진리라 불러왔다), 자아의 의식이 죽음의 터널을 통해 가장 정직하게 자기 자신의 진실 앞에 마주 서야 했을 때 고립된 자아의 한계를 초월하여 너의 부름에 응답하는 일이 일어날 수 있지 않았겠는가? 5·18 항쟁 공동체는 그렇게 자유의 극한에까지 치달은 자아의 의식이 자유의 본질적 진리가 고립된 자기의 권리 주장이 아니라 타자와의 만남에 있음을 증명한 사건이 아니었던가?" 같은 글, 31~35쪽.

4 『민주주의와 인권』, 제6권 제2호, 2006년 10월, 139~56쪽. 김상봉, 『철학의 헌정』, 23~40쪽.

층에 공부하는 작은 까페가 있었는데, 거기서 책을 읽다 하도 눈물이 쏟아져서 창피해서 얼굴을 가리고 책을 읽었습니다. 그러니까 왜 이 사건은 눈물이 쏟아지게 하는가, 파리코뮌을 읽을 때는 눈물이 쏟아지지 않는데……. 이 문제를 선생님이 해명하시려는 게 아닌가, 그런 생각이 들었습니다. 그러면서 '최정운 교수가 광주항쟁을 유물론적으로 설명하길 거부했다, 유물론은 결코 5·18이 이루어낸 절대공동체의 정신에 접근할 수 없다'는 그 부분에 대해서 선생님이 공감을 하셨는데요.[5] 그런 식의 발언은 위험하지 않은가, 사회과학을 한다면서 유물론은 이 사태를 해명하지 못한다니 그럼 사회과학은 뭐하려고 있는데? 이렇게 반문할 수 있잖아요. 그런데 이렇게 내지르는 듯한 발언 속에 무언가가 있구나 하고 새삼스럽게 선생님의 글을 읽으면서 다시 느낀 거예요. 그래서 유물론이란 건 정신의 위대함을 설명하지 못한다, 혹은 정신이 놓인 자리에 대한 윤곽은 그려줄 수 있지만 그 정신의 높이, 활력, 크기, 이런 것은 유물론의 설명 영역 밖이다, 그런 느낌을 받았습니다.

---

5 "광주항쟁을 통해 출현한 공동체는 공리적 계산으로는 도저히 이해할 수도 설명할 수도 없는 공동체였으니, 이 공동체의 비할 나위 없는 가치도 바로 여기에 존립하는 것이다. 이런 사정을 처음으로 명확하게 인식한 학자가 최정운이었다. 그는 5·18의 공동체를 절대공동체라고 이름했다. …… 최정운은 절대공동체라는 이름을 통해 이 공동체가 역사 속에서 현현한 어떤 초역사적인 계시였음을 분명히 했다. 이런 사정을 표현하기 위해 그는 과감하게도, '유물론은 결코 5·18이 이루어낸 절대공동체의 정신에 접근할 수 없다'고 주장했다. 이를 통해 그는 광주항쟁의 연구에서 새로운 지평을 열었다고 말할 수 있는데, 유물론적 설명을 거부한다는 것은 광주항쟁을 단순히 물질적 원인이나 사회경제적인 원인으로 환원하여 설명하지 않겠다는 것을 의미할 뿐만 아니라 일반적으로 말해 이 불가사의하고 경이로운 사건을 외적 인과관계로 환원하지 않겠다는 것을 의미한다. …… 최정운이 광주항쟁을 유물론적으로 설명하는 것을 거부했을 때, 그가 말하려 한 것도 이와 다른 것이 아니었으니, 그를 통해 처음으로 광주항쟁을 정신의 내면성을 통해 다시 말해 어떤 정신적 주체성을 통해 이해하는 길이 열렸던 것이다." 김상봉, 「그들의 나라에서 우리 모두의 나라로」, 최영태 외, 『5·18 그리고 역사』, 340~41쪽; 『철학의 헌정』, 62~64쪽.

김상봉 최정운 교수 말씀을 하셨으니까, 평계 삼아 5·18 연구사에 대해서 간단히 회고를 해보면, 대체로 10년 단위로 나누어 볼 수 있습니다. 처음 1980년대에는 5·18 연구가 일차적으로는 실증적 연구에 집중했다고 할 수 있습니다. 5·18은 한편에서는 너무도 불행한 사건이지만, 다른 한편으로는 유사한 다른 사건에 비해 상대적으로 '행복한' 경우라고 할 수 있는 것이, 자료가 다른 사건들에 비해 비교적 많이 남아 있습니다. 이것은 우연히 가능했던 일은 아니고, 이 사건을 그냥 망각 속에 사라지도록 해서는 안 되겠다는 광주 시민들의 자각과 뜻있는 많은 분들의 눈물겨운 노력이 있었기 때문입니다. 저도 그 내력을 제대로 알지는 못하지만, 송기숙 선생님 같은 분들이 애써서 그 당시 항쟁에 참여했던 분들의 구술을 채록하는 일을 이끌어주셔서, 지금은 그걸 다 읽으려면 한세월 걸릴 일이겠지만, 다양한 종류의 구술 자료들이 매우 많이 남아 있죠.

그런 일차적인 자료의 수집 및 축적 작업과 함께 그 사건에 대한 사회과학적 해석 작업이 한 10년 동안 계속되었어요. 그런데 그 주된 해석의 방향이란 것이 요약해 말하자면 아까 선생님도 언급하셨듯이 5·18이 파리코뮌과 같다는 거였지요. 그런데 파리코뮌이 뭐겠습니까? 아마 엥겔스가 그랬지요? 프롤레타리아 독재가 어떤 것인지 알고 싶으면 파리코뮌을 보라고. 그러니까 5·18을 파리코뮌과 연결한다는 것은 그 사건을 마르크시즘의 역사관 속에서 설명하는 것과 같지요. 그런데 이런 식으로 5·18을 마르크스주의적 역사관으로 해석할 때 늘 문제가 되는 것은, 5·18이라는 사건이 불완전한 항쟁으로 규정될 수밖에 없다는 거예요.

고명섭 그렇습니다.

김상봉 생각해보세요. 5·18은 항쟁 주체부터가 모호해요. 레닌 같은 직업적 혁명가들에 의해 주도된 것도 아니고, 자각된 프롤레타리아에 의해 일어난 것도 아니잖아요? 그러니까 처음부터 계급투쟁의 도식에 집어넣을 수 없는 거지요. 전남대 교문 앞에서 학생들이 시작한 봉기니까 시작을 놓고 보자면 전형적으로 프티부르주아적인 봉기 아니겠어요? 게다가 봉기의 이유 역시 프롤레타리아 혁명의 기준으로 보자면 소박하기 짝이 없지요. 광주 시민들이 부르주아 계급을 타도하자고 계엄군과 싸운 건 아니잖아요. 마르크스주의적 관점에서 보자면 고작해야 마르크스주의자들이 경멸해 마지않는 그 알량한 부르주아 민주주의를 얻자고 싸운 거 아니겠어요? 그리고 무장항쟁이라고는 하지만 무장항쟁을 이끌 수 있을 만큼 제대로 훈련받은 전사 집단도 없었고, 나중에는 그나마 극소수 시민들만 총을 들고 최후를 맞은 거니까, 마르크스주의적 관점에서 보면 매사가 불완전하고 불충분하지요. 그러니까 마르크스주의적 관점에서 아무리 열심히 5·18을 해석한다 하더라도 마지막에 남는 건 5·18의 한계밖에 없어요. 그러니 무슨 재미로 그걸 연구하겠어요?

고명섭 그렇지요.

김상봉 그런데 최정운 교수의 비길 데 없는 공적이 뭐냐면 그런 관성적 연구의 흐름을 단칼에 끊어버렸다는 거예요. 5·18은 그런 식으로는 도저히 설명도 이해도 안 된다는 걸 보여주었지요. 그러면서 그분도 약간 도취 상태에서 니체의 초인을 끌어들이기도 하고, 그걸로도 설명이 안 되니까 사회과학자가 "성스러운 초자연적 체험" 같은 말을 입에 올리기도 하고, 이렇게도 말했다가 저렇게도 말했다가……. 그 동요가 눈에 선히 보이지 않습니까? 그러니까 그분은 성실한 학자라면 5·18이라는 전대미문의 사건 앞에서 경험하지 않을 수 없는 정신의 동요를 처음으로 정직하게 드러낸 분입니다. 그러면서 당시까지의 5·18 연구를 한마디로 이렇게 정리했지요. 지금까지 사회과학은 5·18에 대해 분노했을 뿐 아무것도 배운 것이 없다고. 얼마나 날카로운 지적이에요? 그런데 5·18로부터 한국의 사회과학자들이 배워야 할 것이 무엇이겠어요? 한마디로 말해 5·18을 5·18이 놓여 있는 현실 그 자체로부터 이해해야지 섣불리 외래 이론이나 이념을 끌어다 거기 갖다 붙이면 안 된다는 거지요. 생각하면 이건 너무도 기본적이고 당연한 요구지요.

그런데 너무나 안타깝지만, 그분의 그 책이 나온 뒤에는 그에 필적할 만한 연구가 없다 해도 과언이 아닙니다. 어찌 보면 쓸 수가 없었다고 해도 될지 모르겠어요. 이제 되지도 않는 외래 이론 끌어다 5·18을 재단하지 말고 그 사건을 그 자체로서 인식하라는 요구 앞에서 아무런 이론적 길잡이 없이 5·18의 의미를 그 자체로부터 해명하는 것이 쉽겠어요? 원래 어떤 역사적 사건이 보편적 의미를 가지기 위해서는 그 사건을 단순히 실증적으로 연구하는 것으로는 충분하지 않고 반드시 철학적 해석이 보태져야 합니다. 헤겔이 프랑스 혁명을 두고 그것이 인류의 역사에서 어떤 의미를 지니는지 말하듯이, 우리도 5·18이 인류의 역사에서 어떤 의미를 지니는지를 말할 수 있어야 보편적 의미를 획득하는 거지요. 하지만 그게 또 얼마나 어려운 일이겠어요? 유일한 사건을 두고 보편적 의미를 말해야 하는 거니까. 그게 어려우니까 파리코뮌이다, 계급투쟁이다 하면서 기존 사건에 기대고 기존 이론에 기대왔단 말이에요. 그런 식으로 이미 있는 사건과 이론에 기대는 한, 5·18은 아무리 아름답고 숭고한 역사라 하더라도 그저 짝퉁 명품일 뿐이어서 고유한 의미를 입에 올릴 사건은 되지 못하는 거지요.

하지만 5·18이 프랑스 혁명으로도 러시아 혁명으로도 환원되지 않는 고유한 진행과 전개를 보여준다면 그것이 품고 있는 의미 역시 서양적 혁명의 이념과는 다른 어떤 새로운 이념이리란 것을 적어도 최정운 교수는 분명히 제시했던 거라고요. 한국의 사회과학계가 자립적인 학문 공동체를 이루고 있었더라면 그런 학문적 성과에 대해 어떤 식으로든 반향이 있었어야 해요. 하지만 그분의 제언을 진지하게 받아들여 반박한 사람도, 이어간 사람도 저는 보지 못했어요. 그런 점에서 최정운 교수의 그 책은 참 불행한 책이에요. 절대공동체라는 말 또는 기호만 남고 그 기호가 담고 있는 정신의 동요는 다 잊히고, 그냥 절대공동체라고 하는 말이 풍기는 뭔가 압도적인 이미지만 남은 거지요. 멋있잖아요, 절대 공동체라니……. 절대적이라는 말 자체가 뭔가 심오한 것 같고. 그래서 언제부터인가는 굳이 학문적인 말이나 글이 아니라도 5·18에 관해 상투적인 기념사 같은 데서도 사람들이 절대공동체란 말을 입에 올리곤 하지요. 하지만 절대공동체가 도대체 뭔지, 그게 과연 5·18의 실상을 온전히 밝혀주는 개념인지 어떤지는 제가 아는 한 한 번도 진지하게 물어진 적이 없었어요.

고명섭 따지고 보면 그걸 물어오신 것이 선생님의 작업 아니었습니까?

김상봉 예, 그렇습니다. 생각하면 5·18에 대한 기존의 연구에 관해 그분은 두 가지 문제점을 지적했다고 말할 수 있습니다. 하나는 5·18이 서양의 이러저러한 이념으로 환원되거나 설명될 수 없다는 것이고, 다른 하나는 유물론적으로 설명될 수 없다는 것입니다. 제가 최정운 교수의 5·18 연구에 관해 전적으로 공감한 것이 이 두 가지입니다. 그러나 그분은 기존 연구의 한계를 그 두 가지로 지적하기는 했지만 거기서 더 나아가 서양적 척도도, 유물론적 방법론도 아닌 새로운 방법이나 고유한 이념으로 5·18을 해명하는 데까지 나아가지는 못했습니다. 저는 그일을 해왔던 거지요.

사건의 초월성과 눈물의 직접성 사이에서

고명섭 5·18과 관련된 자료들은 대개 구술이고 증언인데 제가 보기에는 이 증언들이 굉장히 간결하고 어떻게 보면 건조할 만큼 사건 자체를 담담하게 기술하고 있어요. 심지어는 보고서처럼 보입니다. 당시에 『전남매일신문』 기자들이 쓴 것도 있지요. "우리는 보았다. 사람이 개 끌리듯 끌려가 죽어가는 것을 두 눈으로 똑똑히 보았다. 그러나 신문에는 단 한 줄도 싣지 못했다. 이에 우리는 부끄러워 붓을 놓는다."

이게 그분들이 쓴 성명서의 전문입니다. 그토록 간결하고 건조하게 사태 자체를 보여주는데 그 증언을 읽으면 눈물이 쏟아지는, 이상한 경험을 하게 되거든요. 혹시 선생님이 그 부분에 대해서 설명해주실 수 있을지……. 선생님도 언제 5·18과 인격적으로 만나게 되는가, 고통에 참여할 때다, 그렇게 말씀하셨잖아요. 저는 5·18만이 눈물 속에서 만나게 한다, 그렇게 눈물을 흘리지 않고서는 5·18을 읽을 수가 없다고 느낍니다.

김상봉 아마도 지금 선생님 말씀하시는 것을 오늘날의 독자들은 무슨 소린지 이해하지 못할 거예요. 이해를 돕기 위해 제 식으로 풀어 말해도 된다면, 5·18은 흔히 하는 말로 표현해서 '필설로 다할 수 없는' 사건이라고 할 수 있겠지요. 그런데 적어도 분명한 것 하나는, 그것이 우리를 같이 울게 만드는 사건이기도 하다는 사실입니다. 어떤 의미에서 필설로 다 말할 수 없는데, 우리를 울리는가? 그 물음 속에 5·18의 모든 비밀이 들어 있다고 말할 수 있겠습니다.

고명섭 그건 무슨 뜻입니까?

김상봉 필설로 다 표현할 수 없다는 말은 그것이 언어에 담길 수 없는 사건이라는 말이잖아요. 왜 그렇겠어요? 그것은 5·18이 여러 가지 의미에서 기존의 삶의 문법을 전복하고, 일상적이고 상대적인 척도를 뛰어넘는 사건이었기 때문이겠지요. 그런 의미에서 그건 초월적이고 절대적이며 새로운 세계를 계시하고 개방하는 사건이었다고 말할 수 있습니다. 그러면 사람들이 우리에게 묻겠지요. 무슨 근거로 그런 황당한 소리를 하느냐? 그러면 저는 이렇게 대답하겠지요. 5·18이 우리를 울게 만들지 않느냐고! 아마 우리는 여기서도 "눈에 눈물이 어리면 그 눈물의 렌즈를 통해 하늘나라가 보인다"던 함석헌을 인용할 수 있겠습니다만, 굳이 거기까지 가지 않더라도 5·18 앞에서 우리가 흘리는 눈물이야말로 그 보편적 타당성의 가장 강력한 증거이겠지요.

그러나 다시 한 번 말씀드리지만, 그 눈물의 뜻이 무엇인지를 우리가 냉철한 이성의 시금석으로 검사하지 않는다면 우리가 5·18 앞에서 아무리 많은 눈물을 쏟는다 하더라도 그것이 새로운 세계를 여는 동력이 될 수는 없어요. 그런 의미에서 필설로 표현할 수 없는 사건의 아득한 초월성과 그 앞에서 우리가 흘리는 뜨거운 눈물의 직접성 사이의 거리를 뛰어넘지 못한다면, 5·18은 죽은 역사가 되고 맙니다. 이론의 과제는 바로 그 거리를 뛰어넘는 거지요.

그런데 우리가 광주를 보고 해석하고 하는 게 어려운 까닭이, 거기에서 우리가 보는 기록들은 말하자면 어떤 관념의 유희가 아니고요.

고명섭 관념이 전혀 없어요.

김상봉 예, 관념의 유희가 아니고 행위예요. 이게 역설적인 게 뭔고 하니, 그 관념은 보이지 않고 오직 우리가 보는 것은 행위밖에 없는데, 그 행위를 다시 하나의 의미 있는 사건으로 이으려고 하면 그 행위 자체가 우리에게 아무것도 말해주지 않고 뒤로 물러서버린다는 거예요. 도대체 어떻게 해서 그날 거기에 있었던 사람들이 그렇게 행위할 수 있었는가, 그것을 설명하는 게 과제인데, 유물론으로도 설명이 되지 않고 이러저런 상투적 이념을 갖다 붙여도 설명이 되지 않으니, 5·18 연구는 최정운 선생 이후에 길을 잃었다고 볼 수도 있겠지요. 행위가 어떻게, 행위뿐인데도 우리를 울리느냐고 선생님이 물어보셨는데…….

고명섭 선생님, 제가 좀 끼어들겠는데요. 이를테면 테르모필라이의 300인, 그 수십만 페르시아 대군 앞을 막아서서 모두 전사를 했던 그 사람들과 비교해 보자면, 이 사람들은 사실 태어나서 밥 먹고 하는 일이 전투 훈련이잖아요. 언제 어디서든 죽을 준비가 되어서 훈련하니 우리나라로 치면 60만 대군 중에서도 특수 훈련을 받은 특수부대원들이어서 언제나 '여러분 죽습니다' 하고 훈련받은 사람들이라고 할 수 있지요. 그런데 5·18, 이 사태는 훈련받은 사람들이 아니고 평범한 사람들, 무지렁이부터 대학생들까지 보통 사람들이 그런 폭력 극장이 벌어지면 도망가고 포기하고 흩어져야 마땅한데 거기서 흩어지지 않고 다시 모

512

였다는 것, 그리고 거기서 진압당하면 흩어져야 마땅한데 다시 모였다는 것, 이것이 점점 불어났다는 것, 그렇게 해서 하나의 큰 사건을 만들어냈다는 것, 어떻게 그럴 수가 있느냐는 것…….

김상봉 예. 바로 거기서 시작해보지요. 이제 앞서 말씀드린 대로 사건의 초월성과 직접성 사이의 괴리를 좀 좁히기 위해, 일부러 냉정한 사람의 마음으로 5·18을 생각해보자고요. 지금 5·18에 대해 우리가 얘기하는 것을 20대가 듣는다면 나이 든 저 사람들 자기 세대 무용담을 서로 주거니 받거니 하면서 잘 놀고 있다고 말할 수도 있지 않겠어요? 하지만 아무리 냉담한 사람이라 하더라도 5·18이라는 사건을 편견 없이 바라본다면 거기서 어떤 놀라움을 느끼리라고 저는 생각해요. 그 놀라움은 여러 가지가 있겠는데, 선생님이 말씀하신 것처럼, 어떻게 폭력 극장인데 그냥 도망가고 흩어지지 않고 갔다가 또 오고 도망쳤다가도 다시 모였느냐, 그래서 계엄군의 폭력 지수가 상승하면 할수록 저항의 강도도 더 높아졌느냐 하는 것부터가 놀라운 일이죠. 상식을 가진 사람이라면 그 용기에 대해서 놀라지 않을 수 없고 존경심을 품지 않을 수 없지요.

그런데 이런 것이 5·18의 전부였다면, 5·18을 가리켜 제가 프랑스 혁명이나 러시아 혁명을 지양하는 새로운 세계를 개방한 사건이라고 말하는 건 순전히 허세에 지나지 않을 겁니다. 왜냐하면 앞에서도 말씀드렸듯이 폭력과 압제에 목숨을 걸고 저항하는 용기는 서양의 전통에서 보자면 자유인으로 존재하기 위해서 요구되는 첫째가는 도덕적 요구이기 때문입니다. 아리스토텔레스가 『니코마코스 윤리학』에서 가장 먼저 도덕의 원리와 삶의 궁극 목적이 되는 최고선이 무엇인지 묻고 그에 대해 행복이라고 대답을 한 뒤에 그 행복에 도달하기 위한 행위의 원칙으로서 중용을 말한 다음 구체적으로 여러 가지 도덕적인 덕을 그 중요성에 따라 순서를 정해 설명하는데, 여기서 가장 먼저 설명하는 것이 바로 용기인 것도 그 때문이지요. 거기서 그는 용기도 여러 가지로 나누어 설명하는데, 그 가운데 으뜸가는 용기가 시민적 용기(andreia politike)입니다. 이 말은 정치적 용기라고 번역할 수도 있겠는데, 뭐라고 번역하든 분명한 것은 아리스토텔레스가 순수 도덕의 차원에서부터 자유를 지키기 위해 압제에 저항하는 용기를 자유인의 으뜸가는 덕이라고 보았다는 것입니다.

이런 시각은 서양 정신에서 보자면 너무도 당연한 것으로서 헤겔의 경우에도 『정신현상학』의 이른바 '주인과 노예의 변증법'에서 당연하게 전제하는 것이 자유인의 용기와 노예의 비겁이에요. 사람들이 애써 그 텍스트를 주인이 아니라 노예의 편에서 쓰인 것으로 읽는 경향이 있는데, 어떻게 읽든지 간에 노예는 자유보다 생존을 선택하는 까닭에 노예로 전락할 수밖에 없다는 전제를 무시하고 그걸 읽고 해석하는 건 텍스트 왜곡일 뿐이에요. 아무튼 5·18 때 광주 시민들이 보여준 지극한 용기는 당연히 놀라운 일이기는 하지만 서양적 관점에서 보자면 특별히 새로운 삶의 이념의 계시라고까지 말할 수는 없어요.

굳이 한국이 아니라도, '아, 그럴 수 있지. 혁명의 순간에 인간은 일상의 척도를 초월하는 어떤 초인이 되기도 하지', 그렇게 생각할 수밖에 없는 일들은 얼마든지 있을 수 있고, 또 한국사만 놓고 본다 하더라도 1980년 광주만이 아니라 그 이전에도 찾아볼 수 있거든요. 동학농민전쟁에서 3·1운동을 거쳐 우리 시대까지 이어져온 모든 봉기의 역사 속에서 압제에 저항하는 영웅적인 용기를 어디선들 확인할 수 없겠어요? 그때그때마다 강도의 차이는 있을 수 있다고 하더라도 말이죠. 그런 의미에서 우리가 5·18에서 보는 용기는 놀라운 것이긴 하지만 유일한 것은 아니라고 말할 수 있습니다.

그런데 문제는, 제가 글에서도 썼던 거지만, 그런 용기의 뿌리에 있는 것이 무엇이냐 하는 거예요. 서양적 관점에서 보자면, 자유인이 목숨을 걸고 압제에 저항하는 용기를 보이는 까닭은 자기 자신의 자유와 권리를 지키기 위해서라고 말할 수 있겠지요. 그리고 현실에서 일어난 여러 혁명 역시 그 양상의 차이에도 불구하고 근본에서 보자면 예링(R. von Jehring)의 유명한 책 제목에 빗대어 말하자면 '권리를 위한 투쟁'이지요. 이 점에서는 프랑스 혁명이든 러시아 혁명이든 차이가 없어요. 그래서 자기의 권리를 되찾고 지키기 위한 투쟁으로서 모든 항쟁이 일어나게 되는 것이고, 권리의 균형에 의해서 한 사회가 전쟁 상태를 벗어나 안정된 사회적 상태에 도달한다는 게 지금까지의 일반적인, 사회과학적인 고정관념이지요. 철학도 마찬가지입니다.

그런데 바로 이 지점에서 제 식으로 거기다 비판적인 주석을 달자면, 지금까지 서양적인 혁명은 언제나 홀로주체성의 실현을 지향했다는 거예요. 다시 말해 서양에서 혁명이란 홀로주체의 자기주장 또는 자기확장이었지요. 왜냐하면 서구적인 자유나 권리 개념 속에는 타자성이라는 것이 본질적인 계기로서 포함되어 있지는 않거든요. 자유는 본질적으로 자기동일성이나 자기관계에 존립하는 것이지요. 그래서 그런 자유를 실현하기 위해 일어나는 혁명 역시 홀로주체성의 구도 속에 갇혀 있는 거예요.

고명섭 지금 선생님이 하시는 말씀이 다른 어떤 논문에서도 볼 수 없는 독특한 해석이죠. 선생님은 5·18이 홀로주체성의 지평을 넘어가서 새로운 세계를 개방한 사건이라고 말씀하시는데, 독자들을 위해서 그게 구체적으로 어떤 것인지 또 그런 해석의 배경이나 의미는 무엇인지를 조금 친절하게 설명해주시면 좋겠습니다.

권리에서 만남으로

김상봉 예. 여기서 이제 우리 이야기를 공동체의 문제로 확장해나갔으면 합니다. 조금 전에 제가 한 사회가 권리의 균형에 의해 안정된 사회적 상태에 도달한다는 것이 지금까지의 사회과학적 고정관념이라고 말씀드렸는데요, 여기서 우리가 마주하고 있는 문제는, 과연 인간이 전쟁 상태에서 벗어나 평화로운 사회적 상태에서 살아갈 수 있도록 해주는 원리가 무엇인가 하는 것입니다. 아리스토텔레스 식으로 인간을 정치적 동물이라 하든, 토마스 아퀴나스 식으로 사회적 동물이라고 하든지 간에 인간은 처음부터 공동체 속에서만 인간이 될 수 있습니다. 이건 서로주체성의 이념으로부터 거의 자명하게 정립되는 전제와도 같습니다. 인간은 다른 인간과의 만남 속에서만 인간이 되고 주체가 될 수 있기 때문이지요. 공동체란 다른 특별한 것이 아니고 그 만남의 현실태입니다. 만남이 굳어져 지속적인 형태를 갖추게 되면 그게 공동체인 거예요.

그런데 인간 존재의 지평이라 할 수 있는 그 공동체가 어떤 원리에 따라 구성되느냐 하는 것이 문제입니다. 사람들이 낱낱의 모래알처럼 흩어져버리지 않고 서로 결속하여 하나의 공동체를 이루도록 하는 힘이 무엇이고 그것은 어디서 오느냐 하는 것이 우리의 물음이라는 거지요. 여기서 번거로움을 피하기 위해 자연적 공동체라고 할 수 있는 가족 공동체는 논의에서 제외하고 그다음 단계의 사회적 공동체들 가운데서도 국가를 중심에 두고 그 구성 원리를 생각해보았으면 합니다. 다시 말해 국가를 하나의 지속적인 공동체로서 유지하게 해주는 결속력이 무엇이냐 하는 것을 한번 생각해보자는 거지요.

이 물음에 대해 고대로부터 현대에 이르기까지 많은 논의들이 있어 왔지만, 아마도 키케로가 공화국의 본질을 규정한 것이 가장 보편적인 출발점이 될 수 있지 않을까 싶어요.

고명섭 로마의 정치가이자 철학자였던 키케로 말이지요?

김상봉 예. 그에 따르면 국가란 언제나 사사로운 이익을 추구하는 공동체가 아니라 모든 구성원을 위한 공동체인 까닭에 공공적 기구(res publica) 곧 공화국인데, 그는 이 공화국의 구성 원리를 딱 둘로 요약했습니다.

고명섭 그게 무엇입니까?

김상봉 하나는 법에 동의하는 것이고 다른 하나는 이익을 공유하는 것입니다. 그러니까 사람들이 한곳에 모여 산다고 해서 나라가 자동적으로 이루어지는 것은 아니고 오직 사람들이 법에 동의하고 이익을 공유하는 것을 통해 결속한 공동체(coetus multitudinis iuris consensu et utilitatis communione sociatus)만이 국가라는 거지요. 여기서 법에 동의한다는 말이 특별히 서양적인 관념의 표현인데, 동아시아에서 법이란 형법이 주가 되고 그런 까닭에 법치란 형벌로써 다스린다는 것을 뜻하지만, 서양에서 법은 원래 형법이 아니라 민법을 의미합니다. 법을 뜻하는 낱말인 유스(ius)는 동시에 권리라는 뜻도 같이 가지고 있는데, 이는 로마인들이 법을 다른 무엇보다 권리의 상호 균형이라고 생각했다는 것을 반영합니다. 그리고 우리는 사람들이 법에 동의하는 까닭도 그것이 공정하고 동등한 권리의 상호 인정 체계이기 때문이라고 생각할 수 있겠지요.

그런데 이처럼 법에 동의하는 것이 국가 공동체 형성의 전제라고 한다면 이익의 공유는 공화국의 목적이라고 말할 수도 있겠습니다. 그러니까 키케로는 법에 의해 보장되는 형식적인 동등권뿐 아니라 국가가 수행하는 활동에서 발생하는 실질적 이익의 공평한 분배와 공유가 공화국의 유지를 위해 필수적인 조건이라는 것을 말하고 있는 거지요.

하지만 이런 공화국의 이념은 키케로 자신에게서조차 현실에서는 결코 온전히 실현될 수 없는 하나의 이념형이었던 까닭에, 인류의 역사는 법 앞에서의 평등과 국가 이익의 공유를 실현하기 위해 부단히 싸워 온 과정이라고 말할 수 있겠습니다. 특히 근대 이후 서양의 역사를 특징짓는 정치적 혁명이란 때마다 한 나라 안에서 동등한 권리에서 배제된 자들이 동등한 권리를 얻어내기 위해 봉기한 것이라고 말할 수 있겠지요. 잘 알려져 있듯이 헤겔은 그 과정을 '자유의 실현을 향한 진보의 역사'라고 요약했는데, 영국의 명예혁명이나 미국의 독립혁명 그리고 프랑스 혁명 또는 러시아 혁명처럼 한 시대의 획을 그은 사건들이 비단 유럽뿐 아니라 인류 역사에 얼마나 심대한 영향을 미쳤는지 제가 군이 말할 필요는 없겠지요. 그 역사는 유럽인들의 역사인 동시에 거시적으로 보자면 전 인류가 걸어온 자유 실현의 역사라고 말할 수 있으리라 생각합니다. 근현대 한국 민중항쟁의 역사 역시 서양에서 시작된 다양한 혁명의 영향을 직간접으로 받았다는 것은 부인할 수 없는 사실이니까요.

그뿐 아니라 자유와 동등한 권리의 실현이라는 이념을 그 자체로서 놓고 보더라도 결코 그것이 하찮다거나 그릇된 이념이라고 말할 수는 없지요. 어떤 경우에도 부당한 차별이나 폭력적인 압제가 정당화될 수는 없는 일이니까요. 그러니 우리의 김남주 시인도 "자유여, 봉기의 창끝에서 빛나는 별이여"라고 노래한 것 아니겠어요? 그러니 신자유주의자들이 자유를 어떻게 남용하고 더럽히든지 간에, 자유란 언제든 억압받는 자들이 봉기할 때, 그 창끝에서 별처럼 빛나고 있을 거예요. 그리고 이건 5·18은 물론 한국의 민중항쟁사 전체에 대해서도 똑같이 할 수 있는 말이지요.

고명섭 그렇다면 선생님은 어떤 의미에서 자유나 권리의 이념이 문제가 있다고 보시는 건가요?

김상봉 그걸 알기 쉽게 이해하기 위해 우리 한번, 한 사회의 구성 원리가 순수한 의미에서 자기의 자유와 권리를 지키기 위한 욕구에만 기초한다고 가정해볼까요? 자유주의 경제학자들이 모든 개인이 자기 이익을 극대화하기 위해 경제적으로 선택하고 행위한다고 가정하듯이 우리도 정치의 영역에서 비슷한 가정을 해보자고요.

고명섭 예, 좋습니다. 저도 국가의 모든 구성원이 철저히 자기의 정치적 이익, 곧 자유와 권리를 지키기 위해서만 판단하고 행위한다고 가정하겠습니다. 그런데 그럴 경우 어떤 일이 일어난다는 말씀입니까?

김상봉 일단은 시민들이 서로 단결하고 연대를 하겠지요. 이건 분명한 일입니다. 앞에서도 누누이 말했듯이 혼자서는 누구도 자기의 자유를 지킬 수가 없으니까요. 그래서 사람들은 더불어 결속하여 자유로운 시민들의 공동체로서 국가를 이루게 되겠지요. 로마에서 국가를 뜻하는 키비타스(civitas)가 시민(civis)에서 파생된 말로서 시민 공동체를 의미하는 것처럼, 국가는 원칙적으로 시민들이 자기의 자유를 지키기 위해 자유로이 결속한 공동체라고 할 수 있습니다. 적어도 이념에서 보자면 말입니다.

고명섭 예, 적어도 이념형으로서 국가가 자유로운 시민들의 공동체라는 데까지는 저도 동의할 수 있습니다. 하지만 현실에서 그렇지 않은 것은 어떻게 설명할 수 있습니까? 로마는 한편에서는 동등한 법적 권리에 기초한 자유인들의 공동체인 동시에 노예 제도 위에 성립된 억압 국가가 아니었습니까?

김상봉 물론입니다. 저는 바로 그 이유를 설명하려 하는 것입니다.

고명섭 어떻게 설명하신다는 겁니까?

김상봉 자유의 이념 그 자체 속에 배제와 억압이 필연적으로 공속한다는 겁니다. 시민들의 연대와 단결이 자기 자신의 자유와 권리를 지키기 위한 것일 때, 연대와 단결은 결코 그 자체로서 정치적 행위의 궁극 목적이 될 수 없고 언제나 도구적인 가치와 의미를 가질 뿐입니다. 다시 말해 타자와의 연대와 단결은 오직 그것을 통해 나의 이익이 확대되는 한에서만 긍정되는 거지요. 그런데 나의 자유와 권리 또는 이익은 연대를 통해 확대되다가 어떤 지점에 이르면 그 확대와 증가가 둔화되고 마지막에는 거꾸로 줄어들게 됩니다. 예를 들어 근대 국가에서 시민계급이 연대해서 봉건 제도를 무너뜨렸지만 그들의 연대는 노동계급에까지 확장되지는 않았습니다. 그 경우 자기들의 이익은 줄어들게 될 테니까요. 좀 거칠게 말하자면 서양에서 노동계급이 국가의 동등한 구성원으로서 시민적 연대의 대상으로 받아들여진 것은 서양 각국이 제국주의적 침략 과정에서 노동계급을 국가의 동등한 구성원으로서 인정하고 동원하는 것이 전체 시민의 이익을 확대하는 데 도움이 된다고 판단했기 때문입니다. 그것을 가장 전형적으로 보여주는 경우가 일본인데, 메이지 유신(明治維新)은 이 과정을 아주 압축적으로 보여주는 사건이지요. 메이지 유신을 통해 일본의 대다수 국민은 지방 영주에게 예속된 봉건적 신민에서 동등권을 가진 시민으로 바뀌는데, 이것은 일본의 조선 침략 및 제국주의적 국가 경영과 동전의 앞뒷면처럼 공속하는 측면입니다. 쉽게 말해 일본 국민은 이제부터 자유롭고 평등하게 연대해서 외부를 침략하기 시작한 거지요.

그런데 이걸 거꾸로 뒤집어 보면 어떻게 됩니까? 간단히 말해 메이지 유신 후 일본 국민의 동등권과 그에 기초한 국민적 연대는 다른 민족을 배제하고 착취하고 억압하는 침략의 이면이 아닙니까? 20세기 초 이른바 다이쇼(大正) 데모크라시 시대(1911~25)는 일본 역사에서 특별히 자유분방한 민주주의가 꽃을 피운 시대였는데, 그 시기가 식민지 조선에 대한 무단 통치와 겹친다는 것은 얼마나 아이러니한 일입니까? 그런데 곰곰 생각하면 이건 이미 고대 그리스에서부터 늘 그래 왔던 것으로서 별 이상할 것도 없는 일입니다. 자유란 본질적으로 홀로주체적이고 자기중심적인 것이어서 타자는 자기의 자유와 권리를 지키기 위해 도움이 되고 필요한 한에서만 긍정되고, 그 이외에는 침탈의 대상이 될 뿐이에요. 그래서 지금까지 국가의 역사는 한편에서는 자기 내부에서 자유를 확대해온 것처럼 외부와의 관계에서 보자면 침략의 역사였던 거지요.

국가를 내부에서 보더라도 자기의 자유와 권리의 이념에 근거하고 있는 시민적 연대는 같이 나눌 수 있는 이익의 총량이 감소하게 되면 반드시 내부의 약자들을 배제하는 원리가 되게 마련입니다. 예를 들어 한국의 노동운동을 살펴보자면 시절이 좋을 때는 노동자들이 전체 노동계급의 연대를 부르짖지만, 상황이 악화되면 내부에서 약자를 배제하기 시작합니다. 오늘날 한국 사회에 만연하고 있는 비정규직 문제는 자본의 문제뿐 아니라 그에 암묵적으로 동조하는 주류 노동계급의 문제이기도 합니다.

고명섭 거기까지는 이해하겠습니다만, 그렇다면 어떻게 해야 한다는 말씀입니까? 자유나 권리의 이념을 폐기 처분해야 한다는 말인가요?

김상봉 그럴 수는 없지요. 자유의 이념 속에 아무리 내적 모순이 있다 하더라도 자유 이전의 노예 상태로 돌아갈 수는 없는 일이잖아요.

고명섭 그럼 다시 자유의 내적 모순에 사로잡히는 것 아닌가요?

김상봉 그래서 자유를 넘어가야 한다는 거예요. 자유의 깃발을 버리는 것이 아니라 그것을 넘어가야 한다는 거지요. 사실 저와 똑같은 이유를 댄 것은 아니었지만 마르크스 이래 자유의 이념에 대해 비슷한 비판이 있어왔다는 것은 선생님도 잘 알고 계시겠지요. 더러는 자유와 평등을 대립시켜 자유보다 평등을 택해야 한다고 말하기도 하고, 오늘날 이른바 자유주의나 신자유주의에 맞서 사회적 연대나 공공성을 말할 때 자유가 애물단지 취급을 받기도 하는 것은 모두 자유 속에 내재한 어떤 모순 때문에 생기는 일입니다. 그래서 진보적 의식을 가진 사람들 중에는 자유라는 말 자체에 대해 거부감을 느끼는 경우조차 있습니다. 프티부르주아적 이데올로기라고 생각하는 거지요. 하지만 어떤 경우에도 자유를 폐기 처분할 수는 없어요. 그 순간 우리는 김일성의 독재와 박정희의 독재 사이에서 하나를 선택하는 일만 남게 되거든요.

고명섭 그래서 자유를 넘어가야 한다면 어디로 넘어가야 된다는 말씀입니까? 그리고 넘어간다는 건 또 무슨 뜻입니까? 자유의 땅에서 뒤돌아가든 넘어가든 자유를 버리는 것은 마찬가지 아닙니까?

김상봉 자유에서 만남으로 나아가야 한다는 말이지요. 자유는 자체 내에 만남을 필연적 계기로서 포함하지 않지만 만남은 자유를 언제나 전제하게 마련입니다. 우리가 아무리 자유를 갈구하고 추구하더라도 그것이 우리를 자동적으로 타자와의 만남으로 이끌어주지는 않습니다. 자유는 이해관계가 비슷한 사람들끼리는 단결하게 해주지만 그렇지 않은 사람을 반드시 타자로서 배제하게 됩니다. 하지만 만남의 욕구는 그렇지 않습니다.

고명섭 그건 왜 그렇습니까?

김상봉 생각해보세요. 박정희와 차지철, 이건희와 그 가신들 사이의 관계를 온전한 만남이라 할 수 있습니까? 다시 말해 주인과 노예의 관계를 우리가 원하는 만남이라고 말할 수 있느냐고요. 선생님은 박정희 밑에서 차지철처럼 살고 싶습니까?

고명섭 당연히 아니지요.

김상봉 이유가 뭡니까?

고명섭 그거야 말씀하신 대로 노예적 예속의 관계니까 그렇지요.

김상봉 그러니까 서로 자유롭고 평등한 사이가 아니라면 누구도 남을 만나고 싶어 하지는 않겠지요? 어쩔 수 없이 만나야 하는 경우가 아니라면요.

고명섭 그렇겠지요.

김상봉 그러니까 선생님과 제가 서로 만나기를 원한다면, 그 속에는 당연히 자유와 평등이 전제되어 있겠군요.

고명섭 예, 그렇습니다.

김상봉 그런데 만남도 인간의 자연스러운 욕망 아닙니까? 어쩌면 만나고 사랑하고 사랑받는 건 인간의 가장 강렬한 욕망 아니에요? 사랑 앞에서는 죽음도 두려워하지 않을 만큼.

고명섭 동의합니다.

김상봉 생각하면 나의 자유나 권리가 아무리 소중하다 하더라도 사랑을 위해서라면 포기할 수 있는 것이 인간이라는 것은 우리 모두 알고 있는 사실이지요. 그런데도 지금까지 사람들은 이 당연한 진실을 애써 외면하고 나 혼자라면 모를까 사회 전체로서 보자면 자기 자신의 자유와 권리 그리고 이익의 추구가 마치 자명하고 변경할 수 없는 공동체 구성의 원리라고 생각했던 거예요. 하지만 이 전제를 포기하지 않는 한, 우리는 결국 한편으로는 누군가와 연대하고 단결하면서 다른 한편으로는 누군가를 폭력적으로 배제하고 억압하는 역사를 벗어날 수 없습니

522

다. 그게 국가 차원의 제국주의적 침략이든 아니면 국내에서의 내부 식민지든, 누군가를 희생물로 삼아 자기의 자유와 권리를 추구하게 되지요. 오직 만남 그 자체가 개인적 삶의 최고의 욕구가 되고 또 공동체 구성의 궁극 목적과 원리가 될 때에만 이런 약탈과 배제의 역사가 끝나고 새로운 시대가 열릴 수 있는 거예요.

고명섭 간단한 주제는 아니지만 거기까지는 선생님이 일관되게 말해오신 거니까 일단 수긍한다고 하고, 그게 5·18과 무슨 상관이 있다는 겁니까?

김상봉 예, 바로 그게 문제인데, 제가 하고 싶은 말은 5·18이야말로 지금 우리가 말하고 있는 그런 만남에의 갈망이 가장 순수한 방식으로 표출된 사건이라는 거예요. 그리고 거기서 만남에의 열망은 사건을 처음 촉발한 동기로 끝나지 않고, 그 열흘 내내 항쟁을 이끌어가고 또 그 양상을 결정한 정신의 근본 원리로 작용해서 결과적으로 우리가 5·18 항쟁 공동체라고 부르는 새로운 정치적 공동체의 원형을 보여줄 수 있었고요. 그러니까 한마디로 말해서 5·18은 자유를 향한 봉기에서 시작했지만 그 울타리를 넘어 만남의 공동체로 나아간 사건입니다. 그래서 독보적인 사건이고 세계사적인 사건인 거지요.

앞에서부터 우리가 계속 이야기해온 것이지만 5·18의 수많은 장면들 중에는 자기의 권리를 지키기 위한 투쟁으로 분류할 수 없는 장면이 너무도 많아요. 여기서 오해를 피하기 위해 다시 한 번 분명히 말해두지만 그렇다고 해서 5·18이 권리를 위한 투쟁 또는 자유를 위한 투쟁이 아니라고 말할 수는 없어요. 당연히 거기서 시작하죠. 그런데 거기서 그치지 않고 자유나 권리의 지평을 넘어가버리는 거예요. 5·18을 이해하기 어려운 것은 그렇게 5·18이 새롭게 넘어가서 개방하는 지평이 도대체 무엇인지를 말로 표현하기 어렵기 때문이지요.

고명섭 그런데 선생님은 그게 만남에 대한 동경과 갈망에서 시작되고 만남의 공동체를 이루었기 때문에 고유하고 독보적인 의미를 지닌다는 말씀이지요? 그럼 그 만남에 대한 동경은 어떻게 나타나는 겁니까?

김상봉 처음에 그건 타인의 고통에 대한 응답으로 나타나지요. 그것이야말로 만남의 첫걸음이거든요. 하룻밤 나의 욕망을 충족시키기 위해 타인을 찾는 것이 아니라 타인의 고통에 응답하는 것이야말로 참된 만남의 출발이에요. 5·18이 처음 시작된 것은 1980년 5월 18일 오전 전남대 정문 앞에 모인 학생들 가운데 누군가 '전두환 물러가라'고 외쳤을 때지요. 거기까지는 자유를 향한 열망으로 설명되지만 그 뒤의 역사는 선생님도 잘 아시듯이 단순한 저항 의지, 자유에 대한 열망, 하물며 계급의식 따위로는 전혀 설명되지 않아요.

그 사건은 응답이었고, 타인의 고통에 대한 응답이 위대하게 만들었던 것이지, 5·18이 단지 무장항쟁이어서 위대한 것이 아닙니다. 5·18이 그 엄청난 폭력 앞에서 굴하지 않고 계속 저항했기 때문에 위대한 것도 아니에요. 우리나라 역사에서도, 다른 나라 역사에서도 그런 역사는 많아요. 5·18이 위대한 건 그게 자기 자신의 권리 주장에 그친 사건이 아니라 타인의 고통에 대한 응답이었기 때문이지요. 타인에 대한 응답으로서 발생한 것이기 때문에, 그 응답하는 손길과 목소리가 모여서 우리가 꿈꿀 수 있는 가장 이상적인 만남의 공동체를 만들어낼 수 있었다는 것이지요.

그러니까 우리가 꿈꾸는 대동사회, 후천개벽, 뭐라고 말을 하든, 우리가 꿈꾸는 새로운 나라는 단지 각 개인의 권리가 법에 의해서 균형을 이루는 정의로운 나라가 아니라는 말이에요. 우리가 꿈꾸어온 나라는 단순히 나의 권리와 너의 권리 사이에 법적 균형이 실현된 나라가 아니고, 그걸 넘어가는 어떤 다른 것인데 그걸 설명을 못 한 거예요. 저는 그게 무엇인지가 조금씩 자각되고 분명해지기 시작한 게 전태일 때부터가 아닌가 생각합니다만, 전태일 이후에 보면 시민 계급이 시민 계급의 이익을 위해서 폭군과 싸우는 게 아니란 말입니다. 전태일은 자기보다 못한 시대들을 위해서 자기의 눈알까지 빼 주려고 했고, 눈 팔아서 공장 짓겠다고 한 사람 아닙니까? 그리고 거기에 응답했던 대학생들이 자신의 계급적 처지로 보자면 그렇게 될 아무런 이유가 없거든요. 이것 역시 타자의 고통에 대한 응답이란 말입니다. 우리의 경우에는 그런 의미에서 서양의 존재구속성, 계급구속성으로는 설명이 안 됩니다.

고명섭 존재에 의해서 규정되는 의식이 만들어낸 어떤 혁명, 그런 의미가 성립 안 된다는 거죠?

김상봉 그것으로는 안 된다는 겁니다. 자기와 전혀 다른 존재 조건에 있는 사람들의 고통에 대한 응답이에요. 오직 고통만이 그들을 하나로 만드는 거예요.

고명섭 그 말씀을 하시니까 5·18에 대해서 읽을 때 눈물을 쏟았던 것처럼 『전태일 평전』을 읽을 때 똑같이 눈물을 쏟았던 기억이 납니다.

김상봉 권리를 위한 투쟁도 숭고할 수 있고, 경탄을 불러일으킬 수도 있지만 그다지 눈물을 쏟게 만들지는 않아요. 그런데 우리가 5·18을 보면서 눈물을 쏟는 까닭은 전태일하고 똑같습니다. 그건 자기와 아무 상관 없는 타인의 고통에 대한 응답이었기 때문입니다. 우리가 꿈꾸는 국가는 그 응답 위에 기초하는 것이지, 단지 너와 나의 권리가 균형 잡힌 그런 나라가 아니라는 겁니다.

고명섭 그러니까 전태일이 나 아닌 타자를 나라고 불렀잖아요. 그런데 광주의 그 폭력 상황 속에서 사람들이 본 것도 타인의 고통에 대한 응답이지만 동시에 그것이 나라고 보는 거잖아요.

김상봉 예. 바로 거기 5·18의 신비가 있습니다. 원래 죽음이 지배하는 아비규환에서는 모두가 자기 자신에게로 돌아가게 됩니다. 아무리 이타적인 것처럼 행세하던 사람도 죽음의 위험 앞에서는 자기 한 몸의 안위를 먼저 생각하게 되는 법이지요. 아까 선생님이 그걸 도망이라고 쉽게 표현하셨는데, 그게 바로 자기 자신 속으로 돌아가는 행위인 거지요. 하이데거의 표현을 빌려 말하자면 인간은 죽음 앞에서 각자성으로 돌아가는 거예요. 특히 이런 일은 전쟁 상태에서 빈번하게 일어나는데, 전쟁이란 죽음의 위험이 보편화되고 일상화된 상황이기 때문입니다. 이 점에서는 광주의 5·18도 마찬가지였는데, 놀랍게도 광주의 전쟁 상태에서는 그 죽음이라고 하는 장애물이 광주 시민들을 각자성 속으로 밀어 넣은 것이 아니고, 정반대로 죽음이 그 속에서 우리가 하나 되게, 죽음을 뛰어넘어서 타인의 고통에 응답하게 만들었지요. 이 점이 지금 우리한테 불가사의한 거죠.

고명섭 그래서 아까도 잠깐 이야기했지만 프랑스 혁명이 칸트, 헤겔과 맺는 관계와 5·18이 선생님의 서로주체성 철학과 맺는 관계의 유사성을 이야기할 수 있습니다. 서로주체성의 이념이 현실 속에서 어떻게 나타나느냐. 머릿속에서만, 관념으로만 이야기해버리고 나면 힘이 없잖아요.

김상봉 예, 그러면 저는 5·18을 보라고 말할 수 있는 거죠. 그 열흘을 보면 그게 어떻게 생성되는지를 알 수 있고, 그 열흘의 이행 과정을 각 단계마다 이름 붙여나가면 한 나라를 이루기 위해서 필요한 것이 무엇인가 하는 개념의 이행이 나온다는 겁니다. 한마디로 말씀드리면, 근대국가의 이념이 법을 통해서 권리가 균형을 이룬 공동체라고 한다면 5·18은 하늘나라입니다. 하늘나라와 서양 사람들이 우리에게 가르쳐준 권리 공동체가 다른 것은 이겁니다. 권리 공동체가 물론 중요하죠. 하지만 그것은 필요조건에 지나지 않습니다. 폭군 앞에서 자기 권리를 지키며 싸우죠. 하지만 그 권리만이 전부였다고 한다면 5·18은 나올 수 없습니다. 오직 자기 개인의 권리의 획득과 확보를 뛰어넘어서 타인의 고통을 자기 고통으로 껴안으면서 거기에 응답할 때 그게 하늘나라예요.

5·18의 소박성?

고명섭 저는 거기서 비로소 5·18의 날것 그대로의 얼굴이 드러난다고 봅니다. 권리라든가 이런 게 개입되면 5·18을 잘못 설명하는 거죠. 선생님이 5·18은 타자의 고통 그 자체에 대한 응답이었다, 이렇게 설명함으로써 5·18이 5·18 그 자체로 설명됐다고 「응답으로서의 역사」를 읽으면서 생각했어요. 하지만 다른 한편으로는, 보통 봉기라고 하면 이념이 있고 권리 주장이 있는데, 이념도 권리 주장도 없었다는 것이야말로 이 항쟁의 약점이라고 할 수 있지 않을까, 이것이 결국 이 항쟁의 지역성 혹은 소박성을 보여주는 것이라고 반론할 수 있지 않을까요?

김상봉 당연히 해야 될 질문이라고 생각합니다. 우리가 5·18을 볼 때 이념이 없는 것처럼 보이는 것은 두 가지 다른 의미에서 이해해야 합니다. 만약 사람들이 5·18을 가리켜 그것이 억압과 폭력에 대한 조건반사적이고 자연적인 항거였다는 의미에서 이념이 없다고 말한다면, 그건 틀린 말입니다. 그런 의미에서 이념이 없다고 말하는 건 5·18이 미개한 후진국에서나 일어나는 한때의 소란이었다는 말과 같습니다. 이런 식으로 보자면 선진국에서는 있을 수 없는 후진국의 정치적 혼란상의 일면인 거지요.

고명섭 실제로 그런 측면이 있는 것도 사실 아닙니까?

김상봉 예. 박정희나 전두환 부류가 영국 같은 의회 정치의 선진국에서는 출현하기 어렵다는 것을 인정한다면, 부마항쟁이나 5·18 그리고 6월항쟁은 죄다 후진국에서만 발생할 수 있는 소요 사태에 지나지 않는다고 말해야겠지요. 하지만 그건 출발점이지요.

고명섭 무슨 뜻입니까?

김상봉 출발점에서 보자면 당연히 후진적 상황에서 출발한 것이지요. 한국에서 자유라는 말이 언제부터 일반적으로 쓰이기 시작했는지 모르겠지만, 동학농민전쟁에 참여했던 농민 대다수는 자유라는 말을 들어본 적도 없지 않았을까요? 그것이 어찌 되었든 수천 년을 노예 상태에서 살아온 사람들 아니겠어요? 그런 의미에서 보자면 출발은 정말로 가련한 노예 상태였단 말입니다. 하지만 그들의 행색과 처지가 아무리 남루하고 보잘것없었다 하더라도, 그 때문에 그들이 자유로운 삶을 향해 봉기하면서 마음에 품었던 뜻과 꿈까지 후진적이라고 생각하면 안 됩니다.

예를 들어 신약 성경 「요한복음」에 빌립이 친구인 나다나엘을 만나 모세와 예언자들이 말한 바로 그 사람을 찾았노라면서 나사렛 사람 예수라 하니까, 나다나엘이 되묻잖아요. 나사렛에서 무슨 훌륭한 것이 날 수 있느냐고. 그 시대가 어떤 시대인가요? 이른바 로마의 최전성기, 사람들이 흔히 팍스 로마나(Pax Romana)라고 부르는 로마의 황금시대였지요. 그런 시대에 로마도 예루살렘도 아닌 나사렛이란 변방 가운데서도 끝자락이잖아요? 하지만 바로 그렇게 미개하고 후진적인 땅에서 새로운 빛이 출현한 것이 이상한가요? 아니죠. 너무 당연한 거잖아요? 아우구스투스 황제 시대의 로마가 아무리 황금시대였다 하더라도 그것이 유대 땅 나사렛 사람에게까지 황금시대였던 것은 아니에요. 19세기 말 20세기 초의 서양 여러 나라가 제국주의적 침략을 통해 풍요를 구가하고 있었다 해서 조선 민중이 그 풍요에 참여할 수 있었던 것은 아니듯, 로마의 자유와 풍요가 그대로 나사렛의 자유와 풍요가 되는 것은 아니란 말입니다. 도리어 한쪽의 자유와 풍요가 다른 쪽의 착취와 예속 위에 자리 잡은 경우에는 한쪽이 풍요할수록 다른 쪽은 피폐해지지요.

이런 게 당연한 이치라고 한다면 과연 새로운 시대를 여는 힘든 정신의 노동을 누가 떠맡으려 할까요? 로마인들은 자기들의 삶이 자유롭고 평화롭고 풍요하면 할수록 현실을 긍정하고 변화를 거부하게 되지 않겠어요? 실제로 그 시대의 철학자들이라 할 수 있는 키케로도 세네카도 로마를 뛰어넘는 새로운 시대에 대한 전망을 품지는 않았어요. 사실 이들도 현실 정치사에서 보자면 불행한 패배자들이었지요. 키케로는 카이

사르와의 대립에서 패배하고 세네카는 네로 황제와의 불화로 인해 죽음을 맞게 되잖아요. 하지만 그들 모두 정신적으로 보자면 가장 순수하고 긍지 높은 로마인들이었어요. 다시 말해 키케로와 세네카의 입장에서 카이사르와 네로가 아무리 불의한 권력이었다 하더라도 그들 때문에 로마 그 자체의 가치를 부정하거나 포기할 수는 없었던 거예요. 하지만 그렇게 그 시대의 가장 위대한 철학자들이 현실을 부정하는 새로운 시대의 전망을 열어줄 수 없었다면 과연 누가, 어떤 사람들이 그걸 할 수 있었겠어요? 오직 로마라는 체제 그 자체로 말미암아 고통받는 자들, 다시 말해 로마라는 정복국가의 본질 그 자체에 내재한 폭력성 때문에 착취당하고 억압받는 자들만이 로마 제국의 정당성과 타당성을 부정하고 새로운 현실을 꿈꿀 수 있는 것 아니겠어요?

제가 이렇게 긴 이야기를 하는 까닭은 동학에서 5·18에 이르는 과정도 그와 같다는 것을 어떻게든 설득력 있게 말하고 싶어서예요. 제가 한국의 민중항쟁사를 가지고 대단한 의미를 부여한다 하고 게다가 5·18을 두고 하늘나라의 계시라고 하면, 사람들은 그렇게 되묻겠지요. "한국에서 무슨 대단한 것이 날 수 있겠느냐? 그것도 서울도 아닌 광주에서!" 그럼 제 대답이 뭐겠어요? 한국이니까, 그 가운데서도 광주니까, 새로운 빛이 거기서 도래하는 거지! 워싱턴에서 사는 사람이, 아니면 런던이나 파리에서 사는 사람이 뭣 때문에 세상이 뒤집혀야 한다고 생각하겠어요? 이대로 계속 가도 되는데! 오직 현실을 견딜 수 없을 만큼 고통받는 자들만이 현실의 전복을 꿈꾸는 법이지요. 그리고 그 고통이 깊으면 깊을수록 더 깊이 절망하고, 더 철저히 부정하고, 현실을 더 높이 초월하려 하는 거란 말이에요.

그로부터 새로운 세계에 대한 전망이 나오는 것 아니겠어요? 실제로 우리가 한국 민중항쟁의 역사를 보면 서양과 다른 결들이 있다는 것을 인정하지 않을 수 없지요. 비단 5·18뿐 아니라 3·1운동은 서양적 관점으로 설명할 수 있습니까? 사실은 설명 안 됩니다. 동학은 이해됩니까?

아니, 세상을 뒤집고 혁명을 하자면서 무슨 종교예요? 서양적 관점에서 어떻게 종교와 혁명이 같이 갑니까? 그것도 19세기에 말입니다. 그건 같이 갈 수 없는 거예요. 이렇게 들어가서 보면 매번 말이 안 되는 얘기들이 많거든요. 그러니까 서양적 관점에서 보면 다 미개하다고 말할 수 있어요. 종교와 혁명이 어떻게 같이 가는가? 저 사람들은 미개하기 때문이지. 그러니까 아직 마르크시즘의 세례를 못 받았기 때문에 전봉준을 비롯해서 무지한 한국 민중이 최제우, 최시형이 퍼트린 턱없는 미신을 가지고 세상을 바꾸겠다고 한 것이라고 말하면 깨끗하게 정리되어 버리겠지요. 그럼 3·1운동은? 그 당시 윌슨의 민족자결주의라는 게 나왔는데 그것을 한국의 민초들이 제대로 이해도 못 하고 그것의 위선과 세계정세에 대한 무지 때문에 '야, 우리가 들고일어나면 윌슨도 있고 하니까 우리도 해방되겠지' 하는 나이브한 생각으로 계획도 없이 지도자도 없이 들고일어났다가 그냥 꺼진 거지. 이렇게 보면 그것 역시 미개한 겁니다. 5·18까지 다 그렇게 말할 수 있어요. 서양적 관점에서 보았을 때는 말이죠. 그런데 저는 그게 아니라는 겁니다. 그 각각의 것에서 볼 수 있는 서양과 다른 것이 미개함이 아니고, 우리의 역사 속에서 서서히 발효되어온 새로운 나라에 대한 갈망과 동경이 매번 그때그때마다 분출되고 표출되는 것인데 우리가 가지고 있는 새로운 나라에 대한 꿈, 이것이 서양 사람들이 표준적으로 생각하는 이상적 국가의 모습과 같을 수가 없으니까 자꾸 어긋나 보이는 거죠.

고명섭 깊이 공감합니다. 그럼 이제 앞으로 나아가서 우리의 경우에 동학에서 5·18에 이르기까지 이어지는 민중항쟁의 역사 속에서 잉태된 새로운 시대의 정신이 무엇인지 말씀을 이어주시지요. 그게 만남의 이념이라는 건 말씀하셨지만, 조금 더 구체적인 이야기를 듣고 싶습니다.

김상봉 예. 그럼 동학혁명의 시대로 되돌아가 그 시대가 과연 어떤 시대였는지 한번 생각을 해봅시다.

고명섭 어떤 시대였습니까?

김상봉 그 시대는 근대 이후 외부로 확장을 거듭해온 서양 문명이 마지막 경계에 도달한 시대였습니다. 조선은 그 확장의 과정에서 서양이 만난 마지막 국가였지요. 유럽에서 보자면 지리적으로는 일본보다 조선이 더 멀리 있는 나라가 아니었음에도 불구하고 수백 년 먼저 일본을 만난 뒤에 조선을 가장 마지막에 만났다는 것은 역사의 아이러니가 아닐 수 없습니다. 그런데 그게 어떻든 그 시대는 또한 서양 문명의 외연이 가장 확장된 시대였을 뿐 아니라 내적 본질이나 개성이 그 극단에까지 이르러 가장 두드러지게 드러난 시대이기도 합니다.

고명섭 어떤 의미에서 그렇습니까?

김상봉 그 시대가 한편에서는 1789년 프랑스 혁명에서 시작해 파리 코뮌과 독일혁명을 거쳐 1917년 러시아 혁명에 이르는 자유와 혁명의 시대였다는 것은 누구나 잘 알고 있는 일이지요.

고명섭 예, 물론입니다.

김상봉 그런데 그 시대가 철학적으로 보자면 사회진화론의 시대였다는 것은 그다지 잘 알려지지 않았을 겁니다.

고명섭 그것도 그런 것 같군요.

김상봉 아마 19세기에 가장 많이 팔린 철학책이 뭐냐고 물으면, 허버트 스펜서의 책일 거예요. 수백만 부가 팔렸다고 하니까요. 그의 사회진화론이란 다윈의 생물학적 진화론을 자기 방식으로 사회와 역사에 적용한 것이라고 할 수 있는데, 그걸 한마디로 요약하자면 약육강식의 원리입니다. 자유와 혁명의 열기가 온 유럽을 달구던 시대에 사회진화론이 지배적인 철학이었다는 것이 언뜻 보면 서로 무관한 일처럼 보일 수도 있지만, 실은 그 둘은 동전의 앞뒷면처럼 분리할 수 없이 공속하는 거예요.

고명섭 어떤 의미에서 그렇습니까?

김상봉 앞에서도 말했듯이 자유의 이념은 나의 자유를 인정하는 만큼 타자의 자유를 인정하지는 않아요. 타자의 자유는 나의 자유를 지키기 위해 필요한 만큼 존중되고 인정될 수 있는 거지, 그 범위를 넘어서서 타자의 자유가 나의 자유에 위협이 되는 단계에 이르면 타자의 자유는 나의 자유를 위해 부정되지 않으면 안 됩니다. 타자의 권리도 마찬가지예요. 그것 역시 나의 권리와 양립 가능한 한에서만 존중되는 거지, 그 경계를 넘어서면 가차 없이 억압되어야 하는 거지요.

그런 까닭에 자유와 권리를 궁극적 이상으로 삼는 문명은 반드시 적대적으로 경쟁하는 타자를 자기 외부에 정립하게 되고 그 적대적 타자와 본질적인 전쟁 상태 속에 놓이게 됩니다. 그 전쟁 상태가 전 세계적으로 보편화된 것이 19세기예요. 그 시대에 헤겔은 그런 전쟁 상태를 주인과 노예의 투쟁이라는 구도 속에서 서술했지만, 그런 구도는 너무 고답적인 것이어서 동시대인들에게 큰 호응을 얻을 수 없었어요. 그에 반해 스펜서는 이걸 아주 알기 쉽게 약육강식의 구도로 설명했지요. 그 논리에 따르면 백인이 다른 인종을 지배하게 되는 것은 백인이 다른 인종보다 우수하기 때문입니다. 같은 논리를 동아시아에 적용하면 일본이 조선을 지배할 수밖에 없는 것은 조선인들이 일본인들보다 열등하기 때문이라는 거지요. 참으로 알기 쉽고 설득력도 있는 설명 아니에요? 도덕과 윤리를 말하는 사람들은 딴소리를 하겠지만 현실은 오직 현실의 논리로 설명되어야 하지 않겠어요?

그런데 그런 현실 세계에서 당시 조선 민중이란 어떤 위치에 있는 자들이었겠어요? 세상의 제일 꼭대기에 유럽과 미국의 백인들이 있고 그다음으로 일본이 있고 다시 그 아래에 조선이 있는데, 그 조선에서도 제일 밑바닥에 있던 자들 곁에 최제우와 최시형 그리고 전봉준이 같이 있었던 거지요. 마치 예수가 갈릴리의 버림받은 민중 사이에 있었듯이. 그러면 선생님, 다시 한 번 사고 실험을 해볼까요? 수천 년 노예 상태를 떨치고 일어나 자유인으로서 살기 위해 봉기할 때, 과연 우리 조상들이 무슨 생각을 했겠습니까? 아니, 무엇을 바랄 수 있었을까요?

고명섭 글쎄요. 우선은 억압에서 벗어나 자유로운 삶을 바랐겠지요.

김상봉 그렇다면 그 자유를 얻기 위해 어떻게 해야 할까요? 한번 생각을 해보세요. 가까이는 중국이 수백 년 동안 종주국 노릇을 하다가 이제는 일본이나 러시아가 아예 나라를 삼키려 달려들고 있는데, 멀리서는 미국과 유럽의 국가가 언제라도 덮칠 듯한 기세로 호시탐탐 노려보고 있는 시대에 안으로는 썩은 왕족과 양반 지배계급이 마른행주 쥐어짜듯이 인민의 고혈을 빨아먹고 있던 절망적 상황에서 조선의 민중이 무엇을 어떻게 해야 자유를 얻을 수 있었겠어요?

고명섭 그래서 전봉준이 사발통문을 돌린 것 아닙니까.

김상봉 맞아요. 그래서 그를 따라 서정주의 외할아버지까지 일어났던 거지요. 더러는 이 비루한 노예의 삶으로 다시는 돌아오지 않겠노라고 살던 집을 불태우기까지 하고 말이에요. 그래, 그다음은요?

고명섭 그다음이라면······.

김상봉 동학농민군이 관군을 이긴 뒤에는 누구를 이겨야 할까요?

고명섭 그야 일본군 또는 청나라 군대. 실제로 그렇지 않았습니까?

김상봉 그다음은요? 실제로는 졌지만 이겼다고 칩시다. 그다음은 누구와 싸울 차례입니까? 누구와 싸워 이겨야 우리의 자유를 얻을 수 있었을까요?

고명섭 아마 러시아가 아니었을까요?

김상봉 그러면 끝입니까? 러시아를 이기고 나면 우리가 자유로운 나라를 건설할 수 있었을까요?

고명섭 그건 보장된 것이 아니겠지요. 제국주의적 침략의 역사가 끝나지 않는 한, 또 다른 나라가 우리를 침략할 수도 있었을 테니까요. 그게 미국이 되었든 프랑스가 되었든 아니면 영국이든 독일이든, 알 수 없는 일이지요.

김상봉 그러니까 원칙적으로 말해, 가능한 모든 외부의 적과 싸워 이기지 않는다면 자유가 확보되지 않겠지요?

고명섭 아마도 그렇겠지요.

김상봉 선생님, 바로 이것이 일본이 태평양 전쟁에 패배할 때까지 확고하게 견지했던 관점이었습니다.

고명섭 그렇군요.

김상봉 약육강식의 세계에서 전쟁이 불가피하고 전쟁에서 이기면 자유를 지키는 것이고 지면 자유를 잃는 것이 피할 수 없는 일이라면, 내가 살아남고 자유를 지키기 위해서는 어떻게 해야 하겠습니까?

고명섭 싸워 이기는 수밖에 없겠지요.

김상봉 바로 그거예요. 그래서 일본 사람들은 처음엔 청나라와 싸워 이기고, 다음엔 러시아와 싸워 이기고 그다음엔 미국과 싸움을 시작했던 겁니다. 여기까지는 다 알고 있는 일이죠. 그런데 그게 끝이 아니었어요.

고명섭 그럼 뭐가 더 있었습니까?

김상봉 당시 일본인들은 미국과의 전쟁이 마지막 전쟁이라고 생각하지 않았다는 겁니다.

고명섭 예.

김상봉 믿기지 않는 황당한 이야기입니다만, 그네들은 유럽에서 독일과 미국이 벌이는 전쟁과 아시아에서 미국과 일본이 벌이는 전쟁이 최종적 전쟁에 앞선 일종의 준결승전이라고 생각했다는 거예요. 그래서 아시아에서는 일본이 미국을 이기고 유럽에서 독일이 영미 연합군을 이긴 뒤에는 일본과 독일 사이에 세계 지배의 패권을 두고 최종적인 전쟁이 있을 거라고 말이지요. 그 전쟁에서 일본이 이기고 나면 비로소 세계는 만세일계(万世一系, 일본 천황가의 혈통이 한 번도 단절된 적이 없이 이어졌다는 논리) 천황이 지배하는 평화로운 세계가 된다고 생각한 거죠. 마치 로마가 정복 전쟁을 통해 모든 적을 멸망시키고 홀로 지중해 세계의 지배자로 군림한 뒤에 로마의 평화가 정착된 것처럼 일본이 모든 나라를 굴복시키고 나면 비로소 세계 평화가 찾아오리라고 생각했던 거예요. 그래서 당시 전쟁을 주도한 일본인들은 그것이 평화를 위한 전쟁이라고 진심으로 그렇게 믿었던 거죠.

저도 남이 말했으면 못 믿었을 거예요. 그런데 1942년 태평양 전쟁이 일어난 이듬해인가에 이른바 교토학파 철학자들이 여럿 모여 좌담을 한 기록이 있어요. 『태평양 전쟁의 사상』이란 제목으로 우리말로도 번역 출판되었는데, 그걸 보면 그네들이 얼마나 진지하게 그 전쟁을 도덕을 위한 전쟁이고 평화를 위한 전쟁이라 생각했는지 생생하게 확인할 수 있습니다. 여기서 이런 이야기를 길게 할 수는 없지만, 약육강식이 변경할 수 없는 사회적 삶의 법칙이라고 한다면 인간이 선택할 수 있는 건 싸워 이기기 위해 애쓰는 것밖에 없지요. 따지고 보면 신채호 선생의 그 유명한 '역사는 아와 비아의 투쟁'이라는 역사관도 그런 거지요. 한번 그런 세계관이 종교적 신념이나 과학적 진리처럼 사람 마음을 사로잡게 되면 남는 건 싸움이요, 바라는 건 승리밖에 없겠지요. 다만 거기서 바랄 수 있는 건 그 싸움과 승리가 가능한 한 모두에게 도움이 되는 방향으로 진행되는 것밖에 없지 않겠어요?

고명섭 그렇겠지요.

김상봉 그에 관한 사례를 살펴보자면 태평양 전쟁 당시 미키 기요시(三木淸)라는 철학자가 있었어요. 교토학파의 창시자라 할 니시다 기타로(西田幾多郎)의 제자였고 프랑스에 유학하고 온 뒤에 당시 일본 철학계를 이끌었던 대표적인 철학자 가운데 하나인데, 그의 『철학 개론』은 지금 한글로 번역이 되어 있을 정도로 뛰어난 책이에요. 이 사람이 우리 식으로 말하자면 국가보안법 위반으로 전쟁 말기에 감옥에 갇혔는데, 전쟁이 끝난 뒤에도 풀려나지 못하고 그해 가을에 감옥에서 사망했습니다. 그런데 그런 미키 기요시조차 중일 전쟁이 터졌을 때 그 전쟁이 중국 민족과 일본 민족의 화해와 평화로운 동아시아 건설에 이바지하는 계기가 되어야 한다고 썼어요.

고명섭 예.

김상봉 그러니까 미키 기요시 같은 철학자도 중일 전쟁이나 태평양 전쟁 그 자체를 반대한 건 아니라는 거예요. 로마의 철학자 키케로가 아무리 카이사르와 적대적 관계였다 하더라도 카이사르가 수행한 로마의 정복 전쟁 그 자체에 반대한 적이 없었듯이, 미키 기요시 역시 평화는 오직 전쟁을 통해서 서로 대립하는 적들을 정복한 뒤에 그 결과로서 적대적 관계가 종식될 때 최종적으로 달성될 수 있다고 믿었던 겁니다. 그런데 이게 뭐 대단히 이상한 일이라고 생각할 필요가 없는 것이, 그토록 타자에 대한 무한 책임을 입에 올리던 자애로운 유대인 철학자 레비나스가 팔레스타인 문제에 대해서는 "점령의 고통스러운 필연성" 운운하는 것을 생각하면, 예나 지금이나 철학자들이 한입으로는 자유와 정의 그리고 평화를 말하지만 그들이 말하는 그런 고상한 가치들은 늘 자기의 권리와 자유를 절대로 포기하지 않겠다는 전제 위에서 떠드는 위선적인 수사에 지나지 않아요. 신채호 선생은 그걸 진작에 알아보고 "이 야수 세계, 강도 사회에 '정의'니 '진리'니가 다 무슨 방귀이며, '문명'이니 '문화'니가 무슨 똥물이냐" 일갈하고 비타협적인 투쟁의 한길로 나아갔던 거예요.

하지만 그게 과연 올바른 답이었는지 아닌지, 그건 다른 문제지요. 단재 선생님께는 후손으로서 대단히 송구스러운 말씀이지만 저는 니체식의 제국주의 철학에 동의하지 않는 것처럼 단재의 도덕적 허무주의에도 동의하지 않아요. 그것은 모두 홀로주체성을 벗어나지 못한 사람들이 내가 살기 위해 남을 이겨야 한다는 아집의 표현일 뿐이거든요. 칸트는 인간의 생존 그 자체나 행복이 인간 존재의 목적이 되어서는 안 된다고 말했는데, 하물며 내가 자유롭고 행복하게 살기 위해 남을 착취하고 억압해야 한다면, 그런 인생에 무슨 가치가 있겠어요? 하지만 대개 지배와 피지배의 먹이 사슬에서 상층부에 속한 사람들에게는 약육강식의 세계 그 자체에 대한 문제의식을 기대하기 어렵지요. 레비나스도 미키 기요시도 그리고 이 땅의 수많은 친일파의 후예들도 약육강식의 세계에서 자기 자리가 있고 또 현실이 견딜 만하니까, 그 질서에 대해 근본에서 물음을 던지지는 못했던 거예요. 오직 약육강식의 먹이 사슬에서 가장 밑바닥에 놓인 사람들만이, 약육강식의 세계 질서 그 자체의 극복 없이는 자기 자신이 노예 상태에서 벗어나는 것이 가능하지 않음을 예감할 수 있는 거지요. 19~20세기 한국 민중항쟁의 역사는 그 어렴풋한 예감이 실천과 이론의 차원에서 조금씩 더 명확한 자각으로 발전해온 과정이라고 해도 틀린 말이 아닐 거예요.

고명섭 선생님께서는 그렇게 서서히 잉태되고 생성되어온 새로운 세계에 대한 전망이 5·18을 통해 명확한 형상을 얻게 되었다고 보시는 거지요?

김상봉 그렇습니다. 거슬러 올라가 역사를 돌이켜 보면, 19~20세기 한국의 민중항쟁사는 약육강식의 세계에서 일본인들이 선택하고 걸었던 길과 정반대의 길을 걸었던 과정이라고 볼 수 있습니다. 물론 미시적으로 들어가서 보자면 단재와 같은 분들도 많이 있었습니다. 그분은 "우리의 생존은, 우리의 생존을 빼앗는 우리의 적을 없애버리는 데서 찾을 것이다"[6]라고 말했는데, 이건 일본의 전쟁 논리와 선 자리만 반대쪽일 뿐 내용은 같습니다. 하지만 안중근 의사의 입장은 달랐지요.

고명섭 어떻게 달랐습니까?

김상봉 잘 아시는 대로 그는 대한제국의 군인으로서 일본과 전쟁을 수행한다는 의미에서 의병 활동을 전개하고 이토 히로부미를 암살하기까지 했지만, 전쟁을 통한 평화라는 궤변을 늘어놓지는 않았지요. 도리어 『동양 평화론』 같은 데서 침략과 전쟁이 아니라 평등하고 호혜적인 협력만이 동아시아에 평화를 가져다줄 것이라고 일관되게 주장했어요. 그는 일본이 제국주의적 침략 정책을 멈춘다면 동아시아에서 일본의 주도적 역할을 인정할 의사까지 보일 정도였습니다. 그러니까 평화

---

6 신채호, 「선언문」, 안병직 편, 『신채호』, 한길사, 1988, 199쪽.

적 공존에 대한 희망을 결코 포기하지 않았던 거지요. 이런 사정은 만해도 마찬가지였습니다. 3·1운동 후 투옥되었을 때 옥중에서 집필했던 『조선독립이유서』에서 만해는 우리 시대의 보편적 이상으로서 자유를 말하면서 조선 민족 독립의 당위성을 설파합니다. 그런데 만해가 말하는 조선 독립의 당위성은 단순히 나도 자유롭게 살 권리가 있다는 윤리적 자기주장이 아니었습니다.

고명섭 그것 외에 다른 어떤 근거가 있었습니까?

김상봉 만해 스님은 안중근 의사와 마찬가지로 조선 민족의 독립과 자유가 동아시아의 평화와 안녕을 위해서도 긴요하다고 하는 것을 역설했습니다. 더 나아가 일본이 지금처럼 침략 정책을 지속한다면 그 마지막은 일본 자신의 파멸이 되리란 걸 예견했지요. 일본인들이 자기의 자유와 권리를 지키기 위해서는 타자를 전쟁을 통해 싸워 이기고 정복할 수밖에 없다고 생각한 반면에, 만해는 호혜적인 만남 속에서만 평화가 가능하고 그런 평화적 공존과 협력을 통해서만 일본 자신의 지속적 번영도 기대할 수 있다는 것을 꿰뚫어 보았던 거지요.

이런 이야기는 건성으로 들으면 독립을 얻어내기 위해 입에 올린 상투어 같지만 곱씹으면 우리가 지금 말하고 있는 것과 다르지 않아요. 주체가 자기 자신의 자유와 권리만을 최고의 가치로 삼고 타자를 배제하고 적대시하기 시작하면, 주체는 타자와 상시적인 전쟁 상태에 들어가게 되는데, 그런 적대적 전쟁 상태의 끝에서 나를 기다리고 있는 것은 주체의 죽음밖에 없지요.

그럼에도 불구하고 약육강식의 원리가 절대적 진리라고 믿고 전쟁과 정복의 길로 나아가던 일본을 향해 안중근 의사나 만해 스님은 일관되게 평화가 답이라고 말했는데, 그 평화를 저의 언어로 번역하자면 만남이라고 해도 무방합니다. 그분들이 조선의 독립을 말하면서 왜 평화를 이유로 내세웠겠어요? 참된 만남은 호혜적인 것이어서 어떤 경우에도 타자를 노예로 삼지 않기 때문이지요. 타자의 자유를 존중하는 것은 만남의 첫 출발입니다. 그에 반해 타자를 자기에게 동화시키려는 것은 타자를 지배하려는 홀로주체의 권력의지이지요. 오직 타자의 자유와 주체성을 존중하면서 그렇게 자유로운 타자와 만나 새롭게 형성하는 보다 높은 하나 속에서만, 너도 나도 참된 자유를 누릴 수 있다는 것을 만해도 안중근도 깨닫고 있었던 것 아니겠어요?

고명섭 저도 공감합니다. 3·1운동의 정신도 그런 것이라고 생각되고요.

김상봉 좋은 말씀입니다. 기미독립선언문은 정말 얼마나 고상하고 긍지 높은 정신의 표현인지⋯⋯ 거기에 어디 증오가 있어요?

고명섭 정말로 없지요.

김상봉 까닭이 뭐겠어요?

고명섭 글쎄요.

김상봉 그것은 조선인이 쓴 글이지만, 조선인의 당파적 입장이 아니라 모든 인류의 입장에서 쓴 글이기 때문이지요. 함석헌이 늘 강조했듯이 전체의 자리에서 말했기 때문에 공명정대한 글이었던 거예요. 그러니까 그건 조선인을 위한 글일 뿐 아니라 일본인을 위한 글이기도 했던 거지요. 그들에게 지배받고 착취당하는 조선인이 쓴 글인데 말이에요.

고명섭 그런 정신이 5·18에 와서 가장 높은 봉우리에 이른다는 말씀입니까?

김상봉 예. 마지막으로 한번 돌아보세요. 안중근 의사가 의병 활동하던 시절에 일본군 한 사람을 포로로 잡았대요. 그를 어떻게 했을까요?

고명섭 어떻게 했습니까? 포로수용소도 없었을 텐데⋯⋯.

김상봉 자기들 먹을 양식도 없이 일본군에게 쫓기는 상황에서 그 포로를 어떻게 건사할 수 있었겠어요? 부하들이 죽이자고 했지요. 그런데 안중근 의사가 말하기를, 우리는 비적 떼가 아니라 대한제국의 군인이니 제네바 협정에 따라 포로를 대우해야 한다고 했다는 것 아니에요. 그래서 풀어주었답니다. 무기만 빼앗고. 자기들의 위치를 알리지 않겠다는 다짐을 받았다지만, 그런 다짐이 무슨 소용이 있었겠어요? 결국 풀려난 포로에 의해 다시 쫓기는 신세가 되었지요. 세상 사람들은 이런 이상주의를 어리석다 하겠지만, 그런 이상주의야말로 주체가 고립된 개별적 자아가 아니라 보편적 이성, 아니 신적 이성의 주체라는 것을 증명해주는 거지요. 5·18은 그 뒤 100년 가까운 역사 속에서 그런 신적 정신이 또렷한 형상 속에서 계시된 사건이에요. 5·18이라는 전체 사건을 이루는 많은 장면 가운데는 계엄군이 시민들 손에 붙잡힌 장면도 있어요. 하지만 시민들이 붙잡힌 계엄군에게 폭력을 행사한 경우는 없어요. 증오로 눈에 핏발이 서 있었을 법한데 말이에요. 그들 사이에 안중근의 영혼이 깃들어 있지 않았다면 어떻게 가능한 일이겠어요? 역사는 그렇게 이어지는 거예요. 하지만 정신이 살아 이어지는 게 아니라면 도대체 역사가 이어진다는 게 무슨 뜻이 있겠어요?

사랑의 정치학

고명섭 그 정신을 한마디로 표현하면 뭐라고 할 수 있을까요?

김상봉 그건 앞에서 말씀드렸던 함석헌의 말로 표현해, '너도 나'라는 거지요. 더 쉽게 말하자면 그건 사랑이에요. '나는 나', 이 자기동일성은 자유의 표현입니다. '하나님이 세상을 이처럼 사랑하사', 여기서 표현은 사랑이지만 실은 동정이라 해야 맞습니다. 왜냐하면 서양적 신은 절대자로서 그 자체로서는 인간을 초월한 존재인 까닭에 인간의 사랑을 받을 수도 없고 받을 필요도 없으니까요. 그래서 신이 인간을 사랑한다는 것은 완전한 존재가 불완전한 존재를 동정하는 것이라면 모를까, 사실은 아무런 내용도 없는 공허한 말에 지나지 않습니다. 만약 누군가가 어떤 사람을 불쌍히 여기고 동정하기 때문에 애인으로서 사랑한다면 그 사랑이 진짜 사랑이라 할 수 있겠어요? 그렇듯이 완전한 신이 불완전한 인간을 불쌍히 여겨서 사랑한다는 것은 엄밀하게 말하자면 우리가 추구할 사랑의 모범은 아닙니다. 게다가 기독교적 신은 최후의 날에 인간을 심판하는 주체로 군림한다는데, 사랑한다면 어떻게 심판할 수 있겠어요? 동정이 사랑이 아니듯이 심판도 사랑은 아니죠.

군이 비유하자면 신의 사랑을 부모의 사랑에 비유할 수 있겠지만, 그런 사랑은 지금 우리가 찾는 사랑은 아니에요. 부모의 사랑이야말로 자기애의 확장이거든요. 부모 자식 관계란 자연에 의해 변경될 수 없이 주어진 관계예요. 게다가 부모의 입장에서 자식은 자기로부터 산출된 일종의 분신이기도 하지요. 그런 한에서 자식을 사랑하는 것은 일종의 자기애예요. 그러나 지금 우리가 찾는 사랑, 우리에게 필요한 사랑은 자기애가 아니라 타자를 사랑하는 것이에요. 지금 우리가 형성해야 할 공동체는 가족이 아니라 나라이고 세계니까요. 이를 위해서는 나와 혈연적 관계로 얽혀 있지 않지만, 더불어 보다 높은 하나의 공동체를 이루어야 할 타인을 사랑하는 것이 과제예요. 함석헌은 그런 사랑의 정신을 '너도 나'라는 명제로 표현했는데, 이건 타자를 자기에게 동화시키자는 홀로주체의 아집이 아니고, 어디까지나 타자와의 만남 속에서 편협한 자기동일성을 부정하고 극복함으로써, 다시 함석헌의 언어로 표현해 '보다 높은 하나'를 이룸으로써만 가능한 경지이지요. 한국의 민중항쟁사와 그 정점인 5·18의 세계사적 의의는 다 거기 놓여 있어요.

고명섭 남이 들으면 한국인의 지나친 자화자찬처럼 들릴 수도 있는 말 같습니다만…….

김상봉 당연히 그럴 수 있지요. 그렇게 말씀하시니까 한마디 보태자면, 제가 한국의 민중항쟁사에서 미래의 인류 사회를 위한 어떤 교훈을 이끌어내려 하듯이, 제국주의의 침략 아래서 고통받았던 다른 모든 민족들도 어떤 식으로든 자신들이 항쟁한 역사 속에서 비슷한 가르침을 이끌어낼 수 있고 또 그래야 한다고 생각해요. 예를 들면 베트남 사람들이 그렇게 오랜 세월 동안 외세의 침략에 맞서 싸운 역사는 아직까지 진지한 주목도 합당한 평가도 받지 못하고 있는데, 그들이 외세에 의해 분단된 나라를 기어이 하나로 통일한 것이 그냥 우연히 된 일이겠어요? 거기도 그 역사를 이끌어온 정신적 동력이 있었을 것이고, 그 속에는 분명히 베트남인들만이 아니라 모든 인류의 미래를 위해 씨앗이 될 새로운 정신이 잉태되고 있다고 생각해요. 다만 저는 아직 다른 나라의 민중항쟁사에 대해서까지 말을 보탤 수는 없고 한국인으로서 한국의 민중항쟁사에 대해서 말할 수 있을 뿐이지요.

고명섭 무슨 말씀인지 알겠습니다. 하지만 5·18과 한국 민중항쟁사의 의의가 사랑이라고 한다면 다소 진부하게 들릴 수도 있지 않을까 싶은 염려도 있는데요…….

김상봉 맞습니다. 진리가 어디 멀리 있는 건 아니니까요. 알고 보면 쉽고 단순한 거지요. 안중근과 만해의 정신을 자유와 함께 평화라고 말했는데, 그걸 동시에 사랑이라 말해도 틀린 말은 아닐 거예요. 만해의 「님의 침묵」은 그 자체로서는 사랑의 시잖아요. 그건 종교적 시편이기도 하고 정치적 시이기도 한데 그 모두가 사랑의 시로 합일하는 것이거든요. 하지만 그게 가능한 일인가요? 정치적 이념과 종교적 신앙이 모두 사랑 속에서 하나가 된다는 것 말이에요. 이게 과연 가능한 일이에요?

고명섭 …….

김상봉 만해의 「님의 침묵」에서 님은 그 자체로서는 사랑하는 애인이지만 조국이기도 하고 부처님이기도 하다는 건 학교에서 다 배웠잖아요?

고명섭 그렇지요.

김상봉 그런데 애인과 조국과 부처님이 어떻게 하나가 될 수 있느냐고요. 무슨 말장난도 아니고…….시니까 그렇다고 하면 되는 거예요? 자유와 독립 그리고 종교적 진리가 어떻게 사랑 속에서 하나가 될 수 있나요?

고명섭 질문의 뜻은 알겠습니다만, 그게 이 문맥에서 왜 문제라는 건지 설명을 좀 해주셔야겠습니다.

김상봉　함석헌은 근대 이후 정치의 영역에서 자유도 추구할 만큼 추구해보고 평등도 추구할 만큼 해보았지만 사랑은 아직 제대로 추구한 적이 없다면서 지금은 정치에 사랑의 원리를 추구할 때라고 말하곤 했습니다. 그러니까 이것 역시 한국의 민중항쟁사에서 면면히 이어져 내려오는 공유 자산이라 할 수 있어요. 하지만 사람들은 사랑처럼 흔하고 진부한 것이 무슨 대단히 새로운 의미를 갖느냐고 묻겠지요.

고명섭　예.

김상봉　예수를 통해 사랑은 신적인 것이 되었지요. 신약 성경에서 하나님은 사랑이라잖아요. 한편 단테의 『신곡』이후 사랑은 인간의 가장 강렬한 욕망으로 공인되기에 이르렀지요. 그리고 보면 사랑은 서양 정신의 역사 속에서 우리가 그에 대해 덧붙일 말이 하나도 남아 있지 않을 정도로 이미 최고의 대접을 받을 만큼 받은 것처럼 보입니다. 그러나 서양 정신의 역사 속에서 사랑이 아무리 드높이 떠받들어졌다 하더라도 사랑이 정치의 원리로서 정립된 적은 없어요. 헤겔에 따르면 사랑은 가족의 원리이지 국가 형성의 원리는 아니에요. 바로 그런 까닭에 사람들이 아무리 고상한 사랑을 말하더라도 그건 국가 이전 단계에서만 유효한 삶의 원리인 거예요. 다시 말해 사적인 삶에서만 통용되는 원리였던 거지요.

원수를 사랑하라는 예수의 가르침 역시 일면 대단히 혁명적인 말이지만 동시에 무력한 말이기도 해요. 그것은 상호 작용을 기대하지 않는, 다시 말해 만남을 기대하지 않는 일방적인 사랑이거든요. 예수는 인간의 사회적 삶 속에서 적대적 관계 그 자체를 어떻게 극복할 수 있는 것인지에 대한 아무런 전망도 없이 사랑을 무조건적으로 요구했지요. 기독교가 가르친 사랑이 그렇게 일방적인 사랑이었던 까닭에 그걸로는 약육강식의 현실을 극복할 수 없었어요. 결과적으로 예수 자신이 가이사의 것은 가이사에게 하나님의 것은 하나님에게라고 정치와 종교를 나눌 수밖에 없었던 거고요.

그런데 만해의 님이 부처님이기도 하고 조국이기도 하다는 것은 사랑이 종교적-형이상학적 진리인 동시에 정치의 원리이기도 하다는 뜻이거든요. 사랑 속에 자유도 있고 진리도 있다는 거지요. 이것이 결정적으로 다른 점이에요. 함석헌이 3·1운동을 회상하면서 총칼 앞에서 똑같이 폭력으로 저항하지 않고 철저히 비폭력적인 저항의 원칙을 지킬 수 있었던 까닭을 말하기를, 그건 그렇게 악독한 일본 제국주의자들에게도 이성과 양심이 있다는 것을 믿었기 때문이래요. 이건 일방적이고 무조건적인 사랑과는 달라요. 아무 대책 없이 맹목적으로 사랑하는 것이 아니라 명확한 믿음 위에서 사랑하는 거지요. 그건 타자에게 상처받을 수 있는 가능성에도 불구하고 자기를 타자에게 개방하는 용기예요. 함석헌에 따르면 그 용기는 나와 적대적으로 대립하는 타자에게도 이성과 양심이 있다는 것을 믿음으로써 가능했다는 거지요. 적을 박멸함으로써 나의 자유를 지키는 단계에서 한 걸음 더 나아가 자기의 전 존재를 걸고 적에게 화해와 평화 그리고 만남을 제안하는 거예요. 어떤 철학, 아니 어떤 종교가 이런 믿음, 이런 용기를 말한 적이 있던가요? 그건 저에겐 전대미문의 새로운 복음이었어요.

고명섭 간디는 어떻습니까?

김상봉 함석헌 선생이 간디 자서전을 번역도 하고 맨날 간디를 칭송해서 할 수 없이 읽었으나, 저는 간디에게서는 거의 아무런 감동도 받지 못했어요.

고명섭 왜 못 받으셨습니까?

김상봉 여기서 길게 말할 수는 없고 두 가지만 말씀드릴게요. 간디의 비폭력 저항은 3·1운동보다 나중이면 나중이지 앞서지 않아요. 식민지 지배 아래 놓인 민족이 아무런 무기도 들지 않고 맨주먹으로 그렇게 많은 사람들이 그렇게 오래 저항할 수 있다는 것을 보여준 건 아마 인류 역사에서 우리가 처음이었을 거예요. 게다가 3·1운동은 한 개인의 지도가 아니라 전 민중의 자각에 의해 일어난 일이므로 훨씬 더 가치 있지요. 그런데 그런 식으로 선후나 우열을 가릴 것 없이 그 자체로서 간디를 살펴보더라도, 그의 생각과 실천이 너무 앞뒤가 안 맞거든요. 인도에 대한 영국의 식민 지배에 대해서는 폭력적 저항을 거부하고 평화주의자 행세를 했던 간디가, 영국이 수행하는 전쟁마다 인도인들로 의용군을 조직해서 스스로 참전하기도 하고 또 남들에게도 권했다는 사실을 어떻게 받아들여야 하겠어요? 어떻게 피지배 식민지 민중의 저항에 대해서는 비폭력을 요구하면서 제국주의자들의 전쟁에는 아무렇지도 않게 참전해서 무기를 들 수가 있느냐고요. 그러니까 간디는 채식이나 할 줄 알았지 제국주의적 세계 체제에 대해서는 아무 생각이 없었던 사람이에요. 또 그러니까 영국 사람들이 좋아했겠죠. 우리 식으로 말하자면 친일파도 그런 친일파가 없어요. 실제로 식민 종주국에 대한 태도를 보자면 간디 자서전은 윤치호 일기와 별반 차이가 없어요. 백번 양보해서 인도의 사정과 조선의 사정이 같지 않다는 것을 감안하더라도, 저는 적어도 정치적 이성의 측면에서는 그에게 배울 만한 것이 그다지 많다고 생각하지 않아요. 그 점에서 저는 함석헌의 간디에 대한 존경심에 대해서도 전혀 공감하지 않고요. 함석헌은 동학을 미신적이라고 폄하하면서 간디는 무슨 예수나 되는 것처럼 숭상했는데, 거칠게 말하자면 그건 그분의 사상적 오점 가운데 하나예요. 저는 그런 의미에서 간디보다는 호찌민이 훨씬 더 위대한 정신이었다고 생각해요.

하지만 그 이야기는 접어두고, 제가 3·1운동이 위대하다 생각하는 것은 그게 단순히 무기를 들지 않은 평화적 저항이었다는 그 사실 하나 때문만은 아니에요. 3·1운동이 위대한 것은 동학농민전쟁을 일으킨 바로 그 민중이 무기를 내려놓고 총칼 앞에 맞섰기 때문이에요. 비겁해서 무기를 들지 않은 것도 아니고 무기를 들 줄 몰라서 들지 않은 것도 아니에요. 그것이 정신의 진보를 증명하는 사건이었기 때문에 위대한 겁니다. 그 이전까지 민중항쟁은 기본적으로 민란이었지요. 더 쉽게 말하자면 폭동이나 무장봉기의 성격을 띠었던 거예요. 그 마지막이 동학농민전쟁이고 안중근 의사 같은 분들이 수행했던 의병 전쟁이었지요. 그런데 3·1운동에 이르면 목적뿐 아니라 방법에서도 폭력을 지양하려는 새로운 정신이 등장하지요. 생각하면 동학도 그 철학 자체로 보자면 폭력 혁명의 이론은 아니에요. 하지만 역사 속에서는 어쩔 수 없이 무기를 들 수밖에 없는 상황이 있지요. 역사학자들은 해월 선생이 전봉준의 무장봉기에 대해 동의를 했느니 말았느니 입방아를 찧지만, 제가 보기에는 해월이 무장봉기를 처음에 반대한 것도 나중에 승인한 것도 너무나 자연스러운 일로 이해가 돼요. 그건 동학농민전쟁이 폭력에 중독된 폭도들의 폭동이 아니라 민중이 어쩔 수 없이 무기를 들게 된 의로운 봉기라는 것을 증명하는 거지요.

생각하면 해월 선생이 무장봉기를 애써 만류하는 입장이었던 것은 베트남의 호찌민 주석이 초창기에 애써 전쟁을 피하고 외교적으로 문제를 해결하려 했던 것과 같아요. 호찌민 역시 그런 유화적 태도 때문에 젊은 동지들의 혹독한 비판을 받았지요. 프랑스 당국과 대화를 통해 외교적 방식으로 베트남의 완전한 독립을 얻어내겠다고 프랑스를 방문하여 동분서주하는 호찌민을 향해 당시 북베트남 노동당의 제1서기이자 마오주의자로 유명했던 쯔엉찐은 혁명 과정에서 외부의 적보다 내부의 적이 더 위험하다고 대놓고 비판했지요. 하지만 참으로 민중을 사랑하는 지도자라면 누가 민중이 피를 흘리게 될 전쟁이나 폭력을 원하겠어요? 그건 모든 가능한 선택지 가운데 마지막으로 선택해야 할 대안이에요. 이런 것들을 생각하면, 역사를 평가하면서 무장항쟁이나 폭력적 저항이면 제대로 된 항쟁이고 비폭력 저항이면 나이브한 저항이라고 말하는 것도 아무 생각 없는 우스꽝스러운 관성이지요. 5·18에서 강경파와 온건파를 나누고 누가 더 옳았느냐를 따지는 것도 부질없는 일이고요.

그런데 3·1운동은 동학농민전쟁을 경험한 이 땅의 민중이 그 봉기와 실패의 경험 위에서 선택한 저항이기 때문에 더욱 위대한 거예요. 그것은 무기를 들 용기가 없기 때문에 선택한 비폭력이 아니라, 한 번 무기를 들었던 민중이 야만적 폭력 앞에서 맨몸으로 저항한 것이므로 폭력적 저항보다 더 큰 용기가 필요한 일이었지요. 그리고 그것은 함석헌이 말했듯이 새로운 시대가 요구하는 새로운 도덕적 자각의 발로였던 까닭에 세계사적 사건이었던 거예요.

5·18은 그런 심오한 역사의 최고봉으로서 동학혁명과 3·1운동을 합쳐놓은 사건이에요. 그건 간디 식의 일면적인 평화주의도 아니고 볼셰비키들의 뻔뻔한 권모술수나 폭력도 아니에요. 폭력은 자유의 이면이에요. 자기의 자유를 지키기 위해서는 자기를 침탈하는 타자를 폭력적으로 제압해야 할 때가 있거든요. 다른 한편 평화주의는 자주 비겁과 비굴의 이면이지요. 우리의 민중항쟁사는 자유를 지키기 위해 어쩔 수 없이 폭력에 호소하면서도 끊임없이 그 폭력의 역사를 넘어서 평화를 추구해온 역사예요. 5·18은 그 정점에 있는 거고요. 그런 의미에서 폭력과 비폭력은 양자택일의 문제도 아니고 하나가 옳고 다른 하나가 그른 것도 아니에요. 인류의 역사는 결국 폭력적 침략과 지배를 넘어 폭력 없는 만남을 향해 나아가야 하고 또 그렇게 되겠지만, 그 과정에서 인류는 끊임없이 시험에 직면하겠지요. 5·18은 평화로운 만남의 공동체를 지향하는 인류가 불의한 현실 속에서 직면할 수밖에 없는 시험 앞에서 인간이 제시할 수 있는 가장 고귀한 모범 답안을 계시한 것이라 할 수 있어요.

하늘나라의 계시

고명섭 그런 의미에서 선생님은 5·18을 하늘나라가 계시된 사건이라고 쓰셨는데, 저는 선생님의 「계시로서의 역사」[7]를 읽으면서 한편으로는 깊이 공감하면서도 다른 한편으로는 이런 해석이 어떻게 이해될 수 있을까 싶은 공연한 의구심도 들고, 또 5·18 이후 현재 광주의 상황 같은 것을 생각하면서 울적하고 복잡한 심사가 드는 것도 사실이었습니다. 과연 지금의 광주가 그런 찬사를 받을 자격이 있나 싶은 생각도들고…….

김상봉 여기서 제가 글로 썼던 이야기를 반복하는 것은 가능하면 피하고 싶습니다만, 그래도 간단히 말씀드리자면 우리는 어떤 신적인 것이 현상 세계에 나타나는 것을 계시라고 하지요. 이 말은 원래 기독교에서 유래한 말이지만, 기독교에서는 계시를 대단히 협소한 의미에서 이해하기 때문에 5·18을 두고 어떤 신적 진리가 계시된 것이라고 말하는 것은 기독교적으로 보자면 가능한 일은 아닙니다. 그러나 저는 특정한 종교의 신앙 고백과 무관하게 5·18을 하늘나라가 계시된 사건이라고볼 수 있다고 생각합니다.

고명섭 어떤 의미에서 그렇습니까?

김상봉 여기서 하늘나라란 죽어서 가는 천당이나 극락이 아니고, 인류가 꿈꾸어온 이상적인 사회를 뜻하는 이름이라는 건 두말할 필요가 없겠지요.

고명섭 물론입니다.

김상봉 그럼에도 불구하고 이걸 대동사회나 공산주의가 실현된 사회, 이런 식으로 부르지 않고 하늘나라라고 부른 건 그것이 지닌 초월성을 강조하기 위해서입니다. 다시 말해 이념으로서의 나라라는 것을 강조하기 위해서지요. 저는 그런 의미에서라면 예수가 하늘나라가 가까이 왔다고 선포한 것도 우리 사이에서 실현되어야 할 어떤 참된 나라에 대해 말한 것이라고 생각합니다.

고명섭 좋습니다. 그렇다면 예수가 선포한 하늘나라와 5·18의 차이

---

7 김상봉, 「계시로서의 역사: 5·18에 대한 종교적 해석의 시도」, 『신학전망』 제169호, 2010년 6월, 51~76쪽.

는 뭡니까?

김상봉 앞에서도 암시된 것이긴 합니다만, 모두 사랑의 나라라는 점에서는 차이가 없습니다. 하지만 예수가 말한 사랑은 오직 주관적인 도덕률이나 개인적 완전성의 척도로서만 제시되었던 것이지 정치적인 공동체 구성의 원리는 아니었습니다. 그 결과 하늘나라가 사랑의 나라인 것은 분명한데, 그게 어떻게 가능한지는 아무도 알 수 없는 일이 되었지요. 개인이 아무리 타인을 사랑한다 해서 그게 그대로 나라가 되는 건 아니거든요. 예수는 그토록 인간을 사랑했지만 현실적으로는 인간에게 버림받았잖아요. 그런 의미에서 보자면 예수의 하늘나라는 지상에서는 가능하지 않다는 의미에서 하늘나라일 수도 있는 거지요. 물론 소크라테스도 예수처럼 버림받은 건 마찬가지였다고 말할 수도 있고 그런 사례를 가지고 성공이나 실패, 의미나 무의미를 재단하는 건 어리석은 일이기는 하지요. 그러나 여기서 분명한 것은 예수가—이 점에서는 부처도 마찬가지인데—제시한 삶의 이상은 공동체가 아니라 철저히 홀로주체로서 개인의 완전성이었다는 거예요. 우스갯소리로 말하자면 그건 독신 남성의 완전성이었던 거지요.

그런데 우리가 간절히 원하고 필요로 하는 삶의 이상은 주관적 도덕률에 머문 사랑이 아니라 사랑에 기초한 공동체로서 나라예요. 그게 하늘나라인데, 그 나라로 가는 길을 알아야겠다는 것이거든요. 그건 어떤 종교도 철학도 보여준 적이 없어요. 한국의 근현대 민중항쟁의 역사는 바로 그 길을 스스로 모색해온 과정인데, 그렇게 찾아온 하늘나라가 5·18 항쟁 공동체 속에서 가장 순수한 형태로 계시되었다는 것이지요.

고명섭 그게 타인의 고통에 대한 응답 속에서, 헌혈의 피와 같이 나눈 주먹밥 그리고 수류탄으로 성육신한 사랑 속에서 나타났다는 말씀이지요.

김상봉 그렇습니다. 프롤레타리아 독재가 뭐냐고 묻는 사람에게 엥겔스가 파리코뮌을 보라고 대꾸했다면, 저는 하늘나라가 뭐냐고 묻는 사람에게 5·18을 보라고 말하고 싶은 거지요. 헌혈이란 피를 나누는 것인데 그것을 일반적인 방식으로 표현하자면 고통을 나누는 것이라 하겠습니다. 수류탄은 무기인데 그것은 불의와 더불어 싸운다는 뜻이지요. 하지만 여기서 싸움의 상징이 총이 아니라 수류탄인 것은 모두 같이 불의와 싸운다 하더라도 모두 똑같은 방식으로 싸울 필요는 없기 때문이에요. 그 다양성이 중요하지요. 마지막으로 주먹밥이란 같이 음식을 나누는 건데, 어떤 나라든 누구는 배불리 먹는데 누군가 굶고 있다면 그건 온전한 나라라고 말할 수 없어요. 같이 먹는 것이야말로 하늘나라의 조건이지요. 저는 5·18을 상징하는 이 세 가지를 성육신한 사랑이라고 표현하고, 또 거기 우리가 꿈꾸어온 '우리 모두를 위한 나라'가 계시되어 있다고 말하긴 했지만, 그 나라의 비밀은 아직 거의 밝혀지지 않은 것이나 다름없어요. 그렇게 백일하에 하늘나라가 계시되었는데, 사람들은 그 뜻을 알지 못하는 거지요. 그 뜻을 조금씩이나마 드러내려 한 것이 제가 해온 일이고 앞으로도 계속해야 할 일이에요.

고명섭 하지만 계시라는 것은 어디까지나 절대적이고 신적인 것에 대해 붙일 수 있는 이름인데, 5·18이라는 역사적 사건에 대해 그런 이름을 붙일 수 있겠느냐고 반문할 수 있지 않겠습니까? 막상 그 안을 들여다보면 세부에서는 이런저런 흠결을 찾아낼 수도 있을 거고, 또 지금에 와서 5·18 단체나 당사자들이 보여주는 그다지 아름답지 못한 후일담들을 생각하면 저도 광주에서 태어나고 자란 사람으로서 가슴이 아픕니다.

김상봉 제가 5·18이 하늘나라의 계시라고 말할 때 그것은 5·18이 하늘나라를 실제로 땅 위에 만들었다는 뜻이 아니에요. 여기서 계시의 뜻을 조금 설명할 필요가 있겠는데, 원래 기독교 신학적 용어인 계시란 말을 플라톤 철학으로 고쳐 표현한다면, 마치 종이 위에 그려진 삼각형이 순수한 삼각형의 개념을 우리의 정신 속에서 일깨워주고 상기시켜주듯이, 하늘나라가 5·18 속에서 계시되었다는 것도 5·18이 우리에게 하늘나라에 대한 전망을 일깨워주었다는 뜻이에요. 그러니까 5·18 항쟁 공동체 그 자체가 하늘나라라는 말이 아니라 5·18 항쟁 공동체라는 눈물의 수정 구슬에 하늘나라가 비쳤다는 뜻이지요. 이런 의미에서 우리는 현실에서 일회적으로 일어난 사건으로서 5·18과 그 영롱한 수정 구슬에 계시된 존재의 진리로서 하늘나라를 구별해야 해요. 신학자들이라면 영의 그리스도와 육의 그리스도를 구별해야 한다고 말했겠지요. 이 구분을 5·18에 적용한다면, 육의 그리스도가 5·18이라는 사건 자체라면 영의 그리스도는 그 사건을 통해 계시된 하늘나라라고 할 수 있겠지요.

다시 플라톤에 기대어 몇 마디 더 보태자면 먼저, 눈앞에 보이는 사각형 앞에서 삼각형의 이데아를 회상하지 않듯이 하늘나라의 이념 역시 아무 데나 깃들고 계시되는 건 아니에요. 그건 어디까지나 하늘나라가 계시될 만큼 특별한 사건 속에서만 계시되는 거지요. 그런 의미에서 5·18 항쟁 공동체가 하늘나라를 계시할 수 있었다는 것은 그것이 그만큼 순수하고 고상한 사건이었기 때문이에요. 그것이 비길 데 없는 전대미문의 사건이었던 까닭에 그 질그릇 속에 하늘나라의 빛이 비친 것이지요. 그러나 다른 한편에서 보자면 그것이 아무리 순수하고 고귀한 정신의 표현과 실현이었다 하더라도 역사적 사건에는 언제나 한계가 있게 마련이에요. 아테네 민주주의가 아무리 전대미문의 자유의 이념의 계시였다 하더라도 노예나 여성의 배제 같은 한계가 있었듯이, 역사 속에서 일어나는 모든 사건은 한계 속에서 그 한계를 초월하는 법이지요. 하지만 한계가 없으면 초월도 없어요. 그러므로 하늘의 빛은 언제나 땅의 어둠 속에 깃드는 법이지요.

5·18을 그 자체로서 보자면 그건 지옥도라고 하면 모를까, 에덴동산 같은 낙원은 결코 아니잖아요. 그런 의미에서 보자면 5·18을 가리켜 하늘나라의 계시라고 말하는 것이 가당찮게 들리겠지요. 하지만 5·18의 한 장면 한 장면을 편견 없이 바라보는 사람이라면, 그 지옥에서 사람

들이 짐승으로 전락하지 않고 도리어 합심하여 사랑이 넘치는 공동체를 만든 것에 대해 경탄하지 않을 수 없을 거예요. 이런 의미에서 보자면 5·18 공동체를 통해 하늘나라가 계시될 수 있었던 것은 5·18의 현장이 에덴동산이 아니라 지옥이었기 때문이에요. 무사태평한 상태에서야 누군들 도덕군자 행세를 못 하겠어요? 그러나 지옥에서는 너 나 할 것 없이 야비한 짐승이 되어버리지요. 지옥이 별거예요? 사랑이 부재한 곳이 지옥이지. 그런데 5·18은 지옥과도 같은 전쟁 상태에서 사람들이 사랑의 공동체를 이루었기 때문에 기적이라고밖에는 말할 수 없는 사건이에요. 기적은 초월적인 사건이란 말이고, 초월적인 사건이니까 계시라고 말하는 거지요.

흔해빠진 이야기처럼 들리지만, 다른 나라에서 흔히 국가 권력에 저항하는 봉기가 일어나고 일종의 무정부 상태가 되면 제일 먼저 일어나는 일이 약탈이잖아요. 그런데 그 많은 총기가 시민들 손에 쥐어져 있는 상태에서 총기 범죄가 하나도 없었고, 고립된 상태에서 아무도 사재기를 하지 않고 도리어 시민들이 먹을 것을 같이 나누었고, 처음부터 끝까지 동료에게든 적에게든 야비하지 않았으며, 이기든 지든 도리에 어긋나는 일을 하지 않았던 그 열흘을 두고 누가 기적이 아니라고 말할 수 있겠어요?

고명섭 그 점에 대해서는 적극 동의합니다. 그런데 광주의 현실이나 5·18 관련 단체나 당사자들 사이에서 나타나는 아름답지 못한 일들을 생각하면, 착잡한 마음이 들기도 하지요.

김상봉 그 말씀 이해 못 하는 것은 아닙니다만, 광주 시민들과 5·18 당사자들은 5·18이라는 사건을 통해 그분들이 기여할 것을 이미 다 하신 거예요. 그분들이 그 이후에 우스갯소리로 표현해서 5·18의 애프터서비스까지 책임져야 할 의무는 없어요. 그건 이미 그때 말할 수 없이 고통받고 상처받은 그분들이 아니라 그분들의 희생 덕분에 이나마 자유로운 세상에 살고 있는 다른 사람들이 맡아야 할 몫이지요. 최소한의 염치를 아는 사람들이라면 말이에요. 형식적으로는 국가가 기념일로 지정하고 보상을 했다고 하지만 한국 사회에서 여전히 많은 사람들이 5·18의 가치와 뜻을 무시하고 더러는 온갖 모욕적인 언사까지 서슴지 않는 상황에서 지금 우리에게 필요한 것은 5·18에 참여하고 고통받고 희생당한 분들에게 감사하는 마음이지, 인간적 약점을 빌미 삼아 그것을 폄하하는 일은 아니에요.

그런데 제가 이 문제에 관해 생각할 때마다, 이런 것보다 더 중요하게 하고 싶은 말이 있어요. '그것 자체'가 5·18의 비길 데 없는 가치에 속한다는 거예요.

고명섭 그것 자체라…….

김상봉 아 참, 내 말이 두서가 없군요. 5·18이 하늘나라의 계시라는 건 거기 참여했던 모든 분이 하나하나 천사 같은 사람이어서가 아니라는 뜻입니다. 정반대로 거기 참여해서 목숨을 걸고 싸웠던 많은 사람들이 그 자체로서는 천사가 아니라 흠이 많은 인간이었다는 게 5·18의 가치라는 거예요. 그러니까 한 사람 한 사람 떼어놓고 보면 결코 하늘나라가 그들 속에 계시될 수 없는 비루한 삶을 사는 사람들인데, 그들 가운데 하늘나라가 계시된 것이 놀라운 기적이라는 것이지요. 선생님, 혹시 '5·18 양씨'라고 들어보셨어요?

고명섭 …….

김상봉 이런 말을 공개적으로 해도 될지 조금 염려가 되지만, 5·18을 직접 경험하신 분들 사이에서 정말로 격의 없이 이야기를 할 때 우스갯소리로 쓰는 말인데요. '5·18 양아치'라는 말의 온건한 표현이에요. 5·18 양씨라는 표현에는 그들에 대한 가장 솔직한 인식이 배어 있지요. 5·18 이전이나 이후나 그들은 영웅이 아니고 그저 5·18 양씨들이었다는 거예요.

학자들이 글을 쓸 때, 5·18에 참여했던 주체들 가운데 가장 중요한 주체의 하나로서 기층 민중을 들잖아요. 좀 더 구체적으로 말하자면 당시 동네 조폭부터 시작해 철가방 들고 다니던 중국집 종업원, 철공소, 목공소부터 시작해서 소규모 공장의 공원 등, 한국 사회의 계급 사다리에서 가장 아래에 위치한 사람들의 참여를 강조해서 말하곤 하지요. 여성의 경우에는 시장 상인부터 거리의 여성까지 거기도 다양한 계층을 열거할 수 있겠지요. 당연히 거기에 마르크스주의적인 계급적 관점이 따라붙어서 기층 민중의 영웅적 투쟁에 대한 신화가 만들어지지 않겠어요?

고명섭 그런 신화는 저도 많이 듣고 읽었습니다.

김상봉 하지만 그런 신화가 신화인 건 알고 계시겠지요? 지식인들이 애써 기층 민중을 영웅시하는 것은 사실 그들을 배제하는 수사에 지나지 않아요. 우리가 5·18을 촉발한 사람들이 학생이라 해서 굳이 그들을 학생이나 지식인으로 분류하는 것이 5·18을 총체적으로 이해하는 데 별 도움이 되지 않듯이, 무장항쟁 과정에서 기층 민중 출신이 많이 참여했다 해서 그들의 출신 성분을 애써 강조하는 것도 5·18의 본질과는 어긋나는 일이에요. 5·18 항쟁 공동체 내에서 학생이 학생으로 철가방이 철가방으로 규정되었더라면 그것은 하늘나라의 계시라고 말할 가치가 없는 사건이었을 거예요. 그들은 다만 인간이었을 뿐이지요. 학생도 교수도 목사와 신부도 거리의 여인들도 그네들의 기둥서방도 철가방도 동네 조폭도 그 공동체 속에서는 기층 민중도 부르주아도 지식인도 아니에요. 그들은 모두 평등한 인간이었던 거예요. 그래서 위대한 역사였던 거지요. 그 열흘 동안, 그들은 모두 자유롭고 평등한 인간이었어요. 인간을 인간이 아니라 부르주아로 또는 기층 민중으로 나누고 차별하는 불의한 세계에서 그들은 적어도 그 열흘 동안은 누구도 누구를 차별하지 않는 벌거벗은 인간이었던 거예요. 5·18의 영속적인 힘은 거기 있습니다. 그 기억이 살아 있는 한 5·18은 죽지 않아요.

고명섭 그럼 여기서 5·18 양씨는 어떤 의미가 있을까요?

김상봉 그분들은 5·18 이전에도 양씨들이었고 5·18 이후에도 양씨들이었어요. 잠깐 눈부시게 비추던 빛이 암흑 속에 잠긴 뒤에 마치 베드로가 어부로 돌아갔듯이 그분들도 그분들의 자리로 돌아간 거예요. 누추하고 비루한 현실의 삶으로 말이에요. 하지만 아무리 그분들이 그이전에도 양씨들이었고 그 이후에도 양씨들이었다 하더라도, 그분들이 5·18 공동체를 같이 형성했다는 엄연한 사실이 지워지지는 않아요. 그때 그 자리에서 그들은 양씨가 아니라 정의의 투사이고 사랑의 천사였던 거예요. 그 변화를 가능하게 했던 것이 뭐겠어요? 그게 만남이에요! 만남! 5·18 항쟁 공동체를 참된 의미에서 우리 모두를 위한 나라, 곧 하늘나라의 계시로 만들어준 그 만남이 그들을 변화시켰던 거라고요. 라인홀드 니부어는 인간은 아무리 개인으로 선한 삶을 살 수 있다 하더라도 집단이나 사회 속에서는 악해진다고 말했지요. 이게 지금까지 일반적으로 통용되어온 고정관념이거든요. 그런데 5·18에서는 이 관계가 정확하게 역전되지요. 개인으로서는 양씨에 지나지 않는데 5·18 항쟁 공동체 속에서는 정의의 투사, 사랑의 천사가 된단 말이에요. 그럼 그 공동체의 비밀이 뭐겠어요? 만남이지요! 고립된 개인은 선할 수도 있고 악할 수도 있지요. 잘났을 수도 있고 못났을 수도 있어요. 그런데 참된 만남 속에서는 그 모든 것이 합하여 선이 되는 거예요.

국가의 폭력과 시민의 폭력에 대하여

고명섭 예, 그렇습니다, 선생님. 그런데 말씀을 들으면서 저도 여러 가지를 새롭게 생각하게 됩니다만, 여전히 남는 물음도 있습니다. 그중에 5·18과 관련해서 꼭 다루고 넘어가고 싶은 주제가 하나 있는데, 바로 폭력적 저항의 정당성에 관한 문제입니다. 사람들이 이 주제에 대해 말할 때는 그때그때 자기들이 선 자리에 따라 편의적으로 말하기 때문에 어떤 보편적인 척도나 기준이 없는 것 같습니다. 그런데 이건 5·18에 대해서도 마찬가지여서, 한편에서는 그것이 한국의 민주화에 지대한 공헌을 한 사건으로서 국가에 의해 공식적으로 기념되면서도 다른 한 편에서는 이유 여하를 막론하고 국가를 향해 무기를 들고 저항하는 것은 폭동이고 거기 참여한 사람들은 폭도들일 뿐이라는 고정관념이 대단히 널리 그리고 뿌리 깊게 퍼져 있는 것 같습니다. 5·18 기념 행사에서 「님을 위한 행진곡」을 부르는 것을 두고 논란이 이는 것도 그런 의식의 분열 때문이 아닌가 생각되고요. 이 문제에 대해서는 어떻게 생각하시는지요?

김상봉 때맞추어 말씀 잘하셨습니다. 아마도 이 문제를 다루고 5·18에 대한 이야기는 이제 매듭을 지어도 될 것 같습니다만, 저로서는 그 문제에 대해 크게 두어 가지 드리고 싶은 말씀이 있습니다. 먼저 국가권력에 대해 어떤 경우에도 폭력적으로 저항해서는 안 된다는 원칙은 어제오늘에 생겨난 것도 아니고 교양 없는 극우주의자들만 입에 올리는 말도 아닙니다. 나름대로는 오랜 역사와 배경을 가지고 있고 그런 만큼 정당성이나 타당성이 있는 원칙이지요. 이 문제에 관해 가장 유명한 예를 들자면 칸트를 불러올 수 있겠습니다. 칸트 연구자들이 공공연하게 입에 올리고 싶어 하지 않는 것이지만, 칸트는 인민의 저항권을 명백하게 부정했습니다. 맹자 식으로 말하자면 역성혁명을 부정한 거지요.

고명섭 예.

김상봉 그런 점에서 마르크스주의자들이 칸트를 비판한 건 조금도 이상한 일이 아니죠. 물론 마르크스주의자들도 자기들이 권력을 잡으면 예외 없이 칸트주의자가 되긴 합니다만…….

고명섭 자기들의 권력에 저항하는 것은 용서하지 않으니까요.

김상봉 남의 손에 있는 권력에 폭력적으로 저항하는 것을 고취하는 사람도 자기가 권력을 잡으면 딴소리를 하지요. 그런 점에서 여전히 국가에 대한 폭력적 저항의 정당성 문제는 아마 어떤 철학자도 명확하고 일관되게 논의한 적이 없는 문제일 거예요. 그런 의미에서 5·18은 국가에 대한 폭력적 저항이 어디까지 정당화될 수 있는가 하는 문제를 묻게 만든다는 점에서 철학적으로 대단히 중요한 사건이지요.

고명섭　어떻든 칸트의 관점에서 보자면 5·18은 폭도들의 폭동에 지나지 않는 사건일까요?

김상봉　그건 잘 모르겠습니다. 칸트가 과연 5·18 당시의 대한민국을 국가라고 인정했을지 아닌지 그걸 잘 모르겠어요. 5·18 시민군이 폭도인지, 계엄군이 폭도인지, 생각하기 따라서는 정반대로 볼 수도 있잖아요? 아마도 칸트는 그런 상황이 일어날 수 있다고는 예상 못 했을 거예요. 늘 하는 말이지만 그래서 서양 이론으로는 우리 현실이 설명되지 않는 경우가 너무 많아요. 지금 이 경우도 그런 거지요.

고명섭　그러면 선생님은 이 문제를 어떻게 보시나요?

김상봉　이 어렵고 복잡한 문제에 대해 이야기를 시작하면서 제일 먼저 분명히 말해두어야 할 것은 한 국가 내에서 한 집단이 다른 집단에게 폭력을 행사하는 것은 어떤 경우에도 정당화될 수 없다는 것입니다. 이것은 한 개인이 다른 개인에게 폭력을 행사하는 것이 어떤 경우에도 정당화될 수 없는 것과 같습니다. 집단이든 개인이든 어떤 이유로든 타인에게 폭력을 행사해서는 안 된다는 것은, 자연 상태가 아니라 시민 사회의 구성원으로서 우리가 입장의 차이를 떠나서 반드시 지켜야 할 최소한의 규범입니다. 이해관계가 다르고 생각이 다르다고 해서 개인이나 집단이 다른 개인에게 폭력을 행사하는 것은 용납되어서는 안 될 테러입니다.

고명섭　그럼 5·18에서 시민들이 무기를 든 것은 어떻게 보시나요?

김상봉　5·18의 경우는 테러라고 규정할 수 없습니다. 시민이 다른 시민을 향해서 무기를 든 경우가 아니기 때문이지요. 5·18의 시민군은 자기와 의견이 다르거나 이해관계가 다른 시민을 공격하기 위해 무기를 든 것이 아니고 거꾸로 비무장 상태에서 평화적인 방식으로 정치적 견해를 표명하는 시민들을 군사력으로 공격하는 집단에 저항해서 일종의 자위권 행사로서 무기를 든 것입니다. 이 지점에서 세밀하게 이야기를 해야 할 필요가 있습니다. 가장 먼저 분명히 해두어야 할 것은 국가의 이름으로 행해지는 모든 행위가 정당성을 가질 수는 없다는 사실입니다. 국가는 그런 의미에서 절대자가 아닙니다.

고명섭 그렇다면 언제 국가 권력의 정당성이 부정될 수 있습니까?

김상봉 다른 무엇보다 국가 권력이 비무장 민간인을 무력으로 공격하는 순간 국가 권력의 정당성은 정지됩니다. 무장한 군대가 무장하지 않은 시민을 공격하는 것은 집에서 기르는 개가 주인을 공격하는 것과 같습니다. 이것은 어떤 경우에도 용납될 수 없는 폭력입니다. 그다음으로 국가는 시민이 나랏일에 대해 의견을 표명할 권리를 부정해서는 안 됩니다. 흔히 나랏일에 대해 의견을 표명하는 것이 국가 공동체에 위험이 된다는 이유를 내세워 의견 표명 자체를 억압하는 경우가 있는데, 이것은 결코 정당화될 수 없는 폭력입니다. 나랏일에 대해 어떤 입장을 취하든 폭력이 아니라 이성으로 발언하는 한 위험할 일이 없습니다. 예를 들어 주사파든 서북청년단이든 그네들이 어떤 폭력도 행사하지 않고 오로지 차분하게 이성적으로 자기의 생각을 표명한다면 공동체 내에서 해가 될 것이 하나도 없지요. 하지만 그런 집단들이 나라 안에서 자기와 생각이 다른 사람들을 폭력으로 공격한다면 그건 용납될 수 없는 테러가 되겠지요. 그런데 이런 사정은 국가 권력의 경우에도 마찬가지예요. 권력 집단이 그 공공적 발언의 결과에 대해 두려움을 느끼고 공공적 발언을 폭력적으로 억압하기 시작하면, 그 국가 공동체 내에서 이성은 침묵하고 오로지 물리적 폭력만이 발언권을 가지게 됩니다. 그렇게 되면 시민 공동체 내에서 자기와 다른 의견을 가진 사람들을 이성적으로 설득하고 서로 대화하려는 정신은 사라져버리고 오직 권력을 장악하여 반대파를 폭력적으로 침묵시키려는 의지만이 남게 되겠지요. 그렇게 경쟁하는 집단들 가운데 하나가 국가 기구를 장악한다 하더라도, 그런 국가는 특정한 무리에 의해 사사로이 장악된 폭력 기구일 뿐, 결코 그 국가 구성원들의 총의에 의해 주권을 위임받은 정당한 공화국이라고 말할 수 없어요.

요약하자면 정치적 공동체의 성립 조건이 최소한 두 가지인데 하나가 소극적 원칙으로서 폭력의 금지라면, 다른 하나는 적극적 원칙으로서 자유로운 의견 표명의 허용이라고 하겠습니다. 이걸 어기는 자는 제재의 대상이 되겠지요. 그래서 폭력적으로 다른 시민을 공격하는 자는 국가 권력에 의해 통제되어야 하는 거지요. 그런데 국가 권력 자체가 저 원칙을 어길 때는 어떻게 해야 하겠어요? 이것이 지금 5·18과 함께 우리가 직면한 문제예요.

고명섭 정말로 국가 권력 자체가 폭력을 행사하는 경우에는 어떻게 대처해야 합니까? 그런 경우에는 인민의 저항권이 인정되어야 하는 것 아닌가요?

김상봉 예. 주인을 공격하는 개는 때려 잡는 수밖에 없겠지요? 하지만 이 문제에 관해서도 다른 의견이 있고, 저 역시 편파적으로 5·18을 옹호하고 싶은 생각은 없으니까 냉정하게 이 문제를 고찰하기 위해 다시 칸트에게서 시작해보지요. 아무래도 그가 5·18 시민군에게는 가장 불리한 고발자가 될 테니까요. 사실 칸트의 입장은 좀 과격하긴 하지만 특별히 예외적인 입장이라 할 수는 없습니다. 국가에 대한 시민의 저항권을 인정하지 않기는 홉스도 마찬가지였거든요. 잘 알려진 대로 그는 인간의 자연 상태를 만인 대 만인의 전쟁 상태로 상정한 뒤에 그 전쟁 상태를 종식시키기 위해서는 국가가 필요하다고 생각했지요. 그런 뒤에 칸트와 별로 다르지 않은 이유에서 그는 인민의 저항권을 인정하지 않았어요. 그 이유는 칸트도 홉스도 비슷한데, 아무리 나쁜 주권자의 통치라 할지라도 무법천지보다는 좋기 때문이랍니다. 그러니까 5·18에 관해서도 국가 권력이 아무리 불의하고 폭력적이었다 하더라도 시민은 그에 저항해서는 안 된다는 게 칸트의 입장이었다고 할 수 있겠지요.

고명섭 그 이유가 무엇인지 다시 한 번 간단히 말씀해주실 수 있습니까?

김상봉 인민의 저항권을 부정하는 서양의 철학자들은 국가 권력이 효력을 상실하면 사회는 자동적으로 무질서하고 폭력이 난무하는 만인 대 만인의 전쟁 상태로 전락할 것이라고 전제하고 있는 거지요. 그리고 그런 폭력과 전쟁 상태를 피하기 위해서는 어떤 경우에도 국가 권력의 권위에 도전하는 저항, 특히 폭력적인 저항은 용납되어서는 안 된다고 추론하는 겁니다. 그리고 한국에서도 이런 전제와 추론은 많은 사람들이 타당하다고 믿고 있지요.

고명섭 그런데 선생님은 다르게 생각하시는 거지요?

김상봉 이 문맥에서 제가 질문하고 싶은 게 있습니다. 홉스는 로마 시대부터 내려오던 속담에 기대어 "인간은 타인에게 늑대"(homo homini lupus)라고 주장했는데, 정말로 국가 권력이 없으면 사람들이 서로를 잡아먹는 늑대가 되는 겁니까?

고명섭 저는 그렇다고 생각하지 않지만 선생님 말씀을 계속 듣겠습니다.

김상봉 아마 홉스가 살았던 영국에서라면 그랬을 수 있다고 저도 생각합니다. 하지만 한국에서는 그거 거짓말이에요. 저는 본질적으로 유목민의 문화에 기초한 유럽에서는 그 말이 틀린 얘기는 아니라고 생각해요. 하지만 우리처럼 농경 문화권에서는 국가가 없으면 사람들이 서로에게 야수가 된다는 건 전혀 사실에 부합하지 않는 전제입니다. 우리가 제주에서 이야기를 시작했으니 여기서 제주 이야기를 좀 꺼내도 되겠지요. 워낙 유명한 얘기지만, 제주에 많은 게 셋이고 없는 게 셋이라고 하지요. 없는 셋이 뭐겠어요?

고명섭 대문과 거지와 도둑…….

김상봉 맞아요. 대문도 거지도 도둑도 없었다는 건 모두가 같이 나누어 먹었다는 말이잖아요? 그건 늑대들이 하는 일은 아니지요. 그런데 그걸 국가가 강요해서 한 건 아니거든요. 국가가 있든 없든 제주 사람들은 그렇게 평화롭게 더불어 살았다는 말이지요. 근데 거기서 지내다 보니 제주에 없는 게 하나가 더 있다고 하더라고요.

고명섭 뭡니까?

김상봉 조폭!

고명섭 그렇습니까?

김상봉 예. 요즘이야 제주시 같은 데 나가면 그런 게 전혀 없다고 할 수 있을지 어떨지 모르겠지만, 원래 제주에는 조폭도 없었대요. 있을 수가 없는 거죠. 한 다리, 두 다리 건너면 다 일가친척으로 엮여 있는데, 어떤 놈이 삼촌한테 일삼아 주먹질을 할 수 있겠어요?

조금만 생각해보면 이런 사례들은 어디서나 볼 수 있어요. 5·18 직후 체포된 사람들이 보안사에서 모진 고문을 당할 때, 같은 전라도 사람이면서 수감자들에게 유독 악질적으로 굴던 하사가 하나 있었대요. 하루는 수감되어 있던 분들 가운데 교수였던가 하여튼 나이가 좀 많은 분이 그 사람에게 그랬다는군요. 네 고향이 어디고 부모 형제가 무엇을 하는지 내가 다 알고 있다, 네놈이 계속 그렇게 수감자들에게 악질적으로 굴면 고향에서 편하게 살 수 있으리란 생각은 하지 말라고 그랬답니다. 그렇게 겁을 주니까 그 뒤부터는 그자의 거동이 눈에 띄게 누그러졌다고 하는군요. 마을 공동체에서 정말로 인심을 잃으면 사는 게 얼마나 힘들어지겠어요?

고명섭 충분히 공감이 가는 일입니다.

김상봉 이런 이야기를 하자면 비단 한국뿐 아니라 다른 나라의 경우에도 얼마든지 비슷한 사례를 찾을 수 있는데, 베트남에 가서 자주 들었던 이야기 가운데 식민지 시대에도 국가 권력은 도회지에서나 작동했을 뿐 농촌 마을은 자치 공동체를 이루어 생활하는 곳이 많았다고 하더라고요. 이런 일들을 생각해보면 국가 권력이 군림하고 있어야 사람들 사이에 평화와 질서가 유지된다고 생각하는 것은 적어도 한국처럼 한 곳에 정착해서 생활하는 것이 수천 년 동안 유지되어온 농경 문화권에서는 전혀 현실과 맞지 않는 허구이자 거짓말이란 것을 알 수 있어요.

사실을 말하자면 한국 사회에서는 그 거짓된 국가 신화의 정반대가 진실에 가깝지요. 홉스는 국가가 질서와 평화의 수호자라고 생각했지만, 한국의 경우에는 국가야말로 평화와 질서를 파괴하고 전쟁 상태를 초래하는 늑대라는 거예요. 다시 말해 우리 역사 속에서 국가 없는 인간이 야만 상태의 야수인 것이 아니라 국가야말로 인간을 잡아먹는 야수고 괴물이었던 적이 대부분이었어요. 국가가 없으면 사람들은 알아서 질서를 지키면서 평화롭게 잘 사는데, 국가라는 것이 불쑥 나타나 멀쩡한 사람들을 말 그대로 잡아먹는 거지요.

이를테면 해방 무렵의 한국 사회를 생각해보세요. 1945년 8월 15일 일본이 항복 선언을 하고 해방이 된 그 순간은 식민지 국가 권력이 정지된 시간이라고 할 수 있지요. 하지만 과연 이 땅에 살던 일본인이 한국인에 의해 무슨 폭력적인 피해를 입은 일이 있어요? 모두 멀쩡하게 자기 나라로 돌아갔지요. 같은 해 유럽에서 독일이 전쟁에서 패배한 뒤에 유럽 전역에 흩어져 있었던 독일인들이 현지 주민들에게 당했던 보복이 얼마나 폭력적이고 야만적이었던지는 필설로 다 표현할 수 없을 정도예요. 그에 비하면 한국인들은 패배한 일본인들에게 아무런 보복도 가하지 않았다고 해야겠지요.

그러니까 이 땅의 민중은 국가의 법이 있든 없든 양심의 법을 지키면서 살아왔던 거예요. 그런데 하나의 국가가 붕괴한 뒤에 새로운 국가를 세우겠다고 소란을 떨면서 국가의 이름으로 손에 무기를 든 자들이 그 무기를 가지고 평화를 가져다주는 것이 아니라 도리어 시민에게 야만적 폭력을 행사해온 것이 이 땅에서 국가의 역사였어요. 가장 대표적인 경우가 제주 4·3학살이고 5·18이었지요.

그러니까 우리의 문제는 어떻게 국가가 폭력적인 자연인들을 교화하고 사회에 평화를 수립할 수 있느냐는 것이 아니고, 어떻게 인간 백정이나 다름없는 폭력 국가를 통제하느냐 하는 것이 더욱 절박한 문제예요. 이런 관점에서 본다면 국가 권력에 대한 시민의 저항권이 인정되어야 하느냐 말아야 하느냐는 우리에게는 한가하고도 사치스러운 논쟁이지요.

고명섭 당연히 인정된다는 말씀이겠지요?

김상봉 물론이지요. 그것은 마치 집에 침입한 도둑이나 무장 강도에게 저항하는 것이 정당하냐 아니냐를 묻는 것처럼 어리석은 물음이지요. 자기의 생명과 재산을 빼앗으려는 도둑에게 저항해 싸우는 것이 인간의 자연권에 속하듯이 아무런 정당성 없이 시민의 자유와 생명을 위협하는 국가폭력에 저항하는 것도 인간의 자연권에 속하는 거예요.

홉스나 칸트는 아무리 악한 국가라도 국가가 없는 것보다는 낫다고 믿었지만, 그것도 우스운 말인 것이, 생각하면 칸트가 그리도 굳건하게 인간의 자율적인 이성을 신봉했으면서도 국가가 없으면 그 이성이나 양심이 한순간에 정지된다고 생각했다는 것이 얼마나 황당한 자기배반이에요? 그렇게 국가에 의해서만 유지될 수 있는 이성이고 양심이라면, 그까짓 게 무슨 대단한 이성이고 양심이겠어요? 순수 윤리학을 말할 때는 이성과 양심이 신의 명령도 국가의 법률도 초월하는 자율성이라고 주장하던 철학자가 프랑스 혁명 뒤에 자코뱅 과격파들이 루이 16세를 처형하는 것을 보고는 화들짝 놀라서, 국가가 없으면 사람이 이성도 양심도 질서도 없는 야수가 될 거라고 생각했다니……. 위대한 철학자의 소심함이 가련할 정도지요.

하지만 그런 이야기는 접어두고 사실에 관해서만 이야기하자면 적어도 한국 사회에서 문제가 되는 폭력은 언제나 국가폭력이지 시민의 폭력이 아니에요. 국가가 악의적이고 조직적으로 저지르는 폭력에 비하면 개인의 폭력은 아무것도 아니라고 해도 좋을 만큼 사소한 거예요. 한 개인이 아무리 악하다 한들, 그리고 아무리 힘이 세다 한들, 누가 혼자 힘으로 제주 도민 30만 명 가운데 3만 명을 학살할 수 있겠어요?

주권폭력에 대하여

고명섭 역시 이 문제에 관해서도 철학과 이론의 주체성이 정말로 절실하게 요구되는군요.

김상봉 물론입니다. 서양 이론을 그냥 갖다 대서는 한국 사회엔 설명되지 않는 일이 너무 많아요. 그런데 다시 우리의 주제로 돌아와 생각해보자면, 더 심각한 문제는 한국 사회에서는 국가폭력이 엄밀하게 말하자면 합법적으로 정립된 국가가 아니라 대부분 찬탈된 국가에 의해서 일어났다는 데 있어요. 우리 역사에는 아직 합법적으로 국가 기구가 정립되지 않은 상태에서 아무런 합법적 자격도 지니지 못한 무리가 스스로 국가의 주권자이고 합법적인 권력자라고 참칭하면서 시민의 자유를 폭력적으로 억압하는 일들이 때때로 일어났어요. 생각하면 4·3도 5·18도 모두 그렇게 찬탈된 국가 권력, 그러니까 사이비 국가 권력에 의해 일어난 사건이지요. 해방 후 남한 사회를 지배하던 미 군정 당국이 정당하고 합법적인 국가 권력이라고 말할 수 있겠어요?

고명섭 그건 점령군이지 국가 권력이라고 할 수는 없겠지요.

김상봉 그렇다면 그런 점령군의 하수인이라 할 수 있는 군인과 경찰도 마찬가지겠지요?

고명섭 그렇지요.

김상봉 그렇다면 박정희가 사망한 뒤 실질적으로 권력을 장악하고 있었던 신군부 일당을 정당한 국가 권력의 수행자라고 말할 수 있겠습니까?

고명섭 그렇지 않지요.

김상봉 그러니까 국가가 좀 국가다워야 국가 권력이 정지되는 예외 상태가 발생하지 않을 것인데, 국가란 것이 워낙 처음부터 불법적으로 찬탈된 권력이었던 까닭에 합법적 국가 권력이 존재하지 않는 예외상태가 우리 역사에서는 너무 자주 일어났어요. 5·18이 일어났던 1980년

5월은 그런 예외상태들 가운데서도 가장 전형적인 사례라고 말할 수 있지요. 유신 헌법에 의해 유지되던 국가가 실질적으로는 정당성을 주장할 수 없는 폭력국가였다는 것은 박정희 암살 이후 그 국가 체제가 지속할 수 없었다는 사실이 증명해주지요. 유신독재 국가가 정상적인 국가였다면 박정희라는 개인이 존재하지 않는다고 국가 체제가 그대로 존속하지 못할 이유가 어디 있겠어요? 그러나 유신독재 국가는 박정희 혼자만의 국가였던 까닭에 그가 죽어버리니까 더 존속할 수 없게 된 거지요. 요컨대 그건 국가가 아니었던 거예요. 이런 사정은 전두환의 이른바 제5공화국도 마찬가지예요. 그것 역시 전두환이 몰락한 뒤에는 존속할 수 없게 되었으니까요. 그렇다면 하물며 유신독재 국가와 전두환의 신군부 국가 사이의 빈 공간이라 할 수 있는 1979년부터 1980년 5월 사이의 기간이야 더 말해 무엇하겠어요? 그 기간이야말로 합법적인 국가권력이 존재하지 않았던 완벽한 예외상태였지요.

고명섭 헌법학자 카를 슈미트가 말한 예외상태 말입니까?

김상봉 예. 그가 말하기는 했지요. 그러나 정확하게 말한 것은 아니에요. 슈미트는 간단히 말해 비상사태에서는 오로지 주권자가 법을 초월하여 무제한의 권한을 가진다고 주장했지요. 그러니까 그런 비상사태에는 국가가 법에 의해 통치되는 것이 아니라 오로지 주권자의 의지와 결단에 의해 통치되는 것이므로 예외상태라고 한 것이지요.

고명섭 그런데 그게 어떤 의미에서 정확하지 않다는 뜻입니까?

김상봉 저는 그의 예외상태 이론이 옳으냐 그르냐를 두고 논쟁할 생각은 없어요. 비상사태에 주권자가 초법적 절대권을 가질 수 있느냐 없느냐에 대해서도 말을 보태고 싶지 않고요. 저는 그 이전에 주권자가 없는 상태가 있을 수 있다는 걸 생각하지 못한 게 의아할 뿐이에요. 그런 상태야말로 정말로 예외상태인데 슈미트는 그런 일이 일어날 수 있다는 것을 꿈에도 생각하지 못하고 아무리 비상사태라도 늘 주권자는 있다고 전제했던 거지요. 그것 역시 고상한 유럽인의 상상력의 한계라고 해야 할지 어떨지 모르겠지만, 어찌 되었든 여기 이 땅에서는 국가라는 것이 처음부터 너무도 난장판이니까, 경우에 따라서는 비상시에 질서를 회복하라고 초법적 권력을 쥐여 주고 싶어도 쥐여 줄 주권자 자체가 아예 존재하지 않는 상황이 벌어지는 거예요. 그 가장 대표적인 경우가 5·18 전후의 한국이었지요. 박정희가 사망하고 얼떨결에 대통령직을 승계한 최규하 대통령이 주권자라고 할 수 있겠어요, 아니면 그를 뒤에서 조종하고 있던 전두환을 주권자라고 할 수 있겠어요? 아니면 그 당시에 어떤 다른 기관이 주권자라고 나설 수 있었겠어요?

고명섭　아무도 정당하게 주권자라고 할 수는 없겠지요.

김상봉　간단히 말해 박정희의 사망과 함께 유신독재 체제라는 사이비 국가 기구 자체가 종말을 고하고 난 뒤에 주권을 정당하게 대표할 자가 사라졌다는 것인데, 이는 다르게 말하자면 합법적인 국가 자체가 존재하지 않았다는 말과 같아요. 국가를 사람에 비유하자면 그때 대한민국이라는 나라는 몸통은 살아 있지만 주체성의 장소인 의식을 상실한 식물인간이 되어 있었던 거지요. 그런데 이런 상황을 기존의 서양적 국가 이론으로 어떻게 설명할 수 있겠어요?

고명섭　여기서도 다시 이론의 주체성이 문제가 되네요.

김상봉　그러니까 5·18의 배경이 된 당시의 한국 상황은 다른 무엇보다 국가의 원초적 창설에 관해 수많은 철학적 물음들을 제기하는데, 그 물음들에 대해 기존의 철학이나 사회과학 이론으로는 도저히 대답할 수 없는 경우가 너무 많아요.

고명섭　구체적으로 어떤 것입니까?

김상봉　여기서 끝없이 이야기를 이어갈 수는 없으니까 꼭 하나만 이야기하고 5·18에 대한 우리의 대화를 매듭짓고 싶은데요. 그 하나가 국가 창립의 기초로서 주권폭력의 본질 문제입니다.[8]

8　김상봉, 「국가와 폭력: 주권폭력에 대하여」, 『철학의 헌정』, 161~90쪽.

고명섭 그게 정확하게 무엇에 관한 물음인지 설명을 좀 해주시죠.

김상봉 국가가 무엇인지에 대해 많은 설명이 있을 수 있지만, 그 가운데 국가가 강제력을 독점한다는 것에 대해서는 이의를 제기할 사람이 없을 거예요. 흔히들 국가의 세 가지 구성 요소로서 주권과 영토 그리고 국민을 드는데, 여기서 주권이란 안으로는 질서를 지키고 밖으로는 외부의 침략으로부터 자기를 보호할 수 있는 힘과 능력을 반드시 수반하는 것이지요. 그 힘이 없으면 국가는 안팎으로 존립 불가능할 테니까요. 어감이 좀 안 좋기는 하지만 그 힘이 추상적이고 도덕적인 힘이아니고 물리적인 힘이란 점에서 우리는 그런 힘을 주권폭력이라고 부를 수 있겠지요.

여기서 제가 묻고 싶은 것은 그 주권폭력의 본질이 과연 무엇이냐하는 거예요. 그런데 5·18은 '주권폭력이 무엇이냐' 하는 물음에 대해 새로운 대답을 해준 사건이에요. 정당한 국가 권력도 주권자도 부재한 상태에서 계엄군이 '우리가 주권폭력이야' 하고 나섰던 것이 5월 18일 0시였거든요. 그러면서 계엄령은 시민들의 모든 정치 활동을 금지했지요. 5·18은 그에 대한 이의 제기였어요. 왜 너희가 주권자냐? 또는 왜너희가 주권폭력이냐? 이것이 광주 시민들이 계엄군에게 던진 물음이지요. 하지만 이것은 단순히 군대나 경찰이 필요 없다는 뜻이라거나 그들의 업무나 권위를 무조건 인정하지 않겠다는 뜻은 아닙니다. 주권이 실질적으로는 정지된 예외상태에서 계엄군이 시민의 정치적 자유를 부정한 것이 문제였던 거지요. 사실 5월 18일 이전에도 당시 한국은 계엄상태였지만, 그때까지는 계엄령이 외부의 적으로부터 있을 수 있는 도발에 대비하여 나라를 지키겠다는 뜻이 강했지요. 그래서 시민들의 정치 활동을 금지하지는 않았습니다. 그런 한에서 순리에 따라 새로운 헌법 체제가 성립될 수 있으리라는 기대를 품을 수도 있었고요. 그런데 아무런 정치적 야심 없이 위기 관리에 충실했던 정승화 계엄사령관이 정치적 야심을 가진 신군부 집단과 대립하고, 전두환 일당이 계엄사령관을 체포하는 쿠데타를 감행하면서 비상계엄을 제주를 포함한 전국으로 확대하고 모든 정치 활동을 금지하면서 그에 대한 저항으로 5·18이 벌어진 거예요.

그러니까 전두환 일당과 그 수하의 군대가 '우리가 주권폭력이야'라고 선언한 것이 비상계엄 전국 확대였다면, 광주 시민은 그에 대해 도리어 '너희는 국가의 주권을 불법으로 찬탈한 반역의 폭도들이야'라고 대답한 것이 5·18이에요. 그리고 계엄군의 사이비 주권폭력에 맞서 국가의 기초에 놓여 있어야 할 참된 주권폭력이 무엇인지를 보여준 것이 시민군의 무장이었던 거예요. 그것은 오직 무장한 시민만이 주권폭력의 주체일 수 있으며, 시민의 정치적 자유를 박탈하고 시민에게 폭력을 행사하는 군대는 아무리 국가의 깃발을 내걸었다 하더라도 폭도에 지나지 않는다는 엄연한 진실을 보여준 거지요.

고명섭 그러니까 선생님은 지금 국가의 기초에 놓여 있어야 할 주권폭력이 오직 무장한 시민, 또는 그런 의미에서 시민군에게만 있을 수 있다는 말씀이시군요.

김상봉 예. 5·18은 시민으로부터 소외된 무력은 그것이 경찰이든 군대든 결코 주권폭력일 수 없다는 것을 말해주는 사건이지요. 그렇게 보면 고대 그리스와 로마에서 원래 군대가 언제나 시민군, 곧 시민 자신의 군대였다는 것은 국가의 본질에 비추어 볼 때 대단히 의미심장합니다. 그것은 주권폭력이 오직 시민에게 귀속할 때, 다시 말해 시민이 주권폭력의 주체일 경우에만 그것이 정당성을 가질 수 있다는 것을 말해주는 것이지요. 그에 반해 오늘날처럼 군대가 용병으로 이루어져 있다거나 시민과 유리된 상비군으로 조직되어 있을 경우, 그 군대는 언제라도 시민에게 총부리를 겨눌 수 있는 내부의 적으로 돌변할 수 있다는 점에서 정상적인 것도 바람직한 것도 아니라고 할 수 있지요.

고명섭 그렇다고 해서 지금 우리 시대에 모든 시민이 총을 든 군인이어야 한다고 주장하시는 건 아닐 테고요.

김상봉 당연히 그건 아니지요. 지금 우리 시대는 국가 간 전쟁의 시대에서 평화로운 공존의 시대를 열어나가야 할 과제를 안고 있으니까요.

고명섭 그렇다면 주권폭력은 어떤 방식으로 정립되어야 합니까?

김상봉 그 물음에 대한 대답이 5·18 시민군이에요. 다시 말해 주권폭력의 주체는 어디까지나 시민이어야 하지요. 그렇다고 해서 시민이 아무 때나 총을 들고 일어나면 안 되겠지요. 평화 시에 시민이 총을 든다면 그건 폭동에 지나지 않을 테니까요. 그런 의미에서 시민적 주권폭력은 정상적인 국가가 존립하고 있는 상태에서는 일어날 필요도 없고 일어나서도 안 됩니다. 그것은 언제나 국가의 보이지 않는 근거와 기초로서만 작동하는 일종의 초월적 힘인 거지요.

하지만 정상적인 국가 체제가 작동하지 않을 때, 다시 말해 예외상태에서는 시민의 주권폭력이 직접 현상할 수 있어요. 예를 들어 찬탈된 국가 권력에 의해 선포된 비상계엄처럼 내부의 적에 의해 시민의 주권이 짓밟힐 때나, 임진왜란처럼 외부의 적에 의해 주권이 정지상태에 들어간 상황이 전형적인 예외상태라 할 수 있지요. 그런 상황에서 계엄군에 맞서 싸운 시민군이나 왜군에 맞서 싸운 의병은 참된 의미에서 주권폭력의 주체라고 말할 수 있어요. 그런 예외상태에서만 벌거벗은 시민들이 자유롭게 결속한, 원초적인 주권자들의 서로주체성의 표현으로서 시민적 주권폭력이 비로소 현상하는 거지요.

고명섭 주권폭력의 기원을 우리 역사에서 찾는다면 의병이고 동학군이겠군요. 그래서 동학에서부터 의병, 3·1운동, 그리고 5·18까지 우리 역사의 흐름이 면면하게 이어져오는 것이다. 그것을 서구 사회과학적 언어로 굳이 번역을 하자면 그것이 주권폭력이다…….

김상봉 예. 오직 예외상태에서만 현실적으로 표출될 수 있는…….

고명섭 5·18을 두고 얼마나 많은 질문을 던질 수 있고 얼마나 깊은 생각을 할 수 있는지 새삼 경이롭다는 생각이 듭니다.

김상봉 물론입니다. 말을 이어가자면 아마 끝이 없을 거예요. 이를테면 강자의 폭력에 약자가 폭력적으로 저항할 때, 그것이 어디까지 정당하게 허락될 수 있는지, 그런 저항 폭력의 윤리는 무엇인지, 그런 문제들도 5·18을 통해 탐구해볼 수 있고요. 또는 지휘자 구자범의 5·18 30주년 기념 연주회와 관련해서 글에 썼던 것처럼,[9] 과연 역사가 미적으로 우월한지 아니면 그 역사를 묘사한 예술이 더 우월한지, 그런 것도 5·18과 함께 물어볼 수 있겠지요.

고명섭 그건 어떤 물음입니까?

김상봉 지금까지 서양 미학에서 중요한 쟁점인 것처럼 논의되는 미학의 중요한 화두 중의 하나가 예술미와 자연미의 대립이잖아요. 그게 처음에 플라톤과 아리스토텔레스의 대립에서 시작해서 나중에는 칸트와 헤겔 사이에서도 그 대립이 반복되지요. 이를테면 플라톤에게는 자연미가 더 우월하지요. 예술은 자연의 모방이니까. 그런데 아리스토텔레스는 예술미가 우월하다고 했지요. 기술은 자연의 결함을 교정하는 법이니까. 이렇게 시작된 논의가 칸트와 헤겔에서도 이어집니다. 5·18과 만나기 전까지 저는 서양 철학자들이 예술미와 자연미를 대립시키는 것에 대해 특별히 다른 관점이나 생각을 보태지 못했어요. 그런데 5·18과 만난 뒤에는 그 문제 자체가 좀 낯설어지더라고요. 그게 그렇게 대단한 문제가 되느냐는 의심도 들고.

고명섭 그렇게 낯설어진 이유가 뭐였습니까?

김상봉 저는 도리어 5·18과 관련해서 이런 물음을 던지는 것이 더 의미 있다는 생각이 들더라고요. 숭고와 아름다움을 그 자체로서 지니고 있는 역사적 사건이 있다 할 때, 역사 그 자체와 그것을 묘사한 예술 작품 가운데 과연 어떤 것이 미적으로 더 우월한가 하는 물음 말이에요. 한번 이 물음이 생기니까 자연미와 예술미의 대립보다 이 물음이 훨

---

9 김상봉, 「예술이 된 역사와 역사가 되려는 예술 사이에서: 광주시립교향악단의 5·18 30주년 기념공연에 부치는 말」, 『철학의 헌정』, 도서출판 길, 2015.

씬 더 심각하고 심오하게 다가오는 거예요. 사실 우리가 5·18 앞에 설때, 그런 질문 앞에 서게 되잖아요. 내가 철학자로서 5·18에 대한 진리를 다 길어낼 수 있을까? 이해한다고 이걸 말할 수 있을까? 하지만 내가예술가였더라면 질문이 달라지지 않았겠어요? 아무리 천재적인 예술적재능을 타고난 사람이라고 하더라도 이 열흘 동안의 5·18, 이 사건 앞에서 어떻게 해야 이 아름다움과 이 숭고를 다 재현할 수 있는가, 저는그 물음 앞에 반드시 설 거라고 생각해요. 풍경을 보면서, 자연을 보면서, 어떻게 내가 내 붓으로, 물감으로 이걸 다 그려낼 수 있나 하고 사람들이, 시인이, 또는 화가가 고민할 수 있겠지요. 하지만 5·18처럼 인간이 이룩한 역사야말로 예술가를 시험하는 진정한 시험 문제라고 생각하지 않으세요?

고명섭　그렇지요.

김상봉　과연 어떤 예술가가 5·18의 아름다움과 숭고를 다 길어낼수 있겠어요? 게으른 절충론으로 말한다면, 역사 자체가 아름답고 숭고한 까닭에 예술가가 그것을 재현하기 위해 분투하는 것이라고 생각하면 역사가 예술보다 우월하다 말할 수 있겠지만, 거꾸로 역사의 아름다움이나 역사의 숭고도 예술가의 재현을 통해서 비로소 빛 속에 드러나는 것이라고 말한다면 예술이 역사보다 우위에 있다 말할 수도 있겠지요. 그러나 어떻든 그 문제는 답은 고사하고 제가 과문해서 그런지 모르겠으나 아직 제대로 물어진 적도 없는 문제인데, 이것 역시 저한테는5·18이 처음으로 던진 물음이에요.

고명섭　5·18이 그런 물음까지 던집니다. 그런 걸 생각하면 5·18의열흘을 하나의 진리사건, 진리의 현현이라고 말하지 않을 수가 없겠습니다. 말하자면 영의 그리스도의 출현이다, 이렇게 이야기할 수도 있을것 같고요.

김상봉　5·18은 죽지 않고 살아 있는 역사예요. 살아서 우리에게 끊임없이 질문하는 역사지요. 그래서 진리의 현현이었던 거예요.

고명섭   그리고 그 진리인 서로주체성의 이념의 현실태를 거기서 확
인할 수 있다…….

김상봉   예. 그런 의미에서 5·18은 1980년 5월 광주에서 우발적으로
일어난 사건이 아니에요. 불의한 세계 내에서 서로주체성의 현실태로서
우리 모두를 위한 나라를 이루려는 이 땅 민중의 오래고 간절한 염원이
그날 그곳에서 하나로 맺힌 거예요. 지난 여러 세기 한반도 전체의 피와
눈물이 마지막에 그렇게 맺힌 거죠.

고명섭   그래서 그런 말을 많이 하죠. 20세기 내내 한반도의 역사는
단순히 작은 변방의 역사, 울부짖음이 아니고 그 자체가 보편성을 지니
기 때문에 우리가 통일을 이루어내고 이 분단 모순을 극복해낸다면 그
것은 한반도의 모순 극복이 아니라 세계적 차원, 세계사적 차원에서 모
순의 극복이라고요. 그것을 구체적이고 실감 나게 이야기해주는 경우를
별로 접해보지 못했던 것 같습니다. 그래서 저는 그런 담론을 많이 접했
는데도 불구하고 그것이 어쩐지 이상한 자기도취, 과대망상 또는 자신
의 초라함을 감추려는 몸부림 같은 것 아니냐 하는 생각을 했는데, 선생
님의 서로주체성과 5·18에 대한 진리사건으로서의 철학적 이해에 와
서 그 문제에 대해 새로운 인식의 지평이 열리는 것을 느꼈고, 그런 인
식에 이르게 된 것이 큰 기쁨이었습니다.

김상봉   고맙습니다. 저야말로 선생님 앞에서 5·18에 대해 이야기하
는 것이 일종의 시험을 치르는 기분이었는데, 그렇게 말씀해주시니 마
음이 놓입니다.

호남 차별

고명섭   그러면 이제 주제를 바꾸어서 5·18이라는 역사적 사건으로
부터 지금 우리 시대로 건너와 이야기를 이어갔으면 합니다. 선생님께
서 5·18을 이야기해오신 까닭은 그걸 통해 새로운 시대 또는 새로운

나라의 전망을 열어 보이기 위해서였을 텐데, 그 이야기를 하기 위해 먼저 지금 한국 상황을 진단하면서 이야기를 풀어가면 좋겠습니다.

저는 한국 사회에서 호남 차별의 문제랄까 아니면 중립적으로 지역 갈등의 문제랄까 뭐라고 표현해야 할지 모르겠지만 이 문제를 짚고 넘어가지 않으면 우리 이야기가 뭔가 추상적이라는 느낌을 떨쳐버릴 수 없을 것 같습니다. 이 문제에 관해서 선생님이 「영남 사람이 지역 차별을 말할 자격이 있는가」를 1999년에 쓰셨지요.

김상봉 그렇습니다.

고명섭 제가 처음으로 선생님을 뵈었을 무렵 쓰신 것 같습니다. 저는 이 글에 대해서 100퍼센트 동의하는데 영남 사람이 지역 차별을 말할 자격이 있는가, 말할 자격이 없다는 거죠.

김상봉 예, 그렇죠.

고명섭 이 글을 읽다 보니까 제가 어떤 영화를 보고 불쾌감을 느꼈던 기억이 납니다. 미국의 영화감독 중에서 진보적이라고 하는 올리버 스톤이라는 감독이 있습니다. 이 감독이 얼마 전에 한국에 와서 제주 강정마을에서 시위에도 참가하고 그랬던 사람인데, 중남미에서 미국이 저지른 횡포, 잘못을 고발하는 영화도 만들었고요. 「플래툰」이라는 베트남 전쟁을 다룬 영화를 만들었는데, 너무 미군 중심의 시각에서 영화를 만들었다고 해서 더 진보적인 사람들은 비판하기도 했지요. 그 사람이 1990년대 초에 만든 영화 중에 「하늘과 땅」이라는 작품이 있습니다. 베트남 전쟁의 후일담이라고 할 수 있는데, 그 영화에서 올리버 스톤이 남베트남 사람들의 잘못을 이야기할 뿐 아니라 미국과 대항해서 싸웠던 북베트남 쪽 군대의 잘못, 폭력도 고발합니다. 이를테면 북베트남 사람들이 여성을 강간하는 이야기도 들어 있습니다. 그러면서 남베트남도 아니고 북베트남도 아닌 제3자의 시각, 중립적 시각에서 사태를 객관적으로 보는 듯한 태도를 취하는 영화였는데, 그 영화를 보고 나서 기분이 좋지 않았습니다. 당신은 그런 말을 할 자격이 없다. 당신은 미국인으로서 베트남을 침략한 당사국 사람인데, 어떻게 자기 자신을 그렇게 역사적 맥락, 정치적 맥락에서 다 떼놓고 홀로 중립 지대에 서서 남쪽도 잘못했지만 북쪽도 잘못했다는 식으로 영화를 만들 수 있느냐, 그것은 도덕적으로 문제 있는 거다. 내가 볼 때 그것은 자기의 우월감을 보여주는 것이지 베트남 민중에게 다가가는 그런 태도가 아니다. 그런 생각이 들어서 영화를 보고 나서 불쾌했는데, 선생님이 쓰신 이 글을 읽다 보니까[10] 바로 그 독일의 젊은 정치가가 이스라엘에 가서 이스라엘 당신

---

10 "1991년 초 미국과 이라크 사이에 걸프 전쟁이 한창이었을 때, 나는 독일에서 유학중이었다. 그때 그 전쟁의 정당성을 놓고 독일에서는 여러 가지 비판적인 목소리들이 없지 않았다. 그것은 주로 미국을 비롯한 서방의 강대국들에게 향해진 것이었는데, 비판의 요지는 이라크의 쿠웨이트 침공에 대해 서방 세계가 정당한 응징의 한도를 넘어 지나친 보복을 가하는 것이 아니냐는 것이었다. …… 그렇게 전쟁이 한창이던 어느 날 독일의 녹색당 외교위원장 일행이 이스라엘을 공식 방문하여, 기자회견장에서 던진 말 한마디가 독일 정가에 커다란 파문을 불러일으켰던 적이 있었다. …… 그들 발언의 요지는 이스라엘을 향해 스커드 미사일이 날아오게 된 데에는 이스라엘의 책임도 없지 않다는 것이었다. 그러면서 그들은 이스라엘의 팔레스타인 정책을 넌지시 비판했던 것이다. 그들의 기자회견이 이스라엘 국민들을 얼마나 분노케 했을지는 짐작하기 어렵지 않다. 미사일이 날아드는 전쟁 상황에서 긴장할 대로 긴장해 있는 이스라엘 사람들에게 친선 방문차 왔다는 외국 손님이 '너희들에게도 책임이 있다'는 식의 훈계를 늘어놓았으니 그들이 어떻게 경악과 분노를 느끼지 않을 수 있었겠는가? 그러나 그 말을 처음 들었을 때, 나는 그다지 놀라지 않았다. 하물며 분노를 느낄 일은 더더욱 아니었다. 도리어 내겐 녹색당 일행이 팔레스타인 사람들의 입장에서 이스라엘의 잘못을 정면으로 지적한 것이 참신하고 용기 있는 행위로 여겨지기까지 하였다. 독일에서 보고 느끼기에 이스라엘 사람들은 자기들의 생존권이 위협받는 것에 대해서는 극도로 예민하게 반응하면서도 팔레스타인 사람들의 생존권은 인정하려 들지 않는 이기적인 사람들이었다. 마치 그들이 남에게 박해받은 것이 그들에게 남을 박해해도 된다는 권리를 주기라도 했다는 듯이, 자기만 살겠다고 팔레스타인 사람들을 박해하는 이스라엘이란 나라가 내겐 곱게 보이지 않았다. …… 그러니까 녹색당 외교위원장 일행의 지적대로 사담 후세인이 이스라엘을 향해 스커드 미사일을 쏘게 된 데는 이스라엘 사람들의 책임도 있는 것이 아니겠는가? …… 그러나 이들의 발언이 전파를 타고 독일에 전해졌을 때, 독일의 조야는 마치 미

574

들도 잘못이 있다고 했을 때 독일 사민당의 지도자가 그런 말을 해서는 안 되고, 그런 말 할 자격이 우리에게는 없다고 이야기를 한 대목, 여기서 그게 생각이 났습니다. 저도 선생님과 같이 그 사민당의 지도자가 역사적인 시야에서 현명하게 이야기했다고 생각했습니다.

김상봉 예, 그렇죠. 사실 글 자체는 별 내용은 없는 겁니다. 그때는 아직 제가 광주에 올 거라고 상상도 못 했을 때고, 지난번에 우리가 그 얘기를 좀 했기 때문에 보내드렸던 거고요. 저의 정치적 행보에 대한 하나의 증거 자료이기도 하고, 제가 한국 정치에 대해서 어떤 생각을 가지고 있었는가 하는 것에 대해서 그때그때마다 저의 입장이나 관점을 보여주는 문서들이 있을 수 있는데, 이것은 김대중 정부가 등장할 무렵 제가 한국의 상황을 어떻게 파악하고 있었는지를 알려주는 지표 같은 거죠.

고명섭 그 시절에 저는 이 지역 차별 문제에 대해 고민을 많이 했고 전북대 강준만 교수가 쓴 『김대중 죽이기』, 『전라도 죽이기』 그 외에 『인물과 사상』의 글들을 적극적으로 공감하면서 읽었습니다. 그럼에도 불구하고 이 논의를 공개적으로 자유롭게 하기가 참으로 어려웠던 지

사실을 얻어맞은 것처럼 경악했다. 그리고 여당이든 야당이든 가릴 것 없이 한목소리로 그들의 발언을 부적절하고 미숙한 발언이라고 규탄하고 나서는 것이었다. 그것은 나에게는 참으로 놀랍고 이해하기 어려운 일이었다. …… 그렇게 온 나라가 시끄러운 상태에서 며칠이 지났을 때, 당시 야당이었던 독일 사회민주당의 총재 한스-요헨 포겔 박사가 녹색당 외교위원장 일행의 이스라엘 발언에 대해 점잖은 어조로 행한 짤막한 비평은 나에게 숨이 멎을 듯한 충격이었다. 그는 "독일인은 독일인이라는 이유 때문에, 이스라엘에 대해서는 비록 객관적으로 옳은 말이라고 하더라도, 해서는 안 되는 말이 있다"고 말했던 것이다. 그 말을 처음 들었을 때, 나는 어쩌면 한 정치가의 영혼 속에 그토록 깊은 지혜와 순결한 양심이 깃들 수 있는지, 전율스러운 감동으로 한동안 말을 잃은 채 망연히 있었다. …… 그렇다. 때로는 말하는 것이 금지되어 있다 하더라도 그것이 옳은 말이기 때문에 위험을 무릅쓰고 해야 할 말이 있다. 그러나 때로는 '비록 옳은 말이라 하더라도' 어떤 사람이 해서는 안 되는 말도 있는 것이다." 김상봉, 「영남 사람이 지역 차별을 말할 자격이 있는가」, 『철학과 현실』, 1999년 봄호.

식 사회의 지형과 분위기가 있었던 것 같아요. 그런 것을 선생님이 이 글에서 지적을 해주셨는데, 이를테면 광주 문제를 접근하려고 할 때, 보수적인 입장에서 볼 때는 이등 국민이어서 배제의 대상이 되고, 진보 쪽에서 보자면 충분히 계급적으로 각성되거나 혹은 진화되기 이전 상태에 있기 때문에 광주에서 특정 정당에 몰표를 던지는 행위는 비난받을 수 있죠. 계급적으로 각성되지 못한 상태에서 지역에 얽매여서 몰표를 던지는 거니까. 그런 식으로 그 행위를 윤리적으로 평가하지 않거나 오히려 낮게 보는 것, 그러니까 보수는, 보수라고 할 수도 없지만, 수구 기득권인 영남 쪽 입장에서 볼 때 호남 지역은 배제의 대상이고, 노동운동을 포함한 진보 진영 쪽에서 볼 때 광주는 계급적으로 충분히 각성되지 못한 낮은 수준에서 지역주의 투표를 한다는 주장을 하는 경우가 많이 있었는데요. 선생님의 이런 글이 특히 전라도 사람들, 혹은 그 문제에 관심이 많은 사람들에게는 틀림없이 고맙다는 말을 들을 가능성이 있습니다. 그러나 다른 많은 진보적인 사람들한테는 나이브하고 소박한 사고에 갇혀 있는 리버럴리스트의 감상주의적인 태도라는 식의 비난도 받을 수 있는 글이 아니었을까, 그런 생각도 해봤어요.

김상봉 그 글은 『철학과 현실』에서 청탁받아 쓴 글인데 처음엔 아무 반향도 없었어요. 그 잡지 자체가 철학 잡지라서 보는 사람도 많지 않았거든요. 나중에 『한겨레』에서 인터넷 한겨레 토론방을 만들었는데, 그 토론방에 지역 문제에 대한 토론방도 있었어요. 거기 이 글이 실리면서 조금 읽혔던 것 같은데, 그러다가 지금은 잊힌 글이 되었죠. 그 글에 대해 진보 쪽의 반응은 들은 적이 없고요. 도리어 보수적인 입장에 있던 분의 반응은 기억나는 게 하나 있습니다만, 지금은 돌아가신 대학 시절 은사로서 박영식 선생님이 그 글을 읽고 잘 썼다고 칭찬을 하시더라고요. 그분은 부산 출신이고 김영삼 정부 때 교육부 장관을 지냈어요. 아주 보수적이지도 않았지만 그렇다고 특별히 진보적인 생각을 가진 분도 아니었는데, 아무튼 한국 사회의 주류에 속하는 분이 그 글에 대해 공감을 표하는 것을 보고 제가 글을 쓰길 잘했다는 생각을 했지요.

저는 예나 지금이나 불평등 문제에 대해 예민하게 반응하고 심각하게 고민해온 편인데, 불평등도 때와 장소에 따라 다양하게 나타나잖아요. 그런데 진보적 의식을 가진 많은 사람들이 한국 사회의 불평등 구조를 서양식의 불평등 구조와 동일한 것이라고 상정하고 계급적 불평등에만 주목하는 것에 대해 늘 비판적 거리를 유지해왔어요. 서양에서는 상상하기 어렵지만 한국에서는 다른 모든 차별과 불평등보다 더 심각한 불평등이 지역 차별과 학벌 차별이라고 하는 것은 조금만 현실을 들여다보면 알 수 있는 일인데 한국의 진보 세력이 그걸 무시하는 것이 이해하기 어려웠어요. 「영남 사람이 지역 차별을 말할 자격이 있는가」는 저의 그런 현실 인식을 표현한 글이었지요. 하지만 그 글은 이미 잊혔고, 상황은 그때보다 훨씬 더 나빠졌고…….

고명섭 저는 김대중 이후로 30년 동안은 전라도 사람이, 전라도와 인연이 있는 사람이 대통령 꿈꾸면 안 된다고 생각을 했어요. 지금도 마찬가지고요. 2007년도에 정동영 씨가 대통령 후보로 나왔을 때 안 되는 것은 당연할 뿐 아니라 어리석은 짓을 하고 있다고 생각했어요. 그러니까 노무현이 나오는 것이 너무나 당연하고도 타당한데 그걸 설명하자니 그렇고요. 제가 전라도 사람이라는 것 때문에 언어의 한계라고 할까, 핸디캡 같은 게 있습니다. 노무현 대통령이 열린우리당 창당할 때 그런 말을 했어요. "내가 10년 동안 전라도당 밑에서 머슴 노릇 했으면 됐지 더 하란 말입니까?" 그런 생각이 한편으로는 들었어요. 탄압받고 억압받은 전라도는 한국 현대사의 주류 기득권 세력에 맞서는 대항 세력의 근거지, 중심, 혹은 맏형이라는 이미지가 생겼어요. 그런데 영남은 한마디로 가해자이고 기득권 세력인데, 노무현으로 상징되는 영남 내부의 민주화 세력은 이것도 저것도 아닌 거예요. 이 가해자, 기득권 세력과 함께할 수도 없고, 그래서 전라도 쪽에 붙자마자 비슷한, 사이드에 위치하는 존재가 되는 거지요. 그러나 동시에 그런 위치에 있기 때문에 상대적으로 유리한 것도 있는데 만약에 노무현이 부산 출신이 아니었다면 그 상황에서 대통령 후보가 될 수 있었겠느냐? 저는 쉽지 않았을 거라고 생각하거든요. 일베라는 데서 5·18 희생자를 가지고 농담이라면서 "어머니 홍어 배달 왔어요, 택배 왔어요" 하는데, 있을 수가 없는 언어폭력이죠. 그런데 이런 문제 자체를 정면으로 응시하고 그것을 문제 삼으려면 감당을 할 수가 없는 거예요.

김상봉 5·18에 대한 이야기가 끝나기가 무섭게 이런 비루한 말을 나누어야 하는 현실이 정말로 너무나 비감합니다만, 그때나 지금이나 이게 우리의 현실이니 피할 수도 없는 일이지요. 이 문제에 대해 저는 먼저 선생님의 말을 좀 더 경청하는 편이 좋겠습니다만, 분명한 것은 호남 차별이 남아 있는 한, 한국인이 모든 미덕에도 불구하고 아직 하나의 국가를 건설할 자격이 없는 사람들이라는 거예요. 나라를 가질 자격이 없는 사람들이지요. 인류의 역사에서 한 3천년 전부터 국가가 출현했다고 한다면, 그것은 핏줄이나 지역에 의해 규정되는 자연적 유대를 공동의 이상, 공동선, 이익, 이것을 위해서 지양함으로써 가능했거든요. 하지만 한국인들은 아직도 국가의 일을 판단하는 데 자연적 유대 관계를 판단 기준으로 삼고 있으니, 그걸 생각하면 국가를 가질 자격이 없는 사람들이라 해도 되겠습니다.

고명섭 제가 앞에 말한 30년이라는 그런 생각을 공적으로 내보인 적은 한 번도 없습니다. 그게 사실 제 나름의 사실 진단인 거죠. 사태가 이렇게 되어 있으니 전라도 출신의 똘똘하다는 인간들은 30년 동안은 그런 꿈 꾸지 마라, 그건 불가능하다. 전라도에서도 대통령이 나올 수 있으려면 영남에서 부산하고 대구에서 번갈아 가면서 계속 나와야 된다. 그 말은 이명박이나 박근혜가 나와야 된다는 얘기가 아니라 제2의 노무현, 제3의 노무현이 계속 나와야만 한다는 것이죠. 제가 그런 사실 진단을 해놓았지만 이것이 타당한 이야긴가…….

김상봉 타당한 게 아니죠. 말씀을 하시니까 저도 요즘 광주에 살면서 느끼는 것이 예전과 또 다른데, 선생님이 지금 대통령이 30년 동안 나오지 않으리라고 말씀하시지만, 요즘 광주 정서는 대통령이 못 나온다는 게 문제가 아니고, 아예 전라도 사람들이 이등 국민이라는 게 문제예요. 이제는 이런 차별이 한국 사회는 물론이고 LA 교민 사회까지 이어진다는 것 아닙니까? 최근에 만난 동료 교수 한 분이 그러는데 미국의 LA에서조차 똑같이 차별이 반복된다는 거예요. 그렇다면 이런 사람들이 모여 하나의 국가를 이룬다는 게 가능한가, 그리고 그렇게 내적으로 반목하는 사람들이 모여 만든 국가가 정말 존재 가치가 있는가, 이런 나라가 국가로서 존재해야 하는가, 묻지 않을 수 없겠지요. 특히 이명박과 박근혜 정부가 들어서면서 호남 차별 문제가 더욱 심각해졌다는 게 제 생각입니다.

고명섭 선생님은 아주 노골적으로 말씀하고 계시는데, 그 이등 국민이라는 것을 저도 피부로 느끼죠. 고착화, 사실화 단계로 만들어가는 것 같고, 저는 우리 사회의 기득권 세력이 그 작업을 집요하게 하고 있다고 생각합니다. 이명박, 박근혜 정권이 6년밖에 안 됐는데, 그런 작업이 많이 진척됐죠. 김대중, 노무현 정권 10년은 50년 동안 만들어진 해방 후의 이 질서를, 상부 구조의 일부를 되찾음으로써 그 토대를 허물려고 했지만 턱도 없었고 전략도 제대로 돼 있지 못했고 그래서 토대 자체는 허물지 못한 채로 부분적으로 그 상처를 냈다가 이명박 정권으로 바뀌면서 급속하게 다시 복원되는 과정이라고 저는 생각합니다. 사실 이런 이야기를 하는 것 자체가 저는 거북합니다. 이런 이야기를 해봐야 저한테 득이 될 게 하나도 없어요. 이게 중립적 발언자의 지위를 박탈당하는 겁니다. 이게 용기 없는 거라고 할 수 있는지 모르겠어요. 그런데 강준만 교수조차도 황해도 출신이라는 자의식이 강했기 때문에 지역 차별에 반대하는 발언을 할 수 있었던 것이고, 선생님도 경상북도가 본적이고 부산 출신이기 때문에 상대적으로 자유로운 입장에서 말할 수 있지요. 언어가 자유로운 거예요. 그런데 저는 광주 출신이기 때문에 어떤 발언을 하더라도 중립적인 언어가 될 수 없어요.

김상봉 저도 경상도에서 나고 자란 사람이기 때문에 중립적이지는 않지요. 그런데 저는 이 문제에 관해 선생님이 느끼는 그 자기검열을 뛰어넘을 필요가 있다고 생각해요. 무슨 문제든지 당사자가 말하는 것이 가장 중요하고 힘이 있지요. 당사자가 항의하기 시작하면 주변 사람들이 처음에는 '조용히 해, 조용히 해!'라고 말하겠죠. 그럼에도 불구하고 계속 항의하면 비로소 그것이 공론화되고 또 변화되지 않겠어요? 그런데 당사자가 그 문제를 공론화하는 것 자체를 부담스럽게 여긴다면 아예 변화의 가능성 자체를 포기하는 것일 수 있잖아요? 어쩌면 그거야말로 호남 차별을 조장하는 사람들이 바라는 일일 수 있지요. 그러니까 자꾸 말해야 돼요. 그게 제 생각이에요.

똑같은 문제는 아니지만 학벌 차별에 대해서도 상황은 비슷한데, 학벌 때문에 차별받는 사람들이 그 차별에 대해 당당하게 항의하지 못하기 때문에 문제가 더욱 악화되는 것이기도 하거든요. 그런 침묵 자체가 차별을 당연한 것으로 만드는 것이기도 하고. 그러니까 자꾸 말을 해야 한다고 생각해요.

고명섭 그 말씀은 틀린 것이 아니지만, 현실에서는 정말로 어려운 일이기도 하지요. 예를 들어 국정원의 선거 개입 문제에 대해 국회에서 청문회가 열렸을 때 권은희 수사과장이 소신 있게 발언했는데, 누군가 '광주의 딸'이라는 말을 했잖아요. '역시 광주 출신이구나' 할 수도 있지만 그 말의 효과는 결국은 낙인찍기이고, 그 발언 자체의 중립성에서 나오는 말의 진리 가치를 잃어버리게 하는 결과가 되거든요.

김상봉 낙인이 된다는 거죠? 그 말씀을 하시니까 정말 한심하고 화가 납니다. 광주에 살면서 그런 이야기를 가끔 들을 때마다 경악할 때가 많습니다. 얼마 전에 들은 얘기로 이런 체험담이 있었어요. 저보다 연배가 위인 분인데 광주에서 고등학교를 나오고 서울대 경제학과에 진학을 했던 분입니다. 그분 말이 과외 신청을 하러 학생처에 갔는데 학생도 신청서를 쓰지만, 과외를 하겠다는 수요자 쪽에서도 신청서를 써 내는 게 있지 않았겠어요? 그런데 신청서에 출신지를 쓰는 난이 있었다는 거예요. 그런 것이 필요했던 까닭은 수요자 쪽에서 과외 교사를 신청할 때 전라도 출신을 기피하는 경우가 많아서였다고 하더라고요. 저는 학창 시절에 그런 일로 학생처를 다녀보지 않아서 그게 일반적인 경우인지 아닌지 판단할 수는 없는데, 명색이 한국 최고의 대학에서 그런 일을 용납했다는 것 자체가 이해가 안 되었어요. 그리고 이런 나라를 나라라고 할 수 있는지, 절망과 분노는 말할 것도 없고……

　고명섭　저는 그런 일이라면 한도 끝도 없이 이야기할 수 있습니다. 저로서는 아무튼 제가 생각했던 것보다 많이 말을 한 건데, 민감한 문제일 수도 있지만, 이 나라의 이런 잘못된 상태를 바꾸는 길은 통일밖에 없습니다. 전라도 출신인 저로서는 원초적 통일주의자일 수밖에 없어요. 삼팔선 걷어내지 않고서는 이 질서가 바뀌지 않습니다.

　김상봉　그 점에 대해서는 저도 전적으로 동감입니다. 지역 차별 문제와 통일 문제가 분리할 수 없이 엮여 있다는 것을 이해하지 못하는 사람들이 많은데, 지금 한국의 지배계급은 박정희 이후 복잡하게 말할 것 없이 경상도를 지역적 지지 기반으로 삼고, 전라도를 내부의 적 또는 내부 식민지로 만듦으로써 권력을 유지하려 하지요. 그런데 이런 식의 반민족적인 분할 통치 수법은 통일이 되면 실현하기가 거의 불가능해지겠지요. 국경선이 위로 올라가는 순간에 경상도 헤게모니는 지금처럼 유지될 수가 없거든요. 북한 사람들이 영남 정권에 줄 서라는 법은 없으니까요. 그런 의미에서 현재 한국 사회를 지배하는 지배 세력은 원초적인 반통일 세력이라고 해야겠죠.

　그러니까 이런 문제에 대해서도 이제는 공공연히 말하기 시작해야 된다고 생각합니다. 물론 차별의 피해자들인 전라도 사람들이나 광주 시민들이 이런 말을 하는 순간 다시 낙인찍기가 시작되겠지만, 그래도 이제는 그런 문제 제기를 당당히 할 때가 되었다고 생각해요. 그런 의미에서 여기서 나고 자란 분들이 이 문제를 먼저 제기하고 저 같은 사람이 뒤에서 밀고 하는 그런 모양으로 논의가 시작되면 좋겠습니다. 우리가 앞에서 5·18에 대해 말했지만 이제는 5·18에서 보여준 물리적 저항의 용기가 정신적 질문의 용기로 바뀔 때가 되지 않았을까 하는 생각도 하지요. 결국 정신의 진보가 역사의 진보를 이루는 법이니까요.

30여 년 전에 계엄군이 물리적으로 광주 시민을 공격했다면, 지금 우리가 목격하는 것은 전라도 사람에 대한 정신적 테러 아니겠어요? 어쩌면 그것이 훨씬 더 사악한 폭력일 수도 있지요. 하지만 그 경중이 어떻든지 간에 그렇게 인간을 배제하고 낙인찍는 모든 미개한 이데올로기에 대한 정신의 투쟁을 시작하는 것은 지금 우리 시대의 깨어 있는 시민의 절박한 과제예요. 그런 식의 내부 식민지를 만들면서 온전한 국가를 이룰 수는 없는 일이거든요. 게다가 그런 정신으로 무슨 통일이 가능하겠어요? 결국 분단 상태에서 다시 내부적으로도 갈가리 찢어져 강대국들 사이에서 빌어먹기에 딱 알맞은 백성이죠. 그걸 원치 않는다면 이제는 형식적 민주주의에서 한 걸음 더 나아가 내부의 미개한 분단선을 걷어내고 온전한 시민 공동체를 형성할 필요가 있지요. 그것을 위해 결국 그 차별의 피해자들이 입을 열어 말하는 용기를 가져야 한다고 생각해요.

고명섭 선생님이 저한테 과제를 주시는데, 어쨌거나 패배의 내면화라고 할까, 말이 정직하게 가닿지 못하고 왜곡되거나 방향을 역으로 틀어서 돌아오는 문제들에 대해서 항상 생각을 합니다. 그러니까 저 자신은 복잡합니다. 제 고향, 제 출신 그런 것에 대해서, 5·18 문제 자체에 천착할 때는 자랑스럽기도 하죠. 예를 들면 2002년에 광주 민주당 경선에서 노무현이 일등을 했을 때 가슴이 벅찼고 제가 그때 만세를 불렀어요. 오늘 이걸로 해서 전라도 사람들이 정당하다는 것이 입증되었다. 광주 사람들이 무슨 편견에 사로잡혀가지고 몰표를 던져온 것이 아니다. 그렇게 해서 노무현이 대통령으로 당선이 됐고 그것은 말하자면 광주가 정치적으로 정상화된다고 할까, 말하자면 광주가 말의 시민권을 얻는다는 의미가 있었던 거죠. 그런데 그런 시민권이 도로 상실되는 경우가 뭐냐면, 권은희 씨가 용기 있게 내부 고발을 했고 민주 사회라면 그 사람에 대해서 제대로 평가를 해야 하는데, '광주의 딸'이라는 말이 나오자마자 풍선 바람 빠지듯이 말의 권리를 잃어버리는 거예요. 그 문희상이라는 분이 정말 어리석었다, 난데없이 '광주의 딸'이라는 말을 해서는 판을 다 엎어버리느냐? 그걸 감췄어야지. 그런 말을 주위에서 들었어요. 이런 상황이란 말입니다.

김상봉 맞습니다. 저도 그 상황을 보면서 너무 황당했어요. 한국 사회에는 옳고 그름, 선과 악의 기준이 당파성이에요. 같은 편이면 무슨 짓을 해도 옳고 다른 편이면 무슨 짓을 해도 다 틀렸다고 생각하니, 이런 사람들이 하나의 나라를 세우기는 어렵지요. 그런데 그 당파성이라고 하는 것도 무슨 이념에 입각한 당파성이 아니라 지역에 기반을 두고 우리와 남을 가르는 것이니까, 그 미개함이란 이루 말할 수가 없지요. 이 땅의 지배 세력은 도리어 국민을 내부적으로 분열시킴으로써 자기들의 권력을 지키려고 하니 이런 나라에 무슨 희망이 있겠어요.

고명섭 갑자기 서양 속담이 생각납니다. 분열시켜 지배하라(Divide and rule)!

김상봉 그게 원래 '디비데 에트 임페라'(divide et impera)라고 로마인들이 다른 민족, 다른 나라를 침략하고 지배할 때 적용했던 원칙이에요. 자기 나라의 국민을 상대로 그 원칙을 적용하는 자는 독재자밖에 없어요. 아니면 외세의 대리인이거나.

하지만 한번 생각해보세요. 지금 한국에서 아무리 보수적인 사람이라도 자유와 민주주의의 가치 자체를 부정하지는 않을 거예요. 설령 독재적인 방식으로 권력을 행사하면서도 독재자 소리를 듣고 싶어 하는 정치인 역시 없을 거고요. 그런 점에서 민주주의는 우리 모두 인정하고 있는 국가의 이상이라고 말해도 되겠지요. 감히 누구도 민주주의의 가치 그 자체를 부정하는 사람은 없을 거란 말이에요. 그런데 그 과정에서 결정적인 지점들이 있지 않습니까? 1960년 4월, 1979년 10월 그리고 1980년 5월. 그런데, 어 광주네? 그렇게 민주화의 대의와 전라도라는 지역이 겹치는 순간, 민주화의 역사 자체가 마치 남의 일인 것처럼⋯⋯.

한국 민주주의 역사 그 자체가 단지 지역적으로 전라도와 두드러지게 겹친다는 이유 때문에 그토록 능멸된다고 하는 것은 아직 우리가 국가이성이라는 것을 가지고 있지 않은 백성이라는 말과 똑같아요. 나랏일에 대해 옳고 그름을 따질 때, 국가 전체를 위해 좋은 것과 나쁜 것이 무엇인지를 묻지 않고, 말하는 사람의 출신지가 어딘지를 묻고는 그 출신지에 따라 말 자체의 옳고 그름을 판단하는 사람들이 무슨 가치 있는 일을 더불어 이룰 수 있겠어요?

고명섭 2007년에 김용철 변호사의 삼성 비자금 폭로가 나왔을 때도 똑같은 말이 나왔어요. 김용철이가 전라도 출신이라 저런다. 그래도 그때는 노무현 정권이었기 때문에 그 말이 위력을 덜 발휘했단 말이에요. 그런데 그런 말이 나왔습니다. 거기에 관심 갖고 싶지 않은 제 귀에도 들렸어요.

김상봉 그런 비극을 끝내기 위해 저는 두 가지를 개인적 과제로서 늘 마음에 품고 있습니다. 먼저 철학자로서 오늘날 한국 사회에서 박정희로 상징되는 경상도 권력이 지향해온 가치가 얼마나 저열한 것인가를 명확히 드러내고, 그에 비해 전봉준에서 윤상원까지 전라도가 지금까지 한국 현대사에서 지향해온 가치가 얼마나 소중한 것인가를 철학적으로 말하는 것이 하나의 과제입니다. 다음으로 광주에서 살고 가르치는 사람으로서 단지 이념의 차원에서가 아니라 현실에서 어떤 탁월함을 실현해 보여주는 것이 또 다른 과제라고 생각하고 있습니다. 제가 여기서 무엇을 얼마나 이룰지 저도 알 수 없지만, 최소한 여기 사는 사람으로서 좋은 학자가 되고 좋은 선생이 되는 것부터가 먼저겠지요.

그런데 이 문제와 관련해 앞에서도 비슷한 말이 나왔지만 개인이 아니라 나라 전체로 보자면 통일 문제가 정말로 중요하다는 것도 한 번 더 말씀드려야겠습니다. 함석헌이 그랬지요. "먼저 하나의 민족이 됩시다." 민족은 핏줄이 만들어주는 것은 아니에요. 더 높은 하나를 이루겠다는 열망, 전라도니 경상도니 충청도니 하는 협소한 당파성에서 벗어나 그 모든 것을 아우르는 전체, 그 어떤 부분에도 갇히지 않으면서 또한 그 모든 것이기도 한 더 높은 하나를 이루고자 하는 열망, 마지막에는 통일에 대한 열망까지 나아갈 그 열망이 없으면 이 땅에 아무리 많은 사람들이 모여 산다 하더라도 우리 모두는 모래알과 같아요. 그 모래알들이 아무리 많다 한들 무슨 일을 도모할 수 있겠어요?

남북통일과 민족주의

고명섭　저도 최종적으로는 그렇게 생각합니다. 개인적으로 갖는 딜레마, 이념적 딜레마라고 할까 정신적 딜레마라고 할까, 저는 어찌 보면 급진적이라고 해도 좋을 사람입니다. 그런데 저는 제 급진성을 내보이기 위해서 혹은 거기에 그 자체로 정직해지기 위해서 이 현실, 이 국면을 외면할 수가 없어요. 이 땅에 삼팔선이 있는 한, 휴전선이 있는 한, 이 급진은 통하지 않는다, 저는 그렇게 생각합니다. 민주주의의 급진성이라든가 계급적인 차원에서의 급진성이라든가 그런 식의 정치적 급진성을 실천해나가는 과정이 단순히 유희나 자기만족이나 어떤 섹트주의나 동아리주의가 아닌, 현실적인 힘이 되려면 휴전선을 걷어내야 한다는 생각을 하는 겁니다. 급진놀이 하다가, 저한테는 놀이로 보입니다, 전라도 사람들은 계속 이등 시민으로 살란 말이냐. 경상도 사람들은 얼마든지 급진놀이 해도 살 수 있어요. 현실적으로 국가보안법 위반만 안 하면. 그러나 전라도 사람들은 이등 시민이라는 상황을 그대로 두고 급진놀이를 할 수가 없어요.

김상봉　독자들은 급진놀이라는 걸 이해를 못 할 거예요. 급진놀이라는 게 뭡니까?

고명섭 선생님 앞에서 이렇게 말씀드려서 죄송하지만, 우리 사회의 진보 정당이라고 하는 정당들, 선생님께서 몸담고 계셨던 진보신당, 지금의 노동당, 거기에서 논의되는 가치들에 제가 동의하지 않아서가 아니라, 그것을 구체적으로 실현하기 위한 현실적인 정치적 토대, 여건을 상정해 볼 때 이것은 실현하는 데 시간이 걸릴 수밖에 없고, 휴전선이 그대로 있는 한, 남북이 이렇게 대결하는 상황, 박근혜가 하듯이 교묘하게 관리하는 방식으로 이것이 지속되는 한, 이 땅의 이 기괴한 형태의 내부 식민지가 해소될 수 없다는 거지요.

김상봉 저도 전적으로 동의합니다. 선생님이 그 말씀을 하시니까 드리는 말씀인데, 제가 예전에 진보신당 강령을 기초할 때 당원들 사이에 미리 공유된 생각들을 결집해서 문서를 만들었지만, 저의 개인적인 의지가 어느 정도 반영된 부분도 있었습니다. 그런데 그 가운데 하나가 통일 조항이었어요. 강령 전문에서 남과 북이 통일된 나라가 우리가 지향해야 할 목표라고 설정했지요. 강령을 다루는 대의원 대회에서 논란이 없지는 않았지만, 다행히 원안대로 통과되었습니다. 그 당시 민주노동당에서 분당해 나온 지 얼마 되지 않은 때라 진보신당 당원들 사이에선 자라 보고 놀란 가슴 솥뚜껑만 봐도 놀란다고 통일 이야기만 나오면 다소 경직되는 면이 없지 않았는데, 제가 진보신당에 잠입한 주사파라고 대의원들을 웃겨서 딱딱한 분위기가 좀 누그러졌지요.

아무튼 통일 문제는 제가 통일지상주의자라고 말해도 좋을 정도로 중요한 일이라고 생각하고 있습니다. 제가 베트남 사회과학원 객원교수라 베트남 사람들을 자주 만나는 편인데, 베트남 사회과학원의 철학원장이 연구 책임자가 되어 수행하는 민주주의에 관한 공동 연구에 참여한 적이 있어요. 그래서 저도 하노이에 가서 한국 민주주의의 성과와 한계에 대해 발표를 하고는 저녁에 같이 식사를 하는 자리에서 제가 물었습니다. 혹시 여러 나라 민주주의의 제도와 역사를 연구하는 것이 베트남이 언젠가 공산당 일당 체제를 폐지하고 다당제 민주주의 제도를 받아들일 용의가 있기 때문이냐고 물었더니, 당연하다는 듯이 그럴 수 있다고 하더군요. 베트남을 위해 일당제가 좋으면 일당제를 하고 다당제가 좋으면 다당제를 하겠다는 거지요. 그러면서 뭐라고 덧붙이는지 아세요?

고명섭 뭐라고 하던가요?

김상봉 베트남은 먼저 통일을 이루었기 때문에 일당제를 해도 되고 다당제를 해도 되지만, 한국은 분단 상황이기 때문에 일당제를 해도 문제고 다당제를 해도 문제라고 하더라고요. 일당제를 하면 김일성처럼 하고 다당제를 하면 박정희와 그 딸처럼 하는 게, 모두 분단 때문이라는 것 아니에요? 그런 말을 외국인에게 하기 쉽지 않은데, 이제 가족처럼 친해졌으니까 솔직하게 말을 하는 거잖아요. 근데 얼마나 가슴이 아프던지…….

고명섭 그런 말씀을 들으면서 생각을 해보니 선생님은 통일이나 민족 문제에 대해 지금까지 다소 특이한 입장을 취해오신 걸로 압니다만, 남들이 보기에 따라서는 일관성이 없다고 생각할 수도 있겠습니다. 예전에 『시민과 세계』(제5호, 2004년 3월)에 쓰셨던 「민족과 서로주체성」이라는 글과 『한겨레』에서 민족주의에 대해 여러 지식인의 글을 실었을 때 거의 마지막에 선생님이 글을 쓰셨던 기억도 나고, 그 뒤엔 아마 박명림 교수와 함께 쓰신 『다음 국가를 말하다』의 마지막 장에서 이 문제를 다루신 것으로 압니다만…….

김상봉 민족과 통일 문제에 대해서는 그 외에도 이런저런 잡문들을 썼습니다만, 그 문제는 특히 서경식 선생님과의 대담에서 마치 바로크 음악의 통주저음처럼 논의의 근저에 깔려 있던 문제이기도 합니다.

고명섭 그러고 보니 그 책에서 그 문제가 두 분 사이에 흥미 있는 긴장을 불러일으켰던 기억이 나네요. 논의를 이어가기 위해 비판적인 질문을 드린다면, 선생님은 어떤 경우에는 누구보다도 민족주의를 비판하시면서도 통일을 말씀하실 때는 누구보다도 민족주의적인 생각을 가진 분처럼 보이기도 합니다. 선생님 스스로는 이 두 가지 입장이 자연스럽게 조화된다고 생각하시는지요?

김상봉 글쎄요. 이론 이전에 현실 자체가 언제나 모순과 부조화 속에 있지 않나요? 이론의 과제는 현실의 모순과 대립을 가능한 한 매개하고 화해시키는 다리를 놓는 것이 아닐까 싶습니다. 그런 의미에서 진정한 이론은 현실의 모순을 반영할 수밖에 없고 그런 한에서 형식논리적인 일관성만을 추구할 수는 없겠지요. 수미일관한 이론이란 언제나 현실의 구체성을 외면하고 무시할 때만 도달할 수 있는 허상이지요.

고명섭 좋습니다. 그럼 이론의 일관성은 좀 밀쳐두고 구체적인 질문을 드리지요. 선생님이 스스로 통일지상주의자라고 말씀하셨는데, 아까 강령의 통일 조항이 받아들여졌다고 말씀하시긴 했지만 그래도 그건 이른바 평등파라고 하는 진보신당 당원들의 일반적 정서와는 많이 다른 것 아니었습니까?

김상봉 아마 그랬겠지요.

고명섭 그러면 제가 그 사람들의 입장을 대변해서 연극을 하는 셈 치고 이렇게 질문하면 어떻게 대답하시겠습니까? 왜 굳이 통일을 해야 합니까? 그냥 평화적으로 공존하면 안 됩니까? 굳이 민족이라는 낡은 신화에 사로잡혀 북한과 하나의 나라를 이루어야 합니까? 차라리 북한보다 일본과 더 가까이 지낼 수도 있지 않습니까?

김상봉 하하! 선생님이야말로 조금 전에 통일만이 살길이라고 열변을 토하시다가 갑자기 낯을 바꾸시니 진짜 배우 같습니다.

고명섭 이런 질문 많이 받으시지 않았습니까?

김상봉 예, 가끔 들었던 것 같습니다.

고명섭 뭐라고 대답하셨습니까?

김상봉 글쎄요, 제 편에서는 좀 어이가 없는 질문들이라……. 그럼 통일을 하면 안 되는 이유는 뭐냐고 되묻곤 했지요. 기왕 시작하셨으니

연극을 계속해보시지요. 통일을 하면 안 되는 이유는 뭡니까?

　고명섭　그건 통일에 대한 열망이 강해지면 한국 사회에 그만큼 민족주의적 압력이 강해지기 때문이 아니겠습니까? 그걸 피하기 위해서는 남한과 북한이 평화적으로 공존하는 편이 좋지 않겠는가 생각할 수도 있지요.

　김상봉　통일을 원하는 것이 나쁜 의미의 민족주의로 이어진다는 것은 이론적으로도 실천적으로도 아무 근거가 없는 소립니다. 먼저 이론적으로 보자면 함석헌처럼 열렬한 세계주의자가 없지만, 그분처럼 통일을 강조한 분도 없었습니다. 그 둘은 모순적으로 대립하는 가치가 아닙니다. 그건 마치 자기를 소중히 여기는 것이 타인을 박해하는 것과 늘 같지 않은 것과 마찬가지입니다. 다시 말해 주체를 정립하는 것이 타자를 무조건 배척하는 것은 아니라는 말입니다.

　고명섭　그게 바로 서로주체성의 이념이었지요.

　김상봉　맞습니다.「민족과 서로주체성」에서 제가 말했던 것도 그것입니다. 오직 주체를 홀로주체라고만 생각하는 사람들이 맹목적으로 주체를 해체해야 한다는 아집에 사로잡혀 민족 역시 집단적 주체니까 무조건 부정하고 해체해야 한다고 주장하지요. 하지만 개인이든 집단이든 참된 주체는 언제나 서로주체성 속에서만 정립될 수 있습니다. 이 원리를 민족에 적용한다면, 하나의 민족이 주체로서 자기를 정립하는 것은 자기 민족만이 전부라는 홀로주체적 아집이 아니라 다른 민족과의 만남 속에서 보다 높은 하나를 이룰 때만 가능하다는 말입니다. 함석헌은 자기희생과 이타심의 도덕이 이제는 개인과 개인 사이에서만이 아니라 민족과 민족, 국가와 국가 사이에서도 적용되어야 할 시대가 되었다고 했는데, 저는 그런 새로운 도덕을 새로운 주체성의 이념을 통해 근거 지으려 한 거지요.

　다음으로 통일에 대한 열망이 민족주의적 압력을 증대시킨다는 주장은 독일이나 베트남의 경우를 보더라도 아무런 현실적 근거가 없는 기

우입니다. 생각하면 오늘날 우리가 한국에서 볼 수 있는 배타적 민족주의는 한국인들이 주체성이 강해서라기보다는 자기를 온전히 주체로서 정립하지 못했기 때문에 나타나는 현상입니다. 원래 개인이든 민족이든 참된 긍지가 없으면 타자에 대해 더 야비하고 배타적인 태도를 보이는 법이지요. 베트남 인민들이 통일을 위해 그렇게 오랫동안 전쟁을 했지만, 그네들이 우리보다 외부에 대해 더 배타적이라고 말할 수는 없어요. 그들은 예전부터 적에게 배우는 것이 가장 큰 미덕이라고 생각하는 사람들이라 프랑스 사람들과 싸우면서도 프랑스의 좋은 것은 아무 편견 없이 받아들였지요. 이를테면 지금 베트남 사람들은 유럽처럼 로마자를 베트남 문자로 사용하고 있는데, 그것도 처음엔 프랑스 선교사가 시작한 표기법이었거든요. 그네들이 옹졸한 민족이었더라면 가능한 일이었겠어요? 하지만 그렇게 아집에 사로잡히지 않는다고 해서 베트남 인민이 자기 자신에 대한 긍지가 없는 것은 결코 아니에요.

고명섭 그렇군요. 사실 저만 하더라도 베트남에 대해서는 호찌민에 대한 존경심 말고는 특별한 관심이 없었기 때문에 선생님이 베트남에 그렇게 호의적인 관심을 가지고 계신 것을 알고는 처음엔 조금 놀랐습니다.

김상봉 베트남의 훌륭한 점을 말하자면 아마 끝이 없겠지만, 그들이 가진 자신에 대한 긍지와 자부심은 정말로 놀랍고 존경스럽습니다. 그들이야말로, 우리가 생존을 위해 주체성을 포기하고 사대주의의 길을 걸었던 것과 달리, 언제나 노예적 생존보다 자유를 먼저 택했던 민족입니다. 몽골이 침략해왔을 땐 몽골과 싸워 이기고, 프랑스가 침략해 식민지가 되었지만 포기하지 않고 싸워 1954년 디엔비엔푸 전투에서 기어이 항복시키고, 미국이 그렇게 야만적으로 베트남을 침략해오자 다시 미국과 싸워 끝내 나라의 통일과 자주 독립을 이루었지요. 사실은 그 뒤에 혈맹이라던 중국이 침공해왔을 때 다시 전쟁을 벌여 중국으로부터도 완전히 자주 독립을 이루었고요. 그걸 생각하면 세계 초강대국들에

둘러싸여 마치 독립은 꿈도 꾸지 못할 것처럼 약소국 의식에 젖어 있는 한국인들의 모습은 정말로 부끄럽지 않습니까? 개인 차원이든 민족 차원이든 자기를 소중히 여기고 긍지를 가진다고 해서 남을 배척하는 것은 아니에요. 도리어 자기의 주체성이 온전히 정립되지 못할 때 타자에게 더 공격적이 되는 법이지요. 그러니까 한국인들이 통일을 열망한다 해서 낡은 민족주의에 갇히고 타자에 대해 배타적이 될 것이란 추론은 그다지 타당하지 않은 추론이에요.

고명섭 그렇다 하더라도 평화 공존을 한다면 굳이 통일을 하지 않아도 상관없지 않습니까? 통일 비용도 만만치 않고, 또 몇십 년 갈라져 살다 보니 실은 남한과 북한보다 남한과 일본이 더 비슷해진 면도 있지 않습니까? 굳이 남북한이 통일을 위해 들일 수고를 아껴 동아시아의 평화로운 공존을 위해 노력하는 것이 더 낫지 않겠습니까? 굳이 민족주의적인 길로 나아가기보다는……

김상봉 하하. 선생님 연극을 정말로 잘하시는군요. 너무 그럴듯하게 말씀하셔서 제가 하마터면 다른 분이라고 속을 뻔했습니다. 사실 그런 비슷한 이야기들은 주변에서 가끔 들었습니다만, 저는 그런 말을 들을 때마다 한국인들의 역사의식 부재나 빈곤한 현실 인식에 대해 탄식하게 됩니다.

고명섭 어떤 의미에서 그런지 말씀을 해주시지요.

김상봉 분단 상태에서의 평화 공존이 논리적으로는 가능하지만 현실적으로는 불가능한 일이라는 것을 왜 인식하지 못하는지 저는 그게 이해가 안 됩니다.

고명섭 그건 저도 궁금한 부분입니다만, 그게 불가능한 이유가 뭡니까?

김상봉 세상에 논리적으로 가능하다 해서 그 모든 가능성이 실제로도 실현 가능한 것은 아니에요. 빛보다 빠른 탈것을 만드는 것은 논리적으로는 얼마든지 가능하지만, 실제로는 불가능한 일이잖아요. 그렇듯이 남북한이 분단 상황에서 평화롭게 공존하는 것은 논리적으로는 가능하지만 현실적으로는 불가능한 일이에요. 그 까닭은 분단이 부자연스러운 일이기 때문이지요. 만약 지금처럼 남한과 북한이 국제법적으로 전혀 별개의 국가인데, 지금과 달리 남북한이 싸우지 않고 평화롭게 공존하면서 주민들 역시 서로 자유롭게 남북을 왕래하면서 살 수 있다고 가정해보세요. 그러면 어떤 일이 벌어질까요?

고명섭 글쎄요.

김상봉 남북한 사람들이 그렇게 물을 것 아니에요? 아니, 이렇게 사이좋게 지내면서 왜 다시 같은 국가, 하나의 정부를 이루고 살면 안 되느냐고 말이에요. 선생님 같으면 그렇게 묻지 않겠어요?

고명섭 그렇게 묻겠지요.

김상봉 그럼 그렇게 묻는 사람에게 어리석은 민족주의를 피하기 위해서는 한 국가를 이루는 것보다 분단 상태에 있는 것이 훨씬 더 선하고 정의로운 일이라고 대답할 수 있겠어요? 정말로 그런 이유 때문에 우리가 분단 상태에 있어야 한다고 말할 수 있겠냐고요. 일본이나 중국, 러시아는 섬 하나를 더 차지하려고 아직도 무력 충돌을 불사할 각오로 싸우는데, 왜 우리만 스스로 분열 상태에 있는 것이 더 좋은 일이라고 생각하느냐 말이에요. 작은 나라로 분열되어서 사는 것이 그렇게 좋다면 차라리 남한이 더 분단되어 경상도 전라도 경기도 충청도 강원도 제주도 할 것 없이 더 나뉘면 어떻겠어요? 정말로 그게 옳다면 그래야 되는 것 아니에요?

고명섭 저도 동감입니다.

김상봉 그러니까 평화 공존을 하든 말든 그건 둘째 일이고 분단 상태 그 자체를 유지하기 위해서는 뭔가 이유가 있어야 돼요. 세상만사가 우연인 것 같지만 실은 그렇지 않아요. 인간의 사회적 삶에도 그 나름의 법칙과 자연적 경향성이 현실을 형성하는 일종의 원인으로 작용하는 법이어서 그걸 애써 거스를 경우에는 반드시 문제가 생기거든요. 지금 분단 상황도 그런 거예요. 자연스럽게 모여 살던 사람들을 억지로 떼어놓으니까 온갖 문제가 생기는 거란 말이에요. 그럼에도 불구하고 이런 분단 상태를 계속 유지하려면 이유가 있어야 해요. 하지만 그 이유가 뭐겠어요? 민족주의를 극복한다는 위선적인 이유 말고 무슨 합당한 이유가 있습니까?

고명섭 없지요.

김상봉 그러니까 분단 상태를 유지하기 위해 선택할 수 있는 방안이 현실에서는 하나밖에 없어요.

고명섭 뭡니까?

김상봉 증오심이지요! '저것들과는 같이 살 수 없어!' 인위적으로 남과 북을 원수 사이로 만들고 그걸 계속 유지하지 않는다면 상처 나서 갈라진 살이 결국 하나로 붙듯이 남과 북도 그렇게 될 수밖에 없어요. 그걸 막으려면 계속 상처에 소금을 뿌려야 되겠지요. 그러니까 분단 상태에서의 평화 공존이란 동아시아와 세계의 평화를 위해서도 상극인 거예요. 이 점에 관해서는 독일의 경우를 돌이켜 볼 필요가 있는데, 많은 사람들이 독일 통일에 대해서 통일 비용이나 얘기할 줄 알지, 이게 유럽과 세계의 평화를 위해 얼마나 중요한 일이었는지는 생각하지 않아요. 하지만 봉건 영주들이 지배하는 군소 국가들로 나뉘어 있었던 독일이 1871년에 통일을 이룬 이래 1945년 제2차 세계대전 끝날 때까지 했던 일은 전쟁밖에 없었어요. 보불전쟁 끝나면 제1차 세계대전 그리고 그 후엔 제2차 세계대전. 이게 얼마나 끔찍한 악몽이었을지 프랑스 사람들 입장에서 한번 생각해보세요. 독일이 다시는 유럽에서 전쟁을 일으키지 못하도록 만들기 위해서는 영원히 분단 상태에 묶어두어야만 발을 뻗고 편히 잠을 잘 수 있다고 생각하지 않았겠어요?

고명섭 그랬겠지요.

김상봉 우리는 6·25 전쟁을 겪었어도 같은 민족이니까 통일해야 한다고 생각하지만 프랑스 사람들이 굳이 독일이 다시 통일되는 걸 받아들일 필요가 있었겠어요?

고명섭 평화를 위해서가 아니라면 이유가 없었겠지요.

김상봉 예. 동·서독 사이에 장벽을 쌓고 탱크와 미사일을 배치한 상태에서 평화로운 유럽을 유지하기는 불가능하다는 건 바보가 아니라면 다 알고 인정할 수밖에 없는 일이잖아요. 그리고 이건 비단 프랑스뿐 아니라 유럽인들 모두가 인정할 수밖에 없는 일이기도 했고요. 그러니까 유럽인들이 제2차 세계대전 후 형성된 동서 냉전 체제를 극복하기 위해 시작한 이른바 헬싱키 프로세스 속에서 독일이 통일되는 걸 받아들일 수밖에 없었던 거예요. 그와 마찬가지로 한반도의 한가운데 그 많은 살상 무기를 쌓아놓고 동아시아의 평화가 과연 가능한 일이겠어요?

고명섭 가능하지 않습니다.

김상봉 그러니까 정말로 동아시아와 세계 평화를 염원하는 사람이라면 민족주의를 핑계 삼아 통일을 거부할 것이 아니라 통일부터 이루기 위해 애쓰는 것이 순서인 거예요.

고명섭 저는 선생님 말씀에 충분히 설득되었다 치더라도 여전히 민족이란 말만 나오면 알레르기 반응을 보이는 사람들이 있을 겁니다. 그런 사람들은 선생님이 뭐라 말씀하시든지 간에 통일과 민족주의를 한 묶음으로 싸잡아 비판할 수도 있을 텐데요. 예를 들어 이런 말은 어떻게 생각하십니까? 하나의 민족이란 허구요 신화일 뿐이다. 한민족이라는 것도 마찬가지로 근대적 발명품일 뿐이다. 존재하지도 않는 것을 실제로 있는 것처럼 선전하는 것은 민족을 핑계로 사람들을 동원하고 억압하려는 불순한 의도다, 등등.

김상봉 그런 주장에 대해서는 간단히 두 가지만 말씀드릴게요. 먼저 민족이 없다는 건 너무 당연한 말이에요. 그런데 사람들이 딱한 게 그 말의 의미와 이유를 전혀 모르고 그 말을 입에 올리더라고요.

고명섭 무슨 뜻입니까?

김상봉 민족이 존재하지 않는 허구라는 게 무슨 뜻입니까?

고명섭 　선생님 말씀을 계속 듣겠습니다.

김상봉 　민족이 존재하지 않는 허구인 것은 그게 실체가 아니라 주체이기 때문이에요. 주체는 어떤 경우에도 사물적으로 존재하지 않잖아요. 보이지도 잡히지도 않으니까 존재자가 아니고 한갓 상상의 산물에 지나지 않는 게 당연하지요. 하지만 주체가 실체가 아니라고 해서 그게 아무것도 아니고 아무 의미도 없다고 말한다면, 그건 마치 나의 자기의식이 보이지도 잡히지도 않는다 해서 주체로서의 나도 자기도 없다고 말하는 사람처럼 무지몽매한 소리에 지나지 않죠. 존재 방식이 다른 걸 두고, 사물이 아니라고 해서 없다고 말하면 안 되는 거잖아요.

물론 개인적 주체의 경우에도 어디까지나 실체로서의 몸이 먼저 있어야 거기 주체로서 자아가 깃들 수 있어요. 그리고 이것은 민족이라는 집단적 주체의 경우에도 마찬가지여서, 정치적 공동주체로서 민족이 일어날 수 있으려면 먼저 사람들의 무리가 있어야겠지요. 하지만 신체를 가지고 있다 해서 그 신체가 그 자체로서 주체가 되는 것은 아니듯이, 사람들의 무리가 한곳에 거주하고 있다 해서 자동적으로 그들이 정치적으로 결속한 집단적 주체로서 자기를 정립하는 것은 아니에요. 또한 그렇게 결속하는 경우라 하더라도 어디까지를 자기라고 받아들이느냐 하는 것도 정해져 있지 않지요.

그런데 민족주의를 말할 때 사람들이 자꾸 인종적 의미의 민족과 정치적 의미의 민족을 뒤섞어서 편한 대로 말을 하니까 논의가 어긋나는 경우가 많은데, 문제는 인종이 아니라 정치적 공동체로서의 민족이에요. 저는 그런 의미에서 이걸 민족이라 부르지 말고 겨레라고 불러 인종적 의미로 사용되는 민족과 서로 구별하면 좋겠다고 생각하는데, 하여간 그런 정치적 공동체로서의 겨레는 사물적으로 주어지는 것이 아니고 스스로 형성하는 것이에요.

그런데 여기서 그 하나의 정치 공동체를 어떻게 형성하느냐 또는 어떤 범위까지 확장하느냐 하는 것은 열려 있는 과제예요. 한편에서는 일본처럼 섬에 고립되어 대단히 단순한 인종적 구성을 보이는 경우도 있고 다른 한편에서는 미국처럼 아예 인종 불문하고 정치적 공동체를 형성한 경우도 있죠. 그러나 어떤 경우든 여기서 주체 형성의 관건은 '우리는 우리'라는 집단적 자기의식이에요. 그게 있으면 인종이 달라도 하나의 겨레로서 집단적 주체를 이룰 수 있고 그게 없으면 아무리 같은 인종이라도 하나의 겨레를 이루지 못하는 것입니다.

이 점에 관해 중국과 한국을 비교해 보면 뭐가 문제인지를 보다 정확하게 이해할 수 있을 거예요. 더러는 민족주의를 비판한다면서 삼국 시대에 한반도에 살았던 사람들이 과연 같은 민족이라는 의식이 있었겠느냐고 묻는 사람들도 있잖아요.

고명섭 선생님은 어떻게 생각하십니까?

김상봉 당연히 없었겠지요! 지금도 이 모양인데, 그때는 더하지 않았겠어요? 하지만 이 손바닥만 한 한반도에 거주하던 사람들이 공동의 민족의식이 없었다면, 그보다 비교할 수 없이 크고 넓은 중국 사람들은 어땠겠어요? 민족이 근대의 발명품이라면 사통팔달 열린 대륙에서 살던 중국인들은 무슨 민족의식이 있었겠냐고요.

고명섭 우리가 없었다면 중국도 없었어야 그게 당연한 일이겠죠.

김상봉 그렇지요? 민족주의를 비판하는 사람들이 옳다면 당연히 하나의 민족의식이 없어야 정상 아니겠어요? 하지만 이미 공자 시대에도 그네들은 공동의 자기의식과 역사의식을 가지고 있었잖아요. 그러면서 자기와 타자를 나누었고. 그러니까 자기를 집단적으로 하나의 공동체로서 의식하는 것은 외적 조건과는 별 상관 없는 일이에요. 그건 자기를 얼마나 널리 확장하려 하느냐는 주관적 의지의 문제이지 객관적 조건의 문제가 아니라는 거예요. 한국인들은 좁은 반도에 갇혀 살다시피 하면서도 남과 북이 원수처럼 대립하는 것도 모자라 다시 남쪽에서 경상도와 전라도를 나누고 같은 민족을 내부 식민지화하여 차별하고 있지만, 중국인들은 수천 년 역사 속에서 자기 땅에 한 발짝이라도 걸친 자들은 모두 자기 역사로 포섭하고, 지금은 동북공정이란 이름 아래 고구려의 역사까지 자기네 역사로 만들어버리는 작업을 하고 있잖아요.

우리는 한국인의 입장에서 중국의 그런 역사 왜곡을 비판하지만, 중국인들의 입장에서 보자면 엄연히 조선족이 중국 인민을 형성하는 무시할 수 없는 소수 민족의 하나인데 그들의 역사를 언제까지 남의 역사로만 남겨둘 수 있겠어요? 국가적 통합을 위해서는 그 구성원들의 역사를 통합하는 작업도 필요한 것이잖아요. 그런 것을 생각하면 저는 조선족을 중국의 전체 민족 공동체에 포섭하기 위해 역사를 왜곡하는 중국이 더 나쁜지, 아니면 조국이라고 찾아온 조선족들을 차별하고 배제하는 한국이 더 나쁜지 판단이 안 돼요. 사람들이 한국의 민족주의를 비판하지만, 실은 한국엔 민족도 없고, 민족주의도 없어요. 아직 자기를 주체로 형성해본 적이 없는데 무슨 민족이 있어요? 그저 노예적 사대주의에 길들여진 파편화된 개인들이 축구장에서나 민족을 입에 올리는 거죠. 한국인들은 혈통에서는 민족이라 할 수 있을지 모르지만 정치적 공동체로서는 아직 하나의 겨레를 이루었다고 말하기 어려워요. 그런 의미에서 함석헌은 "먼저 하나의 민족이 됩시다"라고 말했던 거예요. 그렇기 때문에 통일은 한국인들이 어쩌면 처음으로 자기를 하나의 겨레로서, 다시 말해 정치적 주체로서 형성하는 과정이기도 하다고 생각해요.

물론 여기서 겨레는 근대적 의미의 민족과는 또 다른 의미에서 새로운 정치적 공동체가 되어야겠지요. 그리고 그렇게 새롭게 형성되는 국가 역시 근대적 국민국가와는 조금 다른 형태를 띨 수밖에 없을 거예요. 그것을 고민하는 것이 우리 시대의 중요한 과제이고 또 이 땅에 사는 철학자로서 저의 사명이라고 생각합니다.

근대적 국민국가를 넘어서

고명섭   그러니까 선생님은 통일의 과정이 민족주의를 비판하는 사람들이 우려하는 것과는 달리 근대적 국민국가로의 퇴행은 아니라고 생각하시는 거군요.

김상봉 예. 미래의 일을 점칠 수는 없지만, 그런 방식을 고집한다면 아마도 통일이 이루어지기 어려울 거예요. 그러니까 남북이 진심으로 통일을 원하고 그걸 추구해간다면, 그 과정에서 자연스럽게 근대적 국민국가의 틀을 넘어가는 새로운 국가의 모습을 형성해나가지 않을까 생각하는 거지요.

고명섭 구체적으로 어떤 점에서 미래의 통일 한국이 근대적 국민국가의 한계를 넘어서야 한다고 생각하시는지, 그걸 좀 말씀해주시면 좋겠습니다만.

김상봉 여기서도 우리가 처한 형편과 사정은 근대적 주체의 문제가 처한 상황과 비슷합니다. 근대적 주체와 근대적 국가의 이념은 동전의 앞뒷면처럼 공속하는 것이거든요. 주체는 인식론적 주체일 뿐 아니라 정치적 주체이기도 하잖아요. 그러니까 근대적 주체가 처한 곤경이나 내적 모순과 근대적 국가가 처한 곤경이 본질적으로는 동근원적이라고 해야겠지요.

고명섭 그렇다면 근대적 주체를 홀로주체성에 사로잡혔다고 비판하셨던 것처럼 여기서도 비슷한 비판이 가능하겠군요.

김상봉 물론입니다. 그걸 간단히 말씀드린다면 근대적 주권 개념의 홀로주체성이라고 말씀드릴 수 있겠지요. 사실 주체의 개념이 근대의 발명품이듯이 주권의 개념도 근대에 와서야 처음으로 확립된 개념입니다. 자유인도 국가도 고대 사회에서부터 있어온 것이고 그런 의미에서 주체성이나 주권 개념도 있었다고 생각할 수 있겠지만, 그 모든 것은 그리스·로마 시대에는 아직 대자적으로 자각되고 개념적으로 명확히 규정되지 않았습니다. 개인이 자기를 주체로서 명확하게 자각한 것이 근대의 일이듯이, 국가의 주권이 개념적으로 규정된 것도 근대의 일이지요.

고명섭 그렇다면 주권의 홀로주체성은 어떻게 나타나는 겁니까?

김상봉 그것은 다른 무엇보다 주권의 분할 불가능성으로 나타납니다. 주권 개념을 처음으로 창시했다고 말할 수 있는 보댕이든, 아니면 홉스든, 루소든, 서로 정치적 입장의 차이에도 불구하고 주권이 분할 불가능하다고 생각한 점에서는 차이가 없습니다. 주체의 자기동일성이 주권의 분할 불가능성으로 나타나는 거지요. 여기에 순수한 자유와 자기결정의 이념이 결합되어 근대적 주권 개념이 정립되는 겁니다.

고명섭 그러니까 그것도 일체의 수동성을 거부하면서 순수한 능동성의 상태에 있으려 하는 일종의 아집이겠네요.

김상봉 바로 그렇습니다. 그렇게 분할 불가능하면서도 언제나 능동성의 상태에 있는 주권체가 근대적 국민국가입니다. 그리고 이런 주권 개념을 처음으로 전형적으로 실현한 것이 프랑스의 절대주의 국가였습니다. 보댕과 데카르트는 그런 절대주의 시대의 기초를 놓은 사상가들이라고 말할 수 있겠지요.

고명섭 주체와 주권 개념이 그렇게 이어지는군요. 그렇다면 선생님이 말씀하시려는 근대적 주권 개념의 곤경이나 문제점은 어떤 것인가요? 필경 이 경우에도 홀로주체성의 개념으로부터 파생되는 곤경이겠지요?

김상봉 그렇습니다. 그걸 한마디로 말씀드리자면, 제국주의야말로 주권의 단일성과 절대성으로부터 파생되는 필연적인 결과요, 곤경이라고 말할 수 있습니다. 우리가 서양적 자유와 홀로주체성의 이념 속에는 타자적 주체를 인정하지 못하는 아집이 본질적으로 감추어져 있다고 말했잖아요? 그런데 집단적 주체라고 할 수 있는 국민국가의 주권에 대해서도 똑같이 말할 수 있습니다. 주권이 단일하고 분할 불가능하며 타자의 어떤 수동적 간섭이나 침탈도 허용하지 않는 집단적 홀로주체의 절대적 자기주장으로 나타난다면, 그런 주권체들이 여럿이 있을 때, 어떻게 적대적으로 충돌하지 않을 수 있겠어요? 제국주의란 국민국가들이 모두 홀로주체성에 입각한 단일하고 절대적인 주권을 추구할 때 발생할 수밖에 없는 필연적인 결과인 거지요.

19세기의 크고 작은 식민지 전쟁이나 20세기의 두 차례 세계대전을 거치면서 오늘날 이런 역사에 대한 반성적 성찰은 여러 가지 방식으로 일어나고 있지만, 아직은 지난 시대의 역사적 과오도, 그것을 극복하기 위한 방향도 명확하게 개념적으로 인식되었다고 말하기는 어렵습니다. 다분히 윤리적인 반성이나 당위에 머물러 있지요.

고명섭 그걸 선생님은 홀로주체성과 서로주체성의 구도로 해명하려 하신 것이군요.

김상봉 맞습니다. 결국 자유를 향한 진보의 역사라고 하는 하나의 큰 강물이 빚어내는 빛과 그림자로서, 자유의 확대와 홀로주체성의 극단화를 말하고, 이 둘 사이의 충돌을 지양하기 위해 서로주체성의 이념을 제안하는 거지요.

고명섭 그러면 남북한의 통일이 선생님이 말씀하시는 그런 근대적 주권 개념의 극복과 구체적으로 어떤 상관이 있다는 겁니까?

김상봉 아마도 남북한이 통일되기 위해서는 주권의 단일성이나 분리 불가능성이나 절대성은 내려놓아야 할 거예요.

고명섭 그걸 고집하면서 통일을 이루기는 어렵다는 말씀이군요. 하지만 독일이나 베트남처럼 하나가 다른 하나를 흡수해서 통일이 될 수도 있지 않습니까?

김상봉 저는 한국의 경우에는 그게 쉽지 않으리라 생각해요.

고명섭 왜 그렇게 생각하십니까?

김상봉 우선 베트남처럼 전쟁을 해서 통일을 할 수는 없지요. 이미 한 번 했다가 실패한 역사를 반복하기는 쉽지 않지요. 게다가 다시 전쟁을 하자는 건 통일을 하자는 말이 아니라 같이 멸망하자는 말이 아니겠어요? 그러니까 일단 베트남식 통일은 안 된다고 봐야지요.

고명섭 그럼 독일식은 왜 안 됩니까?

김상봉 남한은 서독이 아니니까요. 서독이 동독을 흡수 통일한 것은 동독에 비해 단지 잘살았기 때문이 아니라 도덕적으로 훨씬 더 우월했기 때문에 가능했던 일이에요.

고명섭 이 경우 도덕적 우월성이 무엇을 뜻하는지 좀 분명히 해볼 필요가 있겠습니다. 정치 체제가 더 개방적인 게 도덕적으로 우월하다는 뜻인가요?

김상봉 물론 그것도 우월한 점이지요. 아무튼 서독에서는 동독으로 넘어간다고 총을 쏘지는 않았으니까요. 그러나 단지 그것만은 아니에요. 이를테면 제2차 세계대전 이후 독일에서 나치의 만행에 대해 지속적인 비판과 사과를 해온 것은 우리가 잘 알고 있는 일이고, 그게 요즘은 일본의 뻔뻔함과 대비되기도 하면서 국제 사회에서 거의 존경의 대상이 되기도 하잖아요. 실제로 참 감동적인 일이고요.

고명섭 물론입니다.

김상봉 그런데 과거 동·서독이 분단 상태에 있었을 때, 그렇게 나치의 과거를 반성하고 사과하고 또 경제적으로 보상까지 한 것은 모두 서독이었지 동독은 아니었어요.

고명섭 그럼 동독은 그 문제에 대해 아무것도 하지 않았나요?

김상봉 그런 거나 마찬가지입니다.

고명섭 이유가 뭘까요?

김상봉 자기들은 공산주의자들로서 유대인과 마찬가지로 나치에 박해받은 사람들이므로 처음부터 유대인 박해와는 아무런 상관도 없다고……. 참 편리한 계산법이지요. 서독의 전후 세대는 무슨 상관이 있어서 비판하고 반성하고 사과하겠어요? 생각하면 폴란드 전몰자 묘비 앞에서 무릎을 꿇었던 빌리 브란트도 나치의 박해를 피해 노르웨이로 망명했다가 나치가 노르웨이를 점령하자 포로 생활까지 했던 피해자였고, 초대 총리였던 아데나워도 전쟁 전에 쾰른 시장이었는데 나치에 비협조적이어서 하루아침에 시장에서 해임된 피해자였어요. 그것도 모자라

나치는 아데나워의 은행 자산을 모두 동결했다더라고요. 굶어 죽으라는 말인지 뭔지. 그때 아무도 자기를 도와준 사람이 없었는데 단 두 사람이 자기를 도와주었대요.

고명섭 누구였습니까?

김상봉 두 명의 유대인 교수였답니다. 나치의 박해를 피해 미국으로 망명하면서 한 사람은 자기의 연금을 다른 사람은 현금을 다 주고 갔다더군요. 아데나워가 전쟁 뒤 독일 총리가 되어 나치의 피해에 대해 이스라엘 사람들이 놀랄 정도로 대규모의 배상이나 보상을 했던 데는 그런 개인적 경험도 크게 작용했다고 합니다. 이런 소소한 이야기들을 계속 늘어놓을 필요는 없겠지만, 단순히 개방적인 정치 체제가 아니라 제2차 세계대전 뒤 서독 사람들의 성숙한 자기성찰이 그 사회를 동독보다 더 인간적이고 합리적인 사회로 만든 것이 서독의 흡수 통일을 가능하게 해준 배경이었을 거예요. 그럼에도 불구하고 통일 뒤에 한동안 동독과 서독 사이의 경제적 격차와 심리적 장벽은 쉽게 극복되지 않은 통일의 부작용이었지요.

그렇다면 우리의 경우는 어떤가요? 서독이 동독을 흡수 통일할 수 있었던 것은 일단 여행의 자유가 주어지고 소련이라는 외부의 통제가 사라지자마자 동독 주민들이 자기들의 정권을 인정하려고 하지 않았음은 물론, 서독의 체제에 편입되기를 원했기 때문이에요. 하지만 우리의 경우는 어떻겠어요? 저는 북한 주민들도 언젠가는 김일성 절대 왕조에 저항해서 봉기할 날이 올 것이고 그런 내부에서의 저항이 어떤 식으로든 체제의 변화를 불러올 것이라고 생각합니다. 그게 입헌군주제가 될지 세습 없는 일반적인 사회주의 일당 지배국가의 모습이 될지 점칠 수는 없지만, 적어도 지금처럼 터무니없는 세습 독재국가를 무너뜨릴 날이 오리라고 생각하지요. 하지만 그렇다고 해서 북한 주민들이 동독 주민들처럼 남한 체제를 동경해서 휴전선을 넘어 남쪽으로 탈주할 것이라고는 생각하지 않아요.

고명섭　왜 그렇다고 보십니까?

김상봉　그건 남쪽 사람들이 이승만의 자유당 독재가 무너졌다거나 박정희가 죽고 유신독재가 무너졌다고 해서 북쪽으로 탈주하지 않았던 것과 같지요.

고명섭　그렇습니다.

김상봉　마찬가지로 정말로 북쪽 체제가 우월했다면 이승만 독재나 박정희 독재가 끝났을 때, 휴전선을 지키던 남쪽 군인들부터 북쪽으로 탈주했을 거예요. 따지고 보면 베트남이 그런 경우잖아요. 호찌민의 북베트남이 남베트남 사람들의 마음을 얻었기 때문에 미국이 아무리 많은 군대를 동원해 별짓을 다 해도 전쟁에 이길 수 없었던 거예요. 그런 이치는 어디나 똑같지요. 김일성이 정말로 남쪽 사람들의 마음을 얻었더라면 전쟁에 그렇게 쉽게 지지 않았을 거예요. 하지만 남쪽이 공산주의자들을 폭력적으로 배제했듯이 김일성도 기독교인과 민족주의자는 말할 것도 없고 공산주의자까지 자기편이 아니면 폭력적으로 제거했잖아요. 그 결과 전쟁 전후로 수백만 명이 남쪽행을 택했던 것이고요. 호찌민은 그런 어리석은 일은 하지 않았어요. 기독교인이든 누구든 생각이 다르다고 숙청하지는 않았거든요. 사실 베트남은 전쟁이 끝나고 나서도 피의 숙청 같은 건 없었어요. 다 껴안았지요. 그러니까 호찌민은 총칼의 전쟁에 이기기 전에 마음의 전쟁에서 남베트남 정권을 이미 이겼던 거예요. 이건 물론 서독도 마찬가지지요.

하지만 우리는 달라요. 적어도 지금의 상황만을 놓고 본다면 남한도 북한도 상대방 주민의 마음을 얻는 데 실패한 것이 엄연한 현실이니까 아무리 한쪽 체제가 붕괴한다 해서 주민들이 다른 쪽으로 물밀듯이 넘어오는 일은 없을 거예요. 도리어 지난날 전쟁의 기억이 남에서든 북에서든 상대편에 대한 증오와 공포를 심어놓았는데, 게다가 한쪽에 의한 흡수 통일이 상대방 주민들에게는 자신들이 가지고 있는 모든 것을 빼앗기는 것을 의미한다면 누가 그런 식의 통일을 원하겠어요? 예를 들어 만약 북쪽에 고향을 둔 남쪽 사람들이나 그 후손들이 남쪽에 의해 북이 흡수 통일이 되었을 때, 북에 있는 자기 땅을 되찾겠다고 한다면 어떻게 되겠어요? 이런 사정은 북에 의해 남이 적화 통일이 될 경우에도 마찬가지지요. 어차피 국제법적으로는 남과 북이 별개의 국가니까 한쪽에서 내부 정변이 일어난다 해서 다른 쪽이 간섭할 권리도 명분도 없어요. 그래서 오직 민심이 압도적으로 한쪽으로 쏠릴 때만 흡수 통일이 가능한데, 현재 상태에서 그걸 기대하기는 어렵잖아요. 그런 까닭에 지금처럼 남과 북이 상대방에 대한 아무런 태도 변화 없이 자기를 고집하는 한 어느 쪽도 다른 쪽을 흡수 통일할 가능성은 없다고 봐야지요.

그런데 이런 이야기야 굳이 저같이 철학을 하는 사람이 아니라도 조금만 양식이 있는 사람이라면 다 생각할 수 있는 일이니까 길게 할 필요 없을 거예요. 도리어 철학적으로 생각할 때 남한과 북한이 상대편을 흡수 통일하기 어려운 까닭은 따로 있어요.

고명섭 그건 무엇입니까?

김상봉 주체성의 문제인데요. 우리가 아까부터 주권과 주체의 개념이 동근원적이라고 말했잖아요.

고명섭 예, 기억하고 있습니다.

김상봉 그런데 남한과 북한이 주체와 주권의 문제에서 어느 쪽도 다른 쪽에 비해 압도적 우위에 있지 않다는 게 문제입니다. 주권과 주체의 개념이 동근원적이란 말은 개인의 주체성과 국가의 주권이 결합할 때만 주체도 주권도 온전할 수 있다는 말입니다. 인간이 자유로운 자기형성의 주체가 되기 위해서는 개인의 자유와 주체성 못지않게 국가의 주권과 주체성이 중요합니다. 물론 거꾸로도 마찬가지고요. 둘 가운데 하나가 없고 다른 하나만 있다면 진정한 주체 형성은 불가능해요. 예를 들어 개인이 아무리 자유롭다 하더라도 그가 속한 나라가 아무 주권이 없다면, 그건 식민지 하위 주체에 지나지 않아서 진짜 자유인은 아니잖아요. 하지만 아무리 국가가 독립된 주권을 가지고 있다 하더라도 그 속

604

의 개인이 국가와의 관계에서 자율성을 행사하지 못한다면, 그 경우에도 개인은 자유로운 시민이 아니라 예속된 신민에 지나지 않겠지요. 오직 외세에 대해 독립된 국가 주권과 국가에 대해 자율적인 시민적 주체성이 확립될 때, 한 인간의 주체성이 온전하게 발휘되고 전개될 수 있겠지요.

그런데 우리의 경우 분단 이래 남쪽과 북쪽 어느 쪽도 시민적 주체성과 국가의 주권을 통합적으로 발전시키지 못하고 한쪽만을 발전시켜왔어요. 그러니까 남쪽은 반독재 투쟁을 통해 시민적 주체성과 자율성을 발전시켜왔다면 북쪽은 비타협적으로 국가 주권을 확립하는 데 몰입해왔지요. 그 결과 양쪽이 모두 왜곡된 주체성에 머물 수밖에 없게 된 거예요. 남한의 입장에서 북한은 개인의 자유가 말살된 독재국가라면, 북한의 입장에서 남한은 미국에게 예속된 식민지 국가에 지나지 않지요. 남한 사람들의 입장에서 보자면 북한 사회가 끔찍한 통제 사회지만, 북한 사람들 역시 전시작전통제권도 없는 남한이 정상적인 국가라고 생각하지 않을 거예요. 요컨대 양쪽 모두 본질적으로는 정상 국가라고 할 수 없는 결핍과 불구 상태에 있는 거지요. 그런 까닭에 한쪽이 다른 쪽을 자기 체제 내로 흡수하는 것 역시 거의 불가능합니다. 둘 다 비정상이니까요.

고명섭 남과 북이 모두 근대적 국민국가조차 이루지 못한 것이지요.

김상봉 그렇습니다. 그것은 남한 사회나 북한 사회가 모두 근대적 주체성을 실현하지 못한 것과 정확하게 상응하는 것이기도 합니다. 그래서 우리가 아직 근대적 의미의 주체성도 온전히 확립하지 못했는데 근대적 주체성의 한계를 극복해야 하는 것처럼, 국가의 차원에서도 역시 근대적 국민국가를 이루지도 못했는데 근대국가의 한계를 넘어야 하는 다소 모순적인 과제에 직면해 있다고 해야겠지요. 이런 의미에서 주체의 차원에서나 주권의 차원에서 우리가 처한 곤경은 본질적으로 동일한 것입니다.

고명섭 그렇다면 통일이 어떤 의미에서 근대국가의 극복으로 통할 수 있겠습니까?

김상봉 앞에서 근대적 주권의 이념이 근대적 주체의 이념과 마찬가지로 홀로주체성에 존립하고 있고, 그것이 현실에서는 전쟁과 침략의 역사로 나타났다는 말씀을 드렸습니다만, 한반도의 분단이란 그런 세계사적인 대립과 충돌의 가장 첨예한 전선이라고 할 수 있겠습니다. 제국주의적 침략의 파도에 휩쓸려 식민지로 전락했다가 명목상으로 독립은 했지만 이번엔 나라가 둘로 갈렸는데, 이 모든 비극적 역사는 우리 자신의 선택으로 일어난 일이 아니라 철저히 세계사적인 모순의 반영입니다. 여러 번의 파국적인 전쟁 끝에 오늘날 국제 사회는 적어도 당위의 차원에서는 평화를 인류가 추구해야 할 보편적인 목표로서 인정하는 단계에 이르렀습니다만, 이 평화라는 이념은 아직은 구체적인 내용을 가진 긍정적 이념이라기보다는 전쟁에 반대한다는 부정적 이념에 지나지 않는 까닭에 속이 텅 빈 유리 공이나 비눗방울처럼 영롱하고 눈부시지만 깨지기도 쉬운 것입니다. 평화는 참된 만남에 존립하는 것인데, 인류는 자기의 자유의 소중함은 알아도 타자와의 만남의 뜻과 가치는 깨닫지 못하고 있지요.

그런 까닭에 국제 관계에서도 평화적 공존과 적대적 대립이 혼재되어 나타나는데, 한편에서는 유럽연합처럼 국민국가의 틀을 뛰어넘어 새로운 만남의 공동체를 열어가려는 선구적 시도가 있는가 하면, 이스라엘과 팔레스타인이나 미국과 북한의 관계에서 보듯이 상대편을 완전히 파괴하지 않고서는 끝나지 않을 것처럼 보이는 적대적 대립이 우리 시대에 공존하는 것입니다. 그런 적대적 대립의 최전선이 한반도인데, 그 세계사적 대립이 한반도의 분단으로 나타난 거지요.

돌이켜 보면 분단은 한국인들이 근대적 국민국가를 건설하는 데 실패했기 때문이잖아요. 그 때문에 식민지로 전락했고, 식민 종주국인 일본이 패전한 뒤에는 전승국들의 전리품으로 분할되어버린 거지요. 그런데 비극의 시작은 국민국가 건설에 실패했기 때문이었지만, 그 비극을 극복하는 길은 낡은 국민국가의 길을 답습하는 것일 수 없어요.

고명섭 그렇습니다.

김상봉 다른 무엇보다 한반도에서 표출되고 있는 적대적 대립이 근대적 국민국가 체제의 내적 모순이 외화된 것이기 때문입니다. 타자를 인정하려 하지 않는 국민국가의 홀로주체성이 보편화되고 극단화되어 전 지구적 대립으로 표출된 것이 한반도의 분단이거든요. 그런데 거기다가 다시 국민국가 형성의 에너지를 집결한다면 그것은 적대적 대립을 완화하기는커녕 더욱 격화하는 결과밖엔 낳지 못할 것 아니겠어요? 왜냐하면 국민국가 형성의 에너지란 홀로주체성의 에너지인데, 이 에너지는 타자를 인정하지 않는 자기동일성의 에너지거든요. 알기 쉽게 말한다면 그건 흡수 통일의 에너지인 거지요. 하지만 앞에서도 말씀드렸듯이 흡수 통일의 의지로는 결코 통일을 이룰 수 없을 거예요. 그런 경우엔 흡수되지 않기 위해 양쪽이 모두 사활을 걸고 싸울 테니까요. 그러므로 오직 근대적 홀로주체성의 주권 개념에 기초한 국민국가를 지양하려는 진지한 노력을 통해서만 통일을 앞당길 수 있다는 것이 저의 생각입니다. 그리고 분단의 극복을 통해 세계 평화를 이루고 새로운 국가의 모범을 보이는 것이야말로 분단과 통일의 세계사적인 뜻이라고 생각하고 있습니다.

동일성의 국가를 넘어서

고명섭 그런 비전에 저 자신 적극적으로 동의합니다. 그렇다면 선생님은 그런 국가를 구체적으로 어떤 국가로 상정하십니까?

김상봉 먼저 원칙적으로 말해 근대적 국민국가를 넘어선 새로운 국가는 순수한 자기동일성이 아니라 만남의 이상에 기초한 국가여야 할 것입니다. 그것은 내부적으로나 외부적으로 타자성을 향해 열린 국가여야 하는 거지요.

고명섭 그 말씀을 들으니까, 다시 5·18에 대해 선생님이 말씀해오신 것들이 생각납니다. 5·18 항쟁에 여러 층위의 사람들이 모였는데, 그 사람들 간의 만남과 교감과 어우러짐은 예를 들면 프롤레타리아냐 부르주아냐 하는 식의 틀로 설명할 수 없다, 항쟁의 주체를 특정해 항쟁의 성격을 규명하려는 것은 잘못이다, 이렇게 말씀하시는 대목에서[11] 저는

---

11 "그런데 이처럼 항쟁 주체에 따라 항쟁의 성격을 규정할 수 있다는 학문적 믿음의 근저에는 아직 증명되지 않은 (하지만 증명할 필요도 없이 자명하다고 생각되는) 하나의 미신이 가로놓여 있다. 그것은 인간의 사회적 행위는 계급적 이해관계에 의해 추동된다는 미신이다. 특히 개인이 아니라 5·18처럼 집단적으로 수행된 사회적 행위의 경우에는 그 항쟁을 주도적으로 이끌었던 집단적 주체가 자기 자신의 계급적 이익을 관철하기 위해 행위 했으리라는 것이 항쟁 주체에 대한 물음의 이면에 가로놓여 있는 확신이다. 이 확신은 인간의 객관적인 존재상황이 인간의 의식과 행위를 규정한다는 학문적 통념에 의해 강화된다. 프롤레타리아 기층 민중은 기층 민중의 이익을 위해, 그리고 부르주아 시민은 시민의 이익을 위해 움직이며 그 외의 행위 현상들은 모두 어떤 예외로 처리될 뿐이다. 그런데 이런 가설에 따르면 참된 나라, 또는 같은 말이지만, 참된 정치적 공동체는 오직 존재 기반이 동일한 사람들로 이루어져 있을 경우에만 실현 가능하다. 왜냐하면 그렇지 않을 경우 공동체 구성원들의 계급적 이익이 끊임없이 충돌할 것이므로 상호 계급투쟁이 끊이지 않을 것이기 때문이다. …… 그리하여 한 국가 내에서 경제적 계급에 따라 사람들은 자기의 이익을 관철시키려 할 것인데, 만약 존재상황이 의식과 행위를 지배한다는 가설을 받아들이고 나면 우리는 사실 그렇게 서로 다른 계급적 기반을 가진 사람들이 모여 어떻게 하나의 조화로운 공동체로서 나라를 이룰 수 있는지 그 가능성을 도무지 알 길이 없다. 5·18 항쟁 공동체가 우리에게 참된 나라의 가능성을 계시하는 것은 바로 이런 곤경을 넘어설 수 있는 가능성을 열어 보이기 때문이다. 5·18은 항쟁 주체를 규정함으로써 그 항쟁의 성격을 규정하려는 학자들의 의도를 충족시켜주지 않고 좌절시킨다. 5·18의 항쟁 주체는 누구라고 말할 수 없다. 어떤 특정한 계급이나 집단을 앞세워 한 가지 방식으로 항쟁 주체를 규정하려는 시도는 결코 성공할 수 없다. 왜냐하면 5·18은 당시 광주 시내에 거주하던 시민들 거의 모두가 그 계급이나 성별 또는 사회적 지위에 관계없이 각자의 방식으로 참여했던 사건인 까닭이다." 김상봉, 「항쟁 공동체와 지양된 국가」, 『민주주의와 인권』, 제10권 제3호, 36~38쪽; 『철학의 헌정』, 127~28쪽.

우리가 패러다임으로 삼았던 사회과학의 틀이 뭔가 결정적으로 하자가 있음을 직감했습니다. 그래서 그 부분을 이 문맥에서 다시 공유해보고 싶습니다.

김상봉 앞에서 5·18 얘기를 할 때는 그런 것까지 말씀드리지는 못했습니다만, 학자들이 5·18을 연구할 때 늘 묻는 질문 가운데 하나가 항쟁 주체가 누구냐 하는 거예요. 이건 비단 5·18뿐 아니라 부마항쟁이나 다른 항쟁의 경우에도 마찬가지로 묻는 물음인데요. 그 이유를 소박하게 말하자면, 기자들이 기사를 쓸 때 이른바 육하원칙에 따라 제일 먼저 확인해야 할 사항이 '누가?'라는 것 아니겠어요? 역사를 서술하는 학자들도 마찬가지지요. 그런데 여기서 이게 문제가 되는 것은 과연 5·18 항쟁의 주체가 누구인지가 분명치 않기 때문이에요. 분명치 않다는 말의 뜻은 그 주체가 동질적인 집단으로 분류되지 않는다는 겁니다. 그래서 5·18의 성격을 규정하기 어려워지는 거예요. 주체가 뒤섞여 있으니까 부르주아적이라고도 프롤레타리아적이라고도 똑 부러지게 규정할 수가 없게 되는 거지요.

그런데 저는 5·18에 참여한 사람들이 동질적인 계급이나 계층으로 분류되지 않는다는 것, 그러니까 그들 속에 차이와 타자성이 보존될 수 있었다는 것이야말로 5·18의 중요한 가치 가운데 하나라고 생각하거든요. 그리고 이 점에서 저는 최정운 교수와 견해를 달리하는데, 그분은 항쟁 속에서 타자성과 개체성이 완전히 사라져버렸다는 걸 강조해서 '절대공동체'라고 표현했지요. 그러면서 2002년 월드컵의 붉은 악마와 5·18 공동체를 비슷하다고 말하기도 하고, 시민군의 등장 이후에 총을 든 사람들과 들지 않은 사람들 사이에 균열이 생기면서 절대공동체가 와해되었다는 말도 하지요.

하지만 저는 그런 해석에 동의하지 않아요. 그분은 무기를 들면서 처음엔 없었던 내부의 타자성이 출현하기 시작한다고 보았지요. 무기를 든 사람과 무기를 들지 않은 사람의 차이, 타자성이, 입장 차이가 생겨났다는 것이거든요. 하지만 저는 5·18이 내부의 차이와 대립이 없는 획일성 때문에 절대적인 공동체를 보여준 것이 아니고, '차이에도 불구하고', '차이 속에서' 진정한 만남이 어떻게 가능한지를 보여주었기 때문에 위대한 역사라고 생각해요. 5·18은 끝까지 대립이나 차이가 없었던 적이 없었고, 그때그때마다 양상이 달라졌을 뿐이에요. 그러니까 '차이에도 불구하고'가 5·18의 진리라는 거예요. 그 가장 눈부신 사례 가운데 하나가 26일 마지막 날 밤 이종기 변호사의 사례입니다.[12]

고명섭 그분이 누구인지 이야기를 좀 해주시면 좋겠습니다.

김상봉 당시 연세 드신 변호사였는데, 제1차 시민수습위원회의 위원장이었습니다. 굳이 분류하자면 온건파였지요. 그래서 젊은 강경파들에게 밀려나 26일에는 아무런 권한도 책임도 없는 상태였어요. 그런데 그분이 그 마지막 날 저녁에 깨끗하게 양복을 입고 도청으로 들어오신 거예요. 당신이 수습위원장 일을 제대로 못 해 젊은이들이 죽게 생겼으니 같이 죽겠다고요.

고명섭 그래서 어떻게 되었습니까?

김상봉 당시 상황실장이었던 박남선 씨가 직접 차로 댁에 모셔다 드렸다고 합니다. 그런데 다시 오셨더라는 것 아닙니까. 그래서 젊은이들과 함께 도청의 마지막 밤을 보내고 계엄군에게 다행히 생포되었습니다. 만약 5·18의 역사 속에 이런 장면이 없었더라면, 흥분 상태의 집단적 광기 또는 동일성의 자기주장과 타자의 폭력적 배제 같은 데로 흐르지 말라는 법도 없겠지요. 하지만 바로 이런 차이 속에서의 만남 때문에

---

12 "이를테면 항쟁 마지막 날 저녁 더 이상 아무런 일도 할 수 없음을 절감한 조비오 신부가 흐르는 눈물을 주체하지 못하고 도청에서 빠져나올 때 시민수습위원회의 위원장이었던 이종기 변호사는 몸을 씻고 옷을 갈아입은 후 도리어 도청으로 들어왔다. 자기가 수습위원장으로서 제 역할을 다하지 못해 이제 젊은이들이 죽게 되었으니 그들 곁에서 같이 마지막을 맞겠다면서!" 같은 글, 35쪽;『철학의 헌정』, 126쪽.

자기 속에서 타자성을 보존하면서 서로 연대하는 새로운 나라의 이상을 계시할 수 있었던 거예요.

저는 이 장면을 떠올릴 때마다 해방 정국을 떠올리게 되는데, 만약 그 당시에 서로 생각과 입장이 달랐던 정치 지도자들이 모두 이종기 변호사처럼 '차이에도 불구하고' 타자가 고통받는 자리에 같이 있으려 했더라면, 아무리 외세가 농간을 부렸더라도 그렇게 쉽게, 그렇게 속절없이, 그리고 그렇게 적대적으로 나라가 분단되는 일은 없었을 거라 생각해요. 하지만 모두가 자기와 입장이 같지 않은 사람들을 원수 대하듯이 했으니, 분단이 반드시 외세 탓이라고 할 일은 아니죠.

고명섭 선생님 생각에 전적으로 동의합니다.

김상봉 다시 우리의 주제로 돌아가서 이런 식의 동일성에 대한 집착은 또한 서양의 근대적 사회 이론이나 국가 이론이 끊임없이 추구해온 것이기도 해요. 그러니까 국가나 사회가 안정되려면 구성원이 모두 동일해지지 않으면 안 된다는 거죠. 마르크스주의는 이런 근대적 욕망을 노골적으로 표현했다고 말할 수 있는데, 그에 따르면 이상적인 사회에서는 모두 같은 계급이어야 되는 거예요. 생각하면 마르크스가 상상한 공산주의 혁명이라는 것도, 부르주아 사회 내에 존재하는 계급 대립의 한쪽이라 할 수 있는 부르주아 계급이 쪼그라들고 쪼그라들어서 마지막에는 극소수 한 줌의 부르주아만 남게 되는 상황이 되면, 그 순간 그 한 줌의 부르주아만 제거하면 그다음에 남는 건 오로지 프롤레타리아뿐이므로, 저절로 성취된다는 거잖아요. 그 사물적 동일성, 다른 말로 하면 실체적 동일성이 마르크스가 꿈꾸었던 이상 사회의 목표이기도 하고 전제이기도 했지요.

이런 동일성의 원리는 현실에서 실현 가능하지 않은 망상이지만, 그럼에도 불구하고 그 실현 불가능한 망상을 실현하겠다고 설치기 시작하면 거기서 내부의 타자성에 대한 폭력이 출현하게 됩니다. 히틀러나 스탈린은 그 전형이라고 하겠습니다만, 이승만과 김일성도 그 점에서는 전혀 다르지 않지요.

고명섭 동감입니다. 선생님이 서양 사회과학은 동일성을 벗어나지 못한다고 하셨는데, 제가 보기에도 어떤 면에서 마르크스주의는 그 동일성의 극점을 보여줍니다. 부르주아는 소멸하거나 소멸되지 않으면 박멸해야 한다는 그 생각이 제가 볼 때는 동일성의 원리가 만들어내는 그 배제의 분할선을 보여준다는 겁니다. 동일성이라는 것이 타자를 배제하는 거잖아요? 그 동일성과 타자 사이에 나눔과 분할의 선을 긋는다고 할까. 가령 스탈린주의 혹은 사회주의 실험은 프롤레타리아와 부르주아, 혹은 더 나아가면 빈농과 쿨락 사이의 분할, 나눔의 선을 긋는 것이고, 그런 선이 나치즘에서는 게르만 민족과 게르만 민족 아닌 것, 특히 유대인 사이에 그어지는 것이고요. 또 캄보디아의 크메르루주라면 도시인과 농민, 혹은 순수한 어린아이와 때 묻은 어른, 이런 식의 선을 그으면서 결국 이 동일자 안에서는 우리끼리 정서를 공유하지만 그 동일자 바깥의 대상은 정서적 공유의 대상이 아닌, 그래서 인간적 감정을 교류할 수 없는 전적인 타자로 배제해버리는 가름과 배제와 부정이 극단적인 형태로 나타난 게 20세기의 경험이 아닌가. 그러니까 그 분할선 바깥에 대해서는 내가 고통을 느낄 수도 없거나 느껴서도 안 되는……

김상봉 안 되는 거지요.

고명섭 심지어 느끼면 그것이 뭔가 죄스러운 것이 돼버리는 그런 역사를 겪었다는 말이죠. 그래서 그와 같은 사유를 가능케 하는, 이런 식의 분할선을 긋게 만드는 저 사유 자체를 극복하지 않으면 안 된다, 그런 생각을 20세기 역사를 보면서 하게 됐습니다.

김상봉 맞습니다. 그런데 그 세계사적인, 타자에 대한 폭력성, 그것이 그대로 이식된 게 한반도 아닙니까?

고명섭 그렇습니다.

김상봉 그리고 이것이 어떤 의미에서 보면 해방되고 난 다음 더 비극적으로 이식됐다고 봅니다.

고명섭 저도 그렇게 생각합니다.

김상봉 그런데 여기서 이유가 뭔지 생각해보셨어요?

고명섭 어떤 이유 말입니까? 일제 때 일본인이 조선인에게 가한 폭력보다 해방 후 같은 민족끼리 더욱 잔인한 폭력을 행사했던 까닭을 말씀하시는 겁니까?

김상봉 그렇습니다. 사실 일제 강점기 때는 4·3사건 같은 학살은 없었으니까요. 그런데 정부는 숨기고 우리는 무지하거나 잊어버리고 있어서 그렇지 4·3 같은 일이 어디 제주에서만 벌어졌겠어요? 전쟁 전후로 한반도 전체가 학살터였다고 봐야지요. 일제 강점기 때의 폭력은 외부적 타자에 대한 폭력이었지요. 그런데 여기서 주체와 타자의 관계는 지배와 피지배의 관계에서 발생하는 거예요. 우리가 강자인데 왜 너희는 고분고분 지배받으려 하지 않느냐? 이런 말이거든요. 그런데 강자와 약자의 지배-피지배 관계에서 폭력성은 지배를 유지하기 위한 폭력성이에요. 그리고 그런 한에서 타자는 지배의 대상으로서 거기 있어야 해요. 지배의 대상으로서 보존되어야 되는 겁니다. 그러니까 피지배자는 결코 박멸해야 할 대상은 아니죠. 오히려 지배와 피지배 관계에서는 지배자와 피지배자 사이에서 공존과 어떤 의미에서는 타협도 있을 수 있지요.

이걸 논리적으로 말하자면, 이런 식민지 지배-피지배 관계에서는 타자가 자기 밖에 있기 때문에 타자의 존재 그 자체가 자기 존재의 부정으로 직결되지는 않아요. 타자가 아무리 적대적이라도 어디까지나 주체 외부에 있거든요. 주체가 타자보다 강하기만 하면 주체는 타자를 지배하고 통제할 수 있지요. 아니, 도리어 타자를 지배하기 위해서는 타자가 보존되어야 한단 말이에요. 하지만 주체 자체 내에 그 주체를 부정하는 타자성이 있다면, 이건 주체의 자기동일성의 파괴를 의미하지요. 논리적으로 말해 자기모순이고, 자기모순적인 것은 존재할 수 없어요. 그래서 그런 내부의 타자성은 용납할 수 없는 거예요.

그래서 저는 20세기에 나치와……, 여기서는 말이 조심스러운데, 함부로 나치의 폭력과 스탈린의 폭력을 똑같다고 말하면 안 된다고 하는 얘기는 옳은 부분이 있는데, 그럼에도 불구하고 나치와 스탈린이 통하는 부분이 있다고 우리가 말할 수 있는 부분이 있다면 이런 겁니다. 그러니까 히틀러와 스탈린 모두에게 문제가 되었던 적대적 대립은 주인과 노예의 대립, 지배와 피지배의 관계가 아니고 동일자와 타자였다는 거예요. 공산주의자들이 원했던 것은, 우리가 노예였고 저들이 주인이었던 현실을 뒤바꿔서 우리가 주인이 되고 저들을 노예로 만들자는 게 아니었지요. 부르주아가 프롤레타리아를 지배하든, 프롤레타리아가 부르주아를 지배하든, 지배-피지배 관계 그 자체를 폐지하려 했던 게 공산주의 이념이었으니까요. 그런데 지배-피지배 관계를 철폐하기 위해 그들이 택한 길이 모두가 동일해야 한다는 것이었어요. 한 사회 속에 동일하지 않은 이물질이 있으면 안 된다고 하는 거죠. 동기와 이유는 다르지만, 바로 이 점에서는 히틀러에도 마찬가지예요. 독일에는 순수한 독일인들만 존재해야지 이물질이 섞여 있어서는 안 되는 거죠. 그래서 순수한 독일인의 독일, 순수한 기독교인의 유럽을 만들겠다고 수백만 유대인을 학살했잖아요. 그런데 이런 식의 내부의 타자에 대한 폭력이 우리한테 그대로 이식되어 온 게 말하자면 좌우의 대립이었지요.

고명섭　예, 저도 그렇게 생각합니다. 그런 일차원적인, 교과서적인 이야기를 넘어서서 이야기하자면, 그 이념을 순수하게 관철하면 관철할수록 동일성의 폭력이 커집니다.

김상봉　그렇죠.

고명섭　그런 메커니즘이 돼버립니다. 그래서 우리가 공산주의 이념 혹은 사회주의 이념에 투철하면 투철할수록 계급의 적에 대한 가차 없는 부정과 증오심이, 사사로운 감정의 문제가 아니라 어떤 근원적인 철학적 차원에서의 부정과 배제의 태도에서 나오는 것이지요. 결국 그런 부정과 배제가 끔찍한 비인간적 폭력을 낳았고요. 마찬가지로 나치즘이라는 이념에 충실하면 충실할수록 그 속에서 민족적 동질성, 동일성을 위협하고 와해시키는 타자를 가차 없이 부정하고 박멸하지 않으면 안 된다, 이것은 세계사적 의무다 하는 생각을 굳히게 됩니다.

공산주의자들이 생각했던 그 세계사적 의무로서 부르주아를 박멸해야 하고, 물론 부르주아가 자연적으로 소멸하면 상관없는데 계속 남아 있다면 그 계급의 적은 박멸해야 하고, 우리가 프롤레타리아로서의 동일성을 실현할 때 그 동일성이 실현된 만큼 자유의 나라를 구현하는 것이라는 식의 사고가 캄보디아의 킬링 필드와 같은 그런 비극으로 변형되어 나타났다고 생각합니다. 극좌건 극우건 간에 그와 같은 동일한 관념들이 있었고, 선생님이 말씀하신 것처럼 그것이 해방 이후 한국 사회에서 자유주의 이념과 공산주의 이념으로 남북이 나뉘어서 정면으로 부딪힐 때 북은 북대로 공산주의 아닌 것을 적으로 돌리고, 남은 남대로 자유주의 아닌 것을 적으로 돌리면서 결국은 서로 박멸하는 쪽으로 나아갔지요. 보도연맹 같은 회색 지대에 놓인 사람들 최대 20만 명을 학살해버리는 끔찍한 일이 벌어지고, 전쟁 3년 동안 300만 명이 죽었잖아요. 세계사적으로도 그렇게 좁은 땅에서 그렇게 짧은 시간에 그렇게 많은 사람이 죽은 건 유례를 찾기가 어려운 일인데 우리가 그 동일성이라는 사고에 사로잡히지 않았다면 그런 끔찍한 일을 저지를 수가 있었겠는가. 그런 차원의 동일성에 집착하는 것이 낳는 폭력성의 문제를 근원적으로 들여다보고 그것을 극복할 수 있는 사유의 전환이 필요하다고 생각합니다.

김상봉 맞습니다. 보도연맹 말씀도 하셨지만, 그 이전에 4·3부터가 그 비극의 시작 아니겠어요? 조금 더 꼼꼼하게 살펴보면 해방 후 얼마 되지 않아서부터 남쪽에서 반체제 인사들에 대한 폭력적인 박해가 시작되었습니다. 오죽하면 일제 강점기 때 최고의 독립운동가로서 일본 경찰이 가장 많은 현상금을 걸었던 약산 김원봉이 역시 일제 강점기에 가장 악질적인 친일 경찰이었던 노덕술에게 체포되어 폭행은 물론 고문까지 당했을 정도였으니, 더 말해 무엇하겠어요? 그 뒤 김원봉은 김구, 김규식과 함께 '전 조선 제 정당사회단체 연석회의'에 참석하러 북에 갔다가 거기 남았지요. 해방된 조국에서 독립투사가 친일 경찰에게 고문을 당하는 세상이었으니, 우리가 약산이었다 하더라도 남쪽에서 살고 싶었겠어요? 그런데 더 비극적인 건, 이 위대한 독립투사의 친형제와 사촌 형제 무려 아홉 명이 월북자 가족이라고 한국전쟁 전후로 더러는 보도연맹에 엮여 더러는 그냥 학살당했다는 사실이에요. 생각하면 4·3 역시 이런 종류의 이른바 좌익분자 박해에 대한 반발이기도 했지요.

공정을 기하기 위해 남북을 같이 비교하자면 이런 사정은 북쪽에서도 마찬가지였습니다. 함석헌이 북에서 두 번씩이나 투옥되었다가 1947년에 월남하게 되는데, 그분의 회고에 따르면 두 번째까지는 살아나올 수 있었지만 세 번째로 체포될 경우에는 살아 나올 수 없으리라고 생각했다 하더라고요. 북에서도 이미 그 무렵엔 체제에 적극적으로 동조하지 않는 사람들은 살아남기 어려운 분위기였던 거지요.

남에서든 북에서든 자기들의 동일성의 테두리 속에 들어오지 않는 사람에 대해서는 오로지 증오와 적개심만 남고, 같은 인간으로서 타자의 고통에 대한 공감 능력 자체가 사라져버린 거예요. 남녀노소를 가리지 않고 그야말로 그 울타리 속에 있지 않은 사람은 다 죽일 수 있다는 그 사고방식이 한국 사회 전체를 지배했지요. 우리는 권력에 의한 반인류적 범죄의 전형적 사례로서 나치의 유대인 박해를 들지만, 사실 한국 현대사에서 군경이 자행한 반인류적 범죄에 비하면 그 규모나 방식에서 나치는 절도가 있었다고 생각될 정도예요. 제주 4·3의 기록을 보면 대살이라는 것까지 있는데 대신할 대(代)에 죽일 살(殺), 대신 죽인다는 거지요. 군경이 김상봉을 잡으러 그놈 집에 갔는데 이미 도망가고 없으면 그 가족을 대신 죽이는 거예요. 이런 야만이 상상이 되세요? 우리가 사는 나라가 이런 나라예요. 그런 폭력에 대해 처절하게 저항했던 역사의 정점이 5·18이었지만, 그런 눈물겨운 역사에도 불구하고 나라의 근본이 변하지 않는 한 폭력과 증오는 언제라도 되살아날 수 있는 불씨로서 우리 속에 꺼지지 않고 남아 있는 거예요.

그런데 우리가 이처럼 내부적 폭력의 역사를 깨끗하게 청산하고 극복하기 어려운 까닭을 생각해보면, 다시 여기서도 주체성의 문제로 돌아갈 수밖에 없어요. 그러니까 이 땅에도 주체의 동일성에 대한 집착이 비극을 낳았다고 하는 것까지는 서양과 비슷하지만, 그 동일성에 대한 집착이 이 땅으로 전파되고 난 다음에 나타나는 양상을 보자면 서양과 전혀 다르거든요.

고명섭 제 나름대로 의견을 덧붙여보자면 이렇습니다. 스탈린과 히틀러의 경우를 한번 따져본다면, 그 스탈린과 히틀러는 스탈린주의의 대변자로서 스탈린, 히틀러는 나치즘의 대변자로서 히틀러…….

김상봉 주체로서.

고명섭 예, 주체이자 대변인인 그런 존재라는 생각이 듭니다. 다시 말하면 스탈린은 사사로운 욕망으로 권력을 휘둘렀다기보다는 스탈린주의 이념을 역사적 조건 속에서 구현하고, 구체적으로 실천했다는 의미에서 주체적 성격이 강했습니다. 그렇기 때문에 스탈린은 사실 자기 부인도 자살해버리고 어떤 면에서는 굉장히 외롭고 비참하게 살기도 했고, 아들이 제2차 세계대전에 참전해서 포로가 됐는데 독일에서 포로 교환하자고 했는데도 교환 안 하고 죽으라고 내버려둬서 결국 그 아들이 죽어버리지 않았습니까. 그런 점에서 스탈린이라는 사람을 단순히 탐욕적인 인간, 탐욕 때문에 악을 행하는 사람이라고 보기 어려운 면이 있지요. 히틀러는 평생을 독신으로 지냈고, 물론 여성 파트너가 있기는 했지만 그 관계조차도 일상적 관계라고는 할 수 없고, 자신의 탐욕을 위해서라고 하기에는 그 사람의 행실이 그렇게 보기 어려운 점이 있지요. 그렇기 때문에 히틀러는 나치즘의 대변인이자 주체로서 성격이 강하고, 그래서 그 사람을 설명할 때 이념을 이야기할 수가 있습니다. 그런 점에서 나치즘의 그 이념을 만들고 실천했던 히틀러를 바로 한국에 대입하는 것은 적절하지 않다고 생각합니다. 스탈린주의든 나치즘이든 그 이

넘의 사악함은 사악함대로 인정하더라도, 그것이 가지고 있는 이념성을 그 주체들이 대변하고 구현한 면이 있다고 생각한다는 겁니다.

김상봉 바로 그겁니다. 그런데 우리의 경우에는 그게 아닌 거죠. 우리는 한 번도 주체로서 살아본 적이 없고, 외부로부터 이식된 어떤 깃발에 줄을 선 것뿐이거든요. 그런 의미의 이념이 없는, 가장 이념적인 것처럼 보이지만 이념이 없는, 그냥 권력의 자기동일성과 자기확장을 추구했던 것뿐이죠. 그러니까 '너 누구 편이야' 할 때 그 편이라고 하는 말 속에 그 편을 만들어주는 수미일관한 이념이라는 게 존재한 적이 없다는 거죠.

고명섭 예, 저도 그 부분에 대해서는 선생님 생각에 전적으로 동의합니다. 가령 박정희한테서 약간의 파시즘적인 야망이 없을 수는 없었겠지만, 근본적으로 그에게서 발견할 수 있는 것은 아주 추악한 권력욕 그 이상 그 이하도 아니고, 이승만의 삶에서도 결국 그런 탐욕만 발견된다는 이야기인데, 또 그것은 그것대로 그렇게 이해하더라도, 아까 말씀드린 그 동일성의 폭력이 바로 해방 후에 또 한국전쟁 속에서 드러났고 거기에 우리가 부딪혔고 그것이 끔찍한 해악을 낳았다는 것은 또 다른 문제입니다.

김상봉 그렇지요. 박정희에게 무슨 이념이 있겠어요? 일제 강점기에는 친일파였고, 해방이 되어 좌익이 득세하는 것처럼 보이니까 남로당원이 되었다가, 다시 친미 반공주의자로 변절해 살아남은 그에게 무슨 이념이란 게 있습니까. 오직 있는 건 권력의지뿐이지요. 하지만 그렇게 아무런 이념도 없는 권력의지이기 때문에 동일성의 폭력이 더 사악하고 저질이 되는 거예요.

모든 이념은 보편적인 형성의 이론입니다. 그것은 현실을 새롭게 형성하기 위한 설계도지요. 새롭게 설계해야 하는 까닭은 늘 현실 속에 해결해야 할 문제가 있기 때문이고요. 그러니까 이념은 현실의 고민에 대한 응답이거든요. 올바른 응답이든 잘못된 응답이든 그건 둘째고요. 그러니까 나치는 나치대로 그 당시 독일 사회의 문제를 자기들이 해결해 주겠다고 나온 거고, 스탈린은 스탈린대로 그 당시 소련의 문제 또는 세계 공산주의 운동이 직면한 곤경을 이렇게 해결해야 된다고 나온 것 아닙니까. 그리고 그렇게 제시된 이념을 논리적 정합성과 동일성의 원리에 따라서 끝까지 밀어붙여버리지 않습니까. 하지만 끝까지 가다 보면 '돌이키는 것이 도의 움직임'(反者道之動)이라고, 이게 아니네 하고 돌게 되잖아요. 그게 결국은 그 뒤에 소련의 붕괴까지도 낳았고, 독일은 독일대로……, 사실 지난번에 잠깐 얘기했지만 독일은 그렇게 논리적으로 끝까지 가고 난 다음에 이게 정말 얼마나 잘못되었는지를 그들 스스로 처절히 느끼지 않습니까.

고명섭　그렇죠, 처절히 느꼈죠.

김상봉　사실은 제2차 세계대전 당시에야 하이데거 같은 철학자조차 나치였으니, 대다수 독일 사람들이 심정적으로 나치 아니었겠어요? 그러니까 그렇게…….

고명섭　그렇죠.

김상봉　그런데 끝까지 갔는데, 자기들이 알았든 몰랐든 그 폐해가 적나라하게 다 드러나고 난 다음에 이게 아니구나, 우리가 이렇게 문제를 해결할 수 있는 게 아니었구나 하고 깨닫고 난 다음에는 얼마나 철저히 그것에 대해서 다시 반동으로, 또 끝까지 갑니까. 사실 어찌 보면 그 점에서 존경스러운 데가 있는 거 아니에요? 놀라운 데가 있고.

　그런데 우리는 그게 아니라고요. 그러니까 주체로서 문제를 자기들이 짊어지고 있는 게, 시시포스의 돌을 굴리고 있는 게 아니기 때문에 상관없어요. 처음부터 세계를 형성하겠다는 의지가 없으니까, 이념 같은 건 아무래도 상관없는 겁니다. 공산주의가 됐든 자유주의가 됐든, 이념이란 권력을 독점하기 위한 장식에 지나지 않아요. 그래서 북한의 공산주의도 가짜 공산주의이고 남한의 자유주의도 가짜 자유주의이지요. 남한의 독재자들이 자유가 뭔지나 알겠어요? 자유를 지키기 위해 독재를 한다니 그게 말이 되는 소리예요? 차라리 네모난 삼각형을 그린다고 하지.

우리는 어떤 문제에 주체적으로 대결하려는 자들이 아니니까 이념 같은 건 필요 없고, 어차피 언제나 이 세계에서는 이등 국민이고……. 이런 사대성이 뼛속 깊이 박혀 있어서 그때그때마다 이 세계 내에서, 세계 질서 속에서 제1권력에 어떻게 빌붙어서 우리의 권력을 이 내부에서 확립하고 유지하느냐 이외에는 아무 관심이 없단 말입니다. 현실에서 닥쳐오는 수많은 문제들을 주체적으로 해결하려는 의지가 없는 거예요.

남북관계에 관해서만 보더라도 이를테면 누가 이렇게 말한다 칩시다. "지금 세상이 얼마나 바뀌고 있는데, 남북 사이에 이런 대립 구도로는 안 되고, 이렇게 해서는 통일도 안 되고, 우리 내부에도 너무나 부담이 많고 어쩌고저쩌고……." 그런데 이런 말에 대한 남한 주류 계급의 가장 솔직한 대답이 뭐겠어요? DJ가 햇볕정책을 했기 때문에 그런 식의 전향적 남북관계는 받아들이고 싶지 않다는 거겠지요. 그냥 그 이유 뿐이에요. 미국이 남한 뒤에 있고, 그런 미국에 기대야 내부의 권력을 유지할 수 있고, 그러면서 안으로는 전라도를 계속 내부의 적으로 배제하는 적대적 구도를 유지하지 않으면 우리가 권력을 유지할 수 없다, 이런 거란 말이에요. 지금 남북관계를 어떻게 해야 되고, 통일은 또 어떻게 조금이라도 앞당기고, 남북 모두 민중의 삶을 개선하기 위해서 어떤 고민을 해야 되고…… 이렇게 논리적으로 이야기하면, "야 지금 너희들 나한테 무슨 말을 하는 거야, 우리가 언제부터 그런 걱정 했다고" 이렇게 되는 거죠. 이것이 모두 기생권력, 한 번도 주체적으로 살아본 적이 없는 붙음살이 기생권력의 속성이라고 말할 수 있겠지요.

고명섭   네, 그렇습니다.

타자에 대한 응답 속에서 생성되는 주체성

김상봉   어쨌든 그게 제가 현대사에서 얻은 문제의식인데, 요컨대 우리가 주체로서 세계를 스스로 형성하려고 하지 않기 때문에 세상을 자기 자신의 눈으로 스스로 바라보고 인식하려 하지도 않는다는 거예요. 그래서 세상만사를 자기 눈으로 보지 않고 남의 눈으로 봐요. 중국이 지배할 때는 중국의 눈으로, 일본이 지배할 때는 일본의 눈으로, 그리고 지금 미국이 지배하는 세상에서는 미국의 눈으로 자기도 보고 남도 보는 거지요. 그래서 세계인식이 늘 현실 적합적이지 못하고 유비적이에요. 비슷하지만 아닌 거죠. 주체로서 세계를 형성하겠다는 의지가 없으니까 현실이 있는 그대로 인식되지 않고, 현실이 늘 몽롱한 아지랑이 속에서 흔들리니까 주체적으로 현실을 형성하려고 나서는 것이 두려운 거지요. 뭐가 제대로 보여야지 자신 있게 걸음을 옮길 텐데, 만사가 불확실하고 불투명하니까 남이 내미는 손을 잡고 그냥 그 손이 인도하는 대로 따라갈 수밖에요. 보수든 진보든 그런 몰주체성과 사대성과 의존성에 물든 나라가 이 나라예요. 그러면 이런 상황에서 우리가 무엇을 해야겠어요?

고명섭 주체가 되어야겠지요. 아니 최소한 주체가 되겠다는 의지를 가져야겠지요.

김상봉 지당하신 말씀입니다만, 따져보아야 할 것이 있습니다. 어떻게 주체가 되느냐 하는 것입니다. 그것이 분명하게 정립되지 않으면 주체가 되겠다는 의지가 도리어 부정적이고 파괴적인 방식으로 표출될 수 있거든요. 예를 들어 일본에서도 전후 자기반성과 자기성찰의 과정에서 한국인들과는 조금 다른 문맥이긴 하지만 일본인들의 몰주체성에 대한 반성이 있었습니다. 일본인들이 근대화 과정에서 표면적으로는 개인이 자기를 주체로서 자각한 것처럼 보이지만 근본에서는 여전히 자율적이고 책임 있는 주체로서 자기를 정립하지 못했다는 반성이 많이 있었던 거지요. 특히 패전 이후 아무도 책임지는 사람이 없는 것에 대해서 자주 그런 분석의 틀을 적용하곤 했지요.

마루야마 마사오 이후 가라타니 고진까지 많은 사람들이 일본인의 주체성과 몰주체성이라는 문제를 두고 다양한 말들을 쏟아냈는데, 그걸 보면 반복되는 일종의 딜레마가 있습니다.

고명섭 어떤 겁니까?

김상봉 한편에서는 일본인이 주체성이 없어서 자신의 과오에 대해 아무도 책임지지 않는다고 비판하면서도, 다른 한편에서는 그렇다고 해서 일본인들이 먼저 자기를 주체로서 정립해야 한다고 주장하기 시작하면 곧바로 다시 과거의 민족주의로 회귀하게 되는 위험에 빠진다는 겁니다. 예를 들어 가토 노리히로(加藤典洋)는 "전후 일본에 피침략국인들의 규탄을 받아들일 주체가 없다는 사실, 그것이 전후 일본인의 근원적인 도덕적 결함을 의미할 수 있다"[13]고 합니다. 그러면서 도덕적 반성을 위해서라도 주체를 먼저 정립해야 한다고 주장하지요. 하지만 이렇게 주체를 먼저 정립하는 것이야말로 근대적 서양 정신이 밟아 왔던 길이었습니다. 그리고 앞서도 말씀드렸듯이 일본 역시 그런 서양적 근대를 아시아에서는 가장 먼저 모방했고요. 그런데 서구적 주체성의 정립이 시대착오적인 천황제와 그에 기생한 군국주의 등으로 말미암아 근본에서 왜곡되어버렸기 때문에 근대적 주체성의 미발달을 반성하게 되었는데, 그런 불충분성을 극복하겠다고 다시 한 번 주체를 정립해야 한다고 주장하는 것은 근대적인 홀로주체성을 더욱 강화하는 결과를 낳을 뿐입니다. 쉽게 말해 민족주의 시대로 퇴행하는 결과를 낳을 뿐이지요. 여기서 일본의 문제를 길게 논하는 것은 저의 능력 밖의 일이지만, 실제로 가토는 주체를 정립하는 일을 다른 무엇보다 태평양 전쟁에서 사망한 일본인들을 애도하는 데서 시작해야 한다고 말합니다. 그러니까 그의 의도를 호의적으로 이해하자면 자기의 상처를 먼저 치유해야 남의 상처도 보듬을 수 있다는 말이고, 또 이것이 전혀 잘못된 말이

---

13 카또오 노리히로, 『사죄와 망언 사이에서』, 서은혜 옮김, 창작과비평사, 1998, 9쪽. 여기서는 외국어 표기법에 맞게 '가토'로 고쳐 썼다.

라고 할 수도 없지만, 아무리 그렇다고 하더라도 이런 자기동일성의 확인을 통한 주체의 정립이 어떻게 타자에 대한 만남으로 나아갈 수 있는지는 아직 분명하지 않습니다. 생각하면 가토가 철학자가 아니어서 주체가 있다거나 없다거나 하는 말을 하는 거지만, 원래 철학적으로 볼 때 주체는 있는 것도 아니고 없는 것도 아닙니다. 그래서 실체가 아니라 주체라고 하는 거거든요. 주체는 오직 행위 속에서만 일어나는 것이지 사물적 실체로서 미리 주어져 있는 것이 아니란 말이에요. 그런데 '나는 나다' 또는 '우리는 우리다'라고 하는 자기동일성의 의식이 근대적 주체성의 문법이고 가토 역시 일본인의 주체성을 그렇게 먼저 확립하자는 뜻일 텐데, '나는 나다', '우리는 우리다'라는 자기동일성의 확인이 어떻게 '너도 나'라는 타자와의 만남으로 나아갈 수 있는지에 대해서는 아무 답도 없어요. 물론 이건 가토뿐 아니라 모든 서양적 주체성의 원리 일반에 대해 우리가 할 수 있는 말이지요.

그러니까 이건 한국의 경우에도 똑같이 문제가 되는 일이에요. 한국인이야말로 일본보다 더 심각한 의미에서 하나의 민족으로서 아직 자기를 제대로 정립한 적이 없는 자들이잖아요. 그러니까 매일 자기들끼리 지지고 볶고 싸우는 거거든요. 아직 하나가 못 되었으니까! 그래서 우리야말로 함석헌이 "먼저 하나의 민족이 됩시다"라고 말했듯이, 하나의 집단적 주체로서 겨레 또는 민족이 되어야 할 절박한 이유가 있는 거예요. 그런데 여기서 하나의 민족이 되겠다고 '나는 나다', '우리는 우리다' 하는 것만 내세우면 어떻게 되겠어요?

가장 좋게 생각하면, 한반도에 사는 사람들이 너 나 할 것 없이 '우리는 우리다'라고 공동의 자기의식을 자각할 수 있다면, 그건 지금보다는 좋은 일이겠지요. 경상도 사람들과 전라도 사람들이 모두 '우리는 우리다'라고 생각한다면 동서가 하나 되는 거고, 여기서 더 나아가 남한 사람들과 북한 사람들이 '우리는 우리다'라고 생각하기 시작하면 남과 북이 하나가 되는 거니까 아무려면 지금보다는 낫겠지요. 하지만 이런 식으로 동아시아에서 한국과 중국과 일본이 '우리는 우리다'라는 식으로 앞으로 나아간다면 어떻게 되겠어요?

고명섭 서양의 근대 민족국가들처럼 서로 충돌하게 되겠지요. 하지만 선생님은 그렇게 되지 않도록 하기 위해 어떤 다른 주체 정립의 길을 말씀하실 건가요?

김상봉 여기서도 홀로주체성의 길이 아니라 우리가 늘 말해온 서로주체성의 길을 걸어야 한다는 거지요. 그러니까 '나는 나다', '우리는 우리다'의 길이 아니라, '너도 나'라는 길을 걸어야 한다는 거예요. '우리는 우리다'라고 하든, '너도 나'라고 하든, 결과적으로 너와 내가 만나 하나가 되는 것은 같습니다. 하지만 앞의 경우가 외부를 향해 닫힌 하나라면 뒤의 경우는 외부를 향해 열린 하나라는 점에서 그 하나의 성격은 전혀 다른 거지요.

고명섭 하지만 '너도 나'라고 하는 경우라도, "야, 너 이리 와! 너도 나야!" 하는 식으로 타자를 자기에게 폭력적으로 포섭하거나 동원할 수도 있지 않나요?

김상봉 좋은 질문입니다. 바로 그래서 '너도 나'라는 것은 타인의 고통에 대한 응답으로서 일어나야 합니다. 그렇게 주체성이 너의 고통에 응답하는 것으로 일어날 때, 주체성은 타자를 거부하고 배척하는 울타리가 아니라, 타자를 향해 열린 팔이 되고 타자를 향해 달리는 발걸음이 되는 거지요. 이해를 돕기 위해 하나의 사례를 들어 말하자면, 요즘 영남과 호남의 높으신 분들이 지역 갈등을 해소하자면서 서로 박정희, 김대중 대통령의 생가를 방문하기도 하는 모양이더라고요.

고명섭 저도 압니다. 기분이 착잡합니다. 선생님은 어떻게 생각하세요?

김상봉 아무런 교류도 없고 만나지 않는 것보다는 좋겠지만, 바람직한 방향은 아니죠. 저라면 김대중, 박정희의 생가가 아니라 전태일과 윤상원의 생가를 참배하자고 말하고 싶어요. 전태일이 대구에서 났거든요. 지금의 대구시 중구 남산동에서 태어났어요. 윤상원은 광주 광산구 출신이니까 얼마나 좋아요? 대구의 전태일과 광주의 윤상원! 한 사람은 평화시장에서 다른 사람은 전남도청에서, 산업화의 모순, 군부독재의 폭력과 온몸으로 맞서 싸운 우리의 진정한 영웅들이잖아요. 생각하면 민주화도 우리의 역사고 산업화도 우리의 역사지요. 그런데 거기서 누구를 왜 어떻게 기념하느냐 하는 게 중요한데, 저는 민주화의 역사를 김대중이 전유하는 것도 산업화의 역사를 박정희가 전유하는 것도 모두 올바른 일이라고 생각하지 않아요. 김대중 생가, 김대중 센터, 김대중 대교, 전라도 사람들이 만날 김대중만 찾으니 경상도 사람들이 더 박정희를 찾는 거잖아요. 김대중 대통령의 수난과 공적을 부정할 생각은 없지만, 그분의 과오도 대단히 많아요. 게다가 그분은 대통령이 됨으로써 자기의 희생에 대해 누구보다 큰 보상을 받은 분이지요. 그런데 그런 분이 죽은 뒤에까지 마치 민주주의를 혼자 이룬 사람인 것처럼 상징화되는 것은 누구에게도 도움이 되지 않아요. 그건 산업화와 경제 발전의 공을 죄다 박정희에게 돌리는 것과 똑같이 미개한 일이에요. 우리가 산업화와 경제 발전을 기념한다면 박정희가 아니라 수많은 전태일들을 기념하는 것이 옳은 일이듯이, 민주화를 기념할 때는 김대중이 아니라 이름 없이 고통받고 희생된 윤상원들을 기념하는 것이 옳지 않겠어요? 그것은 희생과 고통을 통한 하나됨이고, 타인의 고통에 대한 응답으로서 일어나는 하나됨이어서 누구도 배제하거나 폭력적으로 박해하지 않는 열린 하나됨이지만, 박정희와 김대중의 만남은 권력자들의 야합인 까닭에 반드시 타자와 약자에 대한 억압과 박해를 수반하게 되는 거예요. 그러므로 분열의 역사를 청산하고 보다 높은 하나를 이루는 것도 자기동일성의 확장이 아니라 타자의 고통에 대한 응답을 통해 일어나야 돼요. 그것이 근대적 주체성과 국민국가의 한계에 갇히지 않으면서도 우리 자신을 주체로서 온전히 정립하는 길일 거예요.

주권의 분할과 주권의 서로주체성

고명섭　저도 주체성이 타자에 대한 응답으로 일어나야 한다는 말씀에 대해서는 동의하고 또 충분히 공감합니다. 그런데 여전히 대답되지 않은 물음이 남아 있습니다. 아까 선생님이 주권이 분할 불가능하다는 것이 근대적인 주권 이론이라고 말씀하셨는데, 그 문제는 어떻게 되는 겁니까? 호남 차별 문제든 남북 분단 문제든, 내부의 분열을 극복하기 위해서 하나가 되어야 한다면 어떤 길을 통해서 가든 결국 분할 불가능한 주체 또는 주권에 이르게 되는 것 아닙니까? 그리고 그렇게 되면 주체와 주체, 주권과 주권이 충돌하게 되는 것은 마찬가지 아닌가 하는 물음이 생깁니다만⋯⋯.

김상봉　예. 이제 이 물음과 함께 다음 주제로 넘어가면 되지 않을까 싶습니다. 여기서 먼저, 근대적 주권 이론이 추구했던 분할 불가능하고 절대적인 주권이란 우리 시대에는 윤리적인 정당성도, 현실적인 타당성도 상실한 이념이란 걸 분명히 할 필요가 있겠습니다.

고명섭　어떤 의미에서 그렇습니까? 과학적인 근거는 없다고 비판하셨지만, 분할할 수 없고 침해할 수 없는 주권의 이념이 라캉의 거울 표상처럼 상상의 산물이란 뜻입니까?

김상봉　글쎄요. 여기서 라캉을 끌어들이는 것이 딱히 도움이 될 것 같지는 않습니다. 별 내용도 없고 우리의 상황을 이해하거나 설명하는 데 특별히 도움을 주는 것도 아니니까요. 그냥 제가 하고 싶었던 말을 제 식으로 하는 게 낫겠습니다.

고명섭　하기야 근대적 주권 이념이 윤리적인 타당성을 잃었다는 말부터가 라캉의 거울 표상으로 해명이 안 되는 일이기는 하네요. 어떤 의미에서 그런 말씀을 하신 겁니까?

김상봉　말하는 방식에서 조금씩 차이가 있기는 하지만, 근대적 주체는 한편에서는 자기의 욕망을 주권 개념에 투사하지만, 다른 한편에서 그렇게 정립된 거대 주체 또는 초자아로서의 국가 주권에 의해 억압받게 됩니다.

고명섭　예. 그건 『서로주체성의 이념』의 「홀로주체성의 현실태」 장에서도 말씀하셨지요. 그런데 그 문제를 어떻게 해결할 수 있을지에 대해서는 그 책에서는 답을 하지 않으신 걸로 기억합니다만……

김상봉　예, 맞습니다. 그 책을 쓸 때는 아직 거기까지 생각이 나아가지는 못한 상태였습니다. 그런데 먼저 윤리적 타당성에 대해 말씀드리자면, 근대적 주권 개념은 결국 개인적 주체의 입장에서 볼 때는 억압적 초자아입니다. 철학자들마다 말하는 방식이 조금씩 다를 뿐, 이 점에 관해 이견이 있는 것은 아니죠. 홉스의 리바이어던적 주권자나 루소의 일반 의지는 말할 것도 없지만, 다원성을 인정하는 정치철학자라고 사람들이 말하는 로크조차 사회계약이란 다수결의 원리에 따르는 거라고 말하거든요. 그러니까 로크의 경우에도 소수자가 설 자리는 없는 거지요. 결과적으로 보자면 근대적 주권의 이념은 이렇게 표현하든 저렇게 표현하든 본질적으로 전체주의적이에요. 그런 걸 생각하면 프랑스 혁명으로 근대적 국민국가의 모델이 어느 정도 완성되었다고 할 수 있는 19세기에 들어와서 본격적으로 아나키즘이 등장한 것은 전체를 빙자한 다수의 억압에 대한 반동으로서 일종의 필연이라고 말할 수 있겠습니다.

고명섭　근대적 주권 개념이 본질적으로 전체주의적이고 윤리적 정당성이 문제된다는 건 저도 충분히 이해하겠습니다. 그런데 그 문제를 해결하기 위한 대안은 뭡니까?

김상봉　간단히 말하자면, 국가가 모든 것을 결정하지 못하게 해야지요. 국가의 권력을 해체해서 하위의 공동체에 이양해야 합니다. 그런 의미에서 주권을 분할해야 한다고도 말할 수 있겠지요.

고명섭　그건 아나키즘의 길이 아닌가요?

김상봉　맞습니다. 그 점에서 저는 아나키스트입니다. 하지만 아나키즘이 서로주체성의 이념과 결합하지 않을 때는 홀로주체의 아집이 됩니다. 아나키즘이 개인주의적 홀로주체성으로 퇴행하지 않으려면, 국가의 주권에 대립하는 주체가 개인적 홀로주체가 아니라 자유로운 개인들이 만나서 이룬 서로주체적 공동체여야 합니다. 보다 큰 공동체의 권력을 가능한 한 해체해서 보다 작은 공동체로 이양해야 하는 겁니다.

고명섭 그렇다면 일종의 연방제 같은 걸 말씀하시는 건가요? 미국이나 독일도 연방국가이고, 북한이 고려 연방제를 제안한 적도 있습니다만…….

김상봉 그것도 하나의 길이기는 합니다. 북한이 말하는 연방제에 대해서 보자면, 저는 남한과 북한이 연방을 이룰 것이 아니라 사실은 남북한을 더 잘게 쪼개서 자치권을 지닌 여러 개의 지방 정부들이 하나의 연방국가를 구성하는 것이 더 좋다고 생각하는 편입니다. 그렇게 다원적인 연방 체제가 되어야 남한과 북한이 이분법적으로 대립하는 것을 방지할 수도 있고, 지방 자치의 뜻도 보다 충실하게 살릴 수 있을 테니까요. 하지만 연방제만으로는 충분하지 않습니다.

고명섭 왜 그렇습니까?

김상봉 연방제는 하나의 국가를 여러 개의 국가로 나누는 것과 같습니다. 크기에 차이가 있을 뿐, 성격은 같은 거지요. 그런 한에서 국가 권력을 해체하는 것이라고 말하기는 좀 어려운 데가 있습니다. 부분이 전체 속의 동질적인 구성 요소에 지나지 않는다면, 부분은 전체를 이길 수 없습니다. 오직 부분이 전체를 이루고 있으면서도 전체를 넘어갈 때, 비로소 그 부분은 전체에 포획되지 않고 전체를 넘어갈 수도 있고 또 의미 있는 방식으로 해체할 수도 있는 거지요. 국가의 절대 주권, 개인 위에 군림하는 절대 권력을 제한하고 일정한 방식으로 해체하기 위해 우리가 살펴보아야 할 것은 그런 종류의 공동체가 있는지, 있다면 무엇이 그런 공동체인지를 찾는 것입니다. 다시 말해 국가 속의 한 부분이면서도, 단순히 국가 내부에 갇힌 부분집합이 아니라 동시에 국가의 경계를 넘어가는 그런 공동체가 있는지를 살펴보아야 한다는 거지요. 우리가 그런 공동체를 발견할 수 있다면, 남북의 통일이 리바이어던적인 국가권력을 서로 차지하려는 싸움으로 치닫는 것을 보다 효과적으로 방지할 수 있을 겁니다.

고명섭　이제 저도 국가의 절대 주권을 분할하기 위해 선생님이 어떤 길을 제시하실지 짐작이 됩니다. 국가의 절대 주권이 이미 현실적인 타당성을 상실했다는 말씀의 뜻도 알겠고요.

김상봉　그렇습니다. 기업은 국가 속에 있으면서도 국가와는 성격이 다르고 또 국가의 경계를 넘어가는 공동체입니다. 그러니까 예전에 유럽에서 교회가 국가 속의 부분집합이면서도 국가의 경계를 넘어가는 초국적 공동체였던 것처럼 오늘날 기업도 그런 공동체라고 하겠습니다. 물론 기업과 교회는 그 성격이 또 다른 것이어서 다 같다고 말할 수는 없지만, 이해를 돕기 위해 그렇게 비교해 볼 수는 있겠지요. 아무튼 과거에 교회가 그랬던 것처럼 오늘날에는 기업이 국가에 뿌리를 두고 있으면서도 국가의 경계를 넘나들면서 국가의 주권까지도 일정하게 제한할 정도로 성장한 것은 분명한 사실입니다. 기업이 그렇게 초국적으로 활동하는 시대가 되었기 때문에, 연방주들을 다 모으면 연방국가가 되듯이 기업의 총합이 국가가 되는 것은 아닙니다. 한 국가 내의 기업들은 국가의 경계를 넘어간다는 점에서는 국가보다 크다고 할 수 있지만, 국가가 하는 일을 모두 떠맡을 수는 없다는 점에서 국가보다 작기도 합니다. 그런 의미에서 기업은 국가 속에 존재하면서도 국가로 모두 환원되지 않는 내부의 타자라고 하겠습니다. 하지만 이 타자는 국가의 존립을 방해하는 이물질이 아니고, 도리어 국가의 존립을 위해 없어서는 안 될 필수적 구성 요소이기도 합니다. 그런 의미에서 기업은 오늘날 국가의 타자이되, 외적 타자가 아니라 내적이고 본질적인 타자입니다.

고명섭　그렇다면 기업과 국가의 관계에 대해서도 서로주체성을 적용해 볼 수 있겠네요.

김상봉 물론입니다. 서로주체성은 개인에 대해서만 적용될 수 있는 것이 아니니까요. 그것은 주체성이 일어나는 곳에서는 어디서나 발견할 수 있는 보편적 원리입니다. 기업이든 국가든 홀로주체적 아집에 사로잡힌다면 그것은 자기와 남을 파괴하는 길을 걷게 되지만, 타자에 대한 응답 속에서 서로를 살리는 길을 걷게 되지요. 이것은 기업과 기업, 국가와 국가 사이의 관계뿐 아니라 내부적 타자와의 관계에 대해서도 마찬가지로 적용할 수 있는 원리입니다. 모든 주체는 본질적으로 서로주체적인 까닭에 언제나 내부에 타자성을 품고 있습니다. 주체의 건강함이나 온전함은 외적 타자와의 관계뿐 아니라 내적 타자와의 온전한 관계에 존립하는 거지요. 국가가 하나의 주체이고 주권이 그 주체성의 표현이자 실현이라면, 국가의 주권 역시 서로주체성 속에서 온전히 존립한다고 말할 수 있습니다. 더 나아가 오늘날 국가의 주권이 제한된다거나 해체되어야 한다면, 그것은 하나이자 전체인 주권이 그것의 부분으로 쪼개진다는 뜻이 아닙니다. 그것은 도리어 주권이 오직 타자와의 만남 속에서 존립할 수 있으므로, 자기 속에서 그 타자의 몫을 보존해야 한다는 뜻입니다. 그것은 타자를 위해 자기를 제한해야 한다는 뜻이기도 하겠지요.

생각하면 이런 이치는 단지 기업과 국가의 관계에 대해서만 적용되는 것은 아닙니다. 국가는 그 시원에서부터 내부적 타자성 위에 존립하는 공동체였고, 그런 한에서 그 타자성과의 관계 속에서 주권도 제한될 수밖에 없었지요. 분할할 수도 없고 침해할 수도 없는 주권이란 그런 의미에서 보자면 근대인들이 만들어낸 환상이지 결코 사실 자체는 아닙니다.

고명섭 기업은 근대 이후의 발명품이니까, 교회 말고 다른 어떤 것이 국가의 내부적 타자였던 게 있습니까?

김상봉 가족이지요. 국가는 가족 공동체들의 합으로 이루어지지 않나요? 가족이 없다면 국가도 없겠지요. 하지만 가족은 국가의 내적 구성 요소를 이루면서도 국가로 다 환원되지 않는다는 의미에서 국가의 내부적이고 본질적인 타자라고 할 수 있습니다. 예를 들면 소포클레스의 비극 『안티고네』는 가족과 국가의 그런 내적 대립을 가장 극적으로 형상화한 작품이라고 할 수 있겠는데, 안티고네와 대립하는 크레온은 국가의 절대 주권을 대변하는 인물이지요. 하지만 크레온이 국가의 아집에 사로잡혀 안티고네가 지키려는 가족의 몫과 권리를 부정하려 했을 때, 그는 안티고네를 죽이려다가 자기 자신의 가족까지 잃고 말잖아요. 그 지경에 이르러서야 크레온은 가족이라는 타자가 사라져버린 국가의 공허함을 깨닫게 되지요.

생각하면, 그 이후 서양에서는 교회가 국가의 내적 타자였고, 오늘날에 와서는 다시 기업이 국가의 내적 타자로 등장한 거예요. 게다가 여기에 세계시민 공동체까지 보탠다면, 국가란 다양한 타자적 공동체들이 만나는 장소이지 결코 폐쇄적인 홀로주체로서 군림할 수 있는 절대적 주권체는 아니라고 해야겠지요. 프랑스 혁명 전후로 국가가 절대적 주권을 꿈꾸던 시대가 있긴 했지만, 그것은 긴 역사의 흐름 속에서 말 그대로 한때의 꿈이었을 뿐, 결코 곧이곧대로 받아들여야 할 무제약적인 진리는 아니에요. 그러니까 이제 우리의 과제는 자연적 공동체인 가족부터 교회 같은 종교적 공동체와 영리 공동체인 기업 그리고 세계시민 공동체까지 국가라는 장소에서 만나고 겹치는 다양한 타자적 공동체들이 국가 속에서 서로 파괴적으로 충돌하지 않고 자기의 몫을 지키면서 동시에 서로를 북돋우는 관계가 되도록 조율하는 일일 거예요.

돌이켜 보면 해방 이래 남한과 북한의 권력자들이 모두 국가의 주권이란 타자성을 배제함으로써 정립된다고 믿었던 것이 우리 역사에서 미증유의 비극의 시작이었잖아요. 4·3부터 6·25까지 그리고 그 이후에도 끊임없이 이어진 국가폭력이 생각하면 모두 국가의 홀로주체적 아집에서 비롯된 것 아니겠어요? 국가보안법도 그런 아집의 표현이고요. 하지만 그 아집을 내려놓지 않으면 크레온의 비극이 남북한 모두의 운명이 될 거예요.

『기업은 누구의 것인가』— 책의 내력

고명섭 잘 알겠습니다. 앞에서도 민족이나 국가의 주체성에 대해 이야기하면서 서로주체성을 말하지 않은 것은 아니었지만, 그것은 한 민족과 다른 민족 또는 한 국가와 다른 국가 사이에 성립하는 거라고만 생각했는데, 수직적 차원에서도 주권의 서로주체성이 성립한다는 사실이 대단히 새롭게 느껴집니다. 기왕 그런 이야기가 나왔으니 이제 이 문맥에서 본격적으로 선생님의 기업론으로 넘어가는 것이 좋겠습니다.

지난번에도 잠깐 말씀을 드렸지만 다시 상기하는 차원에서 말씀을 드리면, 사실 제목부터가 『기업은 누구의 것인가』라니 철학자가 쓴 책이라기엔 좀 이상하고…….

김상봉 그렇죠?

고명섭 부제('철학, 자본주의를 뒤집다')는 너무 생경하다고 할까. 아무튼 처음에 책 안으로 들어가기가 쉽지 않았어요. 그런데 그 문제 속으로, 텍스트 속으로 들어가다 보니까 점점 그 문제에 익숙해지고 관심이 커지고, 결국 마지막에 가서는 선생님의 문제의식과 해법에 매우 적극적으로 공감하게 됐어요. 이 문제를 어디서부터 풀어야 좋을지 모르겠는데, 선생님 최초의 발상은 기업이 폴리스가 될 수는 없는가, 공화국이 될 수 없는가, 그런 물음에서 시작된 것이잖아요. 그런 발상을 어떻게 하시게 됐는지요?

김상봉 그것은 어찌 보면 아주 단순합니다. 1970년대와 1980년대, 제가 1976년에 대학에 입학해서 정확하게 10년 후에 유학을 갔는데, 그 10년이 저한테 남긴 현실적 화두가 그것이었어요. 요즘 식으로 말하자면 하나는 NL의 문제고 다른 하나는 PD의 문제라고 하겠는데, 앞의 것이 통일 문제였다고 한다면, 뒤의 것은 자본주의의 극복이라는 문제였지요. 그 두 가지 문제가 그 시대가 저에게 제시한 화두예요. 내가 학자로서 앞으로 평생을 두고 씨름해야 될 일이 이것이라고 말이죠.

그런데 두 가지 문제가 만나는 지점이 기업의 문제였던 것 같아요. 제가 기업에 대해 처음 생각했던 것이 노동자 경영권이었는데, 이건 자본주의의 극복을 위해서도 긴요한 일이지만, 사이비 사회주의를 지양하기 위해서도 반드시 필요하다고 생각했거든요. 그러니까 통일이 되려면 자본주의와 공산주의가 동시에 지양될 필요가 있는데, 기업을 일종의 폴리스로 만드는 것이 그 지름길이라고 생각했던 거지요. 비록 막연한 생각이긴 했지만요.

어쨌든 유학 간 이듬해였던 것 같은데 처음으로 그렇게 스스로 물었죠. 노동자가 사장을 뽑으면 안 되느냐고. 그때는 아직 경제학에는 문외한이었으니까 그냥 상식적으로 자문해본 거죠. 처음에 생각했던 건 노동자의 자유와 주체성, 평등, 이런 것들에 대해서 고민하다가 문득, 그럼 노동자들이 더불어 공장을 하나의 폴리스로 만들면 되는 것 아닐까, 그런 생각을 했지요. 규모야 과거의 폴리스나 지금의 대공장이나 크게 다르지 않으니까 비슷하게 만들어볼 수도 있는 게 아닌가 생각해보았죠. 그러니까 어떤 삶의 총체적 지평으로서의 공장. 단순히 거기서 생산만 이루어지고, 그 노동의 대가로 월급 받고, 나는 공장 외부에서 나의 삶을 사는 게 아니고, 나의 모든 삶이 그 속에서 이루어지는 지평으로서의 공장이 될 수는 없는가. 결국 그렇게 되는 게 참된 의미에서 노동자의 자유를 실현하는 길이 아닐까……. 그때는 코뮌이라는 말도 아직 몰랐고요. 그게 코뮌이든 이른바 소비에트든 그런 이름이 중요한 게 아니고 내적 작동 방식에 대해서 생각할 때 소박하게 사장을 노동자가 뽑는다고 하면, 좀 유치한 얘기이긴 하지만, 그게 하나의 폴리스의 기준일 수 있는데, 그렇게 하면 안 되는 이유가 뭔가, 그렇게 묻고 덮었던 거죠. 이 물음에 대해 내가 지금 대답할 수는 없다고…….

고명섭 그러면 그때 그런 문제의식을 덮었다가 다시 그걸 끄집어내서 이렇게 책으로까지 쓰게 된 계기는 뭔가요?

김상봉 호찌민이 전쟁이 한창일 때도 수재들을 뽑아 외국 유학을 보냈다고 하더라고요. 친구들이 다시는 살아 돌아올 수 없을지도 모를 전쟁터로 떠날 때 북한으로 소련으로 동독으로 유학을 떠나는 유학생들이 자기도 친구들과 함께 전쟁터로 보내달라고 하자 호찌민 주석이 그랬답니다. 전쟁이 끝나면 새로운 과제가 기다리고 있을 거라고. 그때를 위해 누군가는 준비해야 한다고. 그렇게 달래서 유학을 보냈다는 믿거나 말거나 한 이야기가 있어요. 친구들이 감옥 가고 공장 갈 때 대학원을 가고 유학을 갔으면, 저도 제가 할 일이 무언지 기억해야 되는 것 아니겠어요? 서양 사람들은 교회나 성당을 몇백 년 동안 짓기도 한다고 그게 아니라도 몇십 년 뒤에 있을 손자 결혼식을 위해 위스키를 만들기도 한다는데, 그보다 훨씬 더 어려운 문제를 해결해야 할 철학자가 어떤 문제를 붙잡았으면 평생을 잊지 않고 천착해야 하는 것 아니겠어요? 다만 처음에 그 문제를 뒤로 미뤄둔 건, 세상만사에 순서가 있는 법이니까, 철학에서도 먼저 형이상학에서 시작해서 천천히 실천적 문제로 나아가는 게 올바른 길이어서 그랬던 것뿐이지요.

하지만 그 문제에 대한 저 나름의 답이 『기업은 누구의 것인가』에서 말했던 것처럼 그런 방식으로 주어질 것이라고는 전혀 예상하지 못했어요. 저는 다만 칸트에서 철학 공부를 시작해서 서서히 주체성의 문제를 집중적으로 천착해왔을 뿐인데, 언제부터인가 주체의 관념이 홀로주체성에서 서로주체성으로 나아가고, 거기서 다시 공동체의 개념으로 나아가서, 마지막으로 공동체의 관념이 기업과 결합하는 순간에 모든 문제가 환하게 밝아진 거지요. 기업을 저만의 관점에서 분석할 수 있는 방법론적인 메타개념(Metabegriff)을 가지게 됐잖아요. 예전에 그 메타개념을 가지기 전에는 기본적으로 경제학자들이 하는 언어를 벗어날 수가 없었지만, 제가 『서로주체성의 이념』을 쓰고 그 뒤에 이게 제 안에서 확장도 되고 심화도 되면서 기업을 다시 보았을 때, 아! 기업도 주체구나! 그걸 깨달은 거지요. 예전에는 기업이 그저 모두 생산의 관점에서, 자본의 관점에서만 보이지 않았겠습니까. 착취의 문제 또는 권력의 문제……, 이렇게 여러 가지로 말할 수 있었겠죠. 하지만 그런 언어와 개념에만 머무르는 한에서는 새로운 관점이 열릴 수 없고 새로운 해법도 찾을 수 없었겠죠. 그런데 그 기업이, 그게 공동체였구나! 이 순간에 새로운 돌파구가 열린 거예요.

고명섭 선생님이 특히 기업에 대해서 구체적으로 고민하게 되기까지 삼성이라는 문제, 혹은 이건희라고 하는 인물에 대한 문제의식이 촉발한 면이 있지 않습니까?

김상봉 물론 그 문제와도 상관이 있었지요. 그러나 정확하게 말하자면 삼성 문제나 재벌 문제는 문제의식이나 연구의 동기가 되었다기보다는 적용 사례에 더 가깝다고 보아야겠지요. 재벌의 해체와 노동자 경영권을 결합하면 경제 민주화의 큰 그림을 그릴 수 있겠다고 생각한 거예요. 말씀드린 대로 노동자 경영권이라는 착상 자체는 오래전에 했던 거지만, 그때 책을 쓰게 된 직접적인 계기는 진보신당 때문이었습니다.

고명섭 진보신당에 들어가서 강령 쓸 때…….

김상봉 저는 처음에 그냥 떠밀려서 비례대표 국회의원 나갈 때만 하더라도 그 생각 없었어요. 그냥 이건 좋은 사람들이 새로 당을 만들었다고 하니까…….

고명섭 제가 그때 선생님을 뵙지는 않았지만, 선생님이 그런 생각을 하실 거라고 머릿속으로 그려봤는데, 거의 제가 정확하게 맞혔다고 할 수 있네요.

김상봉 예. 친구 따라 강남 간다는 말도 있지만, 홍세화 선생님 권유로 시작하게 되었지요. 선생님이 처음 귀국하셨을 때 일면식도 없는 상태에서 찾아뵙고 '학벌없는사회' 대표를 맡아주십사 부탁드린 적이 있었는데, 두 번 말씀드릴 필요 없이 그 자리에서 맡아주셨거든요. 같이 가자시는데 거절할 수 없었어요. 저는 당시 민주노동당 당원이었지만 당내에 평등파와 자주파가 그렇게 반목하는지는 전혀 모르고 있었어요. 당이 쪼개질 정도로 반목이 심하다는 걸 처음 알고 당의 홈페이지에 들어가 무슨 말들이 오가는지 살펴보았지요. 좀 살펴보고 나니 홍 선생님을 따라가긴 가야겠다는 판단이 확실히 서더라고요. 아무튼 그래서 시작한 건데, 지금 와서 생각하면 참 우스운 게 처음 당을 창당할 때는 강령도 없었어요. 명색이 이념 정당이라면서, 뭐가 당의 이념인지도 정립하지 못했다는 말이잖아요. 민주노동당에서 나와 정신없이 선거부터 치르고 나서는 1년 뒤에 강령을 만든다고 소위원회를 꾸렸는데 그 위원장을 제가 맡게 되었어요. 정당의 강령이란 걸 개인이 모두 자기 생각대로만 쓸 수 있는 건 아니니까 당원들의 뜻을 모아서 쓰려고 했지만, 그래도 쓰는 사람의 개성이 반영되게 마련이지요. 아무튼 전문과 본문으로 나뉘어 작성된 강령에서 본문은 당내 각 분야의 의견이 수합되어 작성되었지만 전문은 거의 제가 기초한 거나 마찬가지였어요. 저의 언어가 아무래도 좌파적 교양을 가진 사람들에게는 낯선 언어니까 처음엔 이말 저말이 많았지만, 그래도 큰 무리 없이 채택되었어요. A4 용지로 네댓 장밖에 안 되는 강령 전문에 만남이 스물한 번이나 나온다고 만남 강령이라고 불렸는데, 채택되고 난 뒤에는 여러 당원들에게 꽤 사랑도 받은 편이고, 짧은 글이지만 저에겐 첫 번째 정치적 선언문이었으니 특별한 의미가 있는 글이지요. 노골적으로 말은 하지 않았지만 서로주체성의 이념에 입각해서 쓴 글이었거든요. 그런데 거기서도 내용 자체는 소위원회에서 같이 논의해서 밑그림을 그린 것이 대부분이었는데, 두 가지는 제가 발의한 거였어요.

고명섭 뭐였습니까?

김상봉 하나는 자본주의 극복 그리고 다른 하나는 통일 문제였지요. 처음에는 그 두 가지가 모두 강령 전문의 내용으로 포함되지 않았어요. 하지만 저는 자본주의 극복에 대한 전망 없이는 진보정당일 수 없고, 마찬가지로 통일에 대한 전망 없이는 한국 사회에 대해 책임 있는 정당일 수 없다고 생각했지요. 다행히 둘 다 소위원회 구성원들의 동의를 얻을 수 있었던지라 강령 전문에 포함시킬 수 있었어요.

그런데 자본주의 극복을 당의 으뜸가는 과제로 내걸긴 했지만 그건 일종의 당위적 선언이었을 뿐, 도대체 어떻게 해야 자본주의를 극복할 수 있는지에 대한 구체적인 전망은 그때로서는 제시할 수 없었어요. 그게 그 글의 결정적인 결함이었지요. 나쁘게 말하자면 핵심이 빠진 미사여구라고 비판할 수도 있는 거지요. 그래서 계속 그 문제가 마음에 걸렸는데, 마침 그 무렵에 제가 정치학자인 박명림 교수와 『경향신문』에 주고받는 편지 형식으로 '새로운 공화국을 꿈꾸며'라는 제목으로 매주 돌아가면서 글을 쓰고 있었어요. 중간쯤 썼을 때 무슨 중간 평가 받는 식으로 사람들의 논평을 실었는데, 그중에 동료 철학자인 김선욱 교수가, 공화국을 말하면서 경제제일주의를 비판하기만 할 뿐 새로운 경제 체제에 대한 대안도 없고 논의의 항목에 아예 포함되지도 않은 걸 지적했더라고요. 처음 그 편지 교환을 기획할 때 저도 주제 선정을 같이 했었는데, 공화국에 관해 열 개가 넘는 주제를 선정하면서 경제 문제를 빠뜨린 건 아마 제가 그 문제에 대해 아직 자신이 없어서였겠지요. 하지만 그 비판을 받고 나서 더는 피할 수 없다 생각하고 경제 문제를 한 꼭지 집어넣기로 해서 글을 쓰게 되었는데, 그때 처음으로 노동자 경영권을 말했던 거예요. 그리고 그때부터 집중적으로 공부하고 생각을 체계적으로 다듬어나갔지요.

그러다가 삼성 문제를 공론화하면서 노동자 경영권을 재벌 해체와 결합시켰고 그 과정에서 한국의 재벌 체제란 것이 자본주의 경제 질서 내에서도 있을 수 없는 탈법적인 이물질이란 것도 정확하게 인식하게 되었지요. 그렇게 이론과 현실을 왔다 갔다 하면서 이 문제에 대한 생각을 다듬고 있었는데, 홍세화 선생님이 2012년 초에 진보신당 대표가 되시고 그해 4월에 총선이 있었던 것이 그 책을 쓴 직접적인 계기가 되었어요. 당의 강령을 만든 한 사람의 학자로서 강령에서 스스로 제시하기는 했으나 추상적인 당위론에 그쳤던 자본주의 극복이라는 의제에 대해 본격적으로 구체적인 설계도를 제시하자는 결심을 한 거지요. 그러고는 2011년 12월 겨울 방학 들어서 쓰기 시작해서 두 달 만에 단숨에 쓴 책이 『기업은 누구의 것인가』예요. 이게 그 책이 쓰인 대강의 내력입니다.

노동자 경영권

고명섭 저는 선생님의 『기업은 누구의 것인가』를 읽으면서 처음에는 노동자 경영권, 노동자가 사장을 뽑으면 안 되는가 하는 얘기가, 제 솔직한 심정을 말씀드리면 다소 뜬금없지 않은가, 또 어떤 면에서는 좀 나이브하지 않은가 하는 느낌을 받았습니다. 그러다가 선생님 글을 천천히 꼼꼼하게 읽어나가면서 든 생각이 이겁니다. 왜 내가 처음에 뜬금없다거나 나이브하다고 생각했을까. 첫째는 어떤 면에서 보면 이것은 충분히 급진적이지 않다.

김상봉 예, 맞아요. 바로 그겁니다.

고명섭 이것을 보고 자본주의의 극복이라고 이야기할 수 있을까.

김상봉 예, 맞습니다.

고명섭 그런 점에서 자본의 사회화, 공공화 혹은 국유화도 있을 수 있는데, 거기에 미치지 못하는 것 같았습니다. 둘째는, 노동자들이 사장을 뽑겠다고 할 때 이른바 사주니 기업주니 하는 사람들이 순순히 그렇게 하라고 할 수 있겠는가. 그것도 만만한 일이 아니다. 이렇게 생각했기 때문에 그것이 뜬금없다거나 나이브하다는 느낌으로 왔던 거예요. 그런데 책을 찬찬히 죽 읽다 보니까 이 제안은 철학적 타당성이 있고, 또 실현 가능성도 충분할 뿐 아니라 그렇게 됐을 때 우리 시대의 매우 많은 노동 문제가 해결된다. 그것이 해결 못 하는 것은 국가가 해결하면 되는 거다.

김상봉 그렇죠. 제 얘기가 그겁니다. 역할 분담.

고명섭 그래서 국가와 기업이 혹은 국가와 사회가 역할 분담을 해서 문제를 해결하자. 그렇다면 실현 가능성도 상당히 높을 뿐 아니라 그렇게 됐을 때는 우리 사회의 많은 문제들이 상당한 수준으로 풀리게 된다, 그런 생각을 하게 됐습니다. 또 마지막에 가서는 이런 이야기를 당연히 공개적으로 할 필요가 있고 이걸 논의에 부쳐서 활성화해볼 필요가 있겠구나 하는 생각을 적극적으로 하게 됐고, 선생님의 생각이 타당성 있고 설득력 있는 주장이라고 보게 됐어요.

김상봉 고맙습니다. 저도 지금 선생님처럼 동의해주시지 않더라도 찬성을 하든 반대를 하든 한국 사회에서 이 문제가 좀 더 적극적으로 공론화되면 여러 가지로 좋겠다고 생각합니다. 하지만 제가 몸담고 있었던 당에서조차 정식으로 토론에 부쳐진 적이 없었으니까, 생각하면 착잡한 일이지요. 아무튼 우리의 주제로 돌아가 조금 더 구체적으로 생각을 해보자면, 마르크스가 자본주의의 극복을 말하기는 했지만 막상 들여다보면 어떻게 하자는 것인지 대안은 없잖아요.

고명섭 그렇죠.

김상봉 하지만 은유적으로 말한 건 있지요. 제 편에서 보자면 두 가지인데, "자유로운 생산자 연합"이라는 말과 "각자는 능력에 따라 일하고 필요에 따라 받는다"라는 말이 마르크스주의의 꿈을 압축적으로 표현했다고 생각합니다. 그런데 저의 입장을 마르크스주의적 문맥에서 위치 지어보자면 노동자 경영권이 자유로운 생산자들의 연합이라는 꿈과 맞닿는 것이 아닐까 생각하지요. 노동의 자율성과 주체성이라는 의미에서요.

고명섭 다른 꿈은 어떻습니까? 각자는 능력에 따라 일하고 필요에 따라 받는다.

김상봉 제 생각엔 그 꿈의 현대적 버전이 기본소득제 같아요.

고명섭 그 문제에 대해 선생님 생각은 어떠신가요?

김상봉 아직 뭐라 말씀드릴 형편이 아닙니다. 기본소득제에 대해 이것저것 찾아 읽어도 제 공부가 모자라서 그런지 아직 그것이 어떻게 작동 가능한지를 명확하게 말해주는 사람을 만나지 못했어요. 한번은 『녹색평론』의 김종철 선생님께 기본소득의 재원 마련에 대해 질문을 드린 적도 있었는데, 제 머리가 나빠서 그런지 대답을 해주시는 말씀을 다 이해하진 못했어요. 그렇다고 해서 저의 언어로 그것의 작동 가능성을 객관적으로 증명하거나 설명할 수 있는 것도 아니고. 제가 보기엔 기본소득제가 이론적 주장이라기보다는 당위적 요청에 더 가까운 것처럼 보이는데, 그렇다고 해서 그게 오류라고 할 수도 없으니까 저는 아직 그것에 대해서는 찬성도 반대도 할 수 없는 유보적 입장이에요. 하지만 적어도 제한적으로 기본소득제를 적용하는 것은 가능하다고 보고, 그 바탕 위에서 계속 그 가능성을 넓혀나가는 것이 필요하다 생각하고 있습니다.

고명섭 선생님이 마르크스의 꿈을 그렇게 둘로 요약하고 노동자 경영권의 의미를 자유로운 생산자들의 연합이라는 마르크스주의적 꿈과 연결하시니까 저도 새삼 선생님 주장의 역사적 문맥을 훨씬 더 명확하게 이해하겠습니다. 그런데 그 책에 대해서 정통 마르크스주의적 관점을 취하는 사람들에게 비판을 받은 까닭은 뭐라고 생각하십니까?

김상봉 글쎄요. 아마도 그건 다른 무엇보다 제가 시장경제 그 자체를 부정하지 않는다는 이유 때문이겠지요. 반대로 말하자면 그분들이 국유화와 계획경제만이 자본주의 극복의 길이라고 생각하기 때문일 거고요. 국유화된 기업과 국가에 의한 계획경제를 통해 시장경제를 폐지하는 것만이 자본주의 극복의 길이라고 믿는 사람이라면 시장경제를 인정하면서 노동자 경영권을 주장하는 저의 태도가 노동계급을 자본주의 체제에 포섭하려는 반동으로 보일 수 있겠지요.

고명섭 그럼 거꾸로 선생님은 국유화나 계획경제를 자본주의 극복의 길이라고 생각하지 않으시는 겁니까?

김상봉 예, 전혀 그렇게 생각하지 않습니다.

고명섭 그 이유를 간단히 말씀해주신다면…….

김상봉 그건 자본주의 체제에 대한 문제의식이 많이 다르기 때문입니다. 다소 과격하게 말하자면, 마르크스주의자들이 염려하는 생산의 무정부성과 그에 따른 공황에 대해 저는 별 관심이 없습니다.

고명섭 그럼 선생님은 무엇에 대해 관심을 가지고 계시는 겁니까?

김상봉 저는 법칙이나 구조가 아니라 인간에 대해 관심이 있을 뿐입니다. 자본주의 사회에서 노동하는 인간의 운명이 저의 관심사입니다. 한 걸음 더 나아가 말씀드리자면 인간의 자유와 예속이 가장 중요한 주제입니다. 그런데 저는 마르크스주의자들이 기업을 죄다 국유화하고 계획경제를 실천하는 것이 노동자의 자유나 주체성과 무슨 상관이 있다는 말인지 전혀 알 수가 없습니다. 그건 이론적으로도 아무런 상관이 없는 문제들이고 현실에서도 충분히 드러난 일입니다. 하지만 누가 옛 소련이나 지금의 북한이 기업의 국유화와 계획경제 덕분에 노동자들이 자유로이 연합한 생산자가 되었다고 주장할 수 있겠어요?

고명섭 그렇게 말할 수 없지요.

김상봉 이런 말을 구구하게 늘어놓을 필요도 없이, 기업의 국유화와 국가에 의한 계획경제란 국가가 경제 권력의 주체가 되는 것을 의미할 뿐, 노동자가 경제 활동의 주체가 되는 것과는 논리적으로 아무 상관도 없는 일이에요. 자유라는 게 뭐예요? 자기 스스로 자기 자신을 형성하는 거잖아요. 그럼 노동자의 자유가 뭐겠어요? 노동자가 자기가 수행하는 노동의 최종적인 주체가 되는 거지요. 그게 아니라면 국유화된 계획경제 아래서 노동하는 노동자는 아무리 좋게 말해도 마음씨 좋은 주인을 만난 운 좋은 노예나 다름없어요. 하지만 사회주의 국가라고 해서 다 좋은 주인이란 법이 있나요? 이념이 뭐 그리 대단한 거라고. 스탈린이나 김일성 같은 주인을 만나면 사회주의 국가의 노동자들이란 더도 덜도 아니고 국가의 노예에 지나지 않는 거지요.

고명섭 그러니까 선생님은 노동자의 예속을 피하기 위해서는 노동자 자신이 경영의 주체가 되어야 한다는 말씀인 거지요?

김상봉 예. 그건 일종의 논리적 분석판단입니다. 노동자의 자유는 오직 노동자가 수행하는 활동에 대한 노동자의 자율성과 주체성에 존립하는 거예요. 그 외의 다른 것을 가지고 노동자의 자유를 말한다면, 그건 사슴을 가리키면서 말이라고 우기는 것과 똑같은 억지에 지나지 않아요. 그럼 노동자가 수행하는 활동에 대해 노동자가 자율성과 주체성을 가진다는 게 뭘 뜻하겠어요? 특히 기업을 통한 집단적 협업 속에서 말이에요.

고명섭 제가 생각하기에도 노동자가 경영권을 갖는 것 외에 다른 답은 없을 것 같습니다. 그게 현실에서 얼마나 가능하냐 하는 것은 일단 별개로 미루어둔다면.

김상봉 그렇지요? 그건 아주 당연하고도 필연적인 논리적 귀결이죠. 노동자가 자유로우냐 아니면 예속되어 있느냐 하는 문제는 노동자가 술을 마실 권리가 있느냐 담배를 피울 권리가 있느냐 하는 문제는 아니란 말이에요. 어떤 사람이 노동자로서 자유로우냐 아니냐 하는 문제는 그가 여가 활동이 아니라 노동 활동에서 자유로우냐 아니냐로 판단해야 하는 문제니까요. 하지만 노동자가 자기 자신의 노동 활동에 대해 아무것도 스스로 결정할 수 없다면, 다시 말해 시키는 대로 일할 의무밖에 없다면, 그가 아무리 많은 임금을 받는다고 하더라도 그는 자유인이 아니라 임금 노예에 지나지 않는 거죠. 오늘날 삼성을 비롯해서 대부분의 재벌 기업에서 일하는 노동자들이 그렇듯이 말이에요. 하지만 비록 어떤 노동자가 적게 벌고 더 힘들게 일한다 하더라도 그가 자기 자신의 노동을 스스로 계획하고 스스로 관리할 수 있다면, 그는 자유로운 노동자인 거예요. 그러니까 노동자의 자유란 임금의 많고 적음도 아니고 자비로운 주인을 만나느냐 아니냐 하는 것도 아니라, 자기 자신이 자기 노동의 주체이냐 아니냐 하는 것에 달려 있단 말이에요. 그런데 오늘날 대부분의 노동 활동이 기업을 통해 일어나고, 기업에서 노동 활동 그 자체를 계획하고 규정하는 것이 경영권에 속하는 일이라면, 노동자가 경영권을 행사하는 것이야말로 노동자의 자유의 참된 실현이라는 것은 논리적으로 필연적인 결론 아니겠어요? 노동자 경영권의 징표로서 책의 첫머리에서는 사장을 노동자가 뽑으면 안 되느냐는 물음을 던졌다가 마칠 때는 주식회사의 이사를 종업원 총회에서 선출한다는 법 조항을 만들면 된다는 것으로 끝냈지만, 구체적 방식이야 어떻든 중요한 건 노동 현장에서 노동 활동을 노동자들이 직간접으로 스스로 규정할 수 있는 권한이지요.

주주자본주의

고명섭 선생님, 기본적인 입장을 피력하셨으니까 이번엔 제가 또 말씀을 좀 드릴게요. 기업의 문제에서 몇 가지 논점이 생기는데요. 이게 서로 필연적 연관관계에 있는 건 아니고 제 머릿속에 떠오르는 문제의식으로만 말씀을 드리면, 그동안 담론의 쟁점이 된 것이 두 가지가 있는 것 같습니다. 하나는 좌파적 차원에서 자본주의를 어떻게 극복할 것인가, 또 하나는 비좌파적 관점에서 자본주의를 어떻게 합리화할 것인가. 좌파적 입장에 대해서는 선생님이 대답을 하셨으니까 이번엔 비좌파적 관점에서 한번 생각을 해보기로 하지요. 그런 비좌파적인 차원에서 한국 자본주의 합리화의 하나의 대안으로서 1990년대 말 IMF 구제금융사태 이후에 나왔던 것이 주주자본주의였어요. 그 주주자본주의라는 것이 과거의 박정희 패러다임이라고 할까, 관료자본주의, 관료 주도 자본주의에 대한 대안으로 제출됐는데, 각 기업체 단위에서 주주의 이익을 중심으로 하여 자본주의를 끌어가는 것이 시장자본주의가 합리적으로 운영되기 위한 최적의 방안이라는 주장이었지요. 그것이 리버럴한 의미에서 어느 정도 진보성을 지닌다고 받아들여진 면이 있잖아요. 결국 그 주주자본주의에 대한 강력한 비판과 이론적, 현실적 반박들이 나오기 시작하지 않았습니까. 저는 그 주주자본주의를 비판하는 입장입니다. 주주의 이익을 중심에 두고 사고해서는 결국 기업 이기주의를 넘어서지 못하고 기업 자체의 장기적 전망도 찾을 수가 없다는 것이지요. 그런데 바로 그 지점을 정확하게 짚어가면서, 주주가 아니면 누가 주식회사의 말하자면 실질적 주인 노릇, 주체 노릇을 해야 되느냐고 물었을 때 선생님이 대답하신 것이 바로 그 기업의 일하는 사람들, 노동자다, 이렇게 말씀하신 거죠. 주주자본주의와 관련해서 이 대목을 다시 한 번 정리해주신다면…….

김상봉 아까 한국의 재벌 경제체제는 일반적인 수준의 자본주의 경제 질서 내에서 보더라도 탈법적인 이물질이라고 말씀을 드렸는데요. 그러니까 한국에서 경제학자들이 말해온 주주자본주의란 한국의 재벌 경제체제를 표준적인 자본주의적 질서와 법칙에 적합하게 정상화하자는 뜻이라고 이해할 수 있겠지요.

고명섭 말이 나온 김에 재벌 체제가 어떤 의미에서 탈법적 체제인지 설명을 해주실 수 있겠습니까? 독자들은 그것부터가 궁금할 것 같습니다만.

김상봉 복잡하게 말할 것 없이 삼성의 예를 들면 이렇습니다. 삼성의 계열사가 80개가 넘는데 그 모든 계열사의 사장과 임원들을 임명하는 게 누굽니까?

고명섭 새삼스러운 질문이네요. 연말이면 이건희 회장이 인사를 한다고 하지요.

김상봉 그럼 이건희는 무슨 자격으로 그 많은 기업의 인사를 한답니까? 삼성그룹의 회장이라고 하는데 삼성그룹이라는 기업은 없습니다. 그럼 삼성전자 회장 아니냐고 물을 수 있는데 삼성전자 홈페이지에 들어가면 이사진 가운데 이건희라는 이름은 없어요. 그러니까 삼성전자 회장이란 직함은 법적으로 아무런 근거도 효력도 없이 자기가 스스로 참칭한 이름일 뿐이에요. 삼성전자만이 아니라 이건희는 삼성 계열사 어디에도 이사로 등기되어 있지 않습니다. 법적으로는 삼성의 어떤 계열사와도 아무 상관이 없는 사람이지요. 그런데 그가 수십 개 기업의 경영권을 행사하니까 문제인 거예요. 백번 양보해서 백 개 아니라 천 개 기업의 경영권이라도 행사할 수 있지요. 문제는 정상적인 절차를 거치지 않고 경영권을 행사한다는 거예요. 정상적으로는 각 기업의 주주 총회에서 이사에 선임되고 이사들 가운데서 대표이사가 되어서 법적으로 등기된 상태에서 경영권을 행사해야 하거든요. 그런데 그는 그렇게 하지 않고 마치 유령처럼 법적으로는 아무것도 아닌 자로서 수십 개의 기업 집단을 지배하니까, 이게 자본주의 경제 질서에서 보더라도 문제가 되는 거예요.

고명섭 굳이 어떤 기업에도 이사로 등기하지 않는 이유는 뭡니까?

김상봉 전들 어떻게 알겠어요. 다만 선생님께서도 잘 알고 계시겠지만, 일단 이사나 대표이사로 등기하게 되면 기업 경영에 관해 법적 책임도 져야 되니까, 그걸 피하려면 유령으로 숨어 있는 것이 훨씬 좋은 일인 건 분명하죠. 사람은 법의 지배를 받지만 유령은 법 외부에 있는 존재니까 권력을 행사하면서 책임은 지지 않아도 되지요.

그러니까 한국에서 재벌 개혁의 방안으로 제시된 주주자본주의란 단순하게 말하자면 주식회사의 모든 권력을 재벌 총수가 아니라 주주 총회로 이관해야 한다는 것이라고 저는 그렇게 이해하고 있어요. 또는 비슷한 말이지만, 주식회사 법에 규정되어 있는 대로 하자는 말일 수도 있겠지요.

고명섭 그렇다면 그런 제안에 대한 선생님의 생각은 어떻습니까?

김상봉 두 가지 말씀을 드릴 수 있겠는데, 먼저 그 충정은 이해합니다. 워낙 법도 규칙도 없는 야만적 재벌 체제를 최소한 법에 정해진 대로라도 운영하자는 뜻이니까 그 선의는 저도 충분히 이해하고 공감할 수 있어요.

고명섭 다음은 뭡니까? 그럼에도 불구하고…….

김상봉 하하! 예. 그럼에도 불구하고 그게 제가 고민해온 문제를 해결하는 데는 별 도움이 되지 않는다는 말씀을 드려야겠지요.

고명섭 노동자를 자유롭게 해주지 않는다는 뜻이겠지요?

김상봉 예. 미국식으로 주주자본주의에 충실하게 기업을 운영한다 하더라도 노동자가 기업 경영의 주체가 되는 것은 아니니까요. 하지만 그 이유가 아니라도 미국식 주주자본주의가 처한 내적 곤경 때문에라도 주주자본주의는 우리가 걸을 길은 아닙니다.

고명섭 어떤 곤경입니까?

김상봉 선생님은 경제학 공부를 하신 분이니까 이런 말씀을 드릴 필요도 없겠지만, 독자들을 위해 한 번 더 같이 연극을 해보자면, 주식회사의 주인이 주주들이라는 통념에 입각해서 그로부터 기업의 최고 권력 기구가 주주 총회라고 가정한다면 어떤 상황이 되겠어요? 다른 무엇보다 그 많은 주주들이 늘 같이 의사결정을 해서 직접 기업을 경영할 수 있겠어요?

고명섭 그건 아니겠지요.

김상봉 주식회사의 본질들 가운데 하나가 주주들이 기업의 경영에 책임을 지지 않아도 된다는 거잖아요. 그 무책임성이야말로 주식회사의 가장 큰 특징이자 장점이지요. 주주들은 주식을 사서 그 기업이 잘되면 은행 이자보다 훨씬 더 큰 배당금을 받을 수도 있고 그렇게 기업 가치가 높아져서 주식 가격이 크게 오르면 처음 샀던 액면가에 비해 훨씬 더 높은 가격으로 주식을 팔아서 엄청난 시세 차익을 거둘 수도 있으니까 주식에 투자를 하는 거지, 모든 주주들이 같이 모여 골치 아프게 토론을 해서 기업을 직접 경영하자고 주식을 사는 건 아니란 말이에요.

그러니까 주주들이란 실질적으로는 투기꾼들과 같은 거지요. 노름꾼이었던 거예요. 주식회사의 역사를 보면 처음부터 그랬어요. 오죽하면 주식 투기의 부작용 때문에 100년 동안 주식회사가 금지되었겠습니까. 책에도 썼지만[14] 영국에서 이른바 거품법, 버블 액트(Bubble Act)라는 법

---

14 "물론 모든 일에 기원을 따지기 시작하면 끝이 없겠지만 일반적으로 학자들은 17세기 이후 영국과 프랑스 그리고 네덜란드에서 국왕의 특허를 얻어 설립된 동인도회사나 남해회사가 서양에서 주식회사의 기원이라고 한다. 그러니까 주식회사는 앞서 본 대로 법학자들이 법인 개념을 발전시키기 전에 자연적으로 생겨난 회사라고 말할 수 있다. 그것은 식민지 무역을 통해 이익을 얻는 일에 관해 당시 상인들과 국왕들의 이해관계가 일치했던 까닭에 생겨날 수 있었던 새로운 회사 조직이었다. 그 이전까지는 회사란 개인 회사든 아니면 동업자들이 모여서 만든 회사든, 사람이 회사의 주체요 실체였다. 이는 회사의 권리도 사람에게 속하지만 책임도 온전히 사람에게 속한다는 것을 의미한다. 이를테면 회사의 모든 부채는 그 회사를 소유하고 경영하는 사람(들)이 끝까지 짊어지고 가야 하는 것이었다. 이런 원칙을 가리켜 '개인적 무한 책임'의 원칙이라 한다. 그런데 이 원칙을 고수하는 한 동인도회사나 남해회사 같은 회사의 사업을 위한 자본을 모으는 것은 어려운 일이었다. 왜냐하면 사업 자체가 워낙 규모가 커 필요한 자금은 엄청나게 많은 데 반해, 사업에 너무 큰 위험이 따르는 까닭에 이런 사업을 위해 대출을 받을 경우 이자율은 훨씬 높았기 때문이다. 이런 상황에서 만약 개인이 이 모든 사업에 대해 무한 책임을 지고 회사를 운영해야 한다면 누구도 이런 일에 뛰어들 수 없었을 것이다. 하지만 식민지 무역은 어떻든 확대되고 계속되어야 했으니 이 점에서 상인과 국가의 이해관계가 일치했다. 그 결과 국가의 특허를 얻어 일종의 특권에 기초하여 세워진 회사가 동인도회사 같은 초창기 주식회사였다. 그것은 한편에서는 투자자들의 유한 책임의 원칙에 따라 자본을 모집했는데, 국가의 특허를 받았다는 것은 바로 이처럼 투자자들이 유한한 책임만 져도 되도록 특별한 허가를 받았다는 것을 의미한다. 그러면서 그것은 다른 한편에서는 모집 자본 단위를 소액의 주식으로 쪼개어 판매함으로써 큰돈이 없는 사람도 주식을 구매할 수 있는 가능성을 열어주었다. 그 결과 예전 같으면 이런 일과는 무관한 농부나 성직자들까지도 주식에 투자할 정도로 한동안 주식회사는 인기를 얻었다. 그리하여 유럽 각 나라에서 다양한 주식회사들이 생겨나고 17~18세기에 걸쳐 암스테르담, 런던, 파리 등지에 주식거래소가 설립되었다. 하지만 이 역사는 오래가지 못했는데 그 까닭은 유명한 미시시피회사처럼 일종의 사기에 불과한 사업들까지 주식회사의 외관을 띠고 시도되었으며, 사람들은 투자가 아니라 투기 심리에 사로잡혀 이른바 거품회사(bubble company)인 줄도 모른 채 맹목적으로 투자를 하는 관행이 나타났기 때문이다. 남해회사의 파산에 뒤이어 프랑스와 영국에서 주가 폭락사태와 금융공황이 발생하면서 주식회사에 대한 열기는 급속

이 만들어져서 1726년부터 딱 100년 동안 금지되었던 거잖아요. 그런데 또한 바로 그 투기성 때문에 주식도 날개 돋친 듯 팔리고 주식회사도 번창한 거라고요. 안 그러면 누가 하겠어요. 그러니까 이런 거란 말입니다. 주가지수가 언제부터 2,000이에요. 주가지수만 놓고 보면 맨날 2,000에 묶여 있는데 거기에 투자하는 사람이 미친 사람 아닙니까? 하지만 전체적으로는 주가지수가 2,000에 딱 묶여 있다 해도 미세하게 들어가서 보면 주가가 오르는 기업도 있고 내리는 기업도 있고 같은 기업이라도 오늘은 내렸다가 내일 오를 수도 있으니까, 개인으로서는 주식을 반복해서 사고팔면서 돈을 벌 수 있단 말이에요. 그러니까 주주들이 주식을 사는 건 그렇게 일종의 투기를 통해 돈을 벌 수 있기 때문이지 스트레스 받아가면서 기업을 경영하기 위해서는 아니거든요. 그럼 누가 기업을 경영하겠어요?

고명섭 일단 주주 총회에서 이사들을 선임해서 그들로 하여금 회사의 경영을 책임지게 하겠지요.

김상봉 예. 그런데 주주들에 의해 선임된 전문경영인들이 주주들의 이익을 위해 회사를 운영하겠어요, 아니면 자기 자신의 이익을 위해 회사를 운영하겠어요?

고명섭 주주들의 이익과 회사의 이익 그리고 전문경영인 자신의 이익이 늘 같으면 좋겠는데, 그게 늘 같으리라는 보장이 없으니까 문제인 거죠.

김상봉 경영학에서는 이처럼 주주들의 이익과 전문경영인들의 이익

히 식어버렸고 급기야 영국에서는 1720년 거품법(Bubble Act)이 제정되어 특허를 받은 경우를 제외하고는 주식회사의 설립 자체가 금지되었다. 영국에서 이 법이 철폐된 것은 1825년이었는데 이는 산업혁명의 여파로 제조업에서 더 이상 개인 소유 방식 또는 가족 경영 방식의 기업으로는 대규모 설비가 요구되는 사업을 벌일 수 없게 되었기 때문이다." 김상봉, 『기업은 누구의 것인가』, 꾸리에, 2012, 157~59쪽.

사이의 괴리에서 일어나는 모든 문제들을 대리인 비용(agent costs)이라고 부르죠. 바로 그것 때문에 미국식 주주자본주의가 문제인 거예요. 미국의 회사법에 따르면 주주가 본인이고 전문경영인은 주주들의 대리인인 셈인데, 대리인이 본인의 이익에 따라 행위하지 않고 자기 자신의 이익을 추구하게 되면 그걸 통제할 방법이 마땅치 않다는 거죠. 대다수 주주들은 전문경영인들처럼 기업 내의 상황을 알고 있는 것은 아니니까요. 그런데 더 심각한 문제는 방금 선생님도 말씀하신 대로 기업의 이익과 주주의 이익조차 서로 일치하지 않는다는 데 있어요. 주주들이 주식을 사고팔면서 이익을 얻으면 되는 거지 기업을 발전시키기 위해 주식에 투자를 하는 것은 아니잖아요. 다시 말해 기업의 내실이나 내재적 가치보다는 주주 개인의 이익이 먼저란 말이지요. 이런 모든 것을 생각하면, 주주들에게 주식회사의 경영권을 위임하는 것은 명목상으로는 가능한 일일지 몰라도 실질적으로는 작동 가능한 일이 아닙니다.

그런데도 주주자본주의를 하겠다고 하는 것은 주주의 이익을 극대화하는 방향으로 기업을 운영하도록 인센티브를 계속 주고 법을 그런 식으로 계속 만들어나가면 한국 기업들의 경영이 조금이나마 합리화되지 않겠는가 하는 기대를 하기 때문이겠지요. 특히 다른 무엇보다 경영진 또는 재벌 총수들이 회사 돈을 자기 돈인 것처럼 제 맘대로 빼 쓰지 못하게 하는 효과를 볼 수도 있겠지요. 미국 같았으면 그건 명백한 배임 행위이고 용서받을 수 없는 범죄 행위니까, 최소한 그런 것들을 미국의 기준에서 통제하자는 뜻일 수는 있겠지요. 그리고 저 역시 현재 한국 상황에서 그 정도의 법치라도 바로 세울 수 있다면 의미 있는 진보라고 생각은 해요.

하지만 노동자의 입장에서 보자면, 재벌 총수가 아니라 익명의 주주들이 기업의 지배자가 된다 해서 달라지는 것은 아무것도 없지요. 다시 말해 국가가 기업의 주인이든 재벌 총수가 주인이든 아니면 주주들이 주인이든, 노동자의 자유와는 아무 상관이 없다는 거예요.

총수자본주의

고명섭 그러니까 그런 식으로 주가 상승이라든가 혹은 주주의 이익만 생각한다면 결국 주식회사의 경영이 특수 이익에 머물러버리는 문제점이 있다고 할 수 있겠죠. 그런데 우리나라에서 주주자본주의라는 것이 의미 있는 담론이라 할까 대안으로 들어오게 된 계기가 제가 기억하는 바로는 소액주주운동인데요. 방금 선생님도 말씀하셨듯이 재벌기업의 오너 혹은 회장의 전횡을 견제할 방법이 없다 보니까 소액주주운동으로 오너 리스크 혹은 오너의 불법적인 행위를 막아보자는 차원에서 시작된 것이고, 기업 경영의 합리화, 정상화를 위한 중요한 개입의 한 방식으로서 소액주주운동이 사회적 반향을 얻은 것 아닌가 싶은데요.

김상봉 예, 저도 그렇게 기억하고 있습니다.

고명섭 그런데 그런 점에서는 의의가 있다고 할 수 있지만, 기업 경영 자체에 실질적인 이해관계가 있고 기업 경영이 실패했을 때는 함께 파산할 위험이 있는 기업주가 주주보다는—기업주하고 주주라는 표현이 좀 모호하지만 어쨌든 그렇게 나눠 본다면—더 합리적이라고 말할 수 있지 않을까요? 어쨌거나 주주자본주의보다는 그래도 이른바 얼굴이 있는 총수자본주의가 그나마 오히려 더 책임을 물을 수도 있고 또 그 자신이 실패했을 경우에는 워낙 많은 손해를 감수해야 하기 때문에 합리적 경영에 더 유리한 면이 있다는 것이죠.

김상봉 장하준 선생 얘기인가요?

고명섭 예, 그렇습니다. 장하준 교수는 사회적 대타협, 그러니까 재벌의 오너십을 인정해주면서 사회적 의무를 다하게 하자는 것이죠. 세금 내고 사회적 기준에 걸맞게 처신을 하면 당신은 오너십을 인정받고 우리는…….

김상봉 제 귀엔 장하준 선생 얘기는 19세기로 돌아가자는 말로 들립니다. 하기야 생각하면 한국이 지금 19세기적 상황이니까. 기업은 법적 형태만 주식회사일 뿐이지 가족 기업이니까 법이나 제도도 19세기에 어울리는 방식으로 뜯어고치자는 얘기처럼 들려요. 저는 그 제안을 실현하려면 그걸 법적으로 제도화해야 할 텐데 어떤 법을 어떻게 만들면 되겠는지 그분에게 묻고 싶어요. 재벌 총수의 오너십을 인정해주자고 하는데, 그게 법적으로 어떻게 가능한 건지 그분이 생각은 해보았는지, 상법이나 회사법 책을 열어보기나 했는지 모르겠어요. 그런데 법적 가능성을 말하지 않으면서 재벌 기업을 이렇게 하자 저렇게 하자 백날 말해본들 그건 문제 해결에 아무 도움도 되지 않을 뿐 아니라 도리어 비현실적인 공리공담의 잔치에 지나지 않아요.

이를테면 장하준 교수의 주장을 실현하기 위해 국회에서 구체적인 법률을 만든다고 칩시다. 그러면 제일 먼저 문제가 되는 것이 어디까지 그 재벌의 기득권을 법적으로 인정해줘야 되느냐 하는 거예요. 5대 재벌만 인정해주면 되겠습니까? 또는 10대 재벌이면 될까요? 아니면 20대 재벌로 하면 되겠습니까? 아니면 주식회사를 전부 그냥 창업주가 내내 지배하는 가족 기업으로 하라고 그럴까요? 이거 어디서 끊어야 되는 거예요? 사실을 말하자면 처음부터 가능한 이야기가 아니에요. 주식회사는 법적 공동체, 법인체입니다. 자연인에게 주인이 없듯이 법인에도 주인은 없는 거예요. 그런데 그런 법인 기업을 두고 자꾸 오너십을 인정해주자고 하면 처음부터 법적으로 불가능한 일을 하자는 거니까 답답하지요.

저는 경제학자들이 경제체제나 제도에 대해 논쟁할 때 법은 완전히 도외시하고 말하는 게 너무 신기해요. 마르크스가 법은 상부 구조이고 지배 이데올로기니까 국가 권력을 잡은 자들이 마음대로 만들 수 있는 거란 식의 황당한 미신을 퍼뜨린 뒤에 경제학자들은 좌파든 우파든 가릴 것 없이 법을 무시하는 게 일종의 관성처럼 되어 있는 것 같아요. 법을 권력자의 뜻대로 주물럭거릴 수 있는 찰흙과 같다고 생각하는 거지요. 하지만 자연계에도 인간이 주관적 의지로 거스를 수 없는 법칙이 있고, 인간의 경제적 영역에도 객관적 법칙이 있는 것처럼, 실정법의 영역에서도 일정한 한계는 있어요. 물론 나라마다 법률이 다르니까 주어진 한계 내에서 얼마든지 다른 법률을 제정할 수 있지만, 그 한계가 어디까지인지는 알고 이야기를 시작해야 한다는 거죠. 특히 물리적 자연법칙의 진리가 사실과의 합치에 존립한다면 실정법의 경우엔 법칙들 사이의 내적 정합성과 일관성이 그 타당성의 조건이라고 할 수 있겠는데, 주식회사를 두고 개인이나 가족의 기득권이나 오너십을 인정해주자는 식으로 캠페인을 벌이는 건 거의 불가능한 이야기를 억지로 우기는 것과 다름없어요. 왜냐하면 주식회사는 법인 기업이어서, 다양한 지배 구조를 상정할 수 있다 해도 최소한 법인과 논리적으로 모순을 빚지 않는 한에서만 가능하거든요. 그런데 주식회사가 아직 보편화되기 전의 19세기식 가족 기업의 관념으로 자꾸 법인 기업을 운영하자고 하면 그런 억지에 대해 어떻게 대응해야 하는지 모르겠어요.

고명섭 예, 이 대목은 장하준 교수가 답을 해야 할 대목이지만, 제가 알고 있는 상식에 기대서 한번 이야기를 해보죠. 장하준 교수의 이야기는 어떤 원리 또는 추상적 기준에서 시작하는 것이 아니라 현실적으로 지금 삼성이라는 한국 최대의 재벌 기업이 그 총수인 이건희에게서 그 아들 이재용에게로 특별한 변수가 없는 한은 넘어가게끔 돼 있는 상황인데, 그러면 이 상황 자체를 어떤 조건하에서 인정해주고 대신 사회적 타협을 하자는 것이죠. 준법 경영과 노조 인정, 불법·탈법을 시정하는 것을 전제로 해서 소유권을 자식에게 물려주는 것을 인정해주고, 결정적으로 그렇게 해서 법인소득세를 70퍼센트까지 높여서 스웨덴처럼 복지국가를 만들어갈 수 있다. 그러니까 기업의 해체가 목표가 아니라 복지국가가 목표라고 한다면 그런 실용적인 방식으로 이 상황을 풀 수 있다. 그런데 그것은 절대로 안 되고, 예를 들면 주주자본주의적 개혁을 통해서, 혹은 삼성이라는 재벌을 해체하는 방법을 통해서만 이 문제는 풀린다고 생각해서 만약에 안 풀린다면 그것은 오히려…….

김상봉 국가 경제 파탄이 오는 것 아니냐?

고명섭 그런 식의 이야기지요. 어떻게 생각하세요?

김상봉 걱정도 팔자라고 생각합니다. 법대로 규칙대로 해서는 삼성이 현상 유지를 할 수 없고, 거꾸로 삼성의 경영권 승계를 원만하게 해주어야 삼성도 좋고 국가와 국민을 위해서도 좋은 거 아니냐는 얘기라면, 그런 재벌 망해도 좋으니 그냥 내버려두라고 말하고 싶어요. 편법을 통하지 않고서는 지속 가능하지 않은 재벌 체제라면 이제 끝나게 내버려두어야 하는 거 아니에요? 기업이야 흥할 수도 있고 망할 수도 있는 건데, 마치 재벌 가문의 운명이 전 국민의 운명인 것처럼 호도하는 건 사회과학자가 할 일은 아니죠. 어릴 적엔 박정희가 죽으면 나라가 망할 것처럼 겁을 주더니, 이건희가 망하면 전 국민이 다 거지가 될 것처럼 겁을 주는 게 학자가 할 일이겠어요?

앞에서 미국식 주주자본주의가 대리인 비용 때문에 문제라고 했습니다만, 그것 때문에 한국처럼 재벌 총수들의 전횡을 인정해준다면 이른바 오너 리스크는 없겠어요? 게다가 대리인 비용은 합법적 경제 질서 내에서 일어나는 비용이지만, 오너 리스크란 엄밀하게 말하자면 법과 합치할 수 없는 일종의 범죄적 기업 경영에서 발생하는 위험 부담이기 때문에 훨씬 더 큰 문제예요. 기왕에 말이 나왔으니까 한마디 보태자면, 한국의 재벌경제 체제에 대해 장하준 교수나 그 주변의 경제학자들이 말하는 걸 듣고 있으면 경제를 그냥 고립된 숫자 놀음으로만 이해하는 것 같아서 측은지심이 다 들 정도예요.

고명섭 숫자의 문제가 아니면 무엇의 문제란 말씀입니까?

김상봉 삶이죠. 전체로서의 삶의 문맥과 지평에서 경제를 바라보지 않으면 숫자가 무슨 의미가 있어요? 예를 들어 국민소득이 3만 불이면 뭐하고 5만 불이면 뭐하겠어요? 태반이 비정규직이고, 젊은이들 학교 졸업해도 일자리도 없어서 집도 못 구해, 결혼도 못 해, 애도 못 낳아,

자살률 세계 최고, 출산율 세계 꼴찌인 나라에서 국민소득이 10만 불이 되면 뭐가 달라진답니까?

삶의 문제라고 하면 철학자라서 너무 추상적으로 말한다고 할까 봐 구체적으로 말하자면, 경제 문제를 언제나 권력 문제와 같이 고찰하지 않으면 그런 경제학은 열이면 열 지배 이데올로기에 지나지 않아요. 그런데 한국 경제는 박정희 때부터 권력 문제를 은폐한 채 오로지 숫자와 경제 지표만이 전부인 것처럼 호도해온 까닭에 지금처럼 극단적으로 비인간적이고 불법적인 경제 질서가 일상화된 거란 말이에요. 지금 우리에게 필요한 일은 그걸 근본에서 쇄신하는 거지, 이미 수명이 다한 개발독재와 재벌 지배체제에 산소 호흡기를 갖다 대는 게 아닙니다.

주식회사의 소유권과 노동자 경영권

고명섭 좋습니다. 주류 경제학자들의 입장에 대한 선생님의 견해를 들었으니, 이제 본격적으로 선생님의 노동자 경영권에 대한 견해를 좀 들려주시지요. 선생님의 주장을 한마디로 표현한다면 주식회사의 경영권은 노동자가 행사해야 한다는 것이라고 할 수 있겠지요?

김상봉 정확하게 말씀하셨습니다.

고명섭 좀 더 구체적으로 말해 노동자의 경영권은 노동자의 자유를 실현하기 위해서도 필요한 일이지만, 기업 경영 자체의 효율성을 위해서도 주주 경영이나 재벌 총수 경영보다 훨씬 더 바람직한 방법이라는 것이지요?

김상봉 물론입니다. 그것도 정확하게 말씀하셨습니다.

고명섭 그렇다면 이제 하나하나 검토를 해보았으면 합니다. 아까 선생님께서 법의 중요성을 말씀하시면서 장하준 교수의 제안을 일축하셨는데, 주식회사의 경영권을 노동자에게 주자는 발상이야말로 법의 지지를 받을 수 없는 것 아닙니까? 일반적으로 주식회사의 소유권은 주주에게 귀속되는 거라고 사람들이 다 생각하는 거니까요. 그런데도 주식회사의 경영권을 노동자에게 주자는 건 신성불가침의 소유권을 침해하는 것 아니냐는 반론도 나올 수 있는데요.

김상봉 그건 그렇지 않습니다.

고명섭 주식회사의 주인이 주주가 아니라는 말씀입니까?

김상봉 자, 이제 다시 연극을 할 차례군요. 제가 거꾸로 질문하겠습니다. 사람에게 주인이 있을 수 있습니까?

고명섭 없지요. 노예 제도는 오래전에 폐지되었으니까요.

김상봉 그렇다면 사람의 모임이라고 할 수 있는 광주시나 대한민국은 어떻습니까? 광주시나 대한민국의 주인이 있나요?

고명섭 그것도 있을 수 없지요. 한 사람에게 주인이 없다면 여러 사람들에게야 더 말해 무엇하겠습니까?

김상봉 맞습니다. 그와 똑같이 주식회사에도 주인이 있을 수 없습니다.

고명섭 이유는요?

김상봉 주식회사가 법인이기 때문이지요. 법인이란, 그 자체로서는 자연인과 같은 인간은 아니지만 법이 자연인과 같은 법적 권리와 의무의 주체라고 인정해준 인격체란 뜻입니다. 그 기원을 거슬러 올라가자면 서양에서 법인은 로마 시대부터 있었습니다. 주로 도시들이 법인이었고 장인들의 조합도 법인이었지요. 현대식으로 말하자면 이런 건 사단법인이라 할 수 있는데, 황제의 금고처럼 지금의 기준으로 보자면 재단법인이라 할 수 있는 법인도 있었습니다.

고명섭 재단법인과 사단법인의 차이는 뭡니까?

김상봉 법적으로 보자면 재단은 사원(社員)이 없고 사단은 사원이 있는 것이 둘의 가장 큰 차이입니다. 사원이란 쉽게 말해 법인의 구성원을 말하는데, 구성원들이 모여 공동체를 이룬 것이 사단법인이라 할 수 있습니다. 그런데 사단법인의 가장 중요한 특징은 사람들의 모임이 독립적인 법인격을 유지한다는 데 있습니다. 여기서 독립적이란 말은 다른 무엇보다 내부의 구성원들로부터 독립적이라는 것을 의미합니다. 개별 구성원들이 변화하는 것과 무관하게 법인은 동일한 법인격을 지속적으로 유지한다는 말이지요. 마치 인간의 인격이 신체의 구성 요소들의 변화와 무관하게 독립적인 자기동일성을 유지하고, 또 이런 자기동일성이 인격을 인격이 되게 만들어주듯이, 법인 역시 바로 이런 독립적인 자기동일성에 존립하는 것입니다.

거꾸로 법인 구성원의 입장에서 보자면 어떤 구성원도 법인과 그 자체로서 동일한 구성원은 없습니다. 이것은 다른 무엇보다 법인의 이름으로 수행되는 어떤 일에 대해서도 그 구성원들이 직접 책임을 지지는 않는다는 것을 뜻합니다. 법인이 잘한 일도 잘못한 일도 법인격 그 자체의 일이지 법인 구성원들의 일은 아니라는 것입니다. 예를 들어 서울대학교가 법인이라고 합시다. 그런데 서울대학교가 은행에 많은 빚을 지고 갚지 못하는 일이 벌어졌을 경우에 그 빚이 아무리 많은 액수라 하더라도 채권자인 은행은 그 빚을 구성원들에게 갚으라고 요구할 수 없습니다. 광주광역시가 법인이라면 광주광역시가 아무리 많은 빚을 졌어도 광주 시민들이 그 빚을 갚을 의무가 없는 것과 마찬가지입니다.

이런 것들이 모두 로마 시대부터 내려온 법인의 본질에 속하는데, 그 종류가 어떤 것이든지 간에 구성원들이 모여 보다 높은 하나를 이룬 모든 공동체가 법인이 될 수 있는 것이라고 말할 수 있습니다. 특히 구성원들과 전체 공동체의 권리와 의무를 또는 법적 책임 소재를 엄격하게 구분할 필요가 있는 모든 경우에 법인격을 인정한 것이 로마 시대 이래의 관행이었던 겁니다. 문외한들의 입장에서 법인이란 법학자들이나 알고 있는 전문적 문제인 것처럼 생각하기 쉽지만, 따지고 보면 우리가 속해 있는 국가부터가 실질적으로 보자면 법인이에요. 다만 우리가 그걸 법인이라고 부르지 않는 것은 국가가 입법의 최고 심급인 까닭에 자기가 자기에게 법인격을 부여하는 것이 일종의 순환 논리에 빠지는 결과를 빚기 때문이지요. 하지만 성격 자체를 두고 보자면 국가야말로 전형적인 법인이에요. 그래서 『리바이어던』에서 홉스도 국가를 법인의 개념에 입각하여 규명하고 있지요.

고명섭 잘 알겠습니다. 그런데 법인과 주식회사의 소유권이 무슨 상관이 있습니까?

김상봉 주식회사도 법인이거든요. 사실 오늘날에 와서 보자면 가장 대표적인 법인이지요. 자본주의가 발전하기 이전에는 기업이란 게 다 개인 기업으로서 사적 소유물이었잖아요. 생각하면 마르크스 역시 개인 기업 시대에 살았던 사람이지요. 주식회사가 19세기에 합법화되기는 했지만, 꽃을 피운 건 20세기에 들어서거든요. 생산수단의 사적 소유란 말도 19세기 가족 기업 또는 개인 기업 시대에 가능한 말이었습니다. 하지만 법인 기업의 시대에 생산수단의 사적 소유란 말은 적어도 원칙에서 보자면 타당한 말은 아니에요.

법인도 인격체이므로 소유의 주체는 될 수 있어도 소유의 대상이 될 수는 없기 때문이지요. 법인이 내부의 구성원에 대해서 독립적인 인격체라면 외부인에 대해서는 더 말해 무엇하겠어요? 자연인에게 주인이 없듯이 법인에게도 주인은 없어요. 그런 까닭에 주식회사가 법인이라면 주식회사에도 주인은 없는 거예요. 기업을 생산수단이라고 한다면 주식회사의 경우엔 생산수단의 사적 소유라는 말도 당연히 타당한 말이 아니죠.

고명섭 그래서 누군가가 기업을 경영해야 하는 것 아닙니까?

김상봉 맞습니다. 그게 주식회사의 대표권 문제입니다. 대한민국이나 광주광역시에 주인은 있을 수 없고 대표만 있을 수 있듯이, 다른 모든 법인의 경우에도 주인이 아니라 대표가 필요하지요. 법인격이란 구성원 누구와도 같지 않기 때문에 그 자체로서는 사물적으로 존재하는 것이 아니에요. 하지만 그럼에도 불구하고 법인이 자연인과 마찬가지로 법적 상행위를 수행해야 한다면, 누군가가 대리인이 되어 법인격을 대표해서 행위하는 수밖에 없는 거지요. 그런데 여기서 문제가 되는 게 뭐냐면, 누가 그 대표 행위를 수행하느냐 하는 거예요.

고명섭 그게 왜 문제가 됩니까? 광주 시민들이 광주 시민들 가운데서 시장을 선출하듯이 법인도 구성원들이 자기들 가운데서 대표를 선임하면 그만이지요. 원래 법인 이사회라는 게 그렇게 구성되는 거 아닙니까? 법인 기업이라고 해서 특별히 다를 것이 있나요?

김상봉 예, 다른 게 있습니다. 그래서 문제입니다.

고명섭 어떤 점이 다릅니까?

김상봉 주식회사의 구성원이 누구겠습니까? 법이 인정하는 사원이 누구냐는 물음입니다.

고명섭 아마 주주들이겠지요. 그래서 주주 총회에서 이사들을 선임하는 것 아니겠습니까?

김상봉 맞습니다. 법인의 본질에 대해 가장 정밀하게 법철학적인 탐구를 수행했던 사람들은 19세기 독일 법학자들이었는데, 이들의 책을 보면 법인의 운영을 가리켜 구성원들의 자기지배(Selbstherrschaft)라는 표현을 사용합니다. 영어로 번역하자면 셀프가버닝(self-governing)쯤 될까요? 아무튼 이것 자체는 별로 특별한 것이 아니지요. 선생님 말씀처럼 구성원들이 자기들의 대표를 뽑아서 법인을 운영하게 하면 아무 문제될 것이 없습니다. 만약 그게 가능하기만 하다면요.

고명섭 그건 무슨 단서입니까? 불가능할 까닭이라도 있습니까?

김상봉 구성원들의 자기지배라는 개념으로 돌아가서 한번 생각을 해보지요. 주식회사의 경우 그 구성원 또는 자기가 누구입니까?

고명섭 주주겠지요.

김상봉 이유는요?

고명섭 그들이 돈을 출자하지 않았습니까?

김상봉 좋습니다. 주주들이 기업의 몸통이 되는 자본금을 출자했다는 것은 당연히 인정해주어야 할 그들의 권리이긴 합니다. 좀 더 철학적으로 표현하자면, 주식회사의 사물적 실체성이 자본의 자기동일성에 있고 그 자본을 출자한 자가 주주들이라면 주주들이야말로 주식회사의 실체를 구성하는 구성원들이라고 말할 수 있겠지요. 그런데 선생님, 실체가 곧 주체입니까?

고명섭 주식회사 이야기를 하다가 갑자기 실체와 주체가 왜 나옵니까?

김상봉 아무튼 한번 대답을 해주시지요. 저한테 인심 쓴다 생각하시고. 사물적 실체가 그 자체로서 주체가 됩니까?

고명섭 그건 아니죠.

김상봉 까닭이 뭡니까?

고명섭 주체는 언제나 자기를 스스로 의식하면서 의지적으로 활동하니까 주체라고 하는 거지, 아무것도 의식하지 않고 활동하지 않는 건 그냥 사물이지 주체는 아니지요.

김상봉 자, 그럼 다 됐습니다. 주주들이 직접 기업 활동을 떠맡아 하는 자들인가요, 아닌가요?

고명섭 아니지요. 주주들은 주식을 살 수도 있고 팔 수도 있지만, 주식을 사고파는 것과 기업을 직접 경영하는 건 아무 상관이 없지요.

김상봉 그러니까 주주들은 기업에 대해 아무런 활동도 하지 않는 자들이지요?

고명섭 맞습니다.

김상봉 그러니까 한마디로 표현해서 주주들은 주식회사의 실체이기는 해도 주체는 아니에요. 사물적 실체와 행위의 주체가 처음부터 분리되어 설계된 기업이 주식회사라고요. 모든 문제가 여기서 생겨요. 이걸 분명히 보여드리기 위해 한 번 더 질문한다면, 주식회사의 '자기'(self)가 실체겠어요, 아니면 주체겠어요? 법인 기업으로서 구성원들의 자기지배를 말하지만, 그 자기가 누구냐고요.

고명섭 이제 이 문제가 얼마나 심각한 문제인지 실감이 됩니다. 철학적으로 엄밀하게 말하자면 '자기'는 원래 주체와 같은 말이지요. 실체는 자기를 자기라고 스스로 의식하지도 않으니까요. 자기를 자기로서 의식하면 그때부터 실체는 주체가 되는 거 아닙니까?

김상봉 바로 그렇습니다. 그런데 주식회사의 실체는 자본금이고 굳이 그 주인을 따지자면 주주들이라고 할 수 있지요. 하지만 그 주주들이 자기들을 집단적 공동체로서 형성하고 스스로 '우리는 우리'라고 자각하면서 공동의 행위에 나설 수 있습니까?

고명섭 이른바 주식회사의 소유와 경영의 분리 원칙에 따르면 그럴 가능성은 없지요.

김상봉 법학자들이 주식회사의 본질을 설명하면서 소유와 경영의 분리 원칙이라고 표현하긴 하지만, 엄밀하게 말하자면 여기서 소유란 말은 적합한 개념이 아닙니다. 출자와 경영의 분리라고 말해야지요. 조금 전에 말했듯이 주식회사는 처음부터 실체성과 주체성 또는 구체적으로 말해 자본의 출자와 경영을 분리해서 설계한 기업 형태예요. 이것은 출자한 사람들이 기업의 경영에 대해 좋게 말해 아무런 책임도 지지 않아도 되도록 하기 위한 제도적 장치였지요. 이걸 법학자들은 유한 책임(limited liability)의 원칙이라고 부르는데, 회사의 경영에 대해서는 회사가 이익을 내든 손해를 보든, 아니면 합법적인 운영을 하든 불법을 저지르든, 적어도 주주들은 그에 대해 아무런 책임도 지지 않는다는 뜻이지요. 그들이 떠맡는 책임은 오로지 최악의 경우 주식이 휴지조각이 된다는 것밖에 없어요. 그런데 이걸 가리켜 유한 책임이라니, 이런 때 책임이라는 말이 성립 가능한 말이에요? 그 표현은 주주가 주식회사에 대해 제한적으로라도 관여하고 있다는 말처럼 들리지만, 실제로 주주는 주식회사 경영에 아무런 책임도 지지 않아요. 그러니까 정확하게 말하자면 주주들의 경영에 대한 무책임성이야말로 주식회사의 본질인 거예요. 그래서 법학자들 중에는 주식회사는 사단법인이 아니라 재단법인이라고 보아야 한다는 이론을 펴는 사람도 있어요. 소수 의견이기는 하지만 일리가 없는 말도 아니죠. 앞에서 재단법인과 사단법인의 차이가 법인 구성원의 유무에 따라 나뉜다고 말씀드렸는데, 주주들이 아무리 많아도 그들은 실질적으로는 아무런 구성원도 아닌 셈이에요. 그들은 기업의 경영에 아무런 책임도 지지 않으니까요. 주주들은 자본금을 출자하는 역할을 할 뿐인데, 일단 출자한 자본금은 회사의 실체를 이루는 것으로서 주주들이 건드릴 수 없어요. 내가 기업 경영이 마음에 들지 않는다 해서 출자금을 회수할 수 있는 게 아니라고요. 주주가 할 수 있는 일은 출자한 자본을 회수하는 것이 아니라 자기가 소유한 주식을 남에게 파는 것뿐이죠. 주식 양도 자유의 원칙이라 하는데, 이게 협동조합의 조합원과 주주가 다른 점이에요. 요컨대 주식회사의 자본금은 한번 출자되고 나면 그것을 출자한 사람과의 일체의 인격적 연결 고리가 끊어지고, 그 자체로서 주식회사의 실체로 지속하게 되는 거예요. 정리하자면 주식회사의 법인격, 주주들의 이른바 유한 책임 또는 무책임, 주식 양도 자유의 원칙 그리고 소유와 경영의 분리, 아니 더 정확히는 출자와 경영의 분리가 법학자들이 공통적으로 열거하는 주식회사의 본질적 특징이에요. 그런데 이 특징들에 따르면 어느 모로 보나 주주들은 주식회사의 주체가 아니에요. 그렇다면 다시 우리의 물음으로 돌아가서 주식회사의 주체가 과연 누구겠어요? 그 자체로서는 죽어 있는 사물적 실체에 지나지 않는 자본을 살아 움직이게 하는 '자기'가 누구이겠냐고요.

고명섭 대답보다 물음이 더 중요하다면, 선생님이 『기업은 누구의 것인가』에서 이 물음을 제기했다는 것이 그 책의 중대한 의의라고 생각합니다만, 선생님은 이 책에서 그 자기, 기업의 주체가 노동자라고 하신 거지요.

김상봉 19세기 독일의 법철학자들이 법인의 자기지배를 말하면서 굳이 주주가 주식회사의 '자기'라고 규정한 것은 실체와 주체를 혼동한 데서 온 심각한 자가당착이었어요. 다른 면에서는 그리도 엄밀하게 개념을 사용했던 명민한 법학자들이 이 점에서 말도 안 되는 초보적인 실수를 범한 것은 노동자를 자발적이고 자유로운 행위의 주체로서 인정하고 싶지 않은 무의식적인 편견의 발로이거나, 아니면 돈 낸 사람이 임자라는 막연한 고정관념 때문이었다는 말로밖엔 설명이 안 돼요.

아무튼 그 이후 주식회사의 사원(社員)을 주주라고 보는 건 어느 나라에서나 마치 자명한 전제인 것처럼 통용되고 있는데, 이건 주식회사라는 법인의 실체를 주체라고 규정하는 것이어서 이로부터 주식회사의 모든 곤경이 생긴다고 할 수 있어요.

고명섭 구체적으로 그게 왜 문제가 된다는 건지 설명을 좀 해주시지요.

김상봉 법에는 주주들이 주식회사의 '자기'라고 또는 법적 용어로 표현해서 주식회사의 '본인'이라고 정해놓았는데, 실제로 주주들은 주식회사의 '자기'나 주체가 아니란 말이에요. 더 쉽게 말하자면 주식회사는 자기가 자기의 본인이고 주체이지 누구의 것도 아니에요. 자연인에게 주인이 없듯이 주식회사에도 임자가 없는 거지요. 하지만 주식회사는 그 자체로서는 자본의 총체일 뿐이어서, 법인격을 주어도 스스로는 사람 구실을 하지 못해요. 19세기 법철학자들은 이걸 그래서 후견인을 필요로 하는 인격이라고 표현하기도 했지요. 법인격을 부여했지만 실제로는 인격이라기보다는 물건이나 마찬가지인 거지요. 그것도 임자 없는 물건이지요. 그래서 어떤 문제가 생기느냐면 임자가 없으니까 아무나 임자 노릇을 할 수 있는 게 주식회사예요. 미국에서는 전문경영인이, 한국에서는 재벌 총수가 임자 없는 주식회사의 임자 노릇을 하는 것도 다 그래서 일어나는 일이에요.

그런데 이런 뒤죽박죽인 상황의 기원은 모두 실체를 주체와 혼동해서 물건을 인격이라고 우기기 때문이에요. 실체와 주체를 엄밀하게 구별하여, 실체의 몫을 실체에게 그리고 주체의 몫을 주체에게 준다면 사라지는 모순인 거지요. 주주는 실체의 권리를 행사하고 종업원은 주체의 권리를 행사한다면 모든 문제가 깨끗하게 해소되는 거지요.

662

고명섭 그걸 한마디로 표현해, "주주에겐 배당금을, 노동자에겐 경영권을!"이라고 하신 거지요.

김상봉 예. 법적으로 말하자면 주식회사의 이사는 종업원 총회에서 선임한다는 법조항 하나만 만들면 다 끝나는 일이에요. 노동자가 주식회사의 대표권이나 경영권을 행사한다 해서 주주들이 손해를 보는 것은 아무것도 없어요. 원래가 주주의 몫은 배당금이잖아요. 도리어 노동자들이 경영권을 행사하면 노동자들은 임금 노예에서 기업의 주권자가 되는 거고, 경제적 관점에서 보더라도 대리인 비용도, 재벌 총수들의 탈법도 다 사라져버리는 거니까 일석이조라고 할 수 있지 않겠어요?

더 나아가 이런 상위의 지배 구조뿐 아니라 작업장 차원에서도 노동자의 자율권과 자치권을 넓혀나가서 기업을 노동자들의 폴리스로 만들어야 한다는 것이 제 생각이에요. 하나에서 열까지 노동자는 지시만 받고 하라는 대로 일만 하는 것이 아니라 자기가 수행하는 노동을 스스로 규율할 수 있어야 하는 거지요. 이 점에 관해서는 책에서도 소개했듯이 독일의 사례를 참고할 만해요.

독일의 노사 공동결정제도

고명섭 독일 이야기를 꺼내셨으니까 한 말씀 드린다면, 사실 저도 이 책을 읽으면서 독일의 사례에 대해서는 새삼스레 좀 놀랐거든요. 어렴풋이 노사 공동결정제도라는 말을 들은 적은 있지만 그걸 구체적으로 자세히 살펴볼 기회는 없었는데, 선생님의 책이 신선한 자극이 되었습니다. 책에 소개하시긴 했지만 간단히 한 번 더 말씀해주실 수 있나요?

김상봉 예. 세계 각국의 주식회사 운영 모델을 크게 둘로 나누는데 하나는 영미형으로서 단일 이사회 모델이 있고요, 다른 하나는 독일 모델로서 이중 모델이 있습니다. 단일 모델은 주주 총회에서 이사들을 선임하면 그 이사회가 경영도 책임지는 모델이라 할 수 있습니다.

고명섭 독일은 다릅니까?

김상봉 예. 독일의 경우는 이중 모델인데, 주주 총회가 선임하는 이사진은 감독이사회(Aufsichtrat)라고 해서 직접 경영을 맡는 기관이 아니고 경영진을 감독하는 기구입니다.

고명섭 그러면 경영진은 누가 선임합니까?

김상봉 감독이사회가 선임합니다. 그런 점에서는 감독이사회가 주식회사의 실질적 최고 권력기구라고 말할 수 있지요. 경영진(Vorstand)은 주주 총회가 아니라 감독이사회에 책임을 지는 구조입니다. 이런 구조니까 경영 활동의 일차적인 주체는 경영진이지만 감독이사회 역시 정기적으로 경영 활동을 컨트롤하고 기업의 장기적인 운영 계획에 관여함으로써 실질적인 권한을 행사하기도 합니다. 비판적으로 말하는 사람들은 이런 이중 모델이 비효율적이라고 말하기도 합니다만, 독일 경제의 견실함을 생각하면 그런 비판이 얼마나 설득력이 있는지는 모르겠습니다.

고명섭 독일 경제의 튼튼함을 수치로 말씀해주실 수 있습니까?

김상봉 저야 실물경제의 전문가는 아니니까 많이 알고 있지는 않습니다만, 문외한이 보기에도 놀라운 데가 있습니다. 이를테면 2003년부터 2008년까지 독일이 수출 세계 1위였습니다.

고명섭 미국이나 일본이 아니고 독일이 1등이었습니까?

김상봉 예, 저도 좀 놀랐습니다. 2003년 이전에는 독일이 통일 후 10년 동안 이른바 통일 비용 때문에 힘들었던 기간인데 10년 만에 극복하고 세계 수출 1위에 오른 거지요. 그런데 2008년 금융위기 이후엔 2등입니다.

고명섭 누가 1위입니까?

김상봉 하하. 중국이더라고요. 아마 백 년 동안은 중국이 1등이겠지요. 아니면 더 오래갈 수도 있고. 그 많은 수출할 물건을 만들기 시작하면 누가 이기겠어요? 하지만 제가 독일 경제의 건강함에 대해 놀라는 이유는 그런 게 아닙니다.

고명섭　다른 게 있습니까?

김상봉　영화 「빌리 엘리어트」 보셨지요?

고명섭　하도 유명한 영화니까 저도 봤습니다.

김상봉　그 영화의 배경도 아시지요?

고명섭　물론입니다. 1984년 대처 총리가 영국의 탄광산업을 구조조정 하겠다고 일부는 폐쇄하고 광부들을 정리해고 하겠다고 한 게 발단이 되어 한 1년간 격렬한 파업이 있었지요. 하지만 마지막엔 탄광노조가 백기투항을 하고 그 이후 영국에서 신자유주의의 시대가 열렸지요.

김상봉　독일은 어땠을 것 같습니까? 독일도 한때는 한국에서 광부를 수입할 만큼 탄광이 호황이었지만, 영국이나 한국처럼 탄광이 사양산업이 된 건 마찬가지일 텐데요.

고명섭　글쎄요. 그건 저야 모르지요. 근데 질문을 하시니까 진짜 궁금해지는데 독일은 어떻게 되었습니까?

김상봉　예. 저도 독일의 노사 공동결정제도에 대해 자료를 찾다가 우연히 알게 되었는데, 독일도 석탄산업이 사양산업인 것은 마찬가지여서, 탄광에서 40년 동안 50만 개의 일자리가 사라졌다고 하더라고요.

고명섭　하! 독일도 영국과 마찬가지였군요.

김상봉　아직 제 이야기 안 끝났습니다. 40년 동안 50만 개의 일자리가 사라졌지만 50만 명의 광부들 가운데 그것 때문에 해고된 사람은 단 한 사람도 없다고 해요. 노사 공동결정법이 처음 통과된 지 60주년이 되던 2011년에 독일의 어느 주간지에 보쿰 대학의 연구소 연구원이 인터뷰한 내용이었는데, 저는 너무 놀랍고 믿기지 않아서 어렵사리 그 연구소 홈페이지에서 그 연구원 이메일 주소를 찾아 메일을 보내 정말이냐고 물었더니 그때가 여름 휴가철이라 그랬는지 한참 뒤에 답 메일이 왔는데 정말이라고 하더라고요.

고명섭 별일을 다 하셨군요. 그런데 정말로 놀랍습니다. 비결이 뭐였습니까?

김상봉 설명을 드릴게요. 독일 노동조합총연맹(Der Deutsche Gewerks-chaftsbund)의 위원장이 되었던 뵈클러(Hans Böckler)가 1946년에 노동운동의 투쟁 목표로 노사 공동결정제도를 내세웠어요. 구체적으로 말해 법인 기업의 감독이사회와 경영진을 주주 대표 절반, 노동자 대표 절반으로 구성하자는 거였지요.

고명섭 그런 걸 요구할 수 있다는 것 자체가 놀랍네요. 한국 같으면 정신병자 취급을 받거나 종북 빨갱이로 몰리기 딱 알맞은 요구 같은데.

김상봉 그렇지요? 하지만 경영권의 절반을 노동자에게 달라는 이런 요구가 독일이라고 해서 쉽게 받아들여지기야 했겠어요? 독일 노동조합총연맹에서는 총파업을 한다고 위협도 하고, 호의적인 여론을 조성하기 위해 다양한 캠페인을 벌였겠지만 워낙 급진적인 주장이라 처음엔 무반응이었지요. 그런데 패전 후 혼란스러운 상황에서 석탄과 철강 산업의 기업주들이 관심을 보이고 그 제안을 받아들이겠다고 나온 거예요.

고명섭 이유가 뭡니까?

김상봉 그 이유는 여러 가지가 있었겠지요. 우선 역사적 전통과 정신적 배경을 무시할 수 없습니다. 정치와 국가 권력뿐만 아니라 노동과 기업 경영에 대해서도 민주적 참여의 원리가 관철되어야 한다는 논의가 19세기부터 있어왔거든요. 그런 배경 속에서 제2차 세계대전 직후 상황을 보자면 독일이 더는 전쟁을 일으키지 못하도록 하기 위해 석탄과 철강 산업이 연합국의 공동 관리 아래 있었는데, 상황에 따라서는 그런 공동 관리가 항구적인 것이 될 수도 있었던지라 석탄과 철강 업주들의 입장에서는 연합국의 통제와 간섭 아래 기업을 경영하는 것보다는 차라리 독일의 노동자들과 협력하는 것이 더 낫다고 생각하지 않았을까 싶어요.

아무튼 석탄과 철강 산업 쪽에서 그렇게 전향적인 태도로 나오니까 노조 쪽에서는 전 산업에서 공동결정제를 관철하려던 최초의 입장에서

666

한 발 물러서서 일단 석탄과 철강 산업에서 공동결정제를 추진하는 걸로 전략을 수정하지요. 이에 따라 당시 총리였던 아데나워가 독일 노동조합총연맹의 뵈클러와 적극적인 협상을 벌여 1951년에 최초로 석탄과 철강 산업에서 노동자들의 공동결정권에 관한 법률이라는 긴 이름의 법을 의회에서 압도적인 다수로 통과시키게 돼요. 그게 이 역사의 첫걸음이었죠.

고명섭 동화 같은 이야기네요.

김상봉 구체적인 법 조항을 보면 더 실감이 갑니다. 감독이사회는 11명의 구성원들로 이루어지는데, 구체적으로는 a) 4명의 주주 대표들과 1명의 기타 구성원, b) 4명의 노동자 대표들과 1명의 기타 구성원, c) 1명의 기타 구성원, 이렇게 규정되어 있습니다. 여기서 기타 구성원이란 우리 식으로 말하면 사외이사에 해당하는 사람인데, 노동자들과 주주들이 각각 한 명씩 사외이사를 추천하고 양측이 합의하여 다시 또 한 사람의 사외이사를 추천하게 되어 있습니다. 이건 노사가 언제나 똑같은 수로 대립하여 의사결정이 불가능하게 되는 상황을 방지하기 위해서인데요. 아무튼 양측이 합의하여 한 사람의 사외이사를 더 추천해서 감독이사회 구성원이 모두 11명으로 홀수가 되도록 법을 정한 거지요. 이렇게 경영권을 반씩 주고 노사가 공동으로 경영을 하게 법으로 만들어버렸으니, 탄광이 사양산업이 되었다고 노동자를 정리해고 하는 방식으로 그에 대처할 수 있었겠어요? 구체적인 사정이야 기업마다 다 달랐겠지만, 노사가 공동으로 장기적 전망에서 같이 살 방법을 찾았겠지요. 이게 40년 동안 50만 개의 일자리가 없어져도 그 때문에 해고된 노동자는 하나도 없었던 까닭이에요.

공동결정법의 역사는 1976년에 다시 한 번 큰 걸음을 내딛는데, 그해에 새롭게 제정된 법률에 따라 2,000명 이상의 종업원이 있는 모든 종류의 기업에 노동자의 공동결정권이 확대됩니다. 구체적으로는 2,000명에서 1만 명까지는 노사가 각각 6명씩, 1만 명부터 2만 명까지는 각각 8명씩, 2만 명 이상의 대기업은 노사 각각 10명씩 사외이사를 추천하게 법제화했습니다. 그렇게 선임된 이사들이 내부에서 대표이사를 선출하는데, 노사 양측이 두 번의 표결을 통해서도 합의를 보지 못하면 주주 대표가 대표이사를 추천하고 노동자 대표가 부대표이사를 추천하도록 한 뒤에 의사결정 과정에서 이사진이 가부 동수로 대립할 경우엔 대표이사가 한 표를 더 행사할 수 있게 캐스팅 보트를 주었습니다.

1951년 최초의 법이 통과될 때는 아데나워의 기독교민주연합이 집권하고 있었지만 1976년에는 헬무트 슈미트의 사민당이 집권하고 있었습니다. 하지만 두 경우 모두 여야 합의로 공동결정법이 통과된 건 마찬가지였지요. 그런데 1976년에 공동결정법이 전 산업으로 확장된 뒤에는 독일 내에서 대기업이나 사용자 단체들이 연대하여 1977년에 헌법재판소에 위헌 소송을 제기했습니다. 어찌 보면 너무 당연한 반발이었겠지요.

고명섭 어떻게 되었습니까?

김상봉 1년 뒤 1978년 말에 헌법재판소의 판결이 내려졌는데, 위헌 소송을 기각한다고 판결했지요. 그 뒤 이 법은 큰 변화 없이 지금까지 유지되고 있는데, 2002년에는 종업원이 500명 이상 2,000명 미만의 기업의 경우엔 감독이사회 이사진의 3분의 1을 노동자 대표로 선임하도록 법이 제정됨으로써 독일의 공동결정법은 최종적인 틀을 갖추었다고 할 수 있습니다.

그런데 독일의 노사 공동결정제도는 단순히 감독이사회의 구성에 노동자가 참여할 수 있는 권한을 규정한 공동결정법뿐 아니라, 사업장 내의 다양한 의사결정에 노동자들이 참여할 수 있도록 제도화한 사업장 조직법에 의해 더 확고한 법적 근거를 얻게 됩니다. 이 법은 1952년에 처음 제정되었는데, 이 법에 따르면 5명 이상 종업원이 있는 사업장에서는 노동자들이 원한다면 사업장 평의회를 구성할 수 있습니다. 평의회는 좌파의 언어로 표현하자면 더도 덜도 아니고 소비에트와 같은 것이어서, 노동자들의 이해관계가 걸린 의사결정에 대해 사안의 중요도에 따라 묻고 들을 권리, 제안하고 협의할 권리, 동의하고 거부할 권리를 행사할 수 있습니다. 『기업은 누구의 것인가』에서 소상하게 인용했지만 이 법에 따르면 사용자가 어떤 노동자를 해고하고 싶어도 평의회가 거부하면 해고할 수가 없습니다. 그러니까 독일 기업에서는 실질적으로 기업에 의한 일방적 해고는 불가능하다고 해도 과언이 아니지요. 그래서 경영 환경이 아무리 나쁘다 하더라도 아예 회사가 문을 닫는다면 모를까 그렇지 않을 경우엔 우리처럼 노동자를 일방적으로 희생해서 회사를 살리는 건 불가능한 일이고, 어떤 식으로든 노사가 같이 살길을 찾을 수밖에 없게 되어 있습니다. 아마도 그게 독일 기업과 독일 경제의 힘이기도 하겠지요.

고명섭 사람들은 이 이야기를 들으면서도 그게 사실일까 싶은 의심이 들 수도 있겠습니다. 어떻게 자본주의 경제 체제를 택한 나라에서 노동자에게 주주와 똑같은 경영권을 부여할 수 있습니까?

김상봉 그게 다 주식회사가 원래 주인이 없는 법인이기 때문에 가능한 거지요. 따지고 보면 한국의 주식회사법에도 사외이사 조항이 있지 않습니까? 자본금 2조 이상 기업의 경우에는 사외이사가 과반이어야 합니다. 그런데 사외이사는 회사와 아무 상관이 없는 사람이어야 하는데, 생각하면 얼마나 이상한 일입니까? 아무 이해관계가 없는 사람보고 기업의 경영에 참여하라는 법이잖아요. 입법의 정신은 주식회사를 공정하고 투명하게 경영하도록 하기 위해서라는데, 현실에서 그게 법 정신처럼 운영되겠어요? 하는 일 없이 거수기 노릇 하면서 돈이나 받아 챙기는 자들이라고 비판받기 딱 알맞지요.

그런데 그렇게 회사와 아무런 상관도 없는 외부인에게 사외이사를 맡으라고 법으로 강제할 거라면, 노동자들에게 사외이사 추천권을 주면 안 될 이유가 뭐가 있어요? 어떤 면으로 보더라도 회사의 내부 사정을 잘 알고 있고, 회사의 운명과 자신의 이해관계가 일치하는 노동자들이 사외이사를 추천하는 게 합리적이지 않겠어요? 그럼 독일의 경우와 별다를 게 없어지는 거죠.

고명섭 어떻게 보면 간단한 해결책을 두고 인류가 자본주의 아래서 쓸데없는 고생을 너무 많이 한다는 생각이 듭니다. 선생님 말씀이 옳다면 독일에서는 기업이 그냥 노동자들의 폴리스라고 말해도 되겠군요. 그런데 그게 왜 전 세계적으로 전파되지 않습니까?

김상봉 저도 그게 불가사의해요. 자본주의의 모순에 대해 비분강개하는 그 수많은 지식인들이 왜 독일의 이른바 사회적 시장경제 모델을 진지하게 연구하지 않는지는 저도 그 까닭을 모르겠습니다. 일단은 무지와 무관심이 큰 이유 같은데요. 제가 아는 이들 중에 마드리드에서 경제학을 공부하고 영국 런던에서 MBA 학위를 한 스페인 사람이 있습니다. 그런데 한번은 그이와 독일의 공동결정제에 대해 이야기할 기회가 있었는데, 경제학과 경영학을 전공한 사람인데도 독일의 제도 자체를 아예 모르고 있더라고요.

하지만 그것 외에도 다른 이유를 찾자면 독일의 노사 공동결정제도에 대해 독일인들 자신이 아무런 철학적 근거도 제시하지 않고 단순히 실정법의 차원에서만 긍정하고 있기 때문에 보편적으로 확산되지 않는 것이 아닌가 하는 생각도 듭니다. 프랑스인들이 프랑스 혁명을 통해 국가를 왕국에서 공화국으로 만들었다면, 독일인들은 제2차 세계대전 후에 기업을 노동자들의 공화국으로 만들었다고 말할 수 있지요. 그런데 프랑스인들의 경우에는 루소에게서 보듯이 공화국에 대한 철학적 근거를 제시하고 시작했단 말이에요. 그러니까 공화국의 이념이 쉽게 보편적으로 전파되고 수용될 수 있었지요. 그에 반해 독일인들은 자기들이 이룬 기업의 민주화에 대해 아무런 철학적 근거도 제시하지 않았습니다. 철학적 근거를 제시해야 보편적으로 확산이 가능했을 텐데, 독일인들은 다른 부분에서는 매우 철학적인 사람들이 기업의 민주화에 관해서는 너무나 겸손하고 소극적이었던 거지요. 아니, 그뿐 아니라 노동자들에게 기업의 공동결정권을 법으로 인정하면서도 그 법률에 대해 철학적 근거는 고사하고 법학적 근거조차 충분하게 제시하지 않았습니다. 도리어 독일 법은 19세기 이래 주식회사의 구성원은 주주라는 원칙을 그대로 견지하고 있거든요. 그러니까 아무리 독일이 노동자의 공동결정권을 법으로 인정하더라도 그건 어디까지나 독일 입법자들의 선의와 자본가들의 양보에 의해 가능했던 우연한 사건일 뿐이지, 보편타당한 철학적 근거에 입각한 역사의 필연적 발전이라고는 말할 수 없게 되어버리는 거예요.

고명섭　노동자 경영권의 철학적 근거를 묻고 그에 대해 적극적으로 대답을 시도한 건 선생님이 처음이군요.

김상봉　글쎄요. 저 말고 그걸 물은 사람이나 대답한 사람이 있었는지는 잘 모르겠습니다. 또 그게 『기업은 누구의 것인가』의 의의라고 할 수 있지요. 마르크스는 생전에 개인 기업이나 가족 기업을 모델로 삼아 자본주의를 분석하고 비판하다가 말년에야 주식회사의 중요성을 알아차리고 『자본』 3권에서 주식회사가 생산수단의 사적 소유가 사회적 소유로 전환될 수 있는 필연적인 통과점이라는 것을 인정했어요. 하지만 그는 이 주제를 더 탐구하지는 못하고 세상을 떠났지요. 저는 앞에서 여러 가지 문맥에서 마르크스를 비판했지만, 주식회사와 노동자 경영권의 문제에 관해서는 마르크스가 멈춘 지점에서 그를 이어간 거라고 말하고 싶어요.

시장과 전장

고명섭　좋습니다. 저도 그 말씀에 공감하지 않는 건 아닙니다만, 그래도 남들을 대신해서 마지막으로 제기하고 싶은 문제가 있습니다. 주주자본주의가 그러지 못하듯이 노동자가 주체가 돼서 경영자를 뽑아 기업을 운영하는 이런 식의 자본주의도 결국은 자본주의 자체를 넘어서지 못하는 한계가 있지 않으냐 하는 비판도 얼마든지 제기될 수 있지 않겠습니까?

김상봉 당연하죠. 예전에 진보신당의 장석준 선생이 저의 책에 대해 호의적인 입장에서 '프레시안'에 서평을 쓰면서 비슷한 지적을 했어요. 그분의 비판을 거칠게 재구성하자면, 저의 입장에 대해 전반적으로 공감함에도 불구하고 한 가지 의구심이 남는데 김상봉이 기업이 그리스 도시국가처럼 되면 왜 안 되느냐고 물었지만, 뒤집어서 생각을 하면 그리스의 폴리스들이 서로 간의 적대적 전쟁 상태를 종식시키지 못했던 것처럼 노동자들의 폴리스가 된 기업이 지금 우리 시대에 자본주의적인 시장에서 벌어지고 있는 전쟁 상태를 벗어나지 못하고 확대 재생산하지 말라는 법이 어디 있느냐는 거예요. 그건 아주 올바른 지적이고 거기에 대해서는 제가 답을 해야 될 의무가 있다고 생각하는데⋯⋯.

고명섭 가령 노동자가 주체가 돼서 경영진을 뽑는 회사 중에 가장 대표적인 회사가 한겨레신문사라고 할 수 있고, 제가 그 회사에서 근무를 하고 있는데요. 여기에서 과연 노동자가 경영진을 뽑는 것이 능사냐, 그것의 폐해는 없느냐, 그 이야기를 기회가 나면 한번 그 자체만 따로 얘기해보고 싶고요. 그 문제는 구체적인 내용들은 뒤로 미뤄놓고 아주 상식적인 문제만 얘기하면, 결국 그렇게 해서 뽑은 경영진의 절체절명의 문제는 그 구성원에게, 바로 그 회사의 주체인 노동자들에게 급여를 제때 줘야 되고 또 급여를 올려줘야 한다는 겁니다. 그러려면 밖에 나가서 돈을 벌어야 되고, 돈을 벌기 위해서는 또 아낄 것은 최대한 아껴야 되고 또 벌어올 수 있는 건 최대한 벌어오고, 이러다 보니까 기업 폴리스 내부에선 그 구성원들이 기업의 주체, 주인이지만, 그 기업체 전체는 어떤 면에서는 사회적으로 약탈적인 행위를 할 수도 있고 약탈까지는 아니더라도 어쨌거나 이익을 내기 위해서 발버둥 쳐야 합니다. 예를 들어 『경향신문』과의 아름다운 협조관계 속에서 『한겨레』가 있느냐, 절대로 그렇지 않습니다. 결국은 광고를 가져오기 위해서 서로 경쟁하는 관계일 수 있고, 어떤 면에서는 적대할 수도 있어서 사회적으로는 아름다운 모습으로 나타나지 않을 수도 있습니다. 그런 문제들이 현실에서 나타나기 때문에, 이 기업 폴리스라고 하는 것이 장석준 선생이 이야기한 대로 폴리스 간의 전쟁 상태를 종식시키지 못한다는 이야기가 상당히 일리가 있는 지적이고, 저도 그 부분을 생각하면서 고민을 했습니다.

김상봉 우선 몇 가지 층위가 있는데, 하나는 시장과 전장을 구별해야 된다는 거예요. 학문이, 오늘날에 와서 더 그러는 경향이 있는데, 개념을 사용할 때 개념과 은유를 너무 쉽게 구별을 해버리고 섞어버려요. 그래서 사람들이 기업도 전쟁터다, 시장도 전쟁이다 하면서 다 같은 것으로 치부하곤 하는데, 우리가 국가 사이의 전쟁과 기업들 사이의 경쟁이 어떻게 다른지 명확하게 하고 넘어가지 않으면 너무 쉽게 은유적인 말에 묻어서 그 현실을 곡해하게 된다는 거예요. 하지만 저는 먼저 전쟁터와 시장터를 구별해야 된다는 걸 말씀드리고 싶어요.

그럼 사람들이 어떻게 구별해야 되느냐, 차이가 뭐냐 묻겠죠. 전쟁에서의 경쟁은 상대방을 완전히 없애거나 파괴해야 하는 거지만, 시장은 상대방이 없으면 안 된다는 것이 다르지요. 로마는 주변의 모든 나라를 멸망시킬 때까지 전쟁을 멈출 수 없었어요. 전쟁의 목적은 적을 없애는 거란 말이에요. 하지만 경제의 영역 또는 시장의 영역은 내가 존재하기 위해서 타자와의 교환이 이루어지는 장소이기 때문에, 다시 말해 결투가 아니라 교환이 이루어지는 장소인 까닭에 반드시 상대방을 전제로 한다는 것, 그리고 상대방과의 주고받음이 있는 것이어서 그 비유를 여기에 직접 적용할 수 없다는 것. 여기에는 그런 의미의 균형이 자기와 타자 사이에 있다는 얘깁니다. 그러니까 가장 추상적인 층위입니다. 이게 첫째 포인트입니다.

그다음으로 드리고 싶은 말씀은, 국가가 생겼다가 없어지는 것은 파국을 낳는데 기업은 생기기도 하고 없어지는 게 자연스럽다는 게 둘째입니다. 그래서…….

고명섭 기업이 항구적으로 없어지지 않는다고 하면 오히려 더 문제가 될 수도 있지요.

김상봉 예, 그런데 많은 분들이 그 모델 위에서 생각을 하는 것 같아요. 실제로 유고슬라비아의 모델이 실패한 건, 기업이 문을 닫으면 안 된다는 원칙 때문이에요. 기업이 파산하는 게 국가 정책의 실패라고 생각하면 기업이 절대 파산할 수 없게 만들어야 하는데, 그게 경제 정책의 목표가 되면 열이면 열 경제가 왜곡되는 거예요.

고명섭 예, 그게 중요한 포인트에 해당되는 것 같습니다. 우리가 머릿속으로 상상할 때, 사회주의라는 것은 어떤 상황에서도 기업이 문을 닫지 않는 상황을 마치 자연스럽게 전제하는 것처럼 느껴집니다.

김상봉 그게 사회주의 이론의 전제예요. 그러고 난 다음에 시작하는 거거든요. 개별 기업이 망해서도 안 되고, 전체 경제가 공황에 빠져서도 안 되고, 경제의 모든 요소가 언제나 균형 잡혀 있는 게 마땅한 목표가 되는 거지요. 물론 저도 그렇게 되도록 노력하는 것이 경제 정책의 중요한 목표가 되어야 한다고 생각하지만, 그것이 최고의 목표라고 생각하지는 않아요. 만약 국가가 노동자들의 자율성을 인정하지 않고 기업 경영을 물샐틈없이 계획하여 기업이 망하지도 않고 공황도 일어나지 않는 경제가 가능하다 하더라도 저는 기업의 흥망성쇠 속에서 노동자들이 기업의 주체가 되는 체제를 택하겠어요. 노예 상태에서의 안락보다는 위험 속에서 자유로운 삶을 사는 것이 더 가치 있는 일이 아니겠어요?

기업이 망하고 노동자가 실업자가 되더라도 국가가 사회복지 제도를 통해 그런 노동자의 삶이 파탄에 이르지 않도록 보호한다면 뭐가 문제겠어요? 다시 자유로운 노동자들이 기업을 창업하고 망하는 기업이 있듯이 흥하는 기업이 생기겠지요. 그럼 전체적으로 볼 때는 경제가 활력을 유지할 수 있는 거지요.

고명섭 저도 깊이 공감합니다. 사실 자본주의를 넘어선다고 하는 생각은 추상적으로는 얼마든지 공감도 할 수 있고 긍정도 할 수 있지만 그것을 구체적으로 질문해 들어갈 때 생기는 여러 가지 난점이 있지요. 또 지난 70년 동안 사회주의 실험이 파산을 하고 결국 자본주의로 전일화됐다고 볼 수 있는데, 여기서 기업 간 경쟁 혹은 시장에서의 경쟁적 교환이 부정됐을 때, 비효율성이 누적되어서 그것이 결국은 경제의 혈관을 막아버려 그 혈관이 터지는 결과를 빚을 수밖에 없지 않으냐. 그래서 그런 식의 자본주의적 경쟁 혹은 경쟁적 시장체제 자체를 부정하는 형태로서 자본주의의 극복을 이야기하면 어떤 방식이 되는가. 아나키즘적인 소규모 공동체들의 소규모 생산과 소규모 소비를 전제한다면 이야기가 달라지지만, 그런 게 아니라고 한다면, 다시 말해 대기업, 대도시, 대규모 인구, 이런 것들을 염두에 둔다면 결국은 머릿속에서 뚜렷하게 떠오르는 상이 없다는 겁니다.

김상봉 맞습니다. 이 문맥에서 한 가지 언급하자면, 『기업은 누구의 것인가』에서 제가 "시장은 수동성의 장소다. 그런데 그 수동성이야말로 자유의 본질적인 계기이다"라고 했잖아요.[15] 지금 시장 얘기가 나왔

15 "참된 자유는 철학자들이 몽상했던 것처럼 절대적인 자발성과 능동성이 아니라 너와 나의 만남 속에서 수동성을 통해서만 일어날 수 있다. 나에게 다가오는 타자적 작용을 내가 한편에서는 수동적으로 당하고 받아들이면서도 그 작용에 능동적으로 응답할 때 그 수동성과 능동성의 교차 속에서 자유는 일어나는 것이다. 이런 의미에서 자유는 너와 나의 만남이며 수동성과 능동성의 만남이다. 그 만남이 일어나는 장소를 고대 그리스인들은 아고라라고 불렀다. 그 기원이 호메로스에게까지 거슬러 올라가는 이 유서 깊은 낱말은 처음에는 전쟁터에서 군인들의 회의를 뜻하는 말이었으나 후대에 오면서 모든 종류의 정치적 회합을 뜻하는 동시에 경제적 교환이 이루어지는 시장을 뜻하는 말이 되었다. 그리고 이 모든 기능을 통틀어 그리스인들에게 아고라는 자유가 일어나는 장소였다고 할 수 있다. 하지만 왜 그 장소가 하필 시장이어야 했는가? 시장이 인간의 자유와 무슨 상관이 있다는 말인가? …… 시장이 우리에게 자유를 주는 까닭은 그것이 수동성의 장소이기 때문이다. 모든 만남 속에는 수동성과 능동성의 계기가 공존한다. 이는 정치적 회합의 경우에도 마찬가지이다. 하지만 같은 아고라라고 하더라도 군사적이거나 정치적인 회합의 경우 수동성은 언제나 간접적으로만 현전한다. 군사적이거나 정치적인 회의에서 일어나는 일은 오로지 공동의 판단 행위, 곧 생각의

으니까 하는 말인데, 사람들이 너무 쉽게 자본주의와 시장을, 시장경제와 자본주의를 동일시해요. 그렇게 몰역사적일 수가 있나요. 시장은 어찌 보면 수천, 수만 년 전부터 있었던 거라고도 할 수 있는데. 형태만 조금씩 변할 뿐이지, 주고받는 것, 나에게 없는 걸 밖에서 얻어 오고 저쪽에 없는 걸 내가 주는 그 기본적인 교환의 원리는 예나 지금이나 같은 거잖아요. 그런데 기원을 알 수 없을 정도로 오래된 시장을 우리 시대의 자본주의와 동일시하면서 시장경제가 문제라고 한단 말이에요. 시장경제가 자본주의를 낳고 자본주의가 생산의 무정부성을 낳고 그 무정부성 때문에 공황이 벌어지고 공황 때문에 자본주의가 붕괴할 거니까 기업을 국유화하고 계획경제를 해야 된다는 것이죠. 미국의 마이클 앨버트라는 좌파 경제학자는 계획경제를 옹호하면서 요즘은 인터넷이 발달했기 때문에 국가에 의한 계획경제를 시민적 참여와 조화시키기가 훨씬 쉬워졌대요. 매년 인터넷으로 각자가 필요한 재화를 신청하면 된다더군요. 그러니까 저의 경우에는 매년 먹어야 하는 알레르기약이 몇 알

활동이다. 칸트 식으로 말하자면 여기서 감성적 수동성이 아니라 지성의 자발성만이 작동하는 것이다. 그러나 경제적 교환이 이루어지는 시장에서는 감성적 수동성은 결코 말소되지 않고 생생하게 살아 있다. 왜냐하면 여기서 문제 되는 것은 욕망의 충족인데, 이 욕망이야말로 실은 수동성의 뿌리이기 때문이다. 시장에서 나의 생각과 판단은 나의 욕망에 언제나 매여 있다. 무엇을 살 것인가 판단하기 위해 나는 언제나 내가 어찌할 수 없는 나의 욕망으로 돌아가야 한다. 욕망의 뿌리는 결핍이다. 그런데 내가 스스로 충족시킬 수 없는 이 결핍이야말로 나의 모든 수동성의 근거이다. 시장에서 경제적 교환을 통해 나는 타인의 결핍을 채워주는 대가로 나의 결핍을 채울 수 있게 된다. 이런 의미에서 정치적 회합이 생각과 판단의 교환 곧 주체들의 능동성의 교환이라면, 경제적 시장은 수동성이 교환되는 장소이다. 시장이 보다 근원적인 의미에서 자유의 장소인 까닭이 바로 여기에 있다. …… 그런데 인간이 그 시장에서 수동성을 서로 같이 나누려 하지 않고 단지 남에게 일방적으로 전가시킬 때, 시장은 자유가 아니라 억압의 장소가 된다. 신자유주의자들이 정직하지 않은 지점이 바로 여기이다. 시장은 우리가 서로 수동성을 공정하게 교환하고 서로의 결핍을 채워주는 장소일 때 자유의 장소가 된다." 김상봉, 앞의 책, 72~74쪽.

인지부터 확인해서 신청을 해야겠지요. 한 번도 제가 몇 알을 먹는지 세어본 적이 없어서 걱정이긴 하지만. 여성들은 생리통에 먹을 진통제를 신청해야 할까요. 그런데 제가 내년에 감기를 앓을지 말지 미리 알 수가 없으니까 그게 고민이에요. 감기약을 몇 알이나 신청해야 할지. 선생님, 이게 오늘날 좌파 경제학자라는 작자들이 하는 짓이에요. 이게 학문이라고 말할 가치가 있어요?

좌파 경제학자들이 저보고 시장을 인정하면서 어떻게 자본주의를 극복한다고 얘기하느냐고 비판한다면, 또 시장을 극복해야 자본주의를 극복하는 거라고 한다면, 저는 시장을 없애는 것이 아니라 자본에 의한 노동의 지배를 제거하는 것이 목표라고 말하겠어요. 시장을 인정하지 않겠다고 하는 건 인간의 가장 원초적인 자유를 인정하지 않겠다고 하는 얘기와 같아요.

고명섭 그런 점에서 거기에 적극적으로 동의하고요. 선생님 책을 읽다 보면 자꾸 철학의 근거를 물어 들어가는 훈련을 저도 모르게 하게 되는 것 같습니다. 시장에 대해서 곰곰이 생각을 해보면 정말 그 시장이라는 것은 인간의 자유와 연관된, 어떻게 보면 인간의 원초적 만남과 교환의 장이라고 생각하게 됩니다. 그래서 자본주의의 폐해로서의 자본 혹은 자본 관계와 시장 자체를 동일시해서는 안 된다고 생각합니다. 그리고 또 더 나아가서 자본이라고 뭉뚱그려 모든 자본은 곧 악이다, 이렇게 봐도 안 된다는 생각을 합니다. 자본의 어떤 형태가 인간을 억압하고 인간을 고통에 빠뜨리기 때문에 악이 되는 것이지, 자본이 어떤 경우에든 모두 다 악이라고 이야기하기는 어렵다는 생각이 듭니다.

그런 면에서 저는 이런 생각에 선생님이 적극적으로 동의하실 거라고 예상하는데요. 많은 사람들이 자본주의를 비판하고 자본주의만 극복하면 좋은 세상이 열릴 것이라고 생각하면서 자본의 본질을 망각해버린다는 것입니다. 다시 말해 우리가 왜 자본주의를 극복하려고 하느냐면 그 자본은 권력이기 때문이죠. 그 권력은 다른 게 아니라 인간성을 억압하고 인간을 착취하고 사물화하는 것이기 때문에 우리가 그 자본을 넘어서자는 것이지, 그 자본을 타도하기만 하면 즉각 좋은 세상이 열린다고 해서는 안 된다는 것이죠.

그러니까 자본을 타도했는데 만약 그 자리에 벌거벗은 억압적 권력이 섰다면, 권력이 자본과 똑같은 역할을 하면서 인간을 그렇게 고통에 빠뜨리고 억압한다면 그건 자본보다도 더 나쁜 것이다, 자본은 차라리 경쟁이라도 하지만 경쟁하지 않는 권력이 그렇게 인간을 억압한다면 그건 말할 수 없이 큰 문제다, 저는 그렇게 생각합니다. 그리고 바로 그런 권력의 모습을 스탈린주의가 적나라하게 보여주었다고 생각하고요. 그래서 자본주의를 극복하자고 할 때의 그 정신이 무엇인지를 좀 더 분명하게 이야기할 필요가 있겠다 하는 생각을 합니다.

김상봉 너무나 당연한 말씀이지요. 사족이지만, 그래서 저도 책에서도 썼잖아요. 우리가 자본주의를 극복하는데 우리가 왜 극복하며 자본주의의 어떤 측면을 극복해야 할지 말하지 않고 반대편에 서 있는 사람들이 그냥 무조건 반공주의 하듯이 그렇게 맹목적으로 반자본주의를 얘기하면 그건 결코 건강한 이념이 될 수 없는 거예요.[16] 무엇을 긍정하고

---

16 "간단히 말해 생산수단의 국유화와 계획경제야말로 정통 마르크스주의가 추구했던 노동해방의 길이었던 것이다. 하지만 나는 단지 생산수단이 '국유화'된다 해서 노동자들이 해방되리라는 추론을 도저히 수긍할 수 없었고 이는 지금도 마찬가지이다. 자본가 개인이 아니라 국가가 기업을 소유하고, 국가가 임명한 관료가 공장을 관리하고 경영한다 해서 노동자가 억압에서 해방되고 자유로운 존재가 되는 것은 아니다. …… 국가의 권력을 독점한 자가 자본을 소유한 자에 비해 더 선하다는 보장이 없기 때문이기도 하지만, 보다 본질적으로 보자면 생산수단을 국가가 소유하든 자본가가 소유하든 노동자가 공장의 주인이 되는 것은 아니기 때문이다. …… 대개 프롤레타리아 독재를 두둔하는 사람은 자신 혹은 자신이 속한 집단을 선량한 독재의 주체라고 가정하고 말한다. 어쩌면 국가 권력을 장악한 레닌이나 스탈린은 자기 자신을 해방된 프롤레타리아라고 생각했을지도 모르는 일이다. 하지만 만약 내가 스탈린적 독재의 객체일 뿐인 노동자라면? 아니 보다 정확히 말해 그런 독재자의 희생자인 농민이라면? …… 노동자는 주인이 바

무엇을 비판하든 스스로 분명한 이유와 근거를 생각하면서 해야지요.

고명섭   자본주의 극복 문제가 나왔으니까, 지극히 원론적이고도 상식적인 이야기일 수도 있지만 한 번 더 확인하는 차원에서 이야기하자면요. 보통 그동안 좌파 이념에서 가장 중요했던 말 중에 하나가 노동해방입니다. 노동자로서의 자긍심을 강조하고, 노동자가 역사의 주인이고 역사 발전의 기관차라고 하면서 노동자의 긍지를 주장해왔지만 정말로 인간들이 노동자로서의 삶을 목표로 하는가. 오히려 인간은 노동으로부터 해방되고 싶어 하는 것이 아닌가. 그런 점에서 저는 오히려 노동자로서의 자긍심보다는 선생님이 즐겨 쓰시는 자유인으로서의 자긍심 혹은 지혜인 되기의 소망, 이런 것들을 인류의 전망으로 제시해야 되지 않을까 생각합니다.

김상봉   좋은 말씀입니다. 우리 시대에 사회의 모순을 비판하는 많은 사람들이 온전한 인간에 대한 척도도 가지고 있지 않고, 또 총체적인 차원에서 사회 또는 세계와 역사에 대해서도 판단의 기준이 될 만한 전망을 가지고 있지 않습니다. 지혜에 대해서도, 아니 소박하게 말해 행복에 대해서도 진지한 성찰에 기초한 척도는 없고 그냥 관성으로 내려오는 당파성만이 남아요. 그렇게 해서는 새로운 시대를 단단하게 설계할 수 없지요. 생각하면 우리가 노동자 경영권에 대해 이야기하기 전에 그렇게 오래 주체와 만남에 대해 말하지 않으면 안 되었던 까닭도 그런 기초를 튼튼하게 놓기 위해서였다고 생각해요. 그리고 이건 우리만이 아니라 모든 사람에게 마찬가지로 적용되는 일이겠지요.

고명섭   이제 노동자 경영권에 대한 문제의식을 수용하고 그것을 우리가 실천해본다고 할 때, 역시 거기서 생기는 문제도 있는 것 같습니다. 말하자면 폴리스라는 공간은 정치의 공간이고, 정치의 공간은 분할

___

꿰었을 뿐 예속된 노예이기는 마찬가지이다. …… 그렇게 타인의 후견과 보살핌 아래 있는 사람을 자유인이라 할 수도 없다." 김상봉, 앞의 책, 22~23쪽.

과 경합의 공간이기도 한데요. 그것이 치열해지고 심해지면 권력과 자리를 놓고 다투는 싸움이 될 수밖에 없잖아요. 그것이 물론 매우 훌륭하게 작동할 때는 좋은 것을 골라내는 선별의 과정이 되지만, 그것이 타락했을 경우에는 아주 나쁜 형태의 권력투쟁이 돼버리고, 또 현실에서 그런 권력투쟁으로 전락하는 사회 조직의 경우를 많이 보지 않습니까. 사회 진보를 위해 만들어진 조직 내에서 권력투쟁으로 인해서 조직이 망가지거나 병들거나 하는 그런 문제들을 우리는 도대체 어떻게 극복할 수 있는가 하는 것도 중요한데…….

김상봉 제가 노동자 경영권을 어디 가서 이야기하다 보면 언제나 마지막에 나오는 걱정이 그겁니다. 아무리 노동자에게 경영권을 준다 해도, 노동자들이 그 권한을 스스로 남용한다면 무슨 소용이 있겠어요? 그러니까 여기서도 근본 문제는 남에게 있는 게 아니고 자기 자신에게 있는 거지요. 함석헌의 말처럼 네 안의 압박자와 착취자를 죽여라, 그러면 네 밖의 압박자와 착취자가 사라질 것이다.

하지만 그렇다고 해서 노동자 경영권이 불가능하다거나 바람직하지 않다고 말한다면 그것도 분별없는 말일 거예요. 생각하면 노동자 윤리라는 건 적어도 한국 사회에서는 없지요. 그건 군인에게 윤리가 없는 것과 같아요. 윤리와 도덕은 자유인에게만 가능한 거지, 노예에게 무슨 윤리가 있어요? 스스로 아무 권리도 자유도 없는 사람은 책임도 없으니까요. 지금 대다수 노동자들이 보여주는 부도덕하고 무책임한 모습을 비판하는 것보다는 그 이유가 뭔지를 찾아내서 제거하는 것이 훨씬 더 중요한 일이지요. 그렇다면 그 이유가 뭐겠어요? 지금까지 노동자들은 임금 노예였지 자유인이 아니었기 때문에 적어도 노동자로서는 윤리도 도덕도 찾아보기 어려웠던 것 아니겠어요? 그러니 우리가 정말로 노동자들의 성숙을 원한다면, 먼저 노동자에게 노동 현장에서 자유와 자율성을 주어야 돼요. 그런 뒤에 비판을 해도 늦지 않지요. 이 문맥에서도 우리는 이 나라에 전태일 같은 노동자가 있었다는 사실을 잊어서는 안 돼요.

그런 의미에서 기업 층위에서의 노동자 경영권이야말로 노동자들을 임금 노예가 아니라 자유인으로서, 책임 있는 생산의 주체로서 만들기 위해 절실하게 필요한 일이지요. 제 생각으로는 그 과정에서의 부작용은 정치적 민주주의를 실현하는 과정에서 나타나는 부작용에 비하면 훨씬 더 교정하기 쉬울 거예요. 원래 권력투쟁이란 누가 권력을 잡든 좋고 나쁜 차이가 없으면 없을수록 격화되는 법이에요. 이래도 마찬가지고 저래도 마찬가지일 때 권력 그 자체가 목적이 되는 거지요. 하지만 누가 권력을 잡느냐에 따라 좋고 나쁜 결과가 크게 차이가 날 경우에는 달라요. 대통령 잘못 뽑는다고 나라가 금방 망하지는 않죠. 그러니까 아무 생각 없이 뽑는 거거든요. 하지만 내가 행사한 투표의 결과가 이익과 손해로 금방 돌아온다면 누가 그렇게 함부로 투표를 하겠어요? 그런데 기업은 국가보다 훨씬 작고 외부 환경에 민감하게 반응할 수밖에 없는 조직인 까닭에 의사결정의 결과가 국가보다는 훨씬 더 직접적으로 반영되지 않겠어요?

　제가 노동자 경영권을 얘기할 때마다 많은 사람들이 그러지요. 노조 선거를 봐라. 당신이 노동자 경영권 얘기하는데, 노조 선거를 보면 그런 얘기 못 할 거다. 저도 노조가 얼마나 썩은 조직인지 알 만큼 알아요. 하지만 그것과 별개로 대답할 수 있는 건, 노조 선거는 아무런 책임을 질 필요가 없는 사람들의 선거라는 거예요. 누가 노조 위원장이 되든지 간에 기업 안 망하고, 노동자들 피해 보는 것 없어요. 그것 때문에 경영 실적이 좋아질 것도 없고 나빠질 것도 없고. 때마다 적당한 방식으로 투쟁해서 월급 올리는 거, 그게 진즉부터 이미 요식 행위가 되었는데, 그것을 가지고 우리가 잘못 뽑았더니 이거 완전히 망했네, 이런 식으로 생각할 만한 것이 없거든요.

　하지만 만약 노동자 경영권을 주었는데 그런 식으로 노동자들이 투표를 한다고 가정해보세요. 어떤 일이 일어나겠는지 한번 생각을 해보자고요. 막걸리 마시고 고무신 한 켤레 받고 NL을 찍든 PD를 찍든 한다는 말이죠. 그래서 이상한 사람 찍어가지고 회사 망하면 어떻게 되겠어요? 그때도 노동자들이 그렇게 무책임하게 투표할까요? 정말로 그런 노동자들이 모인 기업이라면, 그럼 망해라 이거예요. 그러면 달라지지요. 그때부터는 노동자들도 무엇이 옳고 그른지 생각하기 시작하겠지요. 데카르트의 『방법서설』을 보면, 사람들이 일상적으로 사는 과정에서 인식이나 판단의 결과가 직접적으로 자기한테 이해관계가 닿는 일이라고 한다면 사람들이 자연스럽게 그걸 무엇이 옳고 그른지를 치열하게 생각하게 된다고 해요. 대한민국은 이명박 뽑아도 안 망하고 박근혜 뽑아도 안 망하기 때문에 아무나 뽑을 수 있는 거예요. 그런데 예를 들어서 노동자들이 돈에 매수돼서 법인 이사를 또는 사장을 뽑았다고 치자고요. 그래서 경영 실적이 급전직하하고 월급도 줄어들게 되면, 노동자들이 그걸 경험하고 난 다음엔 정신을 번쩍 차리고 이러다가 망하겠네, 실업자 되겠네 하지 않겠습니까? 저는 그래서 우리가 오늘날 정치의 영역에서 보는 부질없는 권력투쟁은 여기에서는 있을 수 없다고 봐요. 도리어 노동자 경영권에 의해 운영되는 기업이야말로 가장 소중한 풀뿌리 민주주의의 훈련장이 될 거예요.[17] 앞에서도 한 이야기지

---

17 "민주주의란 민중이 권력의 주체인 상태를 뜻하거니와, 어떤 공동체가 민주적으로 운영된다는 것은 그 구성원들이 공동체의 의사결정에 참여하여 그 공동체를 더불어 형성한다는 것을 의미한다. 이렇게 더불어 의사결정에 참여할 때, 한 공동체의 구성원들은 공동체의 노예도 손님도 아닌 온전한 주인이 된다. 근대 이후 사람들은 이런 민주주의가 실현된 국가를 왕국과 구별하여 공화국이라 부르며, 이런 국가의 구성원들을 시민이라고 부른다. 그렇다면 기업을 그런 공화국처럼 만들고 노동자를 그런 기업의 시민으로 만들면 어떻겠는가? …… 어떤 주식회사에서 수천, 수만의 종업원들이 마치 아테네 시민들처럼 한데 모여 민회를 열고 기업 경영에 관해 공동으로 의사결정을 하기엔 오늘날 첨단 기업의 경영은 너무도 방대하고 전문적인 일이다. 그러므로 그런 식으로 주식회사의 경영을 모든 노동자들이 공동으로 참여해서 결정해야 한다면, 주식회사의 운영은 불가능할 것이다. 많은 사람들은 바로 이런 이유를 내세워 기업 내 민주주의를 불가능한 공상으로 취급한다. 생각하면 다른 누구보다 마르크스가 이런 비관론을 유포한 사

만 국가의 절대 권력이 어떤 식으로든 축소되고 해체될 필요가 있잖아요. 그런데 그것을 수행하기 위해 기업만큼 합당한 공동체가 어디 있겠어요? 여기서는 물적 토대가 갖춰져 있으니까, 국가가 미주알고주알 간섭하고 훈계할 필요가 없거든요. 그래서 노동자 경영권이 잘되면 그런

람이었는데, 그는 자본주의와 함께 출현한 대규모 공장제 협업 그 자체가 필연적으로 기업 내 조직을 군대식으로 만들고 그 속에서 노동자들을 명령에 따를 수밖에 없는 노예로 만든다고 보았다. …… 하지만 이렇게 말할 때 마르크스는 고대 그리스의 많은 도시국가들에서는 시민들이 자기 자신이 따르고 복종할 장군을 스스로 선출했다는 사실을 잊어버리고 있는 것처럼 보인다. 아테네인들은 장군을 제 손으로 선출하고 난 뒤에도 만약 그가 전쟁터에서 병사들에게 심각한 손실을 입혔을 경우에는 민회에서 가차 없이 탄핵했다. 이를 통해 아테네인들은 자기들이 뽑은 장군에게 자발적으로 복종하면서도 결코 어쩔 수 없이 전쟁터에 끌려온 노예가 아니라 자유로운 시민임을 확인했던 것이다. …… 기업들 사이의 경쟁이 전쟁과 마찬가지로 치열하다는 것을 인정한다 하더라도 이런 조건이 노동자들이 기업에 예속된 노예가 되어야 할 이유가 되는 것은 아니다. 왜냐하면 아테네인들이 장군을 스스로 선출했듯이 주식회사의 노동자들도 사장을 스스로 뽑으면 되기 때문이다. 여기서 누가 누구를 어떻게 선출하느냐 하는 구체적인 방식이 중요한 것은 아니다. 노동자들은 원한다면 자기들 가운데서 한 사람을 사장으로 뽑을 수도 있을 것이고 아니면 보다 전문적인 식견을 가진 경영자를 외부에서 초빙할 수도 있을 것이다. 모든 노동자들이 직접 선거에 참여할 수도 있고 아니면 회사의 성격에 따라 일종의 간선제가 더 나을 수도 있다. 하지만 어떤 경우에도 기업의 민주주의와 노동자 주권의 원리가 훼손되어서는 안 된다. 이를 위해서는 한 기업 내에서 노동하는 자는 모두 동등한 권리를 가져야 한다는 원칙이 지켜져야 한다. 이 경우에만 모든 노동자들은 기업 내에서 서로 평등한 시민이 될 수 있기 때문이다. …… 자기들이 선출한 사장이 자기들이 원한 대로 회사를 운영하여 기업의 가치도 높아지고 노동자들의 삶도 향상된다면, 그들은 사장을 신임하여 사장직을 계속 맡게 할 수 있을 것이다. 하지만 처음 예상과는 달리 사장이 회사 경영에 서툴고 치명적인 손실을 입힌다면 노동자들은 언제라도 사장을 탄핵하여 해임할 수도 있을 것이다. 주식회사가 이렇게만 운영될 수 있다면, 기업 경영에 대해 모든 노동자들이 모든 것을 공동으로 논의하고 결정하지 않는다 하더라도 그런 회사는 노예들의 집단농장이 아니라, 자유로운 시민들의 생산 공동체로서 하나의 공화국 또는 폴리스라고 불리기에 손색이 없을 것이다." 김상봉, 앞의 책, 54~57쪽.

기업이 아나키즘이고, 코뮌이고, 사람들 하는 말로 소비에트지요 뭐. 그속에서 생성되고 자율적으로 훈련된 지혜가 정치적 지혜와 시민적 지혜로 나아가는 것은 시간문제일 뿐이잖아요. 그럼 국가도 지금보다는 훨씬 더 성숙한 시민적 지혜에 의해 더불어 형성할 수 있지 않겠어요? 그런 의미에서 노동자 경영권에 의한 기업은 진정한 민주주의를 위한 훈련장이 될 수 있는 거지요.

고명섭 선생님이 당연히 전제하시는 것이겠지만, 인간이 하는 일에 완전한 해결이라는 것은 없고, 언제나 그것은 결여와 부족함과 모순이 있기 때문에…….

김상봉 물론입니다. 아직 이 모든 이야기는 저의 철학일 뿐이지요.

고명섭 결국 이 문제를 극복해가는 과정에서 우리가 이런 대안을 이야기하는 것이지, 그렇게 됐을 때 머릿속에 상상할 수 있는 가장 좋은 모습이 그려질 것이다, 이렇게 이야기하기는 어려운 것이겠지요. 그렇지만 계속해서 그런 대안을 가능하면 구체적으로 그리고 가능하면 보편적으로 찾아나가야 한다고 생각합니다.

김상봉 바로 그겁니다.

고명섭 또 그런 점에서 선생님이 지금 노동자 경영권이라는 문제를 전면적으로 제기하신 것에 대해 우리 사회가, 특히 진보를 생각하는 사람들이 고민하고, 선생님의 언어를 빌린다면, 그 문제에 대해서 응답해야 되지 않겠습니까. 선생님이 이제 화두를 던졌으니, 거기에 대해서 가타부타, 옳으면 옳고 그르면 그르다 이야기해야겠죠. 『말과 활』 창간호에서 선생님이 거기에 대해서 부연 설명하셨으니까[18] 다음에 이어서 누

---

18 "나는 지난해 출판한 『기업은 누구의 것인가』에서 자본주의의 모순을 극복하고 현재 한국 사회의 가장 절박한 과제인 경제 민주화를 위해 주식회사의 경영권을 노동자에게 주어야 한다고 제안한 바 있다. 간단히 말하자면 나의 제안은 상법의 조항 하나를 고쳐 주식회사의 이사는 주주 총회가 아니라 종업원 총회에서 선임한다고 규정하면 모든 번거로운 수고 없이도 지금 우리가 당면한 문제들을 해결

군가 거기에 대해 응답하는 식으로 논의들이 좀 더 활발하게 전개됨으로써 거기서 진짜 대안들이 나올 수 있어야 하고, 그래야 좌파든 진보든 살아 있는 생명체로서 기능하지 않겠는가, 그런 생각을 합니다.

김상봉 고맙습니다.

할 수 있다는 것이었다.

이 책이 나온 뒤에 여러 사람들로부터 더러는 긍정적이고 더러는 부정적인 평가와 반응이 있었다. 그 가운데는 분에 넘치는 찬사도 있었고, 악의적인 비판도 있었다. 긍정적이든 부정적이든 나의 제안에 대한 모든 종류의 응답에 대해 나는 진심으로 고맙게 생각하고 있지만, 일 년이 넘도록 어떤 비판에 대해서도 정식으로 대답을 한 적이 없었다. 그 까닭은 데카르트가 『방법서설』에서 말한 것처럼, 내 경우에도 모든 비판들이 내가 미리 생각하지 않았던 것도 없었고 내가 나 자신을 비판적으로 검사할 때보다 더 철저한 것도 없었기 때문이다. 게다가 대다수 비판자들이 전혀 다른 신념을 전제하고 있거나 내가 하는 말을 아예 알아듣지 못하고 성급하게 비판하였기에 나로서는 의미 있는 대화가 가능해 보이지 않았던 것도 나를 침묵하게 만든 이유였다.

하지만 최근에 출판된 신희영의 『위기의 경제학: 경제 위기의 시대에 다시 읽는 현대 경제 사상』이라는 책을 본 뒤 나는 이제 비록 간접적인 방식으로나마 지금까지의 비판에 대한 대답을 겸하여 노동자 경영권의 의미와 당위성을 다시 말할 때가 되었다고 판단하였다. 신희영은 대단히 고맙게도 그의 책에서 노동자 경영권에 대한 원칙적인 주장뿐 아니라 이것을 당장 모든 기업에 보편적으로 적용하기 어렵다면 공기업에서부터 시작하자는 것 같은 구체적인 이행 방안까지, 나의 제안들을 비교적 소상히 소개하면서 이렇게 말하고 있다. …… 그런데 너무 가슴 아픈 일이지만, 신희영이 말하는 이 주장, 곧 주주만이 경영권을 행사할 자격이 있다는 것이야말로 내가 책에서 반박하려 했던 아무런 근거도 없는 자본주의적 신화이다. 그런데 신희영은 노동자 경영권이라는 결론에는 나와 같은 견해를 가지고 있으면서도 다른 한편에서는 주주들만이 경영권을 행사할 수 있다는 자본주의적 전제를 버리지 않고 있는 것이다.

이 글에서 나는 내 주장을 변론하기 위해 주식회사의 본질에 관해 법철학적 장광설을 늘어놓을 생각은 없다. 그보다는 신희영이 생각하는 기업의 경영과 소유의 일치 모델이 어떻게 부적합한지를 신희영 자신의 말을 따라가면서 면밀하게 검토하고 현실 속에서 찾아볼 수 있는 사례를 통해 독자들에게 스스로 생각하고 판단할 수 있는 계기를 제공하려 한다." 김상봉, 「노동자에게 사외이사 추천권을!」, 『말과 활』, 창간호, 일곱번째숲, 2013, 197~98쪽.

학벌사회―절망과 희망 사이에서

고명섭 이제 주제를 좀 바꾸어서, 아까 자본주의 극복 혹은 좌파적 전망을 논의할 때 든 생각인데요, 경쟁이라는 걸 어떻게 이해해야 하는지 짚고 넘어가고 싶습니다. 이 경쟁을 좌파적 담론에서는 매우 문제 있는 어떤 것, 악 자체는 아니더라도 악에 가까운 것처럼 생각하고 있지만, 인간이 근본적으로 경쟁 없이 사회를 만들어갈 수 있는지 고민하지 않을 수가 없습니다. 거기에 대해 선생님은 어떻게 생각하시는지…….

김상봉 그 부분에 대해서 우스갯소리로 얘기하자면, 저는 그 점에서 니체주의자입니다. 탁월함에 대한 숭상이라는 점에서요. 선생님도 니체에 대해 책을 쓰셨으니까 이해하시리라 생각합니다만, 경쟁이 인간을 탁월함을 향해 고무하는 한에서 저는 좋은 일이라고 생각합니다. 하지만 경쟁도 경쟁 나름이어서 아무 의미도 없는 병적인 경쟁도 있습니다. 아무런 탁월함도 낳지 못하면서 맹목적으로 반복되는 경쟁인데, 이런 경쟁은 격화되면 격화될수록 인간을 병들게 만들 뿐이니까 하지 말아야지요. 그러니까 단순히 경쟁이 좋으냐 나쁘냐 묻기 전에 어떤 경쟁인지를 먼저 물어야 합니다. 한국에서는 대개가 무의미하고 나쁜 경쟁을 하면서 무차별하게 경쟁을 숭상하니까 문제예요. 정말로 해야 할 경쟁은 하지 않으면서.

고명섭 어떤 경쟁이 그렇게 나쁜 경쟁입니까?

김상봉 그야 학벌 경쟁이지요. 시험 경쟁. 운전면허 시험 1등으로 합격했다고 베스트 드라이버가 되는 건 아니잖아요. 그런데 수능 시험 1등도 마찬가지예요. 운전면허 시험이 운전이라는 활동을 위한 최소한의 자격을 주기 위해 있는 것일 뿐 운전면허 시험이 운전이라는 행위 자체의 탁월함은 아닌 것처럼, 모든 시험이란 어떤 일을 하기 위한 최초의 자격을 검증하기 위해서 필요한 거지, 그것 자체가 무슨 탁월함의 성취인 것은 아니에요. 수능 영어 만점 받았다고 해서 최고의 영문학자인 것도 아니고 최고의 통역자인 것도 아니에요. 그런 일을 할 수 있는 자격이 갖추어진 것뿐이지요. 그런데 그 최초의 출발이 최후의 목적이 되어버린 나라가 이 나라지요. 그래서 어디서나 시험 선수들만 넘쳐날 뿐, 어떤 분야에서도 진짜 전문가를 찾기가 어려운 것도 그 때문이에요.

갑자기 이야기가 학벌로 번졌는데, 다시 경쟁에 대한 일반적인 논의로 돌아가자면, 경쟁하는 활동 자체가 목적이 아니고 그걸 통해서 다른 걸 얻겠다고 하는 경쟁은 다 병든 경쟁이에요. 그런 경우엔 반드시 경쟁 자체가 왜곡되고 불공정해지게 마련이거든요. 예를 들어 제가 철학을 공부하는 까닭이 탁월한 철학자가 되겠다는 것이 아니고 철학을 통해 돈이나 권력을 얻기 위한 거라면 그건 안 된다는 겁니다. 한국 사회에서 경쟁이 세계 어디서보다도 비극적인 방식으로 작동하는 까닭이 그거예요. 경쟁을 할 때 언제나 그 일 자체가 목적이 아니고 그 일 아닌 다른 것이 목적이에요. 그런 경쟁은 안 된다는 거죠.

조금 전까지 우리가 기업에 대해 이야기하고 있었는데, 이 분야에서도 경쟁이란 것이 결과로 나타나는 돈을 얻기 위한 것이 된다면 그건 결국에는 자기파괴적인 것이 되고 말아요. 기업도 인간만이 수행할 수 있는 일종의 창조적인 활동인데 어떤 종류의 일이든지 간에 기업이 수행하는 활동 그 자체의 탁월함에 최선을 다하고 또 남과도 경쟁을 해야지 모든 기업 활동이 오로지 돈을 벌기 위한 수단이 되어버리면 그런 경쟁은 자기파괴적인 결과를 낳게 마련이에요.

고명섭　하지만 기업 경영의 목표는 이윤이라고 하지 않습니까?

김상봉　그 말도 무조건 옳은 건 아니에요. 같은 경영학자라도 피터 드러커는 기업의 목표가 이윤이라는 통념에 대해 명백히 반대했잖아요. 하지만 저는 그 문제에 대해 사람들의 통념을 굳이 고치려고 애쓰고 싶지는 않아요. 그냥 그런 통념이 맞다고 치죠 뭐. 하지만 이윤이 어떻게 해야 얻어지겠어요? 그걸 한번 생각해보지요. 내가 물건을 만들든 다른 무슨 활동을 하든 기업을 해서 이윤을 얻는다는 것은 남의 지갑에 있는 돈이 내 지갑으로 들어온다는 말이잖아요?

고명섭 그렇지요.

김상봉 그럼 어떻게 해야 남의 지갑에 있는 돈이 내 지갑으로 들어오겠어요? 무슨 특별한 마술이라도 있습니까?

고명섭 글쎄요.

김상봉 원칙적으로 말해 내가 남에게 필요한 것, 도움이 되는 것을 만드는 한에서만 남이 내가 만드는 제품이나 활동을 위해 돈을 지불할 것 아니겠어요?

고명섭 그렇습니다.

김상봉 그러니까 나의 이윤을 위해서도 남의 이익을 생각하는 게 먼저인 거예요. 그렇지 않으면 기업이 사기 행각과 다를 게 뭐 있겠어요? 그런데 여기서 남의 이익, 나의 이익 나눌 것도 없이 인간의 모든 활동은 보편적 의미를 가집니다. 나에게 좋은 것은 누군가 남에게도 좋은 일이 될 수 있어요. 아니, 너 나를 가릴 것도 없이 그 자체로서 탁월한 활동은 모두에게 좋은 일이 될 수 있지요. 그런 까닭에 그것은 결과적으로 이윤을 가져오기도 하고 명예를 주기도 하겠지요. 하지만 그 순서가 거꾸로 되어서는 안 돼요.

고명섭 공감이 가는 말씀이긴 합니다만, 경쟁에서 외부적인 동기를 완전히 버리라는 말이 현실에서는 너무 과도한 요구가 아닌가 하는 생각도 듭니다.

김상봉 저도 그건 인정합니다. 아무튼 사람이 다 같을 수는 없겠지요. 그러나 굳이 외부적인 동기를 말하라면 자기의 이익이 아니라 타인의 고통이 우리에게 불러일으키는 열정만이 인간으로 하여금 참으로 위대한 일을 이루게 하는 동력이 된다는 말은 꼭 덧붙이고 싶어요. 헤겔이 그랬지요. 열정 없이는 어떤 위대한 일도 이루어질 수 없다고. 열정이 독일어로는 라이덴샤프트(Leidenschaft)인데, 저는 이게 지금까지 제가 본 열정이라는 말을 표현하는 여러 나라 말 중에 제일 마음에 들어요. 라이덴샤프트라는 말을 보면, 샤프트(-schaft)가 추상명사 어미인데, 앞에 있는 낱말의 의미를 보편화하는 구실을 하지요. 라이덴(Leiden)이라고 하는 게 서퍼링(suffering), 고통이잖아요. 그래서 라이덴-샤프트라고 하면 고통의 보편화, 보편화된 고통인 거예요. 그러니까 인간이 열정을 느낀다는 건, 자기의 고통이 아니라 우리 모두의 고통에 접속하여, 타인의 고통 때문에 또는 보편적 고통 때문에 내가 아파한다는 것이거든요. 그런 보편적 고통의 감수성이야말로, 그 보편적 고통이야말로 참된 열정이지요. 그런데 그런 열정만이 위대한 일의 동인(動因)이라는 거잖아요. 대비를 위해 말하자면 욕망이 아니라 열정이 그렇다는 건데 왜 그렇겠어요? 욕망은 자기의 결핍밖에 모르죠. 그래서 그 결핍이 그치면 욕망도 그치고 말지요. 하지만 열정은 달라요. 그건 존재의 보편적 고통과 맞닿아 있는 것이기 때문에 끝을 모르지요. 그래서 범상한 한계를 넘어가게 되는 거예요. 경쟁에 대해서 보더라도, 이런 의미에서 우리 삶에 편재하고 있는 어떤 고통을 없애기 위한 열정이 빚어내는 경쟁은 적극적으로 긍정해야 하는 것이지요.

그런데 이런 거창하고 고상한 말을 하기 전에, 지금 한국 사회는 경쟁이란 말을 입에 올릴 자격이 없는데, 그건 한국인들이 탁월함을 알아보는 안목을 결여하고 있기 때문이에요. 예전 축구 대표팀을 맡았던 히딩크 감독이 남들 같으면 거들떠보지도 않았을 선수를 발굴하는 안목이 있었다고 사람들이 늘 칭찬하잖아요. 그런데 외국인이 알아보는 선수의 재능을 더 가까이 있는 한국인이 못 알아보는 까닭이 뭐겠어요? 그건 다른 무엇보다 학벌로, 시험 성적으로 사람들을 평가하는 것이 워낙 오랜 관습이 되어버려서 학벌이라는 꼬리표가 없으면 도대체 누가 탁월하고 누가 그렇지 않은지를 스스로 판단할 수 있는 기준이나 안목이 없기 때문이거든요. 생각하면 얼마나 끔찍한 미개함이에요? 남들이 비싼 보석이라 하면 개떼처럼 열광하는 속물들이 정작 자기 앞에 보석이 있어도 전혀 못 알아본다는 거잖아요.

그래서 제가 '학벌없는사회'를 만들고 활동을 해온 까닭도 한편에서는 학벌에 따른 부당한 차별이 나쁘다고 생각해서였지만, 그것만큼이나 중요한 이유가 학벌이라는 장벽 때문에 참된 탁월함이 탁월함으로 인정받지 못하고 가짜가 진짜로 오인되는 현실이 문제라고 생각했기 때문이에요.

고명섭 경쟁이란 주제를 꺼냈을 때는 이런 말씀을 들으리란 생각을 한 건 아니었는데, 일단 이야기가 시작되었으니까 경쟁이란 것에 대해 제가 가지고 있는 문제의식을 두서없이 한번 풀어보겠습니다. 제가 이상 사회라는 것을 머릿속에 그려본다면, 니체가 말한 무리 짐승이 평등하고 한가롭게 풀을 뜯어 먹는 세상이 쉽게 떠오릅니다. 물리학적 용어로 하면 열적 죽음의 상태, 그 이상의 변화가 없는 상태, 다시 말하면 더는 삶이라고 할 수 없는 그런 상태가 되어버리는 것이 아닌가. 그런 의미에서 이상 사회라는 것은 우리가 추구할 이유가 없는 사회라고 생각합니다. 그래서 좋은 사회가 무엇인가에 대해 훨씬 더 개방적으로 고민을 해볼 필요가 있다는 생각을 합니다.

그리고 선생님이 아까 경쟁에 관해서 그렇게 말씀하시니까 제가 평소 생각했던 것이 떠올랐어요. 민주주의는 1인 1표지만 지혜에는 등급이 있다. 그 말을 백낙청 선생이 예전에 하셨던 것으로 기억하는데, 그 말을 처음 들었을 때 뒤통수를 한 대 맞은 것 같았습니다. 민주주의라는 것이 지금 우리 사회의 시대적 과제이고 매우 중요한 문제인데, 그 형식적 민주주의가 이루어지고 나면 누구나 모두 다 1표로서 똑같고, 누구나 목소리마다 똑같은 값어치를 가지고 있는 상황이 되어버리는 겁니다. 그렇게 1인 1표이니 누구나 똑같다고 한다면, 지혜는 어디에 있으며 방향타는 어디에 있는가. 민중의 집합적 지혜만 믿을 수 있는가. 이런 문제가 불거질 수밖에 없는데, 그랬을 때 민주주의로 해소될 수 없는 그 지혜의 문제라는 걸 고민하지 않을 수 없지요. 이 모순된 문제를 어떻게 훌륭하게 푸느냐가 그 사회의 전진에 관건이 되지 않을까, 그런 생각을 오래전부터 했습니다.

김상봉　저는 비슷한 말씀을『녹색평론』김종철 선생님께 들은 적이 있습니다만, 그게 까닭 없는 일이라고는 생각하지 않습니다. 지혜로운 사람은 지혜로운 사람을 알아보는 법입니다. 진짜 의사와 돌팔이 의사를 구별하는 것은 아무나 하는 게 아니고 의술이 있는 사람만 할 수 있는 일이지요. 지혜 있는 사람을 알아보지 못하는 건 그걸 알아볼 지혜로운 눈이 없기 때문이에요. 그런데 한국의 좌파 또는 진보적 의식을 가졌다는 사람들이 전반적으로 저 혼자 지혜롭다 생각하고 지혜로운 사람을 알아보지 못하는 경우가 많고, 그것이 지금에 와서는 반지성주의라고 부를 만한 정도에 이르렀다는 게 제 판단입니다. 그리고 그런 전반적 무지몽매함에 빠져 있으면서, 모두가 평등하게 무지하니까 다행이라고 착각하지요. 하지만 그렇게 모두가 평등하게 무지한 건 아니에요.

한국의 진보적 지식인들에게 이렇게 지혜를 판별할 눈이 없는 건 여러 가지 이유가 있겠지만 언제나 현실을 비판만 할 줄 알지 형성하려 하지 않아서 더 그래요. 생각이 현실과 만나 부딪쳐야 옳고 그른 것이 검증될 텐데, 현실을 멀리서 비판하기만 할 뿐 스스로 형성하려고 하지 않으니까 어떤 생각도 옥석이 구별되지 않는 거죠.

하지만 더 근본적으로 들어가서 보면 한국인들이 어릴 적부터 받은 교육 자체가 현실과 유리된 시험공부인 까닭에 거기 한번 길들어버리면 너 나 할 것 없이 학문이나 배움이 현실과 무슨 상관이 있는 것인지, 그런 것에 대해 감수성도 판단력도 전혀 기르지 못하고 어른이 되지요. 지혜란 것이 뭐겠어요? 현실 속에 뿌리내린 생각인데, 언제 그런 살아 있는 생각을 배운 적이 있어야지요. 생각하면 참 불행한 일이에요.

고명섭　결국 마지막엔 교육이 문제인 건가요? 우리의 대화에서 선생님이『학벌사회』에 대한 이야기를 계속 미루어오신 것도 그 때문입니까?

김상봉　예, 그렇습니다. 지금까지 우리가 나라 걱정을 하고 세상 걱정을 했습니다만, 결국 문제는 사람이잖아요. 사람이 문제라는 건 생각이 문제라는 건데, 사람의 생각을 형성하는 건 교육이거든요. 그런데 한국에서는 교육이 썩어 있으니까, 그걸 생각하면 우리가 한 모든 말들이 부질없어요. 그래서 미리 교육에 대해 말하고 싶지 않았던 거지요. 그걸 말하고 나면 더는 아무 말도 하고 싶지 않아졌을 거예요. 거기서 그냥 우리 대화가 끝나버렸겠죠.

고명섭　선생님 보시기엔 한국의 교육이 그 정도로 비관적입니까?

김상봉　예. 저는 해방 이후 한국 사회에 사람이 없는 까닭이 모두 학벌 때문이라고 생각해요. 제가 학창 시절을 돌이켜 보면 어른이라 할 만한 분들이 있었는데, 대개 일제 시대 때 교육받은 분들이었죠. 그때도 학벌 문제가 없지는 않았지만 지금보다는 훨씬 나았던 시대지요. 그런데 지금은 어른이 없어요. 다 학벌 세대거든요. 선생님이나 저 같은 예외가 없지는 않겠지만 정말로 예외일 뿐이고 대부분 자기로서 사는 게 아니고 아무아무 대학 출신으로 살아요.

고명섭　그것과 어른이 없는 것이 무슨 상관입니까?

김상봉　좋은 질문입니다. 예를 들어 서울대 출신이 서울대 출신 아닌 사람에게 어른 노릇 할 수 있을 것 같아요?

고명섭　하하, 막상 그렇게 물으시니까 대답을 하기가⋯⋯.

김상봉　할 수 없어요. 인종이 다르거든요. 한국 사회에서 학벌주의는 더도 덜도 아니고 인종주의예요. 그래서 자기 후배만 편애하고 후배가 아니면 차별하는 것이 어디선가는 반드시 튀어나오게 되어 있어요. 그런데 어떻게 어른 노릇을 해요? 이게 서울대 출신만 그렇겠어요? 다른 대학 출신들도 마찬가지일 거 아니에요? 지금 대다수 한국인들은 학벌 때문에 생각과 의식이 보편적이지 않아요. 현실을 있는 그대로 인식하고 사람을 있는 그대로 만나지 못한다니까요. 좋은 학벌의 우월감도 나쁜 학벌의 열등감도 모두 정신 질환이에요. 성욕이 아니라 학벌에 대한 욕망이야말로 한국인의 무의식을 지배하는 더 강력한 리비도이고 더

692

복잡한 콤플렉스라는 생각까지 들 정도예요. 살면서 제가 보고 들은 관찰 사례만 가지고 이야기를 한다 해도 책을 쓰고도 남을 거예요.

우리가 좀 전에 지혜에 대해 이야기했는데, 소크라테스적 지혜가 뭐였어요? 자신의 무지를 자각하는 거잖아요? 하지만 처음부터 무지몽매한 사람이 무지를 자각한다고 그게 다 지혜는 아니죠. 총명한 사람들의 겸손이 지혜로 이어지는 건데, 한국의 학벌 교육은 수재들로 하여금 소크라테스적 겸손을 배우는 것을 불가능하게 만들어요. 그런 의미에서 선생님이나 제가 예외적인 모범을 보여줄 수 있으면 좋겠어요.

고명섭 희망은 없습니까? 뜬금없는 질문입니다만…….

김상봉 이 문제야말로 아직 희망을 말하기엔 이르죠. 좀 더 기다려야 될 거예요. 언제쯤이면 한국의 부모들이 자기 자신의 삶에 열중해서 자녀들의 시험 성적에 관심을 가지지 않게 될까요. 실제로는 자식들의 삶에 아무 관심도 없는 자들이 눈에 보이는 성적에만 관심을 가지면서 그게 자식 사랑이라고 착각하고 사는 한 희망은 없어요.

고명섭 갑자기 저까지 암담해집니다. 우리가 지금까지 해온 모든 이야기들이 모두 잿빛으로 변하는 기분이네요.

김상봉 예, 그래서 저도 이제는 학벌에 대해 아예 얘기를 하고 싶지가 않아요. 책도 쓰고, 강연도 하고, 시민운동도 한다고 해왔는데, 결국 하나도 바뀌지 않는다는 생각이 들어요.

고명섭 자세히 말씀을 청하고 싶습니다만…….

김상봉 하지만 저는 아무 말도 하고 싶지 않아요. 학벌에 대한 한국인의 천박한 욕망과 콤플렉스를 이제는 관찰하는 것도 비판하는 것도 지쳤어요.

고명섭 저는 선생님이 지금까지 어떤 상황에서도 역사를 낙관하는 모습을 보여주셨고, 어떤 문제에 대해서도 냉소하거나 비관적인 모습을 보여주신 적이 없었던지라, 교육에 대해서 이토록 비관적이실 거라고는 생각하지 못했습니다. 선생님은 교육이 그렇게 중요하다는 걸 누구보다 명확하게 인식하고 있는 분이고, 또 스스로 대학에서 학생들을 가르치고 계시면서 그렇게 절망과 냉소에 머물러 있을 수 있는지 갑자기 그게 궁금해지는데요. 정말로 선생님이 아무런 희망도 갖고 있지 않다면, 어떻게 대학에서 학생들을 가르치실 수 있습니까? 다른 교수들에게는 제가 이런 질문을 할 일이 없겠지만, 선생님에게는 이런 질문을 드리지 않을 수 없네요.

김상봉 하하! 역시 선생님은 제 약점을 누구보다 잘 알고 계시는군요. 맞아요. 교육에 대해 제가 정말로 아무런 희망도 발견하지 못한다면 선생 노릇 그만해야죠.

고명섭 그러니까 선생님의 희망은 무엇입니까?

김상봉 오직 저의 학생들입니다.

고명섭 선생님 제자들요? 전남대학교의?

김상봉 예. 생각하면 제가 부산에서 태어나 대학에 입학하기 전까지 그곳에서 살면서 전혀 알지 못했던 차별이 두 가지 있었습니다.

고명섭 뭡니까?

김상봉 하나는 호남 차별이고 다른 하나가 학벌 차별입니다. 남들이 들으면 믿기지 않겠지만, 저는 전라도 사람 욕하는 걸 대학에 입학한 뒤에 서울 친구에게 처음 들었습니다. 그리고 한국 사회가 인간을 학벌로 평가하고 차별한다는 것도 대학에 들어와서야 처음 알았어요. 그런데 세월이 흐른 뒤에 제가 학벌 차별과 지역 차별이라는 그 이중의 차별이 겹쳐 있는 광주의 지방 국립 대학에서 학생들을 가르치고 있네요. 여전히 이걸 희망이라고 말해야 할지 어떨지는 모르겠어요. 그러나 적어도 이게 저의 사명이라는 생각은 가지고 있지요.

고명섭 뭐가 말입니까?

김상봉 제가 히딩크 같은 선생이 되는 거요.

고명섭 선생님의 제자들은 박지성 같은 선수가 되는 겁니까?

김상봉 하하, 예! 학벌이 결코 인간의 탁월함의 징표도 기준도 아니라는 저의 주장이 옳다면, 저의 제자들이 모두 박지성처럼 훌륭한 철학자들이 될 수 있어야겠지요.

고명섭 그것에 대해서는 희망을 가지고 계신가요?

김상봉 예. 제가 좋은 선생이라면, 그 선생한테서 좋은 학생이 나와야겠지요. 예전에 문예아카데미에서 니체에 대해 강의를 하다가 탁월함에 대해 이야기한 적이 있었어요. 니체를 말하다 보면 늘 나오는 주제잖아요. 니체 식의 탁월함이 홀로주체적 탁월함이라고 열렬히 비판을 하지 않았겠어요? 그랬더니 한 분이 물으시더라고요. 그럼 선생님이 생각하는 탁월함이 뭐냐고.

고명섭 그래서 뭐라 답하셨습니까?

김상봉 남을 탁월하게 만드는 것이야말로 참된 탁월함이라 대답했어요.

고명섭 탁월함의 서로주체성이로군요.

김상봉 학창 시절엔 나 자신이 탁월한 학자가 되는 것만 생각했지 다른 건 생각할 겨를이 없었어요. 지금은 남에게 좋은 선생이 되는 것이 그 이상으로 중요한 일이라고 생각하지요. 어차피 역사는 혼자 다 이루는 것이 아니고 서로 이어가면서 이루어지는 거니까요. 어느 민족이든 자기 언어로 학문과 예술을 하기 시작하면 백 년쯤 지나면 천재들의 세기가 되는 것 같더라고요. 한국인에게는 21세기가 바로 그때가 아닌가 해요. 제가 제자들에게 좋은 선생이 되고 제자들이 청출어람의 탁월함을 이루어 새로운 시대를 여는 정신들이 되기를 간절히 바랍니다. 그렇다면 지금 우리가 고민하는 학벌 문제도 조금씩 극복되겠지요.

고명섭 꼭 선생님에게 배워야 합니까? 바보 같은 질문입니다만…….

김상봉 아니죠. 저는 함석헌 선생님을 만나본 적도 없습니다. 하지만 오직 그분이 저의 스승입니다.

고명섭 일종의 조울증인가요? 조금 전까지 절망적이었던 기분이 갑자기 유쾌해지네요.

김상봉 현실에 반역하는 것, 현실을 초월하는 것, 그것이 정신의 본질이에요. 그런 의미에서 의식의 존재구속성 따위는 부질없는 소리지요. 페리클레스의 아테네에서 소크라테스가 태어날 수도 있지만, 헤롯임금의 유대 땅에서 예수가 태어날 수도 있는 것이 정신의 역사예요. 식민지와 분단 그리고 전쟁을 겪은 이 땅의 지금 현실은 예수가 태어난 당시의 유대 땅보다 더 깊은 어둠 속에 잠겨 있지만, 또 그러니까 빛이 비치면 더 밝고 눈부신 빛이 비치지 않겠어요? 그렇게 선생님과 저도 그 아침을 위해 이 밤을 지키는 것일 테고요. 우리의 슬픔을 믿어야죠. 그 슬픔에 정직하게 마주 서는 한 슬픔이 우리를 버리지는 않을 거예요. 그러니까 떠나지 말고 끝까지 이 자리를 지켜야 돼요. 머지않아 아침이 올 거예요.

찾아보기